侗台苗瑶语言的汉借词研究
The Study of Chinese Loanwords in Kam-Tai and Miao-Yao Languages

曾晓渝 主编

Edited by
Zeng Xiaoyu

作者　曾晓渝　岳　静　冯　英
　　　赵敏兰　甘春妍

Authors　Zeng Xiaoyu　Yue Jing　Feng Ying
　　　　Zhao Minlan　Gan Chunyan

商务印书馆
The Commercial Press
2010年·北京

图书在版编目(CIP)数据

侗台苗瑶语言的汉借词研究/曾晓渝主编.—北京:商务印书馆,2010
(中国的语言接触与语言关系研究丛书)
ISBN 978-7-100-06710-2

Ⅰ.侗… Ⅱ.曾… Ⅲ.①汉语—关系—壮侗语族—研究 ②汉语—关系—苗瑶语族—研究 Ⅳ.H4

中国版本图书馆 CIP 数据核字(2009)第 115579 号

所有权利保留。
未经许可,不得以任何方式使用。

DÒNGTÁI MIÁOYÁO YǓYÁN DE HÀNJIÈCÍ YÁNJIŪ
侗台苗瑶语言的汉借词研究
曾晓渝 主编

商 务 印 书 馆 出 版
(北京王府井大街36号 邮政编码100710)
商 务 印 书 馆 发 行
北京市白帆印务有限公司印刷
ISBN 978-7-100-06710-2

2010年10月第1版　　开本 787×1092　1/16
2010年10月北京第1次印刷　印张 28¾
定价:48.00元

目　　录

上编　侗台语言里的汉语借词研究

第一章　引论 ……………………………………………………………… 3
1.1　关于汉语和侗台语言关系的不同观点 ……………………………… 3
1.2　侗台语言里汉语借词研究的意义和价值 …………………………… 4
1.3　侗台语里汉语借词历史层次的研究方法 …………………………… 5
1.4　本编的主要内容 ……………………………………………………… 7
　　本章参考文献 …………………………………………………………… 7

第二章　侗语里汉语借词的历史层次 ………………………………… 9
2.1　广西三江侗语音系 …………………………………………………… 9
2.2　广西三江的汉语方言音系 …………………………………………… 10
　　2.2.1　三江桂柳话音系 ……………………………………………… 10
　　2.2.2　三江六甲话音系 ……………………………………………… 11
　　2.2.3　三江土拐话（船上话）音系 ………………………………… 13
2.3　三江侗语里汉语借词的历史层次 …………………………………… 14
　　2.3.1　三江侗语的近现代汉语借词 ………………………………… 14
　　2.3.2　三江侗语里中古到近现代过渡时期的汉语借词 …………… 19
　　2.3.3　三江侗语的中古汉语借词 …………………………………… 21
　　2.3.4　三江侗语的上古借词 ………………………………………… 39
2.4　三江侗语里汉语借词的数量统计 …………………………………… 39
　　本章参考文献 …………………………………………………………… 40

第三章　水语里汉语借词的历史层次 ………………………………… 41
3.1　三洞水语音系 ………………………………………………………… 41
3.2　黔南水族地区汉语方言音系 ………………………………………… 42
3.3　三洞水语里汉语借词的历史层次 …………………………………… 44
　　3.3.1　三洞水语的现代汉语借词 …………………………………… 44

	3.3.2 三洞水语的近代汉语借词	49
	3.3.3 三洞水语的中古汉语借词	52
	3.3.4 三洞水语的上古汉语借词	60
3.4	三洞水语里汉语借词的数量统计	61
本章参考文献		62

第四章 仫佬语里汉语借词的历史层次 …… 63

4.1	黄金镇仫佬语音系	63
4.2	罗城县的汉语方言	66
	4.2.1 罗城土拐话音系	66
	4.2.2 中古音类在土拐话中的读音	67
4.3	黄金镇仫佬语里汉语借词的历史层次	76
	4.3.1 "汉语借词"与"历史层次"的含义	76
	4.3.2 划分黄金仫佬语里汉语借词历史层次的原则和方法	77
	4.3.3 黄金镇仫佬语的现代汉语借词	80
	4.3.4 黄金镇仫佬语的近代汉语借词	94
	4.3.5 黄金镇仫佬语的中古汉语借词	99
	4.3.6 黄金镇仫佬语的上古汉语借词	133
4.4	黄金镇仫佬语里汉语借词的数量统计	134
本章参考文献		134

第五章 壮语里汉语借词的历史层次 …… 137

5.1	高田壮语音系	137
5.2	阳朔县的汉语方言	139
5.3	高田壮语里汉语借词的历史层次	140
	5.3.1 高田壮语的近现代汉语借词	140
	5.3.2 高田壮语里中古到近现代过渡时期的汉语借词	143
	5.3.3 高田壮语的中古汉语借词	146
	5.3.4 高田壮语里上古汉语借词层次	163
5.4	高田壮语里汉语借词的数量统计	163
本章参考文献		164

第六章 汉语借词在侗台语里构词及语音特点专题讨论 …… 165

6.1	水语里汉语借词的构词研究	165

6.1.1	水语里汉语借词构词概述	165
6.1.2	汉借语素在水语中的构词方式	168
6.1.3	汉语借词对水语构词方式的影响	176

本节参考文献 …… 182

6.2 从汉语借词看汉语对黄金镇仫佬语的影响 …… 183

6.2.1	汉语对黄金仫佬语声调系统的影响	183
6.2.2	本族词被汉借词替代	186
6.2.3	汉语对黄金仫佬语构词方式的影响	191

本节参考文献 …… 196

6.3 黄金镇仫佬语中古精组及知庄章组汉借词读音特点解释 …… 196

6.3.1	黄金镇仫佬语中古汉借词精组字的特殊读音	196
6.3.2	与侗语和水语中汉借词精组及知庄章组字读音的比较	199
6.3.3	对黄金镇仫佬语中古汉借词精组字读 t-、th-的解释	201
6.3.4	对黄金仫佬语中古汉借词知庄章读 ts-、tsh-、s-的解释	204
6.3.5	小结	206

本节参考文献 …… 206

6.4 论三江侗语里中古汉借词的语音特点 …… 207

6.4.1	三江侗语和汉语音系简述	207
6.4.2	三江侗语里中古汉借词的基本语音特点	209
6.4.3	三江侗语里中古汉语借词语音的有关问题讨论	211

本节参考文献 …… 218

6.5 从汉借词看侗台语言声母的演变 …… 219

6.5.1	高田壮语里汉语借词的声母特点	219
6.5.2	三江侗语里汉语借词的声母特点	221
6.5.3	三洞水语里汉语借词的声母特点	222
6.5.4	壮、侗、水语里汉语借词声母的共性与个性	224
6.5.5	汉语借词对壮、侗、水语声母发展的影响力	227

本节参考文献 …… 227

上编结语 …… 229

下编 苗瑶语言里的汉语借词研究

第七章 引论 …… 233

7.1 苗瑶语言里汉语借词研究的目的意义	233
7.2 苗瑶语言里汉语借词历史层次研究的方法	234

7.3 本编的主要研究内容 ·············· 234
7.4 本编的研究材料 ················ 234
本章参考文献 ···················· 235

第八章 瑶语里汉语借词的历史层次 ·············· 237
8.1 柘山瑶语概况 ·················· 237
   8.1.1 柘山瑶语的语音系统 ············ 237
   8.1.2 柘山瑶语的语法 ·············· 241
8.2 柘山瑶语里汉语借词历史层次分析 ········ 251
   8.2.1 柘山瑶语里汉语借词分层研究的步骤与方法 ·· 251
   8.2.2 柘山瑶语里各历史层次汉语借词的特点 ···· 252
   8.2.3 柘山瑶语里汉语借词历史层次表 ······· 270
8.3 柘山瑶语里汉语借词的数量统计 ········· 295
本章参考文献 ···················· 295

第九章 畲语里汉语借词的历史层次 ·············· 296
9.1 博罗畲语概述 ·················· 296
   9.1.1 畲族及其使用的语言 ············ 296
   9.1.2 博罗畲语语音概述 ············· 298
   9.1.3 博罗畲语的词缀特点 ············ 300
9.2 博罗地区的汉语方言 ··············· 307
   9.2.1 客家话 ··················· 307
   9.2.2 本地话 ··················· 315
9.3 博罗畲语里汉语借词的历史层次分析 ······· 318
   9.3.1 划分博罗畲语汉语借词的原则和方法 ···· 318
   9.3.2 苗瑶语共同的汉语借词层 ·········· 322
   9.3.3 闽语借词层 ················ 329
   9.3.4 客家话借词层 ··············· 334
   9.3.5 粤语借词 ················· 370
   9.3.6 本章小结 ················· 384
本章参考文献 ···················· 387

第十章 瑶歌里汉语借词研究 ················ 389
10.1 瑶歌语言的性质 ················· 389

  10.2 瑶歌语言研究的重要性 ·· 390
  10.3 柘山瑶歌汉语借词研究 ·· 393
    10.3.1 柘山瑶歌里的瑶语本语词 ·· 394
    10.3.2 柘山瑶歌里的汉语借词 ·· 395
  10.4 柘山瑶歌与《盘王大歌》《广西瑶歌记音》汉语借词的比较 ········ 401
    10.4.1 三地瑶歌汉语借词音韵上的比较 ·································· 401
    10.4.2 瑶歌汉语借词表 ··· 405
  本章参考文献 ·· 417

第十一章 汉语对柘山瑶语词汇系统的影响 ····································· 418
  11.1 柘山瑶语吸收汉语词语的方式 ·· 418
    11.1.1 全借 ··· 418
    11.1.2 半借 ··· 419
  11.2 柘山瑶语里含有汉借语素的词的结构方式 ························· 422
    11.2.1 分析框架 ·· 422
    11.2.2 柘山瑶语固有词的结构方式 ······································ 422
    11.2.3 柘山瑶语中含有汉借语素的词的结构方式 ···················· 425
  11.3 汉借成分在固定结构中的表现 ·· 430
  11.4 汉语借词对瑶语词汇发展的影响 ····································· 431
    11.4.1 双音化 ··· 431
    11.4.2 汉语借词取代固有词 ·· 432
    11.4.3 借词促进瑶语语义表达精细化 ···································· 433
    11.4.4 产生新词 ·· 437
  本章参考文献 ·· 437

第十二章 畲语、畲话、客家话的比较 ·· 438
  12.1 畲语、畲话及相关的研究 ·· 438
  12.2 语音系统的比较 ··· 438
    12.2.1 声母系统比较 ··· 439
    12.2.2 韵母系统比较 ··· 440
    12.2.3 声调系统比较 ··· 441
  12.3 词汇系统的比较 ··· 441
    12.3.1 斯瓦迪士100核心词的比较 ······································ 441
    12.3.2 构词方式比较 ··· 444

12.4　反复问句的比较 ·· 445
12.5　畲语、畲话和客家话的关系 ································· 446
　　　本章参考文献 ·· 447

下编结语 ··· 448

后记 ·· 450

上 编

侗台语言里的汉语借词研究

曾晓渝 岳静 冯英 著

第一章 引 论

1.1 关于汉语和侗台语言关系的不同观点

侗台语是否归属于汉藏语系,汉语和侗台语之间的关系如何,国内外学界对此始终存在着严重的分歧。迄今为止,各家的主要观点归纳如下:

第一类:汉语与侗台语言是同源关系

(1) 侗台语是汉藏语系的一个语族,汉语和侗台语同源(李方桂 1937,罗常培、傅懋勣 1954);

(2) 汉语、侗台语、南岛语同源于原始汉藏泰澳语系(邢公畹 1991);

第二类:汉语与侗台语言没有同源关系

(3) 侗台语不属于汉藏语系,侗台语与南岛语同源(本尼迪克特 1944);

(4) 汉语和侗台语非同源关系,侗台语是其底层的南岛语长期受汉语影响而发生质变的结果(罗美珍 1983,戴庆厦 1992);

(5) 从发生角度看,侗台语和印尼语有亲属关系;从类型角度看,侗台语属汉藏语系(倪大白 1995);

(6) 汉语和侗台语异源,由于长期的深刻接触而结为语言联盟(陈保亚 1996);

第三类:汉语与侗台语言既有同源关系也有接触关系

(7) 侗台语与汉语有间接同源关系;南岛语与汉语、藏缅语同源;侗台语是南岛语之下的一个分支,之后又与汉语接触(沙加尔[L. Sagart] 1990、1999、2001);

(8) 由于人类学、考古学及语言学方面的证据表明侗台语言与汉语有亲缘关系(参见邢公畹 1991,沙加尔 2001),而汉语和侗台语之间长达近两千年的接触历史也是毫无疑问的,因此,汉语与侗台语言关系可以理解为一个同源-分化-接触的动态过程(曾晓渝 2004)。

我们认为,之所以各家观点存在分歧,主要原因是基于谱系树理论来看语言之间的历史关系。由于谱系树理论建立在历史比较法的基础上,而采用传统历史比较法来研究语言之间的历史关系,其重要的前提条件是语言分化后没有接触干扰,可汉语与侗台语言的关系并非这么简单,事实上侗台语言受到汉语的深刻影响,因此,解释这种复杂的关系还应注重语言接触理论。

1.2 侗台语言里汉语借词研究的意义和价值

历史语言学理论告诉我们,语音演变的三大机制是:a.规则音变,b.类推,c.借用(参见Campbell 1998:103、222)。在漫长的历史过程中,侗台语言从汉语里借用了大量词语,这些借词对于侗台语言的发展演变是不可忽视的。可以说,侗台语言里各历史层次汉语借词的研究,是侗台语言以及汉语历史研究的重要内容,并具有重要的学术意义和价值。

1.2.1 理论意义

首先,要从根本上解决侗台语与汉语关系的学术之争,就应该正视侗台语里存在大量汉借词的客观事实,把侗台语言中的古今汉语借词层层分析出来,然后再进一步探讨侗台语与汉语的发生学关系。因此,本编着重研究侗台语里的汉语借词,这也是一种新的尝试,既是用中国语言的现象探讨语言接触理论,也是对历史比较语言学研究的进一步探索。

其次,邢公畹先生(1999)用"语义学比较法"(深层对应法)证明汉台发生学关系,例如:

$$\begin{cases} 广州\ kau^6 < {}^*gwjəg^⊃ \text{"旧"}:kau^5 < {}^*k\text{-"旧"} \\ 广州\ kau^6 < {}^*gwjəg^⊃ \text{"旧"}:kau^5 < {}^*k\text{-"长久"} \\ 广州\ kau^6 < {}^*gwjəg^⊃ \text{"旧"}:kau^5 < {}^*k\text{-"有经验的"} \\ 广州\ kau^6 < {}^*gwjəg^⊃ \text{"旧"}:kau^5 < {}^*k\text{-"古代的"} \end{cases}$$

然而,有学者对邢先生的理据提出异议,如丁邦新《汉藏系语言研究法的检讨》(《中国语文》2000年第6期)、聂鸿音《"深层对应"献疑》(《民族语文》2002年第1期),他们认为这样的深层对应关系也可能是借用造成的。那么,汉语与侗台语言之间的深度接触,究竟能否形成这种深层对应呢?我们认为通过侗台语言里汉语借词的深入研究可以找到答案。

再次,在规则音变、类推、借用这三种语音演变的动因之中,语言接触的借用与规则音变的关系如何呢?他们之间有没有主次之分?怎样通过语言接触现象观察历史音变?对此,侗台语言里汉借词的研究可以作为一个观察的窗口。

1.2.2 学术价值

"少数民族语言汉语化"是中国语言历史发展的一个突出特点。将上千年来侗台语言里所积淀的汉语借词的历史层次梳理出来,探讨侗台语言本族词语同汉语借词的关系及其异同,其学术价值具体体现于:

(1)可以促使解决汉藏语言同源词与借词纠缠不清的老大难问题,切实推进汉藏语历史比较研究的进程;

(2)可以直接帮助我们了解各少数民族聚居地区的汉语方言历史情况,弥补汉语方音史研究资料来源的一大缺憾；同时，也可以从中了解少数民族语言自身的历史音变规律；

（3）为深入进行汉语与少数民族语言比较研究提供可资借鉴的研究思路和途径。

此外，通过不同历史层次汉语借词的特点分析，还可以从中获取民族迁徙、汉族与侗台各民族文化交往史的不少信息。

1.3 侗台语里汉语借词历史层次的研究方法

我们主要采用"关系词分层法"进行研究。

"关系词分层法"是在潘悟云先生所提出的"历史层次比较"理念①的启示下，并得到沙加尔先生的直接启迪帮助（沙加尔2001），同时借鉴"语义学比较法"（邢公畹1993、1999）和"关系词阶理论"（陈保亚1996、2000），经过对汉语、水语关系词历史层次分析研究的实践，探索出来的。其理据、思路详见《水语里汉语借词层次的分析方法》（曾晓渝2003）及《汉语水语关系论》的§1.3节（曾晓渝2004:12-16）。

1.3.1 具体步骤

主要有四个步骤：第一，有关少数民族语言与当地汉语方言的田野调查，这是必不可少的；第二，找出有关少数民族语言里与汉语有音义对应的关系词；第三，分析出关系词里的汉语借词并整理其历史层次；第四，求证同源词。

几个步骤中，核心部分在第三个步骤。这一步骤的难点在于古代汉语借词与本族词的分辨，要克服这一困难，就要求研究者做到：（1）熟悉所要研究的民族语言，不仅要掌握已有的相关语言资料，更重要的是实地调查获得第一手材料；（2）考察这个民族的历史发展及迁徙聚居地，尽可能查阅所有相关的历史典籍文献资料；（3）了解这个民族历史上曾经聚居之地的汉语方言的现状及其历史；（4）熟悉汉语上古、中古构拟音系，以便作为层次分析的重要参照。

1.3.2 侗台语里新老汉语借词的辨别

侗台语里的现代汉语借词的分辨并不难，这些新借词主要来自当地的西南官话，基本上是现代经济文化词汇，语音上与当地汉语方言很接近，依据其声、韵、调的读音，很容易辨别出来。可是，老借词的辨别就困难多了，其中最大的问题是如何把老借词与汉语、侗台语的同源词区别开来。

---

① 在1999年北京的一次学术会议上，潘悟云先生与作者曾晓渝讨论汉藏语言研究的有关问题时，提到了"历史层次比较"这一理念。

邢公畹先生认为,汉语与侗台语分化的时间大约在铜石并用时代晚期(庙底沟二期文化时期)(邢公畹1996);吴安其先生近年亦指出,侗台语从原始汉藏语的分化约在新石器中期(吴安其2002:329),两位学者的见解基本一致。据此,既然至少距今约五千年前侗台语就与汉语分家了,那么,侗台语里所保存下来的、与汉语有发生学关系的同源词是非常少的,而侗台语里大量的、与汉语有系统音义对应关系的词,应看作是汉语借词。基于这样的认识,我们判别侗台语里古汉语借词的主要依据是:

(1) 在语音上成批量地与《切韵》音系形成对应规律的词;

(2) 古代汉民族代表当时先进文化的词,例如十二地支(有的民族早期也借天干词,如水族的"水书"里有大量记载);

(3) 非侗台语自身固有的、而与汉语有音义关系的词,例如侗台语的数词基本上是汉语借词。

这里应说明的是,承认侗台语里存在大量的古汉语借词,并不是也不能否定侗台语与汉语远古的同源关系,这就如同承认英语里有不少10世纪以来从法语借入的古借词,而谁也不会因此说英语和法语只是接触关系而非同源。

1.3.3 借词层次分析的原则方法

汉语借词是从古至今各个历史时期陆续进入侗台语言的,既然如此,就应该能够分析出它们的不同历史层次来。对此,我们所依据的基本原则方法如下:

(1) 同一借词的两个或多个语音形式,反映了这一借词不同历史层次的读音。例如:水语里"分"的读音有 pan^1(~开)、$fən^1$(一~地)和 $fən^3$(~析)三种,第一种是重唇音,显然是中古以前或中古早期的借词;第二种 $fən^1$(一~地)和第三种 $fən^3$(~析)的声母、韵母相同,差别在于声调,根据少数民族语言中汉语借词声调方面的普遍规律:早期借词同调类对应,现代借词则调值相同或相近的对应,由此可以判断 $fən^1$(一分地的"分")早于 $fən^3$(分析的"分")借入水语,它们分属早晚不同的历史层次。又如:"结"读作 tet^7(树~果)和 te^2(团~),前者保留入声韵尾-t,后者塞音尾脱落,由此可以推测前者是早期借词,后者则是现代借词。

(2) 借词的一个语音形式,其音节的声母、韵母、声调的对应规律一般处于同一历史层次。例如:水语"工"读作 $qoŋ^1$(做~、~钱)和 $kuŋ^3$(~厂、~人)。"工"属见母东韵一等平声字,那么,音节 $qoŋ^1$ 和 $kuŋ^3$ 所反映的声、韵、调对应规律分别是:

$qoŋ^1$——见母一等对应 q-声母,东韵一等对应 oŋ 韵母,阴平调对应 1 调类;

$kuŋ^3$——见母一等对应 k-声母,东韵一等对应 uŋ 韵母,阴平调对应 3 调类。

这两个音节的读音,反映出两个不同历史时期汉语借词见母一等、东韵一等、阴平调类字在水语音系里声、韵、调的不同对应规律。

(3) 声调的系统性很强,其对应规律易于把握,因此,首先整理出各层次的声调系统,可以起到以简驭繁的作用。当一个借词的声母、韵母、声调三者之间的层次出现矛盾的时候,一般以声调的层次为主。

（4）多音节专用词语的借词,如水族鬼师用语"杀师方""八宫书""灭门日"等,其汉语借词各音节的声母、韵母、声调的对应规律一般处于同一层次。

（5）从理论上讲,借词可以分为三个大的层次:一是语族共同语时期借入的,二是语支共同语时期借入的,三是各现代语言分化后借入的。因此,一般说来,如果是侗台语族里共见的,那么应早于那些只是侗水语支里共见的。

（6）构词法的判别。"正+偏"是侗台本族词的一个构词特点,早期的汉语借词（多为单音节的）进入侗台语之后,往往作为一个语素按"正偏式"构词。

（7）汉语上古音和中古音的构拟音系、侗台民族聚居地以及周边地区的现代汉语方言音系,是确定借词古今历史层次的重要依据。例如水语把"过河"的"过"说成[ta⁶],根据我们的古代汉语知识和方言的调查,这个词应是借自上古汉语的"渡",因为"渡"属上古定母鱼部一等字,各家构拟鱼部元音为:上古 *ɑ > 中古 u/uo,声韵调与上古音对应,而现代西南官话、平话"过河"不说作"渡河",且读"渡"的韵母是 u/ɔ/ou,与水语借词的韵母 a 有较大差别。

除了上述各点,词汇意义的时代性、人文历史文化背景等也都是借词历史层次分析过程中不可忽视的参考因素。

上述只是基本的原则方法,根据侗台各民族语言的具体情况,分析汉语借词历史层次的原则方法会有一些补充调整（详见本书第四章）。

1.4 本编的主要内容

本编的主要内容可分为三部分:

第一部分即第一章引论,主要回顾汉语侗台语言关系的学术争论,阐释本书选题的意义、目的以及采用的研究方法。

第二部分着重探讨侗台语言里汉语借词的历史层次,包括第二、三、四、五章的内容,各章分别对广西三江侗语、贵州三都水语、广西罗城仫佬语、广西阳朔壮语里的汉语借词历史层次进行研究。这部分是本编的重点和难点。

第三部分是专题研究,围绕汉语借词的构词及语音特点及其对侗台语言的影响,以及选取具有典型意义的构词方式、语音对应的问题对侗台语与汉语进行历史比较研究。

本章参考文献

本尼迪克特（白保罗）（Paul K. Benedict） 1944 《台语、加岱语和印度尼西亚语——东南亚的一个新的联盟》（罗美珍译）,载《汉藏语系语言学论文选译》,中国社会科学院民族研究所语言研究室、中国民族语言学术讨论会秘书处编,1980 北京。

陈保亚　1996　《语言接触与语言联盟》，语文出版社。
───　　2000　《汉台内核关系词相对有阶分析》，《中国语文》第 4 期。
戴庆厦（主编）　1992　《汉语与少数民族语言关系概论》，中央民族大学出版社。
李方桂　1937　《中国的语言和方言》，原载 Chinese Year Book（《中国语言年鉴 1937》），商务印书馆。
罗常培　傅懋勣　1954　《国内少数民族语言系属和文字情况》，《中国语文》第 3 期。
罗美珍　1983　《试论台语的系属问题》，《民族语文》第 2 期。
倪大白　1995　《汉藏语系语言的系属问题》，《中国语言学报》第 6 期。
吴安其　2002　《汉藏语同源研究》，中央民族大学出版社。
邢公畹　1991　《关于汉语南岛语的发生学关系》，《民族语文》第 3 期。
───　　1993　《汉台语比较研究中的深层对应》，《民族语文》第 5 期。
───　　1996　《汉藏语系研究和中国考古学》，《民族语文》第 4 期。
───　　1999　《汉台语比较手册》，商务印书馆。
曾晓渝　2003　《水语里汉语借词层次的分析方法》，《南开语言学刊》（第二辑），南开大学出版社。
───　　2004　《汉语水语关系论》，商务印书馆。
Campbell，Lyle 1998 *Historicl Linguistics*：*An Introduction*，The MIT Press 2004.
Sagart，Laurent（沙加尔）　1990　Chinese anf Austronesian are Genetically Related，23rd International Conference on Sino‐Tibetan Languages and Linguistics，5‐7 October 1990，Arlington，Taxas，U.S.A.
───　　1999　*The Roots of Old Chinese*. John Benjamins Publishing Company. Amsterdam/Philadelphia；PP.42‐43，74‐84.
───　　2000　History through loanwords：The loan correspondences between Hani and Chinese，*Centre de Recherches Linguistiques sur I' Asie Orientale*，Vol. 30. n°1 2001.
───　　2001　Evidence for Austeonesian‐Sino‐Tibetan Relatedness，May9，2001. Beijing University.

第二章 侗语里汉语借词的历史层次

2.1 广西三江侗语音系

侗族是中国西南的一个少数民族,有其悠久的语言文化历史。侗语是侗台语族中侗水语支的一种主要语言。侗语内部分南、北两大方言。

广西三江侗族自治县位于广西北部,处于湘、黔、桂三省交界之地,侗族是当地的土著民族,人口约17万,占全县的55%左右。三江侗语属于侗语的南部方言。

笔者于2004年8月赴广西三江县调查了侗族语言。[①] 我们的调查结果与邢公畹先生、石林先生1980年的调查结果基本一致(参见邢公畹1985)。

(1) 声母26个,其中有19个单辅音声母,4个腭化声母,3个唇化声母:

p	ph	m		w
t	th	n	s	l
ȶ	ȶh	ȵ	ɕ	j
k	kh	ŋ		
ʔ				h
pj	phj	mj		lj
kw	khw	ŋw		

(2) 韵母52个:

a	a:i	a:u	a:m	a:n	a:ŋ	a:p	a:t	a:k
			am	an		ap	at	ak
	əi	əu	əm	ən	əŋ	əp	ət	ək
e		eu	em	en	eŋ	ep	et	ek
i		iu	im	in	iŋ	ip	it	ik
o	oi		om	on	oŋ	op	ot	ok
u	ui			un	uŋ		ut	uk

[①] 发音合作者:杨树清,男,侗族,52岁,干部,三江林溪乡程阳平寨屯人。

(3) 单字调 15 个：

调类	1	1'	2	3	3'	4	5	5'	6	7Ⅰ 长	7Ⅰ' 长	7Ⅱ 短	7Ⅱ' 短	8Ⅰ 长	8Ⅱ 短
调值	55	35	11	33	23	31	53	453	33	33	23	55	35	31	11

说明：第 3 调和第 6 调的调值都是 33 调，实际上已经合并了，但其他侗语方言还有别，而且三江侗语里古汉语借词这二调区别明显（详见后文§2.3.3），因此，这里仍将其分别记录。

2.2 广西三江的汉语方言音系

广西三江县的汉语方言比较复杂，各族、各乡镇通用的汉语是桂柳话，即当地的西南官话，使用人口最多；其次是六甲话，为当地第二大汉语方言；另外还有土拐话（也叫船上话）和麻介话（客家话），使用人口较少。下面分别介绍笔者 2004 年 8 月赴三江调查的几种汉语方言的音系情况。

2.2.1 三江桂柳话音系①

(1) 声母 19 个（包括 1 个零声母）：

p	布步	ph	怕盘	m	门面			f	飞灰
t	到道	th	他同	n	难怒	l	路兰		
k	贵跪	kh	开可	ŋ	岸案			x	冯红
ts	糟招	tsh	仓昌					s	三苏
tɕ	节记	tɕh	秋丘					ɕ	扇书
∅	日约								

(2) 韵母 36 个：

ɿ	资私	i	第地	u	路古	y	女菊
ə	耳色						
e	铁蝶	ie	车爷			ye	绝月
ei	杯梅			uei	桂睡		
a	爬马	ia	架下	ua	瓜蛙		
ai	排买			uai	外快		
ao	包毛	iau	条鸟				
o	活波	io	脚削				
ou	收周	iəu	牛酒	uəu	育	yu	育
an	三胆	ien	烟检	uan	圆全	yen	圆全
ən	根顿	in	心星	uən	困昆	yn	云群
aŋ	党桑	iaŋ	良相				
oŋ	公红	ioŋ	穷凶	uaŋ	王广		

---

① 发音合作者：秦月英，女，汉族，59 岁，家庭妇女。

(3) 单字调 4 个：

调类	阴平	阳平	上声	去声
调值	33	21	53	35
例字	诗梯高	时提人｜月六白	五女古	唱汉｜共望｜近坐

2.2.2 三江六甲话音系①

(1) 声母 21 个（包括 1 个零声母）：

p	布步盘皮	pʰ	怕坡	m	门麻袜望	f	飞灰
t	到道同条	tʰ	他太	n	难农	l	兰龙
ts	糟焦从齐	tsʰ	仓秋			s	散先
tɕ	招主虫迟	tɕʰ	叉初	ɲ	认鱼儿	ɕ	书掀
k	贵跪桥旗	kʰ	开去	ŋ	牙硬饿	x	海虾蟹闲
ʔ	鸦傲安烟					∅	弯元换县

声母说明：

a. 来自中古全浊声母的字大多听起来似清化浊音（塞音、塞擦音）或清音带浊流（擦音），如"步、盘、背"的声母实际读音似[b̥]，"道、同、条"的声母实际读音似[d̥]，"从齐"的声母实际读音似[d̥z]，"虫迟"的声母实际读音似[d̥ʑ]，"跪、桥、旗"的声母实际读音似[g̊]，"蟹"的声母实际读音似[xɦ]。但是，这些浊化音与同部位的来自古清声母字的清的塞音、塞擦音及擦音声母[p][t][ts][tɕ][k]并不形成音位对立，它们的区别特征主要由声调阳平（343）、阳去（22）、阳入（11）来分别承担。

b. 塞擦音声母[tɕ][tɕʰ]往往接近于塞音[ȶ][ȶʰ]。

c. 喉塞音声母[ʔ]与声母[ŋ]和零声母[∅]区别明显，一般不混淆。如：鸦丫[ʔa]，牙芽[ŋa]；安按[ʔon]，唤换[on]。

(2) 韵母共有 99 个（其中包括自成音节的 ŋ̍）：

【开口呼】

ɑ 家		e 闭第借		o 火花瓜		∅ 糯坐写
ɑi 排大菜	ɐi 台来开	ei 米低鸡		oi 背梅内	ɔi 妹	
ɑu 包劳交	ɐu 抱狗酒			ou 老刀高		
ɑm 担南三	ɐm 林今心			om 犯含暗		
ɑn 丹散弯	ɐn 盆村温	en 吞今人	ɘn 分轮根	on 短官安		
ɑŋ 饭讲巷	ɐŋ 邓凳江	eŋ 冷硬整	ɘŋ 朋灯层	oŋ 东龙公	ɔŋ 当钢仓	
ɑp 答杂压	ɐp 笠夹集	ep 接业孽		op 法鸽		
ɑt 八袜发	ɐt 笔鼻七	et 舌热越		ot 独读脱		∅t 瘌
ɑk 瞎	ɐk 剥得塞	ek 白麦客		ok 木六谷		

---

① 发音合作者：侯明江，男，汉族，23 岁，大专文化，除在柳州师专体育系读书 3 年外，一直生活在三江县周坪乡黄牌村。

【齐齿呼】

i 皮姐二	ia 茶沙夜		ie 车扯蛇	io 抓	iu 表桥笑
	iai 寨差筛		iei 世势		
	iau 爪罩吵	iɐu 九旧牛			
im 甜欠盐	iam 斩参衫	mɐi 念针音			
in 边天年	ian 战产山	iɐn 贬检身	ien 变浅陈		
iŋ 平民井	iaŋ 良强想		ieŋ 争生甥	ioŋ 穷中胸	iuŋ 装疮床王
ip 折	iap 眨插炸	iɐp 急湿十	iep 贴页叶		
it 悉	iat 札杀	iɐt 出日一	iet 灭铁室		
ik 敌力石		iɐk 脚色药	iek 摘直拆	iok 竹肉育	iuk 桌

【合口呼】

u 母古我	ua 括卦			uo 划画话
	uai 怪快坏		uei 堆规最	
un 盘	uan 惯竿看	uɐn 滚捆文		
uŋ 帮光黄			ueŋ 横	
	uat 骨割滑	uɐt 物		uot 活
uk 国握				

【撮口呼】

y 女去猪书				yu 梭梳
	yai 帅		yei 卫为	yøi 吹水睡
yn 权宣仙鲜		yɐn 军准云	yen 癣县	
	yaŋ 双			
yt 月血			yet 缺雪刷	

【自成音节】

ŋ̍ 五伍午

韵母说明：

a．元音[ɑ]是音位，一般舌位靠后，单做韵母时实际音值为[A]。

b．部分韵腹元音在带有韵尾时有明显的长短差异：[ɑ]长-[ɐ]短，[e]长-[ə]短，[o]长-[u]短。

c．韵母[ou]实际读音是[oᵘ]，韵腹[o]长，韵尾[-u]不太明显。

d．韵母[uei]实际读音是[ueⁱ]，韵腹[e]长，韵尾[-i]不太明显。

e．韵母[yei]都是自成音节的字，实际读音为[yei]。

(3) 单字调 10 个：

调类	调值	中古来源	例字	备注
1 阴平	53	清平	诗高开三	
2 阳平	343	浊平	时穷人麻	
3 阴上	33	清上	古口火手	
4 阳上	35	次浊上	五女老雨	

5 阴去	41	清去	到盖唱汉	此调还包含少数中古清声母上声（"左、彩"等）和全浊上声字（"户、善"等）
6 阳去	22	浊去；全浊上	共望|近坐	
7 阴入长	33	清入	八搭鸽甲	多数是全清，也有少数次清
8 阴入短	55	清入	出国吃七	全清、次清均有，还有个别浊入声字
9 阳入长	11	浊入	罚打落宅	多数是全浊，也有少数次浊
10 阳入短	23	浊入	月笠蜜鼻	多数是次浊，也有少数全浊和个别清入声字

声调说明：

a. 阴平 53 调的调型实际略似平降 553。

b. 阴上和阴入长调值同为 33，这里按传统舒促调的划分将其分为两个调类。

c. 阴入短 55 调发音人有时会读作 53，是自由变体。

2.2.3 三江土拐话（船上话）音系①

(1) 声母 20 个（包括 1 个零声母）：

p	比包皮暴	ph	篇拍	m	门木	f	飞肥
t	到道同东	th	他太	n	难暖女你	l	兰连
ts	精节从虫直	tsh	仓秋初			s	事苏
tɕ	招主字	tɕh	处	ɲ	认儿耳日	ɕ	书水石生
k	经古旗件江	kh	开	ŋ	牙硬	x	汉去
ʔ	案一移					∅	围运武

声母说明：

a. [s] 有时自由变体为 [θ]。

b. 本应属 [tɕ] 声母的"虫、直"等并入了 [ts]，本应属 [tɕh] 声母的"初"等归入了 [tsh]，三江土拐话的 [tɕ] 组塞擦音声母正在消失。

(2) 韵母 64 个：

	开口呼			齐齿呼			合口呼		撮口呼
a	马火			i	飞四		u	土好	y 鱼书
a:i	大街	ai	待该贵	ia	野		ua	过	
a:u	包咬	au	头	ia:u	猫	iau 九手	ua:i	怪	
e	鸡米								
eu	彪笑			i:u	鸟				
o	歌所								
oi	梅对								
a:m	三男	am	心林			iam 金			
a:p	鸭	ap	合			iap 急十			

---

① 发音合作者：梁凤瑛，女，汉族，38 岁，家庭妇女。记录审定的有笔者、[日] 根岸美聪、赵敏兰等一行人。

		em 点		iem 尖				
		ep 接叶						
aːn 山饭		an 珍神				uaːn 惯		uan 滚
aːt 八袜		at 笔七				uaːt 刮		uat 骨
ɔːn 岸看						uːn 官碗		
ɔːt 割		ɐt 雪血				uːt 脱		
mːə 紧民		en 天线		ien 烟		uən 裙		yn 员
		et 铁结		iet 热				
		aŋ 江登						
		ak 得北学						uaŋ 筐
ɑːŋ 汤郎仓		ɔŋ 通风葱		iɔŋ 穷				
ɔːk 作恶国		ɔk 竹屋谷		iɔk 肉				
		ok 桌薄						
		eŋ 青平枪						
ɛːk 白脉		ek 脚		iek 药石				
		eɐŋ 硬		iɐŋ 生		uɐŋ 横		

(3) 单字调 8 个:

调类	调值	中古来源	例字
1 阴平	53	清平	诗高开三
2 阳平	21	浊平、少数浊去	时提人梨|第
3 阴上	55	清上	九体口好
4 阳上	34	次浊上、部分清去	五女老老|盖唱
5 阳去	13	浊去、全浊上、部分清去	事弟望|近厚|汉
6 阴入	55	清入	八各百七屋适黑
7 阳入长	23	浊入	六食学
8 阳入短	13	浊入	袜白落蜡

2.3 三江侗语里汉语借词的历史层次

根据我们的田野调查,三江侗语周围的汉语方言主要有三江桂柳话(属西南官话)、六甲话、土拐话(船上话)。在这一节里,我们参照"关系词分层法"(曾晓渝 2003、2004),同时对照周边各汉语方言的特点,尤其是声调系统的特点,分析出三江侗语里不同历史层次的汉语借词,下面分别论述。

2.3.1 三江侗语的近现代汉语借词

2.3.1.1 近现代汉语借词的语音特点

这一层的借词来源于当地的西南官话三江桂柳话。由于西南官话形成于近代,而三江侗语里的这部分汉借词有许多无法分清是近代借用的还是现代借用的,所以,我们将这部分借词统归为近现代借词。

（1）声调特点

古入声调归阳平，全浊上声归去声，与桂柳话一致；另外，由于侗语有送气调和不送气调之分，所以，近现代汉语借词的声调在体现相近调值对应规律的同时，少数还因声母的送气与否而区别，基本规律如下表：

三江桂柳话	侗语借词调类对应	侗语借词举例
阴平 33	3调 33	tɕa:u³³ 交（～待）　　thoŋ³³ 通（普～）
	3'调 23（部分送气声母）	tɕhe²³ 车（汽～）
阳平 21	2调 11	hwa¹¹ 法（方～）　　tɕhəu¹¹ 求
	3'调 23（部分送气声母）	tɕhin²³ 琴
上声 53	4调 31	pa:i³¹ 摆　　phu³¹ 普（～通）
	5'调 453（部分送气声母）	tɕhəu⁴⁵³ 抖（发～）
去声 35	1调 55	ka:u⁵⁵ 叫（～花儿）　　pa:n⁵⁵ 办（～法）
	1'调 35（部分送气声母）	khwa:i³⁵ 快（～活）

需要补充说明的是，除了以上的基本对应规律以外，汉语为清擦音声母的，侗语借词往往对应于送气声母的声调，尽管侗语借词的读音有的并非是清擦音。比如：普通话的"话"，三江桂柳话音[xua³⁵]，侗语借词音[wa³⁵]（声调是去声的送气调值）；"想"，三江桂柳话音[ɕa:ŋ⁵³]，侗语借词音[ɕa:ŋ⁴⁵³]（声调是上声的送气调值）。

（2）声母特点

与桂柳话基本一致，声母的送气与否分明，古代全浊平声字读送气声母；不分平翘舌；区分鼻音和边音。例如：

汉字	三江桂柳话声母	三江侗语借词读音
办	p	pa:n⁵⁵ 办（～法）
普	ph	phu³¹ 普（～通）
琴	tɕh	tɕhin²³ 琴（风～）
愁	tsh	səu¹¹ 愁
炉	l	lu¹¹ 炉
能	n	nən¹¹ 能（～干）

（3）韵母特点

与桂柳话基本一致，古入声韵无塞音韵尾；部分后鼻音尾归前鼻音。例如：

汉字	三江桂柳话韵母	三江侗语借词读音	备注
法	a	pa:n⁵⁵ hwa¹¹　办法	古入声字
活	o	khwa:i³⁵ ho¹¹　快活	古入声字
能	ən	nən¹¹ ka:n⁵⁵　能干	-ŋ 尾字
景	in	tɕin³¹ tɕi⁵⁵　景致	-ŋ 尾字

2.3.1.2　三江侗语近现代汉语借词表（按汉语音序排列）①

汉 语 借 词	侗语读音	备　　注
爱	ʔəi⁵³	
摆	pa:i³¹	
办法	pa:n⁵⁵ hwa¹¹	
榜	pa:ŋ³¹	光荣～
逼（迫）	pje¹¹	
测量	sə¹¹ lja:ŋ¹¹	量 lja:ŋ¹¹，声调不合规律
场合	tɕha:ŋ¹¹ ho³³	
场面	tɕa:ŋ¹¹ ho³³	也指"阵式"
车	tɕhe²³	
称	sən³³	
城墙	ɕən¹¹ ɕa:ŋ¹¹	墙 ɕa:ŋ¹¹，声母不合语音对应规律
程阳	ɕən¹¹ ja:ŋ¹¹	程阳，地名
绸	ɕu¹¹	
愁	səu¹¹	
穿	tɕhun²³	动词，～成串
侗族	toŋ⁵⁵	
抖	tɕhəu⁴⁵³	西南官话"抖"送气
堆	təi³³	动词
法	hwa¹¹	方法
奉	hoŋ⁵⁵	供奉
竿	ka:n³³（pan⁵⁵）	（竹）竿；竹 pan⁵⁵，侗语词
根	kən³³	
工头	təu¹¹ koŋ³³	头 təu¹¹，合乎中古借词规律。该词的构词按侗语习惯中心语在前
拱	koŋ³¹	动词，弯着，猫着
孤儿	ku³³ ʔə¹¹	
广西	kwa:ŋ³¹ ɕi³³	
滚	kun³¹	
合适	ho¹¹ ɕi⁵⁵	
很	hən³¹	
后代	həu³⁵ tai³⁵	代 tai³⁵，声调不合规律
怀远县	hwa:i¹¹ jwa:n³¹ ɕen⁵⁵	
唤	wa:n⁵⁵	
活	ho¹¹	
即刻	tɕi¹¹ kə¹¹	
计谋	tɕi⁵⁵ mo¹¹（又 məu¹¹）	

---

①　由于三江侗语的声调系统复杂，有15个调类，其中舒声调的送气调类1' 3' 5' 7' 以及促声调的7Ⅰ 7Ⅱ 8Ⅰ 8Ⅱ 用右上角标注不太清楚，因此，本书中侗语各历史层次的汉语借词表里的国际音标右上角直接标注各音节声调的调值，具体对应的调类参见本书§2.1节。

记	ȶi⁵⁵	
寄	ȶi⁵⁵	
家	ȶa³³	画～
架桥	ȶa⁵⁵ ȶa:u¹¹	桥 ȶa:u¹¹，合乎中古借词规律
贱	ȶen⁵⁵	
交代	ȶa:u³³ ȶa:i⁵⁵	
胶	ka:u³³	名词
叫化(子)	ka:u⁵⁵ wa³⁵	
教	keu³³	动词
结果	ȶe¹¹ ko³¹	
抗得	kha:ŋ³⁵	也指"受得"
空	khoŋ²³	空的，形容词
块	khwa:i⁴⁵³	量词
快活	khwa:i³⁵ ho¹¹	
困难	khən³⁵ na:n¹¹	
来头	la:i¹¹ təu¹¹	也指"名堂"。头 təu¹¹，合乎中古借词规律
蓝(靛草)	la:n¹¹	
牢(房)	la:u¹¹	
老板	la:u³¹ pa:n³¹	老 la:u³¹，合乎中古借词规律
擂	ləi¹¹	
灵利	ljən¹¹ lji⁵⁵	
领	ljiŋ³¹	义指"答应、承认"
炉子	lu¹¹	
箩	lo¹¹	专指"米箩"
马锡武	ma³¹ ɕi³³ wu³¹	人名。马 ma³¹，合乎中古借词规律
码头	ma³¹ təu¹¹	
蛮	ma:n¹¹	
迷	mji¹¹	昏迷
面	mjen⁵⁵	专指"面条"
木槽	sa:u¹¹ məi³¹	
难	na:n¹¹	
恼火	la:u³¹ ho³³	指很厉害，如"病得很～"
能干	nən¹¹ ka:n⁵⁵	
排(列)	pha:i²³	
派	pha:i³⁵	
普通话	phu³¹ thoŋ³³ wa³⁵	话 wa³⁵，声调汉语为擦音变为35
亲自	ȶhən³³ sɿ⁵⁵	
琴	ȶhin²³	
如果	jui¹¹ ko³¹	
衫	ɕa:n³³	
烧	ɕa:u³³	
舍	ɕe³¹	
十	ɕi⁵⁵	

时候	ɕi¹¹ həu⁵⁵	时 ɕi¹¹，合乎中古借词规律
事情	sɿ⁵⁵ ɕin¹¹	
首先	ɕəu³¹ ɕen³³	先 ɕen⁵⁵，合乎中古借词规律
贪心	tha:n²³ sin³³	
图画	tu¹¹ wa³⁵	图 tu¹¹，合乎中古借词规律
吞	than²³	
危险	wəi¹¹ ɕen³¹	
味道	wəi⁵⁵ tau⁵⁵	
（唱）戏	(tha:ŋ⁴⁵³) ɕi⁵⁵	tha:ŋ⁴⁵³"唱"，合乎中古借词规律
吓（唬）	ha⁵⁵	
闲人	ha:n¹¹ ȵən¹¹	
县	ɕen⁵⁵	
想	ɕa:ŋ⁴⁵³	
向	ha:ŋ³⁵	方～
象	ha:ŋ³⁵	～样
宵夜	ɕeu⁵⁵ je⁵⁵	宵 ɕeu⁵⁵，合乎中古借词规律
小	ɕa:u³¹	
鞋	ha:i¹¹	
学	ɕo¹¹	
丫头	ja³³ təu¹¹	
衙门	ŋa¹¹ mən¹¹	
颜色	jen¹¹ sə¹¹	
扬州	ja:ŋ¹¹ təu³³	
阳雀	ja:ŋ¹¹ tɕhiu²³	
摇	ŋəu¹¹	
一定	ji¹¹ tən⁵⁵	
移（动）	ji¹¹	
以后	ji⁵³ həu⁵⁵	以 ji⁵³，不合语音对应规律
阴阳地理	jim⁵⁵ ja:ŋ¹¹ ti⁵⁵ lji³¹	
引	jən³¹	指带领
硬	ŋən⁵⁵	
玉	jui⁵⁵	
元	jon¹¹（又 jwa:n¹¹）	银～
园子	ja:n²³	
炸油	tɕa⁵⁵ ju¹¹	
争	sən²³	指吵架
知县	ti³³ ɕen⁵⁵	
住	tɕu⁵⁵	
准	tən³¹	不～
准备	tun³¹ pi⁵⁵（又 pji³³）	准 tun¹¹，声调不合规律，可能是语流音变

说明：在以上词表中，有的汉借词的构词语素的读音合乎中古汉语借词的语音规律，如"头 təu¹¹""马 ma³¹""时 ɕi¹¹"等等，我们设想，这些语素早在中古时期已借入侗语了，由于借入时间

长,再加上是可以灵活运用的单音节基本词汇(或语素),所以逐渐具备了构词能力,与近现代汉借词(语素)再构成新词。

2.3.2 三江侗语里中古到近现代过渡时期的汉语借词

2.3.2.1 中古到近现代过渡时期汉语借词的语音特点

在三江侗语里,有一批语音特点不很典型的汉语借词,或者声韵调其中一项表现为中古汉语借词特点,另外的却表现为现代汉语借词特点的;或者声韵调均不符合中古或现代借词规律,但从词义上看是反映近现代生活内容的。我们认为,造成这种现象的情况比较复杂,其中主要的原因可能是:(1)从中古到现代,三江地区的通用汉语经历了原有权威性汉语被西南官话交替覆盖的过程,因而形成了汉语借词的这一过渡层次;(2)由于使用者的习惯,将古代汉语借词的一些语音特点类推迁移到现代汉语的借词上,结果造成这类"古今混淆"现象;(3)或者借自某汉语方言,或者由于音变,借源或成因不明。

鉴于以上的理由,我们不便确定这批汉语借词时段,只好用"中古至近现代过渡借词"这一较模糊的概念来统指下面的汉语借词。

2.3.2.2 三江侗语中古到近现代过渡时期汉语借词表(按汉语音序排列)

汉语借词	侗语读音	备注
昂头	ŋaːŋ³³ taːu³³	taːu³³,侗语词"头"
背	pəi⁵³	动词,搭上肩
辩(论)	pjen⁴⁵³	
柄	pjiŋ⁵³	也指"把儿"
层	ɕin⁵³	
叉	ɕe⁵³	
坝	pe⁵⁵	专指"水坝"
差役	(ɕa³¹) ɕaːi⁵⁵	ɕaːi⁵⁵"差";ɕa³¹,汉人、官
场	tʰaːŋ³¹	也指"墟"
菜	tʰaːi³⁵	
吵	tʰaːu³³	
穿	tan³³	指"穿戴"
串	tʰun³⁵	动词,~起来
锤(子)	kui⁴⁵³	也用作动词
第	tʰi²³	~一 tʰi²³ jət⁵⁵;~二 tʰi²³ ɲi³³
斗	taːu³³	~牛
饭	hwaːn³⁵	
贩	hwaːn³³(又 faːn³³)	
贩鬼	hwaːn³³ kui³³	也指"贩子"
粉	hwən²³	米粉
夫妻	hu³³ tɕi³³	"妻",古代声韵,现代调值
含	ŋam⁵⁵	
喊	hem³¹	韵尾-m 非官话

恨	han²³	
壕	haːu⁵⁵	指壕沟
浸（水）	jam¹¹	
净	ɕeŋ²³	
就	ɕu³³	
蓝（靛水）	ȵəm³³	
染	jam³³	染色 jam³³ ȵəm³¹
燎	ljaːu²³（又 ljeu³³）	
猫	meu³¹	
没	mi³¹	
霉（烂）	mui⁵⁵	
碾（子）	ȵen⁵³	
拼命	phan⁴⁵³ miŋ³³	与"竭力"同义
撑伞	ɕeŋ⁵³ saːn⁵³	
杀	sa²³	
师	su³³	投～、拜～
仁安寺	jən¹¹ ȵaːn¹¹ su⁵⁵	
四四方方	su⁵⁵ su⁵⁵ faːŋ³³ faːŋ³³	
榫	ɕon⁵⁵（又 ɕwan⁵⁵）	
松树	məi³¹ soŋ¹¹	məi³¹，侗语词"树木"的意思
唢（呐）	scu⁵⁵	
藤	taːŋ³³	
袜（子）	wa²³	
柜	tui²³	专指"碗柜"
望楼	waːŋ³⁵ ləu³³	
稳	wən²³	
行	heŋ⁵⁵	也用作"走"
哑巴	ŋa⁵⁵ pa³³	
蔫	jam⁵³	
腌（菜）	(ma⁵⁵) jim¹¹	也指"咸菜"。ma⁵⁵侗语词"菜"
咬	ŋaːu⁵³	也用作"嚼"
歉	then⁴⁵³	
情人	siŋ¹¹ ȵi³³	ȵi³³，可能是侗语"ȵi³³（年轻）"的音变形式。该词结构存疑
一	ji³⁵	
一	ʔi⁵⁵	一步 ʔi⁵⁵ taːŋ³³
一百	ʔi⁵⁵ pek³³	
一滴雨	ʔi⁵⁵ thik²³ pjən⁵⁵	
一对	ʔi⁵⁵ toi⁵³	
一万	ʔi⁵⁵ wen³³	
杂	ta³³	指杂色，花
炸油	ta⁵⁵ ju¹¹	
指	ti⁵³	用手～
相片	jaːŋ⁴⁵³	

肿	ku³⁵	指鼓起来
主人	ȵən³³ ɬu³³	
追	təi³³	此词专指"追问"

2.3.3 三江侗语的中古汉语借词

2.3.3.1 中古汉语借词的语音特点

(1) 声调特点

三江侗语里的中古汉语借词的声调与《切韵》音系整齐对应，同时，由于侗语分送气调和不送气调，所以，汉语借词的声调也规律性地再分类。基本对应规律如下表：

	平	上	去	入
全清	55（1调）	33（3调）	53（5调）	33 / 55（7调）
次清（含部分清擦音和变读为送气的全清音）	35（1'调）	23（3'调）	453（5'调）	23 / 35（7'调）
全浊	11（2调）	31（4调）	33（6调）	31 / 11（8调）
次浊	11（2调）	31（4调）	33（6调）	11 / 31（8调）

说明：

a. 次清栏的送气调不仅仅只是中古汉语次清声母字的声调，其中往往包含一些汉语清擦音的声调，尽管汉语借进侗语后未被读作清擦音，例如"分 wən³⁵""方 wa:ŋ³⁵"等等，还包含个别侗语里变全清为次清的汉借词读音，如"钻 ɬhun³⁵"（动词，～山洞）。

b. 汉语全清上声和全浊去声侗语以同样的调值33对应。这有两种可能：一是当时汉语的这两个声调调值相同；二是当时三江侗语以不同的声调对应汉语的这两个声调，后因声调的演变而调值相同了。我们认为后一种可能更符合实际，因为汉语方言全清上声与全浊去声合流的现象是罕见的，而与其他侗语方言比较，三江侗语的33调值分别对应于第3调和第6调。所以，这恰好通过汉语借词证明了三江侗语的第3调和第6调在历史上是不同调值的。由此也显现出汉语借词历史层次研究的意义。

下面是各调对应举例：

汉语声调		侗语汉借词声调	侗语汉借词举例	
阴平	全清	55（1调）	鞍 ʔa:n⁵⁵	帮 pa:ŋ⁵⁵（～助）
	次清	35（1'调）	千 thin³⁵	敲 kheu³⁵
阳平	全浊	11（2调）	财 səi¹¹	朝 ɕeu¹¹（～廷）
	次浊	11（2调）	南 na:m¹¹	年 ȵin¹¹
阴上	全清	33（3调）	宝 pa:u³³	本 pən³³（～钱）
	次清	23（3'调）	起 ɬhi²³	抢 ɬha:ŋ²³
阳上	全浊	31（4调）	近 ɬan³¹	巳 si³¹（地支）
	次浊	31（4调）	马 ma³¹	卯 meu³¹
阴去	全清	53（5调）	算 son⁵³	瓮 ʔoŋ⁵³
	次清	453（5'调）	醋 thu⁴⁵³	歉 ɬhen⁴⁵³

阳去	全浊	33（6调）	避 poi^{33}	病 pjiŋ^{33}
	次浊	33（6调）	路 lu^{33}	乱 lon^{33}
阴入	全清	33 / 55（7调）	八 pet^{33}	塞 sak^{55}
	次清	23 / 35（7'调）	恰 tha:p^{23}	漆 thət^{35}
阳入	全浊	31 / 11（8调）	白 pa:k^{31}	十 ɕəp^{11}
	次浊	11 / 31（8调）	勒 lak^{11}	木 mok^{31}

（2）声母特点

三江侗语里中古汉借词声母与中古汉语三十六字母对应的主要特点是：（1）送气与不送气声母基本对应，尽管存在少数的自由变体；（2）全浊声母与清声母对应，无论平仄均不送气。下面列表说明：

三十六字母	三江侗语中古汉借词声母		备 注
	声母	借词举例	
帮母	p	八 pet^{33}　　半 pa:n^{53}	又：比 phi^{33}，读作送气声母
滂母	ph	泡 pheu^{453}　　泼 phok^{35}	又：飘 pjiu^{55}，读作不送气声母
並母	p	瓶 pjiŋ^{11}　　白 pa:k^{31}	清声母对应全浊，无论平仄均不送气
明母	m	命 miŋ^{33}　　梦 muŋ^{33}	
非母	w	分 wən^{35}　　方 wa:ŋ^{35}	
敷母		——	无字
奉母	w	犯 wem^{33}　　坟 wən^{11}	还有"父、肥"声母 p-，中古早期借词
微母	w	万 wen^{33}　　武 wu^{31}	
端母	t	冬 toŋ^{55}　　胆 ta:m^{33}	又：肚胃 tu^{33} / thu^{33}，送气与不送气交替
透母	th	退 thoi^{453}　　汤 tha:ŋ^{35}	
定母	t	队 toi^{53}　　读 tok^{31}	读书 tok^{31} le^{11}。le^{11}，侗语义"字"
泥（娘）母	ɲ n	年 ɲin^{11}　　南 na:m^{11}	
来母	l	捞 lja:u^{11}　　老 la:u^{31}	
精母	s	焦 siu^{55}　　足富～ sot^{55}	焦心 siu^{55} səm^{55}
清母	s th	村 sən^{55}　　妻 thi^{35}	少数清母字读 th，是侗语中古借词的特殊现象，可能与地域性语音特点相关
		亲 thən^{35}	
从母	s	匠 sa:ŋ^{33}　　罪 soi^{31}	
心母	s	三 sa:m^{55}　　心 səm^{55}	现代汉语借词：心 sin^{33}
邪母	s	巳 si^{31}	地支名
知母	ʈ	帐 ʈa:ŋ^{53}	
彻母	ɕ	撑 ɕeŋ^{53}	
澄母	ɕ	朝 ɕeu^{11}　　茶 ɕe^{11}/ɕa^{11}	朝，～廷；茶，油～
照二（庄母）	ʈ th/t	争 ʈeŋ^{55}　　窄 thok^{35} / tok^{35}	
照二（初母）	ɕ	差 ɕa^{55}　　炒 ɕeu^{23}	差，～错；炒的豆 to^{33} ɕeu^{33}
照二（崇母）	ɕ	锄 ɕu^{11}　　寨 ɕa:i^{33}	
照二（生母）	ɕ	砂 ɕa^{55}　　牲 ɕeŋ^{55}	牲畜 ja:ŋ^{33} ɕeŋ^{55}
照三（章母）	ʈ/th	真 ʈən^{55}　　针 thəm^{35} / təm^{35}	纸 thi^{23} / ti^{23}
照三（昌母）	ɕ	尺 ɕik^{23}　　铳 ɕoŋ^{53}	个别声母为 th，如：唱 tha:ŋ^{453}
照三（船母）	ɕ	船 ɕon^{11}	

中古音			三江侗语中古汉借词声母		备注
照三（书母）		ɕ	水 ɕoi³¹	收 ɕu⁵⁵	
照三（禅母）		ɕ	是 ɕi³³	十 ɕəp¹¹	
日母		ȵ	人 ȵən¹¹	日 ȵət¹¹ t	日头 ȵət¹¹ təu³³
见母		k ȶ	江 ka:ŋ⁵⁵	九 ȶu³³	又：古 khu³³/ku³³，送气与不送气交替
溪母		kh ȶh	客 khek²³	气 ȶhi⁴⁵³	又：开 khəi³⁵/kəi³⁵，送气与不送气交替
群母		ȶ	骑 ȶi¹¹	近 ȶan³¹	
疑母		ŋ	五 ŋo³¹	瓦 ŋe³¹	
晓母		h	灰石灰 hoi⁵⁵	孝 heu⁵³	又：欢~喜 khon³⁵
匣母		h w	学 ha:k³¹	换 wa:n³³	又：皇帝 wa:ŋ¹¹ ti⁵³
影母		ʔ	瓮 ʔoŋ⁵³	鞍 ʔa:n⁵⁵	
喻三（云母）		j	为 jui³³		
喻四（以母）		j	勇 joŋ³¹	引 jən³¹	勇官 joŋ³¹ kwa:n⁵⁵，指军官

（3）韵母特点

中古音			三江侗语中古汉借词韵母		备注
摄	呼等韵	韵母	借词举例		
果	开一歌	a	歌 ka⁵⁵ 河 ha⁵⁵ 锣 la¹¹		侗歌 ka⁵⁵ ɬam⁵⁵
	开三戈	a	茄 ȶa¹¹		
	合一戈	ui	坐 sui⁵³		坐下来 sui⁵³ lui³³ ma³⁵
	合三戈				
假	开二麻	e	茶 ɕe¹¹/ɕa¹¹ 家 ke⁵⁵/ka⁵⁵ 嫁 ke⁵³ 价 ka⁵³ 马 ma³¹ 牙 ŋe¹¹ 芽 ŋe¹¹		ɕe¹¹、ke⁵⁵，常用；si³³ ka⁵⁵，自家；嫁女儿 ke⁵³ la:k³¹ mjek³³，e/a 交替，a 晚起
	开三麻	ja	也 ja³³		
	合二麻	e	瓦 ŋe³¹		
遇	合一模	u o	五 ŋo³¹ 铺 phu⁴⁵³ 古 ku³³		铺 phu⁴⁵³，指店铺
	合三鱼	u	去 ȶhu⁴⁵³		
	合三虞	u	父 pu³¹ 主 ȶu³³		主人 ȵən¹¹ ȶu³³；主家 ȶu³³ ke⁵⁵
蟹	开一哈	əi	爱 ʔəi⁵³ 财 səi¹¹ 海 həi²³ 该 ka:i⁵⁵ 改 ka:i³³		该 ka:i⁵⁵、改 ka:i³³，晚起
	开一泰	ai	太 thai⁴⁵³ 害 ha:i³³		早期一等哈、泰有区别
	开二皆	a:i	排 pa:i¹¹		木排 mok³¹ pa:i¹¹ / pa:i¹¹ mei³¹
	开二佳	a:i	鞋 ha:i¹¹		
	开二夬	a:i	败 pa:i³³		
	开三祭				
	开三废				
	开四齐	e	底 te³³ 妻 thi³⁵ / ti³⁵		
	合一灰	oi	灰 hoi⁵⁵		灰 hoi⁵⁵，专指石灰
	合一泰				
	合二皆				
	合二佳	wa	画 wa⁴⁵³		
	合二夬	wa	话 wa³³		

	合三祭			
	合三废			
	合四齐			
止	开三支	i	皮 pi¹¹　纸 ti²³/ʈhi²³	
	开三脂	i	比 phi³³　二 ȵi³³	
	开三之	i	时 ɕi¹¹　旗 ʈi¹¹	时间 ɕi¹¹ ka:n⁵⁵
	开三微			
	合三支	ui	为 jui³³	因为
	合三脂	oi	水 ɕoi³¹	
	合三微	ui	贵 ʈui⁵³　鬼 ʈhui³³/ʈui³³	贵州 kui⁵³ tu⁵⁵，kui⁵³ 晚起
效	开一豪	a:u	老 la:u³¹　倒 ta:u⁵³	
	开二肴	eu	包 peu⁵⁵/pəu⁵⁵（名） 炒 ɕeu²³/ɕa:u³³	peu⁵⁵ 可用作名词、动词、量词；pəu⁵⁵ 只用作名词。炒 ɕeu²³ 常用，ɕa:u³³ 晚起
	开三宵	jiu	朝 ɕeu¹¹　庙 mjiu³³	
	开四萧			
流	开一侯	əu	头 təu¹¹	
	开三尤	əu	谋 məu¹¹	
	开三幽			
咸	开一覃 合	a:m ap	南 na:m¹¹ 盒 hap³³	
	开一谈 盍	a:m	三 sa:m⁵⁵	
	开二咸 洽	em ep	减 kem³³ 夹 ŋep²³　恰 ʈha:p²³	恰 ʈha:p²³，晚起
	开二衔 狎			
	开三盐 叶	im	盐 jim¹¹　阉 jim⁵⁵	淹 jam⁵⁵，晚起
	开三严 业			
	开四添 帖			
	合三凡 乏	ep	法 wep²³	指符法
深	开三侵 辑	əm əp	心 səm⁵⁵　针 təm³⁵/ʈhəm³⁵ 十 ɕəp¹¹	心 səm⁵⁵，也指肝
山	开一寒 曷	a:n a:t	难 na:n¹¹ 割 ka:t³³	寒、山、删有别！
	开二山 黠	en et	间 ken⁵⁵/ka:n⁵⁵　扮 pen⁵³ 八 pet³³	时间 ɕi¹¹ ka:n⁵⁵，ka:n⁵⁵ 晚起
	开二删 辖	a:n	雁 ŋa:n³³	雁 ŋa:n³³，侗语指鹅

	开三仙薛	jin	棉 mjin¹¹	棉 mjin¹¹，指棉花
	开三元月	jen	言 jen¹¹	
	开四先屑	in it	年 ȵin¹¹　千 thin³⁵ 结 tʰit²³	结 tʰit²³，动词，~果
	合一桓末	a:n wa:n ok	半 pa:n⁵³　盘 pa:n¹¹ 酸 səm²³　官 kwa:n⁵⁵ 泼 phok³⁵	又:换 wa:n³³
	合二山黠			
	合二删辖	wen wet	惯 kwen⁵³ 刮 kwet³¹ / kwa:k³³	刮 kwa:k³³，晚起
	合三仙薛	on	圈 ton³³	牛圈 ton³³ tu¹¹。tu¹¹，侗语黄牛
	合三元月	wen wet	万 wen³³　劝 jon⁴⁵³ 发 wet²³	劝 jon⁴⁵³，晚起
	合四先屑			
臻	开一痕	an	吞 lan²³	吞 lan²³，声母不合规律
	开三真/臻质/栉	ən jət	人 ȵən¹¹　真 tən⁵⁵ 一 jət⁵⁵　七 tət⁵⁵ / thət³⁵	
	开三殷迄	an	近 tan³¹	
	合一魂没	ən ot	本 pən³³　盆 pən¹¹ 骨 kot⁵⁵	
	合三谆术	ən	春 ɕən⁵⁵	
	合三文物	wən	分 wən³⁵	
宕	开一唐铎	a:ŋ ok a:k	帮 pa:ŋ⁵⁵ 落 tok⁵⁵　各 ka:k³³	ka:k³³，各人，西南地区指自己
	开三阳药	a:ŋ a:k	象 ɕa:ŋ⁵³ 鹊 ɕa:k²³	象 ɕa:ŋ⁵³，指大象； 喜鹊 ɕa:k²³ / nok³¹ ɕa:k²³
	合一唐铎			
	合三阳药	wa:ŋ	方 wa:ŋ³⁵	方便 wa:ŋ³⁵ pjin³³
江	开二江	a:ŋ	江 ka:ŋ⁵⁵　讲 ka:ŋ³³	
曾	开一登德	əŋ ak	朋 pjiŋ¹¹　崩 pəŋ⁵⁵ 北 pak⁵⁵	朋伴 pjiŋ¹¹ pa:n³¹，朋友

	开三蒸职	iŋ ək	升 ɕiŋ⁵⁵ 力 lək¹¹	升 ɕiŋ⁵⁵，名量词
	合一登德			
	合三职			
梗	开二庚陌	eŋ ek	撑 ɕeŋ⁵³ 百 pek³³　客 khek²³	
	开二耕麦	eŋ ek	争 ʦeŋ⁵⁵ 脉 mek³¹	
	开三庚陌	jiŋ	平 pjiŋ¹¹	
	开三清昔	iŋ ik	请 thiŋ²³ 尺 ɕik²³　石 ɕik³¹	
	开四青锡	iŋ ik	钉 tiŋ⁵⁵ 锡 sik³³	钉子 tiŋ⁵⁵
	合二庚陌	weŋ	横 weŋ¹¹	
	合二耕麦			
	合三庚			
	合三清昔			
	合四青			
通	合一东屋	oŋ ok	东 toŋ⁵⁵　公 koŋ⁵⁵ 木 mok³¹	
	合一冬沃	oŋ	冬 toŋ⁵⁵　松 soŋ⁵⁵	冬天 toŋ⁵⁵ɕi¹¹；松 soŋ⁵⁵，不紧，形容词
	合三东屋	oŋ jok	风 hoŋ⁵⁵ 六 ljok³¹	风蓬 hoŋ⁵⁵poŋ¹¹，帆
	合三锺烛	joŋ	龙 ljoŋ¹¹	

2.3.3.2　三江侗语中古汉语借词表（按汉语音序排列）

汉语借词	侗语读音	备　　注
爱	ʔəi⁵³	
庵	ŋa:n⁵⁵	
鞍	ʔa:n⁵⁵	马～
八	pet³³	
八字	pet³³ si³³	
把凭	pa³³ pjən¹¹	义即"凭据"
白	pa:k³¹	～菜 ma⁵⁵pa:k³¹
百	pek³³	老～姓 la:u³¹pek³³siŋ⁵³
败	pa:i³³	～色 pa:i³³se¹¹

办	pen^{33}	
半	pa:n^{53}	
伴	pa:n^{31}	同～
扮	pen^{53}	打～ ta^{33} pen^{53}
帮（助）	pa:ŋ^{55}	
包	peu^{55}	名词、动词、量词
包	pəu^{55}	名词，山～ pəu^{55} tən^{11}
宝贝	pa:u^{33} pi^{55}	
爆（炸）	peu^{53}（pam^{31}）	
碑	pəi^{55}	
北	pak^{55}	
避	poi^{33}	～风；～人
本钱	pən^{33} sin^{11}	
崩（塌）	pəŋ^{55}	
比	phi^{33}	
笔	pjət^{55}	
篦（子）	pji^{33}	
变	pjin^{53}	
病	pjiŋ^{33}	生～ li^{33} pjiŋ^{33}
（伯）父	pu^{31}（ma:k^{33}）	
财	səi^{11}	
（棺）材	səi^{11}	
槽	sa:u^{11}	木～ sa:u^{11} məi^{31}
茶	ɕe^{11} / ɕa^{11}	
差	ɕa^{55}	
砂	ɕa^{55}	
唱	ɬha:ŋ^{453}	
朝	ɕeu^{11}	指朝廷
潮（湿）	ɕeu^{11}	
炒	ɕeu^{23} / ɕa:u^{33}	～的豆 to^{33} ɕeu^{33}
铛	teŋ^{55}	
撑	ɕeŋ^{53}	顶住
尺（子）	ɕik^{23}	
冲	ɬhoŋ^{453}	～鼻子
铳	ɕoŋ^{53}	枪
初	ɕu^{55}	～一 ɕu^{55} jət^{55}；～二 ɕu^{55} ɲi^{33}
锄	ɕu^{11}	
穿	ɬun^{35}	动词，～行
传	ɕon^{11}	
船	ɕon^{11}	
串	ɕon^{53}	量词
春天	ɕən^{55} ɕi^{11}	
醋	th/tu^{453}	

村	sən^{55}	
撮	thot^{23} / ɬhwa:t^{23}	动词
打	ta^{33}	
打比	ta^{33} pji^{33}	
打算	ta^{33} swa:n^{53}	
打主意	ta^{33} ɬu^{33} ji^{53}	
大	ta:i^{33}	
袋子	təi^{33}	
单	ta:n^{55}	
担	ta:m^{53}	量词，百斤
胆	ta:m^{33}	
弹	ta:n^{11}	动词
当初	ta:ŋ^{55} ɕu^{55}	
挡	tha:ŋ^{23}	
倒	ta:u^{53}	～水
到	thəu^{453}	～了 thəu^{453} ljeu^{31}
底	te^{33}	指底下；下面
地	ti^{33}	～方 ti^{33} wa:ŋ^3；土～公 koŋ^{33} ti^{33}
点	ȶim^{33}	钟～
垫	ȶim^{33}	
殿	ȶin^{33}	
靛	tən^{33}	蓝～
雕	ȶeu^{55}	鸟名
钉子	ȶiŋ^{55}	
定向	ȶiŋ^{33} ja:ŋ^{453}	
东	toŋ^{55}	
冬天	toŋ^{55} ɕi^{11}	
侗(族)	toŋ^{55}	
都	tu^{55}	
读书	tok^{31} le^{11}	
独	tok^{31}	只不过
赌钱	tu^{33} sin^{11}	
肚皮	pi^{11} thu^{23}	
肚(子)	thu^{23}	
短	ɬhən^{23}	
断	ton^{53}	判～
对	toi^{53}	
碓	toi^{53}	
队	toi^{53}	
囤	tən^{31}	量词
舵	to^{31}	
雁	ŋa:n^{33}	侗语指"鹅"
恩情	ʔən^{55} siŋ^{11}	

二	ȵi³³	
二百	ja¹¹ pek³³	
二十	ȵi³³ ɕəp¹¹	
二月	ȵi³³ ŋwet³¹	
发财	wet²³ səi¹¹	
发脾气	wet²³ pi¹¹ ɬhi⁴⁵³	
法	wep²³	符~
犯人	ȵən¹¹ wem³³ soi³¹	
犯罪	wem³³ soi³¹	
方便	wa:ŋ³⁵ pjin³³	
放心	wa:ŋ⁵³ səm⁵⁵	
肥	pi¹¹	也指烂泥。中古早期借词，重唇音
分席	wən³⁵ sik³¹	
坟（墓）	wən¹¹	
风蓬	hoŋ⁵⁵ poŋ¹¹	
符法	hu¹¹ wep³³	
父（亲）	pu³¹	中古早期借词，重唇音。参见§2.3.3.1的声母特点列表
该	ka:i⁵⁵	
改	ka:i³³	
泔	kam³⁵ / kham³⁵	
泔水	nəm³¹ kam³⁵	
赶快	ka:n³³ wəi⁴⁵³	
缸；岗；钢	ka:ŋ⁵⁵	
告状	ka:u⁵³ ɕoŋ³³	
割	ka:t³³	
歌	ka⁵⁵	侗~ ka⁵⁵ ɬam⁵⁵
各	ka:k³³	~样
羹	keŋ⁵⁵	粥
工	koŋ⁵⁵	
公	koŋ⁵⁵	
功果	koŋ⁵⁵ ko³³	指贡献
共	ɬuŋ³³	~同
钩；勾	kəu⁵⁵	名词、动词。勾腰 kəu⁵⁵ khui²³
姑母	ku⁵⁵	比父亲小的
箍	ku⁵⁵	
古怪	khu³³ kwa:i⁵⁵	作恶，怪 kwa:i⁵⁵，声调合乎现代借词规律
古话	ku³³ jen¹¹	
古	ku³³	指故事。讲~，即讲故事
谷子	kəu³¹ kok³³ / khəu³¹ khuk²³	
骨头	kot⁵⁵ ȵok³¹	
鼓楼	ku³³ ləu¹¹	
顾	ku⁵³	
瓜	kwe⁵⁵	黄~ kwe⁵⁵ ma:n²³

刮	kwet^{31} / kwa:k^{33}	指打扫
刮	ɬot^{33}（又 ɬwa:t^{33}）	指骂
剐皮	kwa^{33} pji^{11}	
乖	kwa:i^{55}	指聪明
官	kwa:n^{55}	勇～，即军官
管	kon^{33}	
惯	kwen^{53}	
鬼	ɬhui^{33}（又 ɬ）	
贵（重）	ɬui^{53}	富～ hu^{53} ɬui^{53}
贵州	kui^{53} ɬu^{55}	"贵"三等字，kui^{53} 音晚于 ɬui^{53}
海	həi^{23}	
害	ha:i^{33}	
汉子	ha:n^{453}	
好	ha:u^{33}	
盒	hap^{33}	
河	ha^{55}	
痕	han^{11}	指缝儿
横	weŋ^{11}	
胡椒	hu^{11} siu^{55}	
壶；湖	hu^{11}	
葫芦	hu^{11} lu^{11}	
花	wa^{35}	
花蔫	wa^{35} jam^{53}	
画	wa^{453}	动词，～图画
坏	wa:i^{33}	
欢	khon^{35} / khwa:n^{35}	～喜 khon^{35} ɬi^{33}
换	wa:n^{33}	
皇帝	wa:ŋ^{11} ti^{53}	
灰	hoi^{55}	专指石灰
悔	hoi^{33}	
伙计	ho^{33} ɬi^{55}	
货	ho^{53}	东西
疾	khit^{23}	也指疼、病
几多	ɬi^{55} to^{55}	几 ɬi^{55}，声调可能是 33 变 55
忌	ɬi^{33}	
寄信	ɬi^{33} sən^{53}	
酱	ɬot^{33}	
加	ka^{55}	
夹	ŋep^{23}	声母变异，不合一般对应规律
家	ka^{55}	自～ si^{33} ka^{55}，自己
家产	ke^{55}	
价钱	ka^{53} sin^{11}	
驾	ka^{53}	动词

架	ka⁵³	
假	ka³³	
嫁女儿	ke⁵³ la:k³¹ mjek³³	la:k³¹ mjek³³，侗语女儿
间	ken⁵⁵	量词
减	kem³³	
毽子	ɬen⁵³	
江	ka:ŋ⁵⁵	
讲古	ka:ŋ³³ ku³³	讲故事
匠(人)	ɕa:ŋ³³ / sa:ŋ³³	
胶	keu⁵⁵	动词，粘
焦	siu⁵⁵	糊
焦心	siu⁵⁵ səm⁵⁵	
轿	ɬeu³³	～子，ɬeu³³ poŋ¹¹ ta:ŋ¹¹。poŋ¹¹ ta:ŋ¹¹为侗语本族词"轿"
阶	ka:i⁵⁵	
街	ka:i⁵⁵	
结	ɬhit²³	动词，～果
金	ɬəm⁵⁵	
金戒指	ɬəm⁵⁵ ku³³ ka:i⁵⁵	
筋	ʔən⁵⁵	
紧	ɬan³³	
近	ɬan³¹	
禁	ɬəm⁵³	
九	ɬu³³	
旧	ka:u⁵³	
救	ɬu⁵³	
锯子	ɬo⁵³	
卷	ɬun⁵³	
开	khəi³⁵ / kəi³⁵	
开花	khəi³⁵ wa³⁵	
开年	khəi³⁵ ɲin¹¹	
靠	khau⁴⁵³	
壳	khuk²³	
客	khek²³	～人，ɲən¹¹ khek²³
扣衣服	ɬhəu⁴⁵³ kuk³³	kuk³³，侗语衣服
扣(子)	ɬhəu⁴⁵³ / ɬəu⁴⁵³	
苦	khu²³	
快	wəi⁴⁵³	
烂	la:n³³	
郎	la:ŋ¹¹	情哥
捞	lja:u¹¹	
老百姓	la:u³¹ pek³³ siŋ⁵³	
老	la:u³¹	也指"大"
老人	ɲən¹¹ la:u³¹	

老实	la:u³¹ ɕət¹¹	
老头（儿）	ka:u¹¹ la:u¹¹	
勒	lak¹¹	
离	lji¹¹	
礼；里	lji³¹	
力	lək¹¹	
栗	lət¹¹	板～
连夜	ljen¹¹ ɬa:n⁵⁵	ɬa:n⁵⁵，侗语指深夜（12点以后）
镰（刀）	ljim³¹	
链（条）	ljiu³³	也指"镣铐"
良心	lja:ŋ¹¹ səm⁵⁵	
两	lja:ŋ³¹	
凌	ləŋ³³	冰～
六	ljok¹¹	
龙	ljoŋ¹¹	也指"虹"
龙王	ljoŋ¹¹ wa:ŋ¹¹	
路	lu³³	
乱	lon³³	
论	lən³³	
（萝）卜	pak¹¹	
锣	la¹¹	铜～ toŋ¹¹ la¹¹
箩	lo¹¹	米～
箩（筐）	la¹¹	包括中、小
螺	ləu⁵³	
落	tok⁵⁵	
马	ma³¹	
麦（子）	(kəu³¹) mek³¹	kəu³¹，侗语稻米
脉	mek³¹	
满	mon³¹	
卯	meu³¹	
帽（子）	meu³³	
媒	mui¹¹	～人
梦	muŋ³³	
迷	mji¹¹	昏～
棉（花）	mjin¹¹	
苗（族）	mjiu⁵⁵	声调不合规律
庙	mjiu³³	
命	miŋ³³	
摸	mo⁵⁵	
抹	ma:t²³	揩
谋	məu¹¹	
木	mok³¹	
木匠	ɕa:ŋ³³ məi³¹	məi³¹，侗语树木

木排	mok³¹ pa:i¹¹ / pa:i¹¹ məi³¹	
南	na:m¹¹	
难	na:n¹¹	
年	ȵin¹¹	岁
年纪	ȵin¹¹ ɬhi³³	
娘（子）	ȵa:ŋ¹¹	
尿	ȵeu⁵³	
（牛）轭	ʔit³³	
牛圈	ɬon³³ tu¹¹	tu¹¹，侗语黄牛
女	ȵu³¹	
藕	ŋəu³¹	
拍	phek²³	～手 phek²³ mja¹¹
排场	pa:i¹¹ ɬaŋ¹¹	
牌	pa:i¹¹	
盘费	pon¹¹ wəi³⁵	
盘子	pa:n¹¹	
炮	pheu⁴⁵³ / peu⁵³	
跑	pja:u⁵³	逃
泡	pheu⁴⁵³	～茶
赔	pui¹¹ / pəi¹¹	
配	phi⁴⁵³	匹～
盆子	pən¹¹	
朋伴	pjiŋ¹¹ pa:n³¹	同伴；朋友
皮	pji¹¹	
脾气	pji¹¹ ɬhi⁴⁵³	
飘	pjiu⁵⁵	
平	pjiŋ¹¹	～展展 pjiŋ¹¹ pap¹¹ pap¹¹
瓶	pjiŋ¹¹	壶
泼	phok³⁵	
扑	pəp⁵⁵	～倒 kəm³¹ pəp⁵⁵
铺	phu⁴⁵³	店～
铺	phu³⁵	动词，～席子 phu³⁵ min²³
七	ɬət⁵⁵ / thət³⁵	
妻	ɬhi³⁵ / ti³⁵	
漆	thət³⁵	
骑	ɬi¹¹	～马 ɬi¹¹ ma³¹
旗	ɬi¹¹	
起	ɬhi²³	～火（生火）ɬhi²³ pi⁵⁵
起团	ɬhi²³ ton¹¹	集合
气	ɬhi⁴⁵³	生～
掐花	jak⁵⁵ wa³⁵	
恰	ɬha:p²³	
千	thin³⁵	

牵马	jət¹¹ ma³¹	
钱	sin¹¹	
枪	ɕaːŋ⁵⁵	
强	ȶaːŋ¹¹	
抢	ȶhaːŋ²³	
敲	keu³⁵ / kheu³⁵	～打
荞麦	kəu³¹ ȶhiu¹¹	
桥	ȶiu¹¹	
切	thit²³	动词,～菜 thit²³ ma⁵⁵
茄子	ȶa¹¹	
炸	ȶa¹¹	油～
亲	thən³⁵ / ən³⁵	成～、结～ we³¹ thən³⁵
清楚	thiŋ³⁵ thu²³	
清明	thiŋ³⁵ mjiŋ¹¹	～节
情	siŋ¹¹	爱～ ȵan¹¹ siŋ¹¹
晴	ȶaːŋ³⁵ / ȶhaːŋ³⁵	ȶhaːŋ³⁵,全浊送气,现代借词的变体
请	thiŋ²³	也指"雇"
穷	ȶoŋ¹¹	
秋季	thu³⁵ ɕi¹¹	
求	ȶəu¹¹	～人 ȶə¹¹ ȵən¹¹
求签	ȶəu¹¹ sim⁵⁵	
求仙	ȶəu¹¹ ɕen⁵⁵	
去	ȶhu⁴⁵³	
圈	ȶon³³ / ȶwaːn³³	
圈	ȶhon³⁵	动词
拳	ȶon¹¹	
劝	jon⁴⁵³	
让	ȵaːŋ³³	
人	ȵən¹¹	
日头	ȵət¹¹ təu³³	
容易	joŋ¹¹ ji³³	
融化	joŋ¹¹	
塞	sak⁵⁵	堵～
三	saːm⁵⁵	
散	saːn⁵³	
臊	saːu⁵⁵	腥
筛	ɕaːi⁵⁵	名词、动词
商量	ɕeŋ⁵⁵ ljaːŋ¹¹	
烧香	ɕeu⁵⁵ jaːŋ³⁵	
少	ɕiu²³	
身(体)	ɕən⁵⁵	
神	ɕən¹¹	
升	ɕiŋ⁵⁵	名词

生日	heŋ⁵⁵ n̩ət¹¹	
牲	ɕeŋ⁵⁵	～畜 ja:ŋ³³ ɕeŋ⁵⁵
十	ɕəp¹¹	
十二	ɕəp¹¹ n̩i³³	
十二月	ɕəp¹¹ n̩i³³ ŋwei³¹	
十一	ɕəp¹¹ jət⁵⁵	
石	ɕik³¹	
时	ɕi¹¹	季节
时间	ɕi¹¹ ka:n⁵⁵	
拾	təp⁵⁵	收～
食指	la:k³¹ təŋ³³ ka:i⁵³	
事件	ɕi³³	条规
试	ɕi⁵³	
是	ɕi³³	
收	ɕu⁵⁵	
守卫	ɕu²³	等待
首先	ɕəu³¹ ɕen⁵⁵	
输	ɕui⁵⁵	
熟	ɕok³¹	也指脓
赎	ɕok³¹	
数目	ɕu⁵³	
双江	ɕoŋ⁵⁵ ka:ŋ⁵⁵	原通道县治
水	ɕoi³¹	～退 ɕoi³¹ thoi⁴⁵³ / nəm³¹（本族词）thoi⁴⁵³ 两可
话	wa³³	讲～ ka:ŋ³³ wa³³，说话
巳	si³¹	地支
四	si⁵³	
松	soŋ⁵⁵	形容词,不紧
酸	səm²³	
算	son⁵³	动词
锁	so²³	动词、名词
太	thai⁴⁵³	
覃妹	səm¹¹ moi³³	人名
炭	tha:n⁴⁵³	
汤	tha:ŋ³⁵	
堂	ta:ŋ¹¹	学～ ta:ŋ¹¹ ha:k³¹
塘	ta:ŋ¹¹	
糖	ta:ŋ¹¹	
烫	tha:ŋ⁴⁵³	
踢	thik²³	
剃	the⁴⁵³	～头
替	thi⁴⁵³ / the⁴⁵³	调换
天罡时（辰）	thin³⁵ ka:ŋ⁵⁵ ɕi¹¹	
添	thim³⁵	

舔	lja¹¹	
条	tɕiu¹¹	
听	tɕhiŋ⁴⁵³	～说 tɕhiŋ⁴⁵³ ka:ŋ³³
亭(子)	tiŋ¹¹	棚子
通	thoŋ³⁵	
铜；同；筒	toŋ¹¹ / thoŋ¹¹	thoŋ¹¹，全浊送气，现代借词的变体
捅	thoŋ²³	
掠	ljak¹¹	偷
头	təu¹¹	
投师	təu¹¹ su³³	拜师
土地(公)	koŋ³³ ti³³	
退	thoi⁴⁵³ / thwa:i⁴⁵³	
吞	lan²³	
脱	thot²³ / thwa:t²³	～衣 thot²³ khuk²³
瓦	ŋe³¹	
万	wen³³	
为	jui³³	因～
未	mi³¹	
肚(子)	tu³³ / thu³³	胃
瘟(疫)	wən⁵⁵	
望	mjuŋ³³	盼～
瓮	ʔoŋ⁵³	坛子
五	ŋo³¹	
午	ŋo³¹	～时
武	wu³¹	
舞	ʔu³¹	动词
戊日	man⁵⁵ mu³³	
锡	sik³³	
喜鹊	ɕa:k²³ / nok³¹ ɕa:k²³	
下	ha³³	量词，次
吓(唬)	ha⁵⁵	
夏天	ha⁵³ ɕi¹¹	
闲人	ha:n¹¹ ɲən¹¹	
衔	ŋam⁵⁵	
线	sin⁵³ / sa:n⁵³	
向	ja:ŋ⁴⁵³	方～
巷(道)	khoŋ⁴⁵³	
象	ɕa:ŋ⁵³	大～
孝	heu⁵³	
鞋	ha:i¹¹	
写字	ɕa²³ si³³	
心；肝	səm⁵⁵	
信	sən⁴⁵³	相～

腥	siŋ⁵⁵	
行蛮	ɬa:ŋ¹¹ ma:n¹¹	
姓(名)	(kwa:m⁵⁵) siŋ⁵³	
旋(涡)	(wa:ŋ¹¹) ɕon¹¹	
学	ha:k³¹	上～ ɬha⁴⁵³ ha:k³¹
学堂	ta:ŋ¹¹ ha:k³¹	学校
牙(齿)	ŋe¹¹	
芽	ŋe¹¹	
衙门	ŋa¹¹ mən¹¹	
烟	jin⁵⁵	香烟;鸦片
淹	jam⁵⁵	
阉	jim⁵⁵	
言	jen¹¹	
盐	jim¹¹	
样(子)	ja:ŋ³³	各样 ka:k³³ ja:ŋ³³
腰子	jəu⁵⁵ si³³	
摇	ŋəu¹¹	
瑶(族)	jiu¹¹	
咬	kit³¹	
要	jiu⁵³	
要紧	jiu⁵³ ɬhən²³	
鹞(子)	jiu³³	
也	ja³³	
一	jət⁵⁵	
依	ji⁵⁵	顺
荫	jam⁵³	
阴	jəm⁵⁵	
阴阳(地理)	jim⁵⁵ ja:ŋ¹¹ (ti⁵⁵ lji³¹)	
银	ȵan¹¹	
引	jən³¹	带领
饮	jəm³¹	
印	jən⁵³	脚～ jən⁵³ tin⁵⁵
应	jəŋ³³	答应;肯
赢	jiŋ¹¹	
影	jiŋ³³	
擤	jiŋ³³	
雍	joŋ⁵⁵	施肥
勇	joŋ³¹	指兵。勇官(军官) joŋ³¹ kwa:n⁵⁵
用	joŋ³³	
油茶	ju¹¹ ɕa¹¹	
酉	ju³¹	
又	ju³³	
团	ton¹¹/twa:n¹¹	圆的;又;量词

愿	ȵon³³	
约(束)	jat¹¹	
月	ŋwet³¹	几～
晕	ŋwən³³	
簪(子)	ɬəm⁴⁵³/ɬhəm⁴⁵³	
灶	sa:u⁵³	
造	sa:u³³	做，～饭
贼	sak¹¹	
榨油	ɬe⁵³ ju⁵⁵	
窄	thok³⁵(又 ɬ)	
寨(子)	ɕa:i³³	
帐	ɬa:ŋ⁵³	
针	ɬəm³⁵/ɬhəm³⁵	顶～ ɬi³³ ɬhəm³⁵
真	ɬən⁵⁵	
争	ɬeŋ⁵⁵	
纸	ɬi²³/ɬhi²³	
中用	ɬoŋ⁵³ joŋ³³	
钟;装	ɬoŋ⁵⁵	
种子	kəu³¹ ɬoŋ³³	kəu³¹，侗语词"稻子、米"
种(子)	ɬoŋ³³	
州城	ɬu⁵⁵ ɕiŋ¹¹	
朱;珠	ɬu⁵⁵	
朱砂	ɬu⁵⁵ sa⁵⁵	
主	ɬu³³	～家 ɬu³³ ke⁵⁵，也指主人
主人	ȵən¹¹ ɬu³³	
主意	ɬu³³ ji⁵³	
住	ɬu⁵⁵	
箸	ɕo³³	筷子
抓	ɬa:p²³	
砖	ɬon⁵⁵/ɬwa:n⁵³	泥～ ɬon⁵⁵ na:m³³
转	ɬon⁵³/ɬwa:n³³	～回
雄	ɕoŋ¹¹	英～
啄	ɬok³³	
字	si³³	
自家	si³³ ka⁵⁵	自己
租	su⁵⁵	
祖	su⁵⁵	
足	sot⁵⁵	富～
钻	ɬhun³⁵	
罪	soi³¹/swa:i³¹	
坐	sui⁵³	～下来 sui⁵³ lui³³ ma³⁵；～下 sui⁵³ pam³¹

2.3.4 三江侗语的上古借词

这一层次的词极少,其语音对应规律上与中古汉借词层不同,其特点是:声调方面,对应规律不太清晰,往往数调对应汉语的一个调类,具体如下:

	平	上	去	入
全清	11(2调) 55(1调)	—	53(5调)	33(7调)
次清	—	—	—	23/35(7'调)
全浊	—	—	33(6调)	—
次浊	—	33(3调)	—	—

声母方面,发音部位与上古汉语基本对应;非组字读重唇;匣母读作塞音 k-或 t-。韵母方面,鱼部字读 a;侯部字读 o;有的去声带塞音韵尾。

三江侗语与汉语的上古关系词表:

汉语借词	侗语读音	备 注
豆	to^{33}	黄~to^{33} soŋ^{11};~豉 to^{33} ɕi^{33}。豆,中古侯开一,中古该韵借词音 əu
渡	ta^{33}	过河 ta^{33} ɲa^{55}。水语:渡 ta^{6}
菇/菰	ka^{11}	水语:菇 ʁa^{1}
结(名词)	khut^{23}	中古借词:动词,结 tɕhit^{23},~果
芥	ka:t^{33}	~菜 ma^{55} ka:t^{33}。水语芥 qa:t^{7}
锯	ka^{53}	~树 ka^{53} məi^{31}
铁	khut^{35}	水语:铁 ɕət^{7}。沙加尔拟上古音 *^{a}hlik> thet
乌	nok^{31}	~鸦 nok^{31} ka^{55}。ka^{55} 也可能是象声词

2.4 三江侗语里汉语借词的数量统计

我们所调查的三江侗语词(或语素)共 2958 个,其中的汉语借词情况统计如下:

本族词	所调查的三江侗语词(或语素)总数:2958			
	汉语借词及侗汉关系词			
	近现代借词	中古到近现代过渡阶段借词	中古借词	上古借词
2250	122(17%)	70(10%)	506(72%)	8(1%)
约占总数的 76%	共 708 个,约占总数的 24%			

说明:根据我们在三江的调查,当地侗族语言里的现代政治、经济、文化词语基本上借自现代汉语,但由于我们调查所采用的是邢公畹先生(1985)的词汇表,其中现代政治、经济、文化词较少,所以上表中现代汉语借词比例很小。

本章参考文献

陈　瑾　　1988　《广西三江侗族自治县方言志》,广西三江侗族自治县县志办公室印。

陈宗林　　1999　《三江侗语早期汉借词来源于六甲话考》,《民族语文》第 5 期。

────　　2000　《三江侗语汉语借词声调的多层次性》,《湛江师范学院学报》第 6 期。

姜玉笙等编　　1946　《三江县志》,广西三江侗族自治县地方志编纂委员会办公室,2002 年翻印。

李方桂　　1971　《上古音研究》,商务印书馆 1980。

梁　敏　张均如　1996　《侗台语族概论》,中国社会科学出版社。

欧亨元　　2004　《侗汉词典》,民族出版社。

三江侗族自治县民族事务委员会　1989　《三江侗族自治县民族志》,广西人民出版社。

三江侗族自治县县志编纂委员会　1992　《三江侗族自治县志》,中央民族学院出版社。

王　均(主编)　1984　《壮侗语族语言简志》,民族出版社。

邢公畹　　1985　《三江侗语》,南开大学出版社。

曾晓渝　　2003　《水语里汉语借词层次的分析方法》,《南开语言学刊》第 2 期,南开大学出版社。

────　　2004　《汉语水语关系论》,商务印书馆。

曾晓渝　牛顺心　2005　《广西三江黄牌村六甲话音系》,《桂林师范高等专科学校学报》第 4 期。

中央民族学院少数民族语言研究所　1985　《壮侗语族语言词汇集》,中央民族学院出版社。

Sagart, Laurent(沙加尔)　1999　*The Roots of Old Chinese*. John Benjamins Publishing Company. Amsterdam/Philadelphia; PP. 42 - 43, 74 - 84.

第三章 水语里汉语借词的历史层次

3.1 三洞水语音系

水族是中国西南的一个少数民族。据史书记载以及水族古歌的传唱，上古时期，水族先民主要聚居在邕江流域（今广西南宁地区），中古时期则向北迁徙至当时的"抚水州"（今广西环江地区），到近代元明清时期，水族的主体部分则再次北上迁往贵州南部的荔波、三都一带，直到现在依然聚居于此。目前水族人口约30万。

水族人有自己的语言，水语属侗台语族中侗水语支的一种语言。水语内部一致性强，各地的水族人均可用水语交流。水语没有方言的划分，有三洞、阳安、潘洞三种土语的差别，但各土语之间的差异不大。

三都水族自治县三洞乡的水话被水族人认为是标准水语，是现代水语的代表。使用三洞水语的水族人口最多，分布面积也最广。以下是三洞水语音系：①

（一）声母系统

p	ph	ᵐb	ʔb	m̥	m	ʔm	f	w(v)	ʔw
t	th	ⁿd	ʔd	n̥	n	ʔn	l		
ts	tsh						s	z	
ƫ	ƫh			ŋ̊	ŋ̥	ʔŋ̥	ɕ	j	ʔj
k	kh			ŋ̊	ŋ	ʔŋ		ɣ	
q	qh							ʁ	
ʔ							h		
pj	phj	ᵐbj	ʔbj		mj		fj	vj	
tj	thj	ⁿdj	ʔdj	ɲ̥	ɲ	ʔɲ	lj		
tsj							sj		
tw		ⁿdw	ʔdw				sw	lw	
kw					ʔŋw				

---

① 三洞水语音系采用笔者1991年赴贵州三都水族自治县田野调查的材料，发音人是姚福祥先生，当时60岁，大学文化，三都县民族委员会干部。

（二）韵母系统

a	i	e	o	u	ɿ
ai	a:ɪ		oi	ui	
au	a:u	iu	eu		
am	a:m	im	em	om	um
an	a:n	in	en	on	un	ən
aŋ	a:ŋ	iŋ	eŋ	oŋ	uŋ	əŋ
ap	a:p	ip	ep	op	up	
at	a:t	it	et	ot	ut	ət
ak	a:k	ik	ek	ok	uk	ək

（三）声调系统

调类\水语点	舒声调						促声调			
	A		B		C		D			
							7		8	
	1	2	3	4	5	6	短 7a	长 7b	短 8a	长 8b
三洞水语	13	31	33	52	35	55	55	35	32	42

说明：水语土语内部各点的调值差异很小，根据我们的调查，属三洞土语群的三洞、永康、水岩、水尧、水庆、恒丰等各点，虽然地域分布较广，但调类调值基本一致。

3.2 黔南水族地区汉语方言音系

水族有大约 70% 的人口聚居于黔南的两个相邻县三都、荔波，三洞水语及其土语群均分布于这两个县内。

三洞水族乡历史上行政区划一直归荔波县，直到上世纪 50 年代末因成立"三都水族自治县"，水族聚居的三洞乡划归三都县。笔者曾先后分别调查过三都县城和荔波县城的汉语，二者同属西南官话的黔南片。根据我们两次的田野调查，三都、荔波两县的汉语虽然同属西南官话黔南片，但仍然存在着一些差异，这里作具体比较。[①]

（一）声母系统

三都话

---

① 三都话的发音人是：胡锦扬，男，20 岁，黔南民族师范学院学生；杨载吉，男，20 岁，贵州工业学院学生；石国义，男，65 岁，三都县民委退休干部。荔波话材料采用笔者与日本学者远藤光晓等一行 15 人于 2003 年 9 月赴贵州荔波县的调查材料，发音合作者：杨锦鹏，男，汉族，65 岁；李银荣，女，汉族，45 岁；董明川，男，汉族，16 岁。荔波话内部有比较明显的年龄差异，这里列出老年人的音系，其他特点详见曾晓渝（2005）。

三都话

p 布步别兵	ph 怕爬盘平	m 门米梅民	f 飞符**灰胡**
t 刀丁道定	th 太台同听	l 怒路女吕**岸**	
ts 祖主增争	tsh 醋处从虫	s 四是三山	z 人日然软
tɕ 酒九节结	tɕh 秋丘齐其	ɕ 修休相乡	
k 规柜公根	kh 亏葵空肯	ŋ 我怄咬硬	x 河花话红
ø 闻约儿远			

荔波话

p 布步别兵	ph 怕爬盘平	m 门米梅民	f(x) 飞符**灰胡**
t 刀丁道定	th 太台同听	n 怒农难农	l 路吕兰龙
ts 祖主**酒节**	tsh 醋清**秋齐**	s 四是**修相**	z 人日然软
ʈ 经举九结	ʈh 去轻丘其	ɕ 吸晓休乡	nʑ 女年
k 规柜公根	kh 亏葵空肯	ŋ 我岸咬硬	x 河花**冯费**
ø 闻约儿远			

三都话、荔波话的声母系统大同小异，主要区别在于：a. 荔波话区分 n-、l-鼻边声母，三都话却混淆了；b. 荔波话 f-、x-混淆程度更严重些，如"冯费"读作 x-声母；c. 三都话部分零声母读作 l-声母，如"岸"。

（二）韵母系统

三都话

ɿ 字支日是	i 地一比记	u 木绿鹿读	y 雨鱼虚举
ə 耳蛇百北		uə **短酸官专**	
	iɛ 姐野**减连**		yɛ 靴雪**园权**
a 八他胆三	ia 家夹牙瞎	ua 瓜花刮关	
o 河过落国	io 药脚约学		
ai 该介海太		uai 怪帅快外	
ei 背妹飞眉		uei 水会亏推	
au 烧高桃找	iau 条教桥小		
əu 豆手口漏	iəu 流九修有		
ən 根更本村	in 心星民命	uən 昏捆问棍	yn 云群军熏
aŋ 党桑钢脏	iaŋ 讲良羊香	uaŋ 光黄床双	
oŋ 红冬总崩	ioŋ 穷胸荣兄		

荔波话

ɿ 字支日是	i 地一比记	u 木绿鹿读	y 雨鱼虚举
ə 耳蛇百北			
	ie 姐野**全泉**		yɛ 靴缺雪茄

a 八他杂爬	ia 家夹牙瞎	ua 瓜花刮关	
o 河过落活	io 药脚约学		
ai 该介海太		uɐ 怪帅快外	
ei 背妹飞眉		uei 水会亏推	
au 烧高桃找	iau 条教桥小		
əu 豆手口漏	iəu 流九修有		
ã 胆三竿含	iẽ 间检减连	uã 短酸官船	yẽ 圈园权拳
ən 根更本村	ien 心今星亲	uən 昏捆问棍	yn 云群军熏
	ɪn 命丁兵民		
aŋ 党桑钢脏	iaŋ 讲良羊香	uaŋ 光黄床双	
oŋ 红冬总崩	ioŋ 穷胸荣兄		

二者比较说明：三都话、荔波话的韵母差别主要在咸山摄舒声字的读音方面。三都话这类字的鼻音-n尾已脱落，读作开尾韵字；荔波话的则不同，还有鼻化成分，只有个别的完全变成了开尾韵字。

（三）声调系统

调类	三都话	荔波话	例字
阴平，第1调	33	33	高低开天三飞
阳平，第2调	35	52	穷唐平寒人云
上声，第3调	44	55/45	古短口比好五
去声，第4调	21	213/113	近抱盖汉共用
入声，第5调	52	52	急曲黑月局合

说明：三都话保留入声调，荔波话的入声全归入阳平调类了，这是二者声调系统的最大差别。

3.3 三洞水语里汉语借词的历史层次

3.3.1 三洞水语的现代汉语借词

3.3.1.1 现代汉语借词的语音特点

三洞水语里的现代借词源于当地属西南官话的黔南汉语。由于地域上三洞乡离荔波县城更近，人们至今保持到荔波县赶大集的习惯，所以，将三洞水语现代汉借词声母与荔波话声母作比较，应该是比较合理的。

（1）声母特点

分尖团音，鼻音n与边音l分明，不分平翘舌音。具体情况用下面的对应表加以说明：

声 母		例 词		
荔波话	水语借词	荔波话		水语借词
p	p	报(～纸)	pau⁴	pa:u¹
		边(四～)	piẽ¹	pjan³
ph	ph	炮	phau⁴	pha:u¹
m	m	民(人～)	min²	min⁴
f	f	法(～律)	fa⁵	fa²
		会(开～)	fei⁴	fai¹
v	v	舞	vu³	vu⁶
t	t	大(伟～)	ta⁴	ta¹
th	th	条(～件)	thiau²	thjau⁴
l	l	路(公～)	lu⁴	lu¹
n	n	农(～民)	noŋ²	noŋ⁴
k	k	钢(～笔)	kaŋ¹	ka:ŋ³
kh	kh	开(～会)	khai¹	kha:i³
ŋ	ŋ	安(～装)	ŋan¹	ŋa:n³
x	h	合(～作)	xo⁵	ho²
ts	ts	皂(肥～)	tsau⁴	tsau¹
		政(～策)	tsən⁴	tsən¹
		节(季～)	tsie⁵	tsje²
tsh	tsh	策(政～)	tshɯ⁵	tshə²
		车(火～)	tshɯ¹	tshə³
		青(共～团)	tshin¹	tshin³
s	s	伞	san³	sa:n⁶
		杀	sa⁵	sa²
		信(相～)	sin⁴	sin¹
z	z	人(～民)	zən²	zən⁴
tɕ	ȶ	家(国～)	tɕia¹	ȶa³
tɕh	ȶh	球	tɕhiəu²	ȶhiu⁴
ɕ	ɕ	幸(～福)	ɕin⁴	ɕin¹
∅(i)	j	洋(～火)	iaŋ²	jaŋ⁴
∅(y)	vj/wj	员(社～)	yẽ²	vjen⁴ / wjen⁴
∅(w)	w	文(～化)	uən²	wən⁴

(2) 韵母特点

与荔波话的基本一致，不过，由于水语音系里没有鼻化音，所以，将借用的鼻化音"改造"成了鼻音尾韵。具体见下表：

韵 母		例 词		
荔波话	水语借词	荔波话		水语借词
ɿ	ɿ	思(～想)	sɿ³	sɿ⁶
a	a	大(伟～)	ta⁴	ta¹
o	o	合(～作)	xo⁵	ho²
ɯ	ə	革(～命)	kɯ⁵	kə²

i	i	笔(钢~)	pi⁵	pi²
u	u	部(干~)	pu⁴	pu¹
y	i/ui	举(选~)	tɕy³	ƫi⁶/ƫui⁶
ai	aːi	开(~会)	khai¹	khaːi³
ei	ai	背(~书)	pei⁴	pai¹
au	aːu	宝	bau³	paːu⁶
əu	au	后(落~)	xəu⁴	hau¹
ã	aːn /on	安(~装)	ŋan¹	ŋaːn³
		搬(~家)	pan¹	pon³
ən	ən	人(~民)	zən²	zən⁴
		政(~治)	tsən⁴	tsən¹
aŋ	aːŋ	钢(~笔)	kaŋ¹	kaːŋ³
oŋ	uŋ	农(~民)	noŋ²	nuŋ⁴
ia	ja/a	押(~金)	ia⁵	ia²
		家(国~)	tɕia¹	ƫa³
io	jo /o	药(~方)	io⁵	jo²
		确(正~)	tɕhio⁵	ƫho²
iu	ju /u	育(教~)	iu⁵	ju²
		菊(~花)	tɕiu⁵	ƫu²
ie	ie	节(季~)	tsie⁵	tsje²
iau	jaːu /aːu	表(代~)	piau³	pjaːu⁶
		教(~育)	tɕiau⁴	ƫaːu¹
iəu	iu	球	tɕhiəu²	ƫhiu⁴
ien	in	进(~步)	tsin⁴	tsin¹
ɪn		命(革~)	min⁴	min¹
iẽ	jan/an/	边(北~)	piẽ¹	pjan³
	jen/en	检(~查)	tɕian³	ƫan⁶
		电(~灯)	tiẽ⁴	tjen³
		见(意~)	tɕian⁴	ƫen¹
iaŋ	jaːŋ / aːŋ	梁(房~)	liaŋ²	ljaːŋ⁴
		乡(~下)	ɕiaŋ¹	ɕaːŋ³
ioŋ	juŋ / uŋ	勇(~敢)	ioŋ³	juŋ⁶
		雄(英~)	ɕioŋ²	ɕoŋ⁴
ua	wa	挂(~钟)	kua⁴	kwa¹
uə	wə	国(~家)	kuɯ⁵	kwə²
uɐ	waːi	外(~国)	uai⁴	waːi¹
uei	wai	卫(~生)	uei⁴	wai¹
uã	waːn /on	关(城~)	kuẽ¹	kwaːn³
		团(~员)	thuẽ²	thon⁴
uən	wən	文(~化)	uən²	wən⁴
uaŋ	waːŋ	光(~明)	kuaŋ¹	kwaːŋ³
ye	e	缺(~点)	tɕhe⁵	ƫhe²

| yẽ | jen / wjen | 宣（～传） 员（社～） | syẽ¹ yẽ² | sjen³ wjen⁴ |
| yn | in /un | 群（～众） | tɕhyn² | tɕhin⁴ /tɕhun⁴ |

(3) 声调特点

与荔波话声调的调值基本对应。见下表：

声 调		例 词	
荔波话	水语借词	荔波话	水语借词
1 阴平 33	第 3 调 33	开（～会） khai¹	kha:i³
2 阳平 52	第 4 调 52	文（～化） uən²	wən⁴
3 上声 55	第 6 调 55	勇（～敢） ioŋ³	juŋ⁶
4 去声 214	第 1 调 13	卫（～生） uei⁴	wai¹
5 入声 31	第 2 调 31	国（～家） kuɯ⁵	kwə²

3.3.1.2 三洞水语现代汉语借词表（按汉语拼音排序）

汉语借词	水语读音	汉语普通话拼音	备 注
爱国	ŋa:i¹ kuə²	ai⁴ guo²	
报告	pa:u¹ ka:u¹	bao⁴ gao⁴	
报纸	pa:u¹ tsɿ⁶	bao⁴ zhi³	"纸"中古汉语借词音 tsɿ³
背书	pai¹ su³	bei⁴ shu¹	
笨	pən¹	ben⁴	
笔记	pi² ci¹	bi³ ji⁴	
剥削	po² ɕo²	bo¹ xue¹	
唱歌	tsha:ŋ¹ ko³	chang⁴ ge¹	
车	tshə³	che¹	
错误	tsho¹ vu¹	cuo⁴ wu⁴	
大洋	ta¹ ja:ŋ⁴	da⁴ yang²	
代表	ta:i¹ pja:u⁶	dai⁴ biao³	
单车	ta:n³ tshə³	dan¹ che¹	自行车
敌人	(zen¹) ti² zən⁴	di² ren²	水语构词：人＋敌人
地图	ti¹ thu⁴	di⁴ tu²	
电灯	tjen¹ ten³	dian⁴ deng¹	
电话	tjen¹ fa¹	dian⁴ hua⁴	
电影	tjen¹ jin⁶	dian⁴ ying³	
调查	tja:u¹ tsha⁴	diao⁴ cha²	
动员	tuŋ¹ wjen⁴	dong⁴ yuan²	
斗争	tau¹ tsən³	dou⁴ zheng¹	
反动	fa:n⁶ tuŋ¹	fan³ dong⁴	
反对	fa:n⁶ tai¹ /tui¹	fan³ dui⁴	
犯罪	fan¹ tsui¹	fan⁴ zui⁴	
飞机	fai³ cɕi³	fei¹ ji¹	
分	fən³	fen¹	一～钱
干部	ka:n¹ pu¹	gan⁴ bu⁴	

钢笔	ka:ŋ³ pi²	gang¹ bi³	
革命	kə² min¹	ge² ming⁴	
工分	kuŋ³ fən³	gong¹ fen¹	劳动~
公路	kuŋ³ lu¹	gong¹ lu⁴	
公社	kuŋ³ sje¹	gong¹ she⁴	
共产党	kuŋ¹ tsha:n⁶ ta:ŋ⁶	gong⁴ chan³ dang³	
柜	kui¹	gui⁴	
国家	kwe² ṭa³	guo² jia¹	
画	fa¹	hua⁴	
货	ho¹	huo⁴	
机会	ȶi³ fai¹	ji¹ hui⁴	
机器	ȶi³ ȶhi¹	ji¹ qi⁴	
积极	tsi² ȶi²	ji¹ ji²	
计划	ȶi¹ fa¹	ji⁴ hua⁴	
技术	ȶi¹ su²	ji⁴ shu⁴	
季节	ȶi¹ tsje²	ji⁴ jie²	
监狱	ȶen³ ju²	jian¹ yu⁴	
建设	ȶan¹ se²	jian⁴ she⁴	
教	ȶa:u³	jiao¹	
教育	ȶa:u¹ ju²	jiao⁴ yu⁴	
斤	ȶin³	jin¹	近代借词音 ȶen²
经济	ȶin³ ȶhi¹	jing¹ ji⁴	
经验	ȶin³ ȵen¹	jing¹ yan⁴	
具备	ȶi¹ pi¹	ju⁴ bei⁴	
觉悟	ȶo² vu¹	jue² wu⁴	
军队	ȶun³ tui¹	jun¹ dui⁴	
开会	kha:i³ fai¹	kai¹ hui⁴	
科学	kho³ ɕo²	ke¹ xue²	
领导	lin⁶ ta:u¹	ling³ dao³	
骆驼	lo⁴ to⁴	luo⁴·tuo	
落后	lo² hau¹	luo⁴ hou⁴	
煤	mai⁴	mei²	
民族	min⁴ tsu⁶/tshu⁴	min² zu²	
墨水	mə² sui⁶	mo⁴ shui³	
亩	mau³/mu³	mu³	
炮	pha:u¹	pao⁴	
汽车	ȶhi¹ tshə³	qi⁴ che¹	
球	ȶhiu⁴	qiu²	踢~
缺点	ȶhe² tjen⁶	que¹ dian³	
人	zen⁴	ren²	工~
任务	zən¹ vu¹	ren⁴ wu⁴	
商店	sa:ŋ³ tjen¹	shang¹ dian⁴	
社长	sje¹ tsa:ŋ⁶	she⁴ zhang³	

社会主义	sje¹ fai¹ tsu⁶ ji¹	she⁴ hui⁴ zhu³ yi⁴	
社员	sje¹ wjen⁴	she⁴ yuan²	
胜利	sən¹ li¹	sheng⁴ li⁴	
世界	sɨ¹ kai¹	shi⁴ jie⁴	
市	sɿ¹	shi⁴	
书记	su³ ʨi¹	shu¹ ji⁴	
思想	sɿ³ sjaŋ⁶	si¹ xiang³	
算术	son¹ su⁴	suan⁴ shu⁴	"算"近代汉语借词音 son⁵
态度	tha:i¹ tu¹	tai⁴ du⁴	
讨论	tha:u⁶ lən¹	tao³ lun⁴	
跳舞	thjeu¹ vu⁶	tiao⁴ wu³	
卫生	wai¹ sən³	wei⁴ sheng¹	
先进	sjen³ tsin¹	xian¹ jin⁴	
县	ɕen¹	xian⁴	
相信	sja:ŋ³ sin¹	xiang¹ xin⁴	
信	sin¹	xin⁴	
幸福	ɕin¹ fu²	xing⁴ fu²	
学校	ɕo² ɕa:u¹	xue² xiao⁴	
洋火	ja:ŋ⁴ ho⁶	yang² huo³	火柴
洋碱	ja:ŋ⁴ ʨen⁶	yang² jian³	肥皂
洋烟	(ʔjen¹) ja:ŋ⁴ jen³	yang² yan¹	ʔjen¹,近代汉语借词。水语构词：烟+洋烟
药方	jo² fa:ŋ³	yao⁴ fang¹	
意见	ji¹ ʨen¹	yi⁴ jian⁴	
拥护	juŋ⁶ fu¹	yong¹ hu⁴	
又	jiu¹	you⁴	
原则	vja:n⁴ tsɨ²	yuan² ze²	
运动	win¹ tuŋ¹	yun⁴ dong⁴	
皂角	tsao¹ ko²	zao⁴ jiao³	
闸门	tsa⁴ mən⁴	zha² men²	
正确	tsən¹ ʈho²	zheng⁴ que⁴	
政策	tsən¹ tshə²	zheng⁴ ce⁴	
政府	tsən¹ fu⁶	zheng⁴ fu³	
政治	tsən¹ tsɿ¹	zheng⁴ zhi⁴	
自由	tsɿ¹ jiu⁴	zi⁴ you²	

3.3.2 三洞水语的近代汉语借词

元明清时期，水族的主要聚居地在黔南地区。这时期西南官话在当地已经形成并日益盛行，逐渐取代了过去这一地区的通用汉语——古平话。这里我们选用较多保留古平话特点的扶绥平话和西南官话的荔波话为参照，对水语里的近代汉语借词进行分析。

3.3.2.1 近代汉借词的语音特点

水语里的近代汉语借词,具有从古平话到西南官话的过渡性的特点。所以语音对应规律不那么整齐,情况比较复杂。主要表现为以下几类:

(1) 声调对应规律类似中古层次借词,即与中古汉语的四声八调对应,声母或韵母部分类似中古借词读音,部分类似现代借词读音。如下表:

词汇	扶绥平话读音	荔波话读音	水语读音	备注
生(~病)	sɛŋ¹	sən¹	ɕin¹	
平(八~神)	peŋ²	phin²	pin²	"八平神",水族鬼师指使人遭刀伤的神。中古借词"平"音 pjeŋ²
驴	lɔ²	lei²	li²	
万(千~)	man⁶	wan⁴	faːn⁶	临桂五通平话音 fan⁶
火	hu³	xo³	fa³	临桂五通平话音 fuə³
救(~人)	kɔ⁵	tɕiəu⁴	tsiu⁵	横县横州平话 tsɔu⁵;宾阳芦墟平话 tsou⁵
忌(~讳)	kei⁶	tɕi⁴	tsi⁶	
仙(神~)	ɬin¹	siẽ¹	sjen¹	
算(~账)	ɬun⁵	son⁴	son⁵	

(2) 声调对应规律类似现代借词层次,声母或韵母部分类似中古借词读音,部分类似现代借词读音。如下表:

词汇	扶绥平话读音	荔波话读音	水语读音	备注
受	sou⁵	səu⁴	sjau¹	中古三等禅母字,有-y-介音
伤	sɛŋ¹	saŋ¹	sjaːŋ³	中古三等书母字,有-y-介音
车(水~)	tshi¹	tshɯ¹	sje³	中古三等昌母字,有-y-介音
账(收~)	tsɛŋ⁵	tsaŋ⁴	tsjaːŋ¹	中古三等知母字,有-j-介音
糖	taŋ²	thaŋ²	taːŋ⁴	中古全浊定母平声字
瓶	peŋ²	phin²	pin⁴	中古全浊并母平声字
镰	lim²	liẽ²	ljem⁴	中古咸摄字

(3) 声调规律性不强,声母或韵母部分类似中古借词读音,部分类似现代借词读音。如下表:

词汇	扶绥平话读音	荔波话读音	水语读音	备注
寸	tshɔn⁵	tshən⁴	ɕen²	
斗	təu³	təu³	tau⁴	一~谷
数	sɔ⁵	su⁴	su²	~目
犯	fam⁶	fan⁴	fam⁶	~法。"犯",奉母上声,但大多数平话及闽、粤、客家方言都为第6调

(4) 声、韵、调语音对应规律与现代借词层的基本一致,确定这些借词为近代的理由是:a.明清时期当地社会生活的常用词语;b.单音节基本词汇。例如:

汉语借词	水语读音	备注
北	pə²	"北"的中古借词音 pa:k⁷
成	ɕin² pən³	～本 ɕin² pən³
道士	(ai³)ta:u¹ sɿ¹	ai³，水语词"一个人"
等	təŋ¹	同～
调	tja:u⁵	～动
东	tuŋ³	
多谢	to⁶ sje¹	按声调对应规律，阴平在借词里应是第3调，这里"多"音例外，变中平为高平
官司	kon³ sɿ³	
毫	ha:u⁴	银～
蜡烛	la² tsju² / la² tsu²	"蜡""烛"，入声字；其中"烛"中古三等字，有-y-介音
西	si³	
枪	tsuŋ⁵	
铜～钱	thuŋ⁴	"铜"的中古汉语借词音 tong²
南	na:n⁴	
孝	ɕau¹	上古借词音 heu⁵
姓	sin¹	～名，中古借词，"百姓"音 pa:k⁷ siŋ⁵

有一批借词，如"学堂""唱歌""官兵"等等，它们自近代到现代都是常用词语，我们很难确定是近代还是现代借入的。

3.3.2.2 三洞水语近代汉语借词表（按汉语拼音排序）

汉语借词	水语读音	备注
车	sje³	水～ sje³ nam³
臭	n̥u¹	此词声调对应西南官话，但声母对应不上，存疑
寸	ɕen²	
代	ti⁶	世～
斗	tau⁴	一～米
犯	fam⁶	～罪
横	fan²	
火	fa³	
忌	tsi⁶	
溅	ɕin⁵	
贱	tsjen⁶	
斤	ten²	

筋	jin¹	
救	tsiu⁵	
镰	ljem⁴	
驴	li²	
抹	wat⁸	
慢	fa:n¹	
平	pin²	八～神 sja:ŋ¹ pa:t⁸。中古借词"平"音 pjeŋ²
瓶	pin⁴	
骑	tsi⁶	
晒	sa⁵	
扇	fen⁵	
伤	sja:ŋ³	"伤"中古借词音 sja:ŋ¹
生	ɕin¹	～病 ɕin¹ cit⁷
收	su³	"收"中古借词音 su¹,现代借词音 sau³
受	sjau¹	
数	su²	
算	son⁵	～账
糖	ta:ŋ⁴	水语"黄糖"构词为：ta:ŋ² fuŋ⁴ ta:ŋ⁴,第一音节 ta:ŋ² 为中古借词"糖"
万	fa:n⁶	
夏	ja³	
仙	sjen¹	
晓	ɕau³	知道,懂得
烟	ʔjen¹	～叶,近代才引入中国的
燕	in⁵	
玉石	wi⁶ si²	水语"玉石"为 tin² wi⁶ si²。tin²,水语词"石"
帐	tsja:ŋ¹	

3.3.3 三洞水语的中古汉语借词

水语里的中古汉语借词主要来源于当时通行于广西的汉语方言——古平话,古平话的读音基本上与《切韵》音系对应。

就汉语史而言,通常将中古汉语分为前期(隋至中唐)和后期(中唐至宋)两个阶段,从水语里的中古汉语借词的语音情况看,也有早、晚层次上的差异。

3.3.3.1 中古早期汉语借词层

能确定为这一层次的借词不多,其语音特点主要是:(1)声调与汉语中古《切韵》音的四声八调相对应;(2)声母保留着"古无轻唇音""古无舌上音"的特点,次清声母不送气;(3)韵母与中古《切韵》音相对应。例如:

汉语借词	水语读音	李方桂中古汉语拟音	汉语普通话拼音	备注
兵	piŋ¹	pjæŋ	bing¹	
分	pan¹	pjun	fen¹	～开,～家
父	pu⁴	pju	fù⁴	
钢	qa:ŋ¹	kaŋ	gɑng¹	
羹	qeŋ¹	kæŋ	geng¹	此词也可能是上古借词
漆	hit⁷	tshit	qi¹	
跳	tiu²	dew	tiao⁴	《广韵》:"跳,徒聊切。"定母平声
瓮	ʔoŋ⁵	ʔuwŋ	weng⁴	水缸
胀	tjaŋ⁵	trjang	zhang⁴	

对于上古至中古拟音基本一致的韵部,中古早期与上古借词有的很难划清界限。

3.3.3.2 中古晚期汉语借词层

中古晚期汉借词声母与汉语三十六字母对应的主要特点是:(1)清声母对应全浊声母,无论平仄一律不送气;(2)知照(庄、章)组合流;(3)送气与不送气的对立只表现于帮滂、端透两组,其他次清声母多用擦音对应。具体如下表:

三十六字母	三洞水语汉借词声母		备注
	声母	借词举例	
帮母	p	八 pa:t³⁵　　半 pa:n³⁵	
滂母	ph	漂 phiu¹³　　破 pha³⁵	
並母	p	平 pjeŋ³¹　　病 pjeŋ⁵⁵	清声母对应全浊,无论平仄均不送气
明母	m	门 mən³¹　　木 muŋ³³	
非母	f/p	分一～地 fən¹³　方 fa:ŋ¹³	又:分～家 pan¹³,中古早期借词
敷母	—	——	无字
奉母	f/p	坟 fən³¹　　父 pu⁵²	父,中古早期借词
微母	w	王 wa:ŋ³¹　　巫 wu³¹	
端母	t	冬 toŋ¹³　　滴 tok⁵⁵	
透母	th	贪 tha:m¹³　替 thi³⁵	
定母	t	糖 ta:ŋ³¹　　定 tjeŋ⁵⁵	清声母对应全浊,无论平仄均不送气
泥(娘)母	n	年 njen³¹　　脓 noŋ³¹	
来母	l	腊 lap³²　　老 la:u⁵²	
精母	ɕ	椒 ɕiu¹³　　子 ɕi³³	又:接 ha:p³⁵
清母	ɕ	七 ɕet⁷　　秋 ɕu¹³	又:擦 sək⁵⁵
从母	ɕ	溅 ɕin³⁵　　钱 ɕen³¹	
心母	ɕ/h	心 ɕum¹/ɕim¹ 三 ha:m¹³	又:四 ɕi³⁵;散 ha:n³⁵
邪母	ɕ	巳 ɕi⁵²	
知母	—	——	无字

徹母	s	撑 seŋ³⁵		
澄母	ts	茶 tsja³¹	锤 tsui³¹	
照二（庄母）	ts	争 tseŋ¹³		
照二（初母）	ts/s	差 tsa¹³	炒 sa:u³	又：初 so¹³
照二（崇母）	s	事 sai⁶		
照二（生母）	s	杀 sa:t³⁵	牲 seŋ¹³	
照三（章母）	ts	正 tsjeŋ¹³	纸 tsi³³	
照三（昌母）	ts/s	尺 tsik⁵⁵	穿 son¹³	
照三（船母）	—	—		无字
照三（书母）	s	说 sot⁵⁵	收 su¹¹³	
照三（禅母）	s	辰 sen³¹	十 sup³²	
日母	ȵ	壬 ȵim³¹	日 ȵit³²	
见母	k/ȶ	管 kon³³	九 ȶu³³	
溪母	k/h	块 kwa:i³⁵	苦 ho³³	又：快 hoi³⁵
群母	ȶ	桥 ȶiu³¹	旗 ȶi³¹	
疑母	ŋ	五 ŋo⁵²	瓦 ŋwa⁵²	
晓母	h/ɕ	灰石灰 hoi¹³	香 ɕaŋ¹³	
匣母	h	合 hup⁵⁵		
影母	ʔ	一 ʔjət⁷	鸭 ʔep⁷	
喻三（云母）	w	王 wa:ŋ³¹		
喻四（以母）	j	寅 jin³¹	用 joŋ⁵⁵	

3.3.3.3 三洞水语中古汉语借词表（按汉语拼音排序）

（1）中古早期借词

汉语借词	水语读音	中古汉语拟音	备 注
兵	piŋ¹	pjəŋ	
分	pan¹	pjuən	～开，～家
父	pu⁴	bju	
钢	qa:ŋ¹	kɑŋ	
羹	qeŋ¹	kəŋ	此词也可能是上古借词
庚	qeŋ¹	kəŋ	天干第七
工	qoŋ¹	kuŋ	～钱。此词也可能是上古借词
柜	ȶui⁶	gjwi	
货	ɣau⁵	huɑ	
夹	qap⁷	kap	
劫	ȶip⁷	kjɐp	
锯	ȶu⁵	kjwo	
刻	qok⁷	khək	
命	miŋ⁶	mjɐŋ	
舞	mo⁶	mjǔ	
漆	hit⁷	tshjɛt	
跳	tiu²	dieu	《广韵》："跳，徒聊切。"定母平声
袜	ma:t⁸	mjwɐt	

望	maːŋ⁶	mjwaŋ	
未	mi⁶	mjwei	地支第八
瓮	ʔoŋ⁵	ʔuŋ	水缸
戊	mo⁶	mǒu	天干第五
银	ȵan²	ŋjen	
胀	tjaŋ⁵	tjang	
砖	ton¹	tɕjwæn	

说明：

上表中有三个天干地支词"庚""未""戊"（归中古早期层次），而其余的大多天干地支词却都在下表里（归中古晚期层次）。从使用角度看，天干地支词不可能是零散的而是成系列地一起借入水语的，它们当属同一借词层次，但是，"庚"的小舌音 q-声母，"未""戊"的重唇声母 m-，显然是中古早期层次的语音特点（参见本书§4.4）。我们设想，也可能天干地支词在中古早期就借入水语里了，其中大部分在口耳相传的使用过程中随着时代或个体语音习惯而发生了音变。不过，中古汉语早期与晚期的音系有许多共同之处，差别不很大，天干地支词内部有这种层次参差现象是可以理解的。

（2）中古晚期借词

汉语借词	水语读音	中古汉语拟音	备注
鞍	aːn¹ ma⁴	ɑn	
八	paːt⁷	pǎt	
百	pek⁷	pɐk	上古"百（～姓）"音 paːk⁷
拜	paːi⁵ (si³)	pǎi	～师
半	paːn⁵ (saːn²)	pjwɒn	～夜
包	peu¹	pau	
保	paːu³	pɑu	～苗
豹	peu⁵	pau	
报	paːu⁵	pɑu	～答
北	paːk⁷	pək	～方
本	pən³	puən	～钱；～事
崩	paŋ¹	pəŋ	
笔	pjət⁷	pjět	毛～
变	pjan⁵	pien	
丙	pjeŋ³	pjɐŋ	天干第三
病	pjeŋ⁶	bjwɐŋ	大～，害～
擦	sək⁷	（无此字）	"擦"，广州话 tshat³³，潮州话 tshak²¹
叉	sa¹	tshjǒu/ tʂa	
差	tsa¹	tʂa	
茶	tsja²	ɖa	
炒	saːu³	tʂhau	
辰	sen²	zjěn	地支第五
尘	van¹ tsjon²	ɖjěn	van¹ 疑是水语词 vuk⁷ 的音变形式

城	siŋ²	zjæŋ	～墙
掌	seŋ⁵	tɦeŋ	
尺	tsik⁷	tʂhjæk	
丑	n̥au⁵	tɦjǒu	地支第二。此词声调变异,不合规律
初	so¹	tʂjwo	～三
穿	son¹	tɕhjwæn	～针
锤	tsui²	ɖjwi	
春	sən¹	tɕhjuěn	
倒	ta:u⁵	tɑu	
到	thau⁵	tɑu	
道	ta:u⁶ lje⁴	dɑu	～理
凳	(ʔun¹) taŋ⁵	təŋ	ʔun¹为水语词"凳子"
戥	taŋ³	təŋ	
滴	tok⁷	tiek	
底	te³	tiei	
地	ti⁶	ɖji	天～
第	ti⁶	di	～五
簟	tjem⁴	diem	竹席
靛	tən⁶	dien	～蓝
调	tiu⁶	tjǒu	
碟	tjep⁸	diep	
叠	tap⁸	diəp	
丁	tjeŋ¹	tieŋ	天干第四
钉	tjeŋ¹	tieŋ	
定	tjeŋ⁶	tieŋ	
冬	toŋ¹	tuoŋ	
独	tok⁸	duk	
碓	toi⁵	tuǎi	
多	to¹	tɑ	
二	ȵi⁶	ȵji	
法	fa:p⁷	pjwɒp	巫～ fa:p⁷ wu²(水族鬼师用语)
方	fa:ŋ¹	pjwaŋ	～向;四～
分	fən¹	pjuən	一～地
坟	fən²	bjuən	
富	fu⁵	pjǒu	
宫	ɬoŋ¹	kjuŋ	八～书（一种水书）
瓜	kwa¹	kwa	
刮	kot⁸	kwat	
管	kon³	kuɑn	
惯	kwen⁵	kuɑn	习惯
癸	ɬui⁵	kwi	天干第十。此词声调变异,不合规律
海	ha:i³	xǎi	
亥	ʁa:i³	ɣai	地支第十二。此词声调变异,不合规律

合	hup⁷	ɣɑp	～嘴；～眼
还	fa:n²	zjæn	
灰	hoi¹	xuǎi	石～
结	ɬet⁷	kiet	～果子
吉	ɬit⁷	kjĕt	～凶
疾	ɬit⁷	dzjĕt	小病，生～
几	ɬi³	kji	
己	ɬi¹	kɨ	天干第六。此词声调变异，不合规律
记	ɬi⁵	kɨ	～得
忌	tsi⁶	gɨ	
甲	ɬa:p⁷	kap	
嫁	ɬa⁵	ka	
溅	ɕin⁵	dzjæn	
椒	ɕiu¹	tsjæu	
接	ha:p⁷	tsjɛp	
劫	ɬip⁷	kjɐp	
紧	ɬan³	kjĕn	
九	ɬu³	kjĕu	
客	(ai³)hek⁷	khɐk	～人。ai³，水语词"人"
苦	ho³	khuo	
快	hoi⁵	khwai	
块	kwa:i⁵	khuǎi	一～地
腊	lap⁸	lap	
烂	la:n⁶	ljæn	
老	la:u⁴	lɑu	
理	lje⁴	lɨ	道～
理	li⁴	lɨ	～家
力	ljək⁸	ljək	～气
了	liu⁴	lieu	～结
柳	(mai⁴)lju⁴	ljĕu	mai⁴，水语词"树"
六	ljok⁸	ljuk	
乱	lon⁶	luɑn	
马	ma⁴	ma	
卯	ma:u⁴	mau	地支第四
媒	mui²	muǎI	
没	me²	mwət	
门	mən²	muən	灭～日（水族鬼师用语）
棉	mjen²	mjæn	
灭	mjet⁸	mjæt	～门日（水族鬼师用语）
墨	mak⁸	mək	
木	mok⁸	muk	
年	njen²	nien	
脓	noŋ²	nuoŋ	

耙	pa²	ba	
排	pa:i²	bǎi	木筏
牌	(tin²) pa:i²	bai	tin²，水语词"石"
盆	pən²	buən	
皮	pi²	bjě	
漂	phiu¹	phjæu	
平	pjeŋ²	bjɐŋ	～地
破	(he⁴) pha⁵	phuɑ	he⁴，水语词"做"
七	ɕet⁷	tshjět	
旗	ȵi²	gɨ	
千	ɕen¹	tshien	
钱	ɕen²	tsjæn	
桥	ȵiu²	gjæu	
请	tsiŋ³	tshjæŋ	
秋	ɕu¹	tshjǒu	
瘸	kwa²	gjua	中古群母戈韵合口三等字
鹊	ɕa:k⁸	tshjak	
壬	ȵim²	ȵěm	天干第九
日	ȵit⁸	ȵět	灭门～（水族鬼师用语）
三	ha:m¹	sǎm	
散	ha:n⁵	san	
色	sak⁷	ʂjək	
杀	sa:t⁷	ʂǎt	～师方 fa:ŋ¹ sa:t⁷ sai¹（水族鬼师用语，指水族鬼师念咒时所忌讳的方向）
扇	sjan⁵	ɕjæn	
伤	sja:ŋ¹	ʂjaŋ	～命 sja:ŋ¹ miŋ⁶。
少	sjeu³	ɕjæu	
赊	sje¹	ʂwo	
申	sən¹	ɕjěn	地支第九
升	səŋ¹	ɕjəŋ	一～米
牲	seŋ¹	ʂɐŋ	对牲畜的总称
省	seŋ³	ʂɐŋ	
师	sai¹	ʂi	杀～方（水族鬼师用语）
时	si²	zɨ	
拾	tsup⁷	zjəp	捡
十	sup⁸	zjəp	
事	sai⁶	dzɨ	本～
收	su¹	ɕjəu	～账 su¹ tsja:ŋ¹
守	su³	ɕjəu	
熟	sok⁸	zjuk	
说	sot⁷	ɕjwɐt	
巳	ɕi⁴	zjɨ	地支第六
四	ɕi⁵	sji	

贪	tha:m¹	thăm	
糖	ta:ŋ²	ɖɑŋ	
替	thi⁵	thiei	
填	tjen²	dien	
条	tiu²	dieu	量词
铜	toŋ²	duŋ	
桐	(mai⁴) toŋ²	duŋ	mai⁴，水语词"树"
桶	thoŋ³	duŋ	
兔	thu⁵	thuo	
瓦	ŋwa⁴	ŋwa	
万	fa:n⁶	mjwɒn	
王	wa:ŋ²	jwaŋ	大～
巫	wu²	mju	～法 fa:p⁷ wu²（水族鬼师用语）
五	ŋo⁴	nguo	
午	ŋo²	nguo	地支第七。此词声调变异，不合规律
吸	ɕut⁷	xjəp	
锡	ɕek⁷	siek	
仙	sjen¹	sjwæn	
香	ɕaŋ¹	xjaŋ	
辛	ɕin¹	sjěn	天干第八
心	ɕim¹	sjəm	
凶	ɕoŋ¹	xjwoŋ	
戌	hət⁷	sjuět	地支第十一
鸭	ʔep⁷	ap	
阉	ʔjem¹	jäm	
淹	ʔɣam¹	jäm	
雁	ŋa:n⁶ (fa:ŋ¹)	ŋan	fa:ŋ¹，方向
衣	ji¹	ʔjěi	
一	ʔjət⁷	ʔjiět	
乙	ʔjət⁷	ʔjiět	天干第二
寅	jin²	jiěn	地支第三
印	in⁵	ʔjiěn	官～
用	joŋ⁶	jiwoŋ	
酉	ju⁴	jiəu	地支第十
月	ŋwet⁸	ngjwɐt	
匀	jən²	jiuěn	
眨	ʔjap⁷	tʂap	
找	tsa:u³	tɕjæu	
争	tseŋ¹	tʂɛŋ	
正	tsjen¹	tɕjæŋ	～月（njen² tsjen¹）
只	tsik⁷	tɕjæk	单，～歌 ɕip⁸ tsik⁷，一种水歌。ɕip⁸，水语词"歌"
纸	tsi³	tɕje	

主	(ai³) sau³	tɕu	～人。ai³，水语词"人"
箸	tsu⁶	ɖjwo	筷子
子	ɕi³	tsɨ	地支第一

3.3.4 三洞水语的上古汉语借词

3.3.4.1 上古汉语借词的语音特点

水语里的上古汉语借词很少，其语音特点是：（1）声调与上古汉语的调类对应；（2）声母体现"古无轻唇音""古无舌上音"特征，没有送气声母；（3）韵母分阴、阳、入三类，三等韵无-j-介音。例如：

汉语借词	三洞水语读音＜ 早期水语声母	李方桂 上古汉语拟音	备注
百	pa:k⁷＜*p-	prak	～姓 pa:k⁷ siŋ⁵
持	tai²＜*d-	drjəg	拿
渡	ta⁶＜*d-	dagh	过
藩	pa:n²＜*b-	bjan	篱笆
割	qat⁷＜*q-	kat	切
开	ŋai¹＜*ŋ-	khəd	
身	ⁿdən¹＜*ⁿt-	hrjin	
杖	tjuŋ⁴＜*d-	drjaŋx	

这里需要说明的是，水语里还有一部分词，汉语有比较古老的音义对应关系，但难以确定究竟是古借词还是同源词，它们不符合上古借词的语音对应规律（声母、韵母或者声调方面的不对应）；这部分词我们存疑，既不列入借词表，也不作为同源词。

3.3.4.2 三洞水语上古汉语借词表（按汉语拼音排序）

汉语借词	三洞水语读音＜ 早期水语声母	上古汉语 拟音	备注
白	pa:k⁸＜*b-	brak	
百	pa:k⁷＜*p-	prak	～姓 pa:k⁷ siŋ⁵
剥	phjok⁷＜*pr-	pruk	水语的送气声母是后起的
持	tai²＜*d-	drjəg	拿
抽	ⁿdiu¹＜*ⁿt-	thrjəgw	
锤	tui²＜*d-	drjuar	打，～铁
底	te³＜*t-	tidx	
豆	to⁶＜*d-	dugh	
渡	ta⁶＜*d-	dagh	过
藩	pa:n²＜*b-	bjan	篱笆
肥	pi²＜*b-	bjəd	
肺	put⁷＜*p-	phjadh	
愤	pən⁴＜*b-	bjənx	
浮	piu²＜*b-	bjəgw	～萍

绀	qam⁵＜*q-	kamh	紫色
割	qat⁷＜*q-	kat	切
隔	qek⁷＜*q-	krik	
菇	ʁa¹＜*ᴺq-	kag	菰
故	qa:u⁵＜*q-	kagh	旧,古
价	ʁa⁵＜*ᴺq-	kragh	
结	qut⁷＜*q-	kit	打结
芥	qa:t⁷＜*q-	kriat	
开	ŋai¹＜*ŋ-	khəd	
嗑	qut⁷＜*q-	kwat	结髻。《广韵》："古活切。"
漏	ɣo⁶＜*ɣ-	lugh	郑张尚方构拟上古来母*r-
满	pən⁴＜*b-	muanx	
身	ⁿdən¹＜*ⁿt-	hrjin	
头	to²＜*d-	dug	量词,一～牛
吞	ʔdan¹＜*ʔd-	thən	
象	tsa:ŋ⁴＜*d-	rjaŋx	大象
枭	qau¹＜*q-	kiagw	猫头鹰
孝	heu⁵＜（?）	hrəgwh	此词也可能是中古借词
姓	siŋ⁵＜（?）	sjiŋh	百～
淹	ʔɣam¹＜*ʔɣ-	ʔjam	此词也可能是中古借词
鹞	na:u²＜*n-	ragwh	此词也可能是中古借词
要	ʔa:u¹＜*ʔ-	ʔjagw	1.求;2.娶。古平声
杖	tjuŋ⁴＜*d-	drjaŋx	
摺	ⁿdup⁷＜*ⁿt-	tjap	
枕	tjem⁶＜*d-	tjəmh	按借词规律水语此词应5调,此词声调例外

3.4 三洞水语里汉语借词的数量统计

我们所调查纪录的三洞水语词（或语素）共2017个,其中的汉语借词情况统计如下：

所调查的三洞水语词（或语素）总数：2017				
本族词	汉语借词			
	现代借词	近代借词	中古借词	上古借词
1602	99（24%）	58（14%）	219（53%）	39（9%）
约占总数的79%	共415个,约占总数的21%			

说明：我们的田野调查采用的是南开大学中文系编的《侗台语言调查手册》（油印本）中的词表。

本章参考文献

《广西通志·汉语方言志》,广西人民出版社 1998。

《贵州省志·汉语方言志》,方志出版社 1998。

《后汉书》,中华书局标点本 1965。

《旧唐书》(唐五代后晋刘昫、张昭远撰),中华书局标点本 1975。

《荔波县志》,方志出版社 1997。

《新唐书》(北宋欧阳修等撰),中华书局标点本 1975。

蒋廷瑜　1982　《从考古发现探讨历史上的西瓯》,《百越民族史论集》,中国社会科学出版社。

李方桂　1971　《上古音研究》,商务印书馆 1980。

——　1977　《水话研究》,台湾中研院《历史语言研究所专刊》第七十三。

——　1977　*Handbook of Comparative Tai*. Hawaii:The University Press of Hawaii.

李连进　2000　《平话音韵研究》,广西人民出版社。

梁　敏　张均如　1996　《侗台语族概论》,中国社会科学出版社。

潘一志　1977　《水族社会历史资料稿》;三都水族自治县民族文史研究组编印 1981。

王　均　1984　《壮侗语族语言简志》,民族出版社。

王文光　1999　《中国南方民族史》,民族出版社 2001。

曾晓渝　1994　《也谈水语全浊声母 ᵐb-、ⁿd- 的来源》,《语言研究》增刊。

——　2002　《论水语声母 s->h-的历史音变》,《民族语文》第 2 期。

——　2005　《从年龄差异看现代荔波话音变的成因》,《语言科学》第 4 期。

曾晓渝　姚福祥　1996　《汉水词典》,四川民族出版社。

William H. Baxter（白一平）　1992　A Handbook of Old Chinese Phonology, Mouton de Gruyter Berlin. New York.

Laurent Sagart（沙加尔）　1999　*The Roots of Old Chinese*. John Benjamins Publishing Company. Amsterdam/Philadelphia;PP.42-43,74-84.

——　2000　History through loanwords:The loan correspondences between Hani and Chinese, Centre de Recherches Linguistiques sur I'Asie Orientale, Vol. 30. n°1,2001.

沙加尔　徐世璇　2001　History through loanwords:The loan correspondences between Hani and Chinese, Cahiers de Linguistique Asie Orientale, Vol.30. n°1,2001.

第四章 仫佬语里汉语借词的历史层次

4.1 黄金镇仫佬语音系

仫佬族主要分布在广西壮族自治区罗城仫佬族自治县。仫佬族自称 mu⁶lam¹,mu⁶ 是仫佬语中用来称人的量词。仫佬语内部比较一致。各地仫佬语除罗城县东北部龙岸一带同别处语音差别较大外,其余都能互相通话。

我们于 2001 年 7–9 月到罗城县调查了仫佬语。根据本人的调查结果,罗城东门镇、四把镇仫佬语的读音差别不大,黄金镇、龙岸镇仫佬语的读音差别不大,而黄金、龙岸与东门、四把等地的仫佬语语音有比较明显的差别。①

王均、郑国乔(1980)对东门镇仫佬语作了详细描述,这里,我们选取所调查的黄金镇仫佬语作音系介绍。

(一)声母系统

声母共 47 个,其中单辅音声母 22 个,带先喉塞的半元音声母 1 个,腭化、唇化辅音声母 24 个。列表如下:

p	ph	m	f	w
t	th	n		l
ts	tsh		s	
c	ch	ɲ	ç	j	ʔj
k	kh	ŋ	h	
ʔ				
pj	phj	mj	fj	
tj	thj	nj		lj

---

① 感谢各位发音人:黄金镇仫佬语发音人:李秀鸾,1969 年生,教育程度大专,民族局在职干部,原籍罗城仫佬族自治县黄金镇宝聚村李安屯;东门镇仫佬语发音人:银家献,1934 年生,教育程度中专,退休干部,原籍东门镇中石村上南岸屯;四把镇仫佬语发音人:梁保江,1951 年生,教育程度大专,退休干部,原籍四把镇地门村公凤屯;下里乡仫佬语发音人:谢家龙,1954 年生,教育程度大专,退休干部,原籍下里乡里宁村谢村屯;龙岸镇发音人:骆雄,1929 年生,离休干部,原籍龙岸镇物华村上地栋屯。

```
tsj    tshj           sj
pw     phw    mw
tw                    lw
tsw    tshw   sw
cw
kw     khw    ŋw      hw
```

声母说明：

(1) 元音起头的音节前面都有喉塞音声母ʔ。

(2) 没有带先喉塞的浊塞音和带鼻冠音的浊塞音。下里残存的ʔb声母在黄金仫佬语里，多数变成 p 或 pj，有的变成 n 或 t；ʔd 声母在黄金仫佬语里，多数变成 l，有的变成 t 或 j。

(3) 没有 w、ɣ 和带先喉塞的 ʔw、ʔɣ 的对立，只有 j 和 ʔj 的对立。

(4) c、ch、ç 可以认为是 k、kh、h 的腭化音，也可写作 kj、khj、hj，因为有同部位的其他声母ȵ，所以仍写作 c、ch、ç。

(5) ts、tsh、s 在前高元音前面时读作舌面前音 tɕ、tɕh、ɕ。tsj、tshj、sj 读如 tɕ、tɕh、ɕ，考虑到腭化声母的系统性仍将其处理为腭化音。

(6) 腭化和唇化声母，从实际音值来看，其腭化或唇化成分摩擦都相当低微，具有明显的元音色彩。例如，pja¹ 山、pwa⁶ 糠，按其实际读音，可以标作[pia¹][pua⁶]。

黄金仫佬语与东门仫佬语在声母上的差别主要表现在：

(1) 没有纯鼻音、边音和清化鼻音、边音的对立。东门的清化鼻音在黄金仫佬语里，多数变成相应的纯鼻音，有的ŋ̊变成了ȵ；清化边音 l̥ 有的变成纯边音 l，有的变成塞音 t。

例如：

	猪	回	跳蚤	老鼠	哪	嚼	剪子	贵
东门 m/n/ȵ	mu⁵	ma¹	mat⁷	nɔ³	nau¹	na:i⁵	ȵiu¹	miŋ¹
黄金 m/n/ȵ	mu⁵	ma¹	mat⁷	nɔ³	nau¹	ȵa:i⁵	ȵiu¹	piŋ¹

	杀	暗	红	池塘	刺	眼睛	绳子
东门 l̥	l̥i³	l̥ap⁷	l̥a:n³	l̥am¹	l̥yn	l̥a¹	l̥uk⁷
黄金 l/t	li³	lap⁷	la:n³	tam¹	tun¹	ta¹	tuk⁷

(2) 没有后腭化声母。东门的后腭化声母在黄金仫佬语里，有的并于前腭化声母，有的变成单纯声母。例如：

	雷	岩山	血	近	种	穗	半	月	蚂蚁
东门	pɣa³	pɣa¹	phɣa:t⁷	phɣəi⁵	mɣa²	mɣa:ŋ	mɣa:ŋ⁶	mɣa:n²	mɣət⁷
黄金	pja³	pja¹	phja:t⁷	phjai⁵	pja²	pja:ŋ	pja:ŋ⁶	njen²	mat⁷

	秧	头	耳朵	耙	硬	亮	铁	酒	皮肤	湿
东门	kɣa³	kɣɔ³	khɣa¹	khɣa:i⁵	kɣa³	kɣa:ŋ¹	khɣət⁷	khɣa:u³	ŋɣa²	hɣak⁷
黄金	kja³	kjɔ³	khja¹	khja:i⁵	ka³	ka:ŋ¹	khat⁷	kha:u³	ka²	jak⁷

	药	饱	肠子	酸	分	早	旱地	买	线	香
东门	kɣa²	kɣaŋ⁵	khɣa:i³	khɣəm³	khɣe¹	khɣam¹	hɣa:i⁵	hɣai³	pɣa:n⁶	m̥ɣa:ŋ¹
黄金	ta²	taŋ⁵	ta:i³	tam³	tha:i¹	tham¹	ta:i⁵	tai³	twa:n⁶	ta:ŋ¹

（二）韵母系统

韵母共 71 个，其中单元音韵母有 10 个，复合元音韵母和带辅音韵母 60 个，鼻音自成音节（地位相当于韵母）的只发现 ŋ³"不"一例。列表如下：

a	a:i	a:u	a:m	a:n	a:ŋ	a:p	a:t	a:k
	ai	au	am	an	aŋ	ap	at	ak
ə								
ɛ					ɛ:ŋ			ɛ:k
					ɛŋ			ɛk
e		eu	em	en	eŋ	ep	et	ek
i		iu	im	in	iŋ	ip	it	ik
ɔ					ɔ:ŋ			ɔ:k
			ɔm		ɔŋ	ɔp		ɔk
o	oi		om	on	oŋ	op	ot	ok
u	ui			un	uŋ		ut	uk
ø				øn	ø:ŋ	øp	øt	øk
y				yn	yŋ		yt	

韵母说明：

（1）ø 的实际音值是 œ，尤其是独立成韵时。

（2）单元音韵 ə 主要出现在个别由于弱化音变构成的音节里。

（3）单元音韵都由长元音构成。以高元音 i、y、u 和央元音 ə 为主要元音的带韵尾的韵母，都只有短的，同单元音韵母中的长元音 i:、y:、u:、ə: 不构成对立音位。因此单元音韵母一律不标长元音符号。次高元音 e、o、ø 带韵尾的韵母和单元音韵都是长元音。次低元音和 ɔ 在舌根音韵尾 -ŋ 和 -k 的前面有长短的对立。低元音 a: 和 a 在带韵尾的韵母中也有对立。a: 的实际音值是央元音 [ᴀ]，短 a 是 [ɐ]。

黄金仫佬语与东门仫佬语在韵母上的差别主要表现在：

（1）东门仫佬语有由 ɯ 构成的韵母，黄金仫佬语没有。

（2）东门仫佬语有 əi、əu、əm、ən、əŋ、əp、ət、ək 等韵母，黄金仫佬语没有。

（3）东门仫佬语有 ɿ 韵母，黄金仫佬语没有。

（三）声调系统

有 8 个调类，1-6 调为舒声调，7、8 调为入声调。

调类	1	2	3	4	5	6	7	8
调值	53	232	55	223	225	214	55	22
例词	ma¹ 菜	ma² 舌头	ma³ 软	ma⁴ 马	ja⁵ 水田	mɔ⁶ 帽子	pak⁷ 北	la:k⁸ 儿子

声调说明：

(1) 单数调比双数调调值要高。

(2) 第4调和第5调调值接近。

黄金仫佬语声调与东门仫佬语差别较大，表现在：

(1) 东门仫佬语入声调因元音长短的不同表现出不同的调值，而黄金仫佬语入声调不分元音的长短。

(2) 二者的舒声调调值有较大差异。黄金仫佬语舒声调调值与当地土拐话相同，东门仫佬语舒声调调值与当地壮语相同。

4.2 罗城县的汉语方言

罗城仫佬族自治县的汉语方言主要有桂柳话、土拐话、阳山话、捱话、麻盖话。桂柳话属西南官话，是当地的主要交际语言。土拐话主要分布在黄金、龙岸、小长安等镇，在四把镇上也有少许分布。阳山话方言系属尚不明确，主要分布在东门镇五昌村菖蒲屯、五里排屯，小长安镇门斗村、双河村地王屯、北台和龙岸镇地尧村。捱话、麻盖话属客家话。

上述汉语方言中，与仫佬语关系密切的是桂柳话和土拐话。东门、四把等地的仫佬族大都会说桂柳话，黄金、龙岸一带的仫佬族有不少人兼通土拐话。考虑到本文的分析对象是黄金镇仫佬语，所以我们对与之关系密切的汉语方言土拐话作了重点调查。下面加以介绍。

4.2.1 罗城土拐话音系

首先感谢土拐话发音合作者：郑福祥，1946年生，教育程度中专，退休干部，原籍小长安乡守善村山脚屯。

张均如、梁敏先生（1996，下同）认为，平话大体可分为桂南、融柳、灵龙三个土语，桂南土语就是常说的桂南平话；灵龙土语分布于桂林附近的灵川、龙胜、永福以及湖南的宁远、蓝山等地；融柳土语分布在柳江、柳城、融安、融水、罗城等地。后两个土语就是常说的桂北平话。显然，本文将要介绍的罗城土拐话属于张均如、梁敏先生所说的平话方言中的融柳土语。

（一）声母系统

罗城土拐话共有29个声母，其中单辅音声母22个，带先喉塞的声母1个，唇化声母6个。列表如下：

p　　ph　　m　　f　　w

t	th	n		l		
ts	tsh			s		
c	ch	ȵ	ç	j	ʔj	
k	kh	ŋ		h		
ʔ						
tsw				sw		
kw	khw	ŋw		hw		

（二）韵母系统

土拐话共有 60 个韵母，其中单元音韵母有 8 个，复合元音韵母和带辅音的记到了 51 个，鼻音自成音节（地位相当于韵母）的只有一个 ŋ。列表如下：

a	a:i	a:u	a:m	a:n	a:ŋ	a:p	a:t	a:k
	ai	au	am	an	aŋ	ap	at	ak
					ia:ŋ	ia:p		ia:k
ɛ					ɛŋ			ɛk
e			em		eŋ	ep		ek
			iem	ien		iep	iet	
i		iu		in			it	
ɔ			ɔm	ɔn	ɔŋ			ɔk
					ɔ:ŋ			ɔ:k
o	oi			on	oŋ			
u	ui			un	uŋ	up	ut	uk
				øn			øt	
y				yn			yt	

（三）声调系统

有 8 个调类，1－6 调为舒声调，7、8 调为入声调。

调类	1	2	3	4	5	6	7	8
调值	53	232	55	223	225	214	55	22

4.2.2 中古音类在土拐话中的读音

（一）中古声类在罗城土拐话中的读音

声母声类在罗城土拐话中的读音有以下特点：a. 古全清声母一般读为不送气声母，次清声母一般读为送气声母。个别古全清声母读为送气声母。b. 古全浊声母都已清化，变为不送气的清塞音。c. 帮系声母分轻重唇，帮、並母读 p-，滂母读 ph-，明母读 m-，非、敷、奉母读 f-，微母有 m-和 w-两读。个别敷、奉母字保留了较早的读音，读 ph-、p-。d. 知组、精组、庄组、章组不分，都读 ts-、tsh-、s-。e. 见系声母有三套：单纯舌跟音、唇化舌跟音和舌面音。下面以表格形式作具体说明。

(1) 帮组

中古声类	土拐话读音	例　字
帮	p	pa³ 把 pu³ 补 pin³ 扁
	ph	pheŋ⁵ 并
滂	ph	phɔ⁵ 破 phiu¹ 飘 phat⁷ 匹
並	p	pa² 耙 peŋ² 平 pon² 盘
明	m	ma⁴ 马 ma:n⁶ 慢 min⁶ 面

(2) 非组

中古声类	土拐话读音	例　字
非	f	fa:n³ 反 fu⁵ 付 fi¹ 飞
敷	f	fa:n¹ 翻 fe⁵ 肺 uŋ³ 访
	ph	phɔŋ³ 捧
奉	f	fi² 肥 fau² 浮 fuŋ² 房
	p	pɔk⁸ 伏
微	w	wa:n⁶ 万 wu⁴ 舞
	m	ma:t⁸ 袜 mɔŋ⁶ 望

(3) 端组

中古声类	土拐话读音	例　字
端	t	tɔ³ 朵 tiu⁵ 吊 taŋ¹ 灯
	th	thɔ⁵ 到 thɔ³ 倒
透	th	thɔ¹ 拖 the⁵ 剃 thiu⁵ 跳
定	t	tu² 涂 tai⁶ 代 ta:m⁶ 淡
泥	n	nɔ⁶ 那 na:m² 南
来	l	li⁴ 里 lo⁴ 老 liu⁴ 了

(4) 知组

中古声类	土拐话读音	例　字
知	ts	tsy¹ 猪 tsaŋ¹ 张 tsɔk⁷ 竹
	tsh	tshɔk⁷ 筑
彻	tsh	tshu³ 丑 tshuk⁷ 戳 tsia:k⁷ 拆
澄	ts	tsa² 茶 tsi² 迟 tsek⁸ 值

(5) 精组

中古声类	土拐话读音	例　字
精	ts	tsu¹ 租 tsi³ 子 tsim¹ 尖
清	tsh	tshɔ¹ 搓 tshu¹ 粗 tshin¹ 千

中古声类	土拐话读音	例　字
从	ts	tsɔ⁶ 座 tse² 齐 tsaŋ² 层
心	s	sɔ³ 锁 sa³ 写 se¹ 西
邪	s	sa⁶ 谢 sɔk⁸ 续
	ts	tsui² 随 tsek⁸ 席 tshia:ŋ⁶ 像

(6) 庄组

中古声类	土拐话读音	例　字
庄	ts	tsa⁵ 榨 tsa:n³ 盏 tsia:ŋ¹ 争
	tsw	tswa¹ 抓
初	tsh	tsha¹ 差 tsha:m¹ 掺 tsha:p⁷ 插
崇	ts	tsa:i⁶ 寨 tsoŋ⁶ 状
	s	si⁶ 事
生	s	sa:i¹ 筛 siu³ 少 søn¹ 甥
	sw	swa³ 耍

(7) 章组

中古声类	土拐话读音	例　字
章	ts	tsi³ 纸 tseŋ¹ 蒸 tsɔk⁷ 粥
昌	tsh	tshai¹ 吹 tsha¹ 车 tshek⁷ 尺
船	s	sa⁶ 射 syn⁶ 顺 sɔk⁸ 赎
书	s	sa¹ 赊 sy¹ 输 seŋ¹ 升
禅	s	sy⁶ 竖 si⁶ 是 sek⁸ 石
	ts	tsek⁸ 殖
日	ȵ	ȵi⁶ 二 ȵet⁸ 热 ȵa:ŋ⁶ 让
	j	jen² 然
	n	nɔ:ŋ² 瓤

(8) 见组

中古声类	土拐话读音	例　字
见	k	kɔ¹ 歌 ka¹ 加 ku¹ 姑
	c	cy⁵ 句 ci¹ 鸡
	kw	kwa¹ 锅 kwa¹ 瓜
溪	kh	khai¹ 开 khɔ³ 考 khui¹ 亏
	ch	chi⁵ 气 chem⁵ 欠
	khw	khwa³ 颗 khwa:i⁵ 块
群	c	ci² 骑 cɔŋ² 穷
	kw	kwai⁶ 跪 kwai⁶ 柜
疑	ŋ	ŋɔ⁶ 饿 ŋa² 芽 ŋ⁴ 五
	ŋw	ŋwa⁴ 瓦
	m	mui⁶ 外
	ȵ	ȵøt⁸ 月 ȵi² 疑

(9) 影组

中古声类	土拐话读音	例　字
影	w	wa¹ 窝 woŋ³ 碗
	ŋ	ŋa:i² 挨
	ʔ	ʔa:p⁷ 压 ʔa:p⁷ 鸭
	ʔj	ʔjit⁷ 一 ʔjem¹ 腌
晓	h	hai³ 海 ha:t⁷ 瞎 hu¹ 呼
	hw	hwa³ 火 hwa¹ 花
	w	wa:i¹ 歪 wa:n² 完
	ç	çi¹ 稀
匣	h	hau⁶ 后 ha:k⁸ 学
	w	wa⁶ 话 wa:i⁶ 坏 woi² 回
	f	fu² 胡 fu² 葫 fu² 壶
云	w	wui⁶ 胃 woŋ⁴ 往
	j	jau⁶ 又 jɔŋ² 熊 jɔŋ² 荣
		jyn² 云
以	j	ja:ŋ⁶ 样 jɔŋ⁶ 用
		jyn² 匀

(二) 中古韵类在罗城土拐话中的读音

(1) 果摄

中古韵类	土拐话读音	例　字
果开一歌	ɔ	thɔ¹ 拖 nɔ⁶ 那 tshɔ¹ 搓
	a:i	ta:i⁶ 大（约）
果开三戈	a	ca² 茄（子）
果合一戈	ɔ	phɔ³ 破 tɔ³ 朵 sɔ³ 锁
	(w)a	kwa¹ 锅 hwa³ 火 wa 禾
	o	tho³ 妥

(2) 假摄

中古韵类	土拐话读音	例　字
假开二麻	a	pa¹ 疤 ma² 麻 pa³ 把
假开三麻	a	tsa¹ 遮 sa¹ 赊 ja⁴ 也
假合二麻	(w)a	swa³ 耍 kwa¹ 瓜 ŋwa⁴ 瓦

(3) 遇摄

中古韵类	土拐话读音	例　字
遇合一模	u	pu³ 补 tu² 涂 ku¹ 孤
	ŋ	ŋ⁴ 五
遇合三鱼	ɔ 庄组	tshɔ¹ 初 tsɔ² 锄
	y 其他	ly² 鱼 tshy¹ 蛆 cy⁵ 锯

遇合三虞	ɔ 庄组	sɔ³ 数
	u 非组	fu² 扶 fu⁵ 付
	y 其他	sy¹ 输 chy¹ 区

(4) 蟹摄

中古韵类	土拐话读音	例　字
蟹开一哈	ai	tai⁵ 戴 tshai¹ 猜 khai¹ 开
蟹开一泰	aːi	thaːi⁵ 太 ŋaːi⁶ 艾（草）
蟹开二皆	aːi	paːi² 排 ŋaːi² 挨 kaːi⁵ 戒
蟹开二佳	aːi	paːi² 牌 tsaːi⁶ 寨 haːi² 鞋
蟹开三祭	ɛ	ŋɛ⁶ 艺
蟹开四齐	e	te² 蹄 the⁵ 替 se¹ 西
	i	ti⁶ 第 ȵi⁶ 二 ci⁵ 继
	ɛ	mɛ² 迷 kɛ¹ 鸡
蟹合一灰	ui	pui¹ 杯 thui¹ 推 tsui⁶ 最
	oi	poi⁶ 背 toi⁶ 队
	(w)aːi	khwaːi⁵ 块 ŋwaːi⁶ 外（公）
蟹合二皆	(w)aːi	kwaːi¹ 乖 kwaːi⁵ 怪
蟹合二佳	(w)aːi	waːi¹ 歪
	(w)a 卦韵	kwa⁵ 挂 kwa⁶ 卦 wa⁶ 画
蟹合三祭	ui	wui⁶ 卫
	ai	sai⁵ 税
蟹合三废	e	fe⁵ 肺

(5) 止摄

中古韵类	土拐话读音	例　字
止开三支	i	phi¹ 披 li² 离 tsi³ 纸
止开三脂	i	pi³ 比 ti⁶ 地 ȵi⁶ 二
止开三之	i	li⁴ 里 tsi⁶ 字 ci² 棋
止开三微	i	chi⁵ 气 çi¹ 稀 i¹ 依
止合三支	ui	tsui⁶ 随 kui⁶ 跪
	ai	tshai¹ 吹
止合三脂	ui	kui⁶ 癸
	ai	sai³ 水 sai¹ 虽
止合三微	ui	ui² 围
	i 非组	fi¹ 飞 fi² 肥

(6) 效摄

中古韵类	土拐话读音	例　字
效开一豪	ɔ	mɔ⁶ 帽 thɔ⁵ 到 tsɔ⁵ 灶
	o	po⁶ 抱 ŋo² 熬 lo⁴ 老

中古韵类	土拐话读音	例　字
效开二肴	a:u	pa:u¹ 包　pa:u² 刨　ka:u¹ 交
	(w)a	tswa¹ 抓
效开三宵	iu	miu² 苗　siu¹ 硝　tsiu¹ 招
效开四萧	iu	tiu² 条　tiu⁵ 吊　siu¹ 箫

（7）流摄

中古韵类	土拐话读音	例　字
流开一侯	au	tau³ 斗　lau² 楼　kau¹ 钩
流开三尤	au	tsau⁶ 袖　tau¹ 兜
	iu	ciu³ 韭（菜）
流开三幽	iu	tiu³ 丢（调！）①

（8）咸摄

中古韵类	土拐话读音	例　字
咸开一覃	a:m	tha:m⁶ 探　na:m² 南
	a:n	tsa:n² 蚕　kha:n³ 砍　kha:n³ 坎
	ɔn	hɔn² 含
合	a:p	ta:p⁷ 答　ta:p⁷ 搭
	up	wup⁸ 盒　wup⁸ 合
	a	la¹ 拉
咸开一谈	a:m	ta:m³ 胆　la:m² 篮　sa:m¹ 三
	ɔm	kɔm³ 敢
	ɔn	kɔn¹ 甘
盍	a:p	la:p⁸ 腊　la:p⁸ 蜡
咸开二咸	a:m	ka:m³ 减
	ɔn	hɔn⁶ 陷
	in	cin³ 碱
	a	sa¹ 杉
洽	a:p	tsha:p⁷ 插　kha:p⁷ 掐
	a	tsa⁵ 炸
咸开二衔	a:m	tsha:m¹ 搀
狎	a:p	ka:p⁷ 甲　ʔa:p⁷ 鸭　ʔa:p⁷ 压
咸开三盐	iem	liem⁴ 镰
	em	ȵem⁴ 染　cem² 钳
叶	iep	tsiep⁷ 接
	ep	jep⁸ 页
咸开三严	em	chem⁵ 欠
咸开四添	iem	tiem³ 点　thiem¹ 添　niem⁶ 念
帖	iep	tiep⁸ 叠　tiep⁸ 碟

---

① 本章凡表中词项后有"(调！)"标注的，表明该词项的声调不符合仫佬语里中古汉借词的调类对应一般规律，特此说明。

| 咸合三凡 | a:n | fa:n⁶ 犯 |
| 乏 | a:t | fa:t⁷ 法 |

(9) 深摄

中古韵类	土拐话读音	例　字
深开三侵	am	lam² 淋 sam¹ 心 tsam¹ 针
缉	ap	lap⁸ 立 sap⁸ 十 cap⁷ 急
	i	si² 什

(10) 山摄

中古韵类	土拐话读音	例　字
山开一寒	a:n	tha:n¹ 摊 na:n² 难 sa:n⁵ 伞
	(w)a:n	kwa:n¹ 干（湿）kwa:n³ 秆
	ɔn	hɔn⁶ 旱 ɔn¹ 鞍 kɔn³ 赶
曷	a:t	tsha:t⁷ 擦 sa:t⁷ 撒
	(w)at	kwat⁷ 割
山开二山	a:n	tsa:n³ 盏 ka:n¹ 间 ŋa:n⁴ 眼
黠	a:t	pa:t⁷ 八
山开二删	a:n	pa:n³ 扳 ma:n² 蛮 ma:n⁶ 慢
	in	jin² 颜
鎋	a:t	ha:t⁷ 瞎
山开三仙	in	phin¹ 偏 sin¹ 仙 pin⁵ 变
薛	it	pit⁷ 鳖 mit⁸ 灭
	et	set⁸ 舌 ȵet⁸ 热
山开四先	in	pin¹ 边 tin² 填 nin² 年
	it	mit⁸ 篾 thit⁷ 铁 tsit⁷ 节
	et	cet⁷ 结
山合一桓	on	pon¹ 搬 mon² 瞒 won³ 碗
	un	tun⁶ 段 lun⁶ 乱 kun¹ 官
	(w)a:n	wa:n³ 腕
末	ut	phut⁷ 泼 thut⁷ 脱 tshut⁷ 撮
山合二山	(w)a:n	ŋwa:n² 顽
黠	(w)a:t 见系	wa:t⁷ 挖
山合二删	øn	søn¹ 闩
	(w)a:n 见系	kwa:n¹ 关 kwa:n⁵ 惯 wa:n¹ 弯
辖	øt	søt⁷ 刷
	(w)a:t 见系	kwa:t⁷ 刮
山合三仙	yn	syn³ 选 tsyn¹ 砖 syn² 船
薛	yt	syt⁷ 说
山合三元	a:n 非组	fa:n¹ 翻 fa:n² 烦 fa:n³ 反
	yn	chyn⁵ 劝 ȵyn⁵ 愿 jyn¹ 冤
月	a:t 非组	fa:t⁷ 发 fa:t⁸ 罚 ma:t⁸ 袜
	øt	ȵøt⁸ 月
山合四先	yn	jyn⁶ 县 syn² 悬
屑	yt	chyt⁷ 缺 syt⁷ 血

(11) 臻摄

中古韵类	土拐话读音	例　字
臻开一痕	an	than¹ 吞 kan¹ 跟 han³ 很
臻开三真	an	san¹ 辛 san⁵ 信 tsan¹ 真
	en	pen² 贫
	in	jin⁵ 印
质	at	pat⁷ 笔 mat⁸ 密 tshat⁷ 七
	it	jit⁷ 乙
臻开三殷	an	can¹ 斤 can² 勤
臻合一魂	an	pan² 盆 tan⁶ 顿 tshan⁵ 寸
	un	khun⁵ 困 wun¹ 瘟 wun³ 稳
没	at	pat⁷ 不
	ut	kut⁷ 骨
臻合三谆	an	lan² 轮 tshan¹ 春
	yn	cyn⁶ 菌 cyn¹ 均
术	at	sat⁷ 戌
臻合三文	an	fan³ 粉 fan¹ 分
	yn	cyn² 群 çyn¹ 熏

(12) 宕摄

中古韵类	土拐话读音	例　字
宕开一唐	ɔ:ŋ	thɔ:ŋ⁵ 趟 lɔ:ŋ² 狼 kɔ:ŋ¹ 钢
铎	ɔ:k	thɔk⁷ 托 tshɔk⁷ 错
	ɔk	kɔk⁷ 各 lɔk⁸ 落
宕开三阳	aŋ	tsaŋ¹ 张 tsaŋ⁶ 丈 tsaŋ¹ 樟
	uŋ	tshuŋ¹ 疮 suŋ³ 爽
	ia:ŋ	lia:ŋ² 梁 sia:ŋ¹ 镶 sia:ŋ⁴ 象
	ɔ:ŋ	nɔ:ŋ² 瓤
药	ak	tsak⁸ 着（急）
	ia:k	ca:k⁷ 脚 ja:k⁷ 约
	i	si² 勺
宕合一唐	uŋ/oŋ	kuŋ¹ 光 huŋ¹ 慌 woŋ² 皇
宕合三阳	uŋ	fuŋ¹ 方 fuŋ² 房 muŋ² 亡

(13) 江摄

中古韵类	土拐话读音	例　字
江开二江	ɔŋ	kɔŋ² 扛
	oŋ	tshoŋ⁵ 撞 tshoŋ¹ 窗
	uŋ	suŋ¹ 双
	a:ŋ	ka:ŋ³ 讲
觉	ɔk	khɔk⁷ 确
	uk	tshuk⁷ 戳 tsuk⁸ 浊
	a:k	ha:k⁸ 学 kha:k⁷ 壳
	ak	pak⁷ 剥 kak⁷ 角

(14) 曾摄

中古韵类	土拐话读音	例　字
曾开一登	aŋ	taŋ¹ 灯 naŋ² 能 tsaŋ² 层
德	ak	pak⁷ 北 tak⁷ 得 khak⁷ 刻
曾开三蒸	eŋ	peŋ¹ 冰 tseŋ¹ 蒸 seŋ² 乘
职	ek	lek⁸ 力 tsek⁸ 直 tsek⁸ 殖
	i	i⁵ 亿
曾合一德	uk	kuk⁷ 国

(15) 梗摄

中古韵类	土拐话读音	例　字
梗开二庚	ia:ŋ	lia:ŋ⁴ 冷 sia:ŋ¹ 生
陌	ia:k	pia:k⁷ 百 pia:k⁸ 白 tsia:k⁷ 拆
梗开二耕	ia:ŋ¹	tsia:ŋ¹ 争
	ɛ:n	hɛ:n⁵ 幸
麦	ia:k	tsia:k⁷ 摘 ca:k⁷ 隔
梗开三庚	eŋ	peŋ¹ 兵 meŋ² 明 peŋ³ 丙
陌	a:k	cha:k⁷ 屐
梗开三清	eŋ	peŋ³ 饼 tseŋ³ 井 seŋ² 城
昔	ek	tsek⁷ 迹 tshek⁷ 尺 sek⁸ 石
梗开四青	eŋ	peŋ² 平 leŋ² 零 seŋ¹ 腥
锡	ek	phek⁷ 劈 tek⁷ 滴 thek⁷ 踢

(16) 通摄

中古韵类	土拐话读音	例　字
通合一东	ɔŋ	tɔŋ¹ 东 tɔŋ² 铜 tshɔŋ¹ 葱
	uŋ	tshuŋ¹ 聪
	oŋ	tsoŋ¹¹ 棕 tsoŋ¹ 鬃
屋	ɔk	tɔk⁸ 读 lɔk⁸ 鹿 kɔk⁷ 谷
通合一冬	ɔŋ	tɔŋ¹ 冬 sɔŋ¹ 松 nɔŋ² 农
沃	ɔk	tɔk⁸ 毒
通合三东	ɔŋ	tsɔŋ⁵ 中 kɔŋ¹ 弓 cɔŋ² 穷
	uŋ	fuŋ¹ 风 fuŋ¹ 枫
	oŋ	moŋ⁶ 梦 tsoŋ¹ 钟 tshoŋ¹ 冲
屋	ɔk	pɔk⁸ 伏 lɔk⁸ 六 tsɔk⁷ 粥
通合三钟	ɔŋ	phɔŋ³ 捧
	uŋ	fuŋ¹ 蜂
烛	ɔk	lɔk⁸ 绿

(三) 中古调类在罗城土拐话中的表现

古平、上、去、入四声均依古声母清、浊的不同各分为阴、阳两类,即阴平、阳平、阴上、阳上、阴去、阳去、阴入、阳入八大类。古清声母字出现在阴调类,古浊声母字出现在阳调类。

中古调类	中古声母	土拐话调类	例字
平	清	1阴平	fi¹ 飞 fa:n¹ 翻
	浊	2阳平	pa² 耙 na:m² 南
上	清	3阴上	pa³ 把 tshu³ 丑
	浊	4阳上	sia:ŋ⁴ 象 ŋwa⁴ 瓦
去	清	5阴去	kon⁵ 灌 phin⁵ 骗
	浊	6阳去	po⁶ 抱
入	清	7阴入	tsɔk⁷ 粥 thɔ:k⁷ 托
	浊	8阳入	pɔk⁸ 伏 lɔk⁸ 绿

4.3 黄金镇仫佬语里汉语借词的历史层次

4.3.1 "汉语借词"与"历史层次"的含义

(一)"汉语借词"是一个意义较为宽泛的概念。

本文对仫佬语汉语借词作历史层次分析,立足于单音节的语音单位。因而,本文所说的借词是一个意义较为宽泛的概念,有时所指的可能不是词,而是语素,甚至连语素也不是,仅仅是一个多音节单语素借词中的某一无意义的音节。统一用"借词"来指称,是出于表述可以更简捷的缘故。例如,单音节借词如:"狼"lo:ŋ²、"绿"lɔk⁸、"冰"peŋ¹ 等;单音节的构词借语素 tha:m¹kɔk⁷ 中的 kɔk⁷(谷);多音节单语素借词中的某一无意义的音节,如:"荸荠"pat⁸tsai² 中的 pat⁸(荸)和 tsai²(荠)。

(二)"历史层次"指的是语音层次。

汉借词包括语音和意义两方面。简单地说,汉借词的语音和意义有四种对应关系:

(1)汉借词的语音和意义都是现代借入的。这类词是典型的现代借词。例如:黄金仫佬语中"飞机"fi¹ci¹、"继续"ci⁵sɔk⁷、"页"jep⁸ 等借词。

(2)汉借词的语音和意义都是古代借入的。这类词是典型的古代借词。例如:黄金仫佬语中"肥"pi²,"破"phwa⁵ 等借词。

(3)汉借词的语音是现代借入的,意义却是古代早已借入了的,即古代汉借词读音被现代汉借词读音所取代。比如,据郑贻青(1996:57),靖西壮语中有一些早期借入的词被后来借入的词取代了,如"东、西、南、北"几个词,靖西话"东"to:ŋ¹ 是早期借词,"南"na:n² 和"北"pə² 都是新借词。显然,"南"和"北"的概念是早就借入了的,但其老借词形式被新借词取代了。

(4)汉借词的意义是现代借入的,语音却是古音形式,即用古代汉借词表示现代借入的概念。例如:黄金仫佬语在表示"火车""自行车"等现代借入的概念时采用了古代借词"车"tshja¹(古代水车的"车")作为其构词语素,比较:

	黄金仫佬语	罗城土拐话（现代借源语言）
火车	hwa³tshja¹	hwa³tsha¹
自行车	ta:n¹tshja¹	ta:n¹tsha¹

考虑到本文划分汉借词历史层次的目的在于找出汉借词的语音系统的层次，所以本文在作汉借词的历史层次划分时，单纯就语音方面而言，而不考虑其意义，因而对于语音与意义借入时间不一致的(3)和(4)两种情况，我们选择语音形式作为判断其历史层次的根据，把(3)归为现代层次，把(4)归为古代层次。

4.3.2 划分黄金仫佬语里汉语借词历史层次的原则和方法

关于少数民族语言里的汉语借词历史层次的分析，学者们根据自己的研究体验，提出了自己的研究方法和研究理论，如：潘悟云（1995、2004）的历史层次分析法、法国学者沙加尔先生汉语借词历史层次研究的三个基本原则（见沙加尔、徐世璇 2002）、曾晓渝（2003c、2004c、2004d）提出的关系词分层法、陈其光先生（2004）的结构特征分层法、黄行、胡鸿雁先生（2004）的语音系联方法等等。

前辈学者提出的方法和原则，同样适合于仫佬语汉语借词的历史层次研究。但黄金仫佬语汉语借词还有自身的一些特殊性，因而本人对仫佬语汉借词层次的分析，在借鉴采用了前辈学者提出的理论、方法（主要是曾晓渝的"关系词分层法"）的同时，根据仫佬语汉语借词的具体情形，还采用了以东门仫佬语汉语借词为参照的方法判断黄金仫佬语汉语借词的历史层次。

4.3.2.1 黄金仫佬语现代汉借词的特殊性

黄金镇通用的现代汉语方言为土拐话而不是西南官话，当地仫佬族大都会说土拐话。把黄金镇仫佬语汉语借词与土拐话进行对比，可以发现相当一部分词语与土拐话语音形式相同或基本相同，其中包括反映现代政治、经济、科技、文化生活的词语，因而可以确定黄金镇仫佬语现代汉语借词的借源为当地土拐话。

绝大多数的侗台语族语言和方言现代汉语借词借自西南官话，现代汉语借词通过声调对应就可以判断出来。黄金仫佬语的现代借源是具有阴平、阳平、阴上、阳上、阴去、阳去、阴入、阳入 8 个调类和-m、-n、-ŋ、-p、-t、-k 6 个辅音韵尾的汉语方言，显然，仅仅依据韵母、声调的读音，难于将现代汉语借词和具备同样特征的古代汉借词区分开来。

与黄金仫佬语不同的是，东门仫佬语里的现代汉语借词来源于当地汉语方言——桂柳话（属西南官话），现代汉语借词的声调与借源语言——桂柳话呈调值对应，汉语的阴平、阳平（包括古入声字）、上声、去声字分别读为仫佬语的第 5、6、3、4 调。例如："光明"kwa:ŋ⁵min⁶，"伟大"wəi³ta⁴（王均等 1984:438）。东门仫佬语中的古代汉语借词则与《切韵》音系成调类对应。同绝大多数侗台语言和方言一样，东门仫佬语里的现代汉语借词通过声调对应就可以判断出来。

因而，我们可以利用现代借词和古代借词同汉语声调的对应有明显区别特征的东门仫佬语,来帮助判断黄金仫佬语的汉语借词的历史层次。

4.3.2.2 判别黄金仫佬语历史层次的方法

鉴于前述原因,我们主要以东门仫佬语汉借词为参照,来判断黄金仫佬语汉借词的历史层次。具体说明如下。

(一) 确定现代层次汉借词

我们认为,符合以下条件的汉借词属于现代层次。需要说明的是,只要符合以下三个条件中的一个就可以。

(1) 同土拐话相应词语语音形式相同或基本相同(必备条件);

(2) 汉语借词所表现的意思在东门仫佬语中用本族词语或其他汉借词表示(选择条件)。例如:

	黄金仫佬语	土拐话	东门仫佬语	备注
疤	pa^1	pa^1	kɣø^1	
兜	(pa:ŋ^1)tau^1	(wa^2)tau^1	kwən^5(ma:ŋ^1)	稻~
颗	khwa^3	khwa^3	ȵan^2	一~谷子
枝	tsi^1	tsi^1	tɔŋ^6;tjeu^2	一~花
袖	(kuk^7)tsau^6	(i^1)tsau^6	chin^1(kuk^7)	~子
页	jep^8	jep^8	phjen^1	一~书
冰	peŋ^1	peŋ^1	nui^1	

(3) 在东门仫佬语中的对应形式为借自西南官话的现代汉语借词,并且在东门仫佬语中没有相应的古借词形式(选择条件)。例如:

	黄金仫佬语	土拐话	东门仫佬语	备注
狼	lɔ:ŋ^2	lɔ:ŋ^2	la:ŋ^6	
除	tsy^2	tsy^2	tshy^6	
区	khy^1	khy^1	khy^5	地区
扛	kɔŋ^2	kɔ:^{2}	kha:ŋ^6	

(二) 区分中古层次和上古层次汉语借词

确定了黄金仫佬语里的现代汉借词之后,接下来的工作就是区分古代汉语借词的层次。古代汉语借词的特点是,黄金仫佬语中的说法与东门仫佬语语音形式相同或大体相同,并且东门仫佬语中的对应形式为古代借词(汉借词与汉语中古音呈调类对应)。

对古代汉语借词的进一步分层,主要采用"关系词分层法"(参见本书§1.3),即以汉语上古音和中古音的构拟音系作为确定借词历史层次的重要依据。此外,学者们关于同语族语言中古、上古层次汉借词语音特征的研究成果也是我们对黄金仫佬语古代借词进一步分层的重要参照。具体说来,以中古音的构拟音系(李方桂拟音)和同语族语言中古层次汉借词的研究成果为参照,确定黄金仫佬语的中古层次汉语借词;以汉语上古音的构拟音系(李方桂拟音)和同语族语言上古层次汉借词的研究成果为参照,确定黄金仫佬语的上古层次汉语借词。另外,某些地方也借鉴了黄行、胡鸿雁先生的语音系联方法,即通过寻找中古音类的语音分歧划分音类的层次,再从各层次某音类系联同音节的其他音类得到各层次的语音系统。

上古层次汉借词,如:

汉字	上古拟音	黄金仫佬语	备注
渡	dagh	ta⁶	过(～河)
折	tjap	tjep⁷	折(～纸)

中古汉语有前期(隋至中唐)和后期(中唐至宋)之分,水语里的中古汉语借词有早、晚层次上的差异(曾晓渝 2003c、2004c),壮语里的汉语借词有中古层次和前中古层次的差异(蓝庆元 1999),黄金仫佬语里的中古汉语借词也有早、晚层次上的差异。对黄金仫佬语中古层次进一步分层,我们的主要参照是:(1)代表汉语中古早期的《切韵》声系和代表中古晚期的三十六字母系统;(2)同语族语言中古层次汉借词的研究成果。

(三)参照东门仫佬语汉借词并采用排除法确定黄金仫佬语里的近代汉借词。

黄金仫佬语里的近代汉语借词主要在参照东门仫佬语汉借词的基础上采用排除法来判断,即把语音特征既不符合中、上古层次也不符合现代层次的汉借词或明显具有中古之后才产生的特点的汉借词确定为近代层次。

以精组汉借词为例。黄金仫佬语里的中古层次精组借词在东门仫佬语的相应形式声母读 t-类,声调呈调类对应,如:

汉字	声纽	黄金仫佬语读音	东门仫佬语读音	备注
灶	精	tɔ⁵	tɔ⁵	
千	清	thjen¹	thjen¹	
字	从	ti⁶	ti⁶	
写	心	tja³	tja³	

黄金仫佬语里的现代层次精组借词在东门仫佬语的相应形式声母读 ts-类,声调呈调值对应,如:

汉字	声纽	黄金仫佬语读音	东门仫佬语读音	备注
资	精	tsi¹	tsɿ⁵	工～
积	精	tsek⁷	tsi⁶	～极
族	从	tsɔk⁸	tsu⁶	民～
续	邪	sɔk⁸	su⁶	连～

因而,若黄金仫佬语读 ts-类的精组汉语借词,在东门仫佬语中的相应形式亦为 ts-类读音,且声调呈调类对应,则既非中古层次又非现代层次,当属介于两者之间的近代层次。如:

汉字	声纽	黄金仫佬语读音	东门仫佬语读音	备注
桨	精	tsja:ŋ³	tsja:ŋ³	船～
猜	清	tshai¹	shaːi¹	～谜语
催	清	tshui¹	tshui¹	
镶	心	sja:ŋ¹	sja:ŋ¹	～金牙
松	心	sɔŋ¹	sɔŋ¹	绑得～

明显的中古之后才产生的特点,如,咸摄读-n 尾;曾摄读-n 尾。具有这一特征的借词,如:

汉字	韵类	黄金仫佬语	东门仫佬语	土拐话	备注
能	曾开一登	nan²	naŋ²	naŋ²	
肯	曾开一等	khan³	khaŋ³	khaŋ³	
赚	咸开二陷	tsa:n⁶	tsa:n⁶	tsa:n⁶	～钱

4.3.3 黄金镇仫佬语的现代汉语借词

4.3.3.1 现代汉语借词的语音特点

(一) 声母特点

声母特点有以下几方面:a. 古汉语全清声母一般读为不送气声母,次清声母一般读为送气声母;b. 帮系声母分轻重唇;c. 见系声母分前后腭,如 c-、k-;d. 知、精、庄、章组不分,都读 ts-、tsh-、s-。

下面分组作具体说明。

(1) 帮组

	声母对应		例 字		
声母	土拐话	黄金仫佬语	土拐话	黄金仫佬语	备注
帮	p ph	p ph pj	pa¹ 疤 pheŋ⁵ 并 piu³ 表	pa¹ 疤 pheŋ⁵ 并 pjeu³ 表	 合～ 手～
滂	ph	ph phj	phi⁵ 屁 phin⁵ 骗	phi⁵ 屁 phjen⁵ 骗	 ～子
並	p	p pj	po⁶ 抱 pin² 便	po⁶ 抱 pjan² 便	～小孩 ～宜
明	m	m	tshai¹ 猜	tshai¹ 猜	～拳

(2) 非组

	声母对应		例 字		
声母	土拐话	黄金仫佬语	土拐话	黄金仫佬语	备注
非	f	f	fuŋ¹ 枫	fɔŋ¹ 枫	～树
敷	f ph	f ph	fuŋ¹ 蜂 phɔŋ³ 捧	fɔŋ¹ 蜂 phɔŋ³ 捧	～蜜 一～水
奉	f	f	fuŋ² 房	fɔŋ² 房	厨～
微	/	/	/	/	

（3）端组

声母	声母对应		例字		备注
	土拐话	黄金仫佬语	土拐话	黄金仫佬语	
端	t	t	tau¹ 兜	tau¹ 兜	稻～
		tj	tiu³ 丢	tjeu³ 丢	～脸
透	th	th	the¹ 梯	the¹ 梯	楼～
			thɔːk⁷ 托	thɔːk⁷ 托	
定	t	t	te² 蹄	te² 蹄	
泥	n	n	nɔ⁴ 脑	nɔ⁴ 脑	～髓
		nj	niaːŋ³ 娘（调！）	njaːŋ³ 娘（调！）	
来	l	l	laːm² 蓝	laːm² 蓝 ljaːŋ² 凉	～鞋
		lj	liaːŋ² 凉		

（4）知组

声母	声母对应		例字		备注
	土拐话	黄金仫佬语	土拐话	黄金仫佬语	
知	ts	ts	tsy¹ 猪	tsy¹ 猪	豪～
	tsh	tsh	tshoŋ¹ 中	tshoŋ¹ 中	～国
彻	tsh	tsh	tshu³ 丑	tshu³ 丑	
澄	ts	ts	tsy² 除	tsy² 除	

（5）精组

声母	声母对应		例字		备注
	土拐话	黄金仫佬语	土拐话	黄金仫佬语	
精	ts	ts	tse³ 挤	tse³ 挤	
		tsj	tsiaːŋ¹ 浆	tsjaːŋ¹ 浆	～树
清	tsh	tsh	tshɔ¹ 搓	tshɔ¹ 搓	
		tshj	tshiaːŋ¹ 枪	tshjaːŋ¹ 枪	
从	ts	ts	tsaːn² 蚕	tsaːn² 蚕	
心	s	s	se¹ 西	se¹ 西	
		sj	siaːŋ³ 想	sjaːŋ³ 想	
邪	s	s	sɔk⁸ 续	sɔk⁸ 续	继～
		sj	siaːŋ⁴ 象	sjaːŋ⁴ 象	
	ts	ts	tsek⁸ 席	tsek⁸ 席	～子

(6) 庄组

声母对应			例 字		
声母	土拐话	黄金仫佬语	土拐话	黄金仫佬语	备注
庄	ts	ts	tsap⁸ 眨	tsap⁸ 眨	～眼
初	tsh	tsh	tsha:m¹ 搀	tsha:m¹ 搀	～水
崇	ts	ts	tsa⁵ 炸	tsa⁵ 炸	用油～
生	s	s	si¹ 师	si¹ 师	厨～

(7) 章组

声母对应			例 字		
声母	土拐话	黄金仫佬语	土拐话	黄金仫佬语	备注
章	ts	ts	tsi¹ 枝	tsi¹ 枝	
昌	/	/	tshoŋ¹ 冲	tshoŋ¹ 冲	
船	s	s	seŋ⁶ 剩	seŋ⁶ 剩	～饭
书	s	s	sa:ŋ¹ 商	sa:ŋ¹ 商	～量
	tsh	tsh	tshan¹ 伸	tshan¹ 伸	
禅	s	s	sa:ŋ⁶ 上	sa:ŋ⁶ 上	马～
日	ȵ	ȵ	ȵa:k⁸ 弱	ȵa:k⁸ 弱	

(8) 见组

声母对应			例 字		
声母	土拐话	黄金仫佬语	土拐话	黄金仫佬语	备注
见	k	k	kɔ¹ 歌	kɔ¹ 歌	
	kw	kw	kwa³ 果	kwa³ 果	～子
	c	c	ci¹ 机	ci¹ 机	飞～
	kw	k	kwa:n¹ 干	ka:n¹ 干	～湿
溪	kh	kh	khun⁵ 困	khun⁵ 困	
	ch	ch	chy¹ 区	chy¹ 区	
	khw	khw	khwa³ 颗	khwa³ 颗	
群	k	c	køn² 群	cyn² 群	
	c	c	can⁶ 近	can⁶ 近	附～
疑	ȵ	ȵ	ȵi² 宜	ȵi² 宜	便～
	j	j	jin² 颜	jin² 颜	～色
	ŋ	ŋ	ŋa:n⁴ 眼	ŋa:n⁴ 眼	～镜
	ŋw	ŋw	ŋwa:n² 顽	ŋwa:n² 顽	～皮

(9) 影组

声母	声母对应		例 字		备注
	土拐话	黄金仫佬语	土拐话	黄金仫佬语	
影	w	w	wa¹ 窝	wa¹ 窝	
	j	j	jit⁷ 乙	jet⁸ 乙	
晓	h	h	ha:t⁷ 瞎	ha:t⁷ 瞎	
	hw	hw	hwa³ 火	hwa³ 火	～车
	w	w	wa:i¹ 歪	wa:i¹ 歪	
	ɕ	ɕ	ɕyn¹ 熏	ɕyn¹ 熏	
匣	h	h	hɛ:n⁵ 幸	hɛ:n⁵ 幸	～亏
	f	f	fu² 湖	fu² 湖	
	w	w	wa:i² 怀	wa:i² 怀	～疑
云	w	w	woŋ⁴ 往	woŋ⁴ 往	～年
	j	j	jyn² 云	jyn² 云	
以	j	j	jep⁸ 页	jep⁸ 页	

(二) 韵母特点

黄金仫佬语里现代汉语借词的韵母特点用下面的对比来说明。

说明：a. 下面各表中，(w)表示声母为唇化声母或唇音声母，(j)表示声母为腭化声母或舌面音声母；b. 以下表中韵目举平以赅上去；c. 没有找到汉借词的韵类表中不显示。

(1) 果摄

中古音韵类	韵母对应		例 字		备注
	土拐话	黄金仫佬语	土拐话	黄金仫佬语	
果开一歌	ɔ	ɔ	tshɔ¹ 搓	tshɔ¹ 搓	
	a:i	a:i	ta:i⁶ 大	ta:i⁶ 大	～约
果合一戈	ɔ	ɔ	lɔ² 锣	lɔ² 锣	
	(w)a	(w)a	wa¹ 窝	wa¹ 窝	
	o	o	tho³ 妥	tho³ 妥	～当

(2) 假摄

中古音韵类	韵母对应		例 字		备注
	土拐话	黄金仫佬语	土拐话	黄金仫佬语	
假开二麻	a	a	pa¹ 疤	pa¹ 疤	
假开三麻	a	a	ja¹ 爷	ja¹ 爷	姑父
假合二麻	(w)a	(w)a	khwa³ 垮	khwa³ 垮	

(3) 遇摄

中古音韵类	韵母对应		例 字		
	土拐话	黄金仫佬语	土拐话	黄金仫佬语	备注
遇合一模	u	u	tu³ 都	tu³ 都	～是
遇合三鱼	y	y	tsy² 除	tsy² 除	
遇合三虞	y	y	chy¹ 区	chy¹ 区	

(4) 蟹摄

中古音韵类	韵母对应		例 字		
	土拐话	黄金仫佬语	土拐话	黄金仫佬语	备注
蟹开一咍	ai	ai	tsai² 裁	tsai² 裁	
蟹开二皆	aːi	ai	kaːi⁵ 戒	kai⁵ 戒	
蟹开二佳	aːi	aːi	paːi² 牌	paːi² 牌	
蟹开四齐	e	e	te² 蹄	te² 蹄	
	i	i	ci⁵ 继	ci⁵ 继	～续
蟹合一灰	ui	oi	pui¹ 杯	poi¹ 杯	
蟹合二皆	aːi	aːi	waːi⁶ 坏	waːi⁶ 坏	
蟹合二佳	aːi	aːi	waːi¹ 歪	waːi¹ 歪	
蟹合三祭	ui	ui	wui⁶ 卫	wui⁶ 卫	守～

(5) 止摄

中古音韵类	韵母对应		例 字		
	土拐话	黄金仫佬语	土拐话	黄金仫佬语	备注
止开三支	i	i	tshi⁵ 次	tshi⁵ 次	
止开三脂	i	i	si¹ 师	si¹ 师	厨～
止开三之	i	i	li⁴ 理	li⁴ 理	道～
止开三微	i	i	çi³ 希（调!）	çi³ 希（调!）	～望
止合三支	ui	ui	tsui² 随	tsui² 随	
止合三脂	ai	ai	sai¹ 虽	sai¹ 虽	～然
止合三微	i	i	fi¹ 飞	fi¹ 飞	～机

(6) 效摄

中古音韵类	韵母对应		例 字		
	土拐话	黄金仫佬语	土拐话	黄金仫佬语	备注
效开一豪	o	o	po⁶ 抱	po⁶ 抱	
效开二肴	aːu	aːu	paːu⁵ 爆	paːu⁵ 爆	～炸
效开三宵	iu	(j)eu	piu³ 表	pjeu³ 表	～嫂
效开四萧	iu	(j)eu	liu⁶ 料	ljeu⁶ 料	肥～

（7）流摄

韵母对应			例字		
中古音韵类	土拐话	黄金仫佬语	土拐话	黄金仫佬语	备注
流开一侯	au	au	tau¹ 兜	tau¹ 兜	稻~
流开三尤	au	au	tsau⁶ 袖	tsau⁶ 袖	衣~
	iu	(j)eu	ciu³ 韭	ceu³ 韭	~菜
流开三幽	iu	(j)eu	tiu³ 丢（调！）	tjeu³ 丢（调！）	~脸

（8）咸摄

韵母对应			例字		
中古音韵类	土拐话	黄金仫佬语	土拐话	黄金仫佬语	备注
咸开一覃	aːn	aːn	khaːn³ 砍	khaːn³ 砍	
合	a	a	la³ 拉	la³ 拉	拖~机
咸开一谈	aːm	aːm	laːm² 蓝	laːm² 蓝	
盍	aːp	aːp	thaːp⁷ 塔	thaːp⁷ 塔	
咸开二洽	aːp	aːp	khaːp⁷ 掐	khaːp⁷ 掐	
	a	a	tsa⁵ 炸	tsa⁵ 炸	用油~
咸开二衔	aːm	aːm	tshaːm¹ 搀	tshaːm¹ 搀	~水
狎	aːp	aːp	kaːp⁷ 甲	kaːp⁷ 甲	
咸开三盐	iem	im	tsiem¹ 尖	tsim¹ 尖	~刀
叶	ep	ep	jep⁸ 页	jep⁸ 页	

（9）深摄

韵母对应			例字		
中古音韵类	土拐话	黄金仫佬语	土拐话	黄金仫佬语	备注
深开三侵	am	am	cam⁶ 妗	cam⁶ 妗	舅母
缉	i	i	si² 什	si² 什	为~么

（10）山摄

韵母对应			例字		
中古音韵类	土拐话	黄金仫佬语	土拐话	黄金仫佬语	备注
山开一寒	ɔːn	aːn	hɔːn⁶ 汉	haːn⁶ 汉	~族
曷		(w)aːn		hwaːn⁶ 汉	单身~
山开二山	aːn	aːn	kaːn¹ 间	kaːn¹ 间	
山开二删	in	in	jin² 颜	jin² 颜	~色
鎋	aːt	aːt	haːt⁷ 瞎	haːt⁷ 瞎	
山开三仙	in	(j)en	phin⁵ 骗	phjen⁵ 骗	~子
山开三元	in	an	can⁵ 建	can⁵ 建	~筑
山开四先	in	(j)en	tsin² 前	tsjen² 前	从~

山合一桓	on	on	tson⁵ 钻	tson⁵ 钻	
	un	un	kun¹ 官	kun¹ 官	
	(w)aːn	(w)aːn	waːn³ 腕	waːn³ 腕	手～

（11）臻摄

	韵母对应		例字		
中古音韵类	土拐话	黄金仫佬语	土拐话	黄金仫佬语	备注
臻开三真	en	eŋ	pen² 贫	peŋ² 贫	～农
	an	eŋ	man² 民	meŋ² 民	～族
	in	in	tsan⁶ 进	tsin⁶ 进	先～
质	it	et	jit⁷ 乙	jet⁸ 乙	
臻开三殷	an	an	can⁶ 近	can⁶ 近	附～
臻合一魂	an	an	phan⁵ 喷	phan⁵ 喷	～水
	un	un	khun⁵ 困	khun⁵ 困	
臻合三谆	yn	yn	cyn⁶ 菌	cyn⁶ 菌	～子
臻合三文	an	an	fan³ 粉	fan³ 粉	面～
	yn	yn	cyn² 群	cyn² 群	

（12）宕摄

	韵母对应		例字		
中古音韵类	土拐话	黄金仫佬语	土拐话	黄金仫佬语	备注
宕开一唐	ɔːŋ	ɔːŋ	lɔːŋ² 狼	lɔːŋ² 狼	
铎	ɔːk	ɔːk	thɔk⁷ 托	thɔk⁷ 托	
	ɔk	ɔk	lɔk⁸ 落	lɔk⁸ 落	～后
宕开三阳	iaŋ	(j)aːŋ	tsiaŋ⁵ 酱	tsjaŋ⁵ 酱	
	aːŋ	aːŋ	saːŋ¹ 商	saːŋ¹ 商	～量
宕合一唐	uŋ	uŋ	kuŋ¹ 光	kuŋ¹ 光	～明
宕合三阳	uŋ	uŋ	uŋ⁶ 旺	uŋ⁶ 旺	

（13）江摄

	韵母对应		例字		
中古音韵类	土拐话	黄金仫佬语	土拐话	黄金仫佬语	备注
江开二江	ɔŋ	ɔŋ	kɔŋ² 扛	kɔŋ² 扛	
觉	ɔk	ɔk	khɔk⁷ 确	khɔk⁷ 确	正～

（14）曾摄

	韵母对应		例字		
中古音韵类	土拐话	黄金仫佬语	土拐话	黄金仫佬语	备注
曾开一登	aŋ	aŋ	taŋ² 藤	taŋ² 藤	
德	ak	ak	sak⁷ 塞	sak⁷ 塞	～住洞口

曾开三蒸	eŋ	eŋ	peŋ¹ 冰	peŋ¹ 冰	
职	ek	ek	tsek⁸ 值	tsek⁸ 值	～五元
	i	i	i⁵ 亿	i⁵ 亿	
曾合一德	uk	uk	kuk⁷ 国	kuk⁷ 国	

(15) 梗摄

	韵母对应		例 字		
中古音韵类	土拐话	黄金仫佬语	土拐话	黄金仫佬语	备注
梗开二耕	ɛ:n	ɛ:n	hɛ:n⁵ 幸	hɛ:n⁵ 幸	～亏
梗开三庚	eŋ	eŋ	peŋ⁵ 柄	peŋ⁵ 柄	刀～
梗开三清	eŋ	eŋ	tseŋ³ 井	tseŋ³ 井	
昔	ek	ek	tsek⁷ 积	tsek⁷ 积	～极
梗开四青	eŋ	eŋ	pheŋ⁵ 拼	pheŋ⁵ 拼	

(16) 通摄

	韵母对应		例 字		
中古音韵类	土拐话	黄金仫佬语	土拐话	黄金仫佬语	备注
通合一东	ɔŋ	ɔŋ	tshɔŋ¹ 葱	tshɔŋ¹ 葱	
屋	ɔk	ɔk	kɔk⁷ 谷	kɔk⁷ 谷	
通合一冬	ɔŋ	ɔŋ	nɔŋ² 农	nɔŋ² 农	雇～
通合三东	uŋ	ɔŋ	fuŋ¹ 枫	fɔŋ¹ 枫	～树
	ɔŋ		kɔŋ¹ 弓	kɔŋ¹ 弓	
屋	ɔk	ɔk	tshɔk⁷ 筑	tshɔk⁷ 筑	建～
通合三钟	uŋ	ɔŋ	fuŋ¹ 蜂	fɔŋ¹ 蜂	～蜜
	ɔŋ		phɔŋ³ 捧	phɔŋ³ 捧	一～米
烛	ɔk	ɔk	lɔk⁸ 绿	lɔk⁸ 绿	～米秆
	y	y	y⁶ 玉	y⁶ 玉	

(三) 声调特点

黄金镇仫佬语与土拐话不仅声调调类完全对应,而且调值也完全相同。请看下表对应情况。

声 调		例 词	
土拐话	仫佬语汉借词	土拐话	仫佬语汉借词
1 阴平　53	第1调　53	peŋ¹ 冰	peŋ¹ 冰
2 阳平　232	第2调　232	te² 蹄	te² 蹄
3 阴上　55	第3调　55	tshu³ 丑	tshu³ 丑
4 阳上　223	第4调　223	ŋa:n⁴ 眼	ŋa:n⁴ 眼
5 阴去　225	第5调　225	phin⁵ 骗	phjen⁵ 骗
6 阳去　214	第6调　214	po⁶ 抱	po⁶ 抱
7 阴入　55	第7调　55	ka:p⁷ 甲	ka:p⁷ 甲
8 阳入　22	第8调　22	lɔk⁸ 绿	lɔk⁸ 绿

4.3.3.2 黄金镇仫佬语现代汉语借词表

汉字	借词读音 音韵地位	借词读音 黄金仫佬	借词背景 词项	借词背景 黄金仫佬语	借词背景 土拐话	备注 东门仫佬语
拖	透果开一歌平	to³	拖拉机	to³ la³ ki¹	to³ la³ ki¹	tho⁵ la⁵ ci⁵
驮	定果开一歌平	tɔ²	驮子	tɔ² tsi³	tɔ² pui⁶	
大	定果开一箇去	ta:i⁶	大约	ta:i⁶ kha:i⁶	ta:i⁶ ʔja:k⁷	tai⁶ kha:i⁴
搓	清果开一歌平	tshɔ¹	搓（衣服）	tshɔ¹	tshɔ¹	
左	精果开一哿上	tsɔ⁵（调!）	左面	tsɔ⁵ na:n¹	tsɔ⁵ min⁶	
歌	见果开一歌平	kɔ¹	歌	kɔ¹	kɔ¹	
			歌手	kɔ¹ sau³	kɔ¹ sau³	
妥	透果合一果上	thoʰ³	妥当	thoʰ³ tɔ:ŋ⁵	thoʰ³ tɔ:ŋ⁵	thoʰ³ ta:ŋ⁴
果	见果合一果上	kwa³	果子	kwa³ tsi³	kwa³ tsi³	
			结果	cet⁷ kwa³	cet⁷ kwa³	
颗	溪果合一果上	khwa³	颗（谷子）	khwa³	khwa³	
			粒（米）	khwa³		
火	晓果合一果上	hwa³	火车	hwa³ tshja¹	hwa³ tsha¹	
窝	影果合一戈平	wa¹	窝（猪）	wa¹	wa¹	
拖	透果开一歌平	thɔ¹	拖（把筒子～到墙角）	thɔ¹	thɔ¹	tha¹
锣	来果开一歌平	lɔ²	锣	lɔ²	lɔ²	la²
骡	来果合一戈平	lɔ²	骡子	lɔ²	lɔ² thɔ³	lwa²
疤	帮假开二麻平	pa¹	疤	pa¹	pa¹	
码	明假开二马上	ma⁴	猜拳	tshai¹ ma⁴	tshai¹ ma⁴	
炸	庄假开二祃去	tsa⁵	炸	tsa⁵	tsa⁵	
			爆炸	pa:u⁵ tsa⁵	pa:u⁵ tsa⁵	tsa⁴
岔	初假开二祃去	tsha⁵	岔路	tsha⁵ khun¹	tsha⁵ lu⁶	
家	见假开二麻平	ka¹	当家	tɔ:ŋ¹ ka¹	tɔ:ŋ¹ ka¹	ta:ŋ¹ ca¹
			亲家	than¹ ka¹	tshan¹ ka¹	thən¹ ca¹
加	见假开二麻平	ka¹	加	ka¹	ka¹	ca¹；ca⁵
假	见假开二马上	ka³	假	ka³	ka³	ca³
架	见假开二祃去	ka⁵	架	ka⁵	ka⁵	ca⁵
			辆	ka⁵		ca⁵
价	见假开二祃去	ka⁵	跌价	pɛ¹ ka⁵	tit⁷ ka⁵	pjø¹ ca⁵
			价钱	lɔk⁷ ka⁵	tsen³ ka⁵	lɔk⁷ ca⁵
爷	喻以假开三麻平	ja¹	姑父	ku¹ ja¹	ku¹ ja¹	
			姨父	i² ja¹	i² ja¹	
寡	见假合二马上	kwa³	鳏夫	kwa³ kɔŋ¹	kwa³ fu¹	
			寡妇	kwa³ pwa²	kwa³ fu⁶	
垮	溪假合二马上	khwa³	垮	khwa³	khwa³	
部	并遇合一姥上	pu⁴	一部分	na:u³ pu⁴ fan⁶	jit⁷ pu⁴ fan⁶	na:u³ pu⁴ fən⁴
都	端遇合一模平	tu³	都（～是）	tu³	tu³	
图	定遇合一模平	tu²	图画	tu² wa⁶	tu² wa⁶	thu⁶ hwa⁴

努	泥遇合一姥上	nu⁴	努力	nu⁴ lek⁸	nu⁴ lek⁸	
雇	见遇合一暮去	ku⁵	雇农	ku⁵ nɔŋ²	ku⁵ nɔŋ²	
湖	匣遇合一模平	fu²	湖	fu²	fu²	wu²
壶	匣遇合一模平	fu²	壶	fu²	fu²	wu²
乌	影遇合一模平	u¹	乌云	u¹ jyn²	u¹ jyn²	
猪	知遇合三鱼平	tsy¹	豪猪	tshi⁵ tsy¹	tsin⁵ tsy¹	
除	澄遇合三鱼平	tsy²	除	tsy²	tsy²	tshy⁶
如	日遇合三鱼平	jy²	如果	jy² kwa³	jy² kwa³	
蛛	知遇合三虞平	tsy¹	蜘蛛	tsi¹ tsy¹	tsi¹ tsy¹	
区	溪遇合三虞平	khy¹	区（~域）	khy¹	khy¹	khy⁵
裁	从蟹开一咍平	tsai²	裁（衣服）	tsai²	tsai²	
芥	见蟹开二怪去	kai⁵	芥菜	ma¹ kai⁵	ka:i⁵ tshai⁵	ka:i⁴ tsha:i⁴
戒	见蟹开二怪去	kai⁵	戒（烟）	kai⁵	ka:i⁵	ka:i⁴
			戒指	kai⁵ tsi³	ka:i⁵ tsi³	ka:i⁴ tsi³
牌	并蟹开二佳平	pa:i²	扑克牌	pa:i²	phu³¹ khak⁷ pa:i²	phe⁵
米	明蟹开四荠上	me⁴	玉米秆	y⁶ me⁴ mu⁵	y⁶ me⁴ kwa:n³	ka:ŋ³ jəu⁶ me⁴
梯	透蟹开四齐平	the¹	梯子	the¹	the¹	
			楼梯	lau² the¹	lau² the¹	
蹄	定蟹开四齐平	te²	蹄	te²	te²	
屉	透蟹开四霁去	the¹	抽屉	tshau¹ the¹	tshau¹ the¹	
泥	泥蟹开四齐平	ne²	泥鳅	ne² tshau¹	ne² tshau¹	
挤	精蟹开四荠上	tse³	挤（~进去）	tse³	tse³	
荠	从蟹开四荠上	tsai²	荸荠	pat⁸ tsai²	pat⁸ tsai²	
计	见蟹开四霁去	ci⁵	估计	ku¹ ci⁵	ku¹ ke⁵	ku¹ ʔa:i¹
继	见蟹开四霁去	ci⁵	继续	ci⁵ sɔk⁸	ci⁵ sɔk⁸	ci⁴ su⁶
契	溪蟹开四霁去	khe⁵	干爹	khe⁵ ja¹		
			干妈	khe⁵ na²		
杯	帮蟹合一灰平	poi¹	杯（一~水）	poi¹	pui¹	
怀	匣蟹合二皆平	wa:i²	怀疑	wa:i² ȵi²	wa:i² ȵi²	
坏	匣蟹合二怪去	wa:i⁶	坏	wa:i⁶	wa:i⁶	hwa:i⁵
			坏人	wa:i⁶ yn²	wa:i⁶ ȵan²	çən¹ hwa:i⁵
歪	晓蟹合二佳平	wa:i¹	歪（嘴~）	wa:i¹	wa:i¹	
卫	喻云蟹合三祭去	wui⁶	守卫	sau³ wui⁶	sau³ wui⁶	
枝	章止开三支平	tsi¹	枝（一~花）	tsi¹	tsi¹	
次	清止开三至去	tshi⁵	次（去一~）	tshi⁵	tshi⁵	
师	生止开三脂平	si¹	厨师	tsy² si¹	tsy² si¹	
指	章止开三旨上	tsi³	戒指	kai⁵ tsi³	ka:i⁵ tsi³	ka:i⁴ tsi³
姨	以止开三脂平	i²	姨父	i² ja¹	i² ja¹	ȵi⁶ fu¹
理	来止开三止上	li⁴	道理	tɔ⁶ li⁴	tɔ⁶ li⁴	tɔ⁶ li⁴
治	澄止开三志去	tsi⁶	自治州	tsi⁶ tsi⁶ tsau¹	tsi⁶ tsi⁶ tsau¹	tsi⁴ tsi⁴ tsəu¹
疑	疑止开三之平	ȵi²	怀疑	wa:i² ȵi²	wa:i² ȵi²	ȵi² təm¹
已	以止开三止上	i³	已经	i³ keŋ¹	i³ keŋ¹	i³ keŋ⁵

机	见止开三微平	ci^1	织布机	tam^3 ja^1 ci^1	tsek^7 pu^5 ci^1	
			飞机	fi^1 ci^1	fi^1 ci^1	fəi^5 ci^5
希	晓止开三微平	çi^3	希望	çi^3 moŋ^6	çi^3 moŋ^6	çi^5 moŋ^6
随	邪止合三支平	tsui^2	随（～你）	tsui^2	tsui^2	tui^2 pjen^6
			随便	tsui^2 pjen^6	tsui^2 pin^6	tui^2 pjen^6
虽	心止合三脂平	sai^1	虽然	sai^1 jen^2	sai^1 jen^2	sui^1 jən^2
水	生止合三旨上	sai^3	水银	sai^3 ɲan^2	sai^3 ɲan^2	sui^3 ɲan^2
飞	非止合三微平	fi^1	飞机	fi^1 ci^1	fi^1 ci^1	fəi^5 ci^5
抱	并效开一皓上	po^6	抱（～小孩）	po^6	po^6	
			围抱	woi^2 po^6	wui^2 po^6	
草	清效开一皓上	tsho^3	灯草	taŋ^1 tsho^3	taŋ^1 tsho^3	taŋ^1 tho^3
爆	帮效开二效去	pa:u^5	爆炸	pa:u^5 tsa^5	pa:u^5 tsa^5	
校	匣效开二效去	ha:u^6	学校	ha:k^8 ha:u^6	ha:k^8 ha:u^6	çɔ^6 ça:u^4
表	帮效开三小上	pjeu^3	表兄	fa:i^4 pjeu^3	piu^3 hɛŋ^1	
			表嫂	pjeu^3 tɔ^3	piu^3 so^3	
			手表	nja^2 pjeu^3	sau^3 piu^3	sou^3 pjau^3
料	来效开四啸去	ljeu^6	肥料	pi^2 ljeu^6	fi^2 liu^6	fəi^6 lja:u^4
叫	见效开四啸去	kau^3	乞丐	kau^3 hwa^5 tsi^3	kau^3 hwa^5 tsi^3	
兜	端流开一侯平	tau^1	稻兜	pa:ŋ^1 tau^1	wa^2 tau^1	
袖	邪流开三宥去	tsau^6	袖子	kuk^7 tsau^6	i^1 tsau^6	
韭	见流开三有上	ceu^3	韭菜	ceu^3 tshai^5	ciu^3 tshai^5	
丢	端流开三幽平	tjeu^3	丢脸	tjeu^3 na^3	tiu^3 lien^3	
拉	来咸开一合入	la^3	拖拉机	tola^3 ki^1	tola^3 ki^1	tho^5 la^5 ci^5
蚕	从咸开一覃平	tsa:n^2	蚕	tsa:n^2	tsa:n^2	tsha:n^2 tshoŋ^2
砍	溪咸开一感上	kha:n^3	砍（～树）	kha:n^3	kha:n^3	
塔	透咸开一盍入	tha:p^7	塔	tha:p^7	tha:p^7	ta:p^7
蓝	来咸开一谈平	la:m^2	蓝	la:m^2	la:m^2	
			蓝靛草	la:m^2 tjem^5 jɔk^8	la:m^2 tjen^5 tsho^3	
炸	崇咸开二洽入	tsa^5	炸（用油～）	tsa^5	tsa^5	
碱	见咸开二豏上	cen^3	肥皂	ta:ŋ^1 cen^3	ja:ŋ^2 cin^3	ja:ŋ^6 cen^3
掐	溪咸开二洽入	kha:p^7	掐(用指甲～瓜)	kha:p^7	kha:p^7	
搀	初咸开二衔平	tsha:m^1	搀(往酒里～水)	tsha:m^1	tsha:m^1	
甲	见咸开二狎入	ka:p^7	甲	ka:p^7	ka:p^7	ca:p^7
			穿山甲	tshøn^1 sa:n^1 ka:p^7	tshøn^1 sa:n^1 ka:p^7	tshøn^1 sa:n^1 ca:p^7
尖	精咸开三盐平	tsim^1	尖刀	tsim^1 pja^5	tsiem^1 tɔ^1	
			刀尖	pja^5 tsim^1	pja^5 tsiem^1	
页	以咸开三叶入	jep^8	页（一～书）	jep^8	jep^8	phjen^1
枕	章深开三寑上	tsam^3	枕（～头）	tsam^3	tsam^3	
			枕头	tsam^3 cɔ^3	tsam^3 tau^2	
壬	日深开三侵平	jam^2	壬	jam^2	jam^2	jin^6
妗	溪深开三沁去	cam^6	舅母	cam^6	cam^6	
汉	晓山开一翰去	hwa:n^6	单身汉	ta:n^1 san^1 hwa:n^6	ta:n^1 san^1 hɔ:n^6	
		ha:n^6	汉族	ha:n^6 tsɔk^7	hɔ:n^6 tsɔk^7	han^4 tsu^6

山	生山开二山平	sa:n¹	唱山歌	tshja:ŋ⁵ sa:n¹ kɔ¹	tshen⁵ sa:n¹ kɔ¹	
			穿山甲	tshøn¹ sa:n¹ ka:p⁷		tshøn¹ sa:n¹ ca:p⁷
间	见山开二山平	ka:n¹	间(一~房子)	ka:n¹	ka:n¹	
眼	疑山开二产上	ŋa:n⁴	眼镜	ŋa:n⁴ ken⁵	ŋa:n⁴ ken⁵	ja:ŋ⁶ ken⁵
颜	疑山开二删平	jin²	颜色	jin² sak⁷	jin² sak⁷	
瞎	晓山开二鎋入	ha:t⁷ ha:k⁷	瞎	ha:t⁷	ha:t⁷	
			瞎子	ta¹ ha:k⁷ tsi³	ha:k⁷ tsi³	
联	来山开三仙平	ljen²	对联	toi⁵ ljen²	tui⁵ liem²	
钱	从山开三仙平	tsjen²	富翁	mɛ² tsjen² yn²		
骗	滂山开三线去	phjen⁵	骗子	phjen⁵ tsi³	phin⁵ tsi³	phjen⁴ tsɿ³
建	见山开三愿去	can⁵	建筑	can⁵ tshɔk⁷	can⁵ tshɔk⁷	
电	定山开四霰去	tjen⁶	电灯	tjen⁶ taŋ¹	tjen⁶ taŋ¹	tjen⁴ tən⁵
			电话	tjen⁶ wa⁶	tjen⁶ wa⁶	tjen⁴ hwa⁴
			电影	tjen⁶ ʔeŋ³	tjen⁶ ʔeŋ³	tjen⁴ jin³
前	从山开四先平	tsjen²	从前	tsoŋ² tsjen²	tsoŋ² tsin²	i³ tjen²
先	心山开四先平	sjen¹	先进	sjen¹ tsin⁶	san¹ tsan⁶	sjen⁵ tsin⁴
钻(动词)	精山合一桓平	tson⁵	钻(用~~洞)	tson⁵	tson⁵	
官	见山合一桓平	kun¹	官	kun¹	kun¹	
棺	见山合一桓平	kun¹	棺材	kun¹	kun¹ tsai²	
冠	见山合一桓平	kun¹	鸡冠花	ci¹ kun¹ hwa¹	kɛ¹ kun¹ hwa¹	
蒜	心山合一换去	sun⁵	蒜	sun⁵	sun⁵	
换	匣山合一换去	won⁶	交换	won⁶	ka:u¹ wun⁶	hon⁵
腕	影山合一换去	wa:n³	手腕	nja² wa:n³	sau³ wa:n³	
繁	奉山合三元平	fan²	繁殖	fan² tsi²	fan² tsek⁷	fan⁶ tsi⁶
贫	并臻开三真平	pen²	贫农	pen² noŋ²	pen² noŋ²	
民	明臻开三真平	men²	民族	men² tsɔk⁷	man² tsɔk⁷	min⁶ tsu⁶
进	精臻开三震去	tsin⁶	先进	sin¹ tsin⁶		sjen⁵ tsin⁴
乙	影臻开三质入	jet⁸	乙	jet⁸	jit⁷	je⁶
芹	群臻开三殷平	cim²	芹菜	ma¹ cim²	køn² tshai⁵	chin⁶ tsha:i⁴
喷	滂臻合一魂平	phan⁵	喷(~水)	phan⁵	phan⁵	
闷	明臻合一恩去	man⁵	闷(空气~极了)	man⁵	man⁵	
滚	见臻合一混上	kun³	滚(石头~)	kun³	kun³	
			打滚	ta³ kun³	ta³ kun³	
困	溪臻合一恩去	khun⁵	困	khun⁵	khun⁵	
菌	见臻合三準上	cyn⁶	菌子	cyn⁶	cyn⁶ tsi³	
匀	以臻合三谆平	jyn²	均匀	jyn²	cyn¹ jyn²	won²
粉	非臻合三吻上	fan³	面粉	mjen⁶ fan³	min⁶ fan³	
纹	微臻合三文平	wun²	斜纹布	tsha⁵ wun² ja¹		ja¹ sje⁶ wən⁶
群	群臻合三文平	cyn²	群(一~人)	cyn²	cyn²	
裙	群臻合三文平	cyn²	裙子	cyn²	cyn² tsi³	kwən²
熏	晓臻合三文平	çyn¹	熏(烟~眼)	çyn¹	çyn¹	
			烤(~衣服)	çyn¹		hon¹

云	云臻合三文平	jyn²	云	jyn²		
忙	明宕开一唐平	muŋ²	忙	muŋ²	muŋ²	mɔ:ŋ²
当	端宕开一唐平	tɔ:ŋ¹	当（～兵）	tɔ:ŋ¹	tɔ:ŋ¹	ta:ŋ¹
			当家	tɔ:ŋ¹ ka¹	tɔ:ŋ¹ ka¹	ta:ŋ¹ ca¹
			当然	tɔ:ŋ¹ jen²	tɔ:ŋ¹ jen²	ta:ŋ¹ jen²
			应当	ʔeŋ¹ tɔ:ŋ¹	ʔeŋ¹ tɔ:ŋ¹	jiŋ¹ ta:ŋ¹
堂	定宕开一唐平	tɔ:ŋ²	礼堂	li⁴ tɔ:ŋ²	le⁴ tɔ:ŋ²	li³ tha:ŋ²
			拜堂	pa:i⁵ tɔ:ŋ²	pa:i⁵ tɔ:ŋ²	pa:i⁵ ta:ŋ²
当	端宕开一宕去	tɔ:ŋ⁵	典当	tɔ:ŋ⁵	tɔ:ŋ⁵	ta:ŋ⁵
			妥当	thɔ³ tɔ:ŋ⁵	thɔ³ tɔ:ŋ⁵	thɔ³ ta:ŋ⁴
趟	透宕开一宕去	thɔ:ŋ⁵	趟	thɔ:ŋ⁵	thɔ:ŋ⁵	tha:ŋ¹
托	透宕开一铎入	thɔ:k⁷	托（～人）	thɔ:k⁷	thɔ:k⁷	
狼	来宕开一唐平	lɔ:ŋ²	狼	lɔ:ŋ²	lɔ:ŋ²	la:ŋ⁶
落	来宕开一铎入	lɔk⁸	落后	lɔk⁸ hau⁶	lɔk⁸ hau⁶	lo⁶ həu⁴
杠	见宕开一宕去	kɔ:ŋ⁵	杠子	kɔ:ŋ⁵	kɔ:ŋ⁵	ka:ŋ⁵
行	匣宕开一唐平	hɔ:ŋ²	银行	ȵan² hɔ:ŋ²	ȵan² hɔ:ŋ²	jin⁶ ha:ŋ⁶
娘	泥鸦开三阳平	nja:ŋ³	姨母	nja:ŋ³	nia:ŋ³	
凉	来鸦开三阳平	lja:ŋ²	凉鞋	lja:ŋ² ha:i²	lia:ŋ² ha:i²	lja:ŋ⁶ ha:i⁶
酱	精宕开三漾去	tsja:ŋ⁵	酱	tsja:ŋ⁵	tsia:ŋ⁵	tja:ŋ⁵
枪	清宕开三阳平	tshja:ŋ¹	矛	tshja:ŋ¹	mɔ² tshia:ŋ¹	thja:ŋ¹
状	崇宕开三漾去	tswa:ŋ⁶	告状	ko⁵ tswa:ŋ⁶	ko⁵ tsoŋ⁶	ko⁵ sa:ŋ⁶
相	心宕开三阳平	sja:ŋ¹	相识	sja:ŋ¹ sik⁷	sia:ŋ¹ sik⁷	tja:ŋ¹ sɔk⁷
想	心宕开三养上	sja:ŋ³	想（～家）	sja:ŋ³	sia:ŋ³	tja:ŋ³
			想（思～）	sja:ŋ³	sia:ŋ³	tja:ŋ³
象	邪宕开三养上	sja:ŋ⁵	象	sja:ŋ⁵	sia:ŋ⁵	tja:ŋ⁴
像	邪宕开三养上	tshja:ŋ⁵	像(他～你)	tshja:ŋ⁵	tshia:ŋ⁵	thja:ŋ⁵
			好像	hɔ³ tshja:ŋ⁵	hɔ³ tshia:ŋ⁵	thja:ŋ⁵
商	书宕开三阳平	sa:ŋ¹	商量	sa:ŋ¹ lja:ŋ²	sa:ŋ¹ lia:ŋ²	sja:ŋ¹ lja:ŋ⁶
上	禅宕开三养上	sa:ŋ⁶	立刻	ma⁴ sa:ŋ⁶	ma⁴ sa:ŋ⁶	ma³ saŋ⁴
光	见宕合一唐平	kuŋ¹	光明	kuŋ¹ mɛ:ŋ²	kuŋ¹ mɛ:ŋ²	kwa:ŋ⁵ min⁶
			光荣	kuŋ¹ joŋ²	kuŋ¹ joŋ²	kwa:ŋ⁵ juŋ⁶
黄	匣宕合一唐平	woŋ²	黄疸病	woŋ² ta:m³	woŋ² ta:m³ peŋ⁶	
			黄花菜	woŋ² hwa¹ ma¹	woŋ² hwa¹ tshai⁵	
			黄鳝	woŋ² sjen⁵	woŋ² sin⁵	
旺	云宕合三漾去	uŋ⁶	旺（火～）	uŋ⁶	uŋ⁶	jɔ:ŋ⁶
剥	帮江开二觉入	pak⁷	剥（～树皮）	pak⁷	pak⁷	pɔ:k⁷
扛	见江开二江平	kɔŋ²	扛	kɔŋ²	kɔŋ²	kha:ŋ⁶
确	溪江开二觉入	khɔk⁷	正确	tseŋ⁵ khɔk⁷	tseŋ⁵ khɔk⁷	tsən⁴ khɔ⁶
藤	定曾开一登平	taŋ²	藤	taŋ²	taŋ²	
等	端曾开一等上	taŋ³	平等	peŋ² taŋ³	peŋ² taŋ³	phin⁶ tən³
肋	来曾开一德入	lak⁸	肋骨	lak⁸ sɛ:k⁷ kut⁷	lak⁸ kut⁷	
增	精曾开一登平	tsan¹	增加	tsan¹ ka¹	tsan¹ ka¹	
		tseŋ¹	增产	tseŋ¹ tsha:n³	tsia:ŋ¹ tsha:n³	tsən⁵ tsha:n³

塞	心曾开一德入	sak⁷	塞(~住洞口)	sak⁷	sak⁷	tsak⁷
冰	帮曾开三蒸平	peŋ¹	冰	peŋ¹	peŋ¹	
			冰糖	peŋ¹ ta:ŋ²	peŋ¹ ta:ŋ²	pin⁵ tha:ŋ⁶
值	澄曾开三职入	tsek⁸	值(~五元)	tsek⁸	tsek⁸	tik⁸
蒸	章曾开三蒸平	tseŋ¹	蒸	tseŋ¹	tseŋ¹	tsiŋ¹
升	书曾开三蒸平	seŋ¹	升	seŋ¹	seŋ¹	siŋ¹
秤	昌曾开三证去	tsheŋ⁵	称	tsheŋ⁵	tsheŋ⁵	tshiŋ⁵
			称索	tsheŋ⁵ tuk⁷	tsheŋ⁵ sɔk⁷	tshiŋ⁵ luk⁷
			秤锤	tsheŋ⁵ twa²	tsheŋ⁵ tɔ²	tshiŋ⁵ twa²
极	群曾开三职入	kip⁷	积极	tsek⁸ kip⁷	tsek⁸ cap⁷	tsi⁶ ci⁶
亿	影曾开三职入	i⁵	亿	i⁵	i⁵	i⁴
国	见曾合一德入	kuk⁷	国	kuk⁷	kuk⁷	kok⁷
			中国	tshoŋ¹ kuk⁷	tshoŋ¹ kuk⁷	tsɔŋ¹ kok⁷
幸	匣梗开二耿上	hɛ:n⁵	幸亏	hɛ:n⁵ khui¹	hɛ:n⁵ khui¹	
柄	帮梗开三映去	peŋ⁵	刀把	pja⁵ peŋ⁵	tɔ¹ peŋ⁵	
并	帮梗开三劲去	pheŋ⁵	合并	hɔ:p⁸ pheŋ⁵	up⁸ pheŋ⁵	
清	清梗开三清平	tsheŋ¹	清楚	tsheŋ¹ tshu³	tsheŋ¹ tshu³	thiŋ¹ thu³
情	从梗开三清平	tseŋ²	事情	ti⁶ tseŋ²	si⁶ tseŋ²	ti⁶ teŋ²
井	精梗开三静上	tseŋ³	井	tseŋ³	tseŋ³	teŋ³
积	精梗开三昔入	tsek⁸	积极	tsek⁷ cip⁷	tsek⁷ cap⁷	tsi⁶ ci⁶
席	邪梗开三昔入	tsek⁸	席子	tsek⁸	tsek⁸ tsi³	tek⁷
正	章梗开三劲去	tseŋ⁵	正确	tseŋ⁵ khɔk⁷	tseŋ⁵ khɔk⁷	tsən⁴ khɔ⁶
拼	滂梗开四青平	pheŋ⁵	拼(~木板)	pheŋ⁵	pheŋ⁵	
卜	帮通合一屋入	puk⁷	卜卦	puk⁷ kwa⁵	phok⁷ kwa⁶	
桐	定通合一东平	toŋ²	油桐树	jeu² toŋ² mai⁴	toŋ² lau⁴ sy⁶	
动	定通合一董上	toŋ⁶	反动	fa:n³ toŋ⁶	fa:n³ toŋ⁶	fa:n³ tuŋ⁴
棕	精通合一东平	tsoŋ¹	棕绳	tsoŋ¹ tuk⁷	tsoŋ¹ sɔk⁷	
鬃	精通合一东平	tsoŋ¹	马鬃	ma⁴ tsoŋ¹	ma⁴ tsoŋ¹	toŋ¹ ma⁴
聪	清通合一东平	tshuŋ¹	聪明	tshuŋ¹ mɛ:ŋ²	tshuŋ¹ mɛ:ŋ²	thoŋ¹ mɛ:ŋ²
匆	清通合一东平	tshoŋ¹	匆忙	tshoŋ¹ mɔŋ²	tshuŋ¹ muŋ²	
葱	清通合一东平	tshoŋ¹	葱	tshoŋ¹	tshoŋ¹	thoŋ¹
族	从通合一屋入	tsɔk⁷	民族	meŋ² tsɔk⁷	man² tsɔk⁷	min⁶ tsu⁶
			汉族	ha:n⁶ tsɔk⁷	hɔ:n⁶ tsɔk⁷	han⁴ tsu⁶
谷	见通合一屋入	kɔk⁷	稻子	kɔk⁷	kɔk⁷	
			晒谷场	tsa⁵ kɔk⁷ peŋ²	sa:i⁵ kɔk⁷ tsaŋ²	
农	泥通合一冬平	nɔŋ²	雇农	ku⁵ nɔŋ²	ku⁵ nɔŋ²	
			贫农	peŋ² nɔŋ²	pen² nɔŋ²	
枫	非通合三东平	fɔŋ¹	枫树	fɔŋ¹ mai⁴	fuŋ¹ sy⁶	
筑	知通合三屋入	tshɔk⁷	建筑	can⁵ tshɔk⁷	can⁵ tshɔk⁷	
弓	见通合三东平	kɔŋ¹	弓	kɔŋ¹	kɔŋ¹	cɔŋ¹
蜂	敷通合三钟平	fɔŋ¹	蜂蜜	fɔŋ¹ ta:ŋ²	fuŋ¹ mat⁸	
捧	敷通合三肿上	phɔŋ³	捧(~水)	phɔŋ³	phɔŋ³	
			捧(一~米)	phɔŋ³	phɔŋ³	

绿	来通合三烛入	lɔk⁸	绿	lɔk⁸		lɔk⁸	
从	从通合三钟平	tsoŋ²	从前	tsoŋ² tsjen²		tsoŋ² tsin²	
			自从	tsi⁶ tsoŋ²		tsi⁶ tsoŋ²	tshoŋ²
续	邪通合三烛入	sɔk⁸	继续	ci⁵ sɔk⁸		ci⁵ sɔk⁸	ci⁴ su⁶
			连续	ljen² sɔk⁸		lin² sɔk⁸	ljen⁶ su⁶
玉	疑通合三烛入	y⁶	玉米秆	y⁶ me⁴ mu⁵		y⁶ me⁴ kwa:n³	ka:ŋ³ jəu⁶ mɛ⁴

4.3.4 黄金镇仫佬语的近代汉语借词

4.3.4.1 黄金仫佬语近代汉语借词的语音特点

前面说过,本文主要在参照东门仫佬语的基础上采用排除法来判断黄金仫佬语近代汉语借词。我们把语音特征既不符合中、上古层次也不符合现代层次的汉借词或具有明显中古之后才产生的特点的借词确定为近代层次。总的来看,黄金仫佬语的近代汉语借词表现了受西南官话影响后产生的特征。

下面分别以表格形式介绍近代层次汉借词的声韵调特点。

（一）声母特点

中古声类	李方桂拟音	黄金仫佬语读音	例词	备注
帮	p	p	poi¹ 碑	
			pi² 必	～须
			pu² 不	～然
滂	ph	p	pi² 匹	一～布
明	m	m	moi² 霉	发～
			mai⁶ 妹	～夫
奉	b	f	fa:m⁶ 犯	～人
端	t	t	tɔ:ŋ³ 挡	～住太阳光
			tɔ¹ 多	感谢
定	d	t	ti⁶ 第	～二
			tan² 腾	～出地方来
泥	n	n	nan² 能	你～来吗
来	l	l	li² 栗	～子
			li⁴ 礼	～堂
澄	ḍ	ts	tsa:n⁶ 赚	～钱
精	ts	ts	tse² 姐	姐姐
			tsai⁵ 最	～大
		tsj	tsja:ŋ³ 桨	船～
清	tsh	tsh	tshui¹ 催	
			tshɔ⁵ 锉	
			tshai¹ 猜	～谜语

				例词	备注
心	s	s		sɔŋ¹ 松	绑得～
				seŋ⁵ 性	～命
				sɔ¹ 臊	尿～
				sik⁷ 惜	可～
		sj		sjen¹ 先	～生
				sja:ŋ¹ 镶	～金牙
生	ʂ	s		sa¹ 杉	～树
		sw		swa:i¹ 筛	～子
船	dʑ	s		san² 乘	
禅	ʑ	s		si² 匙	饭～子
				si² 什	为～么
		ts		tsi² 殖	繁～
日	ȵ	j		jen² 然	不～
				jyn² 人	～家
见	k	k		kɔm³ 敢	
				kɔk⁷ 各	～个
		c		ci¹ 鸡	
影	ʔ	ŋ		ŋa:i² 挨（调！）	
				ŋa³ 哑	
				ŋun⁵ 稳（调！）	桌子放得很～
		j		jeu¹ 妖	～怪
				jam¹ 音	声～
				jøn¹ 冤	～枉
				jen⁵ 印	～书籍
匣	ɣ	h		hɔ:p⁸ 盒	～子
				hɔ:p⁸ 合	～八字
		hw		hwa:n⁶ 焊	

（二）韵母特点

中古韵类	李方桂拟音	黄金仫佬语读音	例词	备注
果开一歌	ɑ	ɔ	tɔ¹ 多	感谢
			khɔ³ 可	～能
果合一戈	uɑ	ɔ	tshɔ⁵ 锉	
假开二麻	a	a	ŋa³ 哑	
遇合三虞	ju	y	sy¹ 须	必～
蟹开一咍	ăi	ai	tshai¹ 猜	～谜语
		a:i	sa:i⁵ 赛	竞～
蟹开二皆	ăi	a:i	ŋa:i² 挨	
蟹开二佳	ai	a:i	swa:i¹ 筛	～子
蟹开四齐	iei	i	ci¹ 鸡	
			li⁴ 礼	～堂
			ti⁶ 第	～二
蟹合一泰	wɑi	ai	tsai⁵ 最	～大

蟹合一灰	uǎi	ui	tshui¹ 催	
		ai	mai⁶ 妹	~夫
止开三支	jě	oi	poi¹ 碑	
止开三脂	ji	ɛ	tsɛ² 姐	姐姐
		oi	moi² 霉	发~
效开一豪	ɑu	ɔ	sɔ¹ 臊	尿~
效开三宵	jæu	eu	jeu¹ 妖	~怪
咸开一覃	/	/	/	
合	ǎp	ɔ:p	hɔ:p⁸ 盒子	
			hɔ:p⁸ 合	~八字
咸开一谈	ɑm	ɔm	kɔm³ 敢	
盍	/	/	/	
咸开二咸	ǎm	a:n	tsa:n⁶ 赚	~钱
		a	sa¹ 杉	~树
洽	ap	/	/	
咸合三凡	jwɐm	a:m	fa:m⁶ 犯	~人
乏	jwɐp	/	/	
深开三侵	jəm	am	jam¹ 音	声~
缉	jəp	i	si² 什	为~么
山开一寒	ɑn	a:n	tsha:n¹ 餐	一顿饭
		(w) a:n	hwa:n⁶ 焊	
曷	/	/	/	
山开三仙	jæn	(j)en	jen² 然	不~
薛	jæt	/	/	
山开四先	ien	(j)en	sjen¹ 先	~进
屑	iet			
山合三元	jwɐn	øn	jøn¹ 冤	~枉
月	jwɐt	/	/	
臻开三真	jěn	en	jen⁵ 印	~书籍
		yn	jyn² 人	~家
质	jět	i	pi² 匹	一~布
			pi² 必	~须
			li² 栗	~子
臻合一魂	uən	un	ŋun⁵ 稳	桌子放得很~
没	/	u	pu² 不	~然
宕开一唐	ɑŋ	ɔ:ŋ	tɔ:ŋ³ 挡	~住太阳光
铎	/	ɔk	kɔk⁷ 各	~个
宕开三阳	jaŋ	(j)a:ŋ	tsja:ŋ³ 浆	船~
			sja:ŋ¹ 镶	~金牙
药	jak	i	si² 勺	饭~子
曾开一登	əŋ	an	tan² 腾	~出地方来
			nan² 能	你~来吗
德		/	/	

曾开三蒸	jəŋ	an	san² 乘	繁~
职	jək	i	tsi² 殖	
梗开二耕	ɛŋ	a:k⁷	ŋa:k⁷ 轭	牛~
麦	/	/	/	
梗开三清	jæŋ	eŋ	seŋ⁵ 性	~命
昔	jæk	ik	sik⁷ 惜	可~
通合一冬	uoŋ	ɔŋ	sɔŋ¹ 松	绑得~
沃	/	/	/	

（三）声调特点

黄金仫佬语近代汉语借词的声调特点主要表现为两方面：（1）一般都是调类对应，即古汉语全清声母、次清声母平、上、去调类的字，黄金仫佬语汉语借词分别读做1、3、5、7调（阴调类）；全浊声母、次浊声母平、上、去、入四个调类的字分别读做2、4、6、8调（阳调类）。（2）有些古入声字韵尾丢失，读为阳平调。这种现象是受西南官话入声归阳平影响的结果。

中古汉语	平声		上声		去声		入声	
	清	浊	清	浊	清	浊	清	浊
黄金仫佬语借词	1	2	3	4	5	6	7 2	8 2
例字	poi¹ 碑	moi² 霉	kɔm³ 敢	li⁴ 礼	shɔ⁵ 锉	ti⁶ 第	kɔk⁷ 各 pi² 匹	hɔ:p⁸ 盒 pi² 必

4.3.4.2 黄金仫佬语里近代汉语借词表

汉字	借词读音		借词背景			备注	
	音韵地位	黄金仫佬	词项	黄金仫佬语	东门仫佬语	土拐话	
锉	清果合一过去	tshɔ⁵	锉	tshɔ⁵	tshɔ⁵	tshɔ⁵	
多	端果开一歌平	tɔ¹	感谢	tɔ¹ sja⁶	tɔ¹ sjen²	tɔ¹（多）	
可	溪果开一哿上	khɔ³	可能	khɔ³ naŋ²	khɔ³ nən⁶	khɔ³ naŋ²	
			可惜	khɔ³ sik⁷	khɔ³ sik⁷	khɔ³ sik⁷	
哑	影假开二马上	ŋa³	哑	ŋa³		ŋa³	
			哑巴	ŋa³	ŋa³		
须	心遇合三虞平	sy¹	必须	pi² sy¹	pi⁶ sy⁵	pat⁸ sy¹	
猜	清蟹开一哈平	tshai¹	猜（~谜语）	tshai¹	tsha:i¹	tshai¹	
			猜拳	tshai¹ ma⁴	tsha:i¹ køn²	tshai¹ ma⁴	
赛	心蟹开一代去	sa:i⁵	竞赛	pi³ sa:i⁵	tɔk⁷ sa:i⁵	keŋ⁵ sai⁵	
挨	影蟹开二皆平	ŋa:i²	挨	ŋa:i²	ŋa:i²	ŋa:i²	
筛	生蟹开二佳平	swa:i¹	筛（~米）	swa:i¹	swa:i¹	sa:i¹	
第	定蟹开四霁去	ti⁶	第二	ti⁶ ȵi⁶	ti⁶ ȵi⁶	ti⁶ ȵi⁶	
礼	来蟹开四荠上	li⁴	礼堂	li⁴ tɔ:ŋ²	li⁴ tha:ŋ²	le⁴ tɔŋ²	
鸡	见蟹开四齐平	ci¹	鸡	ci¹	ci¹	ke¹	
			鸡笼	ci¹ lɔŋ²	yau⁴ ci¹	ke¹ lɔŋ²	
妹	明蟹合一队去	mai⁶	妹夫	mai⁶ lɔŋ²		mui⁶ fu¹	
最	精蟹合一泰去	tsai⁵	最（~大）	tsai⁵	tsoi⁵	tsui⁵	
			最好	tsai⁵ la:i¹	tsoi⁵ i¹	tsui⁵ hɔ³	

催	清蟹合一灰平	tshui¹	催	tshui¹	tshui¹	tshui¹	
碑	帮止开三支平	poi¹	碑	poi¹	poi¹	poi¹	
姊	精止开三旨上	tsɛ²	姐姐	tsɛ²			
			姊妹	tsɛ² nuŋ⁴			
霉	明止开三脂平	moi²	霉	moi²	moi²	mui²	
			发霉	fa:t⁷ moi²	fa:t⁷ moi²		
臊	心效开一豪平	sɔ¹	臊(尿~)	sɔ¹	sɔ¹	sɔ¹	
妖	影效开三宵平	jeu¹	妖怪	jeu¹ kwa:i⁵	jəu¹ kwa:i⁵		
赚	澄咸开二陷去	tsa:n⁶	赚(~钱)	tsa:n⁶	tsa:n⁶	tsa:n⁶	
杉	生咸开二咸平	sa¹	杉树	mai⁴ sa¹	mai⁴ sa¹	sa¹ mək⁸	
合	匣咸开一合入	hɔ:p⁸	合(~八字)	hɔ:p⁸	hɔp⁸	u:p⁸	
			合算	hɔ:p⁸ ton⁵	hɔp⁸ ton⁵		
盒	匣咸开一合入	hɔ:p⁸	盒子	hɔ:p⁸	hɔp⁸	u:p⁸ tsi³	
			盒(一~饼)	hɔ:p⁸	hɔp⁸	u:p⁸	
敢	见咸开一敢上	kɔm³	敢	kɔm³	kɔm³	kɔm³	
犯	奉咸合三范上	fa:m⁶	犯人	fa:m⁶ jyn²	fɔ:m⁶ ti⁶ ɕən¹	fa:n⁶ ȵan¹	
			犯法	fa:m⁶ fa:t⁷	fɔ:m⁶ fəp⁷	fa:n⁶ fa:t⁷	
什	禅深开三缉入	si²	为什么	wui⁶ si² ma:ŋ²		wui⁶ si² mat⁷	
音	影深开三侵平	jam¹	声音	sɛ:ŋ¹ jam¹	sɛ:ŋ¹ jəm¹		
餐	清山开一寒平	tsha:n¹	顿(一~饭)	tsha:n¹			
焊	匣山开一翰去	hwa:n⁶	焊	hwa:n⁶	hwa:n⁶	hɔ:n⁶	
然	日山开三仙平	jen²	不然	pu² jen²	pu⁶ jən²	pat⁷ jen²	
先	心山开四先平	sjen¹	先进	sjen¹ tsin⁶	sjen⁵ tsin⁴	san¹ tsan⁶	
			先生	sjen¹ sɛ:ŋ¹	thin⁵ sɛ:ŋ¹	sin¹ sja:ŋ¹	
冤	影山合三元平	jyn¹	冤枉	jyn¹ woŋ³	jyn¹ woŋ³		
必	帮臻开三质入	pi²	必须	pi² sy¹	pi⁶ sy⁵	pat⁸ sy¹	
匹	滂臻开三质入	pi²	匹(一~布)	pi²	pi²	phat⁷	
栗	来臻开三质入	li²	栗子	pja:n³ li²		pa:n³ li²	
人	日臻开三真平	jyn²	人家	leŋ⁶ jyn²	ɕən¹	ȵan² ka¹	
			坏人	wa:i⁶ jyn²	ɕən¹ hwa:i⁵	wa:i⁶ ȵan¹	
印	影臻开三震去	jen⁵	痕迹	jen⁵	jən⁵		
			印(~书籍)	jen⁵	jən⁵		
不	帮臻合一没入	pu²	不然	pu² jən²	pu⁶ jən²	pat⁷ jin²	
稳	影臻合一混上	ŋun⁵	稳(桌子放得很~)	ŋun⁵	wən³	wun³	
挡	端宕开一荡上	tɔ:ŋ³	挡(~住太阳光)	tɔ:ŋ³	tɔ:ŋ³	tɔ:ŋ³	
各	见宕开一铎入	kɔk⁷	各(~个)	kɔk⁷	kɔk⁷	kɔk⁷	
桨	精宕开三养上	tsja:ŋ³	船桨	sən² tsja:ŋ³	tsja:ŋ³	syn² tsia:ŋ³	
镶	心宕开三阳平	sja:ŋ¹	镶(~牙)	sja:ŋ¹	sja:ŋ¹	sia:ŋ¹	
勺	禅宕开三药入	si²	饭勺子	ku³ si²	pən⁶ si²	fan³¹ si²	
腾	定曾开一登平	tan²	腾(~出地方来)	tan²	than³	than⁵	

能	泥曾开一登平	nan²	能（你～来吗）	nan²	nan²	nan²
乘	船曾开三蒸平	san²	乘	san²	sən⁶	seŋ²
殖	禅曾开三职入	tsi²	繁殖	fan² tsi²	fan⁶ tsi⁶	fan² tsek⁷
轭	影梗开二麦入	ŋa:k⁷	牛轭	tan² ŋa:k⁷	ik⁷ tən²	ik⁷ tən²
性	心梗开三劲去	seŋ⁵	性命	seŋ⁵ mɛːŋ⁶	seŋ⁵ mɛːŋ⁶	seŋ⁵ mɛːŋ⁶
惜	心梗开三昔入	sik⁷	可惜	khɔ³ sik⁷	khɔ³ sik⁷	khɔ³ sik⁷
松	心通合一冬平	soŋ¹	松（绑得～）	soŋ¹	soŋ¹	soŋ¹

4.3.5 黄金镇仫佬语的中古汉语借词

仫佬语里的中古汉语借词设想来源于当时通行于广西的汉语方言——古平话的一支次方言（参见曾晓渝 2004b）。

4.3.5.1 黄金仫佬语中古汉语借词的语音特点

黄金仫佬语的中古汉语借词分早期和晚期两个层次：

a. 中古早期汉借词的语音特点主要表现为：声母保留着"古无轻唇音"的特点，次清声母不送气，二等字为腭化声母（或舌面音声母）或主要元音为 ø，三等字非腭化声母或舌面音；韵母与中古《切韵》音相对应；声调与汉语中古《切韵》音的调类相对应。

b. 中古晚期汉借词层次的语音特点主要表现为：声母基本与三十六字母对应，知、庄、章组合流，精组读同端组，浊音清化；韵母三等韵字往往读做腭化声母（或舌面音声母），韵尾与《切韵》音系的阴、阳、入三类整齐对应；声调与汉语中古《切韵》音的调类相对应。

下面分别从声类和韵类角度对中古早期和中古晚期汉借词的语音特点作具体介绍。（没有找到汉借词的声类、韵类表中不显示。）

（一）黄金仫佬语中古汉借词的声母读音

（1）帮组

a. 中古早期

中古声母	李方桂拟音	黄金仫佬语读音	例词	备注
帮	p	p	pɛ:k⁷ 壁	
明	m	mj 二等字	mja:u⁴ 猫	
		m	mɛːŋ⁶ 命	

说明：以上例字属中古早期层次的判断依据为：1）二等字为腭化声母；2）梗摄三四等汉借词读 ɛːŋ（k）。

b. 中古晚期

中古声母	李方桂拟音	黄金仫佬语读音	例词	备注
帮	p	p	pɔ¹ 包	
		pj	pjen⁵ 变	

滂	ph	ph	phɛːk⁷ 拍	
		phw 合口	phwa⁵ 破	
		phj	phjeu¹ 飘	
並	b	p	peŋ² 平	
		pw 合口	pwa² 婆	外～
明	m	m	mo⁶ 帽	～子
		mw 合口	mwa⁶ 磨	～面
		mj	mjen⁶ 面	～粉

（2）非组

a. 中古早期

中古声母	李方桂拟音	黄金仫佬语读音	例词	备注
奉	b	p	pu⁴ 父	
微	m	m	mi⁶ 未	

说明：以上例字属中古早期层次的判断依据为：汉语"古无清唇音"，非组汉借词读如重唇。微母字读 m- 的字，有的可能属于中古晚期，暂时把它们全部放在早期层次。

b. 中古晚期

中古声母	李方桂拟音	黄金仫佬语读音	例词	备注
非	p	f	fan¹ 分	
敷	ph	f	fe⁵ 肺	
奉	b	f	faːt⁸ 罚	

（3）端组

a. 中古早期

中古声母	李方桂拟音	黄金仫佬语读音	例词	备注
端	t	t	tɛk⁷ 滴	
透	th	th	thɛːk⁷ 踢	
来	l	l	lɛːŋ² 铃	

说明：以上例字属中古早期层次的判断依据为：梗摄三四等汉借词读 ɛːŋ（k）。

b. 中古晚期

中古声母	李方桂拟音	黄金仫佬语读音	例词	备注
端	t	t	tu³ 堵	
		tj	tjeu 吊	
透	th	th	thaːŋ¹ 汤	
		thj	thjeu⁵ 跳	
定	d	t	tu² 涂	
		tj	tjep⁸ 碟	～子
泥	n	n	nu² 奴	
		nj	njen² 年	
来	l	l	li⁴ 里	
		lj	ljem⁴ 镰	～刀

（4）知组

没有发现中古早期层次汉借词。

中古晚期读音如下：

中古声母	李方桂拟音	黄金仫佬语读音	例　词	备　注
知	t	ts	tsøn⁵ 转	
		tsj	tsja:ŋ³ 涨	
彻	tʰ	tsh	tshɛ:k⁷ 拆	
澄	ḍ	ts	tsa² 茶	
		tsj	tsja:ŋ⁴ 丈	

（5）精组

没有发现中古早期层次汉借词。

中古晚期读音如下：

中古声母	李方桂拟音	黄金仫佬语读音	例　词	备　注
精	ts	t	tɔ⁵ 灶	
		tj	tjen¹ 煎	
清	tsh	th	thɔ¹ 粗	
		thj	thjen¹ 千	
从	dz	t	ti⁶ 字	
		tj	tja:ŋ⁶ 匠	木～
心	s	t	ta:m¹ 三	
		tj	tja³ 写	
邪	z	tj	tja⁶ 谢	凋～

（6）庄组

a．中古早期

中古声母	李方桂拟音	黄金仫佬语读音	例　词	备　注
初	tṣh	tshj 二等字	tshja:u³ 炒	
生	ṣ	ç	çi¹ 狮	～子
		s	søn¹ 闩	～上门

说明：以上例字属中古早期层次的判断依据：1）二等字为腭化声母或主要元音为-ø；2）声母读ç-。

b．中古晚期

中古声母	李方桂拟音	黄金仫佬语读音	例　词	备　注
庄	tṣ	ts	tsa¹ 渣	～子
初	tṣh	tsh	tsha:p⁷ 插	
崇	ẓ	ts	tsa:i⁶ 寨	
生	ṣ	s	sa¹ 沙	～子

(7) 章组

a. 中古早期

中古声母	李方桂拟音	黄金仫佬语读音	例词	备注
昌	tɕh	tsh	tshɛ:k⁷ 赤	打～脚
书	ɕ	ɕ	ɕy¹ 输	

说明：以上例字属中古早期层次的判断依据为：1) 声母读 ɕ-（有关论证见本书§5.1）；2) 梗摄三四等汉借词读-ɛ:ŋ(k)。

b. 中古晚期

中古声母	李方桂拟音	黄金仫佬语读音	例词	备注
章	tɕ	ts	tsi³ 只	
		tsj	tsjeu⁵ 照	
昌	tɕh	tsh	tshui¹ 吹	
		tshj	tshja¹ 车	
船	dʑ	s	sɔk⁸ 赎	
		sj	sja⁶ 射	
书	ɕ	s	sam³ 婶	
		sj	sja¹ 赊	
禅	ʑ	s	si⁶ 是	
		sj	sja:k⁸ 勺	～子
日	ȵ	ȵ	ȵet⁸ 热	

(8) 见组

a. 中古早期

中古声母	李方桂拟音	黄金仫佬语读音	例词	备注
见	k	k	køn¹ 关	～门
		c 二等字	ca⁵ 嫁	
群	g	kw	kwi⁶ 柜	～子

说明：以上例字属中古早期层次的判断依据为：1) 二等字为腭化声母或主要元音为 ø；2) 止合三脂读-i。

b. 中古晚期

中古声母	李方桂拟音	黄金仫佬语读音	例词	备注
见	k	k	ka:ŋ¹ 钢	
		kw	kwa¹ 锅	
		kh	khu³ 箍	
		c	ci³ 几	
溪	kh	kh	khai¹ 开	
		khw	khwa:i⁵ 块	
		ch	chem⁵ 欠	
群	g	k	køn² 拳	
		c	ci² 骑	

疑	ŋ	ŋ	ŋa² 芽	
		ŋw	ŋwa⁴ 瓦	
		ɲ	ɲøt⁸ 月	上~

(9) 影组

a. 中古早期

中古声母	李方桂拟音	黄金仫佬语读音	例词	备注
影	ʔ	ʔ 开口三等	ʔeŋ³ 影	~子
		合口	ʔoŋ⁵ 瓮	
		ʔj 二等	ʔja:p⁷ 鸭	~子
匣	ɣ	j	jem² 嫌	
			jyn⁶ 县	
			joŋ² 皇	~帝

说明：以上例字属中古早期层次的判断依据为：1) 二等字为腭化声母或舌面音声母；2) 三等字不体现-j-介音。

b. 中古晚期

中古声母	李方桂拟音	黄金仫佬语读音	例词	备注
影	ʔ	ʔ 开口一二等	ʔa:p⁷ 压	用石头~住
		ʔj 开口三等	ʔjem¹ 阉	~公鸡
		w 合口	won³ 碗	
晓	x	h	hai³ 海	
		hw	hwa³ 伙	合~
		ɕ	ɕa:ŋ¹ 乡	
匣	ɣ	h 开口	hau⁶ 后	~代
		w 合口	wa⁶ 话	
云		j	jau⁶ 又	
		w	wui² 围	包~
以	j	j	jeu² 窑	

(二) 黄金仫佬语中古汉借词的韵母读音

说明：1) 下面各表中，(w)表示声母为唇化声母或唇音声母，(j)表示声母为腭化声母或舌面音声母；2) 以下表中韵目举平以赅上去。

(1) 果摄

没有发现中古早期果摄汉借词。

中古晚期读音如下：

中古音韵类	李方桂拟音	黄金仫佬语读音	例词	备注
果开一歌	ɑ	a	ŋa⁶ 饿	
果开三戈	jɑ	a	ca⁶ 茄	~子
果合一戈	uɑ	(w)a	phwa⁵ 破	~竹篾

(2) 假摄

a. 中古早期

中古音韵类	李方桂拟音	黄金仫佬语读音	例 词	备 注
假开二麻	a	a	ca⁵ 嫁	

说明：以上例字属中古早期层次的判断依据为：声母为腭化声母（或舌面音声母）。

b. 中古晚期

中古音韵类	李方桂拟音	黄金仫佬语读音	例 词	备 注
假开二麻	a	a	tsa² 茶	
假开三麻	ja	(j)a	sja¹ 赊	
假合二麻	wa	(w)a	ŋwa⁴ 瓦	

(3) 遇摄

a. 中古早期

中古音韵类	李方桂拟音	黄金仫佬语读音	例 词	备 注
遇合三虞	ju	u	pu⁴ 父	～亲

b. 中古晚期

中古音韵类	李方桂拟音	黄金仫佬语读音	例 词	备 注
遇合一模	uo	u	tu² 涂	
		ɔ	thɔ¹ 粗	
遇合三鱼	jwo	ɔ 庄组	tshɔ¹ 初	
		y 其他声母	cy⁵ 锯	
遇合三虞	ju	ɔ 庄组	sɔ³ 数	～东西
		u 非组	fu² 扶	
		y 其他声母	cy⁵ 句	

说明：遇合一模多数字读 u，只发现两个字读 ɔ，即"粗"thɔ¹ 和"五"ŋɔ⁴。

(4) 蟹摄

没有发现中古早期汉借词。

中古晚期读音如下：

中古音韵类	李方桂拟音	黄金仫佬语读音	例 词	备 注
蟹开一咍	ăi	ai	tai⁶ 代	
蟹开一泰	ɑi	aːi	ŋaːi⁶ 艾	～草
蟹开二皆	ăi	aːi	paːi⁵ 拜	
蟹开二佳	aɨ	aːi	paːi³ 摆	
蟹开三祭	jæi	e	ŋe⁶ 艺	手～
蟹开四齐	iei	e	the⁵ 砌	
蟹合一泰	wɑi	(w)aːi	ŋwaːi⁶ 外	～公
蟹合一灰	uăi	oi	poi² 赔	
		(w)aːi	khwaːi⁵ 块	
蟹合二皆	wai	(w)aːi	kwaːi¹ 乖	

蟹合二佳	waɨ	(w)a	kwa⁵ 挂	
蟹合三祭	jwæi	oi	soi⁵ 税	
蟹合三废	jwɐi	e	fe⁵ 肺	

说明：蟹合一灰汉借词多数读 -oi，仅"块"读 khwa:i⁵，暂时放在中古晚期层次。

(5) 止摄

a．中古早期

中古音韵类	李方桂拟音	黄金仫佬语读音	例 词	备 注
止开三脂	ji	i	çi¹ 狮	～子
止合三支	jwě	i	kwi⁶ 跪	
止合三脂	jwi	i	kwi⁶ 柜	～子
止合三微	jwěi	i	pi² 肥	

说明：以上例字中古早期层次的判断依据为：1)庄章组声母读 ç-；2)止合三微奉母字"肥"读 pi²、微母字"未""味"读 mi⁶，属中古早期层次，由此推出止合三支、止合三脂读 i 属中古早期。

b．中古晚期

中古音韵类	李方桂拟音	黄金仫佬语读音	例 词	备 注
止开三支	jě	i	tsi³ 纸	
止开三脂	ji	i	ti⁵ 四	
止开三之	ɨ	i	ti⁶ 字	
止开三微	jěi	i	ci³ 几	
止合三支	jwě	ui	tshui¹ 吹	
止合三脂	jwi	ui	tsui² 锤	～子
止合三微	jwěi	ui	wui² 围	包～

(6) 效摄

a．中古早期

中古音韵类	李方桂拟音	黄金仫佬语读音	例 词	备 注
效开二肴	au	(j)a:u	mja:u⁴ 猫	

说明：以上例字属中古早期层次的判断依据：声母为腭化声母（或舌面音声母）。

b．中古晚期

中古音韵类	李方桂拟音	黄金仫佬语读音	例 词	备 注
效开一豪	ɑu	ɔ	tɔ⁵ 灶	
		o	lo⁴ 老	
效开二肴	au	a:u	pa:u² 刨	
效开三宵	jæu	(j)eu	tjeu¹ 硝	
效开四萧	ieu	(j)eu	thjeu⁵ 跳	

说明：效开一豪多数字读 ɔ，个别字读 o。除"老（人～）"外，还有"倒"读 tho³，"告"读 ko⁵。暂把读 o 的也放在中古晚期层次。

(7) 流摄

没有发现中古早期汉借词。

中古晚期读音如下：

中古音韵类	李方桂拟音	黄金仫佬语读音	例词	备注
流开一侯	ə̆u	au	tau⁶ 豆	～子
流开三尤	jə̆u	au	tsau⁵ 咒	～骂
		(j)eu	ceu² 球	

(8) 咸摄

a. 中古早期

中古音韵类	李方桂拟音	黄金仫佬语读音	例词	备注
咸开二咸	ăm	a:m	ca:m³ 减	
洽	/	/	/	
咸开二狎	ap	a:p	ʔja:p⁷ 鸭	～子

说明：以上例字属中古早期层次的判断依据：声母为腭化声母（或舌面音声母）。

b. 中古晚期

中古音韵类	李方桂拟音	黄金仫佬语读音	例词	备注
咸开一覃	ăm	a:m	na:m² 南	
合	ăp	a:p	ta:p⁷ 搭	
咸开一谈	ɑm	a:m	ta:m¹ 三	
盍	ɑp	a:p	la:p⁸ 腊	～肉
咸开二咸	ăm	/	/	
洽	ap	a:p	tsha:p⁷ 插	
咸开二衔	am	/	/	
狎	ap	a:p	ʔa:p⁷ 压	
咸开三盐	jæm	(j)em	ljem⁴ 镰	～刀
叶	jæp	(j)ep	tjep⁷ 接	
咸开三严	jɐm	em	chem⁵ 欠	
业	jɐp	/	/	
咸开四添	iem	(j)em	thjem¹ 添	
帖	iep	(j)ep	tjep⁸ 叠	

(9) 深摄

a. 中古早期

中古音韵类	李方桂拟音	黄金仫佬语读音	例词	备注
深开三侵	jəm	im	cim¹ 金	～鱼
缉	jəp	ip	cip⁷ 急	水～

b. 中古晚期

中古音韵类	李方桂拟音	黄金仫佬语读音	例词	备注
深开三侵	jəm	am	tam¹ 心	
缉	jəp	ap	sap⁸ 十	

说明：据蓝庆元（1999），壮语和汉越语深摄前中古层次汉借字都读 im（p），中古层次壮语读 am（p），汉越语读 əm。前中古层次汉借字，如：

壮语中：禁 kim[5]、心 sim[1]、针 kip[8]、及 kip[7]、急 kip[8]；

汉越语中：kim 针、tim 心、kip 急、kip 及。

对照壮语和古汉越语，我们暂时把主元音读 i 的"金"和"急"放在中古早期。

(10) 山摄

a. 中古早期

中古音韵类	李方桂拟音	黄金仫佬语读音	例词	备注
山开二删	an	ja:n	pja:n[3] 板	～子
山合二删	wan	øn	søn[1] 闩	
山合四先	iwen	øn	jøn[6] 县	

说明：以上例字属中古早期层次，其判断依据参见本节 §4.3.5.1 开头的叙述。

b. 中古晚期

中古音韵类	李方桂拟音	黄金仫佬语读音	例词	备注
山开一寒	ɑn	a:n	na:n[2] 难	
曷	ɑt	at	kat[7] 割	
山开二山	ǎn	a:n	tsa:n[3] 盏	
黠	ǎt	a:t	pa:t[7] 八	
山开二删	an	a:n	ŋa:n[6] 雁	
鎋	at	/	/	
山开三仙	jæn	(j)en	tjen[1] 煎	
薛	jæt	(j)et	pjet[7] 鳖	
山开三元	jɐt	(j)et	çet[7] 歇	
月	jɐt	/	/	
山开四先	ien	(j)en	tjen[2] 填	
屑	iet	(j)et	cet[7] 结	
山合一桓	ɑn	on	mon[2] 瞒	
末	uɑt	ot	thot[7] 脱	
山合二删	wan	(w)a:n	wa:n[2] 还	～钱
山合三仙	jwæn	øn	tøn[3] 选	
薛	jwæt	øt	søt[7] 说	
山合三元	jwɐn	a:n 非组	fa:n[1] 翻	
		øn	khøn[5] 劝	
月	jwɐt	a:t 非组	ma:t[8] 袜	
		øt	ȵøt[8] 月	
山合四先	iwen	/	/	
屑	iwet	øt	chøt[7] 缺	刀～口

(11) 臻摄

a. 中古早期

中古音韵类	李方桂拟音	黄金仫佬语读音	例 词	备 注
臻合三文	juən	an	pan⁶ 份	

b. 中古晚期

中古音韵类	李方桂拟音	黄金仫佬语读音	例 词	备 注
臻开一痕 麧	ən /	an ʔ	than¹ 吞 /	
臻开三真 质	jěn jět	en an at (j)et	tan⁵ 信 jen⁵ 印 that⁷ 七 ʔjet⁷ 一	
臻开三殷 迄	jən /	an /	can¹ 斤 /	
臻合一魂 没	uən /	on un an /	hon¹ 昏 wun¹ 瘟 pan² 盆 /	~疫
臻合三谆 术	juěn /	an /	tshan³ 蠢 /	愚~
臻合三文 物	juən /	an ʔ	fan² 坟 /	

(12) 宕摄

a. 中古早期

中古音韵类	李方桂拟音	黄金仫佬语读音	例 词	备 注
宕开三阳 药	jaŋ /	(j)ɔːŋ /	ɕɔːŋ¹ 霜 /	

说明:以上例字属中古早期层次的判断依据:声母读 ɕ-。

b. 中古晚期

中古音韵类	李方桂拟音	黄金仫佬语读音	例 词	备 注
宕开一唐 铎	ɑŋ /	aːŋ ʔ	kaːŋ¹ 钢 /	
宕开三阳 药	jaŋ jak	(j)aːŋ (j)aːk	tsjaːŋ³ 涨 tsjaːk⁸ 着	~凉
宕合一唐 铎	wɑŋ /	oŋ /	hoŋ¹ 荒 /	
宕合三阳	jwaŋ	oŋ	woŋ³ 柱	冤~

(13) 江摄

a. 中古早期

中古音韵类	李方桂拟音	黄金仫佬语读音	例　词	备　注
江开二江	ɔŋ	øŋ	søŋ¹ 双	
觉	ɔk	a:k	ca:k⁷ 角	

b. 中古晚期

中古音韵类	李方桂拟音	黄金仫佬语读音	例　词	备　注
江开二江	ɔŋ	a:ŋ 见组	ka:ŋ³ 讲	
		ɔŋ 其他	tshoŋ¹ 窗	
觉	ɔk	a:k 见组	kha:k⁷ 壳	
		ɔk 其他	tshɔk⁷ 戳	

说明:据蓝庆元(1999),壮语和古汉越语汉语借词都有一个处在中古和上古之间的前中古层次,其中二等字主元音读 e。例如:

壮语中:皆佳韵,ke³ 解、ne⁵ 奶;肴韵,peu⁵ 豹、keu³ 绞、meu⁴ 猫;咸衔韵,hep⁸ 狭、kem¹ 监;山删韵,hen¹ 限、vet⁷ 挖、pen⁶ 板、kven⁵ 惯。

古汉越语中:麻韵,tɕɛ² 茶、hɛ² 夏、sɛ¹ 车;肴韵,kɛo¹ 胶、khɛo⁵ 巧、mɛo² 猫、bɛo¹ 豹;皆佳韵,vɛ⁴ 画、kwɛ³ 卦、hwɛ² 槐;山删韵,kɛn⁵ 拣、hɛn⁶ 限、kwɛn¹ 惯、sɛt⁵ 察;咸衔韵,kɛp⁵ 夹、hɛp⁶ 狭、tɕɛm⁵ 斩。

仫佬语中古层次的二等汉借字除有一个与一等字读音相同的层次之外,还有一个声母读为腭化声母(或舌面音声母),或韵母主要元音读 ø 的层次。例如:

假开二祃:ca⁵ 嫁

效开二肴:mja:u⁴ 猫 tshja:u³ 炒 ca:u¹ 交 ca:u¹ 胶 ca:u⁵ 教

咸开二咸:ca:m³ 减

咸开二狎:ʔja:p⁷ 鸭

山开二山:pja:n³ 板

山合二删(鎋):søn¹ 闩　søt⁷ 刷　køn¹ 关　køn⁵ 惯

江开二江(觉):søŋ¹ 双　ca:k⁷ 角

参照壮语和古汉越语,暂时把声母读为腭化声母或舌面音、韵母主要元音读 ø 的二等字放在中古早期。

(14) 曾摄

没有发现中古早期汉借词。

中古晚期读音如下:

中古音韵类	李方桂拟音	黄金仫佬语读音	例　词	备　注
曾开一登	əŋ	aŋ	taŋ⁵ 凳	
德	ək	ak	khak⁷ 刻	

| 曾开三蒸 | jəŋ | eŋ | ʔəŋ⁵ 应 | 答～ |
| 职 | jək | ek | sek⁷ 识 | 相～ |

(15) 梗摄

a. 中古早期

中古音韵类	李方桂拟音	黄金仫佬语读音	例词	备注
梗开三庚	jɐŋ	ɛːŋ	mɛːŋ⁶ 命	性～
陌	jɐk			
梗开三清	jæŋ	ɛːŋ	sɛːŋ¹ 声	～音
昔	jæk	ɛːk	tshɛːk⁷ 赤	打～脚
梗开四青	ieŋ	ɛːŋ	lɛːŋ² 铃	
锡	iek	ɛːk	thɛːk⁷ 踢	

b. 中古晚期

中古音韵类	李方桂拟音	黄金仫佬语读音	例 词	备 注
梗开二庚	ɐŋ	ɛːŋ	sɛːŋ³ 省	
陌	ɐk	ɛːk	tshɛːk⁷ 拆	
梗开二耕	ɐŋ	/	/	
麦	ɐk	ɛːk	mɛːk⁸ 脉	
梗开三庚	jɐŋ	eŋ	peŋ¹ 兵	
陌	jɐk	/	/	
梗开三清	jæŋ	eŋ	peŋ³ 饼	～子
昔	jæk	ek	tshek⁷ 尺	
梗开四青	ieŋ	eŋ	teŋ¹ 丁	
锡	iek	ek	tek⁸ 笛	～子

说明：据蓝庆元(1999)，壮语前中古层次梗摄三四等汉借词读 eŋ(k)，中古层次读 iŋ(k)；汉越语前中古层次梗摄三四等汉借词读 aɲ(ȶ)，中古层次读 iɲ(ȶ)。前中古层次汉借词，如：

壮语中：leŋ² 铃、eŋ⁶ 另、tek⁷ 踢、tek⁸ 笛；

汉越语中：khaɲ 庆、daɲ 钉、thaɲ 声、beɲ 病、leɲ 另、zuaɲ 赢。

参照壮语和古汉越语，暂时把黄金仫佬语梗摄三四等汉借词读 ɛːŋ(k) 的放在中古早期层次。

(16) 通摄

a. 中古早期

中古音韵类	李方桂拟音	黄金仫佬语读音	例词	备注
通合三屋	juk	ok	pok⁸ 伏	

说明：以上例字属中古早期层次的判断依据为：汉语"古无清唇音"，非组汉借词读如重唇。

b. 中古晚期

中古音韵类	李方桂拟音	黄金仫佬语读音	例词	备注
通合一东	uŋ	ɔŋ	tɔŋ¹ 东	
屋	uk	ɔk	tɔk⁸ 读	
通合一冬	uoŋ	ɔŋ	tɔŋ¹ 冬	
沃	uok	ɔk	tɔk⁸ 毒	
通合三东	juŋ	ɔŋ	tsɔŋ⁵ 中	射～
屋	juk	ɔk	tsɔk⁷ 粥	
通合三钟	jwoŋ	ɔŋ	tsɔŋ¹ 盅	
烛	jwok	ɔk	sɔk⁸ 赎	

（三）黄金仫佬语中古汉借词的声调特点

中古层次汉语借词无论是早期还是晚期的，其声调均与汉语中古《切韵》音的调类相对应。对应关系为：

中古汉语	平声		上声		去声		入声	
	清	浊	清	浊	清	浊	清	浊
黄金仫佬语	1	2	3	4	5	6	7	8

4.3.5.2 中古晚期的存疑汉借词

以下中古汉借词在读音上与上面所介绍的中古早期和中古晚期汉借词都有些方面的差别，现作为存疑成分暂时放在中古晚期层次。主要有以下几类：

（1）声调读音特殊的。黄金仫佬语中古汉借词次浊声母大多数读双数调，暂把次浊声母单数调的放在中古晚期层次。这类借词有：ȵiu³ 扭（泥母），ȵjen³ 碾（泥母），ȵan³ 忍（日母），ȵan⁵ 韧（日母），ȵa:u³ 绕（日母）。

（2）声母读音特殊的，有：ti⁶ 事（崇母，～情），ti¹ 师（生母，～师），tjen⁵ 扇（书母，一～门），ci⁵ 痣（章母），tshan¹ 伸（书母，～手），thak⁸ 特（定母，～地），heŋ² 赢（喻以）。

（3）韵母读音特殊的，有：cha:k⁷ 屐（梗开三陌，木～），tsak⁷ 侧（曾开三职），tswa¹ 抓（效开二肴），fo³ 斧（遇合三虞），箸 tsø⁶（遇合三御），jam² 寅（臻开三真，地支第三），ŋut⁸ 日（臻开三质，生～），lau⁶ 露（遇合一暮，盖好被子别让脚～出来），paŋ⁶ 靠（宕开一荡，人～在椅上）

（4）声母韵母读音都比较特殊的，如：tsi⁵ 解（见蟹开二蟹上，～绳结）

有几个词韵母读音特殊，但与水语汉借词读音相同，有可能是从水语中辗转借入的。它们是：tseŋ¹ 争（梗开二耕），su¹ 收（流开三尤），su³（流开三尤）。据曾晓渝（2004e），水语中古晚期汉借词梗开二耕读-eŋ，流开三尤读-(j)u。暂放在中古晚期层次。

4.3.5.3 黄金仫佬语里中古汉语借词表

（一）中古早期汉语借词表

借词读音				借词背景		备注
汉字	音韵地位	中古音	黄金仫佬	词项	黄金仫佬语	东门仫佬语
嫁	见假开二祃去	ka	ca⁵	嫁	ca⁵	ca⁵

字	中古音	拟音	音	词	音	音
父	奉遇合三虞上	bju	pu⁴	公公（面称）	pu⁴	pu⁴
输	书遇合三虞平	ɕju	çy¹	输	çy¹	sø¹
狮	生止开三脂平	ʂji	çi¹	狮子	çi¹ ti⁵	su⁵ tu³
跪	群止合三纸上	gjě	kwi⁶	跪	kwi⁶	kui⁶
柜	群止合三至去	gjwi	kwi⁶	柜子	kwi⁶	kwi⁶
肥	奉止合三微平	bjwěi	pi²	肥	pi²	pi²
				肥肉	na:n⁴ pi²	sik⁷ pi²
				肥料	pi² ljeu⁶	fəi⁶ lja:u⁴
未	微止合三未去	mjwěi	mi⁶	未	mi⁶	mi⁶
味	微止合三未去	mjwěi	mi⁶	味道	mi⁶ tɔ⁶	
猫	明效开二肴平	mau	mja:u⁴	猫	mja:u⁴	mja:u⁴
炒	初效开二巧上	tʂhau	tshja:u³	炒	tshja:u³	tsha:u³
交	见效开二肴平	kau	ca:u¹	交（~朋友）	ca:u¹	ca:u¹
				吩咐	ca:u¹ tai⁶	
胶	见效开二肴平	kau	ca:u¹	胶	ca:u¹	ca:u¹
				胶鞋	ca:u¹ ha:i²	ça:i¹ cau¹
教	见效开二肴平	kau	ca:u⁵	教（~书）	ca:u⁵	ka:u⁵
觉	见效开二效去	kau	ca:u⁵	觉（睡一~）	ca:u⁵	
校	匣效开二效去	ɣau	ça:u⁵	校长	ça:u⁵ tsja:ŋ³	jɔ⁴ tsja:ŋ³
减	见咸开二豏上	kǎm	ca:m³	减	ca:m³	ka:m³
				减产	ca:m³ tsha:n³	ka:m³ tsha:n³
				减少	ca:m³ sjeu³	ka:m³ sjeu³
鸭	影咸开二狎入	ʔap	ʔja:p⁷	鸭子	ʔja:p⁷	ʔja:p⁷
嫌	匣咸开四添平	ɣiem	jem²	嫌	jem²	çem¹
金	见深开三侵平	kjəm	cim¹	金鱼	cim¹ mam⁶	cin⁵ y⁶
急	见深开三缉入	kjəp	cip⁷	急（水~）	cip⁷	cap⁷
				着急	tsjak⁸ cip⁷	tsjak⁸ cap⁷
板	帮山开二潸上	pan	pja:n³	板子	pja:n³	pjen³
				门板	tɔ¹ pja:n³	pjen³ tɔ¹
闩	生山合二删平	ʂwan	søn¹	闩（~上门）	søn¹	søn¹
刷	生山合二鎋入	ʂwat	søt⁷	刷子	søt⁷	swa:t⁷
关	见山合二删平	kwan	køn¹	关（~门）	køn¹	køn¹
惯	见山合二谏去	kwan	køn⁵	惯（吃~）	køn⁵	kwa:n⁵
				习惯	køn⁵	kwa:n⁵
县	匣山合四霰去	ɣiwen	jøn⁶	县	jøn⁶	jøn⁶
份	奉臻合三问去	bjuən	pan⁶	份（一~文件）	pan⁶	pən⁶
壮	庄宕开三漾去	tʂjaŋ	tsjɔ:ŋ⁶	壮族	tsjɔ:ŋ⁶	mu⁶ tsoŋ⁶
霜	生宕开三阳平	ʂjaŋ	ço:ŋ¹	霜	ço:ŋ¹	
				露	ço:ŋ¹ sui³	
装	床宕开三阳平	jaŋ	tsjɔ:ŋ¹	装（~进袋里）	tsjɔ:ŋ¹	tsoŋ¹
仰	疑宕开三养上	ŋjaŋ	ŋɔ:ŋ³	仰头	ŋɔ:ŋ³ cɔ³	ŋa:ŋ³ kɣo³
皇	匣宕合一唐平	ɣwaŋ	joŋ²	皇帝	joŋ² te⁵	joŋ²

汉字	音韵地位	中古音	黄金仫佬语	词项	黄金仫佬语	东门仫佬语
双	生江开二江平	ʂɔŋ	søŋ¹	双(成～成对)	søŋ¹	søŋ¹
				双(一～筷子)	søŋ¹	
角	见江开二觉入	kɔk	ca:k⁷	角	ca:k⁷	kɔ:k⁷
命	明梗开三映去	mjɐŋ	mɛ:ŋ⁶	性命	mɛ:ŋ⁶	sɛ:ŋ⁶ mɛ:ŋ⁶
				夭亡	tai¹ tun³ mɛ:ŋ⁶	tai¹ tun³ mɛ:ŋ⁶
				算命	ton⁵ mɛ:ŋ⁶	ton⁵ mɛ:ŋ⁶
声	生梗开三清平	ʂjæŋ	sɛ:ŋ¹	声音	sɛ:ŋ¹ jam¹	sɛ:ŋ¹ ʔəm¹
赤	昌梗开三昔入	tɕhjæk	tshɛ:k⁷	打赤脚	ta³ tshɛ:k⁷ tin¹	
壁	帮梗开四锡入	piek	pɛ:k⁷	悬崖	sek⁸ pɛ:k⁷	
				邻居	kɛp⁷ pɛ:k⁷ jyn²	cip⁷ pɛ:k⁷
滴	端梗开四锡入	tiek	tɛk⁷	滴(水往下～)	tɛk⁷	tɛk⁷
				滴(一～水)	tɛk⁷	tɛk⁷
踢	透梗开四锡入	thiek	thɛ:k⁷	踢	thɛ:k⁷	thek⁷
铃	来梗开四青平	lieŋ	lɛ:ŋ²	铃	lɛ:ŋ²	lɛ:ŋ²
伏	奉通合三屋入	bjuk	pok⁸	捉迷藏	fɛ⁴ pok⁸	
瓮	影通合一送去	ʔuŋ	ʔoŋ⁵	坛子	ʔoŋ⁵	

(二) 中古晚期汉语借词表

		借词读音		借词背景		备注
汉字	音韵地位	中古音	黄金仫佬语	词项	黄金仫佬语	东门仫佬语
饿	疑果开一箇去	ŋɑ	ŋa⁶	饿	ŋa⁶	ŋa⁶
茄	群果开三戈平	gjɑ	ca⁶	茄子	ca⁶	ca⁶
婆	並果合一戈平	buɑ	pwa²	外祖母	pwa²	ŋwa:i⁶ pwa²
				寡妇	kwa³ pwa²	pwa² kun³
破	滂果合一过去	phuɑ	phwa⁵	破(～竹篾)	phwa⁵	phwa⁵
				剖(～开)	phwa⁵	phwa⁵
				劈(～柴)	phwa⁵	phwa⁵
磨	明果合一过去	muɑ	mwa⁶	磨(～米)	mwa⁶	mwa⁶
锁	心果合一果上	suɑ	twa³	锁	twa³	twa³
				钥匙	twa³ si²	
锅	见果合一戈平	kuɑ	kwa¹	鼎锅	teŋ³ kwa¹	teŋ⁵ kwa¹
伙	晓果合一果上	huɑ	hwa³	合伙	hɔ:p⁸ hwa³	kɔ:p⁷ hwa³
巴	帮假开二麻平	pa	pa²	下巴	ha⁶ pa²	ha⁶ pa²
麻	明假开二麻平	ma	ma²	麻子	ma² tsi³	ma² tsi³
				麻疹	uk⁷ ma²	uk⁷ ma²
				麻线	ma² twa:n⁶	ma² tjen⁵
把	帮假开二马上	pa	pa³	把	pa³	pa³
				把(一～刀)	pa³	
马	明假开二马上	ma	ma⁴	马	ma⁴	ma⁴
				木马	mok⁸ ma⁴	mok⁸ ma⁴
茶	澄假开二麻平	ɖa	tsa²	茶	tsa²	tsa²
				茶叶	tsa² pa⁵	fa⁵ tsa²
				茶壶	tsa² wu²	tsa⁶ wu²

渣	庄假开二麻平	tṣa	tsa¹	渣子	tsa¹	tsa¹
				油渣	jeu² tsa¹	
叉	初假开二麻平	tṣha	tsha¹	叉子	tsha¹ ŋa⁵	tsha¹
				渔叉	mam⁴ tsha¹	ɲy² tsha¹
差	初假开二麻平	tṣha	tsha¹	差（~很多）	tsha¹	tsha¹
				差不多	tsha¹ ŋ³ cyŋ²	
沙	生假开二麻平	ṣa	sa¹	沙子	sa¹	sa¹
				沙滩	sa¹ tha:n¹	sa¹ tha:n¹
榨	庄假开二祃去	tṣa	tsa⁵	榨（~油）	tsa⁵	tsa⁵
芽	疑假开二麻平	ŋa	ŋa²	芽	ŋa²	ŋa²
				发芽	fa:t⁷ ŋa²	uk⁷ ŋa²
下	匣假开二马上	ɣa	ha⁶	下巴	ha⁶ pa²	ha⁶ pa²
哑	影假开二马上	ʔa	ŋa³	哑巴	ŋa³	ŋa³
姐	精假开三马上	tsja	ta⁶	姐姐	ta⁶	
写	心假开三马上	sja	tja³	写	tja³	tja³
借	精假开三祃去	tsja	tjep⁷	养子	la:k⁸ tjep⁷	la:k⁸ tjep⁷
谢	邪假开三祃去	zja	tja⁶	凋谢	tja⁶	tja⁵
车	昌假开三麻平	tɕha	tshja¹	车子	tshja¹	tshja¹
				牛车	tən² tshja¹	ɲiu⁴ tshja¹
				水车	nam⁴ tshja¹	tshja¹ nəm⁴
				风车	foŋ¹ tshja¹	fuŋ¹ tshja¹
				车（~水）	tshja¹	tshja¹
				火车	hwa³ tshja¹	fi¹ tshja¹
				汽车	chi⁵ tshja¹	chi¹ tshja¹
				自行车	ta:n¹ tshja¹	ta:n¹ tshja¹
赊	书假开三麻平	ɕja	sja¹	赊	sja¹	sja¹
扯	昌假开三马上	tɕha	tshja³	拔（~鸡毛）	tshja³	tshja³
				扯（~秧）	tshja³	tshja³
舍	书假开三马上	ɕja	sja³	舍得	sja³ lai³	sja³ ləi³
射	船假开三祃去	dzja	sja⁶	射	sja⁶	sja⁶
也	以假开三马上	ja	ja⁴	也	ja⁴	ja⁶
野	以假开三马上	ja	ja⁴	野猪	ja⁴ mu⁵	
				私生子	la:k⁸ ja⁴	la:k⁸ ja⁴
瓜	假合二麻平	kwa	kwa¹	瓜	kwa¹	kwa¹
				冬瓜	toŋ¹ kwa¹	toŋ¹ kwa¹
				南瓜	na:m² kwa¹	na:m² kwa¹
				黄瓜	ɲa:n³ kwa¹	kwa¹ pa:k⁸
瓦	假合二马上	ŋwa	ŋwa⁴	瓦	ŋwa⁴	ŋwa⁴
				屋檐	ŋwa⁴ jem²	ŋwa⁴ jem²
花	晓假合二麻平	hwa	hwa¹	眼花	ta¹ hwa¹	la¹ hwa¹
				开花	khai¹ hwa¹	khai¹ hwa¹
				花布	hwa¹ ja¹	ja¹ hwa¹
				花椒	hwa¹ tjeu¹	hwa¹ tjeu¹
				刨花	pa:u² hwa¹	pa:u² hwa¹

铺	滂遇合一模平	phuo	phu¹	铺（～床）	phu¹		phu¹
脯	並遇合一模平	buo	pu²	胸脯	tam¹ pu²		ta¹ pu²
补	帮遇合一姥上	puo	pu³	补（～锅）	pu³		pu³
				补丁	kuk⁷ pu³		kuk⁷ pu³
步	並遇合一暮去	buo	pu⁶	脚步	tin¹ pu⁶		ca:k⁷ po⁶
涂	定遇合一模平	duo	tu²	涂（脸上～了油彩）	tu²		tu²
堵	端遇合一姥上	tuo	tu³	堵（一～墙）	tu³		tu³
赌	端遇合一姥上	tuo	tu³	赌（～钱）	tu³		tu³
				打赌	ta³ tu³		ta³ tu³
肚	端遇合一姥上	tuo	tu³	胃	tu³		tu³
				膀胱	tu³ nja:u⁵		tu³ nja:u⁵
土	透遇合一姥上	thuo	thu³	土匪	thu³ fəi³		thu³ fei³
				土地神	thu³ ti⁶ san²		thu⁵ ti⁶ sən²
兔	透遇合一暮去	thuo	thu⁵	兔子	thu⁵		thu⁵
奴	泥遇合一模平	nuo	nu²	奴隶	nu²		nu²
炉	来遇合一模平	luo	lu²	香炉	ta:ŋ² lu²		po:t⁷ tja:ŋ⁶ lu²
芦	来遇合一模平	luo	lu²	葫芦	wu² lu²		wu² lu¹
鹭	来遇合一暮去	luo	lu⁶	白鹭	pa:k⁸ lu⁶		
粗	清遇合一模平	tshuo	thɔ¹	粗（布很～）	thɔ¹		thɔ¹
				粗糠	thɔ¹ pwa⁶		
				粗心	thɔ¹ tam¹		
醋	清遇合一暮去	tshuo	thu⁵	醋	thu⁵		
姑	见遇合一模平	kuo	ku¹	姑母	ku¹ niŋ⁵		ku¹
				姑父	ku¹ ja¹		so⁵ ku¹
孤	见遇合一模平	kuo	ku¹	孤独	ku¹ tək⁸		ku¹ tək⁸
箍	见遇合一模平	kuo	khu³	箍（～桶）	khu³		ku³
				箍儿	thɐŋ³ khu³		thɐŋ³ ku³
枯	澄遇合一模平	ɖuo	khu¹	枯（树枝～了）	khu¹		khu¹
				干涸	khu¹		khu¹
估	见遇合一姥上	kuo	ku¹	估计	ku¹ ci⁵		ku¹ ʔa:i¹
鼓	见遇合一姥上	kuo	ku³	鼓	ku³		ku³
苦	溪遇合一姥上	khuo	khu³	苦楝树	khu³ ljen⁶ mai⁴		mai⁴ khu³ ljen⁶
				辛苦	tan¹ khu³		tən⁵ khu³
五	疑遇合一姥上	ŋuo	ŋɔ⁴	五	ŋɔ⁴		ŋɔ⁴
故	见遇合一暮去	kuo	ku³	故事	ku³		ku³
胡	匣遇合一模平	ɣuo	wu²	胡椒	wu² tjeu¹		wu² tjeu¹
壶	匣遇合一模平	ɣuo	wu²	茶壶	tsa² wu²		tsa² wu²
葫	匣遇合一模平	ɣuo	wu²	葫芦	wu² lu²		wu² lu²
胡	匣遇合一模平	ɣuo	wu²	胡子	wu² ty¹		
蛆	清遇合三鱼平	tshjwo	thy¹	蛆	thy¹		
				虫	thy¹		
初	初遇合三鱼平	tṣhjwo	tshɔ¹	初一	tshɔ¹ ʔjet⁷		tshɔ¹ ʔjət⁷

舒	书遇合三鱼平	ɕjwo	sy¹	舒服	sy¹ fɔk⁸	sy¹ fɔk⁸
薯	禅遇合三御去	ʑjwo	sy²（调！）	地瓜	kwap⁷ sy²；kɔp⁷ sy²	ko⁶ sy⁶
锯	见遇合三御去	kjwo	cy⁵	锯（～板）	cy⁵	kø⁵
				锯	cy⁵	kø⁵
扶	奉遇合三虞平	ju	fu²	扶（～起来）	fu²	fu²
腐	奉遇合三麌上	bju	fu⁶	豆腐	tau⁶ fu⁶	to⁵ fu⁶
付	非遇合三遇去	pju	fu⁵	付(一～扑克)	fu⁵	fu⁵
须	心遇合三虞平	sju	ty¹	胡子	wu² ty¹	
厨	澄遇合三虞平	ɖju	tsy²	厨房	tsy² fɔŋ²	
数	生遇合三麌上	ʂju	sɔ³	数（～东西）	sɔ³	sɔ³
主	章遇合三麌上	tɕju	tsy³	主人	tsy³ ka¹	mu⁶ tsø³
				做主	fɛ⁴ tsy³	fɛ⁴ tsø³
竖	禅遇合三麌上	ʑju	sy⁶	竖	sy⁶	sø⁶
蛀	章遇合三遇去	tɕju	tsy⁵	蛀	tsy⁵	tsy⁵
句	见遇合三遇去	kju	cy⁵	句(一～话)	cy⁵	kø⁵
代	定蟹开一代去	dǎi	tai⁶	代（两～人）	tai⁶	tai⁶
				后代（子孙）	tai⁶ lan²	tai⁶ lən²
				代（时～）	tai⁶	tai⁶
				后代（后世）	hau⁶ tai⁶	hau⁶ tai⁶
袋	定蟹开一代去	dǎi	tai⁶	袋(一～米)	tai⁶	tai⁶
				麻袋	ma² tai⁶	tai⁶ ŋan³
该	见蟹开一咍平	kǎi	kai¹	应该	ʔeŋ¹ kai¹	jiŋ¹ kai¹
开	溪蟹开一咍平	khǎi	khai¹	开（～门）	khai¹	khai¹
				张（～嘴）	khai¹	khai¹
				开荒	khai¹ hoŋ¹	khai¹ hoŋ¹
改	见蟹开一海上	kǎi	kai³	改（～正）	kai³	cɑːi³
海	晓蟹开一海上	xǎi	hai³	海	hai³	hai³
太	透蟹开一泰去	thɑi	thaːi⁵	太（～多了）	thaːi⁵	thaːi⁵
				太平	thaːi⁵ peŋ²	thaːi⁵ peŋ²
盖	见蟹开一泰去	kɑi	kai⁵	盖子	kai⁵	kai⁵
艾	疑蟹开一泰去	ŋai	ŋaːi⁶	艾草	ŋaːi⁶	ŋaːi⁶
簰	并蟹开二佳平	baɨ	paːi²	筏子	paːi²	paːi²
排	并蟹开二皆平	baɨ	paːi²	排(一～椅子)	paːi²	paːi²
拜	帮蟹开二怪去	pǎi	paːi⁵	访（～朋友）	paːi⁵	paːi⁵
				拜（～菩萨）	paːi⁵	paːi⁵
				拜堂	paːi⁵ tɔːŋ²	paːi⁵ taːŋ²
				拜年	paːi⁵ taːi⁶ njen²	paːi⁵ njen²
斋	庄蟹开一皆平	tʂǎi	tsaːi¹	打斋	fɛ⁴ tsaːi¹	fɛ⁴ tsaːi¹
挨	影蟹开二皆平	ʔǎi	ŋaːi²	挨	ŋaːi²	ŋaːi²
摆	帮蟹开二蟹上	paɨ	paːi³	摆动	paːi³	paːi³
寨	崇蟹开二夬去	ʐai	tsaːi⁶	村寨	maːŋ³ tsaːi⁶	tsaːi⁶
艺	疑蟹开三祭去	ŋjæi	ŋe⁶	手艺	sou³ ŋe⁶	sou³ n̠e⁶

迷	明蟹开四齐平	miei	me²	迷（～路）	me²	mi²
				昏迷	hon¹ me²	ŋwe²
谜	明蟹开四霁去	miei	me⁶	谜语	me⁶	mi⁵
底	端蟹开四荠上	tiei	te³	下面	nan¹ te³	mjen⁶ te³；te³ ka⁶
				鞋底	ha:i² te³	ça:i¹ te³
体	透蟹开四荠上	thiei	the³	身体	san¹ the³	hɣən¹ the³
弟	定蟹开四荠上	diei	te⁴	弟弟	te⁴	nuŋ⁴ te⁴
帝	端蟹开四霁去	tiei	te⁵	皇帝	joŋ² te⁵	wa:ŋ⁶ ti⁴
剃	透蟹开四霁去	thiei	the⁵	剃（～头）	the⁵	the⁵
礼	来蟹开四荠上	liei	le⁴	礼物	le⁴	le⁴
齐	从蟹开四齐平	dziei	te²	齐(人来～了)	te²	te²
				整齐	te²	te² tsəŋ³
砌	清蟹开四霁去	tshiei	the⁵	砌（～砖）	the⁵	the⁵
细	心蟹开四霁去	siei	te⁵	细（～小）	te⁵	te⁵
				细糠	te⁵ pwa⁶	
				耳语	wa⁶ te⁵	wa⁶ te⁵
				吝啬	te⁵ mɔ²	te⁵ mɔ²
				碎布	pu⁵ te⁵	ja¹ te⁵
赔	並蟹合一灰平	buǎI	poi²	赔（～钱）	poi²	poi²
				赔偿	poi²	poi²
媒	明蟹合一灰平	muǎI	moi²	做媒	fɛ⁴ moi²	fɛ⁴ moi²
				媒人	moi² jyn²	mu⁶ mwa:i²
每	明蟹合一贿上	muǎI	moi⁴	每（～天）	moi⁴	mwa:i⁴
背	並蟹合一队去	muǎI	poi⁶	背诵	poi⁶	poi⁶
堆	端蟹合一灰平	tuǎI	toi¹	堆(一～肥料)	toi¹	toi¹
推	透蟹合一灰平	thuǎI	thoi¹	推	thoi¹	thoi¹
对	端蟹合一队去	tuǎI	toi⁵	对(一～手镯)	toi⁵	hɣoi⁵
				对(说的～)	toi⁵	toi⁵
退	透蟹合一队去	thuǎI	thoi⁵	退	thoi⁵	thoi⁵
队	定蟹合一队去	duǎI	toi⁶	陪伴	fɛ⁴ toi⁶	fɛ⁴ toi⁶
累	来蟹合一队去	luǎI	loi⁶	累	loi⁶	loi⁶
块	溪蟹合一队去	khuǎI	khwa:i⁵	元	khwa:i⁵	khwa:i⁵
				块(一～肉)	khwa:i⁵	khwa:i⁵
灰	晓蟹合一灰平	xuǎI	hoi¹	灰（颜色）	hoi¹	
				石灰	hoi¹	hoi¹
回	匣蟹合一灰平	ɣuǎI	woi²	回(去两～)	woi²	
				回声	woi² jem¹	woi² jəm¹
				回门	woi² tɔ¹	woi² mən¹
悔	晓蟹合一贿上	xuǎI	hoi³	后悔	hoi³	hoi³
外	疑蟹合一泰去	ŋwɑi	ŋwa:i⁶	外祖父	ŋwa:i⁶ koŋ¹	ŋwa:i⁶ koŋ¹
乖	见蟹合二皆平	kǎi	kwa:i¹	乖	kwa:i¹	kwa:i¹

怪	见蟹合二怪去	kǎi	kwa:i⁵	妖怪	jeu¹ kwa:i⁵	jəu¹ kwa:i⁵
				奇怪	kwa:i⁵	ci² kwa:i⁵
挂	见蟹合二卦去	kai̯	kwa⁵	挂(～在墙上)	kwa⁵	kwa⁵
卦	见蟹合二卦去	kai̯	kwa⁵	卜卦	phok⁷ kwa⁵	puk⁷ kwa⁵
画	匣蟹合二卦去	ɣai̯	wa⁶	画(～图画)	wa⁶	hwa⁵
				画眉鸟	wa⁶ mi² nɔk⁸	nɔk⁸ wa⁶ mi²
话	匣蟹合二夬去	ɣwai̯	wa⁶	话	wa⁶	wa⁶
				耳语	wa⁶ te⁵	wa⁶ te⁵
肺	敷蟹合三废去	phjwɐi	fe⁵	肺	fe⁵	fe⁵
税	书蟹合三祭去	ɕjwæi	soi⁵	税	soi⁵	soi⁵
披	滂止开三支平	phjě	phi¹	披(～衣服)	phi¹	phi¹
脾	並止开三支平	bjě	pi²	脾气	pi² chi⁵	phi⁶ chi⁵
离	来止开三支平	ljě	li²	离(～家)	li²	li²
匙	禅止开三支平	ʑjě	si²	钥匙	twa³ si²	la:k⁸ si²
纸	章止开三纸上	tɕjě	tsi³	纸	tsi³	tsi³
				纸钱	tjen² tsi³	tjen² tsi³
只	章止开三纸上	tɕjě	tsi³	只	tsi³	tsi³
				只有	tsi³ mɛ²	tsi³ mɛ²
是	禅止开三纸上	ʑjě	si⁶	是(这～什么)	si⁶	si⁶
				但是	ta:n⁶ si⁶	ta:n⁶ si⁶
骑	群止开三支平	gjě	ci²	骑(～马)	ci²	ci²
寄	见止开三寘去	kjě	ci⁵	寄(～信)	ci⁵	ci⁵
				寄生树	ci⁵ sɛ:ŋ¹ mai⁴	mai⁴ ci⁵ sɛ:ŋ¹
移	以止开三支平	jě	i²	移植	i²	i²
易	以止开三寘去	jě	i⁶	容易	jɔŋ² i⁶	jɔŋ⁶ i⁶
眉	明止开三脂平	mji	mi²	画眉鸟	wa⁶ mi² nɔk⁸	nɔk⁸ wa⁶ mi²
比	帮止开三旨上	pji	pi³	比(～一～)	pi³	pi³
篦	並止开三至去	bji	pi⁶	篦子	pi⁶	pe⁶
地	定止开三至去	dji	ti⁶	平地	peŋ² ti⁶	peŋ² ti⁶
				本地	pan³ ti⁶	pən³ ti⁶
利	来止开三至去	lji	li⁶	利息	li⁶ sek⁷	tjen² li⁶；li⁶
糍	从止开三脂平	dzji	ti²	糍粑	ti²	ti²
四	心止开三至去	sji	ti⁵	四	ti⁵	ti⁵
				无名指	nja² la:k⁸ ti⁶ ti⁵	nja² la:k⁸ ti⁵
迟	澄止开三脂平	ɖji	tsi²	迟(来～了)	tsi²	tsi²
				深(夜～)	tsi²	tsi²
				晚稻	tsi² kɔk⁷	hu³ tsi²
尸	书止开三脂平	ɕji	si¹	尸体	si¹	si¹；si¹ ha:i²
二	日止开三至去	ȵji	ȵi⁶	二	ȵi⁶	ȵi⁶
				食指	nja² la:k⁸ ti⁶ ȵi⁶	nja² la:k⁸ ni⁶
里	来止开三止上	li̯	li⁴	里	li⁴	li⁴
丝	心止开三之平	si̯	ti¹	丝线	ti¹ twa:n⁶	pɣən⁶ ti¹
子	精止开三止上	tsi̯	ti⁵（调！）	狮子	çi¹ ti⁵	su⁵ tu³

巳	邪止开三止上	zɨ	ti⁴	巳	ti⁴	ti⁴
字	从止开三志去	dzɨ	ti⁶	字	ti⁶	ti⁶ le²
				八字	pa:k⁷ ti⁶	pa:k⁷ ti⁶
时	禅止开三之平	zɨ	si²	平时	peŋ² si²	peŋ² si²
				时候	si² hau⁶	si² hau⁵
试	书止开三志去	ɕɨ	si⁵	试（~一试）	si⁵	si⁵
棋	群止开三之平	gɨ	ci²	棋	ci²	ci²
旗	群止开三之平	gɨ	ci²	旗子	ci²	ci²
起	溪止开三止上	khɨ	chi³	一起	na:u³ chi³	na:u³ chi³
				引火	chi³ pi¹	chi³ fi¹
记	见止开三志去	kɨ	ci⁵	记（皮肤上的青紫瘢）	ci⁵	ho⁶ ci⁵
				记号	ci⁶ hɔ⁶	hɔ⁶ ci⁵
				记性	chi⁵ teŋ⁵	ci⁵ teŋ⁵
喜	晓止开三止上	hɨ	hi³	喜欢	hi³ hon¹	hi³ hon¹
医	影止开三之平	ʔɨ	i¹	医治	i¹	i¹ peŋ⁶
				医生	i¹ ti¹	i¹ sɛŋ¹
以	以止开三止上	jɨ	i³	以后	i³ hau⁶	i³ hau⁵
意	影止开三志去	ʔɨ	i⁵	生意	sɛŋ¹ i⁵	sɛŋ⁵ i⁵
				满意	mon⁴ i⁵	myən⁴ i⁵
几	见止开三尾上	kjěi	ci³	几（~个）	ci³	ci³
气	溪止开三未去	khjěi	chi⁵	气（~坏了）	chi⁵	chi⁵
				脾气	pi² chi⁵	phi⁶ chi⁵
				叹气	tha:n⁵ chi⁵	tha:n⁵ chi⁵
				客气	khɛ:k⁷ chi⁵	khɛ:k⁷ chi⁵
汽	溪止开三未去	khjěi	chi⁵	汽	chi⁵	chi⁵
依	影止开三微平	ʔjěi	i¹	依（~他说）	i¹	i¹
吹	昌止合三支平	tɕhjwě	tshui¹	吹（风~）	tshui¹	tshui¹
				吹口哨	tshui¹ sa:u⁵ tsi³	tshui¹ sa:u⁵
亏	溪止合三支平	khjwě	khui¹	吃亏	tsjan¹ khui¹	tsa:n¹ khui¹
为	云止合三寘去	jwě	wui⁶	为什么	wui⁶ si² ma:ŋ²	wui⁶ ə⁵ ma:ŋ²
锤	澄止合三脂平	ɖjwi	tsui²	锤子	tsui²	tsui²
锥	章止合三脂平	tɕjwi	tsui⁵(调!)	锥子	tsui⁵ 调!	tsui¹
癸	见止合三旨上	kjwi	kui⁴	癸	kui⁴	kui⁴
围	云止合三微平	jwěi	wui²	包围	pa:u¹ wui²	pa:u¹ wui²
				围裙	wui² cyn²	wui² kwən²
毛	明效开一豪平	mɑu	mɔ²	吝啬	te⁵ mɔ²	te⁵ mɔ²
帽	明效开一号去	mɑu	mɔ⁶	帽子	mɔ⁶	mɔ⁶
				斗笠	pan¹ mɔ⁶	mɔ⁶ cyŋ¹
桃	定效开一豪平	dɑu	tɔ²	棉桃	mjen² tɔ²	mjen² twa²
道	定效开一皓上	dɑu	tɔ⁶(调!)	道士	tɔ⁶ koŋ¹	
				道理	tɔ⁶ li⁴	tɔ⁶ li⁴
倒	端效开一号去	tɑu	thɔ³	倒（~水）	thɔ³	thɔ³

套	透效开一号去	thau	thɔ⁵	套（～上一件衣服）	thɔ⁵		thɔ⁵
牢	来效开一豪平	lau	lɔ²	监狱	lɔ²		lɔ²
老	来效开一皓上	lau	lo⁴	老（人～）	lo⁴		lo⁴
				老翁	kɔŋ¹ lo⁴		kə⁶ la:u⁴ kɔŋ¹
槽	从效开一豪平	dzau	tu²	木槽	tu² tjɔ:ŋ¹		pən⁶ mai⁴ tɔ²
嫂	心效开一皓上	sau	tɔ³	嫂子	tɔ³		
				弟媳	tɔ³ nuŋ⁴		
扫	心效开一号去	sau	tɔ⁵	扫（～地）	tɔ⁵		
				扫帚	tɔ⁵ kwa:n³		
灶	精效开一号去	tsau	tɔ⁵	灶	tɔ⁵		tɔ⁵
糙	清效开一皓上	tshau	thɔ⁵	粗糙	thɔ⁵		thɔ⁵
篙	见效开一豪平	kau	kɔ¹	船篙	søn² kɔ¹		tsɔk⁷ kɔ¹
熬	疑效开一豪平	ŋau	ŋɔ²	熬（～酒）	ŋɔ²		ŋɔ²
考	溪效开一皓上	khau	khɔ³	考（～试）	khɔ³		khɔ³
告	见效开一号去	kau	kɔ⁵	告状	kɔ⁵ tswa:ŋ⁶		kɔ⁵ sa:ŋ⁶
靠	溪效开一号去	khau	khɔ⁵	靠（人～在椅上）	khɔ⁵		
				靠（～他吃饭）	khɔ⁵		khɔ⁵
好	晓效开一号去	hau	hɔ⁵	馋	hɔ⁵ tsjan¹		hɔ⁵ tsa:n¹
包	帮效开二肴平	pau	pa:u¹	包（～粽子）	pa:u¹		pa:u¹
				包袱	pa:u¹ fɔk⁸		pa:u¹ fɔk⁸
				包围	pa:u¹ wi²		pa:u¹ woi²
刨	并效开二肴平	bau	pa:u²	刨子	pa:u²		pa:u²
				刨	pa:u²		pa:u²
				刨花	pa:u² hwa¹		pa:u² hwa¹
卯	明效开二巧上	mau	ma:u⁴	卯	ma:u⁴		ma:u⁴
炮	滂效开二效去	phau	pha:u⁵	炮	pha:u⁵		
				爆竹	pha:u⁵		tsi³ pha:u⁵
罩	知效开二效去	ʈau	tsa:u⁵	灯罩	taŋ¹ tsa:u⁵		taŋ¹ tsa:u⁵
爪	庄效开二巧上	tʂau	tsa:u³	爪	tsa:u³		tsa:u³
敲	溪效开二肴平	khau	kha:u¹	敲（～门、锣）	kha:u¹		kha:u¹
				打（～鼓）	kha:u¹		kha:u¹
飘	滂效开三宵平	phjæu	phjeu¹	潲（雨～进屋来）	phjeu¹		phjeu¹
椒	精效开三宵平	tsjæu	tjeu¹	胡椒	wu² tjeu¹		u² tjeu¹
				花椒	hwa¹ tjeu¹		hwa¹ tjeu¹
硝	心效开三宵平	sjæu	tjeu¹	硝	tjeu¹		tjeu¹
招	章效开三宵平	tɕjæu	tsjeu¹	招（～手）	tsjeu¹		
				招魂	tsjeu¹ wun²		tsjeu¹ wən²
少	生效开三小上	ʂjæu	sjeu³	减少	ca:m³ sjeu³		ka:n³ sjeu³
照	章效开三笑去	tɕjæu	tsjeu⁵	照（～镜子）	tsjeu⁵		tsjeu⁵
桥	群效开三宵平	gjæu	ceu²	桥	ceu²		ceu²
				鼻梁	naŋ¹ ceu²		kɔ⁵ naŋ¹ ceu²
轿	群效开三笑去	gjæu	ceu⁶	轿子	ceu⁶		ceu⁶

腰	影效开三宵平	ʔjæu	ʔjeu¹	肾		ʔjeu¹ tsi³	ʔat⁷ ʔjeu¹
				伸懒腰		tshan¹ jeu¹	tshiŋ¹ ʔjeu¹
窑	以效开三宵平	jæu	jeu²	窑		jeu²	jeu²
鹞	以效开三笑去	jæu	jeu⁶	老鹰		jeu⁶	jeu⁶
				鹞		jeu⁶ ʔeŋ¹	jeu⁶ pu²
挑	透效开四萧平	thieu	thjeu¹	剔(～牙)		thjeu¹	thjeu¹
条	定效开四萧平	ieu	tjeu²	根(一～秧子)		tjeu²	tjeu²
				条(一～鱼)		tjeu²	
钓	端效开四啸去	tieu	tjeu⁵	钓(～鱼)		tjeu⁵ mam⁴	tjeu⁵
吊	端效开四啸去	tieu	tjeu⁵	吊(～包谷)		tjeu⁵	tjeu⁵
				垂(树枝～下来)		tjeu⁵	tjeu⁵
跳	透效开四啸去	thieu	thjeu⁵	跳		thjeu⁵	thjeu⁵
				跳舞		thjeu⁵ u⁴	thjeu⁵ u⁴
聊	来效开四萧平	lieu	ljeu²	谈天		ljeu² thjen¹	ljeu² thjen¹
了	来效开四筱上	lieu	ljeu⁴	完(做～了)		ljeu⁴	ljeu⁴
				了事		ljeu⁴ ti⁶	ljeu⁴ ti⁶
亩	明流开一厚上	mə̆u	mau⁴	亩		mau⁴	məu³
斗	端流开一厚上	tə̆u	tau³	斗		tau³	tau³
				翻筋斗		fa:n¹ kin¹ tau³	fan¹ kin¹ təu³
				墨斗		mak⁸ tau³	mak⁸ tau³
豆	定流开一候去	ə̆u	tau⁶	豆子		tau⁶	tau⁶
				水痘		nam⁴ tau⁶	
				出天花		uk⁷ tau⁶	uk⁷ tau⁶
				黄豆		tau⁶ ŋa:n³	tau⁶ ŋa:n³
逗	定流开一候去	də̆u	tau¹	带逗(～孩子玩)		tau¹(调!)	tau¹(调!)
楼	来流开一侯平	lə̆u	lau²	楼		lau²	lau²
				楼板		lau² pja:n³	pjen³ lau²
漏	来流开一候去	lə̆u	lau⁶	漏(～水)		lau⁶	lau⁶
钩	见流开一侯平	kə̆u	kau¹	钩子		kau¹	kau¹
				钩(用钩子～住)		kau¹	kau¹
				鱼钩		mam⁴ kau¹	tjeu⁵ kau¹
抠	溪流开一侯平	khə̆u	khau¹	抠(用手指挖)		khau¹	khau¹
藕	疑流开一厚上	ŋə̆u	ŋau⁴	藕		ŋau⁴	ŋau⁴
够	见流开一候去	kə̆u	kau⁵	够		kau⁵	kau⁵
扣	溪流开一候去	khə̆u	khau⁵	扣子		khau⁵	khau⁵
				扣(～～子)		khau⁵	khau⁵
				扣(～钱)		khau⁵	khau⁵
后	匣流开一厚上	ɣə̆u	hau⁶	后代		hau⁶ tai⁶	hau⁶ tai⁶
				以后		i³ hau⁶	i³ hau⁶
候	匣流开一候去	ɣə̆u	hau⁶	时候		si² hau⁶	si² hau⁶
留	来流开三尤平	ljəu	lau²	留(～客)		lau² khɛ:k⁷	
				留心		lau² tam¹	lou² təm¹
硫	来流开三尤平	ljəu	lau²	硫磺		lau² woŋ²	liu² hoŋ²

就	从流开三宥去	dzjəu	tau⁶	就(我~来)	tau⁶	tu⁶	
抽	彻流开三尤平	ʈhjəu	tshau¹	抽筋	tshau¹ cin¹	tshou¹ kin¹	
绸	澄流开三尤平	ɖjəu	tsau²	绸子	tsau²	ja¹ tsou²	
丑	昌流开三有上	jəu	tshau³	丑	tshau³	tshou³	
手	书流开三有上	ɕjəu	sau³	手艺	sau³ ŋe⁶	sou³ n̠ɛ⁶	
守	书流开三有上	ɕjəu	sau³	守卫	sau³ wui⁶	sou³ kha³	
咒	章流开三宥去	tɕjəu	tsau⁵	咒骂	tsau⁵	tsou⁵	
球	群流开三尤平	gjəu	ceu²	球	ceu²	cəu²	
九	见流开三有上	kjəu	ceu³	九	ceu³	cəu³	
救	见流开三宥去	kjəu	ceu⁵	救(~人)	ceu⁵		
由	以流开三尤平	jəu	jeu²	由	jeu²	jəu²	
油	以流开三尤平	jəu	jeu²	油	jeu²	jəu²	
				猪油	mu⁵ jeu²	jəu² mu⁵	
				漆(用~~桌子)	jeu²	jəu²	
游	以流开三尤平	jəu	jeu²	游(鱼儿~来~去)	jeu²	jəu²	
酉	以流开三有上	jəu	jeu⁴	酉	jeu⁴	jəu⁴	
又	云流开三宥去	jəu	jeu⁶	又(~来了)	jeu⁶	jəu⁶	
贪	透咸开一覃平	thăm	tha:m¹	贪心	tha:m¹ sam¹	tha:m¹ tu²	
答	端咸开一合入	tăp	ta:p⁷	答	ta:p⁷	ta:p⁷	
				答应(允诺)	ta:p⁷ ʔeŋ⁵	ta:p⁷ ʔeŋ⁵	
搭	端咸开一合入	tăp	ta:p⁷	搭(~车)	ta:p⁷	ta:p⁷	
				搭(~棚)	ta:p⁷	ta:p⁷	
南	泥咸开一覃平	năm	na:m²	南	na:m²	na:m²	
含	匣咸开一覃平	ɣăm	ha:m²	含	ha:m²	ha:m²	
胆	端咸开一敢上	tɑm	ta:m³	胆	ta:m³		
				胆量	ta:m³ lja:ŋ⁶	ta:m³ lja:ŋ⁶	
毯	透咸开一敢上	ˈthɑm	tha:m³	毯子	tha:m³	tha:m³	
淡	定咸开一敢上	dɑm	ta:m⁶	淡(酒~)	ta:m⁶	ta:n⁶	
腊	来咸开一盍入	lɑp	la:p⁸	腊(~肉)	la:p⁸	la:p⁸	
				腊肉	la:p⁸ na:n⁴	sik⁸ la:p⁸	
蜡	来咸开一盍入	lɑp	la:p⁸	黄蜡	n̠a:n³ la:p⁸	la:p⁸	
				蜡烛	la:p⁸ tsɔk⁷	la:p⁸ tsɔk⁷	
三	心咸开一谈平	sam	ta:m¹	三	ta:m¹	ta:m¹	
插	初咸开二洽入	tʂhăp	tsha:p⁷	插(~秧)	tsha:p⁷		
押	影咸开二狎入	ʔap	ʔa:p⁷	抵押	te³ ʔa:p⁷	ʔa:p⁷	
压	影咸开二狎入	ʔap	ʔa:p⁷	压	ʔa:p⁷	ʔa:p⁷	
镰	来咸开三盐平	ljæm	ljem⁴	镰刀	ljem⁴	ljem⁴	
猎	来咸开三叶入	ljæp	ljep⁸	猎人	ljep⁸ na:n⁴ jyn²	mu⁶ lik⁸ na:n⁴	
接	精咸开三叶入	tsjæp	tjep⁷	接(~住抛来的东西)	tjep⁷	tjep⁷	
				接生	tjep⁷ sɛ:ŋ¹	tjep⁷ sɛ:ŋ¹	

染	日咸开三琰上	ɳjæm	ɳem⁴	染(～衣服)	ɳem⁴	ja:m³
				传染	tsøn² ɳem⁴	
钳	群咸开三盐平	gjæm	cem²	钳子	cem²	ŋap⁷ cem²
淹	影咸开三盐平	ʔjæm	ʔjem⁵	淹(水～)	ʔjem⁵(调!)	ʔjem⁵(调!)
				淹死	ʔjem⁵ tai²	ʔjem⁵ tai²
阉	影咸开三盐平	ʔjæm	ʔjem¹	阉(～公鸡)	ʔjem¹	ʔjem¹
檐	以咸开三盐平	jæm	jem²	屋檐	ŋwa⁴ jem²	ŋwa⁴ jem²
欠	溪咸开三酽去	khjæm	chem⁵	欠	chem⁵	chem⁵
添	透咸开四添平	thiem	thjem¹	添(～饭)	thjem¹	thjem¹
点	端咸开四忝上	tiem	tjem³	点(～灯)	tjem³	tjem³
				点儿(白～)	tjem³	tjem³
				点钟(一～)	tjem³ tsɔŋ¹	tjem³ tsɔŋ¹
				点(～火)	tjem³	tjem³
簟	定咸开四忝上	diem	tjem⁶	席子	tjem⁶	
叠	定咸开四帖入	djep	tjep⁸	叠(～被子)	tjep⁸	
				叠(一～人民币)	tjep⁸	tjep⁸
碟	定咸开四帖入	djep	tjep⁸	碟子	tjep⁸	tjep⁸
念	泥咸开四㮇去	niem	njem⁶	念经	njem⁶ keŋ¹	njem⁶ ceŋ¹
淋	来深开三侵平	ljəm	lam²	淋(雨～)	lam²	ləm²
				浇(～菜)	lam²	ləm²
心	心深开三侵平	sjəm	tam¹	心	tam¹	təm¹
				直爽	tam¹ lɔ³	təm¹ lɔ³
				小心	niŋ⁵ tam¹	tjeu³ təm¹
				心毒	tam¹ tɔk⁸	təm¹ tɔk⁸
				粗心	thɔ¹ tam¹	
沉	澄深开三侵平	ɖjəm	tsam²	沉(～到水底)	tsam²	tsəm²
				沉淀	tsam²	tsəm²
针	章深开三侵平	tɕjəm	tsam¹	针	tsam¹	tshəm¹
婶	书深开三寑上	ɕjəm	sam³	叔母	sam³	səm³
金	见深开三侵平	kjəm	cam¹	金子	cam¹ tsi³	cəm¹
浸	精深开三沁去	tsjəm	tam⁵	浸(～种子)	tam⁵	təm⁵
				泡水	tam⁵ nam⁴	təm⁵ nəm⁴
渗	生深开三侵上	sjəm	tsha:m⁵	渗透	tsha:m⁵	tham⁵
十	禅深开三缉入	zjəp	sap⁸	十	sap⁸	səp⁸
拾	禅深开三缉入	zjəp	tsap⁷	拾(～起)	tsap⁷	tsəp⁷
			sap⁸	收拾	su¹ sap⁸	su¹ səp⁸
单	端山开一寒平	tɑn	ta:n¹	单(不成双)	ta:n¹	ta:n¹
				单衣	ta:n¹ kuk⁷	kuk⁷ ta:n¹
				药方	ta² ta:n¹	kɣa² ta:n¹
滩	透山开一寒平	thɑn	tha:n¹	沙滩	sa¹ tha:n¹	sa¹ tha:n¹
摊	透山开一寒平	thɑn	tha:n¹	摊(～开)	tha:n¹	tha:n¹
难	泥山开一寒平	nɑn	na:n²	难	na:n²	na:n²
拦	来山开一寒平	lɑn	la:n²	拦(～住他)	la:n²	la:n²

懒	来山开一旱上	lɑn	la:n⁴	懒	la:n⁴	la:n⁴
散	心山开一翰去	sɑn	ta:n⁵	散	ta:n⁵	ta:n⁵
				散(圩~了)	ta:n⁵	ta:n³
伞	心山开一旱上	sɑn	ta:n⁵	伞	ta:n⁵	ta:n⁵
竿	见山开一寒平	kɑn	ka:n¹	竹竿	pan¹ ka:n¹	ka:n¹
杆	见山开一旱上	kɑn	ka:n¹	秤杆	tshɛŋ⁵ ka:n¹	tshiŋ⁵ ka:n¹
炭	透山开一翰去	thɑn	tha:n⁵	炭	tha:n⁵	tha:n⁵
叹	透山开一翰去	thɑn	tha:n⁵	叹气	tha:n⁵ chi⁵	tha:n⁵ chi⁵
但	定山开一翰去	dɑn	ta:n⁶	但是	ta:n⁶ si⁶	ta:n⁶ si⁶
烂	来山开一翰去	lɑn	la:n⁶	烂	la:n⁶	la:n⁶
割	见山开一曷入	kɑt	kat⁷	割(~稻)	kat⁷	kat⁷
八	帮山开二黠入	pat	pa:t⁷	八	pa:t⁷	pa:t⁷
				八字	pa:k⁷ ti⁶	pa:k⁷ ti⁶
抹	明山开二黠入	mat	ma:t⁸	擦(~桌子)	ma:t⁸	ma:t⁸
				抹(~石灰)	ma:t⁸	ma:t⁸
盏	庄山开二产上	tʂǎn	tsa:n³	盏(一~灯)	tsa:n³	tsa:n³
铲	初山开二产上	tʂhǎn	tsha:n³	铲(~锅巴)	tsha:n³	tsha:n³
				锅铲	tsha:n³	tsha:n³
班	帮山开二删平	pan	pa:n¹	长辈	pa:n¹ kun⁵	pa:n¹ kun⁵
				晚辈	pa:n¹ lən²	pa:n¹ lən²
扳	帮山开二删平	pan	pa:n³	扳(~树枝)	pa:n³	pa:n¹
蛮	明山开二删平	man	ma:n²	野蛮	ma:n²	ma:n²
慢	明山开二谏去	man	ma:n⁶	慢(走得~)	ma:n⁶	ma:n⁶
雁	疑山开二谏去	ŋan	ŋa:n⁶	雁	man¹ ŋa:n⁶	ŋa:n⁶ mən¹
				鹅	ŋa:n⁶	ŋa:n⁶
鞭	帮山开三仙平	pjæn	pjen¹	鞭子	pjen¹	ma⁴ pjen¹
偏	滂山开三仙平	phjæn	phjen¹	偏偏	phjen¹ phjen¹	phjen¹
棉	明山开三仙平	mjæn	mjen²	棉衣	mjen² kuk⁷	kuk⁷ mjen²
连	来山开三仙平	ljæn	ljen²	连(树枝断了,树皮还连着)	ljen²	
				连(~饭也不吃)	ljen²	ljen²
煎	精山开三仙平	tsjæn	tjen¹	煎(~鱼)	tjen¹	tjen¹
钱	从山开三仙平	dzjæn	tjen²	钱	tjen²	tjen²
				纸钱	tjen² tsi³	tjen² tsi³
剪	精山开三獮上	tsjæn	tjen³	剪	tjen³	tjen³
扇	书山开三仙平	ɕjæn	sjen⁵	扇(~风)	sjen⁵(调!)	sjen¹
				掴(用手掌打)	sjen⁵	
件	群山开三獮上	gjæn	cen⁴	件(一~事)	cen⁴	cen⁴
变	帮山开三线去	pjæn	pjen⁵	变(蛹~蛾)	pjen⁵	pjen⁵
面	明山开三线去	mjæn	mjen⁶	面(一~旗)	mjen⁶	mjen⁶
				鞋帮	ha:i² mjen⁶	ça:i¹ mjen⁶
鳖	帮山开三薛入	pjæt	pjet⁷	鳖	pjet⁷	pjet⁷
箭	精山开三线去	tsjæn	tjen⁵	箭	tjen⁵	tjen⁵

线	心山开三线去	sjæn	tjen⁵	铁线	khat⁷ tjen⁵	tjet⁷ tjen⁵
扇	书山开三线去	ɕjæn	sjen⁵	扇子	sjen⁵	sjen⁵
热	日山开三薛入	ȵjæt	ȵet⁸	热（天气~）	ȵet⁸	ȵet⁸
歇	晓山开三月入	hjɐt	çet⁷	早饭	çet⁷ ta⁵ fan¹	çet⁷ tjem⁵（旅店）
边	帮山开四先平	pien	pjen¹	花边	hwa¹ pjen¹	hwa¹ pjen¹
扁	帮山开四铣上	pien	pjen³	扁	pjen³	pjen³
片	滂山开四霰去	phien	phjen⁵	片（一~田）	phjen⁵	phjen⁵
面	明山开四霰去	mien	mjen⁶	面粉	mjen⁶ fan³	hwəi¹ mjen⁶
颠	端山开四先平	tien	tjen¹	疯子	tjen¹ tsi³	mu⁶ tjen¹
天	透山开四先平	thien	thjen¹	谈天	ljeu² thjen¹	ljeu² thin¹
填	定山开四先平	dien	tjen²	填（~坑）	tjen²	tjen²
年	泥山开四先平	nien	njen²	年	njen²	njen²
				情人	toŋ² njen²	toŋ² njen²
怜	来山开四先平	lien	ljen²	可怜	khɔ³ ljen²	khɔ³ ljen²
炼	来山开四霰去	lien	ljen⁶	炼（~铁）	ljen⁶	ljen⁶
楝	来山开四霰去	lien	ljen⁶	苦楝树	khu³ ljen⁶ mai⁴	mai⁴ khu³ ljen⁶
千	清山开四先平	tshien	thjen¹	千	thjen¹	thjen¹
节	精山开四屑入	tsiet	tjet⁷	过节	ta⁶ tjet⁷	ta⁶ tjet⁷
牵	溪山开四先平	khien	chen¹	牵（~牛）	chen¹	chen¹
结	见山开四屑入	kiet	cet⁷	结果	cet⁷ kwa³	cet⁷ ʔat⁷
				结冰	cet⁷ peŋ¹；cet⁷ nui¹	cet⁷ nui¹
				结网	cet⁷ moŋ⁴	cet⁷ mɣɔŋ⁴
燕	影山开四霰去	ʔien	in⁵	燕子	in⁵ tsi³ nɔk⁸	nɔk⁸ in⁵
搬	帮山合一桓平	puan	pon¹	搬（~椅子）	pon¹	pon¹
盘	並山合一桓平	buan	pon²	盘子	pon²	pon²
				算盘	ton⁵ pon²	ton⁵ pon²
瞒	明山合一桓平	muan	mon²	瞒	mon²	mon²
满	明山合一缓上	muan	mon⁴	满意	mon⁴ i⁵	mən⁴ i⁵
管	见山合一缓上	kuan	kon³	管（自己~自己的事）	kon³	kon³
欢	晓山合一桓平	huan	hon¹	喜欢	hi³ hon¹	hi³ hon¹
碗	影山合一缓上	ʔuan	won³	碗	won³	won³
钵	帮山合一末入	puat	pot⁷	钵	pot⁷	pot⁷
泼	滂山合一末入	phuat	phot⁷	泼（~水）	phot⁷	phət⁷
段	定山合一换去	duan	ton⁶	段（一~路）	ton⁶	tun⁶
缎	定山合一换去	duan	ton⁶	缎子	ton⁶	ja¹ ton⁶
脱	透山合一末入	thuat	thot⁷	脱（~衣服）	thot⁷	thot⁷
				脱（锄头把~了）	thot⁷	thot⁷
				蜕皮	thot⁷ ka²	thot⁷ ŋɣa²
夺	定山合一末入	duat	tot⁸	争夺	tseŋ¹ tot⁸	tot⁸
乱	来山合一换去	luan	lon⁶	乱（东西~）	lon⁶	lun⁶
				瞎摸	lon⁶ mwa³	

算	心山合一换去	suɑn	ton⁵	算（计～）	ton⁵	ton⁵
				算命	ton⁵ mɛːŋ⁶	ton⁵ mɛːŋ⁶
				算盘	ton⁵ pon²	ton⁵ pon²
撮	清山合一末入	tshuɑt	thot⁷	撮（用簸箕～土）	thot⁷	thot⁷
灌	见山合一换去	kuɑn	kon⁵	灌（～小孩儿吃药）	kon⁵	kon⁵
还	匣山合二删平	ɣwɑn	waːn²	还（～钱）	waːn²	waːn²
弯	影山合二删平	ʔwɑn	wan³（调！）	拐弯儿	tsøn⁵ wan³	tsøn⁴ wan³
				弯（扁担～了）	waːn³	waːn¹
选	心山合三獮上	sjwæn	tøn³	选（～种）	tøn³	tøn³
传	澄山合三仙平	ɖjwæn	tsøn²	传说（名词）	tsøn²	tsøn²
转	知山合三线去	ʈjwæn	tsøn⁵	转动	tsøn⁵	tsøn⁵
				旋转	syn² tsøn⁵	tsøn⁵
砖	章山合三仙平	tɕjwæn	tsøn¹	砖	tsøn¹	tsøn¹
穿	昌山合三仙平	tɕhjwæn	tshøn⁵	穿（～针）	tshøn⁵（调！）	tshøn⁵
船	船山合三仙平	dʑjwæn	søn²	船	søn²	søn²
				船篷	søn² pɔŋ²	søn² pɔŋ²
说	书山合三薛入	ɕjwæt	søt⁷	说	søt⁷	søt⁷
圈	溪山合三仙平	khjwæn	khøn¹	圈（一～绳子）	khøn¹	khɣon³
				颈圈	lan³ khøn¹	
				锅圈	kwa¹ khøn¹；kwa¹ khøk¹	kon⁵ khøk⁷
拳	群山合三仙平	gjwæn	køn²	拳	køn²	køn²
卷	见山合三獮上	kjwæn	køn³	卷（～衣袖）	køn³	kɣon³
翻	敷山合三元平	phjwɐn	faːn¹	翻（～猪肠）	faːn¹	faːn¹
				翻身	faːn¹ san¹	fan³ hɣən¹
烦	奉山合三元平	bjwɐn	faːn²	闷	faːn²	faːn²
				麻烦	ma² faːn²	ma⁶ faːn²
反	非山合三阮上	pjwɐn	faːn³	反（衣服穿～了）	faːn³	faːn³
万	微山合三愿去	mjwɐn	waːn⁶	万	waːn⁶	waːn⁶；hwaːn⁶
发	非山合三月入	pjwɐt	faːt⁷	发（～工资）	faːt⁷	faːt⁷
				发芽	faːt⁷ ŋa²	faːt⁷ ŋa²
				发抖	faːt⁷ taːu³	
				发烧	faːt⁷ laːi⁵	faːt⁷ tun¹
				发冷	fat⁷ ȵit⁷	faːt⁷ ȵit⁷
				发霉	faːt⁷ moi²	faːt⁷ moi²
				发疯	faːt⁷ tjen¹	faːt⁷ tjen¹
罚	奉山合三月入	bjwɐt	faːt⁸	罚（～款）	faːt⁸	faːt⁸
袜	微山合三月入	mjwɐt	maːt⁸	袜子	maːt⁸	maːt⁸
劝	溪山合三愿去	khjwɐn	khøn⁵	劝	khøn⁵	khøn⁵
愿	疑山合三愿去	ŋjwɐn	ȵøn⁶	愿意	ȵøn⁶	jøn⁶
月	疑山合三月入	ŋjwɐt	ȵøt⁸	月	ȵøt⁸	ȵøt⁸
缺	溪山合四屑入	khiwet	chøt⁷	缺（刀～口）	chøt⁷	chøt⁷

汉字	中古音			词		
吞	透臻开一痕平	thən	than¹	吞	than¹	than¹
				咽	than¹	
恩	影臻开一痕平	ʔən	ʔan¹	恩人	ʔan¹ jyn²	ʔan¹ çən¹
笔	帮臻开三质入	pjět	pat⁷	笔	pat⁷	pət⁷
辛	心臻开三真平	sjěn	tan¹	辛苦	tan¹ khu³	tən⁵ khu³
新	心臻开三真平	sjěn	tan¹	新鲜	tan¹ tjen¹	tən¹ tjen¹
亲	清臻开三真平	tshjěn	than¹	亲家	than¹ ka¹	thən¹ ca¹
				亲戚	than¹ thek⁷	thən¹ tik⁷
信	心臻开三震去	sjěn	tan⁵	信	tan⁵	tən⁵
				相信	sja:ŋ¹ tan⁵	tən⁵
七	清臻开三质入	tshjět	that⁷	七	that⁷	thət⁷
趁	彻臻开三震去	ṭhjěn	tshan⁵	趁(~热吃)	tshan⁵	tshən³
阵	澄臻开三震去	ḍjěn	tsan⁶	阵(一~雨)	tsan⁶	
				一会儿	na:u³ tsan⁶	nə⁵ tsan⁶ (niŋ⁵)
真	章臻开三真平	tɕjěn	tsan¹	真	tsan¹	tsən¹
神	船臻开三真平	dʑjěn	san²	神	san²	sən²
身	生臻开三真平	ʂjěn	san¹	身体	san¹ the³	hɣən¹ the³
				单身汉	ta:n¹ san¹ hwa:n⁶	tan¹ sən¹ / tək⁸ hɣən¹
				翻身	fa:n¹ san¹	fan³ hɣən¹
申	书臻开三真平	ɕjěn	san¹	申	san¹	sən¹
辰	禅臻开三真平	ʑjěn	san²	辰	san²	sən²
实	船臻开三质入	dʑjět	sat⁸	确实	khɔ¹ sat⁸	si⁶ sət⁷
				结实(门窗~)	cet⁷ sat⁸	tsap⁷ sət⁸
失	书臻开三质入	ɕjět	sjet⁷	遗失	sjet⁷	sjet⁷
仁	日臻开三真平	ȵjěn	ȵan²	瞳仁	ta¹ ȵan²	la¹ ȵən² tsø¹
银	疑臻开三真平	ŋjěn	ȵan²	水银	sai³ ȵan²	sui³ ȵan²
				银子	ȵan² tsi³	ȵan²
				银匠	ȵan² tja:ŋ⁶	tja:ŋ⁶ ȵan²
引	以臻开三轸上	jěn	jen³	带(~路)	jen³	çən³
一	影臻开三质入	ʔjět	ʔjet⁷	一	ʔjet⁷	ʔjət⁷
斤	见臻开三殷平	kjən	can¹	斤	can¹	can¹
				半斤	pja:ŋ⁶ can¹	pon⁵ can¹
勤	群臻开三殷平	gjən	can²	勤	can²	can²
盆	並臻合一魂平	buən	pan²	盆子	pan²	pən²
				木盆	mai⁴ pan²	pən² mai⁴
				脸盆	pan² na³	pən² na³
				火盆	pi¹ pan²	fi¹ pən²
门	明臻合一魂平	muən	pan³	门坎	man² kha:n³	
				衙门	ʔap⁷ man²	ja⁶ mən²
本	帮臻合一混上	puən	pan³	种子	pan³	pən³
				本(一~书)	pan³	pən³
				本地(~人)	pan³ ti⁶	pən³ ti⁶

笨	並臻合一混上	buən	pan⁶	愚蠢	pan⁶		pən⁶
顿	端臻合一恩去	tuən	tan⁵	顿(打一~)	tan⁵		tən⁵
寸	清臻合一恩去	tshuən	than⁵	寸	than⁵		thən⁵
昏	晓臻合一魂平	huən	hon¹	昏(头~了)	hon¹		hon¹
婚	晓臻合一魂平	huən	hon¹	结婚	cet⁷ hon¹		cet⁷ hon¹
魂	匣臻合一魂平	ɣuən	wun²	招魂	tsiu¹ wun²		tsiu¹ wən²
瘟	影臻合一魂平	ʔuən	wun¹	瘟疫	wun¹		wən¹
				瘟死	wun¹ tai¹		wən¹ tai¹
轮	来臻合三谆平	ljuěn	lan²	轮子	lan²		(tshja¹)lən²
春	昌臻合三谆平	tɕhjuěn	tshan¹	春	tshan¹		tshən¹
准	章臻合三準上	tɕjuěn	tsan³	准许	tsan³		tsən³
准	章臻合三準上	tɕjuěn	tsan³	瞄准	mjeu² tsan³		mjeu² tsən³
蠢	昌臻合三準上	tɕhjuěn	tshan³	愚蠢	tshan³		tshən³
顺	船臻合三稕去	dʑjuěn	san⁶	顺(~路)	san⁶		sən⁶
分	非臻合三文平	pjuən	fan¹	分	fan¹		fən¹
				分(长度)	fan¹		fən¹
坟	奉臻合三文平	bjuən	fan²	坟墓	fan²		fən²
汤	透宕开一唐平	thɑŋ	tha:ŋ¹	汤	tha:ŋ¹		
糖	定宕开一唐平	dɑŋ	ta:ŋ²	糖	ta:ŋ²		ta:ŋ²
钢	见宕开一唐平	kɑŋ	ka:ŋ¹	钢	ka:ŋ¹		ka:ŋ¹
粮	来宕开三阳平	ljaŋ	lja:ŋ²	粮食	lja:ŋ²		lja:ŋ²
梁	来宕开三阳平	ljaŋ	lja:ŋ²	梁	lja:ŋ²		lja:ŋ²
两	来宕开三养上	ljaŋ	lja:ŋ³	两(一~银子)	lja:ŋ³		lja:ŋ³
墙	从宕开三阳平	dzjaŋ	tja:ŋ²	土墙	na:m⁶ tja:ŋ²		tja:ŋ² na:m⁶
				墙壁	tja:ŋ²		tja:ŋ² tsøn¹
箱	心宕开三阳平	sjaŋ	tja:ŋ¹	箱子	tja:ŋ¹		tja:ŋ¹
				风箱	tja:ŋ¹ lam²		fɔn¹ tja:ŋ¹
抢	清宕开三养上	tshjaŋ	thja:ŋ³	抢	thja:ŋ³		thja:ŋ³
张	知宕开三阳平	tjaŋ	tsja:ŋ¹	张(一~纸)	tsja:ŋ¹		tsja:ŋ¹
涨	知宕开三养上	tjaŋ	tsja:ŋ³	涨	tsja:ŋ³		tsja:ŋ³
丈	澄宕开三养上	ɖjaŋ	tsja:ŋ⁶	丈	tsja:ŋ⁶		tsja:ŋ⁴
仗	澄宕开三养上	ɖjaŋ	tsja:ŋ⁵	打仗	kui⁵ tsja:ŋ⁵		kui⁵ tsja:ŋ⁵
伤	书宕开三阳平	ɕjaŋ	sja:ŋ¹	受伤	sja:ŋ¹		sou⁶ sja:ŋ¹
				伤口	sja:ŋ¹ pa:k⁷		sja:ŋ¹ khou³
尝	禅宕开三阳平	ʑjaŋ	sja:ŋ²	尝(~~菜够不够味)	sja:ŋ²		
乡	晓宕开三阳平	hjaŋ	ça:ŋ¹	乡	ça:ŋ¹		ça:ŋ¹
羊	以宕开三阳平	jaŋ	ja:ŋ²	山羊	pja¹ ja:ŋ²		sa:n¹ ja:ŋ²
				绵羊	mjen⁶ ja:ŋ²		mjen⁶ ja:ŋ²
杨	以宕开三阳平	jaŋ	ja:ŋ²	白杨树	mai⁴ ja:ŋ²		pɛ:k⁸ jaŋ²
量	来宕开三漾去	ljaŋ	lja:ŋ⁶	胆量	ta:m³ lja:ŋ⁶		ta:m³ lja:ŋ⁶

匠	从宕开三漾去	dzjaŋ	tja:ŋ⁶	匠人	tja:ŋ⁶	tja:ŋ⁶
				木匠	mai⁴ tja:ŋ⁶	tja:ŋ⁶ mai⁴
				石匠	tui² tja:ŋ⁶	tja:ŋ⁶ tui²
				铁匠	khat⁷ tja:ŋ⁶	tja:ŋ⁶ khɣət⁷
				银匠	ŋan² tja:ŋ⁶	tja:ŋ⁶ ŋan²
胀	知宕开三漾去	tjaŋ	tsja:ŋ⁵	胀(肚子~)	tsja:ŋ⁵	tsja:ŋ⁵
着	澄宕开三药入	ɖjak	tsja:k⁸	着凉	tsja:k⁸ ɲit⁷	ɲit⁷ tsja:k⁸
				着急	tsja:k⁸ cip⁷	tsja:k⁸ cəp⁷
唱	昌宕开三漾去	tɕhjaŋ	tshja:ŋ⁵	唱歌	fɛ⁴ tshja:ŋ⁵	fɛ⁴ tshja:ŋ⁵
勺	禅宕开三药入	zjak	sja:k⁸	粥勺子	tsɔk⁷ sja:k⁸	sja:k⁸ tsɔk⁷
让	日宕开三漾去	ɲjaŋ	ɲa:ŋ⁶	让(~路)	ɲa:ŋ⁶	ɲa:ŋ⁶
				让(~一些给你吧)	ɲa:ŋ⁶	ɲa:ŋ⁶
向	晓宕开三漾去	hjaŋ	ça:ŋ⁵	向	ça:ŋ⁵	ça:ŋ⁵
				往	ça:ŋ⁵	ça:ŋ⁵
样	以宕开三漾去	jaŋ	ja:ŋ⁶	样(两~东西)	ja:ŋ⁶	ça:ŋ⁶
				鞋样	ha:i² ja:ŋ⁶	ça:i¹ ja:ŋ⁶
				这么(~大)	ja:ŋ⁶ na:i⁶	
				什么	ja:ŋ⁶ ma:ŋ²	
荒	晓宕合一唐平	hwɑŋ	hoŋ¹	荒(~地)	hoŋ¹	hoŋ¹
				开荒	khai¹ hoŋ¹	khai¹ hoŋ¹
慌	晓宕合一唐平	hwɑŋ	hoŋ¹	慌	hoŋ¹	hoŋ¹
枉	影宕合三养上	ʔjwaŋ	woŋ³	冤枉	jøn¹ woŋ³	jøn¹ woŋ³
戳	彻江开二觉入	ʈhɔk	tshok⁷	戳(~破窗纸)	tshok⁷	tshok⁷
浊	澄江开二觉入	ɖɔk	tsok⁸	混(水~)	tsok⁸	
窗	初江开二江平	tʂhɔŋ	tshoŋ¹	窗户	lja:ŋ⁶ tshoŋ¹	luŋ¹ tshoŋ¹
讲	见江开二讲上	kɔŋ	ka:ŋ³	讲(~故事)	ka:ŋ³	ka:ŋ³
				告诉	ka:ŋ³	ka:ŋ³
				约定	ka:ŋ³ teŋ⁶	
壳	溪江开二觉入	khɔk	kha:k⁷	壳儿	kha:k⁷	kha:k⁷
				蛋壳	cai⁵ kha:k⁷	kɣəi⁵ kha:k⁷
				笋壳	na:ŋ² kha:k⁷	
学	匣江开二江入	ɣɔk	ha:k⁷	学	ha:k⁷	ha:k⁷
				学生	ha:k⁷ sɛ:ŋ¹	ha:k⁷ sɛ:ŋ¹
北	帮曾开一德入	pak	pak⁷	北	pak⁷	pak⁷
墨	明曾开一德入	mak	mak⁸	墨	mak⁸	mak⁸
				墨水	mak⁸ nam⁴	mak⁸ nəm⁴
				墨线	mak⁸ sjen⁵	mak⁸ tjen⁵
灯	端曾开一登平	taŋ	taŋ¹	灯	taŋ¹	fi¹ taŋ¹
				汽灯	chi¹ taŋ¹	chi⁴ tən⁵
				灯笼	taŋ¹ lɔŋ²	taŋ¹ lɔŋ²
				灯罩	taŋ¹ tsau⁵	taŋ¹ tsau⁵
凳	端曾开一嶝去	taŋ	taŋ⁵	凳子	taŋ⁵	taŋ⁵
				长凳	taŋ⁵ ja:i³	taŋ⁵ hɣəi³

勒	来曾开一德入	lak	lak⁸	勒（～紧裤腰带）	lak⁸	lak⁸	
贼	从曾开一德入	dzak	tsak⁸	贼	tsak⁸		
刻	溪曾开一德入	khak	khak⁷	刻（～上名字）	khak⁷	khak⁷	
称	昌曾开三蒸平	tɕhjəŋ	tshen¹	称（～东西）	tshen¹	tshen⁵	
剩	船曾开三证去	dzjəŋ	sen⁶	剩（～饭）	sen⁶	sin²	
应	影曾开三蒸平	ʔjəŋ	ʔen¹	应该	ʔen¹ kai¹	jin¹ kai¹	
应	影曾开三证去	ʔjəŋ	ʔen⁵	答应	ta:p⁷ ʔen⁵	ta:p⁷ ʔen⁵	
百	帮梗开二陌入	pɐk	pɛ:k⁷	百	pɛ:k⁷	fɛ:k⁷ ; pɛ:k⁷	
				百姓	pɛ:k⁷ ten⁵	pɛ:k⁷ ten⁵	
柏	帮梗开二陌入	pɐk	pɛ:k⁷	柏树	tsoŋ¹ pɛ:k⁷ mai⁴	mai⁴ pɛ:k⁷	
拍	滂梗开二庚入	phɐk	phɛ:k⁷	拍（～桌子）	phɛ:k⁷	phɛ:k⁷	
白	並梗开二陌入	bɐk	pɛ:k⁸	白（～来了）	pɛ:k⁸	pɛ:k⁸	
撑	彻梗开二庚平	ʈhɐŋ	tshɛ:ŋ¹	划（～船）	tshɛ:ŋ¹	tshɛ:ŋ¹	
			tshɛ:ŋ⁵	托（～着腮想事）	tshɛ:ŋ⁵	tshɛ:ŋ⁵	
				拄（～拐杖）	tshɛ:ŋ⁵	tshɛ:ŋ⁵	
				撑（～伞）	tshɛ:ŋ⁵	tshɛ:ŋ⁵	
拆	彻梗开二陌入	ʈhɐk	tshɛ:k⁷	拆（～房子）	tshɛ:k⁷	tshɛ:k⁷	
生	生梗开二庚平	ʂɐŋ	sɛ:ŋ¹	生（～肉）	sɛ:ŋ¹	sɛ:ŋ¹	
				学生	ha:k⁷ sɛ:ŋ¹	ha:k⁷ sɛ:ŋ¹	
				活（救活了）	sɛ:ŋ¹	sɛ:ŋ¹ fan³	
				生意	sɛ:ŋ¹ i⁵	sɛ:ŋ⁵ i⁵	
省	生梗开二梗上	ʂɐŋ	sɛ:ŋ³	省	sɛ:ŋ³	sɛ:ŋ³	
庚	见梗开二庚平	kɐŋ	kɛ:ŋ¹	庚	kɛ:ŋ¹	kɛ:ŋ¹	
羹	见梗开二庚平	kɐŋ	kɛ:ŋ¹	调羹	pu² kɛ:ŋ¹	pja:u² kɛ:ŋ¹	
坑	溪梗开二庚平	khɐŋ	khɛ:ŋ¹	坑	khɛ:ŋ¹		
				厕所	cɛ³ khɛ:ŋ¹	si⁵ khɛ:ŋ¹	
客	溪梗开二陌入	khɐk	khɛ:k⁷	客人	khɛ:k⁷	khɛ:k⁷	
				客气	khɛ:k⁷ chi⁵	khɛ:k⁷ chi⁵	
麦	明梗开二麦入	mɛk	mɛ:k⁸	麦子	mɛ:k⁸	mɛ:k⁸	
脉	明梗开二麦入	mɛk	mɛ:k⁸	脉搏	mɛ:k⁸	mɛ:k⁸	
隔	见梗开二麦入	kɛk	kɛ:k⁷	隔开	kɛ:k⁷ khai¹	cɛk⁷ khai¹	
				邻居	kɛ:k⁷ pɛ:k⁷ jøn²	cip⁷ pɛ:k⁷	
兵	帮梗开三庚平	pjɐŋ	pen¹	兵	pen¹	pen¹	
平	並梗开三庚平	bjɐŋ	pen²	平	pen²	pen²	
				平时	pen² si²	pen² si²	
				公平	koŋ¹ pen²	koŋ¹ pen²	
坪	並梗开三庚平	bjɐŋ	pen²	晒谷场	tsa⁵ kɔk⁷ pen²	ti⁶ pen²	
明	明梗开三庚平	mjɐŋ	men²	明矾	men² fa:n²	men² fa:n²	
丙	帮梗开三梗上	pjɐŋ	pen³	丙	pen³	pen³	
病	並梗开三映去	bjɐŋ	pen⁶	病	pen⁶	pen⁶	
				生病	mɛ² pen⁶	mɛ² pen⁶	
敬	见梗开三映去	kjɐŋ	ken⁵	敬（～酒）	ken⁵	ken⁵	
				敬鬼	ken⁵ la:i⁴	ken⁵ la:i⁴	

镜	见梗开三映去	kjɐŋ	keŋ⁵	镜子	keŋ⁵	keŋ⁵
				眼镜	ta¹ keŋ⁵	ja:ŋ⁶ keŋ⁵
				冰	keŋ⁵	
影	影梗开三梗上	ʔjɐŋ	ʔeŋ³	影子	ʔeŋ³	ʔeŋ³
名	明梗开三清平	mjæŋ	meŋ²	名字	meŋ² ti⁶	
饼	帮梗开三静上	pjæŋ	peŋ³	饼子	peŋ³	peŋ³
睛	精梗开三清平	tsjæŋ	teŋ¹	眼珠	ta¹ teŋ¹	
请	清梗开三静上	tshjæŋ	theŋ³	请	theŋ³	theŋ³
				雇（～短工）	theŋ³	theŋ³
净	从梗开三劲去	dzjæŋ	teŋ⁵	干净	teŋ⁵	
性	心梗开三劲去	sjæŋ	teŋ⁵	记性	chi⁵ teŋ⁵	ci⁵ teŋ⁵
姓	心梗开三劲去	sjæŋ	teŋ⁵	姓名	teŋ⁵	teŋ⁵
				百姓	pɛ:k⁷ teŋ⁵	pɛ:k⁷ teŋ⁵
整	章梗开三静上	tɕjæŋ	tseŋ³	修理（～房子）	tseŋ³	tseŋ³
正	章梗开三劲去	tɕjæŋ	tseŋ⁵	正（帽子戴得很～）	tseŋ⁵	tseŋ⁵
				正面	tseŋ⁵ na³	tseŋ⁵ mjen⁶
				正在	tseŋ⁵	tseŋ⁵
只	章梗开三昔入	tɕjæk	tsek⁷	首（一～歌）	tsek⁷	tsik⁷
尺	昌梗开三昔入	tɕhjæk	tshek⁷	尺子	tshek⁷	tshek⁷
				尺	tshek⁷	tshek⁷
石	禅梗开三昔入	zjæk	sek⁸	悬崖	sek⁸ pɛk⁷	
瓶	并梗开四青平	bieŋ	peŋ²	瓶子	peŋ²	peŋ²
丁	端梗开四青平	tieŋ	teŋ¹	丁	teŋ¹	teŋ¹
钉	端梗开四青平	tieŋ	teŋ¹	钉子	teŋ¹	teŋ¹
				钉（～～子）	teŋ¹	teŋ¹
听	透梗开四径去	thieŋ	theŋ⁵	听	theŋ⁵	theŋ⁵
停	定梗开四青平	dieŋ	teŋ²	停（～下来）	teŋ²	teŋ²
顶	端梗开四迥上	tieŋ	teŋ³	顶（用木头～住危墙）	teŋ³	teŋ³
				顶（一～帽子）	teŋ³	
鼎	端梗开四迥上	tieŋ	teŋ³	鼎锅	teŋ³ kwa¹	teŋ⁵ kwa¹
订	端梗开四径去	tieŋ	teŋ⁵	订婚	teŋ⁵ hon¹	ly⁶ teŋ⁶
定	定梗开四径去	dieŋ	teŋ⁶	一定	na:u³ teŋ⁶	ʔjət⁷ teŋ⁶
				约定	ka:ŋ³ teŋ⁶	teŋ⁶
笛	定梗开四锡入	diek	tek⁸	笛子	tek⁸	tek⁸
灵	来梗开四青平	lieŋ	leŋ²	灵验	leŋ²	liŋ²
零	来梗开四青平	lieŋ	leŋ²	零	leŋ²	leŋ²
另	来梗开四径去	lieŋ	leŋ⁵	另外	leŋ⁶	leŋ⁶
				人家	leŋ⁶ jyn²	ɕən¹
青	清梗开四青平	tshieŋ	theŋ¹	青竹蛇	theŋ¹ tsɔk⁷ tui²	
腥	心梗开四青平	sieŋ	teŋ¹	腥	teŋ¹	tiŋ¹

经	见梗开四青平	kieŋ	keŋ¹	经过	keŋ¹ ta⁶	keŋ¹ ta⁶	
				念经	njem⁶ keŋ¹	njem⁶ keŋ¹	
蓬	並通合一东平	buŋ	pɔŋ²	船蓬	søn² pɔŋ²	søn² pɔŋ²	
木	明通合一屋入	muk	mɔk⁸	木匠	mɔk⁸ tja:ŋ⁶		
				木马	mɔk⁸ ma⁴	mɔk⁸ ma⁴	
东	端通合一东平	tuŋ	tɔŋ¹	东	tɔŋ¹	tɔŋ¹	
通	透通合一东平	thuŋ	thɔŋ¹	通（这条路不~）	thɔŋ¹	thɔŋ¹	
同	定通合一东平	duŋ	tɔŋ²	同（~去）	tɔŋ²		
				相同	tɔŋ² ja:ŋ⁶	tɔŋ² ja:ŋ⁶	
铜	定通合一东平	duŋ	tɔŋ²	铜	tɔŋ²	tɔŋ²	
				铜钱	tɔŋ² tjen²		
筒	定通合一东平	duŋ	tɔŋ⁵	筷筒	tsø⁶ tɔŋ⁵		
				吹火筒	pi¹ tɔŋ⁵	tshui¹ tɔŋ²	
				竹筒	pan¹ tɔŋ⁵		
				米筒	ku³ tɔŋ⁵		
懂	端通合一董上	tuŋ	tɔŋ³	懂	tɔŋ³	tɔŋ³	
桶	透通合一董上	thuŋ	thɔŋ³	桶	thɔŋ³	thɔŋ³	
				打谷桶	kui⁵ kɔk⁷ thɔŋ³	woŋ⁶ thɔŋ³	
				半桶	pja:ŋ⁶ thɔŋ³	mɣa:ŋ⁶ thɔŋ³	
冻	端通合一送去	tuŋ	tɔŋ⁵	肉冻	tɔŋ⁵	tɔŋ⁵	
独	定通合一屋入	duk	tɔk⁸	孤独	ku¹ tɔk⁸	ku¹ tɔk⁸	
读	定通合一屋入	duk	tɔk⁸	读	tɔk⁸	tɔk⁸	
笼	来通合一东平	luŋ	lɔŋ²	猪笼	mu⁵ lɔŋ²		
				火笼	pi¹ lɔŋ²	fi¹ lɔŋ²	
				鱼笼	mam⁴ lɔŋ²		
				灯笼	taŋ¹ lɔŋ²	taŋ¹ lɔŋ²	
拢	来通合一董上	luŋ	lɔŋ²	合拢	hɔ:p⁸ lɔŋ³	hap⁸ lɔŋ³	
鹿	来通合一屋入	luk	lɔk⁸	鹿	lɔk⁸	mə⁰ lɔk⁸	
囱	清通合一东平	tshuŋ	thɔŋ¹	烟囱	jen¹ thɔŋ¹	jen¹ thɔŋ¹	
总	精通合一董上	tsuŋ	tsɔŋ³	总共	tsɔŋ³ kɔŋ⁶	tsɔŋ³ kɔŋ⁶	
公	见通合一东平	kuŋ	kɔŋ¹	祖父	kɔŋ¹	kɔŋ¹	
				祖先	kɔŋ¹ ma:ŋ⁶	kɔŋ¹ ma:ŋ⁶	
				鳏夫	kwa³ kɔŋ¹	kɔŋ¹ kun³	
				公平	kɔŋ¹ peŋ²	kɔŋ¹ peŋ²	
工	见通合一东平	kuŋ	kɔŋ¹	短工	tan³ kɔŋ¹	lin² kɔŋ¹	
空	溪通合一送去	khuŋ	khɔŋ⁵	闲	lai³ khɔŋ⁵	khɔŋ⁵	
				空手	khɔŋ⁵ nja²		
				空心	khɔŋ⁵ tam¹		
				空（箱子是~的）	khɔŋ⁵		
冬	端通合一冬平	tuoŋ	tɔŋ¹	冬	tɔŋ¹	tɔŋ¹	
毒	定通合一沃入	duok	tɔk⁸	毒	tɔk⁸	tɔk⁸	
脓	泥通合一冬平	nuoŋ	nɔŋ²	脓	nɔŋ²	nɔŋ²	
风	非通合三东平	pjuŋ	fɔŋ¹	风车	fɔŋ¹ tshja¹	fuŋ¹ tshja¹	

梦	明通合三送去	mjuŋ	mɔŋ⁶	梦	mɔŋ⁶	mɔŋ⁶
				梦话	mɔŋ⁶ wa⁶	sik⁷ mɔŋ⁶ wa⁶
福	非通合三屋入	pjuk	fɔk⁷	幸福	sin⁶ fɔk⁷	fɔk⁷ chi⁵ i¹
服	奉通合三屋入	bjuk	fɔk⁸	舒服	sy¹ fɔk⁸	sy¹ fɔk⁸
				心服	tam¹ fɔk⁸	təm¹ fɔk⁷
六	来通合三屋入	ljuk	lɔk⁸	六	lɔk⁸	lɔk⁸
中	知通合三送去	tjuŋ	tsɔŋ⁵	中(射~)	tsɔŋ⁵	tsɔŋ⁵
竹	知通合三屋入	tjuk	tsɔk⁷	青竹蛇	theŋ³ tsɔk⁷ tui²	tsɔk⁷ kɔ¹ 船篙
缩	生通合三屋入	ṣjuk	sɔk⁷	缩(布~了)	sɔk⁷	sɔk⁷
				蜷缩	sɔk⁷ san¹	sɔk⁷ tin¹
粥	章通合三屋入	tɕjuk	tsɔk⁷	粥	tsɔk⁷	tsɔk⁷
铳	昌通合三送去	tɕhjuŋ	tshɔŋ⁵	鸟枪	tshɔŋ⁵	tshɔŋ⁵ sa¹
熟	禅通合三屋入	zjuk	sɔk⁸	熟	sɔk⁸	sɔk⁸
穷	群通合三东平	gjuŋ	cɔŋ²	穷	cɔŋ²	cɔŋ²
熊	云通合三东平	juŋ	jɔŋ²	熊	jɔŋ²	jɔŋ²
封	非通合三钟平	pjwoŋ	fɔŋ¹	封(~信口)	fɔŋ¹	fuŋ¹
				封(一~信)	fuŋ¹	fɔŋ¹；fɔk⁷
浓	泥通合三钟平	njwoŋ	nɔŋ²	浓(茶~)	nɔŋ²	nuŋ²
龙	来通合三钟平	ljwoŋ	lɔŋ²	龙	lɔŋ²	lɔŋ²
				虹	lɔŋ²	lɔŋ²
				水车	lɔŋ² kut⁷ tshja¹	lɔŋ² kuk⁷ tshja¹
钟	章通合三钟平	tɕjwoŋ	tsɔŋ¹	钟(敲的钟)	tsɔŋ¹	tsɔŋ¹
				钟(时钟)	tsɔŋ¹	tsɔŋ¹
				点钟(一~)	tjem³ tsɔŋ¹	tjem³ tsɔŋ¹
盅	章通合三钟平	tɕjwoŋ	tsɔŋ¹	杯子	tsɔŋ¹	tsɔŋ¹
舂	书通合三钟平	ɕjwoŋ	tshɔŋ¹	舂(~米)	tshɔŋ¹	tshɔŋ¹
种	章通合三肿上	tɕjwoŋ	tsɔŋ³	种(一~花)	tsɔŋ³	tsɔŋ³
烛	章通合三烛入	tɕjwok	tsɔk⁷	蜡烛	la:p⁸ tsɔk⁷	la:p⁸ tsɔk⁷
赎	船通合三烛入	dzjwok	sɔk⁸	赎	sɔk⁸	sɔk⁸
供	见通合三钟平	kjwoŋ	kɔŋ⁵	供神	kɔŋ⁵ san²	kɔŋ⁵ san²
共	群通合三用去	gjwoŋ	kɔŋ⁶	总共	tsɔ:ŋ³ kɔŋ⁶	tsɔ:ŋ³ kɔŋ⁶
容	以通合三钟平	jwoŋ	jɔŋ²	容易	jɔŋ² ji⁶	jɔŋ² i⁶
用	以通合三用去	jwoŋ	jɔŋ⁶	用(使~)	jɔŋ⁶	jɔŋ⁶
				用力	jɔŋ⁶ lek⁸	jɔŋ⁶ lik⁷

4.3.6 黄金镇仫佬语的上古汉语借词

仫佬语和水语同属于侗台语族侗水语支,而壮侗、侗水语支语言的分化大约在中古时期(吴安其 2002:192、218;曾晓渝 2003a),因而仫佬语和水语里的上古层次汉语借词有一致的语音对应关系。

借鉴曾晓渝关于水语里上古汉语语音特点的描述:(1) 声调与上古汉语的调类对应;(2) 声母体现"古无轻唇音""古无舌上音"特征,没有送气声母;(3) 韵母分阴、阳、入三类,三等韵无-j-介音（曾晓渝 2003c），黄金仫佬语中的上古汉语借词找到以下几个：

汉字	上古音拟音	黄金仫佬语读音	水语读音	备注
白	brak	pa:k^8	pa:k^8＜*b-	
折	tjap	tjep^7	^{n}dup^7＜*^{n}t-	～纸
渡	dagh	ta^6	ta^6＜*d	～河
裤	khagh	kwa^5		～子
杖	drjaŋx	tyŋ^4	tjuŋ^4＜*d	棍子
要	ʔjagw	ʔa:u^1	ʔa:u^1＜*ʔ-	
故	kagh	ka:u^5	qa:u^5＜*q	旧

4.4 黄金镇仫佬语里汉语借词的数量统计

这里将仫佬语里各历史层次的汉语借词（或语素）的数量比例列表如下：

黄金镇仫佬语汉语借词（或语素）总数 887				
现代借词	近代借词	中古晚期借词	中古早期借词	上古借词
204	53	579	44	7
占 23%	占 6%	占 65.2%	占 5%	占 0.8%

本章参考文献

（一）著作

陈保亚　1996　《语言接触与语言联盟》，语文出版社。

──────　1999　《20 世纪中国语言学方法论》，山东教育出版社。

戴庆厦　1998　《二十世纪的中国少数民族语言研究》，书海出版社。

傅懋勣　1998　《论民族语言调查研究》，语文出版社。

高本汉（瑞典）　1948　《中国音韵学研究》，商务印书馆 1995。

广西壮族自治区编写组　1986　《罗城仫佬族自治县概况》，广西民族出版社。

李连进　2000a　《平话音韵研究》，广西人民出版社。

梁　敏　张均如　1996　《侗台语族概论》，中国社会科学院出版社。

仫佬族简史编写组　1983　《仫佬族简史》，广西民族出版社。

梅　耶　1924　《历史语言学中的比较方法》，科学出版社 1957。

潘悟云　2000　《汉语历史音韵学》，上海教育出版社。

瞿霭堂　劲　松　2000　《汉藏语言研究的理论和方法》，中国藏学出版社。

王　均等　1984　《壮侗语族语言简志》，民族出版社。

王　均　郑国乔　1980　《仫佬语简志》，民族出版社。

王　力　1985　《汉语语音史》，中国社会科学出版社。

吴安其　2002　《汉藏语同源词研究》，中央民族大学出版社。

吴保华　胡希琼　1993　《仫佬族的历史与文化》，广西民族出版社。

邢公畹　1999　《汉台语比较手册》，商务印书馆。

邢　凯　2000　《汉语和侗台语研究》，军事谊文出版社。

徐通锵　1996　《历史语言学》，商务印书馆。

游汝杰　2000　《汉语方言学导论》，上海教育出版社。

袁家骅等　1989　《汉语方言概要》（第二版），文字改革出版社。

曾晓渝　2004e　《汉语水语关系论》，商务印书馆。

——　2004f　《语音历史探索——曾晓渝自选集》，南开大学出版社。

张惠英　2002　《汉藏系语言和汉语方言比较研究》，民族出版社。

郑贻青　1996　《靖西壮语研究》，中国社会科学院民族研究所。

中国社会科学院语言研究所　1981　《方言调查词表》，商务印书馆。

中央民族学院少数民族语言研究所第五教研室1985《壮侗语族语言词汇集》，中央民族学院出版社。

周庆生　2000　《语言与人类》，中央民族大学出版社。

Fang Kuili1（李方桂）　1977　*A Handbook of Comparative Tai*，the University Press of Hawaii.

Sarah Grey Thomason & Terrence Kaufman　1984　*Language Contact*，*Creolization*，*and Genetic Linguistics*，University of California Press.

Baxter，William H.（白一平）　1992　*A Handbook of Old Chinese Phonology*，Mouton de Gruyter Belin. New York.

（二）论文

曹广衢　1996　《壮侗语中的一些古汉语借词》，《语言研究》第2期。

陈其光　2002　《语言间的深层影响》，《民族语文》第1期。

——　2004　《借词三论》，《南开语言学刊》第四辑。

戴庆厦　1990a　《论仫佬族的语言观念》，《中南民族学院学报》第1期，收入戴庆厦《语言和民族》，中央民族大学出版社1994。

——　2003　《汉语言研究与少数民族语言结合的一些理论方法问题》，《满语研究》第1期。

黄　行　1998　《语言的系统状态和语言类型》，《民族语文》第3期。

——　1999　《语音对应规律的计量研究方法》，《民族语文》第6期。

——　2000　《语素的计量分析与识别方法》，《民族语文》第6期。

黄　行　胡鸿雁　2004　《区分借词层次的语音系联方法》，《民族语文》第5期。

蓝庆元　1999　《壮汉关系词的历史层次》，上海师范大学语言所博士学位论文。

——　2000　《白土壮语中的汉语山摄对应词的历史层次》，《民族语文》第6期。

——　2001　《壮语中古汉语借词及汉越语与平话的关系》，《民族语文》第3期。

——　2004　《拉珈语汉语借词的历史层次》，南开大学博士后流动站出站报告。

李锦芳　1990　《粤语中的壮侗语族语言底层初探》，《中央民族学院学报》第6期。

——　2000　《粤语西渐及与壮侗语接触的过程》，载《第七届国际粤方言研讨会论文集》，珠海出版社。

李连进　2000b　《平话的历史》，《民族语文》第6期。

——　2002　《壮语老借词、汉越语和平话的历史源流关系》，《广西师院学报》第4期。

李　玉　　1991　《上古汉语*st-类型复声母考》,《学术论坛》第 4 期。

梁金荣　　1997　《桂北平话语音研究》,暨南大学博士学位论文。

梁　敏　　1986　《壮侗语族诸语言名词性修饰词组的词序》,《民族语文》第 5 期。

梁　敏　张均如　1988　《广西壮族自治区各民族语言的互相影响》,《方言》第 2 期。

刘力坚　　2002　《壮语中的汉语借词研究》,南开大学博士学位论文。

罗美珍　　2000　《论语族互动中的语言接触》,《语言研究》第 3 期。

蒙斯牧　　1998　《汉语和壮侗语的密切关系及历史文化背景》,《民族语文》第 4 期。

欧阳觉亚　1995　《两广粤方言与壮语的种种关系》,《民族语文》第 6 期。

潘悟云　　1995　《汉语方言史与历史比较法》,《中西学术》第一辑。

———　　　2004　《汉语方言的历史层次及其类型》,载《乐在其中——王士元教授七十华诞庆祝文集》,南开大学出版社。

覃远雄　　2000　《桂南平话研究》,暨南大学博士学位论文。

孙宏开　　1995　《关于汉藏语系分类研究中的一些问题》,《国外语言学》第 3 期。

沙加尔　徐世璇　2002　《哈尼语中汉借词的历史层次》,《中国语文》第 1 期。

吴安其　　1998　《关于历史语言学的几个问题》,《民族语文》第 4 期。

曾晓渝　　2003a　《论壮傣、侗水语里古汉语借词的调类对应》,《民族语文》第 1 期。

———　　　2003b　《论水语里的近、现代汉语借词》,《语言研究》第 2 期。

———　　　2003c　《水语里汉语借词层次的分析方法》,《南开语言学刊》第二辑,南开大学出版社。

———　　　2004a　《汉语水语的同源词》,《南开语言学刊》第四缉,"庆祝邢公畹先生九十华诞专号",南开大学出版社。

———　　　2004b　《也谈平话的方言地位》,载《语音历史探索——曾晓渝自选集》,南开大学出版社。

———　　　2004c　《中国水族语言里的汉字音》,载《语音历史探索——曾晓渝自选集》,南开大学出版社。

———　　　2004d　《汉藏语言关系与关系词分层法》,载《乐在其中——王士元教授七十华诞庆祝文集》。

张均如　　1982　《广西中南部地区壮语中的老借词源于汉语"古平话"考》,《语言研究》第 1 期。

———　　　1988　《广西平话对当地壮侗族语言的影响》,《民族语文》第 3 期。

第五章 壮语里汉语借词的历史层次

5.1 高田壮语音系

广西阳朔县高田乡壮语属北部壮语。其音系特点如下:①

(1) 声母系统

p	ʔb	m		f	w	ʔw
t	ʔd	n	ʔn		l	
k		ŋ		h	ɣ	
ts				s		
ȶ		ȵ			j	ʔj
ʔ						
pw	ʔbw	mw				
tw	ʔdw	nw				
kw				hw	ɣw	
tsw				sw		
pj	ʔbj	mj		fj		
tj	ʔdj	nj			lj	
kj		ŋj		hj		
tsj				sj		
ȶj						
kɯ(ky)						

这个声母系统的特点之一是没有送气声母。但是,在调查中我们发现,有个别汉语借词的声母读成了送气声母 ph、th、kh、tsh,如"捧"phu[52],"太"thai[24],"骑"khy[231]/khi[231],"裁"tshai[231];另外,还有一个比较特殊的组合 sy-,如汉语借词"选"syan[52]。

---

① 这是根据笔者 1999 年 10－11 月赴广西阳朔高田乡所调查的壮语资料整理的。发音合作人是:张以灵,男,65 岁;梁开辰,男,43 岁,他们都是高田乡人,中学文化程度。

（2）韵母系统

a:	a	e	i		o		u	ɯ
a:i	ai	ei					u:i	ui
a:u	au		i:u	iu	o:u	ou		
a:m	am	em	i:m	im	o:m	om	u:m	um	ɯm
a:n	an	en	i:n	in		on	u:n	un	ɯ:n	ɯn
a:ŋ	aŋ	eŋ	i:ŋ	iŋ	o:ŋ	oŋ	u:ŋ	uŋ	ɯ:ŋ	ɯŋ
a:p	ap	ep	i:p	ip	o:p	op		up		ɯp
a:t	at	et	i:t	ip		ot	u:t	ut	ɯ:t	ɯt
a:k	ak	ek	i:k	ik	o:k	ok	u:k	uk	ɯ:k	ɯk

这里需要说明的是，在音系整理的过程中，我们注意到高田壮语音系里有一类较特殊的 kɯ-音节，如：

kɯa⁵² 秧，等（～人）

kɯa²²⁴ 刀，孤（～儿）

kɯau⁵² 头

kɯau²³¹ 晚饭

kɯau⁵⁵ 八哥（ɣok²⁴～）

kɯa:u⁵² 蜘蛛

kɯɯ²³¹ 葫芦（lɯk²⁴～）

kɯoŋ⁵² 鼓

与其他壮语方言比较，我们发现这类音节由复辅音声母 kl-演变而来：壮语早期的 kl-声母字在高田音系里 kɯ-、kj-两种读法并存；kj-音节里既有源自 *kl-的本族词，也有汉语借词；而那些 kɯ-音节词则全是壮语固有词（详见曾晓渝 2002）。

（3）声调系统

	舒声调				促声调	
调类	1	2	3	4	5	6
调值	52	231	224	55	55	24

说明：促声调第 5、6 调内部因韵腹元音的长短音高有细微差别，即 5 调长 54，短 45；6 调长 23，短 34。因区别特征在韵母方面，所以这种差别忽略不记。

但是，这里必须说明的是，我们 1999 年底的调查与 50 年前的调查资料[①]记载有明显差异，比较如下：

[①] 1954—1959 年，中国科学院语言研究所第一工作队及桂西壮族自治区壮文工作队对高田壮语进行了调查，其调查资料收集于广西区语委研究室编《壮语方言土语音系》，广西民族出版社 1994 年，第 203—209 页。当时调查的地点名称记为阳朔六区，这是当地五六十年代的行政区划，现在的高田乡与之对应。

	舒声调						促声调		
调类:	1	2	3	4	5	6	7	8	
调值:	42	231	53	35	55	213	55	24	—— 1954 年
	52	231	52	224	55	224	55(长)	34(长)	—— 1999 年
							45(短)	23(短)	

显然,过去的1、3调和4、6调如今已分别合二为一了,归并为52调和224调。我们运用电脑语音分析软件 MiniSpeechLab①,按过去的八个调类(其中两个促声调又按韵腹元音的长短各一分为二),对现在的高田壮语声调进行了分字组录音分析,所得的声调格局图如下:

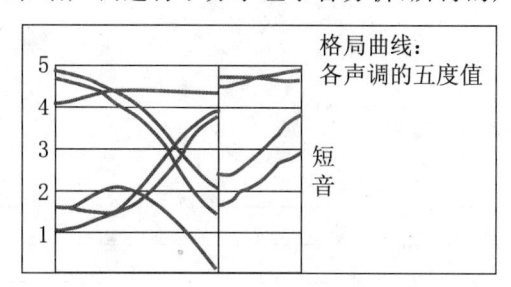

格局曲线:
各声调的五度值

短音

以上声调格局图证明,高田壮语过去的1、3调和4、6调已经归并。虽然电脑上所显示的曲线1、3调及4、6调没有完全重合(这主要与选词及各词的声母、韵母差异有关),但在听感上,电脑上所显示的过去1、3调及4、6调曲线的细微差别几乎是无法分辨的。事实上,就单字调而言,过去的1、3调和4、6调当地人现在不仅调值读音相同,而且在语感上也已经不能区分,他们认为是一样的。另外,图中显示了促声调第7、8调各自长短音的音高差异,我们认为这种差异是伴随韵腹元音长短的羡余特征,可以忽略不记,第7、8调分别记作55调和24调即可。这样,我们归纳高田壮语声调舒声四类,促声两类,共六个调类。关于高田壮语声调系统的历史演变,我们另有论文详述(曾晓渝 2001)。

5.2 阳朔县的汉语方言

阳朔县是广西桂林市所辖的一个县,当地的汉语方言主要有桂林话(西南官话)和"土话"(桂北平话)。我们在高田乡调查壮语时,了解到高田乡的壮族人几乎均为壮语、桂林官话双语者,他们一般不说"土话"。"土话"使用于周边一些汉族较集中的乡村。

桂林官话是阳朔县及高田乡各族人民的通用语。

因调查时间所限,我们没来得及调查阳朔县的"土语",好在有较详细的相关资料可资参

---

① 此软件由南开大学中文系石锋教授、计算机系朱思俞教授开发设计。

考,如梁金荣(1997)、李连进(2000),等等。根据研究需要,这里我们列出桂林官话音系(参引自《广西通志·汉语方言志》第 383 页):

桂林官话音系:
(1) 声母 18 个(包括零声母):

p ph m f t th n(l) k kh ŋ x tɕ tɕh ɕ ts tsh s ∅

(2) 韵母 34 个:

ɿ a o ɤ æ i u y
ei ou ia iɛ iɔ io iu iou ua
uæ uei yɤ
ā iɛ̄ uā yɛ̄
ən aŋ in iaŋ uən uaŋ uŋ yn yŋ

(3) 声调 4 个:

调类	阴平	阳平	上声	去声
调值	44	21	54	24
例字	春花天空	平明唐虫 陆各月(古入声)	美满苦好	进社放会

5.3 高田壮语里汉语借词的历史层次

5.3.1 高田壮语的近现代汉语借词

5.3.1.1 近现代汉语借词的语音特点

这一层的借词主要来源于当地的桂林官话。由于西南官话形成于近代,而三江侗语里的这部分汉借词有许多无法分清是近代借用的还是现代借用的,所以,我们将这部分借词统归为近现代借词。

(1) 声调特点

以高田壮语中调值相近的调类对应桂林官话的四声,古入声调归阳平,全浊上声归去声。基本规律如下二表所示:

	平	上	去	入
全清	55(第 5 调)	52(第 3 调)		231(第 2 声)
次清				
全浊	231(第 2 声)		224(第 4 调)	
次浊				

桂林官话	高田壮语汉借词调类对应	汉借词举例
阴平 44	5调 55	猜 sa:i⁵⁵ 粗 su⁵⁵ 风 foŋ⁵⁵
阳平 21	2调 231	楼 lau²³¹ 游 jou²³¹ 裂 li²³¹
上声 54	3调 52	选 syan⁵² 管 ku:n⁵² 汞 koŋ⁵²
去声 24	4调 224	败 pa:i²²⁴ 翘 kjou²²⁴ 用 joŋ²²⁴

从声调对应关系看,桂林官话的上声在早期可能降调更明显些,近似于壮语高田壮语的第3调(52),其调值可能是53。

(2) 声母特点

与桂林官话的特点一致之处是不分平翘舌。但是,也有不同于桂林官话的地方,即:a. 基本不分送气与否,这是受高田壮语自身音系的特点制约造成的;b. 区分鼻音和边音;c. 分尖团。这也许透露着,早期近代桂林官话还能区分鼻、边音和尖、团音。下面列表说明:

汉　字	桂林官话声母	高田壮语借词读音	备　　注
钻	ts	tsun⁵⁵	
战	ts	tsa:n²²⁴	普通话声母 tʂ-
亲	tɕʰ	tsen⁵⁵	中古清母
清（～楚）	tɕʰ	sjan⁵⁵（su⁵²）	同上
裙	tɕʰ	kun²³¹	中古群母
碾（水～）	n/l	njan⁵²	中古泥母
楼	n/l	lau²³¹	中古来母

(3) 韵母特点

与桂林官话一致处有:古入声韵无塞音韵尾;部分后鼻音尾归前鼻音。但是,受高田壮语自身音系的制约,又有一些不同于桂林官话的地方。例如:

汉　字	桂林官话韵母	高田壮语借词读音	备　　注
默（估计）	ɤ	mɯ⁵²	古入声字
裂	iɛ	li²³¹	高田壮语无 iɛ 韵母
写	iɛ	si⁵²	
清（～楚）	in	sjan⁵⁵（su⁵²）	-ŋ 尾字

5.3.1.2　高田壮语近现代汉语借词表①

汉语借词	壮语读音	备　　注
挨	ʔa:i²³¹	～打,西南官话"挨"第二声
板栗	pan⁵² lei²³¹	
包子	pa:u⁵⁵ tsɯ⁵²	
背	pwei²²⁴	～书
扁	pja:n⁵²	
菠萝	po⁵⁵ lo²³¹	

---

① 前面§5.1节已经有所论述,与50年前社科院语言所的同一地点的调查材料的调类相比,现代高田壮语的1、3调合并了,4、6调也合并了。这样,借词的声调就不便以调类标注,否则在进行中古汉语比较时容易发生混乱,因此,本书中高田壮语的汉借词表直接在国际音标右上角注明调值,具体调类对应参见书中§5.1节。

补	pou⁵²	3调
猜	sa:i⁵⁵	
裁	tshai²³¹	
糙	sa:u⁵⁵	~米
铲	tsan⁵²	名词、动词
炒	tsa:u⁵²	
粗	su⁵⁵	
袋	tai²²⁴	6调,衣~
挡	ta:ŋ⁵²	
(得)到	(tak²⁴)tɯ²³¹	
电	tin²²⁴	
粪凼	fen²²⁴ taŋ²²⁴	厕所
风	foŋ⁵⁵	~箱,~瘫;壮语"风"ɣɯn²³¹
副	fou⁵⁵	一~眼镜,声调例外,可能是语流音变
汞	koŋ⁵²	
号	ha:u²²⁴	喇叭
加	ka⁵⁵	
架	ka²²⁴	
架势	tɕa²²⁴ si²²⁴	动词,指开始
假	kja⁵²	
减	kan⁵²	m→n,但没有-j-介音。
碱	kjan⁵²	
绞	kjou⁵²	盘,动词,~辫子
经(验)	kiŋ⁵⁵(kwa⁵⁵)	
可怜	kwo⁵² lin²³¹	
空	hoŋ⁵⁵	
两	lja:ŋ⁵²	3调,一~
裂	li²³¹	
柳	liu⁵²	3调
拢	loŋ⁵²	靠~
楼	lau²³¹	
篓	lou⁵²	鱼~
路	lo²²⁴	6调
猫	mjau⁵⁵	
木耳	mu²³¹ ʔɯ⁵⁵	"耳",声调同中古借词对应规律
默	mɯ⁵²	估计
碾	njan⁵²	水~
念	nin²²⁴	~经
孃	nja:ŋ⁵⁵	指姑母、伯母,同西南官话
扭	niu⁵²	拧,3调
派	pa:i²²⁴	武鸣3调,毛南4调
瓢羹	pjau²³¹ keŋ⁵⁵	指调羹
铺	pei⁵⁵	~被子

骑	khy²³¹ / khi²³¹	～马
枪	tsaŋ⁵⁵ / tsoŋ⁵⁵	
翘	kjou²²⁴	～尾巴
亲	tsen⁵⁵	～戚、～家
清楚	sjan⁵⁵ su⁵²	
请	tsiŋ⁵²	3调
裙子	kun²³¹	
散步	sa:n⁵⁵ pou²²⁴	散,中古借词
舍	si⁵²	～不得
伸	tseŋ⁵⁵	
神气	san²³¹ ki²²⁴	形容词,指精神
省	seŋ⁵²	四川～
时候	sei²³¹ ha:u²²⁴	
太公	koŋ⁵⁵ thai²²⁴	指曾祖父
听	tiŋ⁵⁵	～见:ʔda:i⁵² ŋje⁵²
投	tou²³¹	
弯	wa:n⁵⁵	
为	wei²²⁴	～什么
围	wei²³¹	～敌人
位	wei²²⁴	一～
味	wei²²⁴	滋～
污	wu⁵⁵	脏
误	ŋu²²⁴	耽误
写	si⁵²	
辛苦	san⁵⁵ ho⁵²	
选	syan⁵²	～种子
样子	jaŋ²²⁴	
也	je⁵⁵	
亿	ji²²⁴	
用	joŋ²²⁴	
油	jou²³¹	
游	jou²³¹	
又	jou²²⁴	
在便	tsai²³¹ pin²²⁴	"在",声调不合规律;此词指"随便"
战	tsa:n²²⁴	仗,打～
状	sa:ŋ²²⁴	告～
自来火	tsɿ²²⁴⁻²² ai²³¹⁻²³ wo⁵²	指火柴
钻	tsun⁵⁵	名词、动词;也指狡猾

5.3.2 高田壮语里中古到近现代过渡时期的汉语借词

5.3.2.1 中古到近现代过渡时期汉语借词的语音特点

高田壮语里的"中古至近现代过渡借词"与三江侗语里的"中古至近现代过渡借词"相类

似,其特点分析及形成原因二者基本相同(参见本书§2.3.2.1)。我们认为,这体现了广西北部少数民族语言里汉语借词的一种区域性现象。

5.3.2.2 高田壮语中古到近现代过渡时期汉语借词表(按汉语音序排列):

汉语借词	壮语读音	备注
挨	ŋa:i^{224}	被,仫佬语 6 调,水语 4 调,~拦住
岸	ʔan^{55}	河~,中古疑母字
白	pek^{55}	明~,中古並母,声调例外
沉	tsam^{52}	
城(市)	siŋ^{231}	
穿	tsuan^{224}	~针
窗	tswaŋ^{224} (ʔjau^{55})	此双音节词中的"ʔjau^{55}"含义不明
吹	tshui^{52}	~风
逮	tɯ^{231}	义指拿、提
当然	ta:ŋ^{224} ja:n^{231}	
裆	tuŋ^{224}	4 调,裤~
豆腐	tu^{224} fou^{224}	"豆"为中古借词
恶	wo^{224}	凶
高兴	kau^{224} heŋ^{55}	
搞	ka:u^{224}	弄
哥(哥)	kwo^{55}	声调例外,"哥、姐、妹"均 55 调
割	kwe^{52}	~草、~肉
广	kwaŋ^{55}	宽,声调例外
横	wa:ŋ^{52}	1 调
画	wa^{231}	
还	ha^{231}	~是
混账	wan^{55} tɕja:ŋ^{55}	意指淘气。混,匣上;账,知去
活(儿)	wo^{52}	干~
火	fei^{231}	
火石	wo^{55} sit^{55}	
急	ki^{224}	
几	ki^{55}	
夹	kap^{24}	清声母见母字,声调不合规律
铰	ɣat^{24}	剪,西南官话,"剪"义音 tɕia^2
见	ɣan^{52}	
件	ki:n^{231}	一~事
贱	tsin^{55}	全浊从母,声调例外
槛	kan^{52}	m→n
椒	tɕau^{52}	声母非尖音,辣椒 ma:n^{224} tɕau^{52}
铰	kjau^{231}	剪刀

接	ɬi:p⁵⁵	声母非尖音,例外
节	ɬi:p⁵⁵	关~
姐（姉）	ɬje⁵⁵	声母非尖音,"哥、姐、妹"均55调
解	kje⁵⁵	~衣扣,声调例外
借	ɬi⁵⁵	
韭菜	kjou²²⁴ tsai⁵⁵	
考	ka:u⁵⁵	~学校,声调例外
口	ka:u⁵⁵	
赖	la:i⁵⁵	动词
镰（刀）	li:m²²⁴	4调
岭	leŋ⁵⁵	声调例外
流	lau⁵⁵	~星、轮~
流	liu⁵²	1调
驴	ly²²⁴	
茅厕	mau²²⁴ sei⁵²	厕所
霉	mei²²⁴	也指腐朽
妹	mei⁵⁵	声调例外,"哥、姐、妹"均55调
嫩	nwam⁵²	毛南 no:m³
浓	noŋ⁵⁵	糊
劝	ky:n⁵⁵	武鸣 ki:n⁵
瓢	ȵaŋ⁵⁵	丝瓜~:ȵaŋ⁵⁵ tsa:k⁵⁵ luk²⁴ ɣa⁵⁵
烧	tso⁵⁵	~火煮饭
石	sit⁵⁵	禅母梗摄,声调、韵尾例外
试	sɯ⁵⁵	
叔	tsu²²⁴	
熟	tsok²⁴	饭~
松	tsoŋ²³¹	~树
头	tau²³¹	~一个,大女儿:luk²⁴ ʔbuk⁵⁵ tau²³¹
外	wa:i⁵²	~人
笑	ɣiu⁵²	
险	hjan⁵²	危险,-m>-n
斜	sje²²⁴	
淹	ʔji:m⁵⁵	声调与近现代对应
雁	ha:n⁵⁵	鹅,疑母去声
也	je⁵⁵	
在行	sa:i²³¹ ha:ŋ²³¹	聪明,同三街平话
桩	twaŋ²²⁴	6调,武鸣壮语 to:ŋ⁶

5.3.3 高田壮语的中古汉语借词

5.3.3.1 中古汉语借词的语音特点

(1) 声调特点

高田壮语里的中古汉语借词的声调与《切韵》音系成对应关系。不过,由于近50年来高田壮语的1调与3调、4调与6调已分别合并(见前§5.3.1.1;详见曾晓渝2001),所以,以往的四声八调对应的格局如今就发生了一些变化,即:

a. 汉借词清上声字由原来第3调对应演变为与今天的第1调对应,这种对应关系与近现代汉语借词的相同。不过,从声母、韵母的特点以及比较侗、水语中的中古汉语借词层次,我们大致可以区分高田壮语里的清上声汉借词的中古和近现代的不同层次。

b. 原来读第4、6调的汉借词因高田壮语声调系统近50年的演变而合流,均读作224调。

中古汉语借词声调的基本对应规律如下列二表:

	平	上	去	入
全清	52(第1调)	原53(第3调)>	55(第5调)	55(第7调)
次清		今52(第1调)		
全浊	231(第2调)	35(第4调)>	213(第6调)>	24(第8调)
次浊		今224(同第6调)	今224	

汉语声调		高田壮语汉借词声调	壮语借词举例	
阴平	清	52(第1调)	搬 pu:n⁵²	包 pa:u⁵²
阳平	浊	231(第2调)	茶 sa²³¹	朝 ɬi:u²³¹(〜向)
阴上	清	原53(第3调)> 52(第1调)	胆 ta:m⁵²	点 tim⁵²
阳上	浊	35(第4调)> 224(同第6调)	辫(〜子)pin²²⁴	老 la:u²²⁴
阴去	清	55(第5调)	快 wai⁵⁵	四 sei⁵⁵
阳去	浊	213(第6调)> 224	地 tai²²⁴	病 pɯŋ²²⁴
阴入	清	55(第7调)	八 pje:t⁵⁵	塞 sak⁵⁵
阳入	浊	24(第8调)	笛 tik²⁴	六 lok²⁴

中古汉借词的声调对应情况可以反映出高田壮语里原来第3调(清上)的调值与第1调(清平)的相当接近。

(2) 声母特点

高田壮语里中古汉语借词声母的最突出特点是不分送气与否,次清声母一律读不送气清音,全浊声母清化无论平仄亦一律不送气。下面是高田壮语里中古汉语借词的声母与中古三十六字母的具体对应规律:

三十六字母	高田壮语汉借词声母		备 注
	声母	借词举例	
帮母	p	百 pek⁵⁵　　半 pa:n⁵⁵	不分送气与否
滂母		泡 pa:u⁵⁵　　帕 pa⁵⁵	
並母	p	旁 paŋ²³¹　　盘 pu:n²³¹	浊音清化一律不送气
明母	m	命 meŋ²²⁴　　梦 maŋ²²⁴	
非母	f	分 fan⁵²　　方 fuŋ⁵²	还有"分~家"pan⁵²，中古早期或上古借词
敷母	f	费 fei⁵⁵	
奉母	f	犯 fa:m²²⁴　　浮 fou²³¹	还有"父"的声母 p-，中古早期借词
微母	w/m	万 wa:n²²⁴　　望 moŋ²²⁴	"望"，中古早期借词
端母	t	东 toŋ⁵²　　顶 tiŋ⁵²	不分送气与否
透母		通 toŋ⁵²　　推 twa:i⁵²	
定母	t	读 twok²⁴　　同 toŋ²³¹	浊音清化一律不送气
泥（娘）母	ɲ n	年 nin²³¹　　南 na:m²³¹	
来母	l	捞 lau²³¹　　老 la:u²²⁴	
精母	ts/s	煎 tsin⁵²　　尖 sam⁵²	
清母	ts	清 tsiŋ⁵²　　踩 tsa:i⁵²	
从母	ts	匠 tsa:ŋ²²⁴　　贼 tsak²⁴	
心母	s	松 soŋ⁵²　　三 sa:m⁵²	
邪母	ts	席(子) tsik²⁴	
知母	ȶ	张 ȶja:ŋ⁵²　　胀 ȶja:ŋ⁵⁵	
彻母	ts	撑 tseŋ⁵²	
澄母	ȶ/ts	朝 ȶi:u²³¹　　茶 tsa²³¹	朝，~向
照二（庄母）	ts	争 tseŋ⁵²　　榨 tsa⁵⁵	不分送气与否
照二（初母）		差(~错) tsa⁵²	
照二（崇母）	s	事 sje²²⁴	只有"事"一词
照二（生母）	s	砂 sa⁵²　　牲 seŋ⁵²	
照三（章母）	ts	针 tsem⁵²　　纸 tsei⁵²	
照三（昌母）	ts/ȶ	尺 tsek⁵⁵　　唱 ȶja:ŋ⁵⁵	
照三（船母）	s	神 san²³¹	
照三（书母）	s	书 sɯ⁵²	
照三（禅母）	s	石 sik²⁴　　十 sjep²⁴	
日母	ɲ	忍 ɲin²²⁴　　染 ɲam²²⁴	
见母	k	钢 ka:ŋ⁵²　　讲 ka:ŋ⁵²	不分送气与否，又：溪母字：苦 ho⁵²
溪母		客 kjek⁵⁵	
群母	ȶ	棋 kje²³¹　　强 kjaŋ²³¹	
疑母	ŋ	五 ŋu²²⁴　　瓦 ŋwa²²⁴	
晓母	h/w	海 ha:i⁵²　　花 wa⁵²	
匣母	w	话 wa²²⁴　　换 wun²²⁴	
影母	ʔ	瓮 ʔa:ŋ⁵⁵　　乌 ʔa⁵²	
喻三（云母）	j	熊 ja:ŋ²³¹	
喻四（以母）	j/h	野 ji²²⁴　　移 hei²³¹	

（3）韵母特点

高田壮语里中古汉借词韵母的特点用下表呈现：

中古音		高田壮语汉借词韵母		备注
摄	呼等韵	韵母	借词举例	
果	开一歌	a/o	锣 la^{231}　　歌 kwo^{52}	a 代表中古早期借词
	开三戈			
	合一戈	wa/u	过 kwa^{55}　　磨 mu^{224}	wa 代表中古早期借词
	合三戈			
假	开二麻	a	茶 tsa^{231}　　家 ka^{52}	
	开三麻	i/je	写 si^{52}　　泻 sje^{55}	
	合二麻	wa	瓦 ŋwa^{224}	
遇	合一模	a/u	乌 ʔa^{52}　　五 ŋu^{224}	a 代表中古早期借词
	合三鱼	o	初 tso^{52}	
	合三虞	o	父 po^{224}　　数 swo^{55}	
蟹	开一咍	a:i	海 ha:i^{52}	
	开一泰	a:i	太 ta:i^{55}	
	开二皆	ai	（木）排 pai^{231}	
	开二佳	a:i	鞋 ha:i^{231}	
	开二夬	a:i	败 pa:i^{224}	
	开三祭			
	开三废			
	开四齐	je	底 tje^{52}	
	合一灰	ui	灰 wui^{52}	灰 wui^{52}，专指石灰
	合一泰			
	合二皆	wa:i	坏 wa:i^{224}	
	合二佳			
	合二夬	wa/wai	话 wa^{224}　　快 wai^{55}	
	合三祭			
	合三废			
	合四齐			
止	开三支	ei	纸 tsei^{52}	
	开三脂	ei	比 pei^{52}　　二 ȵei^{224}	
	开三之	je	旗 kje^{231}	
	开三微			
	合三支	ui	跪 kui^{224}	
	合三脂	ui	柜 kui^{224}	
	合三微	ui	贵 kui^{55}	
效	开一豪	a:u	老 la:u^{224}　　倒 ta:u^{55}	倒，～过来
	开二肴	eu	包 pa:u^{52}	
	开三宵	i:u/ jou	朝 tɕi:u^{231}　　桥 kjou^{231}	
	开四萧	jou	尿 ȵjou^{224}	
流	开一侯	u/a:u	豆 tu^{224}　　斗（名）ta:u^{52}	u 为早期韵母
	开三尤	ou/ jou	旧 kou^{55}　　九 kjou^{52}	
	开三幽			

咸	开一覃合	a:m o:p	南 na:m²³¹ 合 wo:p²⁴	
	开一谈盍	a:m	三 sa:m⁵² 胆 ta:m⁵²	
	开二咸洽	a:m a:p	咸 ha:m²³¹ 插 tsa:p⁵⁵	
	开二衔狎	a:m	衔 ha:m²³¹	
	开三盐叶	i:m	阉 ʔji:m⁵²	
	开三严业	i:m	欠 ʔji:m⁵⁵	
	开四添帖	im	点 tim⁵²	~头、一~钱
	合三凡乏	a:m a:p	犯 fa:m²²⁴ 法 fa:p⁵⁵	犯法 fa:m²²⁴ fa:p⁵⁵
深	开三侵缉	em ep	针 tsem⁵² 心 si:m⁵² 十 sjep²⁴	i:m 可能是后来的变化
山	开一寒曷	a:n a:t	难 na:n²³¹ 擦 tsa:t⁵⁵	
	开二山黠	en et	间 ken⁵⁵/ka:n⁵⁵ 扮 pen⁵³ 八 pet³³	时间 ɕi¹¹ ka:n⁵⁵, ka:n⁵⁵ 晚起
	开二删辖	a:n	雁 ŋa:n³³	雁 ŋa:n³³,侗语指鹅
	开三仙薛	jin	棉 mjin¹¹	棉 mjin¹¹,指棉花
	开三元月	jen	言 jen¹¹	
	开四先屑	in it	年 ȵin¹¹ 千 thin³⁵ 结 ɬhit²³	结 ɬhit²³,动词,~果
	合一桓末	a:n wa:n ok	半 pa:n⁵³ 盘 pa:n¹¹ 酸 səm²³ 官 kwa:n⁵⁵ 泼 phok³⁵	又:换 wa:n³³
	合二山黠			
	合二删辖	wen wet	惯 kwen⁵³ 刮 kwet³¹/kwa:k³³	刮 kwa:k³³,晚起
	合三仙薛	on	圈 ɬon³³	牛圈 ɬon³³ tu¹¹。tu¹¹,侗语黄牛
	合三元月	wen wet	万 wen³³ 劝 jon⁴⁵³ 发 wet²³	劝 jon⁴⁵³,晚起
	合四先屑			

臻	开一痕	an	吞 lan²³	吞 lan²³，声母不合规律
	开三真/臻 质/栉	ən jət	人 ŋən¹¹　　真 tən⁵⁵ 一 jət⁵⁵　　七 tət⁵⁵ / thət³⁵	
	开三殷 迄	an	近 tan³¹	
	合一魂 没	ən ot	本 pən³³　　盆 pən¹¹ 骨 kot⁵⁵	
	合三谆 术	ən	春 ɕən⁵⁵	
	合三文 物	wən	分 wən³⁵	
宕	开一唐 铎	a:ŋ ok a:k	帮 pa:ŋ⁵⁵ 落 tok⁵⁵　　各 ka:k³³	ka:k³³，各人，西南地区指自己
	开三阳 药	a:ŋ a:k	象 ɕa:ŋ⁵³ 鹊 ɕa:k²³	象 ɕa:ŋ⁵³，指大象 喜鹊 ɕa:k²³ / nok³¹ ɕa:k²³
	合一唐 铎			
	合三阳 药	wa:ŋ	方 wa:ŋ³⁵	方便 wa:ŋ³⁵ pjin³³
江	开二江	a:ŋ	江 ka:ŋ⁵⁵　　讲 ka:ŋ³³	
曾	开一登 德	əŋ ak	朋 pjiŋ¹¹　　崩 pəŋ⁵⁵ 北 pak⁵⁵	朋伴 pjiŋ¹¹ pa:n³¹，朋友
	开三蒸 职	iŋ ək	升 ɕiŋ⁵⁵ 力 lək¹¹	升 ɕiŋ⁵⁵，名量词
	合一登 德			
	合三职			
梗	开二庚 陌	eŋ ek	撑 ɕeŋ⁵³ 百 pek³³　　客 khek²³	
	开二耕 麦	eŋ ek	争 ʈeŋ⁵⁵ 脉 mek³¹	
	开三庚 陌	jiŋ	平 pjiŋ¹¹	
	开三清 昔	iŋ ik	请 thiŋ²³ 尺 ɕik²³　　石 ɕik³¹	
	开四青 锡	iŋ ik	钉 ʈiŋ⁵⁵ 锡 sik³³	钉子 ʈiŋ⁵⁵
	合二庚 陌	weŋ	横 weŋ¹¹	
	合二耕 麦			
	合三庚			

梗	合三清昔			
	合四青			
通	合一东屋	oŋ ok	东 toŋ⁵⁵　　公 koŋ⁵⁵ 木 mok³¹	
	合一冬沃	oŋ	冬 toŋ⁵⁵　　松 soŋ⁵⁵	冬天 toŋ⁵⁵ɕi¹¹ 松 soŋ⁵⁵,不紧,形容词
	合三东屋	oŋ jok	风 hoŋ⁵⁵ 六 ljok¹¹	风蓬 hoŋ⁵⁵poŋ¹¹,帆
	合三锺烛	joŋ	龙 ljoŋ¹¹	

5.3.3.2 高田壮语中古汉语借词表

汉语借词	高田壮语读音	备注
爱	ŋaːi⁵⁵	
安	ʔaːn⁵²	～装
坳	ŋau⁵⁵	中古影母字
八	pjeːt⁵⁵	
把	pa⁵⁵	～猪卖了
百	pek⁵⁵	
败	paːi²²⁴	6调
拜	paːi⁵⁵	～神
搬	puːn⁵²	
板	paːn⁵²	木～
半	paːn⁵⁵	一斤～
半	puːn⁵⁵	一～（高田乡以北的说法）
伴	(ku²²⁴) puːn²²⁴	同伴,4调
帮	paŋ⁵²	1调
傍	paŋ²²⁴	扶,6调,～着栏杆
包	paːu⁵²	～子、一～东西、～药
包袱	pa⁵² fok²⁴	
胞衣	pau⁵² ʔai⁵²	
北	pak⁵⁵	
本	pan⁵²	两～书、～钱、～事
比	pei⁵²	
京	kiŋ⁵²	～城
逼	pɯk⁵⁵	～他
笔	pit⁵⁵	
边	pin⁵²	
鞭	pin⁵²	
变	pin⁵⁵	
辫(子)	pin²²⁴	4调
鳖	pjak²⁴	甲鱼
兵	peŋ⁵²	1调
饼	(ʔba⁵²) piŋ⁵²	3调;"ʔba⁵²"义即"粑"

病	puɯŋ²²⁴	6调
剥	po:k⁵⁵	～皮
擦	tsa:t⁵⁵	
踩	tsa:i⁵²	
菜	tsai⁵⁵	韭～
仓	tsaŋ⁵²	谷～
操	tsau⁵²	～练
层	tseŋ²³¹	两～楼
插	tsa:p⁵⁵	
插	sja:p⁵⁵	～牌子
查	tsa²³¹	
茶	tsa²³¹	
差	tsa⁵²	差错
拆	tsek⁵⁵	
掺	tsam⁵²	
铲子	lin²³¹ tsa:n⁵²	
长	ɬja:ŋ⁵²	动词
尝	sja:ŋ²³¹	～味道
常（常）	ɬja:ŋ²³¹	
唱	ɬja:ŋ⁵⁵	
朝	ɬi:u²³¹	～向
车	tsi⁵²	
撑	tseŋ⁵²	
成	tseŋ²³¹	两～
秤	tsaŋ²²⁴	
尺（子）	tsek⁵⁵	
初	tso⁵²	～一
穿	tan⁵²	声母疑上古汉借词痕迹
传	tsun²³¹	
锤（子）	tsui²³¹	
戳	tsap⁵⁵	
糍粑	ʔba⁵² tsei²³¹	构词依壮语
葱	tsoŋ⁵²	
催	tsua:i⁵²	
寸	tsa:n⁵⁵	
搭	tap⁵⁵	
答应	tap⁵⁵ ʔeŋ⁵⁵	
大	ta:i²²⁴	～家、～方
大	ta:i²²⁴	～家、～方
代	ta:i²²⁴	两～人
带	ta:i⁵⁵	
单	ta:n⁵²	～车，即"自行车"
胆	ta:m⁵²	苦～
胆（量）	ta:m⁵²	
弹	ta:n²³¹	～琴
当	ta:ŋ⁵²	

倒	ta:u⁵⁵	～过来，中古端母
倒	ta:u⁵²	3调，～下
道	ta:u²²⁴	～理、味～
得到	tak²⁴（tɯ²³¹）	"得"古今连用
灯	taŋ⁵²	
凳子	taŋ⁵⁵	
笛子	tik²⁴	
底	tje⁵²	3调。比较:底 tje⁵²（长）；他 tje⁵²（短）
地方	tai²²⁴ fuŋ⁵²	地，6调
弟兄	tai²²⁴ nu:ŋ²²⁴	nu:ŋ²²⁴，壮语词
第	ta:i²²⁴	6调，～一
点	tim⁵²	～头、一～钱
垫	tjam²²⁴	6调
雕（刻）	tiu⁵²	
吊	tiu⁵⁵	
碟（子）	tjep²⁴	
叮	tiŋ⁵²	啄，鸡～米
钉	tiŋ⁵²	名词、动词
顶	tiŋ⁵²	3调，房～、山～
定	tiŋ²²⁴	6调，一～
东	toŋ⁵²	1调
懂	toŋ⁵²	3调
斗	ta:u⁵²	3调，名词
豆（子）	tu²²⁴	6调
毒	tok²⁴	
读	twok²⁴	
独	twok²⁴	～子
赌	tu⁵²	3调
断	tun²²⁴	6调，～气，中古定母
堆	twei⁵²	一～粪
对	twai⁵⁵	
顿	tan⁵⁵	一～饭
躲	ʔdo⁵²	3调
轭	ʔek⁵⁵	牛轭
二	ȵei²²⁴	
发	fa:t⁵⁵	～芽、～信
罚	fa:t²⁴	～钱
法	fa:p⁵⁵	办～、～术
翻	fa:n⁵²	1调
反	fa:n⁵²	3调
犯法	fa:m²²⁴ fa:p⁵⁵	
方	fuŋ⁵²	～向、东～
防	fu:ŋ²³¹	～野猪
肺	fei⁵⁵	
费	fei⁵⁵	盘～
分	fan⁵²	一～地

粉	fan⁵²	米粉
粉条	fan⁵² tiu²³¹	
份儿	fan²²⁴	6调
封	fuŋ⁵²	动词：～信；名词：一～信
佛	pat²⁴	
孵	fak²⁴	～小鸡
浮	fou²³¹	
浮飘	fou²³¹ piu²³¹	浮萍
父（亲）	po²²⁴	6调
该	ka:i⁵²	
改	ka:i⁵²	
赶墟	ka:n⁵² hɯ⁵²	
敢	ka:n⁵²	
钢	ka:ŋ⁵²	
杠	ka:ŋ⁵⁵	
糕	ka:u⁵²	
告状	ka:u⁵⁵ sa:ŋ²²⁴	
胳膊	kap²⁴ ʔai⁵⁵	
歌	kwo⁵²	
隔壁	kjek⁵⁵ pik⁵⁵	
给	ki:t⁵⁵	～钱
工夫	koŋ⁵² fou⁵²	
弓	kjoŋ⁵²	
古	ko:u⁵²（长）	故事,3调
盐	ku⁵²	盐,李方桂拟上古音"盬"*kagx；白一平拟音*ka?
瓜	kwa⁵²	
刮	kwa:t / kyet⁵⁵	～皮
乖	kwa:i⁵²	漂亮
关	kwan⁵²	～门
管	ku:n⁵²	～事
惯	kwan⁵⁵	习惯
灌	ku:n⁵⁵	
罐	ku:n⁵⁵	
光	kwaŋ⁵²	～说不做
柜（子）	kui²²⁴	6调
贵	kui⁵⁵	
跪	kui²²⁴	6调
滚	kwen⁵²	
锅	kwa⁵²	
国（家）	kwak⁵⁵	
过	kwa⁵⁵	
海	ha:i⁵²	
汗	ha:n²²⁴	6调
合	wo:p²⁴	
盒	wo:p²⁴	一～
恨	han²²⁴	

虹	ka:ŋ⁵⁵	
湖	hou²³¹	
花	wa⁵²	1调
化	wa⁵⁵	雪~了
话	wa²²⁴	6调
坏	wa:i²²⁴	6调
还	wa:n²³¹	~账
换	wun²²⁴	6调
慌神	wuŋ⁵² san²³¹	慌忙
皇	wu:ŋ²³¹	
灰	wui⁵²	石灰
回	wui²³¹	~头、~声
悔	hwei⁵²	后悔
会	wui²²⁴	~客
浑	wan²³¹	浑浊
魂	wan²³¹	
记	kjei⁵²	~得、印~
纪	kjei⁵²	年~
家	ka⁵²（短）	大~
价	ka²²⁴	6调
嫁	ha⁵⁵	出~ hwo⁵⁵ ha⁵⁵
夹	kap²⁴	
尖	sam⁵²	
煎	tsin⁵²	
剑	ki:m⁵⁵	
箭	tsin⁵⁵	
姜	heŋ⁵²	
讲	ka:ŋ⁵²	
匠	tsa:ŋ²²⁴	铁匠：~tit⁵⁵；木匠：mok²⁴
酱	sja:ŋ⁵⁵	
糨（糊）	kja:ŋ⁵⁵	
交	ka:u⁵²	
角	ka:k⁵⁵	一~钱
叫化（儿）	kau⁵⁵ hwa⁵²	
绞	kjau⁵²	缠，蛇~树
搅	kjau⁵²	
轿	kjou²²⁴	6调
揭	kɯ:t⁵⁵	~盖子
街	ka:i⁵²	
劫	ki:p⁵⁵	抢~
结	ki:t⁵⁵	~果
结婚	ki:t⁵⁵ wan⁵²	
戒指	kai⁵⁵ tsei⁵²	
巾	kan⁵²	
斤	kan⁵²	
金	kjam⁵²	

筋	ŋin²³¹	
禁止	ki:m⁵⁵	
精	tsiŋ⁵²	妖精
敬	kiŋ⁵⁵	～酒
静	tsiŋ²²⁴	从上
镜	kiŋ⁵⁵	
九	kjou⁵²	
旧	kou⁵⁵	
救	kjau⁵⁵	动词
就	tsau²²⁴	中古从母上声
棵	kwo⁵²	一～树
磕头	ŋak⁵⁵	
惜	(kwo⁵²) sik⁵⁵	可～,"可"声调对应现代借词
渴	ha:t⁵⁵	
客	kjek⁵⁵	～气、～人
肯	keŋ⁵²	3调
扣	kou²²⁴	名词、动词
涸	ho²³¹	干枯
苦	ho⁵²	辛苦
块	kwa:i⁵⁵	一～地
快	wai⁵⁵	5调
蜡	la:p²⁴	
癞	la:i²²⁴	癣,壮语此词为 kja:k⁵⁵
拦	la:n²³¹	动词
郎	laŋ²³¹	～猪
狼	laŋ²³¹	
浪	laŋ²²⁴	
捞	lau²³¹	
牢	lau²³¹	
老	la:u²²⁴	4调
老实	lak²⁴ sjet²⁴	
勒	lak²⁴	
梨	lei²³¹	
离	li²³¹	
礼(物)	lei²²⁴	礼,4调
里	lei²²⁴	一～
理	lei²²⁴	道～
利	lei²²⁴	～息
练	lin²²⁴	
链	lin²²⁴	
凉	lja:ŋ²³¹	
梁	lja:ŋ²³¹	
粮	lja:ŋ²³¹	
量	lja:ŋ²³¹	～布
了	ljau²²⁴	完、尽
玲珑	liŋ²³¹ loŋ²³¹	

零	liŋ²³¹	一百〜一
留	lau²³¹	〜种
六	lok²⁴	
龙	loŋ²³¹	
笼	loŋ²³¹	蜂箱
漏	lau²²⁴	壮语"漏" wo²²⁴
炉	lou²³¹	
鹿	(ma⁵²) lok²⁴	音节"ma⁵²"疑为壮语里一些动物名词的词头
乱	lu:n²²⁴	6调
轮	la:n²¹⁴	车〜
萝卜	lɯk²⁴ pak²⁴	
锣	la²³¹	
马	ma²²⁴	4调
麦(子)	mak²⁴	
脉	mak²⁴	
瞒	mu:n²³¹	隐〜
帽	mau²²⁴	
媒	mu:i²³¹	
煤	mu:i²³¹	
闷	men²²⁴	
梦	maŋ²²⁴	
谜(语)	mi²²⁴	
绵(羊)	min²³¹	
面	maŋ⁵⁵	一〜旗
苗	miu²³¹	火〜、禾〜
瞄	miu²³¹	
名	meŋ²³¹	名字
明	meŋ²³¹	清〜、〜白
命	meŋ²²⁴	命运
摸	mu⁵²	〜鱼
磨	mu²²⁴	〜面
磨(子)	mu²²⁴	
墨	mak²⁴	
亩	mou⁵²	3调
木	mok²⁴	
墓	mo²²⁴	坟墓
南	na:m²³¹	
难	na:n²³¹	灾难
闹热	na:u²²⁴ ȵi:t⁵⁵	
能干	neŋ²²⁴ kan⁵⁵	"能"的声调可能语流变调
拈	ȵap²⁴	〜一块糖
年纪	nin²³¹ kjei⁵²	
尿	ȵjou²²⁴	
脓	no:ŋ²³¹	
藕	ŋau²²⁴	4调
沤	ʔa:u⁵⁵	〜烂了

爬	pa²³¹	本族词 paŋ²²⁴，~上树
耙	pa²³¹	
帕	pa⁵⁵	
排	pai²³¹	木排
盘	pu:n²³¹	
旁	paŋ²³¹	~边
刨	pa:u²²⁴	6调,动词、名词
炮	pa:u⁵⁵	大~、鞭~
泡	pa:u⁵⁵	鱼~
陪	pu:i²³¹	~客
盆	pen²³¹	
朋友	paŋ²³¹ jau²²⁴	
棚	poŋ²³¹	
碰	poŋ⁵⁵	
劈	pa:k²⁴	~柴
枇杷	pi²³¹ pa²³¹	
偏	pin⁵²	1调
飘	piu⁵²	1调
平	peŋ²³¹	
瓶	peŋ²³¹	不同于 piŋ，有古重韵"庚三清三"之别
七	tsat⁵⁵	
齐	tsai²³¹	
棋	kje²³¹	
旗	kje²³¹	
气	hei⁵⁵	空气
钱	ɬi:n²³¹	
钳子	ki:m²³¹	
欠	ʔji:m⁵⁵	
强	kjaŋ²³¹	
墙	ɬja:ŋ²³¹ / tsaŋ²³¹	
桥	kjou²³¹	
巧	kjau⁵²	
清	tsiŋ⁵²	~明
求	kjou²³¹	
球	kjou²³¹	
全	tsun²³¹	
拳	kwen²³¹	
染	ȵam²²⁴	~布
让	ȵaŋ²²⁴	
忍	ȵin²²⁴	
认	ȵi:n²²⁴	
榕	joŋ²³¹	~树 fai²²⁴ joŋ²³¹
融(化)	joŋ²³¹	
软	ʔwen⁵⁵	
塞	sak⁵⁵	
三	sa:m⁵²	

散	sa:n⁵⁵	人~了
嫂	sa:u⁵²	
色	sak⁵⁵	颜~
沙；砂	sa⁵²	
纱	sa⁵²	
筛	sa:i⁵²	
杉	sa⁵²	
善	si:n²²⁴	6调
伤	sja:ŋ⁵²	
赏	sa:ŋ⁵²	
神	san²³¹	名词
升	suɯŋ⁵²	量词，一~
生	seŋ⁵²	~瓜
声	siŋ⁵²	
牲	seŋ⁵²	
师傅	sje⁵² fou²²⁴	
狮（子）	tsi⁵²	
十	sjep²⁴	
石匠	sik²⁴ tsaŋ²²⁴	
实	sjet²⁴	老实 lak²⁴ sjet²⁴
拾（掇）	tjep⁵⁵	
食	sik²⁴	
事	sje²²⁴	
是	sei²²⁴	6调
柿子	(ma:k⁵⁵ lai⁵²) sje²²⁴	壮语"ma:k⁵⁵"义"果子"，"lai⁵²"义多,此处含义不明
寿	sau²²⁴	
书	suɯ⁵²	
输	huɯ⁵²	
熟	sok²⁴	~人
竖	suɯ²²⁴	也指"举"
数	swo⁵⁵	~目
漱	su²²⁴	~口
双	swaŋ⁵²	一~
顺	suɯn²²⁴	
丝	sei⁵²	
四	sei⁵⁵	
松	soŋ⁵²	形容词
送	soŋ⁵⁵	
搜	sa:u²²⁴	
俗	sok²⁴	风~
酸	sam⁵²	
算	sun⁵⁵	动词
缩	suk⁵⁵	
唢（呐）	(ko⁵⁵) sau⁵²	
锁	su⁵²	名词、动词
台	ta:i²³¹	桌子

太	ta:i⁵⁵	~大
潭	tam²³¹	池塘
炭	ta:n⁵⁵	
汤	taŋ⁵²	
糖	tɯŋ²³¹	
烫	ta:ŋ⁵⁵	
掏	ta:u²³¹	
桃	ta:u²³¹	
淘	ta:u²³¹	
特	tak²⁴	公，~猪 mou⁵² tak²⁴
踢	tik⁵⁵	~球
剃	ti⁵⁵	~头
替	tje⁵⁵	
填	tjam²³¹	
跳	tiu⁵⁵	
铁	ti:t⁵⁵	
停	tiŋ²³¹	
挺	tiŋ⁵²	3调，~腰、~好
通	toŋ⁵²	
同	toŋ²³¹	
铜	toŋ²³¹	
桶	toŋ⁵²	
图	tou²³¹	
兔	tou⁵⁵	
推	twa:i⁵²	
蜕	tut⁵⁵	蛇~皮
托	tut⁵⁵	~人
拖	two⁵²	拉，也指钓，发音人偶尔也有 thwo⁵² 音
脱	twa:t⁵⁵	
瓦	ŋwa²²⁴ / wa²²⁴	
袜（子）	ma:t²⁴	
碗	ʔwa:n⁵²	
万	wa:n²²⁴	
王	wu:ŋ²³¹	
网	mu:ŋ²²⁴ / waŋ²²⁴	
望	moŋ²²⁴	
瓮	ʔa:ŋ⁵⁵	坛子
（乌）龟	wu⁵⁵ kui⁵²	"乌"55调，似现代借词
（乌）鸦	ʔa⁵²	
五	ŋu²²⁴	~十
五	ha⁵²	~月，这与傣语汉借词的读音近似；因为这个"五[ha⁵²]"的用法与"五[ŋu²²⁴]"互补，所以放在同一层次
舞	ha⁵²	在壮傣语支里，有 ŋ->h- 的规律，后文论述
西	sje⁵²	
锡	sik⁵⁵	

席（子）	tsik^{24}	
喜欢	wen^{55} hei^{52}	
戏	hei^{55}	
细	sa:i^{55}	
仙	si:n^{52}	神~
先	si:n^{52}	原~
咸	ha:m^{231}	壮语"苦" ham^{231}
衔	ha:m^{231}	叼
陷	ham^{224}	~下去
相片	sja:ŋ^{55}	
香	ji:ŋ^{52}	烧~
箱	sja:ŋ^{52}	
想	sja:ŋ^{52}	
向	jaŋ^{55}	~上、方~
像	sja:ŋ^{224}	动词
削	so:k^{55}	铅笔
鞋	ha:i^{231}	
写	si^{52}	
泻	sje^{55}	~肚子
谢	sje^{224}	
心	si:m^{52}	
信	sin^{55}	名词
星	siŋ^{52}	
腥	siŋ^{52}	
醒	siŋ^{52}	
姓	siŋ^{55}	
熊	(ma^{52}) ja:ŋ^{231}	"ma^{52}"疑为壮语里一些动物名词的词头
修	sau^{52}	
墟	hɯ^{52}	赶~
学	ha:k^{24}	
压	ʔa:p^{55}	
芽	ŋa^{231}	
烟	ʔjin^{52}	
阉	ʔji:m^{52}	
餍	ʔjam^{55}	饱
燕子	(ɣok^{24})ʔjan^{55}	ɣok^{24},壮语词"鸟"
妖	ʔjɯ^{52}	
腰子	ʔjɯ^{52} tsei^{52}	肾
摇	ŋa:u^{231}	
要	ʔau^{52}	
野	ji^{224}	~鸡
移	hei^{231}	
亿	ji^{224}	

忆	ŋei²²⁴	回忆
银	ŋan²³¹	
引	ʔjin⁵²	牵,3调,～牛
印	ʔjin⁵⁵	
赢	heŋ²³¹	
影(子)	ŋeŋ⁵²	
勇(敢)	joŋ⁵²	
勇气	jaːŋ⁵² hei⁵⁵	
用	joŋ²²⁴	
友	jau²²⁴	朋～ paŋ²³¹ jau²²⁴
原先	jiːn²³¹ siːn⁵²	
再	saːi⁵⁵	
灶	tsau⁵⁵	
贼	tsak²⁴	
眨	tsaːp⁵⁵	
炸	tsa⁵⁵	
榨	tsa⁵⁵	
粘	njam⁵²	1调,义指跟,孩子～妈妈
占	tɕiːm⁵⁵	霸占
张	tɕjaːŋ⁵²	量词,一～纸
丈	tɕjaːŋ²²⁴	6调,一～
胀	tɕjaːŋ⁵⁵	
招	tɕiu⁵²	
照	tɕiːu⁵⁵	～镜子
褶	tsap⁵⁵	
针	tsem⁵²	
争(吵)	tseŋ⁵²	
蒸	tsaŋ⁵²	
正	tsei⁵²	tsei⁵² ȵiːt²⁴ 推测:"正"的鼻音尾脱落,语流音变
正	tsiŋ⁵⁵	
值	tsek²⁴	～得
纸	tsei⁵²	
中	tsoŋ⁵²	
钟	tsoŋ⁵²	
竹	tok⁵⁵	
烛	tsok⁵⁵	
箸	tɯ²²⁴	筷子,6调
砖	tsun⁵²	
装	tsuːŋ⁵²	
追	tsuaːi⁵²	
纵	tsuːŋ⁵⁵	放

5.3.4 高田壮语里上古汉语借词层次

5.3.4.1 上古汉语借词的语音特点

高田壮语里的上古汉语借词很少,其语音特点主要是:(1)声调的对应规律不明显,大多与中古、近现代的规律不同;(2)声母体现"古无轻唇音""古无舌上音"特征,没有送气声母。一般说来,壮语先喉塞浊声母 ʔb-、ʔd-不出现在汉语借词中,但这个层次的借词却有先喉塞浊声母。

5.3.4.2 高田壮语上古汉语借词表

汉语借词	高田壮语读音	备 注
抽	tou^{224}	～刀
穿	tan^{52}	3调,～衣
肥	pei^{231}	
分	pan^{52}	1调,～别,～家
壶	ɣo^{231}	
公	koŋ^{55}	祖父,侗台语族同
醪	lau^{52}	酒,3调
象	sja:ŋ^{55}	大象,邪母上声
钻	ʔdwan^{55}	老鼠～洞
躲	ʔdo^{52}	3调
糍粑	ʔba^{52} tsei^{231}	构词依壮语
摆	ʔba:i^{52}	3调
筒	ʔdoŋ^{55}	吹火～:ʔdoŋ^{55} kwo^{33} fei^{231}
吞	ʔdɯn^{52}	
桩	twaŋ^{224}	6调,武鸣壮语 to:ŋ^6

5.4 高田壮语里汉语借词的数量统计

我们所调查记录的高田壮语词(或语素)共1822个,其中的汉语借词情况统计如下:

所调查的高田壮语词(或语素)总数:1822				
本族词	汉语借词			
	近现代借词	中古到近代过渡阶段借词	中古借词	上古借词
1132	87(12.6%)	73(10.6%)	515(74.6%)	15(2.2%)
约占总数的62%	共690个,约占总数的38%			

说明:我们调查所采用的是中央民族学院少数民族语言研究所(1985)中的词表。

本章参考文献

广西壮族自治区地方志编纂委员会　1998　《广西通志·汉语方言志》,广西人民出版社。

广西壮族自治区语言文字工作委员会研究室　1994　《壮语方言土语音系》,广西民族出版社。

李方桂　1971　《上古音研究》,商务印书馆1982。

——　1977　*A Handbook of Comparative Tai*, The University Press of Hawaii.

李连进　2000　《平话音韵研究》,广西人民出版社。

梁金荣　1997　《桂北平话语音研究》,暨南大学博士学位论文。

——　1998　《桂北平话语音特征的一致性与差异性》,《语言研究》第2期。

梁　敏　张均如　1996　《侗台语族概论》,中国社会科学出版社。

王　均等　1984　《壮侗语族语言简志》,民族出版社。

曾晓渝　2001　《高田壮语的声调演变》,《民族语文》第4期。

——　2002　《论高田壮语 kɯ-音节的特殊性》,《庆贺王均先生八十诞辰语言学论文集》,吉林人民出版社。

张均如等　1999　《壮语方言研究》,四川民族出版社。

中央民族学院少数民族语言研究所　1985　《壮侗语族语言词汇集》,中央民族学院出版社。

第六章　汉语借词在侗台语里构词及语音特点专题讨论

6.1　水语里汉语借词的构词研究

一个民族在和别的民族接触时，或多或少都会从所接触的民族的语言中吸取有用的成分。特别是一个民族语言的词汇，往往是一个开放的系统，它会不断地从与之关系密切而又占优势的语言中吸收借词来丰富自己，充实自己，以增强自身语言的表达能力。水族在和汉民族的长期交往中，吸收了大量的汉语借词。这些借词在不同的历史时期融入到水语词汇系统后，一方面保留了不同时期汉语词的读音及构词特点，另一方面又受水语自身特点的制约，发生了一定的变化。当汉语借词与水语固有的本民族词融为一体后，就成为水语词汇中的基本成分，不仅具有很强的构词能力，而且影响着水语词汇的发展面貌。

汉语借词融入水语之后，便作为词或构词语素具有其自身的语音特点和结构方式，本节拟以此为对象，希望通过分析研究，揭示汉语借词对水语构词方式的影响。

6.1.1　水语里汉语借词构词概述

据曾晓渝(2003)显示，水语里的汉语借词来源于不同的历史时期，可分为上古、中古、近代、现代四个层次。上古先秦时期，居住在桂南地区的水族先民骆越人的语言就受到汉语的影响，因此至今在水语里还保留着少量的上古汉语借词。中古唐宋时期聚居在广西北部的水族人受到桂北平话的影响，也借用了一些汉语平话词。近代元明清时期，聚居在黔南桂北地区的水族人受当地西南官话的影响，又借入了一定数量的西南官话词。到了现代，聚居在贵州南部的水族人和汉族人的接触更为密切，水语里借入了大量的汉语借词，这些借词主要来源于西南官话中的黔南荔波话和贵阳话。

目前学界一般把明清以前借入的汉语词，称之为老借词，把此之后借入的词称之为新借词。据张均如(1982)，广西境内的壮侗语族各语言的老借词都来自于"古平话"——自秦汉以至唐宋等历代南迁的汉人所操的汉语在湖南南部和广西等地长期交融演变而形成的一种汉语方言。我们把壮语里的早期汉语借词和水语里的早期汉语借词进行了对比，发现它们在借源上有一致性。

6.1.1.1 汉语老借词的构词能力

水语里的早期汉语借词，已成为具有派生能力的基本词，它们与水语里的固有词一道在词语双音化形成过程中，成为构词语素，组合或意合了一批双音、多音节词。例如：

ɬit⁷ put⁷ 肺病 病 肺	ʔma¹ pa:k⁸ 白菜 菜 白	pi⁶ piu² 浮萍 萍 浮	n̻o³ pən⁴ 气愤 气 愤
ɣa:n² pa:n² 藩篱 房子 篱笆	pi² put⁸ 肥胖 肥 胖	pan¹ n̻a:u⁶ 分居 分 居	tjem⁶ qam⁴ 枕头 枕 头
ɬa:iⁿ dən¹ 身边 边 身	qat⁷ tju⁵ 割断 割 断	ʔma¹ qa:t⁷ 芥菜 菜 芥	qek⁷ thu³ 隔壁 隔 墙
qut⁷ n̻a:ŋ³ 草结 结 草	ŋwa³ ŋai¹ 推开 推 开	ʔja¹ heu⁵ 孝布 布 孝	ʔa:u¹ ɬan³ 要紧 要 紧
ɕu³ tsa:ŋ⁴ 象牙 牙 象	mai⁴ pjət⁷ 笔杆 木棍 笔	he⁴ pha⁵ 破坏 做 坏	pən² suk⁸ʔna³ 洗脸盆 盆 洗 脸
ⁿda:i⁵ pjeŋ² 平地 地 平	pjeŋ⁶ qa:u⁵ 病根 病 旧	yuŋ⁶ ma⁴ 马厩 圈 马	fən¹ ɕen² 分寸 分 寸
to¹ pa:k⁷ 饶舌 多 嘴	thoŋ³ nam¹ 水桶 桶 水	ha:ŋ⁶ toŋ² 铜匠 匠 铜	kaŋ¹ nun⁶ 嫩草 草 嫩
ɕen² n̻an² 钱财 钱 财	ha:n⁵ qe⁴ 散场 散 场	ɕim² mu⁵ 猪心 心 猪	tin² pa:i² fən² 坟碑 石头碑 坟
tsui² mai⁴ 木锤 锤 木	peŋ² tsja² 茶壶 壶 茶	sa¹ mon⁶ 鱼叉 叉 鱼	he⁴ sai⁶ 工作 做 事
ʔau⁴ tsjeŋ¹ 年饭 饭 正月	tin¹ sum¹ 针脚 脚 针	nam³ n̻an² 水银 水 银	sa:t⁷ sja:ŋ³ 伤亡 死 伤
tsu² sjeu³ 减少 减 少	thu⁴ siŋ² 城墙 墙 城	sja⁵ ɬum¹ 金矿 矿 金	ɬu³ ho³ 穷困 九 苦
ɬiu² mu⁵ 种猪 桥 猪	ʔn̻oŋ⁵ ha:i³ 海虾 虾 海	ɕut⁷ lo⁵ 吸气 吸 气	ʔai³ sau³ 主人 人 主
tin² hoi¹ 石灰 石头 灰	pa:i⁵ qau⁵ 拜访 拜 看	pa:i² wi¹ 牌位 牌 位	sɿ⁵ ti⁶ 世代 世 代
thi⁵ lik⁷ 替换 替 换	toi⁵ʔna⁵ 对面 对 面	sjen⁵ tsɿ³ 纸扇 扇 纸	la:k⁷ pi² 皮带 带子 皮
pheu¹ le¹ 书包 包 书	nan¹ lap⁸ 腊肉 肉 腊	ʔduk⁷ mjen² 棉袄 衣服 棉	ʔɣa⁵ nam³ la:n⁶ 烂水田 田 水 烂

wa⁵ʔjeu¹ 烟叶	taŋ⁵ʔya:i³ 长凳	qap⁷mak⁸ 墨盒	sak⁷ɕu¹ 绿色
叶子 烟	凳子 长	盒 墨	色 绿
tjeŋ⁶ɕa³ 订亲	la:k⁸tok⁸ 独子	ʔya⁵sok⁸ 熟田	ʔnaŋ¹joŋ⁶ 用处
定 亲	儿子 独	田 熟	处 用
he⁴piŋ¹ 参军	ma:ŋ⁶ʔdi¹ 瞭望	thu³ɬon¹ 砖墙	qeŋ¹ʔau⁴ 米羹
做 兵	望 远	墙 砖	羹 米
tseŋ⁶qa:ŋ¹ 钢锅	wjan¹tu³ 锯齿	ʔduk⁷ɬui⁶ 衣柜	to⁶hum⁵ 花生
锅 钢	齿 锯	衣 柜	豆 土
sje³nam³ 水车	ka⁵ha² 火塘	tsiu⁵wi¹ 救火	thuŋ³lai³ 铜钱
车 水	塘 火	救 火	铜 钱

6.1.1.2 汉语新借词在水语里的结构特点

水语里的现代汉语借词，主要是现代政治、经济、文化生活方面的双音节或多音节词。水语里的现代汉语借词，绝大多数是依照西南官话结构方式原样借入。例如：

名词：　pe²ho¹ 百货　　　tshə³tsʅ 车子　　　kwə²ko³ 国歌　　　pja:u³ji⁶ 标语
　　　　百货　　　　　　车子　　　　　　国歌　　　　　　标语

　　　　pin³ka:u³ 冰棍　　pu⁶pa³ 补丁　　　tsha:n⁶nje⁴ 产业　　fa:n⁴li² 黄历
　　　　冰膏　　　　　　补巴　　　　　　产业　　　　　　黄历

动词：　tsun³pi¹ 准备　　ho⁴fa² 合法　　　fai¹pa:u¹ 汇报　　ka:i⁶faŋ¹ 解放
　　　　准备　　　　　　合法　　　　　　汇报　　　　　　解放

　　　　la³joŋ⁶ 挪用　　　sən³min⁴ 声明　　ɕen¹mo¹ 羡慕　　　ɕo²si² 学习
　　　　拉用　　　　　　声明　　　　　　羡慕　　　　　　学习

形容词：na:u¹zə² 热闹　　wən⁶tin¹ 稳定　　nui¹ha:ŋ⁴ 内行
　　　　闹热　　　　　　稳定　　　　　　内行

　　　　kw:aŋ¹lja:ŋ³ 光亮　lin⁴ho² 灵活　　　la:ŋ¹man¹ 浪漫
　　　　光亮　　　　　　灵活　　　　　　浪漫

有的借入后要按水语的结构方式作相应调整，以适应水语的习惯。例如：

　　qa:i¹la:u⁴ 大街　　　to⁶tsha:i¹ 菜豆腐
　　街 大　　　　　　豆腐 菜

　　zən¹ti²zən⁴ 敌人　　pa¹tsha:u³tsha:ŋ⁴ 操场
　　人 敌 人　　　　坝 操场

6.1.1.3 汉语借词在水语中的地位

在水语词汇系统中，有三种类型的词：第一种是本族词；第二种是汉语全借词；第三种是水语"本族语素＋汉借语素"构成的混合词。水语里的本族词，以单音节为主，已有一定数量的复音词，现代汉语全借词以双音节为主，混合词中除了双音节词，还有一些多音节词。在双音、多音节词中,汉语全借词与水汉语混合词在不同的词类中占的比例有所不同。我们对曾晓渝(1996)(收词和词组11100余条)作了不完全统计,在900个(从字母A-H字母)双音、多音节名词中,有523个本族词,占58%;232个汉语全借词,占26%;145个水汉混合词,占16%。在整部词典的900个双音、多音节动词中,本族词245个,占27%;汉语全借词585个,占66%;混合词70个,占7%。在整部词典的195个双音、多音节形容词中,有175个本族词,占90%;16个全借词,占8%;4个混合词,占2%。

水语里半借半译的混合词,是由水语本族语素加汉借语素构成。这类混合词又可分为两类:

(1) 对所借用的汉语词作整体音译,并在借词前加表示类别范畴的本族词素或早期汉语借语素,形成全借词加译注的形式,这类词主要是名词。例如:

nuk^8 tu^2 fa^3 菊花	kai^5 ɕan^4 ta:n^1 咸蛋	ʔun^1 tu^2 tən^1 独凳
花 菊花	蛋 咸蛋	凳 独凳
tsuŋ^5 pu^1 tshja:ŋ^3 步枪	ha^2 tsuŋ^3 jo^2 中药	ʔjen^1 jaŋ^4 jen^3 洋烟
铳 步枪	药 中药	烟 洋烟
mit^8 pq:u^6 ta:u^3 宝刀	mai^4 ja:ŋ^4 liu^6 杨柳	man^2 mai^4 jau^4 煤油
刀 宝刀	树 杨柳	油 煤油

(2) 借一个汉语词作为构词成分和一个本族词组合或意合为一个新词,有名词和动词。例如:

名词:	tsɿ^3 ɳaŋ^3 草纸	wa^5 tsja^2 茶叶	fui^2 tu^2 毒蛇	sja^5 tum^1 金矿
	纸 谷草	叶 茶	蛇 毒	矿 金
	ʔai^3 fu^5 富农	la:k^7 tjen^1 电线	ɣa:n^2 khu^1 仓库	to^6 la:k^8 豆芽
	人 富	绳子 电	房子 库	豆 苗
动词:	tsha^4 sa:i^3 查问	kuŋ^1 ha:i^1 供给	ja^2 fun^4 押送	tsu^2 sjeu^3 减少
	查 问	供 给	押 送	减 少
	fe^1 thau^5 迟到	ʔbjət^7 sja:ŋ^3 扭伤	pan^1 ɣa:n^2 分家	fan^2 tshin^6 说情
	迟到	扭伤	分家	说情

综上所述,水语里的汉语借词从来源上看,有不同的时间层次,从形式上看,可分为不同的类型,从构词方式上看,更具有特色,值得进一步分析研究。

6.1.2 汉借语素在水语中的构词方式

水语里的汉语全借词,不管有多少个音节,都应看成是音译的单纯词,不能对它们进行内部结构分析,这就像汉语中的全音译外来词一样。只有那些半借半译的混合词,才能对它们的内部结构进行层次分析。水语里的半借半译混合词的构成成分,无论是从汉语借入的,还是本民族固有的,它们都成为词汇材料,组合或意合出新的双音、多音节词。

水语里的半借半译混合词,从表现形式上,大致可以分为两类:(1)"汉借语素 + 本族语素"或"本族语素 + 汉借语素";(2)"表类别范畴的本族语素或早期汉借语素 + 现代汉借语素"。这两类混合词在构成方式上又可分为不同的小类。我们下面从水汉混合而成的双音、多音节词入手,对它们的结构方式与结构层次进行解析。

6.1.2.1 水汉语混合词的结构方式

(1) 修饰式:

a. 名语素(水语) + 名语素(汉语) → 名词

peŋ² tsja² 茶壶　　　mai⁴ pjət⁷ 笔杆　　　ʔda:ŋ¹ teŋ⁵ 灯光　　　ʔdeŋ⁵ mjen² 被褥
壶　茶　　　　　　木棍　笔　　　　　光　灯　　　　　　被单　棉

ʔja¹ ɬa:u³ 胶布　　　lu⁵ to⁶ 豆浆　　　ɣa:n² khu¹ 仓库　　　sja⁵ ɫum¹ 金矿
布　胶　　　　　　汁　豆　　　　　房　库　　　　　　矿　金

b. 名语素(汉语) + 名语素(水语) → 名词

lja:ŋ⁴ ɣa:n² 房梁　　thoŋ³ qe⁴ 便桶　　tsui² mai⁴ 棒槌
梁　房　　　　　　桶　屎　　　　　　锤　木棒

tsɿ³ n̠a:ŋ³ 草纸　　　ton¹ keŋ³ 瓷砖　　to⁶ la:k⁸ 豆芽　　　qa:i¹ loŋ⁵ 街巷
纸　谷草　　　　　砖　瓷　　　　　豆　苗　　　　　　巷　街

c. 名语素(水语) + 形语素(汉语) → 名词

tsiŋ⁵ la:u⁴ 枯枝　　　kaŋ¹ tu² 毒草　　　ɣun¹ fa:ŋ¹ 方凳　　　ʔai³ fu⁵ 富农
枝　旧　　　　　　草　毒　　　　　凳　方　　　　　　人　富

d. 名语素(汉语) + 形语素(水语) → 名词

la:u²ⁿ diŋ⁵ 黑牢　　　tsja:ŋ¹ lja:n⁵ 辣酱　　　ʔma¹ pa:k⁸ 白菜
牢　黑　　　　　　酱　辣　　　　　　菜　白

e. 名语素(水语) + 动语素(汉语) → 名词

mai⁴ ɫi¹ 标记　　　lo⁴ kuŋ⁶ 拱桥　　　na:n⁴ kha:ŋ¹ 烤肉
树　记　　　　　桥　拱　　　　　　肉　炕

(2) 支配式

a. 动语素(水语) + 名语素(汉语) → 动词

mjət⁷ kuə² 爱国　　　lik⁷ tshə³ 倒车　　　ʔɣe⁶ pa:i² 摊牌　　　fan² tshin⁶ 说情
爱　国　　　　　　倒　车　　　　　摊开　牌　　　　　说　情

ton⁵ tshin⁶ 判罪　　　lik⁷ pa:n³ 换班
判　罪　　　　　　倒　班

b. 动语素(汉语) + 名语素(水语) → 动词

tsiu⁵ wi¹ 救火　　　sja:u³ ʔna³ 丢丑　　　pan² ɣa:n² 分家　　　fa:ŋ⁵ le¹ 放学
救　火　　　　　　扫　脸　　　　　分　家　　　　　　放　书

c. 动语素（水语）＋形语素（汉语）→动词

　　tsje¹su⁴ 吃素　　　ho⁴tu² 放毒
　　吃　素　　　　　放　毒

d. 动语素（汉语）＋形语素（水语）→动词

　　fa:ŋ⁴ʔam³ 防潮　　sjau¹fe³ 受累
　　防　潮　　　　　受　累

（3）并列式

动语素（汉语）＋动语素（水语）→动词

tsha⁴sa:i³ 查问　　　kuŋ¹ha:i¹ 供给　　　sau³ⁿdjai³ 收买
查　问　　　　　　供　给　　　　　　收　买

（4）补充式

动语素（水语）＋动语素（汉语）→动词

tsu²sjeu³ 减少　　ʔbjət⁷sja:ŋ³ 扭伤　　koŋ³ta:u⁵ 推倒　　lit⁸ha:n⁵ 拆散
减　少　　　　　扭　伤　　　　　　推　倒　　　　　拆　散

（5）类别语素＋汉借语素

水语里水汉语混合词的结构方式最有特色的一类是"表类别范畴的水语固有语素或早期汉借语素＋汉语复音语素"构成的合成词。这类词将汉语词整体借入，表义完整，但为了符合水语造词习惯，更为了明确表示词的类别范畴，准确达义，于是在汉语全借词前又加上一个水语或早期汉语类别语素。这种类型的混合词，又可分为两类：

（1）汉语借词中已有表类别范畴的语素，借入水语后再在借词前加一个同义的水语或早期汉语通称类别语素，构成三音、多音节词。例如：

khun¹kuŋ¹lu¹ 公路　　　　khun¹ma⁶lu¹ 马路
路　公　路　　　　　　　路　马　路

mom⁶ɬin³wi⁴ 金鱼　　　　mom⁶ɕan⁴wi⁴ 咸鱼
鱼　金　鱼　　　　　　　鱼　咸　鱼

ha²tsuŋ³jo² 中药　　　　　ha²jo²sui⁶ 药水
药　中　药　　　　　　　药　药　水

ʔja¹fa:n⁴pu¹ 帆布　　　　ʔja¹kha⁶ɬi³pu¹ 咔叽布
布　帆　布　　　　　　　布　咔　叽　布

kai⁵ho²pa:u³tan¹ 荷包蛋　　kai⁵ɕan⁴ta:n¹ 咸蛋
蛋　荷　包　蛋　　　　　蛋　咸　蛋

tsja²fuŋ⁴tsha⁴ 红茶　　　　tsja²khu⁶tin³tsha⁶ 苦丁茶
茶　红　茶　　　　　　　茶　苦　丁　茶

ta:ŋ² huŋ⁴ sa³ tha:ŋ⁴ 红砂糖　　　ta:ŋ² pin² tha:ŋ² 冰糖
糖　红　砂　糖　　　　　　　糖　冰　糖

ʔau⁴ tsha:u⁶ mi⁶ 炒米　　　　ʔau⁴ kən⁶ ta:u¹ 粳稻
米　炒　米　　　　　　　　　稻　粳　稻

ʔjen¹ tsɿ⁶ jen³ 纸烟　　　　　ʔjen¹ kha:u⁶ jen³ 烤烟
烟　纸　烟　　　　　　　　　烟　烤　烟

tsa:k⁷ ɬhiu⁴ ha:i⁴ 球鞋　　　tsa:k⁷ lja:ŋ⁴ ha:i⁴ 凉鞋
鞋　球　鞋　　　　　　　　　鞋　凉　鞋

ja:u¹ hə² ku² thən⁴ 黑骨藤　　ja:u¹ ta¹ ɕe² thən⁴ 大血藤
藤　黑　骨　藤　　　　　　　藤　大　血　藤

fan¹ na:n⁴ tsu² 南竹　　　　　man² mai⁴ jau⁴ 煤油
竹　南　竹　　　　　　　　　油　煤　油

tam² jau² ku⁶ 腰鼓　　　　　 ʔduk⁷ tshən¹ ji³ 衬衣
鼓　腰　鼓　　　　　　　　　衣　衬　衣

to⁶ sɿ¹ ɬi¹ tau¹ 四季豆　　　 hui² tsha:i¹ fa³ sə⁴ 菜花蛇
豆　四　季　豆　　　　　　　蛇　菜　花　蛇

ha:u³ ma:u⁴ tha:i⁴ tsiu⁶ 茅台酒　tsuŋ⁵ pu¹ tshja:ŋ³ 步枪
酒　茅　台　酒　　　　　　　铳　步　枪

tin² wi⁶ sɿ² 玉石　　　　　　ɕi³ wjan⁴ tso² 圆桌
石头 玉 石　　　　　　　　　桌子 圆 桌

ʔdja:k⁷ pe² la² 白蜡
蜡　白　蜡

(2) 汉语全借词中,尽管没有通称类别词,但就词语而言,已经是一个表义完整的结构,借入水语后,又在借词前加水语固有的通称类别语素,构成三音、多音节词。例如：

ʔai³ fa¹ ɬa³ 画家　　　ʔai³ thə² wu¹ 特务　　　ʔai³ ɕuŋ² sau⁶ 凶手
人　画　家　　　　　　人　特　务　　　　　　人　凶　手

ʔai³ ta:u¹ sɿ³ 道士　　ʔai³ la:u⁶ sɿ¹ 老师　　　ʔai³ pa:k⁸ siŋ¹ 百姓
人　道　士　　　　　　人　老　师　　　　　　人　百　姓

nok⁹ jin³ wu⁶ 鹦鹉　　nok⁸ khuŋ⁶ ɬho² 孔雀
鸟　鹦　鹉　　　　　　鸟　孔　雀

ɣa:n² li⁶ sje¹ 旅社　　tin² pa:i² fən² 墓碑
房子 旅 社　　　　　　石头 碑　坟

这说明水语在引进汉语词时,并不是一味地消极接受,也采取积极的态度,用水语的构词方式对汉语借词进行了一定程度的"改造",使之不仅适应水语的构词习惯,而且能更好地表情达意。

"类别语素+专名语素"或者"专名语素+类别语素"的构词方式,显然不仅仅是为了满足复音(双音)化的要求,而且还受了构词心理和语义表达的影响。不同语族的语言在吸收外来词的时候,之所以都选用了这样一种相同的构词方式,这是因为:a. 汉藏语言主要以单语素为构词单位,通称类别语素丰富,采用"通称类别语素+外借语素"或"外借语素+通称类别语素"构词方式比较便捷;b. 在表义完整的借词上加上通称类别语素看上去似乎是羡余现象,但在表义上,可以达到词义明确,义类显豁的作用。故这种构词方式在汉藏语中运用得十分广泛。例如:

汉 语:

保龄球:"保龄"为英语 bowling 的音译词,"球"是汉语语素。

道林纸:"道林"(美国道林公司)为英语 Dowling 的音译词,"纸"是汉语语素。

来亨鸡:"来亨"为意大利语 livorno,"鸡"是汉语语素。

踢踏舞:"踢踏"为英语 tittup 的音译词,"舞"是汉语语素。

哈巴狗:"哈巴"为蒙语 xaba 的音译词,"狗"是汉语语素。

菠菜:"波"是尼泊尔语 palinga 首音节的纯音译,"菜"是汉语语素。

酒吧:"吧"是英语 bar 的纯音译,"酒"是汉语语素。

色拉油:"色拉"是英语 salad 的纯音译,"油"是汉语语素。

艾滋病:"艾滋"是英语缩写 AIDS 的纯音译,"病"是汉语语素。

香槟酒:"香槟"是法语 champagne 的纯音译,"酒"是汉语语素。

(以上例词转引于王艾录、司富珍 2002:220、313、314)

在藏缅语、壮侗语中普遍采用的是"通称类别语素+外借语素"的结构。例如:

水 语:

khun^1 kuŋ^1 lu^1 公路　　　　khun^1 ma^6 lu^1 马路
路　公路　　　　　　　　路　马路

mom^6 ɬin^3 wi^4 金鱼　　　　mom^6 ɕan^4 wi^4 咸鱼
鱼　金鱼　　　　　　　　鱼　咸鱼

ha^2 tsuŋ^3 jo^2 中药　　　　ha^2 jo^2 sui^6 药水
药　中药　　　　　　　　药　药水

ʔja^1 fa:n^4 pu^1 帆布　　　　ʔja^1 kha^6 ɬi^3 pu^1 咔叽布
布　帆布　　　　　　　　布　咔叽布

kai^5 ho^2 pa:u^3 tan^1 荷包蛋　　kai^5 ɕan^4 ta:n^1 咸蛋
蛋　荷包蛋　　　　　　　蛋　咸蛋

布依语：

pja?⁷ po⁵ tsa:i³ 菠菜　　　pu⁶ ta³ ji⁵ 大衣　　　ɣa:i² tɕa:u⁵ xa:i⁴ 胶鞋
菜　菠　菜　　　　　　衣服　大衣　　　　　　鞋　胶　鞋

仫佬语：

li:ŋ³ ja:ŋ⁴ sa:n⁶ 洋伞　　　za:n² miu⁶ 庙宇　　　taŋ⁵ tu⁴ tɯn³ 独凳
伞　洋　伞　　　　　　房子　庙　　　　　　　凳　独　凳

pɣa:n⁶ tshe⁵ sjen⁴ 车线　　kɣa¹ tsha:n⁶ tshuŋ⁶ 蚕　fa⁵ toŋ¹ jep⁸ 棕叶
线　车　线　　　　　　虫　蚕　虫　　　　　　叶　棕　叶

壮 语：

ma:k⁷ pi² pa² 枇杷　　　　ɣok⁸ ʔen 燕子
果子　枇杷　　　　　　鸟　燕子

hau⁴ va:n³ ta:u⁵ 晚稻　　　pu⁶ vei⁵ sɯŋ⁵ 绒衣
稻　晚　稻　　　　　　衣服　卫　生

傣语（德）：

mǎi² sa² mu² 杉木　　　　ja² sui³ jɛn⁶ 水烟丝　　　mak⁵ phin⁴ ko² 苹果
木　杉木　　　　　　　烟　水　烟　　　　　　果　苹果

mak⁵ xɔ⁶ xoŋ⁴ 花红果　　　mɔk⁵ pə³ xɔ⁶ 白花　　　phǎk⁷ sai⁵ xɔ⁶ 菜花
果　花　红　　　　　　花　白　花　　　　　　菜　菜花

lǎu³ phi³ tsiu² 啤酒　　　　xǎu³ kɔ⁵ mɛn⁵ 挂面　　　xau³ xɛu⁴ 荞
酒　啤　酒　　　　　　面　挂　面　　　　　　谷子　荞

xau³ mə³ 麦子　　　　　　xau³ sen³ 米线　　　　aŋ⁵ sɛŋ⁶ lu³ 香炉
谷子　麦子　　　　　　米　线　　　　　　　炉　香　炉

lam⁴ su⁵ 醋　　　　　　　lam⁴ tsa:ŋ⁵ 酱油　　　　lam⁴ mɯk⁸ 墨水
水　醋　　　　　　　　水　酱　　　　　　　水　墨

se³ phi⁴ ji⁶ 皮衣　　　　　se³ ta³ ji⁶ 大衣　　　　se³ mau⁴ ji⁶ 毛衣
衣服　皮衣　　　　　　衣服　大衣　　　　　　衣服　毛衣

koŋ³ pu⁵ sɛŋ⁶ 步枪　　　　koŋ³ thoŋ⁴ phau⁵ sɛŋ⁶ 铜炮枪
枪　步　枪　　　　　　枪　铜　炮　枪

kun⁶ liu⁴ tsai² xu⁵ 牛仔裤
裤　牛　仔　裤

藏语（安多）：

ɦidʐaɦʑa　+　ɦidʐaɦʑa　　→ɦidʐaɦʑa ɦidʐaɦʑa　礼貌
汉帽（固有词）礼帽（汉借词）

kara + jaŋthaŋ →kara jaŋthaŋ 洋糖
糖（固有词）洋 糖（汉借词）

shitok + phinngo →shitok phinngo 苹果
水果（固有词）苹 果（汉借词）

phan + ɦzoŋ →phanɦzoŋ 大盘子
盘（汉借词） 大盘子（固有词）

shi + tsurə →shi tsurə 枣儿
水果（固有词）枣儿（汉借词）

theʂan + rəwo →theʂan rəwo 泰山
泰山（汉借词）山（固有词）

6.1.2.2 水汉语混合词的结构层次

水语里的多音节复合词就其结构层次而言是复杂的：首先，一个多音节复合词如果全由本民族语素构成，其内部结构则可以进行多层次划分；其次，如果是由水汉语素混合而成的多音节词，其内部结构层次，有的可能是多层次的，有的是单层次的；再次，多音节汉语全借词，作为一个整体被借入到水语，相当于单纯词，不可以按照水语的结构特点进行层次划分。

（一）水语多音节复合词的结构层次

水语的多音节复合词一般是由"单语素＋复合语素"或"复合语素＋单语素"构成，它们可以划分为两个层次。例如：

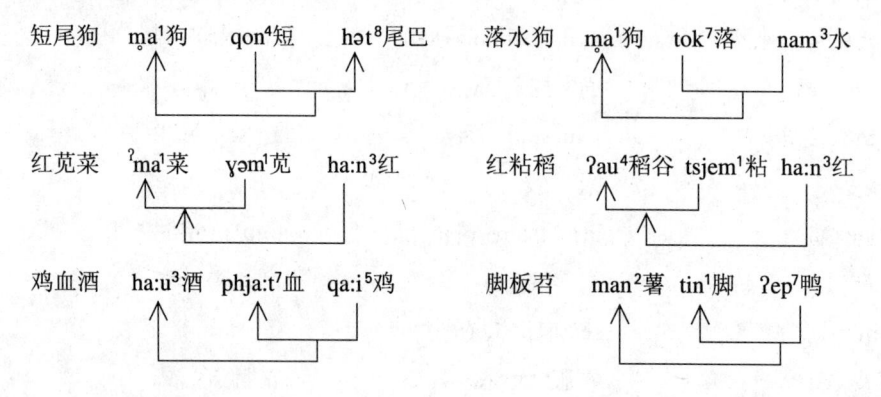

短尾狗 ma¹狗 qon⁴短 hət⁸尾巴　　落水狗 ma¹狗 tok⁷落 nam³水

红苋菜 ʔma¹菜 ɣəm¹苋 ha:n³红　　红粘稻 ʔau⁴稻谷 tsjem¹粘 ha:n³红

鸡血酒 ha:u³酒 phja:t⁷血 qa:i⁵鸡　　脚板苔 man²薯 tin¹脚 ʔep⁷鸭

上列词中作为构词成分的复合语素可以是偏正式，如"qon⁴ hət⁸ 短尾巴"（水语偏正式，绝大多数是"被修饰语＋修饰语"，像"qon⁴ hət⁸ 短尾巴"这样"修饰语＋被修饰语"的情况极少）；动补式，如"tok⁷ nam³ 落水"；正偏式，如"ʔma¹ ɣəm¹ 苋菜""ʔau⁴ tsjem¹ 粘稻""phja:t⁷ qa:i⁵ 鸡血""tin¹ ʔep⁷ 鸭脚"等。

（二）水语里汉语多音节全借词的结构层次

多音节汉语全借词有两种形式：一种是从汉语里一次性借入；另一种是由新老借词组合而成。从汉语整体借入的多音节词不能进行结构层次的划分，由汉语老借词和汉语新借词组合而成的多音节词一般可以划分为一个层次。例如：

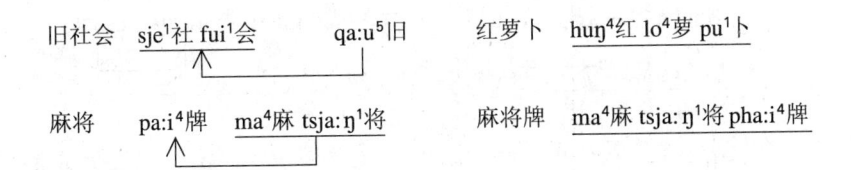

旧社会　sje¹社 fui¹会　qa:u⁵旧　　红萝卜　huŋ⁴红 lo⁴萝 pu¹卜

麻将　pa:i⁴牌 ma⁴麻 tsja:ŋ¹将　　麻将牌　ma⁴麻 tsja:ŋ¹将 pha:i⁴牌

从上列例词的结构层次可以看出,"旧社会"和"红萝卜"尽管都是汉语借词,但结构方式不一样,"旧社会"是"中心语+修饰语","红萝卜"是"修饰语+中心语",在汉语中同是偏正结构的词,为什么到了水语里会出现两种不同的结构方式? 其缘由是,"旧社会"的"qa:u⁵ 旧"是一个老借词,"sje¹ fui¹ 社会"是一个新借词,它们在不同的时间借入,后双方作为构词语素组合成复合词,采用的构词方式是水语的"正偏式",故按水语的习惯将修饰语置于被修饰语之后。"红萝卜"是现代汉语全借词,借入时是将三个音节作为一个整体一起借入的,故修饰语按汉语的习惯置于被修饰语之前。"麻将"一词也是如此,第一种结构中的"pa:i⁴ 牌"是汉语老借词,在此作为类别通称语素,冠于汉语新借词"ma⁴ tsja:ŋ¹ 麻将"之前;第二种结构是将汉语三音节词"ma⁴ tsja:ŋ¹ pha:i⁴ 麻将牌"整体借入,故结构方式与汉语同。

(三)"水语通称类别语素+汉借复音语素"的结构层次

"水语通称类别语素+汉借复音语素"构成的合成词,有两种结构层次:由"水语通称类别语素+汉语复音语素"构成的合成词只有一个层次;由"汉语新(老)借词+汉语老借词"构成复音语素,再加上"水语通称类别语素"构成的水汉多音节词,可以划分为两个层次。例如:

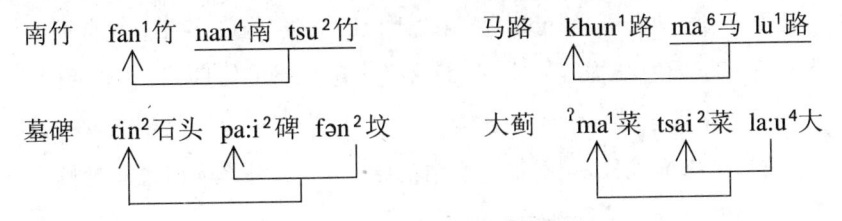

南竹　fan¹竹 nan⁴南 tsu²竹　　马路　khun¹路 ma⁶马 lu¹路

墓碑　tin²石头 pa:i²碑 fən²坟　　大蓟　ʔma¹菜 tsai²菜 la:u⁴大

上列例词的结构层次是,水语的"fan¹ nan⁴ tsu² 南竹"和"khun¹ ma⁶ lu¹ 马路"是现代汉语全借词"nan⁴ tsu² 南竹"和"ma⁶ lu¹ 马路"加水语通称类别语素"fan¹ 竹"和"khun¹ 路"构成的水汉混合词,所以只可以划分为一个层次;"tin² pa:i² fən² 墓碑"和"ʔma¹ tsai² la:u⁴ 大蓟"是由两个汉借语素先构成复音语素"pa:i² fən² 坟碑"和"tsai² la:u⁴ 大菜"(其中"fən² 坟"和"la:u⁴ 大"是汉语老借词,故修式语置于被修饰语之后),然后再冠上水语通称类别语素"tin² 石头"和"ʔma¹ 菜"构成水汉语多音节混合词,故可以划分为两个层次。

(四)"水语或汉语通称类别语素+水汉语混合复语素"的结构层次

由"水语或汉语通称类别语素+水汉语混合复语素"构成的多音节词,一般可以划分为两个层次。例如:

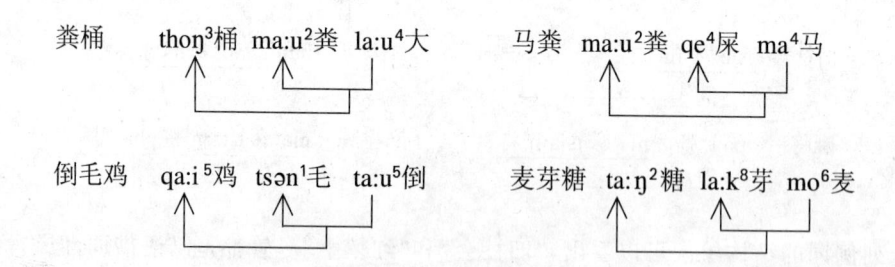

粪桶　thoŋ³桶　ma:u²粪　la:u⁴大　　　马粪　ma:u²粪　qe⁴屎　ma⁴马

倒毛鸡　qa:i⁵鸡　tsən¹毛　ta:u⁵倒　　　麦芽糖　ta:ŋ²糖　la:k⁸芽　mo⁶麦

上列例词的结构层次是,水语的"thoŋ³ ma:u² la:u⁴ 粪桶"和"ta:ŋ² la:k⁸ mo⁶ 麦芽糖"是先由汉语老借词"la:u⁴ 大"和"mo⁶ 麦"与水语"ma:u² 粪"和"la:k⁸ 芽"构成复合语素,然后再加汉借语素"thoŋ³ 桶"和"ta:ŋ² 糖"构成水汉语多音节混合词;"qa:i⁵ tsən¹ ta:u⁵ 倒毛鸡"和"ma:u² qe⁴ ma⁴ 马粪"是先由汉借语素"ta:u⁵ 倒"和"ma⁴ 马"与水语本族的"tsən¹ 毛"和"qe⁴ 屎"构成复合语素,然后再加水语的"qa:i⁵ 鸡"和"ma:u² 粪"构成水汉多音节混合词。

(五)"汉语通称类别语素 + 水语复合语素"的结构层次

由"汉语通称类别语素 + 水语复合语素"构成的多音节复音词,一般可以划分为两个层次。例如:

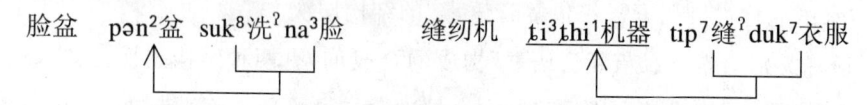

脸盆　pən²盆　suk⁸洗　ʔna³脸　　　缝纫机　ɬi³ɬhi¹机器　tip⁷缝　ʔduk⁷衣服

上列例词的结构层次是,先由水语固有语素"suk⁸ 洗"和"ʔna³ 脸"、"tip⁷ 缝"和"ʔduk⁷ 衣"构成"动宾"复合语素,再加汉借语素"pən² 盆"和"ɬi³ɬhi¹ 机器"构成多音节复合词。

从上述水语多音节词的结构解析中,我们获得了这样一个信息:汉语新老借词在水语中的结构方式不同。水语从汉语整体借入的多音节词,其结构方式与汉语相同;在水汉语混合多音节词中,有汉借语素作修饰成分,一般都按水语的结构方式,将修饰语置于被修饰语之后,而不是像汉语那样,将修饰语置于被修饰语之前。

6.1.3　汉语借词对水语构词方式的影响

汉语借词对水语词汇系统的影响,不仅表现为数量大、覆盖面宽,而且还表现在和词汇相关的各个层面上。水语词汇作为一个自主的系统,它本身具有一套能满足水族人民交际、表达思想的音义符号,也有一套与音义符号相适宜的造词、构词的规则。汉语借词融入水语词汇后,一方面水族人民要对它们进行适合本民族造词、构词规则的"改造";另一方面汉语借词融入的数量越来越大,特别是一些汉语有,水语无的表示新事物的词语被借入后,不仅填补了语义上的空白,还丰富了水语的构词方式。概括起来,汉语借词对水语构词方式的影响的主要表现在以下几个方面:(1) 构词语素的兼容;(2) 构词方式的吸收与创新;(3) 复音词数量的增多。

6.1.3.1　构词语素的兼容

水语词汇作为一个自主的系统,本身有一套音义结合的表义符号。汉语借词作为表义符号的音义结合体,进入到水语词汇中,会和水语的固有词产生多种关系。借入到水语的汉语借词,不仅可以作为独立的词参与到语言交际中,而且还可以作为构词语素参与构词。

(1) 水语的固有词或早期汉语借词和汉语新借词构成同音现象。这些同音词作为构词语素,会和其他语素一道构成语义不同的复音词。例如:

| mai⁴ 树（本族词） | ha:ŋ¹ mai⁴ 树根 | tu³ 互相（本族词） | tu³ pa:ŋ³ 互助 |
| mai⁴ 煤（借词） | qa:u² mai⁴ 煤洞 | tu³ 都（借词） | siŋ² tu³ 都城 |

| kwa¹ 盐（本族词） | ha:i³ kwa¹ 肚脐 | pi² 胖（老借词） | ʔai³ pi² 胖子 |
| kwa¹ 瓜（借词） | kwa¹ tjeŋ¹ 黄瓜 | pi² 笔（新借词） | wjan⁴ pi² 笔心 |

| su³ 守（本族词） | su³ ha:i² 守灵 | fa² 羊（本族词） | la:k⁸ fa² 羊羔 |
| su³ 书（借词） | su³ ɬa² 书夹 | fa² 发（借词） | fa² pi² 发胖 |

(2) 水语的固有词或早期汉语借词和汉语新借词构成同词异音形式。这些不同读音形式的同义词,有的可以作为同义语素,和其他语素一起,构成复音词。例如:

	本族词	老借词	新借词
心	loŋ²	ɕim¹	sin¹
	loŋ² ȵa:m¹ 歹毒	pjen⁵ ɕim¹ 变心	sin¹ fu² 心服
路	khun¹	—	lu¹
	teŋ⁵ khun¹ 路灯		lu¹ sjen¹ 路线
吸	ʔdiu¹	ɕut⁷	—
	ʔdiu¹ lo⁵ 吸气	ɕut⁷ lo⁵ 吸气	
照	ʔda:ŋ¹	tsjau⁵	tsa:u¹
	nam³ ʔda:ŋ¹ 镜子	toŋ² tsjau⁵ 镜子	tsa:u¹ sjaŋ¹ 照相
金子	—	ɬum¹	ɬin³
		sja⁵ ɬum¹ 金矿	ɬin³ jin⁴ fa² 金银花
铜	—	toŋ²	thuŋ⁴
		ha:ŋ⁶ toŋ² 铜匠	thuŋ² lai³ 铜钱
锤	—	tui²	tsui²
		tui² ɕət⁷ 铁锤	tsui² mai⁴ 木锤
平	—	pjeŋ²	phin⁴
		khun¹ pjeŋ² 平路	phin² tən⁶ 平等
分	—	pan¹	fən³
		pan¹ ȵa:u⁶ 分居	fən³ huŋ⁴ 分红
工	—	qoŋ¹	kuŋ³

		fe¹goŋ¹ 做工	kuŋ³tsha:ŋ⁶ 工厂
笔	—	pjət⁷	pi²
		quŋ¹pjət⁷ 笔筒	pi²ka:n⁴ 笔杆
纸	—	tsŋ³	tsŋ⁶
		sjen⁵tsŋ³ 纸扇	tsŋ⁶pi¹ 纸币
大炮	—	tsuŋ⁵la:u⁴	ta¹pha:u¹
法宝	—	fa:p⁷pa:u⁶	fa²pa:u⁶
地名	ʔda:n¹hən²	—	ti¹min⁴
地球	te³ʔbən¹	—	ti¹ɬiu⁴
包袱	sa:u¹ʔam⁵	—	pa:u³fu²

上述情况说明,水语对于汉语借词的进入采取的是兼容的态度,既不排斥外来词,也不轻易放弃本族词,而是让本族词和汉借词共存,同时为人们的交际服务。

6.1.3.2 结构上的吸收与创新

(一) 结构上的吸收

水语和汉语在构词上最大的差异在于修饰式,水语是"中心语+修饰语素",汉语是"修饰语素+中心语"。由于汉语新老借词的影响,水语中有些修饰式复合词的结构方式,出现了"中心语+修饰语素"和"修饰语素+中心语"并存的现象。

(1) 混合词按水语的方式组合,全借词保留汉语的组合方式。例如:

	混合词	全借词
红旗	ɬi²ha:n³	fuŋ⁴ɬhi⁴
	旗 红	红 旗
仓库	ɣa:n²khu¹	tsha:ŋ²khu¹
	房子 库	仓 库

(2) 老借词按水语的方式组合,新借词保留汉语的组合方式。例如:

	老借词	新借词
麻将	pa:i⁴ma⁴tsja:ŋ¹	ma⁴tsja:ŋ¹pha:i⁴
	牌 麻将	麻将 牌
大炮	tsuŋ⁵la:u⁴	ta¹pha:u¹
	铳 大	大 炮
笔筒	quŋ¹pjət⁷	pi²thoŋ²
	筒 笔	笔 筒
豆腐	to⁶tsha:i¹	tau¹fu⁶
	豆腐 菜	豆 腐

(3) 本族词按水语的方式组合,现代汉语全借词保留汉语的组合方式。例如:

	本族词	汉语借词
衬布	ʔja¹ba:u³	tshən¹pu¹
	布 衬	衬 布
冰棍	mai⁴ʔnui¹	pin³ka:u³
	木棍 冰	冰 膏
餐厅	ⁿdjoŋ³tsje²ʔau⁴	tsha:n³thin³
	地点 吃饭	餐 厅

（4）同义的汉借语素作不同名语素的修饰语时，早借入的放在中心语之后，晚借入的放在中心语之前。例如：

老借词	新借词
ʔda:ŋ¹teŋ⁵ 灯光	tən³phau³ 灯泡
光 灯	灯 泡
pa:i²tsɿ³ 纸牌	tsɿ⁶pi¹ 纸币
牌 纸	纸 币
ʔa:n¹ma⁴ 马鞍	ma⁶tən³ 马灯
鞍 马	马 灯

（5）有些汉语借词由于借入的时间较早，已成为水语基本词中的一部分，当它们作为构词语素时，无论是在全借词中，还是在混合词中，通常只放在被修饰语的后面。例如：

全借词	tsuŋ¹tsja² 茶杯	kon⁶tsja² 茶馆	
	盅 茶	馆 茶	
	to⁶pa:k⁸ 白豆	ta:u⁴pjət⁷ 笔套	
	豆 白	套 笔	
混合词	nuk⁸tsja² 茶花	wa⁵tsja² 茶叶	man²tsja² 茶油
	花 茶	叶 茶	油 茶
	ʔja¹pa:k⁸ 白布	ʔma¹pa:k⁸ 白菜	fa²pa:k⁸ 白云
	布 白	菜 白	云 白
	mai⁴pjət⁷ 笔杆	phi¹pjət⁷ 笔尖	quŋ¹pjət⁷ 笔筒
	木棍 笔	尖 笔	筒 笔

尽管上列例词中，汉借语素作修饰成分时，其位置有所不同，有的置于中心语之前，有的置于被修饰语之后，但仍有其规律可循，那就是无论是汉语全借词，还是水汉混合词，只要是汉语老借词或水语固有词作修饰成分都放在中心语之后，构成"中心语＋修饰语素"的结构。只有那些整体借入的汉语双音节、多音节新借词才按汉语的习惯，将修饰语素置于中心语之前。这充分说明语言作为一个民族最古老、最有代表性的文化符号，人们是不会轻易放弃自身特点的。对于早期的外来词，他们始终自觉不自觉地用本民族的语言结构方式对其进行改造，以符

合本民族的习惯。

在谈到汉语对壮侗语的影响时,人们常常举语序变异的例子,说由于受汉语偏正结构"修饰语+中心语"的影响,壮侗语里出现了修饰语前移的倾向。但通过对汉语借词作为构词语素在水语偏正结构中的语序考察,我们发现事实并非如此。人们所说的修饰语前置的复音词,几乎都是现代汉语全借词。而现代汉语全借词是把汉语中的某一个双音或多音节词整体借入的,它们的"修饰语+中心语"的语序,本来就是汉语的语序,根本谈不上是受了汉语的影响。当我们对水汉语混合词的结构方式进行认真考察后,我们就会发现"中心语+修饰语"仍是水语偏正结构主要的构词方式。为此,从目前的情况来看,汉语对水语结构方式的影响,不是修饰语由后往前移,而是水语本族词、水汉混合词的"中心语+修饰语"结构和现代汉语全借词的"修饰语+中心语"结构并存。

随着现代汉语借词数量的不断增加,特别是现代汉语双音、多音节词的大量借入,水语里"修饰语+中心语"的结构会越来越多。加之目前水语里原有的"水语或汉语早期通称类别语素+汉借复音语素"的结构,已经趋向于省略通称类别语素,只用汉语全借词,例如:

电线　la:k⁷ tjen¹ sjen¹　　　杜仲　mai⁴ tu¹ tsuŋ¹
　　　绳　电　线　　　　　　　　　树　杜　仲
　　　tjen¹ sjen¹　　　　　　　　　tu¹ tsuŋ¹
　　　电　线　　　　　　　　　　　杜　仲
球鞋　tsa:k⁷ ȶhiu⁴ ha:i⁴　　　衬衣　ʔduk⁷ tshən¹ ji³
　　　鞋　球　鞋　　　　　　　　　衣服　衬　衣
　　　ȶhiu⁴ ha:i⁴　　　　　　　　　tshən¹ ji³
　　　球　鞋　　　　　　　　　　　衬　衣

这样一来,原来的一些按照水语构词方式"通称类别语素+汉借复合语素"组成的一大批水汉混合词,又还原为汉语"修饰语+中心语"结构的汉语全借词。水语复音词的偏正结构面貌,会更接近于汉语。

(二) 结构上的创新

水语里,属于本民族固有的动结式尚未从句法结构转化到词法结构,但由于受汉语动结式复合词的影响,在水语词汇里,已经有了由"本族语素+汉借语素"或"汉借语素+本族语素"构成的动结式复合词。例如:

ŋwa³ ŋai¹ 推开　　koŋ³ ta:u⁵ 推到　　tsu² sjeu³ 减少　　ʔbjət⁷ sja:ŋ³ 扭伤
推　开　　　　　　推　到　　　　　　减　少　　　　　　扭　伤
ha:i⁵ te³ 降低　　　ta³ lam⁵ 打垮　　　pan¹ wa:k⁸ 分裂　　khwə² la:u⁴ 扩大
降　低　　　　　　打　垮　　　　　　分　裂　　　　　　扩　大
qat⁷ tju⁵ 割断　　　lit⁸ ha:n⁵ 拆散　　sut⁷ sja:ŋ³ 烫伤　　ŋai⁵ sin¹ 听信
割　断　　　　　　拆　散　　　　　　烫　伤　　　　　　听　信

toŋ⁵ ɬet⁷ 冻结   sot⁷ fu² 说服
冻 结   说 服

此外，由于受汉语动结式构词方式的影响，水语词汇里还出现了由"本族语素＋本族语素"构成的动结式复合词。例如：

kam⁴ qoŋ³ 戳穿   kau⁵ tok⁷ 抖落   ta:t⁷ he⁵ 打破   tsu² za³ 减轻
qau⁵ hut⁷ 看穿   ʔat⁷ tai¹ 勒死   ha:n⁶ lju¹ 惊醒

这些由"本族语素＋汉借语素"或"汉借语素＋本族语素"构成的动结式复合词，以及由"本族语素＋本族语素"构成的动结式复合词，在现代水语里，已经广为运用，成为日常交际中的基本词汇。为此，水语动结式构词方式是在汉语动结式构词方式影响下的一种创新。

6.1.3.3 复音词数量的增多

水语和汉藏语系绝大多数语言的词汇一样，正在经历着由单音词为主向复音词发展演变的过程。水语词汇复音化逐渐形成的一个重要的外部动因，就是受汉语借词的影响。水语里的汉语早期借词（明清前），是以单音词为主，这些单音节词，进入到水语的词汇系统中，不仅成为稳固的成分，而且在水语复音化逐渐形成的过程中，成为能构性很强的语素，组合或意合了一批复音词，推动了水语复音化的发展。例如水语里的"tsja² 茶"是一个早期汉语借词，由它构成的复音词就有：

tsuŋ¹ tsja¹ 茶杯   koŋ⁶ tsja² 茶馆   lam¹ tsja² 茶果   peŋ² tsja² 茶壶
盅 茶   馆 茶   果 茶   瓶 茶
nuk⁸ tsja² 茶花   mai⁴ tsja² 茶树   ȵui⁶ tsja² 茶籽   man² tsja² 茶油
花 茶   树 茶   籽 茶   油 茶

水语里有一些词，已有本民族的单音节固有词，后来又从汉语里借入一个意义相同或相近的双音节词，形成单音节本族词和双音节汉借词共存。例如：

	本族词	汉借词
管理	qha:m³	koŋ³ li⁶
盗窃	ljak⁷	ta:u¹ tshje²
巴结	ᵐba³	pa³ ɬe²
正确	ⁿdum³	tsən¹ tho²
怀疑	ho¹	fa:i⁴ ȵi⁴
狡猾	ʔdjan¹	ɬa:u⁶ fa²

水语有一些词，单音词的意义和汉语中的某一个单音词相同或相近，水语借入后，将两个词组合在一起，形成单音节本族词和双音节水汉混合词并存。例如：

本族词	汉借词	混合词
fan² 说	sot⁷ 说	fan² sot⁷ 告诉
ɕau³ 知道	ɣo⁴ 知道	ɕau³ ɣo⁴ 通达

| tip⁷ 缝补 | fa:ŋ¹ 缝补 | tip⁷fa:ŋ¹ 缝补 |
| qa:ŋ¹ 光亮 | kwaŋ² 光亮 | qa:ŋ¹kwaŋ² 光亮 |

水语双音节形容词有其独特的构词方式:"单音形容词+单音的双声或叠韵后附音节"。水语里早期借入的一些汉语形容词,在复音化过程中,也按此方式构成双音节形容词。例如:

la:u⁴ lan² 巨大	qa:u⁵ qaŋ¹ 陈旧	sjeu³ sjet⁷ 稀少	pi² put⁸ 肥胖
大	旧	少	胖
tsjen⁶ tsjai² 便宜	pa:k⁸ paŋ⁴ 白白的	pja:ŋ⁶ pja:p⁸ 扁扁的	
贱	白	扁	

水语中的现代汉语借词,一般是把汉语中的双音、多音节词整体借入,直接作为音义结合的符号,参与到日常交际中。这些汉语双音、多音节词,既有政治、经济、文化方面的专门术语,也有日常生活中的普通词语,可以是名词、动词、形容词等。例如:

(1) 水语名词里的汉语复音借词

ta:ŋ⁶ wjen⁴ 党员	tsəŋ⁶ fuŋ³ 整风	tsən¹ fu⁶ 政府	tsʅ⁶ su³ 支书	fa² li² 法律
tsʅ³ sʅ² 知识	tshu³ tsuŋ³ 初中	tshʅ⁴ tjan⁶ 词典	ti¹ thu⁴ 地图	fən⁶ pi² 粉笔
tjen¹ tən³ 电灯	tjen¹ sʅ¹ 电视	ta:n¹ ka:u³ 蛋糕	tjen¹ fən⁶ 淀粉	ja:ŋ¹ ɬen⁶ 肥皂
sin¹ fuŋ³ 信封	sja:u³ si² 消息	tsja:ŋ¹ ta:ŋ³ 账单	tsən⁶ li⁶ 真理	thjan³ tsin⁶ 天井

(2) 水语动词里的汉语复音借词

pa³ ɬe² 巴结	pa³ wa:ŋ¹ 巴望	pa⁶ tshi² 把持	pa⁶ ŋo² 把握	pa:i⁶ pu¹ 摆布
pa:i⁵ ɬi⁵ 拜继	ba:u³ pa:n¹ 包办	pa:u³ wi² 包围	pa:u⁵ ta² 报答	pi⁶ sa:i¹ 比赛
pl² ne² 毕业	pien⁵ fa¹ 变化	pja:u⁶ sʅ¹ 表示	pu⁶ tshoŋ³ 补充	pu¹ tsʅ² 布置
ta:u¹ ɬhan¹ 道歉	tuŋ¹ wjen⁴ 动员	fa² min⁴ 发明	fa² ja:ŋ⁴ 发扬	fən³ huŋ⁴ 分红

(3) 水语形容词里的汉语复音借词

| lin⁴ ho² 灵活 | la:ŋ¹ man¹ 浪漫 | na:u¹ zə² 闹热 | phin⁴ tən⁸ 平等 | ɬha:n³ ɕi³ 谦虚 |
| sən⁴ mi⁵ 神秘 | mən⁶ tin⁵ 稳定 | ɕin¹ fu² 幸福 | tsuŋ¹ ʔa:u¹ 重要 | |

随着水汉人民的交往越来越密切,水语里的汉语借词将越来越多,水语复音化程度也会越来越高。

汉语借词对水语词汇系统的影响是多方面的,它不仅表现在数量和构词上,还表现在语音、词义和语法意义的变异上。由于本文主要探讨的是和水语构词相关的问题,故没有展开讨论,其他问题有待作后续研究。

本节参考文献

刘叔新　1984　《词汇学和词典学问题研究》,天津人民出版社。
───　1990　《汉语描写词汇学》,商务印书馆。
───　1993　《词汇学问题新探》,天津人民出版社。

万艺玲等　1999　《词汇应用通则》,春风文艺出版社。
王艾录　司富珍　2002　《语言理据研究》,中国社会科学出版社。
曾晓渝　2003　《水语里汉语借词层次的分析方法》,《南开语言学刊》第二期,南开大学出版社。
曾晓渝　姚福祥　1996　《汉水词典》,四川民族出版社。
张均如　1982　《广西中南部地区壮语中的老借词源于汉语古"平话"考》,《语言研究》第1期。
张寿康　1981　《构词法和构形法》,湖北人民出版社。
周荐　1994　《词语的意义和结构》,天津古籍出版社。
——　2000　《汉语词汇新讲》,语文出版社。

6.2　从汉语借词看汉语对黄金镇仫佬语的影响

6.2.1　汉语对黄金仫佬语声调系统的影响

汉语对黄金镇仫佬语声调系统的影响主要表现在:黄金镇仫佬语与当地汉语方言土拐话不仅存在声调调类兼调值的完全对应,而且在变调系统上也表现出相当的一致性。

6.2.1.1　黄金仫佬语与土拐话调类调值的一致性

黄金镇仫佬语与东门镇仫佬语声调差别较大,黄金仫佬语有8个调类,入声调不因元音的长短发生分化,而东门仫佬语的8个声调中的入声调则因元音长短的不同表现出不同的调值。另外,二者的舒声调调值也不相同。比较:

黄金镇仫佬语声调:

调类	1	2	3	4	5	6	7	8
调值	53	232	55	223	225	214	55	22

东门镇仫佬语声调:

调类	1	2	3	4	5	6	7短	7长	8短	8长
调值	42	121	53	24	44	11	55	42	12	11

把东门仫佬语和周围语言调类、调值加以比较,可以发现它们的调类相互对应、调值大体相当。比较:

	调类	1	2	3	4	5	6	7短	7长	8短	8长
东门仫佬语	调值	42	121	53	24	44	11	55	42	12	11
罗城壮语	调值	42	231	53	13	33	11	55	33	13	13
环江壮语	调值	53	231	42	24	13	11	55	33	24	11
水源壮语	调值	53	231	42	13	44	11	55	44	35	11
下南毛南话	调值	42	231	51	24	44	213	55	44	23	24
上南毛南话	调值	42	231	51	35	44	324	55	44	35	11

说明:罗城壮语、环江壮语、下南毛南话取自王均(1984:609)。水源壮语、上南毛南话调值

取自邢凯(1993)。

黄金镇仫佬语与当地土拐话声调调类和调值完全相同。

前面指出,古汉语全清声母、次清声母平、上、去、入四个调类的字,土拐话分别读作1、3、5、7调(阴调类);全浊声母、次浊声母平、上、去、入四个调类的字土拐话分别读作2、4、6、8调(阳调类)。从汉语借词看,黄金仫佬语表现出同样的规律,即无论是古代汉语借词还是现代汉语借词,都与汉语中古《切韵》音的调类对应。更有意思的是,黄金镇仫佬语与当地土拐话不仅调类对应,而且各调调值也完全相同。比较黄金仫佬语、罗城土拐话与邻县融水土拐话的声调:

中古汉语	平声		上声		去声		入声	
	清	浊	清	浊	清	浊	清	浊
黄金仫佬语	1调53	2调232	3调55	4调223	5调225	6调214	7调55	8调22
罗城土拐话	1调53	2调232	3调55	4调223	5调225	6调214	7调55	8调22
融水土拐话	1调53	2调21	3调55	4调44	5调435	6调134	7调55	8调23

通过以上比较可以看出,黄金镇仫佬语与土拐话声调调类调值的一致对应,是受土拐话深刻影响的结果。

6.2.1.2 黄金仫佬语与土拐话连读变调的一致性

黄金镇仫佬语与土拐话不仅声调调类、调值上是一致的,而且在连读变调上也是一致的。这种一致性表现在:二者的双字调组前字调都有变成33或31调的现象。

下面分别举例说明。

(1) 1调由53调变成33或31调。例如(以下所举例字斜杠前的数字表调类,斜杠后的数字为变调调值):

土拐话:

开荒	khai$^{1/33}$ hoŋ^1	冬瓜	toŋ$^{1/33}$ kwa^1	猪鬃	tsy$^{1/33}$ tsoŋ^1
胶鞋	kau$^{1/31}$ ha:i^2	菖蒲	tshaŋ$^{1/31}$ pu^2	开头	khai$^{1/31}$ tau^2
刀口	tɔ$^{1/33}$ khau^3	开水	khai$^{1/31}$ sai^3	辛苦	san$^{1/33}$ khu^3
孙女	san$^{1/31}$ ny^4	他们	tha$^{1/31}$ ŋwa^4	猜拳	tshai$^{1/31}$ ma^4
生意	sia:ŋ$^{1/33}$ i^5	青菜	tsheŋ$^{1/33}$ tshai^5	村寨	tshan$^{1/31}$ tsa:i^5
干净	kwa:n$^{1/31}$ tseŋ^6	帮助	pa:ŋ$^{1/31}$ tsu^6	生病	sia:ŋ$^{1/31}$ peŋ^6
衣服	i$^{1/31}$ fɔk^7	棕绳	tsoŋ$^{1/33}$ sɔk^7	亲戚	tshan$^{1/31}$ tshek^7
生日	sia:ŋ$^{1/31}$ ȵet^8	初六	tshɔ$^{1/31}$ lɔk^8	收拾	sau$^{1/31}$ sap^8

仫佬语:

| 上面 | nan$^{1/33}$ jiu^1 | 初三 | tshɔ$^{1/33}$ ta:m^1 | 煤烟子 | pi$^{1/33}$ jen^1 |
| 后门 | tɔ$^{1/31}$ lən^2 | 后来 | ȵim$^{1/31}$ lan^2 | 夫妇 | kɔŋ$^{1/31}$ pwa^2 |

明天	pan$^{1/33}$ mɔ^3	开头	khai$^{1/33}$ cɔ^3	辛苦	tan$^{1/31}$ khu^3
开水	khai$^{1/31}$ nam^4	眼泪	ta$^{1/31}$ nam^4	蜜蜂	man$^{1/31}$ muŋ^4
竹筒	pan$^{1/31}$ tɔŋ^5	初四	tshɔ$^{1/31}$ ti^5	吹火筒	pi$^{1/31}$ tɔŋ^5
方便	fuŋ$^{1/31}$ pjen^6	初二	tshɔ$^{1/31}$ ȵi^6	祖先	kɔŋ$^{1/31}$ ma:ŋ^6
勇敢	tam$^{1/33}$ mɔk^7	棕绳	tsoŋ$^{1/31}$ tuk^7	亲戚	than$^{1/33}$ thek^7
生日	sɛ:ŋ$^{1/33}$ ŋut^8	初六	tshɔ$^{1/31}$ lɔk^8	收拾	su$^{1/31}$ sap^8

(2) 2 调由曲折调 232 调变成 31 调。例如：

土拐话：

床单	suŋ$^{2/31}$ ta:n^1	渔叉	ny$^{2/31}$ tsha^1	荷花	hɔ$^{2/31}$ hwa^1
皮肤	pi$^{2/31}$ fu^2	门牙	man$^{2/31}$ ŋa^2	牛圈	ȵau$^{2/31}$ la:n^2
铜板	tɔŋ$^{2/31}$ pa:n^3	寻找	tsam$^{2/31}$ tsa:u^3	牙齿	ŋa$^{2/31}$ tshi^3
儿女	ȵi$^{2/31}$ ny^4	渔网	ny$^{2/31}$ muŋ^4		
蚊帐	man$^{2/31}$ tsaŋ^5	瓷器	tsi$^{2/31}$ chi^5	鱼刺	ny$^{2/31}$ tshi^5
摇动	jeu$^{2/31}$ tɔŋ^6	鱼篓	ny$^{2/31}$ lau^6	图画	tu$^{2/31}$ wa^6
儿媳	ȵi$^{2/31}$ sat^7	头发	tau$^{2/31}$ fa:t^7	牛虱	ȵau$^{2/31}$ sat^7
黄蜡	woŋ$^{2/31}$ la:p^8	麻木	ma$^{2/31}$ mɔk^8	成熟	seŋ$^{2/31}$ sɔk^8

仫佬语：

药方	ta$^{2/31}$ ta:n^1	原来	jøn$^{2/31}$ taŋ^1	油渣	jeu$^{2/31}$ tsa^1
富	mɛ$^{2/31}$ tjen^2	情人	toŋ$^{2/31}$ njen^2	贫农	peŋ$^{2/31}$ nɔŋ^2
脸盆	pan$^{2/31}$ na^3	大簸箕	lɔ:ŋ$^{2/31}$ lɔ^4	时候	si$^{2/31}$ hau^6
相同	tɔ:ŋ$^{2/31}$ ja:ŋ^6	牛绳	tan$^{2/31}$ tuk^7	麻绳	ma$^{2/31}$ tuk^7

(3) 3 调由 55 调变成 31 调。例如：

土拐话：

斗笠	lau$^{3/31}$ li^2	火盆	hwa$^{3/31}$ pan^2	斧头	fu$^{3/31}$ tau^2
火笼	hwa$^{3/31}$ lɔŋ^2	酒提子	tsau$^{3/31}$ te^2	子弹	tsi$^{3/31}$ ta:n^6
姊妹	tsi$^{3/31}$ mui^6	火石	hwa$^{3/31}$ sek^8	火药	hwa$^{3/31}$ jak^8

仫佬语：

以前	I$^{3/31}$ tsjen^2	举手	ky$^{3/31}$ nja^2	以后	i$^{3/31}$ hau^6

(4) 4 调由 223 调变成 31 调。例如：

土拐话：

眼珠	ŋa:n⁴ᐟ³¹ tsy¹	野猪	ja⁴ᐟ³¹ tsy¹	眼皮	ŋa:n⁴ᐟ³¹ pi²
眼屎	ŋa:ŋ⁴ᐟ³¹ si³	耳屎	ȵi⁴ᐟ³¹ si³	老虎	lo⁴ᐟ³¹ hu³
眼泪	ŋa:ŋ⁴ᐟ³¹ lui⁴	马镫	ma⁴ᐟ³¹ taŋ⁵	眼镜	ŋa:n⁴ᐟ³¹ keŋ⁵
蚂蚁	ma⁴ᐟ³¹ ȵi⁴	眼角	ŋa:n⁴ᐟ³¹ kak⁷	努力	nu⁴ᐟ³¹ lek⁸

仫佬语：

木墩	mai⁴ᐟ³¹ taŋ¹	木屑	mai⁴ᐟ³¹ tjeu¹	打斋	fɛ⁴ᐟ³¹ tsa:i¹
厕所	kɛ⁴ᐟ³³ khɛ:ŋ¹	树林	mai⁴ᐟ³¹ lam²	树皮	mai⁴ᐟ³¹ ka²
木盆	mai⁴ᐟ³¹ pan²	父母	pu⁴ᐟ³¹ ni⁴	马镫	ma⁴ᐟ³¹ taŋ⁵
陪伴	fɛ⁴ᐟ³¹ toi⁶	水缸	nam⁴ᐟ³¹ ta:ŋ⁶	努力	nu⁴ᐟ³¹ lek⁸

(5) 6 调由曲折调 214 调变为 31 调。例如：

土拐话：

外甥	mui⁶ᐟ³¹ sia:ŋ¹	地方	ti⁶ᐟ³¹ fuŋ¹	麝香	sa⁶ᐟ³¹ ça:ŋ¹
算盘	son⁶ᐟ³¹ pon²	后母	hau⁶ᐟ³¹ na²	面条	min⁶ᐟ³¹ tiu²
那么	nɔ⁶ᐟ³¹ mɔ³	面粉	min⁶ᐟ³¹ fan³	电影	tin⁶ᐟ³¹ ʔeŋ³
第五	ti⁶ᐟ³¹ ŋ⁴	道理	tɔ⁶ᐟ³¹ li⁴	夏至	ha⁶ᐟ³¹ tsi⁵
代替	tai⁶ᐟ³¹ thɛ⁵	这些	kɔ⁶ᐟ³¹ ti⁵	花生	ti⁶ᐟ³¹ tau⁶
半夜	pon⁶ᐟ³¹ ja⁶	记号	ci⁶ᐟ³¹ hɔ⁶	第末	ti⁶ᐟ³¹ mjat⁷
利息	li⁶ᐟ³¹ sek⁷	后天	hau⁶ᐟ³¹ ȵet⁷	第八	ti⁶ᐟ³¹ pa:t⁸

仫佬语：

自己	tsi⁶ᐟ³¹ ka¹	腰鱼篓	mam⁶ᐟ³¹ phjeu¹	二胡	ȵi⁶ᐟ³¹ ȵan²
怎么	ja:ŋ⁶ᐟ³¹ ma:ŋ²	事情	ti⁶ᐟ³¹ tseŋ²	地主	ti⁶ᐟ³¹ tsy³
第五	ti⁶ᐟ³¹ ŋɔ⁴	老太太	na⁶ᐟ³¹ lo⁴	道理	tɔ⁶ᐟ³¹ li⁴
耳语	wa⁶ᐟ³¹ te⁵	花生	ti⁶ᐟ³¹ tau⁶	东西	ti⁶ᐟ³¹ ja:ŋ⁶
第末	ti⁶ᐟ³¹ mjat⁷	费力	jɔŋ⁶ᐟ³¹ lek⁸	第八	ti⁶ᐟ³¹ pa:t⁸

6.2.2 本族词被汉借词替代

仫佬族与汉族长期相处，受汉语的影响，很多本族词被汉语借词代替。这种替代是语言长期接触相互影响的结果。本族词被汉借词替代的情况，古今都有。下面分别说明。

6.2.2.1 本族词被现代借词（语素）替代

有些词在黄金仫佬语里为现代汉语借词，而在东门仫佬语里却为本族词。这说明黄金仫佬语里的本族词已被汉借词（语素）替代。本族词被现代借词替代的，主要有以下几种情形：

（一）名词类

（1）表示动植物名称的本族词被现代借词（语素）替代。例如：

词项	黄金	东门	词项	黄金	东门
泥鳅	ne² tshau¹	məm⁶ mət⁷	豪猪	thi⁵ tsy¹	min³
蹄	te²	nəp⁷	菌子	cyn⁶	ŋ̊a¹
蒜薹	sun⁵ mɛ⁴	ɣɔ² kwən⁴	藤	taŋ²	ço¹ ; nɔ¹
荸荠	pat⁸ tsai²	pɣət⁸	果子	kwa³ tsi³	ʔat⁷
枫树	fɔŋ¹ mai⁴	mai⁴ hɣu¹	韭菜	ceu³ tshai⁵	ha:i⁵
稻兜	pa:ŋ¹ tau⁵	kwən⁵ ma:ŋ¹	棕树	mai⁴ tsoŋ¹	toŋ⁶ kɣoŋ¹
稻子	kɔk⁷	tɔŋ⁶ hu³	油桐树	jeu² toŋ² mai⁴	toŋ⁶ lau⁵
旱稻	tha:m¹ kɔk⁷	hu³ khɣa:m¹	谷芒	kɔk⁷ tsam¹	hu³ nøn¹
旱稻	ha:n⁶ kɔk⁷	hu³ hɣa:i⁵	蓝靛草	la:m² tjem⁵ jɔk⁸	toŋ⁶ nəm⁴

（2）表示亲属称谓或人称的本族词整体或部分被现代借词（语素）替代。例如：

词项	黄金	东门	词项	黄金	东门
姑父	ku¹ ja¹	luŋ²	鳏夫	kwa³ kɔŋ¹	kɔŋ¹ kun³
姨父（大）	ji² ja¹	luŋ²	寡妇	kwa³ pwa²	pwa² kun³
姨父（小）	i² ja¹	ɲi⁶ fu¹	瞎子	ta¹ ha:k¹ tsi³	lå¹ kha¹
姨母（大）	ta⁶ i²	pa³	驼子	tɔ² ti³	la:i² kəm⁶ pwai⁵
舅母（大）	cam⁶	pa³	歌手	kɔ¹ sau¹	mu⁶ sok⁸ tsja:ŋ³
舅母（小）	cam⁶	fai⁶ səu²	厨师	tsy² si¹	mu⁶ tsø²
表嫂	pjeu³ tɔ³	hɣəu¹ fai⁶ luŋ²	官	kun¹	oŋ³
妹夫	mai¹ lɔŋ²	nuŋ⁴ kɣa:u⁴	富翁	mɛ² tsjen² yn²	mu⁶ fat⁷ təi²
干爹	khe⁵ ja¹	pu⁴ ma:n³	雇农	ku⁵ nɔŋ²	mu⁶ cɔŋ²
干妈	khe⁵ na²	ɲi⁴ ma:n³	贫农	pen⁵ nɔŋ²	mu⁶ cɔŋ²

（3）表示交通、生活用具、服饰、疾病等的本族词整体或部分被汉借词替代。例如：

词项	黄金	东门	词项	黄金	东门
岔路	tsha⁵ khun¹	khwən¹ ŋa⁵	梯子	the¹	kɣø³
楼梯	lau⁵ the¹	khak⁷ kɣø¹	袖子	kuk⁷ tsau⁶	chin¹ kuk⁷
枕头	tsam¹ cɔ³	kɣo³ mun¹	织布机	tam³ ja¹ ci¹	tuŋ² kɣa:k⁷
抽屉	tshou¹ the¹	Kwən¹ tja:ŋ¹	刀把	pja⁵ peŋ⁵	ta:m¹ mit⁸
尖刀	tsim¹ pja⁵	mit⁸ khɣa¹	刀尖（名词）	pja⁵ tsim¹	phø¹ mit⁸
瞎	ha:t⁷	la¹ kha¹	疤	pa¹	kɣø¹

（4）表示天象、方位的本族词被汉借词（语素）替代。例如：

词项	黄金	东门	词项	黄金	东门
乌云	u¹ yn²	kwa³ nam¹	冰	peŋ¹	nui¹
附近	lan² cin⁶	kɣon⁶ phɣəi⁵	左面	tsɔ⁵ na:n¹	mjan⁶ ce⁴

| 右面 | jiu⁶ na:n¹ | mjen⁶ fa¹ | | | |

（二）动词类

被现代汉借词（语素）替代的动词类本族词多数属于表示具体的动作行为的动词。例如：

词项	黄金	东门	词项	黄金	东门
掐	kha:p⁷	jak⁷	捧（～水）	phɔŋ³	ŋəp⁷
砍	kha:n³	te⁵	炸（用油）	tsa⁵	sa:p⁸
困	khun⁵	nɛ⁵	低头	te¹ cɔ³	tsam³ kɣo³
挤	tse³	ŋap⁷	打赤脚	ta³ tshɛ:k⁷ tin¹	tin¹ ja:m⁵
眨眼	tsap⁸ ta¹	ŋap⁷ la¹	喷（～水）	phan⁵	phu¹
垮	khwa³	kɣø² ; paŋ¹	围抱	woi² po⁶	khu⁵ ; khəp⁷
冒烟	ma:u⁶ jen¹	uk⁷ fi¹ kwan¹	滚（石头～）	kon³	lø⁴

（三）形容词类

表示性质状态的形容词本族词说法被现代汉语借词替代的很少，只找到有限的几个。如：

词项	黄金	东门	词项	黄金	东门
绿	lək⁸	həu¹	闷（空气～极了）	man⁵	a:u⁵
蓝	la:m²	səm¹	歪（帽子戴～了）	wa:i¹	fe¹

（四）量词类

本族词的量词被现代汉语借词替代的，比如：

词项	黄金	东门	词项	黄金	东门
窝（一～猪）	wa¹	tən¹	次（去一～）	tshi⁵	ma:t⁷
间（一～房子）	ka:n¹	khɔ:ŋ⁵	担（一～水）	ta:p⁷	kɣəp⁷
枝（一～花）	tsi¹	tɔŋ⁶	行（一～玉米）	hɔ:ŋ²	lu⁶
捧（一～米）	phɔŋ³	ŋəp⁷			

6.2.2.2 本族词被古代借词替代

有些词在同语支其他语言中保存着本民族固有词，而在黄金仫佬语中却使用古代汉借词。如：

	黄金仫佬语	侗语	水语	毛南语
梦	mɔŋ⁶	pjan¹	vjan¹	tsi⁶ vjen¹
吹	tshui¹	səp⁸	hup⁸	zəp⁸
跪	kwi⁶	ɬok⁸	ɬok⁸	
跳	thjeu⁵	pjiu¹	tiu²	
牵（牛）	chen¹	jit¹⁰	jat⁸	
数（东西）	sɔ³	jəi⁶	jai⁵	ⁿdai⁵
称（东西）	tsheŋ¹		ⁿdaŋ⁵	ⁿdaŋ⁵
点（灯）	tjem³	ɬa:ŋ³	tja:ŋ³	
鸡	ci¹	a:i⁵	qa:i⁵	ka:i⁵

鸭子	ʔja:p⁷	pət⁷		
瓜	kwa¹	pu²	pu²	
胃	tu³	loŋ²	loŋ²	kok⁸ loŋ²
肺	fe⁵	pup⁹	put⁷	pu:t⁷
粥	tsɔk⁷	eŋ¹	qeŋ¹	ceŋ¹
斧头	fo³	kwa:n¹	kwa:n¹	

6.2.2.3 本族词与借词的共存

本族词被借词取代之前,往往经过两者并存的中间阶段。

本族词与现代借词的共存。例如(表中音标前面的是本族词,后面的是汉借词。下同):

云	pja³;yn²
秧子	ca³;ja:ŋ¹
蒜	tø²;sun⁵
抱	ŋam³(小孩);po⁶(小孩)

本族词与古代借词的共存。例如:

骗	luk⁷;phjen⁵	缺	ma:ŋ⁵;chøt⁷
热	lwa:i⁵;n̩et⁸	大	mok⁷;lo⁴
饿	ʔjak⁷;ŋa⁶	线	twa:n⁶;tjen⁵
羊	twa²;ja:ŋ²	水蚂蟥	piŋ²;ma⁴ woŋ²
一	na:u³;ʔjet⁷	二	ja²;n̩i⁶
月	njen²;n̩øt⁸	把(秧苗)	n̩im¹;pa³
件	mai⁶(衣服);cen⁶(事)	只	to²(牛羊猪等);tsek⁷(鞋;歌)

本族词与古代借词、现代借词的共存。例如:"冰"有三种说法,nui¹、kɛ:ŋ⁵、peŋ¹,分别是本族词、古代借词和现代借词。

6.2.2.4 借用汉借词过程中产生的本族词(语素)迁移现象

黄金镇仫佬语在借用汉语借词时,有时并不是对汉语借词作整体借入,而是借其中某个语素,别的语素则用本族词语素来表示。例如:

词项	黄金仫佬语	土拐话	词项	黄金仫佬语	土拐话
刀把	pja⁵ peŋ⁵ 刀 柄	tɔ¹ peŋ⁵ 刀 柄	稻兜	pa:ŋ¹ tau¹ 稻 兜	wa² tau¹ 禾 兜
手表	nja² pjau³ 手 表	sau³ piu³ 手 表	防火	fa:ŋ¹ pi¹ 防 火	fuŋ² hwa³ 防 火
手腕	nja² wa:n³ 手 腕	sau³ wa:n³ 手 腕	风箱	tjaŋ¹ lam² 箱 风	fuŋ¹ sia:ŋ¹ 风 箱
丢脸	tjeu³ na³ 丢 脸	tiu³ lien³ 丢 脸	狗熊	ma¹ joŋ² 狗 熊	kau³ jɔŋ² 狗 熊
正面	tseŋ⁵ na³ 正 面	tseŋ⁵ min⁶ 正 面	表兄	fa:i⁴ pjeu³ 兄 表	piu³ hɛ:ŋ¹ 表 兄
枕头	tsam³ cɔ³ 枕 头	tsam³ tau² 枕 头	岔路	tsha⁵ khun¹ 岔 路	tsha⁵ lu⁶ 岔 路

小心	niŋ⁵ tam¹ 小 心	siu³ sam¹ 小 心	顽皮	ŋwa:n² ka² 顽 皮	ŋwa:n² pi² 顽 皮
脚印	tin¹ jin⁵ 脚 印	kja:k⁷ jin⁵ 脚 印	发烧	fa:t⁷ la:i⁵ 发 热	fa:t⁷ siu¹ 发 烧
眼镜	ta¹ keŋ⁵ 眼 镜	ŋa:n⁴ keŋ⁵ 眼 镜	着凉	tsja:k⁸ ɲit⁷ 着 冷	tsak⁸ lia:ŋ² 着 凉
芥菜	ma¹ kai⁵ 菜 芥	ka:i⁵ tshai⁵ 芥 菜	吃亏	tsjan¹ khui¹ 吃 亏	khjet⁷ khui¹ 吃 亏
白菜	ma¹ pa:k⁸ 菜 白	pia:k⁷ tshai⁵ 白 菜	一起	na:u³ chi³ 一 起	ʔjet⁷ chi³ 一 起
蓝靛草	la:m² tjem⁵ jɔk⁸ 蓝 靛 草	la:m² tin⁵ tsho³ 蓝 靛 草	一定	na:u³ teŋ⁶ 一 定	ʔjet⁷ teŋ⁶ 一 定
枫树	fɔŋ¹ mai⁴ 枫 树	fuŋ¹ sy⁶ 枫 树	只有	tsi³ me² 只 有	tsi³ jau⁶ 只 有
斜纹布	tsha⁵ wun² ja¹ 斜 纹 布	tsa² wun² pu⁵ 斜 纹 布	左面	tsɔ⁵ na:n¹ 左 面	tsɔ⁵ min⁶ 左 面
门板	tɔ¹ pja:n³ 门 板	man² pa:n³ 门 板	差不多	tsha¹ ŋ³ kɤŋ² 差 不 多	tsha¹ pat⁷ tɔ¹ 差 不 多

类似现象在同语族其他语言中也存在。如：（以下例子取自曹广衢 1998）

侗	na:ŋ² toŋ¹ 冬笋 笋 冬	ma¹ pa:k¹⁰ 白菜 菜 白
水	qam⁴ fai⁶ 匪首 头 匪	
壮	paŋ² sɯ⁵ lin² 士林布 布 士 林	pa:i⁶ toŋ¹ 东边 边 东
布依	zam⁴ ma⁸ 墨水 水 墨	piaʔ² jiu² 油菜 菜 油
临高	bɔ² sa² 茶叶 叶 茶	tian¹ naŋ¹ 皮箱 箱 皮
傣西	tsin⁴ jɛn⁶ 腌肉 肉 腌	phɛu⁵ xau³ 粮票 票 粮食
傣德	tha:u⁵ mɯ² 手套 套 手	phɛu⁵ man² 油票 票 油
黎	bɯɯ¹ de¹ 茶叶 叶 茶	

从以上例子中可以发现，借用汉借词时替换了借语素的本族词语素大多数属于核心词语素。属于斯瓦迪士一百词表中的，如：不、多、一、狗、树、叶、皮、油（脂肪）、肉、头、眼、脚、心、手、吃、水、火、路、热、冷。属于斯瓦迪士二百词表中的，如：草、风。有些虽然不在斯瓦迪士二百词表之中，但也是日常生活常用的词语，如：脸、哥哥、菜、布、有、门、稻、刀等。

这种现象说明，在语言接触中，核心的本族词（语素）是不容易被借词（语素）替代的，往往在借用其他民族语言的词语时，直接迁移到借词语中代替相关的某个汉语素，与其他借语素一起构成半借半译型借词。

6.2.3 汉语对黄金仫佬语构词方式的影响

黄金仫佬语的词有单纯词和合成词两类。大部分单纯词是单音节词。合成词主要采用复合的方式构成，具体说来又可分为修饰格、并列格、补足格、陈述格、支配格等，其中最常见的是修饰格和支配格（岳静 2004）。

汉语对黄金仫佬语构词方式的影响主要表现在修饰格修饰成分位置的变化上。仫佬语是顺行结构语言，即修饰成分在后，中心成分在前。汉语是逆行结构语言，即修饰成分在前，中心成分在后。受汉语的影响，黄金镇仫佬语修饰格复合词修饰成分大量后置。

下面对本族词修饰格复合词和含有借语素的半本半借类修饰格复合词的结构顺序分别加以分析，以考察汉语对其产生的影响。

6.2.3.1 汉语对黄金仫佬语本族词修饰格复合词结构方式的影响

黄金仫佬语本族词修饰格复合词修饰成分有后置和前置两种。受汉语结构类型的影响，修饰词素在前中心词素在后的情形更为常见。

（一）修饰成分仍然后置的类型有如下几类：

（1）通称 + 专称。如：$mam^6 pjai^4$ 鲤鱼
                      鱼　鲤

（2）量 + 指示代词。如：

$pan^1 na:i^6$ 今天	$nik^7 na:i^6$ 这些	$nuk^7 ka^6$ 外面
天　这	些　这	面　那
$at^7 ka^6$ 那个	$at^7 na:i^6$ 这个	
个　那	个　这	

（3）名 + 名。如：

$ka^2 tan^2$ 牛皮	$pjan^1 ma^1$ 犬牙	$na:n^4 tan^2$ 牛肉
皮　牛	牙　狗	肉　牛
$nam^4 ta^1$ 眼泪	$pjan^1 na^3$ 门牙	$ja^1 ja:n^2$ 土布
水　眼	牙　脸	布　家
$ja:n^2 ca^1$ 茅屋		
屋　草		

（4）名 + 形。如：

$kha:u^3 fa:n^1$ 甜酒	$ma^1 tam^3$ 酸菜	$cai^5 na^3$ 蛋黄
酒　甜	菜　酸	蛋　黄
$ma^1 heu^1$ 青菜	$ta:i^3 nin^5$ 小肠	$tin^1 mok^7$ 大腿
菜　青	肠　小	腿　大
$tin^1 nin^5$ 小腿	$tin^1 ma^3$ 脚心	$nja^2 la:k^8 nin^5$ 小指
腿　小	脚　软	手指　小

(5) 名+方位。如：

pɛ¹ kun⁵ 前年 年 前	pɛ¹ lan² 明年 年 后	ni⁴ lan² 后母 母 后
nja² la:k⁸ ta⁵ 中指 手指 中		

(二) 修饰成分前置的类型有：

(1) 名+名。如：

naŋ¹ luŋ¹ 鼻孔 鼻 孔	mai⁴ ka² 树皮 树 皮	mu⁵ na:n⁴ 猪肉 猪 肉
pi¹ ma² 火苗 火 舌	pan¹ nɔ³ 竹鼠 竹 鼠	ca¹ tui² 草蛇 草 蛇
nam⁴ tui² 水蛇 水 蛇	nam⁴ pɛ¹ 水坝 水 坝	pja¹ piŋ² 旱蚂蟥 山 蚂蟥
tan² nan² 牛虻 牛 虻	cha¹ cɛ³ 耳屎 耳 屎	lɔŋ² kø² ta:i³ 脐带 肚 脐 带
pja¹ tin¹ 山脚 山 脚	nja² khun¹ 手纹 手 路	ta¹ cɛ³ 眼屎 眼 屎
pja¹ pa:k⁷ 山拗口 山 口	khat⁷ khun¹ 铁路 铁 路	ma¹ pjen¹ 菜园 菜 园
ta¹ ka² 眼皮 眼 皮	chai¹ cɔ³ 犁头 犁 头	mu⁵ chɔ:k⁷ 猪圈 猪 圈

(2) 形+名。如：

nam¹ mam⁶ 黑鱼 黑 鱼	niŋ⁵ ma² 小舌 小 舌	la:n¹ man² 甘薯 红 薯

(3) 数+名：pja:ŋ⁶ khun¹ 半路　　pja:ŋ⁶ pja¹ 半山
　　　　　　　半　路　　　　　　半　山

(4) 形+动：mɔk⁷ kiu¹ 大笑　　　lek⁸ laŋ² 窥探
　　　　　　　大　笑　　　　　　偷　看

(5) 副+动：khu⁵ mɛ²/khɔ:ŋ¹ mɛ² 没有
　　　　　　不　有　　不　有

(三) 有些词有两种说法，修饰成分既可放在中心成分之前，也可放在中心成分之后。例如：

　　pan¹ na³～na³ pan¹ 后天　　　pan¹ mɔ³～mɔ³ pan¹ 明天
　　天　后　　后　天　　　　　　天　明　　明　天
　　nan¹ jiu¹～jiu¹ nan¹ 上面　　　nan¹ nuk⁷～nuk⁷ nan¹ 外面
　　面　上　　上　面　　　　　　面　外　　外　面

mam⁶ jɔk⁸ ～ jɔk⁸ mam⁶ 草鱼　　　tan² n̠a:n³ ～ n̠a:n³ tan² 黄牛
鱼　草　　草　鱼　　　　　　　牛　黄　　黄　牛

6.2.3.2 汉语对黄金仫佬语半借半译修饰格复合词结构的影响

（一）汉语对黄金镇仫佬语含现代借语素的半借半译型修饰格复合词结构方式的影响

受汉语结构方式的影响，绝大多数含现代借语素的修饰格半借半译型汉借词修饰成分在中心成分之前。主要类型有：

（1）名＋名：kɔk⁷ pja:ŋ² 穗儿　　　tɔ¹ kha:n³ 保坎　　　pja⁵ peŋ⁵ 刀把
　　　　　　　谷　穗　　　　　　　门　坎　　　　　　　刀　柄
　　　　　　　nja² pjeu³ 手表　　　kuk⁷ tsau⁶ 袖子　　　nja² wa:n³ 手腕
　　　　　　　手　表　　　　　　　衣　袖　　　　　　　手　腕
　　　　　　　pa:ŋ¹ tau¹ 稻兜
　　　　　　　稻　兜

（2）形＋名：tsim¹ pja⁵ 尖刀　　　tha:m¹ kɔk⁷ 早稻
　　　　　　　尖　刀　　　　　　　早　稻

（3）专名＋通名：la:m² tjem⁵ jɔk⁸ 蓝靛草　　　woŋ² hwa¹ ma¹ 黄花菜
　　　　　　　　蓝　靛　草　　　　　　　　　黄　花　菜
　　　　　　　　jeu² toŋ² mai⁴ 油桐树　　　　fɔŋ¹ mai⁴ 枫树
　　　　　　　　油　桐　树　　　　　　　　　枫　树
　　　　　　　　ma:ŋ⁴ tui² 蟒蛇
　　　　　　　　蟒　蛇

极少数含现代借语素的修饰格半借半译型汉借词仍然采用本族语言固有的结构方式构词，即修饰成分在中心成分之后，主要表现为"通名＋专名"类型。例如：

　　ma¹ kai⁵ 芥菜　　　ma¹ cim² 芹菜　　　mai⁴ tsoŋ¹ 棕树
　　菜　芥　　　　　　菜　芹　　　　　　树　棕
　　fa:i⁴ pjeu³ 表兄
　　兄　表

（二）汉语对黄金仫佬语含古代借语素的半借半译型修饰格复合词结构方式的影响

受汉语结构方式的影响，大多数含古代借语素的修饰格半借半译型汉借词修饰成分在中心成分之前。主要类型有：

（1）名＋名。如：

ma² ja¹ 麻布	ma² twa:n⁶ 麻线	tsa² pa⁵ 茶叶
麻 布	麻 线	茶 叶
mam⁴ lɔŋ² 鱼笼	tan² lɔŋ² 牛咀笼	pi¹ lɔŋ² 火笼
鱼 笼	牛 笼	火 笼

pi¹ pan² 火盆 火 盆	mai⁴ pan² 木盆 木 盆	nam⁴ tau⁶ 水痘 水 痘
nam⁴ tshja¹ 水车 水 车	tan² tshja¹ 牛车 牛 车	mam⁴ tsha¹ 渔叉 渔 叉
tshja¹ tin⁵ 车辐 车 辐	mam⁴ kau¹ 鱼钩 鱼 钩	mai⁴ tja:ŋ 木匠 木 匠
tui² tja:ŋ⁶ 石匠 石 匠	khat⁷ tja:ŋ⁶ 铁匠 铁 匠	mu⁵ jeu² 猪油 猪 油
cai⁵ kha:k⁷ 蛋壳 蛋 壳	ku³ sja:k⁸ 饭勺 饭 勺	pi¹ cem² 火钳 火 钳
khat⁷ tjen⁵ 铁线 铁 线	nja² tam¹ 手心 手 心	mai⁴ thy¹ 蛀虫 树 虫
pi¹ tha:n⁵ 火炭 火 炭	mam⁴ ka:n¹ 钓鱼竿 鱼 竿	na:m⁶ tja:ŋ² 土墙 土 墙
na:ŋ² kha:k⁷ 笋壳 笋 壳	tɔ⁵ pa:k⁷ 灶口 灶 口	ku³ tɔŋ⁵ 米筒 米 筒
pi¹ tɔŋ⁵ 吹火筒 火 筒	pan¹ tɔŋ⁵ 竹筒 竹 筒	mu⁵ lɔŋ² 猪笼 猪 笼
ta² ta:n¹ 药方 药 方	mjen² kuk⁷ 棉衣 棉 衣	pan¹ mɔ⁶ 斗笠 竹 帽
pan¹ ka:n¹ 竹竿 竹 竿	ti¹ twa:n⁶ 丝线 丝 线	tɔ¹ pja:n³ 门板 门 板
tjen⁵ mu⁵ 箭猪 箭 猪	ja⁴ mu⁵ 野猪 野 猪	pja¹ ja:ŋ² 山羊 山 羊
ma¹ jɔŋ² 狗熊 狗 熊	cɛ³ khɛ:n¹ 厕所 屎 坑	man¹ ŋa:n⁶ 雁 天 雁

（2）形+名：

ȵa:n³ kwa¹ 黄瓜 黄 瓜	hwa¹ ja¹ 花布 花 布	thɔ¹ pwa⁶ 粗糠 粗 糠
ȵa:n³ la:p⁸ 黄蜡 黄 蜡	niŋ⁵ tam¹ 小心 小 心	cai⁵ pa:k⁸ 蛋白 蛋 白
tjen¹ ma¹ 疯狗 颠 狗	la:i¹ yn² 好人 好 人	

（3）数+量：pja:ŋ⁶ can¹ 半斤
　　　　　　　　　　　半 斤

（4）副+动：tsi³ mɛ² 只有
　　　　　　　　　只 有

少数含古代借语素的修饰格半借半译型汉借词仍然采用本族语言固有的结构方式构词，修饰成分在中心成分之后。主要类型有：

(1) 名+名：pan² na³ 脸盆　　　tja:ŋ¹ lam² 风箱　　　la:k⁸ ja⁴ 私生子
　　　　　　 脸　盆　　　　　　　风　箱　　　　　　　儿子　野
(2) 名+形：taŋ⁵ ja:i³ 长凳　　　ku¹ niŋ⁵ 姑母　　　　lɔ:ŋ² lo⁴ 大簸箕
　　　　　　长　凳　　　　　　　姑　小　　　　　　　簸箕　大
　　　　　la:k⁸ te⁵ 儿童　　　　tau⁶ ȵa:n³ 黄豆　　　ma¹ pa:k⁸ 白菜
　　　　　　儿子　细　　　　　　黄　豆　　　　　　　白　菜
(3) 名+方位：pa:n¹ kun⁵ 长辈　　pa:n¹ lan² 晚辈
　　　　　　　长　辈　　　　　　晚　辈
(4) 名+数量：nja² la:k⁸ ti⁶ ȵi⁶ 食指　　nja² la:k⁸ ti⁶ ti⁵ 无名指
　　　　　　　手指　第二　　　　　　　 手指　第四
(5) 名+动：la:k⁸ tjep⁷ 养子
　　　　　　儿子　借

有些词语修饰成分既可在前也可在后，例如：
ja⁴ ʔja:p⁷ ～ ʔja:p⁷ ja⁴ 野鸭子　　　nan¹ te³ ～ te³ nan¹ 下面
野鸭　　鸭野　　　　　　　　　　　　面底　　底面

6.2.3.3　小结

通过以上分析，可以得出以下看法：

（1）汉语结构类型对黄金镇仫佬语修饰格复合词结构顺序的影响是深刻的，这种影响不仅表现在含有借语素的复合词上，而且在不含借语素的本族词上也有体现。

据曾晓渝（2002），水语古借词按侗台语中心成分在前的结构形式构词，新借词按汉语修饰成分在前的结构形式构词，如：古借词"马鞍"水语为 ʔa:n¹ ma⁴，修饰语"马"在后；现代借词"马灯"水语为 ma⁶ tən³，修饰语"马"在前。和同语支的水语不同的是，黄金仫佬语不仅绝大多数含现代借语素的修饰格复合词修饰成分前置，而且大多数含古代借语素的修饰格复合词修饰成分也在中心成分之前。

值得一提的是，相当一部分不含借语素的修饰格本族词也改变了固有的结构顺序，修饰成分变后置为前置，主要表现为"名+名"型，另外也有极少数的词属"形+名""数+名""形+动""副+动"等类型，但在"量+指示代词""名+方位"类型上没有发现修饰成分前置的现象。

（2）侗台语修饰成分后置的结构规律在黄金仫佬语构词方式上仍然起一定的制约作用，表现在：含现代借语素的修饰格复合词还有按修饰成分在后结构形式构词的；少数含古代借语素的修饰格复合词和相当一部分不含借语素的修饰格复合词仍然保持修饰成分在后的结构形式。

（3）汉语对黄金仫佬语不同结构类型修饰格复合词结构顺序的影响程度的不同，说明：不同类型的修饰格复合词对外来影响的抗拒力是不同的，其中"量+指示代词""名+方位"型的修饰结构最保守，最不容易发生变化，其次是"形+名""数+名""形+动""副+动"等类型，而

"名+名"型修饰结构则最容易发生变化。

本节参考文献

曹广衢　1998　《壮侗语诸语言同源词的词义变化》,《民族语文》第1期。
——　1998　《壮侗语中汉语借词的词义及其类别》,《语言研究》第1期。
仫佬族简史编写组　1983　《仫佬族简史》,广西民族出版社。
王　均等　1984　《壮侗语族语言简志》,民族出版社。
王　均　郑国乔　1980　《仫佬语简志》,民族出版社。
邢　凯　1993　《壮语对毛南语的影响——兼谈语音影响的方式及其对历史比较的意义》,《民族语文》第2期。
喻世长　1984　《应重视语言互相影响的研究》,《民族语文》第2期。
岳　静　2004　《黄金镇仫佬语概说》,《民族语文》第4期。
曾晓渝　2002　《论水语声母 s->h- 的历史音变》,《民族语文》第2期。
张均如　1985　《广西中南部地区中的新借词读音的发展》,《民族语文》第3期。
郑国乔　1980　《试论汉语对仫佬语的影响》,《中央民族学院学报》第4期。
周　荐　1991　《复合词词素间的意义结构关系》,《语言研究论丛》第6辑,天津教育出版社。

6.3 黄金镇仫佬语中古精组及知庄章组汉借词读音特点解释

仫佬语主要分布在广西罗城仫佬族自治县的东门、四把、黄金、龙岸、下里等乡镇。仫佬语里有一种比较特别的现象,即中古汉语借词精组字读 t-类,知庄章组字读 ts-类。本文以黄金镇仫佬语为代表,尝试对这一特别现象进行解释。

本文关于仫佬语的材料主要来自于作者的实际调查[①],其他侗台语言的材料主要来自中央民族学院少数民族语言研究所第五研究室(1985)。另外,也参考了王均、郑国乔(1984)和梁敏、张均如(1996)。

6.3.1 黄金镇仫佬语中古汉借词精组字的特殊读音

6.3.1.1 黄金镇仫佬语中古汉借词精组字读 t-、th-,知庄章组字读 ts-、tsh-、s-。

精组字举例字如下:

例　字	声　母	黄金镇仫佬语读音	备　注
灶	精	$tɔ^5$	

[①] 本文黄金镇仫佬语发音人为李秀鸾女士,东门镇仫佬语发音人为银家献先生,下里乡仫佬语发音人为谢家龙先生。本人在罗城搞语言调查期间,得到了各位发音人和民族局的工作人员尤其是游志华先生的热情帮助,在此深表谢意。

例字	声母	黄金镇仫佬语读音	备注
浸	精	tam⁵	～种子
箭	精	tjen⁵	
接	精	tjep⁷	～住抛来的东西
睛	精	teŋ¹	眼珠
粗	清	thɔ¹	布～
砌	清	the⁵	～砖
千	清	thjen¹	
七	清	that⁷	
字	从	ti⁶	
就	从	tau⁶	我～来
钱	从	tjen²	
匠	从	tja:ŋ⁶	～人
锁	心	twa³	
细	心	te⁵	～小
四	心	ti⁵	
三	心	ta:m¹	
心	心	tam¹	
写	心	tja³	
箱	心	tja:ŋ¹	～子
谢	邪	tja⁶	凋～

知庄章组字举例字如下：

例字	声母	黄金镇仫佬语读音	备注
转	知	tsøn⁵	～动
张	知	tsja:ŋ¹	一～纸
胀	知	tsja:ŋ⁵	肚子～
抽	彻	tshau¹	～筋
撑	彻	tshɛŋ¹	～船
拆	彻	tshɛ:k⁷	～房子
沉	澄	tsam²	～到水底
茶	澄	tsa²	
迟	澄	tsi²	来～了
着	澄	tsja:k⁸	～凉
盏	庄	tsa:n³	一～灯
渣	庄	tsa¹	～子
榨	庄	tsa⁵	～油
斋	庄	tsa:i¹	打～
窗	初	tshoŋ¹	～户
叉	初	tsha¹	～子
初	初	tshɔ¹	～一
寨	崇	tsa:i⁶	村～
生	生	sɛŋ¹	～肉

沙	生	sa^1	～子
数	生	sɔ^3	～东西
砖	章	tsøn^1	
粥	章	tsɔk^7	
盅	章	tsɔŋ^1	杯子
照	章	tsjeu^5	～镜子
春	昌	tshan^1	
尺	昌	tshek^7	尺子
车	昌	tshja^1	牛～
唱	昌	tshja:ŋ^5	～歌
船	船	søn^2	
神	船	san^2	
剩	船	seŋ^6	～饭
射	船	sja^6	
赊	书	sja^1	
试	书	si^5	～一试
说	书	søt^7	
伤	书	sja:ŋ^1	受～
是	禅	si^6	
十	禅	sap^8	
勺	禅	sja:k^8	粥～子
熟	禅	sɔk^8	

黄金镇仫佬语中古汉借词精组各母和知庄章组各母读音对应可总结如下：

精	t- tj-	清	th- thj-	从	t- tj-	心	t- tj-	邪	tj-
知	ts- tsj-	彻	tsh-	澄	ts- tsj-				
庄	ts-	初	tsh-	崇	ts-	生	s-		
章	ts- tsj-	昌	tsh- tshj-	船	s- sj-	书	s- sj-	禅	s- sj-

6.3.1.2 对中古汉语精组的拟音的解释

对中古汉语精组的拟音，各家无一例外地构拟为塞擦音 ts-类。既然黄金仫佬语有 ts-类塞擦音，为什么对应中古精组汉借词的不是 ts-、tsh-、s-，反倒是 t-、th-呢？这样的对应显然是比较特别的。对此可以有两种解释：

(1) 黄金仫佬语中古汉语借词的借源——当时通行于广西的一种汉语方言——精组字的读音，与学者们所构拟的中古时期中原汉语精组字读音不同，不读塞擦音而读塞音，因而借入到黄金仫佬语中时，与之对应的是 t-、th-声母。

(2) 设想黄金仫佬语最初并不是以 t-、th-形式对应中古精组汉借词的，只是因为自身声母系统的某种音变导致精组汉借词的读音变为 t-、th-,知、庄、章组汉借词的读音变为 ts-、tsh-、s-。

目前广西的汉语方言中,精组读 t-类的比较典型的方言要数广西东南部玉林一带的土白话（一般将其划归粤语勾漏片）了。对于玉林等地的土白话精组字读 t-、th-现象,学界有不同的看法。有的学者把它视为一种遗存的古汉语成分,也有的学者认为是受古代当地少数民族语言影响的结果,是古壮侗语语音成分的沉积,而不是古代汉语的特点,还有学者认为是后起音变的结果。在学界对于玉林、梧州等地的土白话精组字读 t-、th-现象的性质尚未取得一致认识之前,我们对第一种解释只能存疑。

那么,第二种解释是否成立呢？在对第一种解释不能做出清楚的肯定或否定回答的情况下,我们有必要弄清这个问题。

受已有研究的启发,下面从两个角度对黄金仫佬语精组及知庄章组汉借词读音加以分析：一是将黄金仫佬语中古汉借词精组、知庄章组字的读音与同语支语言的读音加以比较,分析其异同；二是考察黄金仫佬语 t-、th-和 ts-、tsh-、s-声母本族词与同语族语言的对应情况,看看是否有某种音变发生了。分析中同时以东门仫佬语为参照。

6.3.2 与侗语和水语中古汉借词精组及知庄章组字读音的比较

6.3.2.1 与侗语中古汉借词精组及知庄章组字读音的比较

据梁敏先生（王均 1984:329),侗语南部方言榕江县车江话的汉语老借词精组各母都读 s-,知照组各母都读 ɕ-。例如：

知组：转 ɕon⁵（知）　拆 ɕek⁹（彻）　茶 ɕe²（澄）
精组：浸 səm⁵（精）　村 sən¹（清）　事 si⁶（从）　三 sa:m¹（心）　松 soŋ²（邪）
照组：争 ɕeŋ¹（照）　尺 ɕik⁹（穿）　寨 ɕa:i⁶（床）　筛 ɕa:i¹（审）　时 ɕi²（禅）

梁先生指出（王均等 1984:322),车江侗语有 ts、tsh 音位,但它们是由于吸收汉语新借词而增加的新音位,多出现在青年人的口中,老年人仍读作 s。由此可以设想:侗语精组中古借词读 s-,知庄章组字读 ɕ-,是因为最初借入时侗语中尚未产生塞擦音,所以以 s-对应汉语的精组字,以 ɕ-对应汉语的已经合流的知、庄、章组字。

吴安其（2002:192、218）指出,壮侗、侗水语支语言的分化大约在中古时期。曾晓渝（2003）根据侗台语族里四个语支与古汉语关系词声调对应关系的异同,同时根据壮、傣、侗、水诸语言里中古汉语借词调类的一致对应,对吴先生的观点表示赞同。维拉·奥斯塔比拉特先生（Weera Ostapirat）认为,侗水语支语言里,侗语与仫佬语关系最近。（转引自曾晓渝 2002）

总结前辈学者的观点,我们可以得出这样的认识：侗语与仫佬语关系最近,侗语与仫佬语的分化大约是在中古之后。因而可以认为,侗语与仫佬语的中古汉语借词理应有大体一致的对应关系。

下面对车江侗语声母系统与黄金仫佬语声母系统加以比较。

车江侗语声母系统如下（王均等 1984:321）：

p	ph	m	f	w
t	th	n		l
ts	tsh		s	
ȶ	ȶh	ȵ	ɕ	j
k	kh	ŋ		
pj	phj	mj		wj
tj	thj			lj
kw	khw	ŋw		
ʔ				

黄金镇仫佬语声母系统如下：

p	ph	m	f	w	
t	th	n		l	
ts	tsh		s		
c	ch	ȵ	ɕ	j	ʔj
k	kh	ŋ		h	
ʔ					
pj	phj	mj	fj		
tj	thj	nj		lj	
tsj	tshj		sj		
pw	phw	mw			
tw				lw	
tsw	tshw		sw		
cw					
kw	khw	ŋw	hw		

将侗语与黄金仫佬语的单辅音声母进行比较，可以发现：侗语的舌面前塞音 ȶ、ȶh、ɕ，黄金仫佬语与之对应的是舌面中音 c、ch、ɕ。

前面指出，因为最初借入时侗语中尚未产生塞擦音，所以侗语以 s-对应中古汉语的精组字，以 ɕ-对应汉语的已经合流的知、庄、章组字。黄金仫佬语与侗语 ɕ-对应的是 ɕ-，因而暂时可以设想：中古时期，黄金仫佬语最初可能是以 s-对应中古汉语精组字、以 ɕ-对应中古汉语知庄章组字（黄金仫佬语的塞擦音是后起的，后面将有分析）。

6.3.2.2 与水语中古汉借词精组及知庄章组字读音的比较

据曾晓渝（2002；2004：107-109），水语中古汉语借词精组、知庄章组各母读音如下：

精	ɕ	清	ɕ	从	ɕh	心	ɕ	邪	ɕ
知	/	彻	s	澄	ts				
庄	ts	初	s	崇	s	生	s		
章	ts tsj s	昌	s ts	船	s	书	s sj	禅	s

从上表可以看出,水语中古精组汉借词除心母有 h-、ɕ-两种读音外,其他各母均读 ɕ-;中古知庄章组汉借词澄、庄母读 ts-、章、昌母有 ts-、s-两种读音,其他各母均读 s-。

关于心、生、书母的读音,曾晓渝(2002)指出,中古汉语进入水语之初,心母字读音与水语一致,读作 s-;因水语音系中没有 ʂ-声母,故生母、书母字合而为一读作 ɕ-。后来,因水语自身的声母系统发生了 s->h-、ɕ->s-、t->ts-的历史演变,导致汉语借词的读音也发生了相应的变化。水语声母 s->h-的演变发生在中古之后。

综上,黄金镇仫佬语、侗语、水语中古汉借词精组和知庄章组各母读音对应可以总结为:

	黄金仫佬语	侗语	水语
精组	t-、th-	s-	ɕ-、h-
知庄章组	ts-、tsh-、s-	ɕ-	s-、ts-

6.3.3 对黄金镇仫佬语中古汉借词精组字读 t-、th-的解释

6.3.3.1 黄金镇仫佬语 t-、th-声母本族词与近亲语言的对应

把黄金镇仫佬语中的 t-、th-声母本族词与东门镇仫佬语和同语支其他语言进行比较,可以得到以下几种对应规律:

(一)黄金仫 t-:东门仫 kɣ-/ khɣ-:侗 s-:水 h-:毛南 s-/z-

这组词有单数调,也有双数调。东门仫佬语 kɣ-声母词为双数调,khɣ-声母词为单数调;毛南语 s-声母词为单数调,z-声母词为双数调。例如:

	黄金仫	东门仫	侗	水	毛南	备注
女婿	la:k⁸ ta:u⁴	la:k⁸ kɣa:u⁴	la:k⁸ sa:u⁴	la:k⁸ ha:u⁴	la:k⁸ za:u⁴	
药	ta²	kɣa²	/	ha²	za²	
饲料	tu²	kɣu²	/			
肠子	ta:i³	khɣa:i³	sa:i³	ha:i³	sa:i³	
酸	tam³	khɣəm³	səm³	hum³	səm³	
裤带	tø¹	khɣɛ¹			sɛ¹	

(二)黄金仫佬 th-:东门仫佬 khɣ-:侗 s-:水 h-:毛南 s-

这组词为单数调。例如:

	黄金仫	东门仫	侗	水	毛南	备 注
早	tham¹	khɣam¹	sam¹	ham¹	sam¹	很~起来

| 分 | tha:i¹ | khɣai¹ | / | / | / | ~路 |

（三）黄金佤佬 t-：东门佤佬 t-：侗 s-：水 h-/f-：毛南 s-/z-

这组词有单数调也有双数调。毛南语 s-声母词为单数调，z-声母词为双数调。例如：

	黄金佤	东门佤	侗	水	毛南	备注
蛇	tui²	tui²	sui²	hui²/fui²	zui²	
蚯蚓	tan⁴	tan⁴	san⁴	han⁴	zan⁴	
牛	tan²	tən²	sən²	/	/	
根	ta:ŋ¹	ta:ŋ¹	sa:ŋ¹	ha:ŋ¹	sa:ŋ¹	
放	tuŋ⁵	tɔ:ŋ⁵	soŋ⁵	huŋ⁵	soŋ⁵	~开手
编	ta:n¹	ta:n¹	sa:n¹	ha:n¹	sa:n¹	~簸箕
捉	tap⁷	/	sap⁷	hap⁷	sap⁷	~鸡
蚊帐	tun³	tun³	sun³	fən³	son³	
坐	tui⁵	tui⁶	sui⁵	fui⁶	zu:i⁶	

（四）黄金佤佬 t-：东门佤佬 hɣ-：侗 ɬ-/s-/th-：水 d-：毛南 nd-

这组词全部为单数调。例如：

	黄金佤	东门佤	侗	水	毛南	备注
买	taiɣ³	hɣai³	ɬai³	djai³	ndjai³	
我们	tjeu¹	hɣa:u¹	ɬiu¹	djeu¹	nde¹	
柴	tat⁷	/	ɬət⁷	dit⁷	ndit⁷	柴火
短	tan³	hɣən³	thən³	din³	din⁴	
矮	tam⁵	hɣam⁵	tham⁵	dam⁵	djam⁶	
暖和	tɔ³	hɣo³	sa:u³	do³ hok⁷	do⁴	
旱地	ta:i⁵	hɣa:i⁵	/	da:i⁵	nda:i⁵	
呕吐	tjɔk⁷	hɣøk⁷	/	da:k⁷ ɬe²	ndok⁷	

（五）黄金佤佬 t-：东门佤佬 t-：侗 t-：水 t-：毛南 t-

这组词绝大多数是单数调。例如：

	黄金佤	东门佤	侗	水	毛南	备注
腿	tin¹	tin¹	tin¹	tin¹	ti:n¹	
肝	tap⁷	tap⁷	tap⁷	tap⁷	tap⁷	
来	taŋ¹	taŋ¹	taŋ¹	taŋ¹	taŋ¹	
穿	tan³	tan³	tan³	tan³	tan³	~鞋
煮	tuŋ¹	tuŋ¹	tuŋ¹	tuŋ¹	tuŋ¹	~饭
织	tam³	tam³	tam³	tam³	tam³	~布
烧	ta:u³	/	ta:u³	ta:u³	ta:u³	~火做饭
石头	tui²	tui²	/	/	tui²	

以上几种情况可以总结为：

	黄金佤	东门佤	侗	水	毛南
(1)	t	kɣ/khɣ	s	h	s/z
(2)	th	khɣ	s	h	s

(3)	t	t	s	h/f	s/z
(4)	t	hɣ	ɬ/s/th	d	nd
(5)	t	t	t	t	t

6.3.3.2 黄金仫佬语本族词声母系统的 s->t-历史音变

通过与东门仫佬语和同语族其他语言的比较，可以看出，黄金仫佬语的 t-声母本族词从历史来源上看有三类：前三组的 t-声母词都对应着侗语的 s-、水语的 h-/ f-、毛南语的 s-/z-，应该有共同的来源；第四组、第五组词与侗语、水语、毛南语有另外不同的对应，当分别另有来源。前三组 t-声母本族词中，黄金仫佬语与侗语、水语 t－s－h 的对应，同前面所说的中古精组汉借词三者 t－s－h 的对应是一致的，因此，同本节所探讨的黄金仫佬语精组汉语借词读 t-相关的本族词当属前三组。为使论题更集中，本文只讨论前三组 t-声母词的来源。

需要说明的是，前三组词黄金仫佬语与东门仫佬语的对应并不一致。第（1）（2）组东门仫佬语以后腭化声母 kɣ-、khɣ-对应黄金仫佬语的 t-，而第（3）组两者都读 t-。有些前辈学者认为第（1）（2）组东门仫佬语 kɣ-、khɣ-是原始成分的遗存，我们不反对这种可能，但同时也设想另外一种可能：也许它们是一种后起音变的结果。如同今天的闽方言端母字"到"读 g-声母，精组字"晴"读 g-、"斜、匠"读 c-声母（厦门大学中国语言文学研究所汉语方言研究室 1982：1017、899、490、382）是后起音变一样。基于这样的考虑，我们把第（1）（2）组和第（3）组归为同一类。

对于第（3）组中的东门仫佬语读 t-，学界有不同看法。有的学者认为是原始侗台语的古音成分，如梁敏、张均如（1996），也有的学者认为是后起的音变。持后一种观点的学者对于发生了什么样的音变看法也不相同：麦耘（1997）认为是原始壮侗语、原始侗水语的*ts（*tθ）、*tsh（*tθh）、*s（*θ）声母后来音变的结果；曾晓渝（2002）认为是发生了 s->t-音变的结果；韦树关（2004：103）认为是*rə-> t-或 ɬ->θ-/ð-> t-音变的结果。

对于与侗语、水语有 t－s－h 对应的黄金仫佬语 t-声母词，应该怎样解释呢？我们倾向于曾晓渝的观点，即仫佬语中古时期发生了 s->t-历史音变。理由如下：

（1）根据我们的调查，黄金镇仫佬语某些读 t-声母的词，下里乡仫佬语还保留 s-读音，如"分（~路）"读 sa:i¹，"早"读 sa:m³。

（2）菲尔鲁斯（Ferlus）先生指出，根据他多年来的调查研究，东南亚几十种语言中 s->t-的音变是相当普遍的，而几乎没有相反的音变现象。据盖兴之、覃国生先生的研究，藏缅语、侗台语以及越南语里 s->t-的音变是比较普遍的。（转引自曾晓渝 2002）

（3）临高话有 s->t-音变。据张均如（1986），临高话 t-声母变成 ʔd-后，s-声母又变成 t-，后来一些复辅音声母简化变成 s-。

（4）南开大学 2001 级博士生姜美勋和 2004 级博士生岳麻腊分别告诉笔者，韩国汉字音和尼泊尔语、缅甸语都发生了 s->t-的音变。

（5）汉语方言也不乏 s->t-音变现象。据唐伶（2004），湖南道县土话精组字读 t-、th-为晚近发生的变化。

6.3.3.3 黄金伅佬中古汉借词精组字读 t-、th-是 s->t-音变的结果

上面指出，与侗语、水语有 t-s-h 对应的黄金伅佬语 t-声母词，经历了 s->t-的音变。因此，有理由认为，与侗语、水语精组汉借词有 t-s-h 对应的黄金伅佬语中古汉借词精组字经历了同样的历史音变。换句话说，中古汉借词精组字黄金伅佬语最初以 s-对应，后来，由于本族词的声母系统发生了 s->t-的音变，汉借词也随之发生了相同的变化。黄金伅佬中古汉借词精组字读 t-、th-同样是 s->t-历史音变的结果。

6.3.4 对黄金伅佬语中古汉借词知庄章读 ts-、tsh-、s-的解释

前面根据与同语支语言侗语汉借词读音的比较，提出设想：中古知庄章组汉借词最初借入时，黄金伅佬语是以类似侗语的 ɕ-声母的 ç-声母对应的，只是由于后来 ç->s-的音变，并随着塞擦音 ts-、tsh-的产生，知庄章组字才变为 ts-类读音。下面通过探讨黄金伅佬语 ts-、tsh-、s-声母的来源对这一设想加以论证。

6.3.4.1 黄金伅佬语 ts-、tsh-声母的产生

多数学者认为侗台语塞擦音是后起的。张均如先生曾专文讨论过侗台语族塞擦音的产生和发展问题，张先生（1983）指出：壮侗语族的塞擦音声母是在各语支分离之后各自产生和发展的；原始侗水语原来没有塞擦音，到了早期的水、毛南、伅佬等语言才产生清浊两类塞擦音，而早期的侗语没有产生塞擦音，至今大多数地区的侗语仍然没有塞擦音；壮侗语族的塞擦音主要从数种复辅音和舌后音声母简化演变而来，同时与汉语的影响也有关系；侗水语支诸语言 tsh-声母产生的时间也是比较晚的，并且是由于吸收汉语借词而增加的。

另外，吴安其（2002：199、242）构拟的原始侗台语和原始台语的声母系统，曾晓渝（2004：48）构拟的早期水语的声母系统中（据曾先生研究，早期水语时间大约在上古时期，早期水语的声母系统在一定程度上也反映着早期壮傣、侗水两语支的共同声母系统的基本状况）都没有塞擦音。根据水语 ts-声母字大多与侗语等亲属语言同源词的 k-/ȶ-声母对应的事实，曾晓渝（2004：55）提出水语 ts-来源于舌面塞音的设想。

受前辈学者论述的启发，并在学者们研究的基础上，我们把黄金伅佬语 ts-、tsh-声母本族词与东门伅佬及同语支语言进行对比，找到了以下几类有对应关系的词：

第一类：

	黄金伅	东门伅	侗	水	毛南	备 注
姜	tsiŋ^1	ɕiŋ^1	ɕiŋ^1	siŋ^1	siŋ^1	
轻	tsa^3	ça^3	ȶa^3（南部）	za^3	/	
重	tsan^1	çan^1	ȶan^1（南部）	zan^1	zan^1	

第二类：

	黄金仫	东门仫	侗	水	毛南	备 注
吃	tsja:n¹	tsa:n¹	ɬa:n¹	tsjen¹	/	
双	tsau⁶	tsau⁶	ɬau⁶	tsau⁶	tsau⁶	一～鞋
草鞋	tsja:k⁷	tsja:k⁷	ɬa:k⁹	tsa:k⁷	tsi:k⁷	
苍蝇	tsa:m⁵	tsa:m⁵	mjuŋ⁴ ɬa:m⁵			"蚊子"同

注：侗语 mjuŋ⁴ɬa:m⁵ 为"蠓"。

第三类：

	黄金仫	东门仫	侗	水	毛南	备 注
上	tsha⁵	tsha⁵	ɬha⁵	sa⁵	sa⁵	
走	tsha:m³	tsha:m³	ɬha:m³	sa:m³	sa:m³	

黄金仫佬语 ts-、tsh-声母词与东门仫佬语及同语支语言的对应规律，可以总结如下：

	黄金仫	东门仫	侗	水	毛南
(1)	ts-	ɕ-	ɕ/ɬ-	s/z-	s/z-
(2)	ts-	ts-	ɬ-	ts-	ts-
(3)	tsh-	tsh-	ɬh-	s-	s-

对应规律（1）表明，黄金仫佬语可能经历了 ɕ->s->ts-的音变；对应规律（3）表明，黄金仫佬语某些词可能经历了 s->tsh-的音变，罗城下里乡仫佬语还保留着 s-的读音，如"上"读 sa⁵，"走"读 sa:m³；对应规律（2）则说明黄金仫佬语的 ts-声母的来源与舌面塞音声母有关，罗城龙岸镇仫佬语中还保留着 c-的读音，如"吃"读 cin¹，"双"读 cau⁶，"草鞋"读（ŋu³）ca:k⁷。

6.3.4.2 黄金仫佬语 s-本族词与同语支语言的对应及 ɕ->s-音变

和 t-声母本族词相比，黄金仫佬语 s-声母本族词数量要少的多，我们只找到了有限的几个。把黄金仫佬语 s-声母本族词与东门仫佬语和同语支语言进行比较，可以发现黄金仫佬语 s-声母本族词与侗语、水语确实存在 s-ɕ-s 的对应。例如：

	黄金仫	东门仫	侗	水	毛南
洗	suk⁷	suk⁷	ɕuk⁹	suk⁸	zuk⁷
你们	sa:u¹	sa:u¹	ɕa:u¹	sa:u¹	se¹
问	sa:i³	sa:i³	ɕa:i³	sa:i³	sa:i³

上面所举例词，黄金仫佬语以 s-对应侗语的 ɕ-和水语的 s-。这种本族词之间的对应，和前面所说的黄金仫佬语与侗语、水语知庄章组汉借词 s-ɕ-s 的对应是一致的，因而，我们可以认为，黄金仫佬语声母系统中古时候发生了 ɕ->s-的音变，这种音变影响着知庄章组汉借词由最初借入时的 ɕ-读音变为 s-读音。至于知庄章组汉借词塞擦音声母的 ts-、tsh-读音，可能是在本族词 s->ts-/ tsh-音变影响下，s-读音进一步音变的结果。黄金仫佬语"狮"（生母）读 ɕi¹、"霜"（生母）读 ɕɔ:ŋ¹、"输"（书母）读 ɕy¹，东门仫佬语"翅"（书母）读 ɕi⁵、"晒"（生母）读 ɕa⁵，可能是最初借入时读 ɕ-的一种遗存。

6.3.5 小结

综上,我们认为,黄金仫佬语中古汉语借词精组字读 t-、th-,知庄章组字读 ts-、tsh、s-,这种奇怪的对应,不是最初借入时读音的延续,而是经历了 s->t-和 ɕ->s->ts-及 s->tsh-音变的结果。具体音变过程,设想如下:黄金仫佬语中古汉借词精组字最初以 s-对应,知庄章组字最初以类似侗语 ɕ-声母的 ɕ-对应,后来,由于本族词声母系统发生了 s->t-的音变,精组字也随之变为 t-类读音;由于本族词声母系统发生的 ɕ->s->ts-和 s->tsh-音变,知庄章组字变为 ts-类读音。

主要依据如下:

(1) 黄金仫佬语中古汉借词精组字的 t-、th-读音,对应着侗语的 s-、水语的 ɕ-/h-;黄金仫佬语中古汉借词知庄章组字的 ts-、tsh-、s-读音,对应着侗语的 ɕ-、水语 s-、ts-。

(2) 黄金仫佬语 t-类声母本族词,与侗语的 s-、水语的 h-/ f-、毛南语的 s-/z 声母有整齐的对应关系。

(3) 水语中与侗语 s-声母对应的 h-声母词,经历了 s->h-的演变,并因 s->h-引起了 ɕ->s-音变。(曾晓渝 2002)

(4) 某些黄金镇仫佬语读 t-声母的本族词,下里乡仫佬语读 s-声母。

(5) s->t-音变是东南亚语言的一种普遍现象。

(6) 黄金仫佬语 s-声母本族词与侗语的 ɕ-声母对应。

(7) 从声母系统看,黄金仫佬语的 ɕ-对应着侗语的 ɕ-。

(8) 黄金仫佬语 ts-、tsh-声母与同语族其他语言的对应规律表明:黄金仫佬语 ts-、tsh-声母是后起的;黄金仫佬语可能经历了 ɕ->s->ts-和 s->tsh-的音变。

(9) 黄金仫佬语"狮"(生母)读 ɕi[1]、"霜"(生母)读 ɕɔːŋ[1]、"输"(书母)读 ɕy[1],东门仫佬语"翅"(书母)读 ɕi[5]、"晒"(生母)读 ɕa[5],可能是最初借入时读 ɕ-的一种遗存。

虽然中古时期,在与侗语分化之后,黄金仫佬语本族词声母系统发生了 s->t-和 ɕ->s-音变,并影响精组和知庄章组汉语借词分别由最初借入时的 s-、ɕ-读音变为现在的 t-类和 ts-类读音,而且可以肯定两种音变有链移的关系,但是,对于两者发生的先后问题,即是 s->t-拉动 ɕ->s-,还是 ɕ->s-推动 s->t-,我们尚不能给出明确的回答,仍需要作进一步研究。

本节参考文献

李连进　2000　《平话的历史》,《民族语文》第 6 期。

——　2002　《壮语老借词、汉越语和平话的历史源流关系》,《广西师院学报》第 4 期。

——　2005　《勾漏片的方言归属》,《民族语文》第 1 期。

李新魁　1994　《广东的方言》,广东人民出版社。

李　玉　1991　《上古汉语*st-类型复声母考》,《学术论坛》第 4 期。

梁　敏　张均如　1996　《侗台语族概论》,中国社会科学院出版社。
麦　耘　1997　《中古精组字在粤语诸次方言的不同读法及其历史涵义》,*Journal of Chinese Linguistics* Vol.25,No.2。
唐　伶　2004　《湖南道县土话中精组、知系、见组读[t][th]母的现象》(摘要),"桂北平话与周边方言"学术研讨会论文(及摘要)集。
辛世彪　2005　《海南闽语精庄章组声母的塞化与底层声母的影响》,《民族语文》第1期。
厦门大学中国语言文学研究所汉语方言研究室　1982　《普通话闽南方言词典》,福建人民出版社。
王均等　1984　《壮侗语族语言简志》,民族出版社。
韦树关　2001　《论越南语中的汉越语与汉语平话方言的关系》,《广西民族学院学报》第2期。
——　2004　《汉越语关系词声母系统研究》,广西民族出版社。
吴安其　2002　《汉藏语同源词研究》,中央民族大学出版社。
游汝杰　2000　《汉语方言学导论》,上海教育出版社。
曾晓渝　2002　《论水语声母 s->h-的历史音变》,《民族语文》第2期。
——　2003　《论壮傣、侗水语里古汉语借词的调类对应》,《民族语文》第1期。
——　2004　《汉语水语关系论》,商务印书馆。
张均如　1983　《壮侗语族塞擦音声母的产生和发展》,《民族语文》第1期。
——　1986　《壮侗语族语音演变的趋向性、阶段性、渐变性》,《民族语文》第1期。
中央民族学院少数民族语言研究所第五教研室　1985　《壮侗语族语言词汇集》,中央民族学院出版社。

6.4　论三江侗语里中古汉借词的语音特点[①]

三江侗语里的中古汉语借词是很有研究价值的。透过中古汉语借词的读音,可以了解当地中古时期的汉语方言语音特点,以及侗语自身音系的历史演变情况。有学者提出,三江侗语里的早期(即中古)汉语借词来源于当地的六甲话,理由是二者的语音特点相似(陈宗林1999)。可是,我们经过仔细的比较分析,发现这一观点是值得商榷的。

本节即在三江侗、汉语言调查研究的基础上着重探讨三江侗语里中古汉借词语音特点的有关问题。

6.4.1　三江侗语和汉语音系简述

为了便于本节的讨论,这里将本书第二章的相关内容作简要概括。

6.4.1.1　三江侗语音系[②]

我们的调查结果与邢公畹先生、石林先生1980年的调查结果基本一致(参见邢公畹

[①] 本节初稿承蒙吴安其先生提出修改意见,谨致谢忱。
[②] 发音合作者:杨树清,男,侗族,52岁,干部,三江林溪乡程阳平寨屯人。

1985)。

(1) 声母 26 个,其中有 19 个单辅音声母,4 个颚化声母,3 个唇化声母:

p ph m w t th n l ȶ ȶh ȵ ȡ j s k kh ŋ ʔh pj phj mj kw khw ŋw lj

(2) 韵母 52 个:

a a:i a:u a:m a:n a:ŋ a:p a:t a:k am an ap at ak

əi əu əm ən əŋ əp ət ək   e eu em en eŋ ep et ek

i iu im in iŋ ip it ik   o oi om on oŋ op ot ok   u ui un uŋ ut uk

(3) 单字调 15 个(或 8 个):

调类	1		2	3		4	5		6	7				8	
	1	1'	2	3	3'	4	5	5'	6	7Ⅰ长	7Ⅰ'长	7Ⅱ短	7Ⅱ'短	8Ⅰ长	8Ⅱ短
调值	55	35	11	33	23	31	53	453	33	33	23	55	35	31	11

说明:

(1) 邢公畹先生《三江侗语》(1986:5)描写为 15 个调类(9 个舒声调,6 个促声调),根据我们 2004 年的调查,这种格局基本未变。不过,如果考虑历史来源,同时根据音系学区别特征理论,侗语的送气声母伴随音高而变化,韵腹的长短也伴随音高的变化,这样,也可以将三江侗语的声调归纳为 8 个调类。由于汉语借词声调涉及送气调的对应,因此,后文的相关讨论用的是 15 调类的名称。

(2) 第 3 调(不送气调)和第 6 调的调值都是 33 调,实际上已经合并了,但其他侗语方言还有别,而且三江侗语里古汉语借词这两调有所区别,因此,这里仍将其分别记录。

6.4.1.2 三江汉语方言音系

(一) 三江桂柳话音系①

(1) 声母 19 个(包括 1 个零声母):

p ph m f t th n l k kh ŋ x ts tsh s tɕ tɕh ɕ ∅

(2) 韵母 36 个:

开口呼:ɿ ə e ei a ai ao o ou an ən aŋ oŋ	合口呼:u uei ua uai uəu uan uən uaŋ
齐齿呼:i ie ia iau io iəu ien in iaŋ ioŋ	撮口呼:y ye yu yen yn

(3) 单字调 4 个:

调类	阴平	阳平	上声	去声
调值	33	21	53	35
中古音	清平	浊平|入声	清、次浊上	去声|浊上

---

① 发音合作者:秦月英,女,汉族,59 岁,家庭妇女。

(二) 三江六甲话音系①

(1) 声母 21 个（包括 1 个零声母）：

p ph m f   t th n l   ts tsh s   tɕ tɕh ȵ ɕ   k kh ŋ x   ʔ ∅

(2) 韵母共有 99 个（其中包括自成音节的 ŋ）：

开口呼	a ai au am an aŋ ap at ak ɐi ɐu mɐ nɐ ŋɐ ɐp tɐ ɐk e ei en eŋ ep et ek ən əŋ o oi ou om on oŋ op ot ok ɔi ɔ ŋɔ ɔ ø tø ŋø
齐齿呼	i im in iŋ ip it ik ia iai iau mai ian iaŋ iap iat iɐi mɐi nɐi dɐi iɐt iɐk ie iei ien ieŋ iep iet iek io ioŋ iok iu iuŋ iuk
合口呼	u un uŋ uk ua uai uan tau uɐn uei uen uo uot
撮口呼	y yn yt yai yaŋ yen yei yen yet yu yøi
自成音节	ŋ (五伍午)

(3) 单字调 10 个：

调类	阴平	阳平	阴上	阳上	阴去	阳去	阴入长	阴入短	阳入长	阳入短
调值	53	343	33	35	41	22	33	55	11	23
中古音	清平	浊平	清上	次浊上	清去	浊去全浊上	清入	清入	浊入	浊入

(三) 三江土拐话 (船上话) 音系②

(1) 声母 20 个（包括 1 个零声母）：

p ph m f   t th n l   ts tsh s   tɕ tɕh ȵ ɕ   k kh ŋ x   ʔ ∅

(2) 韵母 64 个：

开口呼	a aːi ai aːu au aːm am aːn an aŋ aːp ap aːt at ak e euːn en em eŋ eɐn ep et ek o oi ok oːn uːn tːɔn kːi ok ɛːk ɛk øt
齐齿呼	i ia iaːu iau iam iap iem ien iɐn iet iek iɔŋ iok iːu ɡɐi
合口呼	u ua uaːi uaːn uan uaŋ uaːt uat uːn tːu uan uɐn
撮口呼	y yn

(3) 单字调 8 个：

调类	阴平	阳平	阴上	阳上	阳去	阴入	阳入长	阳入短
调值	53	21	55	34	13	55	23	13
中古音	清平	浊平	清上	次浊上	去声、全浊上	清入	浊入	浊入

6.4.2 三江侗语里中古汉借词的基本语音特点

关于三江侗语里汉语借词的历史层次，详见前面第二章的讨论，此不赘述。这里将三江侗语里中古汉语借词的基本语音特点归纳如下：

---

① 发音合作者：侯明江，男，23 岁，大专文化，汉族，除在柳州师专体育系读书 3 年外，一直生活在三江县周坪乡黄牌村。

② 发音合作者：梁凤瑛，女，38 岁，汉族，家庭妇女。记录审定的有笔者、根岸美聪（日本）、赵敏兰等一行人。

（一）声调特点

三江侗语里的中古汉语借词的声调与《切韵》音系整齐对应，同时，由于侗语具有分送气调的特点，所以，汉语借词的声调也规律性地再分类。基本对应规律如下表：

	平	上	去	入
全清	55（1调）	33（3调）	53（5调）	33 / 55（7调）
次清	35（1'调）	23（3'调）	453（5'调）	23 / 35（7'调）
全浊	11（2调）	31（4调）	33（6调）	31 / 11（8调）
次浊	11（2调）	31（4调）	33（6调）	11 / 31（8调）

说明：

（1）次清栏的送气调不仅仅只是中古汉语次清声母字的声调，其中往往包含一些汉语清擦音的声调，尽管汉语借进侗语后声母并非清擦音，例如"分 wən³⁵""方 wa:ŋ³⁵"等等，还包含个别侗语里变全清为次清的汉借词读音，如"钻 ɬhun³⁵"（动词，～山洞）。

（2）汉语全清上声和全浊去声侗语以同样的调值 33 对应。这有两种可能：一是当时汉语的这两个声调调值相同；二是当时三江侗语以不同的声调对应汉语的这两个声调，后因声调的演变而调值相同了。我们认为后一种可能更符合实际，因为汉语方言全清上声与全浊去声合流的现象是罕见的，而与其他侗语方言比较，三江侗语的 33 调值分别对应于第 3 调和第 6 调。所以，这恰好通过汉语借词说明，三江侗语的第 3 调和第 6 调在历史上是不同的调类，不过，因调值比较接近而后来合流了。由此也显现出汉语借词历史层次研究的意义。

下面是各调对应举例：

汉语声调		侗语借词声调	侗语借词举例	
阴平	全清	55（1调）	鞍 ʔa:n⁵⁵	帮 pa:ŋ⁵⁵（～助）
	次清	35（1'调）	千 thin³⁵	敲 kheu³⁵
阳平	全浊	11（2调）	财 səi¹¹	朝 ɕeu¹¹（～廷）
	次浊	11（2调）	南 na:m¹¹	年 ɲin¹¹
阴上	全清	33（3调）	宝 pa:u³³	本 pən³³（～钱）
	次清	23（3'调）	起 ɬhi²³	抢 ɬha:ŋ²³
阳上	全浊	31（4调）	近 tan³¹	巳 si³¹（地支）
	次浊	31（4调）	马 ma³¹	卯 meu³¹
阴去	全清	53（5调）	算 son⁵³	瓮 ʔoŋ⁵³
	次清	453（5'调）	醋 thu⁴⁵³	歉 ɬhen⁴⁵³
阳去	全浊	33（6调）	避 poi³³	病 pjiŋ³³
	次浊	33（6调）	路 lu³³	乱 lon³³
阴入	全清	33 / 55（7调）	八 pet³³	塞 sak⁵⁵
	次清	23 / 35（7'调）	恰 ɬha:p²³	漆 thət³⁵
阳入	全浊	31 / 11（8调）	白 pa:k³¹	十 ɕəp¹¹
	次浊	11 / 31（8调）	勒 lak¹¹	木 mok³¹

（二）声母特点

三江侗语里汉借词声母与中古汉语声母的主要对应规律如下：

中古汉语声母	侗语汉借词声母	侗语汉借词举例
帮 滂 並 明	p ph p m	八 pet³³ 泡 pheu⁴⁵³ 瓶 pjin¹¹ 命 min³³
非 — 奉 微	w -w / p w	分 wən³⁵ — 坟 wən¹¹ 父 pu³¹ 武 wu³¹
端 透 定 泥 来	t th t ȵ/n l	冬 toŋ⁵⁵ 汤 thaŋ³⁵ 读 tok³¹ 年 ȵin¹¹ 老 la:u³¹
精 清 从 心 邪	s s/th s s s	足 sot⁵⁵ 村 ən⁵⁵ 漆 thət³⁵ 罪 soi³¹ 三 sa:m⁵⁵ 巳 si³¹
知 徹 澄 —	ʈ ɕ ɕ -	帐 ʈa:ŋ⁵³ 撑 ɕeŋ⁵³ 茶 ɕe¹¹/ɕa¹¹
庄 初 崇 生 —	ʈ ɕ ɕ ɕ -	争 ʈeŋ⁵⁵ 差 ɕa⁵⁵ 锄 ɕu¹¹ 牲 ɕeŋ⁵⁵ —
章 昌 船 书 禅 日	ʈ th ɕ ɕ ɕ ȵ	针 ʈəm³⁵ 唱 thaːŋ⁴⁵³ 船 ɕon¹¹ 水 ɕoi³¹ 十 ɕəp¹¹ 人 ȵən¹¹
见 溪 群 疑	k kh ʈ ŋ	江 ka:ŋ⁵⁵ 客 khek²³ 骑 ʈi¹¹ 五 ŋo³¹
晓 匣	kh/h w	欢 khon³⁵ 灰 hoi⁵⁵ 换 wa:n³³
影 云 以	ʔ j j	瓮 ʔoŋ⁵³ 为 jui³³ 勇 joŋ³¹

(三) 韵母特点

我们将三江侗语的中古汉语借词的韵母与《切韵》音系 206 韵的开合等作了仔细比较分析,由于篇幅太大不能详细列出,下面只列出三江侗语里汉借词韵母与中古汉语韵摄的主要对应规律(表中借词韵母及借词举例基本按各摄之内的韵等呼顺序列举):

中古音	侗语汉借词韵母	侗语汉借词举例
果摄	a ui	歌 ka⁵⁵ 河 ha⁵⁵ 茄 ʈa¹¹ 坐 sui⁵³
假摄	e/a ja	茶 ɕe¹¹/ɕa¹¹ 家 ke⁵⁵/ka⁵⁵ 牙 ŋe¹¹ 也 ja³³ 瓦 ŋe³¹
遇摄	o u	五 ŋo³¹ 父 pu³¹ 铺 phu⁴⁵³ 古 ku³³ 去 thu⁴⁵³ 主 tu³³
蟹摄	əi ai a:i e oi ua	海 həi²³ 害 ha:i³³ 太 thai⁴⁵³ 底 te³³ 灰 hoi⁵⁵ 话 wa³³
止摄	i ui oi	皮 pi¹¹ 二 ȵi³³ 旗 ʈi¹¹ 为 jui³³ 水 ɕoi³¹
效摄	a:u eu jiu	老 la:u³¹ 包 peu⁵⁵ 朝 ɕeu¹¹ 庙 mjiu³³
流摄	əu	头 təu¹¹ 谋 məu¹¹
咸摄	a:m ap em ep im	南 na:m¹¹ 盒 hap³³ 减 kem³³ 法 wep²³ 盐 jim¹¹
深摄	əm əp	心 səm⁵⁵ 十 ɕəp¹¹
山摄	a:n a:t en/a:n et jin jen in it wa:n ok wen wet on	难 na:n¹¹ 割 ka:t³³ 间 ken⁵⁵/ka:n⁵⁵ 扮 pen⁵³ 八 pet³³ 棉 mjin¹¹ 言 jen¹¹ 年 ȵin¹¹ 结 ʈhit²³ 官 kwa:n⁵⁵ 泼 phok³⁵ 惯 kwen⁵³ 刮 kwet³¹ 圈 ʈon³³
臻摄	an ən jət ot wən	吞 lan²³ 人 ȵən¹¹ 一 jət⁵⁵ 近 ʈan³¹ 本 pən³³ 骨 kot⁵⁵ 分 wən³⁵
宕摄	a:ŋ ok a:k wa:ŋ	帮 pa:ŋ⁵⁵ 落 tok⁵⁵ 各 ka:k³³ 象 ɕa:ŋ⁵³ 鹊 ɕa:k²³ 方 wa:ŋ³⁵
江摄	a:ŋ	江 ka:ŋ⁵⁵ 讲 ka:ŋ³³
曾摄	əŋ ak iŋ ək	崩 pəŋ⁵⁵ 北 pak⁵⁵ 升 ɕiŋ⁵⁵ 力 lək¹¹
梗摄	eŋ ek jiŋ iŋ ik weŋ	撑 ɕeŋ⁵³ 百 pek³³ 争 ʈeŋ⁵⁵ 脉 mek³¹ 平 pjiŋ¹¹ 请 thiŋ²³ 石 ɕik³¹ 钉 tiŋ⁵⁵ 锡 sik³³ 横 weŋ¹¹
通摄	oŋ ok joŋ jok	东 toŋ⁵⁵ 木 mok³¹ 冬 toŋ⁵⁵ 风 hoŋ⁵⁵ 六 ljok¹¹ 龙 ljoŋ¹¹

6.4.3 三江侗语里中古汉语借词语音的有关问题讨论

6.4.3.1 关于内部的层次差异

总的看来,三江侗语里中古汉语借词的语音特点是很清楚的,但仔细分析,其声母、韵母系统内部存在着一些层次差异。声母方面,主要是有个别唇音字"父、肥"声母读作重唇 p-,但其韵母声调合乎中古借词规律,这两字应视为中古早期借词。韵母方面,根据前面的借词韵母对应表,我们整理出以下层次差异表:

中古音			三江侗语汉借词韵母		中古早期到晚期的层次差异
摄	呼等韵	韵母	借词举例		
果	开一歌	a	歌 ka^{55}	河 ha^{55}	a —— a
	开三戈	a	茄 tɕa^{11}		(j)a —— (j)a
假	开二麻	e	茶 ɕe^{11}/ɕa^{11}	牙 ŋe^{11} 价 ka^{53}	e —— a
	开三麻	ja	也 ja^{33}		(j)a —— (j)a
遇	合一模	o	五 ŋo^{31}	古 ku^{33}	o —— u
	合三鱼	u	去 ɬhu^{453}		u —— u
	合三虞	u	父 pu^{31}	主 tɕu^{33}	
蟹	开一咍	əi	财 səi^{11}	海 həi^{23} 改 kai^{33}	əi —— a:i
	开一泰	ai	太 thai^{453}	害 ha:i^{33}	ai —— a:i
效	开一豪	a:u	老 la:u^{31}	倒 ta:u^{53}	a:u —— a:u
	开二肴	eu	包 peu^{55}	炒 ɕeu^{23}/ɕa:u^{33}	eu —— a:u
流	开一侯	əu	头 təu^{11}		əu —— əu
	开三尤	əu	谋 məu^{11}		əu —— əu
咸	开一覃	a:m	南 na:m^{11}		a:m —— a:m
	合	ap	盒 hap^{33}		ap —— ap
	开二咸	em	减 kem^{33}		em —— em/am
	洽	ep	夹 ŋep^{23}	恰 tɕha:p^{23}	ep —— a:p
	开三盐	im	盐 jim^{11}	阉 jim^{55} 淹 jam^{55}	(j)im —— (j)am
山	开一寒	a:n	难 na:n^{11}		a:n —— a:n
	曷	a:t	割 ka:t^{33}		a:t —— a:t
	开二山	en	间 ken^{55}/ka:n^{55}	扮 pen^{53}	en —— a:n
	黠	et	八 pet^{33}		et —— et/at
	合一桓	a:n	半 pa:n^{53}	盘 pa:n^{11}	(w)a:n —— (w)a:n
		wa:n	酸 səm^{23}	官 kwa:n^{55}	
	末	ok	泼 phok^{35}		ok —— ok
	合二删	wen	惯 kwen^{53}		(w)en —— (w)en
	鎋	wet	刮 kwet^{31}/kwa:k^{33}		(w)et —— (w)a:k

中古早期借词的韵母形式与《切韵》的韵等对应更整齐,晚期的则部分合流了。比较而言,二者最明显的差异是二等韵字主要元音的演变:早期 e ＞ 晚期 a。

另外,值得提出的是,遇摄一等模韵字有 o 和 u 两种读音,如"五[ŋo^{31}]""古[ku^{33}]"。根据侗汉早期关系词的读音,鱼部字读 a("渡[ta^{33}]");侯部字读 o("豆[to^{33}]"),那么,我们推测,从上古到中古,鱼部的演变过程为 *a＞o＞u;侯部的演变过程为 *o＞əu。所以,中古一等模韵借词"五[ŋo^{31}]"反映了早期的韵母特点。而三等的鱼虞两韵的借词读音却看不出区别来。

由于中古借词的这些层次差异只是零星的,就整体音系而言是比较统一的,所以,我们没有将中古借词分为早期和晚期两部分来分别论述。

6.4.3.2 关于声母送气/不送气的交替

(1) 清塞音声母汉借词送气/不送气自由变体的问题

三江侗语汉借词的中古层次存在清塞音声母送气与不送气的自由变体，而这种现象在现代借词里却基本没有，比较如下：

《切韵》音		现代借词	中古借词
牙音	见母 *k-	[k-] ka:i³¹ 解 kən³³ 根	[k-] ka⁵⁵ 歌 ka:ŋ⁵⁵ 江 [k-/ kh-] khu³³/ku³³ 古 khuk²³/kuk²³ 谷 kam³⁵/kh am³⁵ 泔
	溪母 *kh-	[kh-] khoŋ²³ 空 khau⁴⁵³ 靠	[kh-] khek²³ 客 khuk²³ 壳 [k-/ kh-] khəi³⁵/kəi³⁵ 开 keu³⁵/kheu³⁵ 敲
舌音	端母 *t-	[t-] ta:ŋ³³ 当 təi³³ 堆	[t-] ta:m⁵³ 担量词 ta:m³³ 胆 toŋ⁵⁵ 东 [t-/ th-] tu³³/ thu³³ 肚胃
	透母 *th-	[th-] tha:n²³ 贪 thoŋ³³ 通普~	[th-] thoŋ³⁵ 通打~ [th-/ l-] than²³/lan²³ 吞
唇音	帮母 *p-	[p-] pa:i³¹ 摆 pa:n⁵⁵ 办~法	[p-] pjət⁵⁵ 笔 pak⁵⁵ 北 [ph-] phi³³ 比
	滂母 *ph-	[ph-] phu⁴⁵³ 铺店~ pheu⁴⁵³ 泡	[ph-] phek²³ 拍 phok³⁵ 泼 [p-] pjiu⁵⁵ 飘 peu⁵³ 炮

为什么侗语里的中古汉借词会出现这种送气/不送气的交替现象呢？是因为当时作为借源的汉语方言塞音没有送气、不送气的音位对立呢，还是由于当时侗语的音系特点使然？

考察三江县以及广西的各种汉语方言桂柳话、六甲话、平话、土拐话、客家话等，其清塞音的送气和不送气特点与中古《切韵》的全清、次清音是基本一致的，即属于中古全清声母的见、端、帮母字的读音一律不送气，属于中古次清声母的溪、透、滂母字的读音一律送气。不仅在广西，全国的汉语方言也基本上如此。现代汉语各方言清塞音送气与不送气音的音位对立，是在中古《切韵》音系时就形成了的基本格局。由此可以设想，三江侗语里中古汉借词清塞音声母送气/不送气的交替现象，其原因不在所借的汉语方面，而是缘自侗语本身的特点。

侗语属于侗台语族，有学者认为，原始侗台语没有送气清塞音声母（梁敏、张均如 1996：75）。至今，同语族的北部壮语、布依语、临高语等仍然没有送气声母。根据我们对水语汉借词历史层次的研究，水语的送气声母 ph-、th-、kh- 大约产生于中古晚期（曾晓渝 2004：54－60）。可是，从三江侗语的汉借词读音现象看，侗语在中古时期可能已有送气声母了，否则，中古汉借词就不会有送气/不送气的交替现象；这里，将侗台语里几种语言的汉借词加以比较：①

中古借词	谷 （见母*k-）	开 （溪母*kh-）	肚胃 （端母*t-）	比 （帮母*p-）	飘 （滂母*ph-）
三江侗语	kuk⁷/ khuk⁷	khəi¹'/kəi¹'	tu³/ thu³	phi³	pjiu¹

---

① 表中三江侗语材料为笔者调查，其他语言材料引自王均主编《壮侗语族语言词汇集》(1985)。

武鸣壮语	ko:k⁹	ha:i¹	—	pi³	piu¹
羊场布依	ka:ʔ⁷	vuai¹	—	pi³	piu¹
三洞水语	—	ŋ̊ai¹	—	—	phiu¹
罗城仫佬	—	kha:i¹	tu³	pi³	phjeu¹

显然,三江侗语与其他近亲语言不同,中古汉借词无论是全清(不送气)还是次清(送气)声母,总是发生送气/不送气的交替现象。由此我们推测:1)中古时期三江侗语里已经存在送气塞音声母;2)中古时期三江侗语里塞音声母的送气与不送气尚未完全形成音位对立。

侗语塞音声母送气与不送气的音位对立在近代已经完全形成,所以,近现代汉借词清塞音声母的送气不送气泾渭分明。不过,其独特之处是送气声母汉借词的调类调值不同,比如同是阴平调的现代借词:"单~位 ta:n³³(3调)""贪 tha:n²³(3'调)",这种现象是受侗语自身音系的"送气调"影响的结果。

(2)全浊塞音汉借词送气/不送气的问题

中古汉语的全浊塞音声母字,在三江侗语里,中古汉借词无论声调平仄大多都不送气,这一特点与广西平话、六甲话等汉语方言基本一致;现代汉借词则一般平声送气,仄声不送气,这与广西的西南官话桂柳话基本一致,例如:

《切韵》音		现代借词		中古借词	
群	平声	[tɕh-]	tɕhin²³ 琴	[tɕ-]	tɕiu¹¹ 桥 tɕoŋ¹¹ 穷
母	仄声	[tɕ-]	tɕaŋ⁵⁵ 犟		tɕui²³ 柜 tɕuŋ³³ 共
定	平声	[th-]	theu²³ 调~换	[t-]	ta:ŋ¹¹ 糖 toŋ¹¹/thoŋ¹¹ 铜
母	仄声	[t-]	tən⁵⁵ 定-~		ta:i³³ 大 tok³¹ 独
並	平声	[ph-]	pha:i²³ 排~列	[p-]	pa:n¹¹ 盘 pji¹¹ 皮
母	仄声	[p-]	pjen⁴⁵³ 辫		pa:k³¹ 白 pjiŋ³³ 病

根据三江侗语全浊声母汉借词的读音情况,我们推测侗语自身音系的全浊声母大约是在中古后期清化的。由于中古时期侗语里还有全浊声母,正好可以与全浊声母的汉借词相匹配,所以,侗语里的中古全浊声母汉借词基本没有像清塞音声母那样表现出较普遍的送气/不送气的交替现象。

(3)小结

三江侗语里的汉借词有近现代、中古、中古前三个层次,其中近现代的借自当地的西南官话,中古及中古前的借自当地的一种通用汉语。

根据不同层次汉借词的语音特点,可以透视三江侗语自身的历史语音特点:

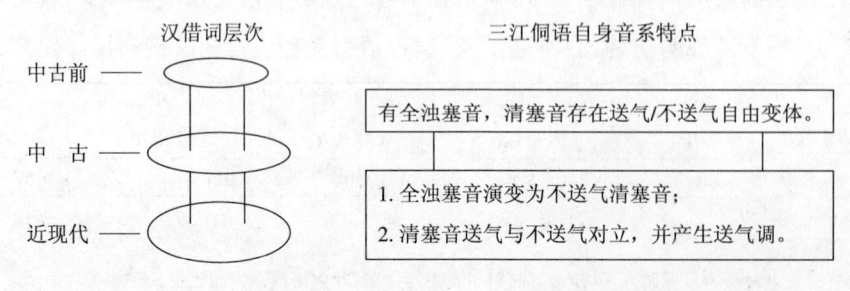

汉借词层次　　　　　三江侗语自身音系特点

中古前 ——

中古 —— 有全浊塞音,清塞音存在送气/不送气自由变体。

近现代 —— 1.全浊塞音演变为不送气清塞音;
2.清塞音送气与不送气对立,并产生送气调。

6.4.3.3 关于中古汉借词清母字读 t-/th-声母的问题

三江侗语中古汉借词的清母字声母往往读作 th-/t-（例："醋 thu⁴⁵³/ tu⁴⁵³""请 thiŋ²³""切 thit²³""秋 thu³⁵""千 thin³⁵"等等），而同组的精、从、心声母则不发生这种情况，一般读为 s-声母（例：精母的"足 sot⁵⁵""接 sip²³"，从母的"钱 sin¹¹""贼 sak¹¹"，心母的"三 sa:m⁵⁵""心 səm⁵⁵"等等）。三江侗语汉借词清母变异读音的情况，与仫佬语的中古汉借词精组字系统性地读作 t-、th-的性质不同（参见岳静 2006）。比较如下：

中古《切韵》声母	三江侗语汉借词声母		黄金镇仫佬语汉借词声母	
精母	s-	接 sip²⁷'	t-	接 tjep⁷
清母	th/t-	千 thin¹'	th-	千 thjen¹
从母	s-	钱 sin²	t-	钱 tjen²
心母	s-	三 sa:m¹	t-	三 ta:m¹

因此，我们认为三江侗语中古汉借词仅仅是清母字读作 th-/t- 声母的现象，不宜与仫佬语汉借词精组字的读音问题相提并论，而只是个别声母的变异。可以设想，由于清母音值的特点，再加之中古三江侗语音系可能属于全清、全浊、次清"三套二分"（清、浊对立，全清、次清自由变体）的性质，所以出现这种特殊的变异现象。

6.4.3.4 借源问题

有学者曾经论述三江侗语里的早期（中古）汉语借词借自当地的六甲话（陈宗林 1999），主要理由是二者的语音特点相似。其实，与三江侗语中古汉借词语音相似的还有当地的土拐话（船上话）。根据我们的研究，三江侗语中古汉语借词的来源可能既不是六甲话，也不是土拐话。具体分析如下：

（1）音系的考察比较

声调方面，三江侗语里中古汉借词的声调与《切韵》的四声八调形成整齐对应，而六甲话、土拐话的声调则是全浊上声归去声。比较：

《切韵》音系		三江侗语中古汉借词调类	六甲话调类	土拐话调类	例词	
声调	声母					
平声	清	1调 1'调	1调	1调	三	开
	浊	2调	2调	2调	平	南
上声	清	3调 3'调	3调	3调	古	苦
	次浊	4调	4调	4调	老	五
	全浊		6调		近	罪
去声	清	5调 5'调	5调	5调	算	醋
	浊	6调	6调		病	路
入声	清	7调 7'调	7调 9调	6调	八	漆
	浊	8调	8调 10调	7调 8调	白	六

韵母方面，与中古《切韵》音系比较，三江侗语里中古汉语借词和六甲话、土拐话的一致处是都保留了入声韵的-p、-t、-k 塞音韵尾。但是，进行深入的比较，几者的差别就显现出来了。土拐话差别尤为明显，不必赘述。这里值得提出的是，三江侗语的中古汉语借词和六甲话都在

一定程度上保留了《切韵》韵母一、二等对立的细微特征,虽然如此,二者的这些细微特征却并不一样,存在着音类的差别。比较如下表:

《切韵》韵等		三江侗语汉借词韵母	六甲话韵母（详见曾晓渝、牛顺心 2005）	备注
果摄	歌开一	a	o	音值差别大
假摄	麻开二	e	a	
蟹摄	哈开一	ɐi	ɐi	同,对应基本一致
	皆开二	a:i	ɑi	
效摄	豪开一	a:u	ou	音值差别大
	肴开二	eu	au	
宕摄	唐开一	a:ŋ	ɔŋ	异
江摄	江开二		ɑŋ	
曾摄	登开一	əŋ	əŋ	同
梗摄	庚开二	eŋ	eŋ	
咸摄	覃开一	a:m	ɑm	异
	咸开二	em		
山摄	寒开一	a:n	ɑn	异
	山开二	en		

鉴于以上的比较,三江侗语的中古汉语借词与六甲话在声调格局上不同,而声调的系统性很强,其内在结构和对应规律是最不容易受外在干扰的;同时,二者在邻摄、邻韵的一、二等分合上也存在差异,而音类差异是属于深层次的。所以,我们认为,六甲话不大可能是三江侗语中古汉语借词的来源。

(2) 三江汉语方言历史的考察

传说最早定居于三江县的汉人是六甲人,那么,六甲话则可以算是三江最早的汉语方言。姜玉笙(1946:37)记载:"宋大观元年(1107),金兀术侵扰中国时,福建汉民曹、荣、龙、李、潘、杨、欧、马、蓝、候、龚、谢十二姓,联合由福建省汀洲府逃难,经广东,达柳州,而至古宜(按:今三江县城所在镇),沿河以居,……其所居地为三峒六甲,而结集于六甲者为多,故又称为六甲人。"此外,更具体的说法是陈瑾(1988:60):"'六甲'是指明清时期,在三江县境内设置的县辖行政机构,分设有三镇、四冬、六甲、十四峒,'六甲'是按地区划分出来的曹荣甲、程村甲、黄土甲、古宜甲、文村甲、寨准甲六个行政单位。后来把居住在这一带的汉人称为'六甲人'。"由此可知,六甲话在三江县的历史大概始于宋代。

在三江县,与六甲话比较近似的土拐话(也叫船上话、船民话),是浔江、融江一带以捕鱼和水上运输为生的汉族人的方言,显然也是外来的。

从三江县汉语方言的使用人口看,说西南官话"桂柳话"的最多,其次是说六甲话的,其他汉语方言使用人口均较少。如上所述,由于六甲话、土拐话都是宋代以后迁徙至三江县的汉族移民的方言,而《三江侗族自治县民族志》(第 35 页)记载:"大约在隋唐时期,侗族先民逐步聚居在湘、黔、桂交界的地区。"这可以从三江侗语里中古汉语借词一、二等韵分明的中古早期汉语特征得到证实。由此看来,三江侗语里的中古汉语借词不太可能自宋代之后才进入当地的六甲话或土拐话。

(3) 亲属语言里中古汉语借词读音的比较

根据我们的调查了解,黔南桂北地区侗台语言里中古汉语借词的语音特点有同有异。基本共同点是:声调与中古《切韵》四声八调整齐对应,而且各侗台语内部的1至8调类也整齐对应,全浊、次浊上声仍然保持阳上的调值调类;古全浊声母清化,无论平仄均不送气;入声韵有-p、-t、-k 尾;效摄一、二等主元音分明;曾开一等与梗开二等韵腹不同。

主要不同点是:精组字有 ɕ-(水语)、s-(侗语)、t-(仫佬、拉珈语)的差异,这种差异是由各民族语言自身的语音特点造成的,与借源的差异无关;蟹摄、咸摄、山摄开口一、二等韵读音的分合不一致,这种音类分合的不一致,表现出深层次的音系特点,关系着所接触的汉语方言特点。

既然侗台语各语言里中古汉语借词一、二等韵的分合差异,在深层次上反映着借源汉语的方言特点,那么,这里有必要将侗台语中古汉语借词的相关情况比较如下:①

《切韵》韵等		广西三江程阳侗语	广西河池白土壮语	广西罗城黄金镇仫佬语	广西金秀长垌拉珈语	贵州荔波永康水语
果摄	歌开一	a	a	a	o	o
假摄	麻开二	e>a	e>a		a	a
蟹摄	咍开一	əi>a:i	a:i	ai	a:i	a:i
	皆开二	a:i	e>i	a:i		
效摄	豪开一	a:u	a:u	ɔ	ou	a:u
	肴开二	eu>a:u	eu>u:u	a:u	a:u	eu
咸摄	覃开一	a:m	a:m	a:m	a:m	a:m
	咸开二	em>a:m	em>a:m			
山摄	寒开一	a:n	a:n	a:n	a:n	a:n
	山开二	en>a:n	en>a:n			
宕摄	唐开一	a:ŋ	a:ŋ	a:ŋ	a:ŋ	a:ŋ
江摄	江开二					
曾摄	登开一	əŋ	aŋ	aŋ	aŋ	aŋ
梗摄	庚开二	eŋ	eŋ	ɛ:ŋ	ɛ:ŋ	eŋ

(注:上表中的 e>a 表示中古早期 e 变为晚期 a,其他的类同)

显然,中古汉借词一、二等韵的分合情况,程阳侗语与白土壮语完全一致,黄金镇仫佬语也比较接近。特别是三者的歌韵开口一等同读 a。再就地理位置看,这三种语言所属县三江、罗城、河池均在广西北部。由此我们可以推测,在中古时期,广西北部可能存在着一种势力较大的通用汉语,其音系特点与《切韵》非常接近,这种汉语方言是该地区侗台语中古汉语借词的共

---

① 表中三江侗语、永康水语为笔者所调查的材料,白土壮语、金秀拉珈语分别引自蓝庆元(2000、2005)的论文,罗城黄金镇仫佬语的材料引自岳静(2005)的博士学位论文。

同来源。由于中古时期广西南北汉语方言很可能不是统一的"古平话",所以,三江侗语里中古汉借词的源方言名称尚待斟酌。

综上所述,由于三江的汉语方言六甲话、土拐话在声调格局、韵类分合这些深层语音特点上与三江侗语中古汉语借词不一致,且六甲话、土拐话大概在宋代之后才进入三江地区,再通过相邻亲属语言的比较,可以说,三江侗语中古汉借词的借源不是六甲话,而是当地早于六甲话的一种权威性汉语方言。

余论:保持本族语言结构类型及70%以上的固有词,同时批量借用汉语词汇,这不仅是三江侗语,也是大多侗台语言长期与汉语接触后的状况。值得思考的是,尽管在周边各种汉语方言的包围之中,但三江侗语对汉语的借用总是选择当地当时的权威性方言而形成主体借词层,其他方言的影响很小,这种借用机制还需要我们进一步研究阐释。

本节参考文献

陈　瑾　1988　《广西三江侗族自治县方言志》,广西三江侗族自治县县志办公室印。

陈宗林　1999　《三江侗语早期汉借词来源于六甲话考》,《民族语文》第5期。

姜玉笙等编　1946　《三江县志》,广西三江侗族自治县地方志编纂委员会办公室,2002年翻印。

蓝庆元　2000　《白土壮语中的汉语山摄对应词的历史层次》,《民族语文》第6期。

———　2005　《拉珈语汉借词的层次分析》,《民族语文》第6期。

李方桂　1971　《上古音研究》,商务印书馆1982。

梁　敏　张均如　1996　《侗台语族概论》,中国社会科学出版社。

欧亨元　2004　《侗汉词典》,民族出版社。

三江侗族自治县民族事务委员会　1989　《三江侗族自治县民族志》,广西人民出版社。

———　1992　《三江侗族自治县志》,中央民族学院出版社。

王　均(主编)　1984　《壮侗语族语言简志》,民族出版社。

邢公畹　1985　《三江侗语》,南开大学出版社。

岳　静　2005　《广西罗城黄金镇仫佬语里的汉语借词研究》,南开大学博士学位论文。

———　2006　《黄金镇仫佬语中古精章组汉借词的读音》,《民族语文》第1期。

曾晓渝　2003　《水语里汉语借词层次的分析方法》,《南开语言学刊》第2期,南开大学出版社。

———　2004　《汉语水语关系论》,商务印书馆。

曾晓渝　牛顺心　2005　《广西三江黄牌村六甲话音系》,《桂林师范高等专科学校学报》第4期。

张均如等　1999　《壮语方言研究》,四川民族出版社。

中央民族学院少数民族语言研究所　1985　《壮侗语族语言词汇集》,中央民族学院出版社。

Baxter,William H.(白一平)　1992　*A Handbook of Old Chinese Phonology*,Mouton de Gruyter Berlin. New York.

Sagart,Laurent(沙加尔)　1999　*The Roots of Old Chinese*. John Benjamins Publishing Company. Amsterdam/Philadelphia;PP.42-43,74-84.

6.5 从汉借词看侗台语言声母的演变

无论是传统的还是现代的历史语言学理论,都肯定人类语音演变的三大机制是:规则音变、类推、借用(参见 Campbell 1998:103、222)。既然语言接触是语音演变的动因之一,那么,在与汉语漫长而深刻的接触历程中,侗台语言里有哪些音变是因汉语的借入而发生的呢?基于本书前面各章的讨论,这里拟通过侗台语言里几种最具代表性的语言,壮语、侗语、水语里古今汉借词声母系统的分析,观察其共性及个性差异,进而认识到在侗台语言声母系统的发展演变过程中,规则音变与借用所起的不同作用,并借鉴接触音系学理论(Smith 2007)予以阐释。

由于汉藏诸语言之间存在复杂的语源关系,究竟是上古借词还是同源词或关系词等,目前学界有不同看法(参见黄行 2007:79-108),另外,侗台语言里上古汉语借词的语音对应规律性不很明显,不便整体性地归纳分析,所以,本节的讨论范围主要限于壮、侗、水语里的中古和近现代汉语借词。

6.5.1 高田壮语里汉语借词的声母特点

在本书第五章"壮语里汉语借词的历史层次"的详细讨论基础上,这里分别归纳广西阳朔县高田乡壮语里中古、近现代汉借词声母的特点。

高田壮语中古汉借词声母最突出的特点是:塞音、塞擦音声母不分送气与否,次清声母一律读不送气清音,全浊声母以清声母对应。例如(参见§5.3.3):

三十六字母	高田壮语汉借词声母		备注
	声母	借词举例	
帮母	p	百 pek^{55}　　半 pa:n^{55}	不分送气与否
滂母		泡 pa:u^{55}　　帕 pa^{55}	
并母	p	旁 pa:ŋ^{231}　　盘 pu:n^{231}	浊音清化一律不送气
端母	t	东 toŋ^{52}　　顶 tiŋ^{52}	不分送气与否
透母		通 toŋ^{52}　　推 twa:i^{52}	
定母	t	读 twok^{24}　　同 toŋ^{231}	浊音清化一律不送气
精母	ts /s	煎 tsin^{52}　　尖 sam^{52}	不分送气与否
清母	ts	清 tsiŋ^{52}　　踩 tsa:i^{52}	
从母	ts	匠 tsa:ŋ^{224}　　贼 tsak^{24}	浊音清化一律不送气
见母	k	钢 ka:ŋ^{52}　　讲 ka:ŋ^{52}	不分送气与否;
溪母		客 kjek^{55}	又:溪母字:苦 ho^{52}
群母	k	棋 kje^{231}　　强 kja:ŋ^{231}	浊音清化一律不送气

高田壮语里的近现代借词主要源自南官话桂柳话,与桂林官话的特点一致之处是不分平翘舌。但是,也有不同于桂林官话的地方,即:(1)基本不分送气与否;(2)区分鼻音和边音;

(3) 分尖、团音。例如（参见§5.3.1）：

桂林话声母				高田壮语近现代汉借词声母及例词				例　外
p	ph	m	f	补 pou⁵²	派 pa:i²²⁴	默 mɯ⁵²	风 foŋ⁵⁵	捧 phu⁵²
t	th	n/l		挡 ta:ŋ⁵²	听 tiŋ⁵⁵	碾 njan⁵²	楼 lau²³¹	太~公 thai²⁴
k	kh	ŋ	x	汞 koŋ⁵²	空 hoŋ⁵⁵	误 ŋu²²⁴	号 ha:u²²⁴	
tɕ	tɕh		ɕ	请 tsiŋ⁵² 架 kja²²⁴/ƫja²²⁴	清 sjan⁵⁵ 翘 kjou²²⁴		写 si⁵²	骑 khy²³¹/khi²³¹ 壮语借词分尖团
ts	tsh		s	钻 tsun⁵⁵ 战 tsa:n²²⁴	猜 sa:i⁵⁵ 铲 tsan⁵²		神 san²³¹	裁 tshai²³¹
∅				挨 ʔa:i²³¹	样 jaŋ²²⁴		位 wei²²⁴	

下面，再列出高田壮语的单辅音声母表（参见§5.1）：

p	*ph	ʔb	**m**		**f**	**w**	ʔw
t	*th	ʔd	**n**	ʔn		**l**	
k	*kh		**ŋ**		**h**	ɣ	
ts	*tsh				**s**		
ƫ			ȵ			**j**	ʔj
ʔ							

注：(1) 表中加黑的是既充当本族词也充当汉借词的声母。(2) 表中前加星号的送气音 *ph、*th、*kh、*tsh 仅限于极个别现代汉语借词。

高田壮语属北部壮语，北部壮语声母系统的突出特点是没有送气声母。与中古汉语及当地近现代汉语音系比较，高田壮语与汉语的声母差异主要是：壮语有先喉塞声母 "ʔb-、ʔd-、ʔn-、ʔw-、ʔj-"，而汉语无；汉语有送气声母 "ph-、th-、kh-、tsh-"，而壮语无。在这样的语言背景下，形成了高田壮语里汉语借词声母系统的如下特点：

第一，无论是中古还是近现代，高田壮语里的汉语借词声母限于壮语和汉语均有（或十分相近）的那一部分，壮语独有的 ʔb-、ʔd-、ʔn-、ʔw-、ʔj- 不充当汉借词的声母。①

第二，汉语的送气声母进入壮语后，转换为部位相同/相近的不送气塞音、塞擦音或擦音，中古借词全部如此，近现代借词绝大部分如此，这表明受语音系对于源语语音具有制约改造作用。不过，这种制约改造是有局限的，当借词大量涌入，被借语言势力越来越大，那么，源语（借出语）的语音特点就可能直接进入受语（借入语）之中。目前高田壮语里已将几个现代汉语借词读作送气声母，如"捧 [phu⁵²]、太 [thai²⁴]、骑 [khy²³¹/khi²³¹]、裁 [tshai²³¹]"（我们调查了共1822个词/语素，只有这4个音节是送气声母），尽管这只是极个别现象，但毕竟突破了本族音系无送气声母的音系格局。

第三，当代桂林话 tɕ-、tɕh-、ɕ- 组声母，高田壮语里的近现代借词分别以 ts- 和 k/ƫ 两组对应，由此推测早期桂林官话区分尖、团音。

第四，当代桂林话没有鼻音 n- 与边音 l- 的对立，而高田壮语里的近现代借词则鼻、边音泾

---

① 需要说明的是，高田壮语里的上古汉语借词有几个 ʔb-、ʔd- 声母的词，这将在后文进行讨论。

渭分明，如"娘"[nja:ŋ⁵⁵]、"两"[lja:ŋ⁵²]、"扭"[niu⁵²]、"柳"[liu⁵²]等，分别 tɕ-、tɕh-、ɕ-组声母，由此推测早期桂林官话的 n-、l-是对立的。

6.5.2 三江侗语里汉语借词的声母特点

在本书第二章"侗语里汉语借词的历史层次"和本章 6.4 节详细讨论基础上，这里分别归纳广西三江县林溪乡侗语里中古、近现代汉借词声母的特点。

三江侗语里中古汉借词声母与中古三十六字母对应的主要特点是：（1）送气与不送气声母基本对应，但存在少数的自由变体；（2）全浊声母以清声母对应，无论平仄均不送气。（参见§2.3.3；§6.4.2）

三江侗语里的近现代借词来源于当地的桂柳话（属西南官话），其声母特点与桂柳话基本一致：声母的送气与否分明；古代全浊声母字平送仄不送；区分鼻音和边音。如下表（参见§2.3.1）：

三江桂柳话声母				三江侗语近现代汉借词声母及例词								备　注
p	ph	m	f	办 pa:n⁵⁵		普 phu³¹		蛮 ma:n¹¹		法 hwa¹¹		侗语无 f 声母
t	th	n	l	堆 təi³³		贪 tha:n²³		能 nən¹¹		炉 lu¹¹		
k	kh	ŋ	x	根 kən³³		空 khoŋ²³		硬 ŋən⁵⁵		活 ho¹¹		
tɕ	tɕh		ɕ	即 ȶi¹¹		亲 ȶhən³³				心 sin³³		三江桂柳话不分尖团，
				家 ȶa³³		琴 ȶhin²³				戏 ɕi⁵⁵		侗语擦音分尖团
ts	tsh		s	准 ȶən³¹		车 ȶhe²³		绸 ɕu¹¹		舍 ɕe³¹		侗语无 ts tsh 声母
				争 sən²³		称 sən³³		愁 səu¹¹		事 sɿ¹¹		
				—		测 sə¹¹		槽 sa:u¹¹		色 sə¹¹		
ø				鞍 ʔa:n⁵⁵		园 ja:n²³				味 wəi⁵⁵		

下面，再列出三江侗语的单辅音声母表（参见§2.1）：

p	ph	m			w
t	th	n		s	l
ȶ	ȶh	ȵ		ɕ	j
k	kh	ŋ			
ʔ					h

侗语的声母系统在侗台语言里是最简单的，以上 19 个单辅音声母，均与汉语古今声母形成匹配关系，即每一个都可以既作侗语本族词的声母，也作汉语借词的声母。不过，与汉语中古音及近现代桂柳话的声母系统相比，三江侗语里的汉语借词声母也有其自身的特点，具体是：

第一，精组与知庄章组的分合关系。三江侗语无塞擦音 ts-、tsh- 声母，因此，相关借词声母的对应规律值得关注：

中古三十六字母	三江侗语中古借词声母	三江桂柳话声母	三江侗语近现代借词声母
精　清　从 心　　　邪	s 焦　s 村　s 罪 s 三　s 已	ts　tsh　s	—　s 槽　s 色
知　彻　澄	ȶ 帐　ɕ 撑　ɕ 茶	ts　tsh	知 ȶi³³　ȶh 场　ɕ 绸

照二 穿二 床二 审二 禅二（庄组）	tɕ 争 ɕ 差 ɕ 锄 ɕ 砂 —	ts tsh s	s 争 s 测 ɕ 衫
照三 穿三 床三 审三 禅三（章组）	tɕ 真 tɕh 唱/ɕ 尺 ɕ 船 ɕ 水 ɕ 是	ts tsh s	tɕ 准 tɕh 车 ɕ 舍

如上表所示，侗语里的中古汉借词，以声母 s- 对应精组字，以 tɕ-、tɕh-、ɕ- 对应知照（知、庄、章）几组字，这透露出可能当地的中古汉语知庄章几组声母在发音方法或部位上有相似性。近现代汉语借词则不然，分别以 s- 和 tɕ-、tɕh-、ɕ- 对应桂柳话的 ts-、tsh-、s- 组声母，从来源看，借词 s- 对应于源自中古精、照二（庄）组的，tɕ-、tɕh-、ɕ- 对应于源自中古知、照三（章）组的。由此可以推测，当地的官话方言在近代可能经历了精庄合流、知章合流的过程，然后再合并为一组 ts-、tsh-、s- 声母。

第二，关于尖团音问题。侗语里中古汉语借词的声母是分尖团音的，精组字一律以 s- 对应，见晓组洪音以 k-、kh-、h- 对应，细音以 tɕ-、tɕh-、ɕ- 对应，无疑当时借源汉语尖团分明。根据我们的调查，当代三江桂柳话不分尖团音，侗语近现代借词则擦音分尖团，尖音读 s- 声母，团音读 ɕ- 声母，这说明近代时期当地的桂柳官话有尖团音之别。

第三，关于送气与不送气问题。汉语声母的送气与不送气的对立，在侗语汉借词里因声母发音部位、方法的不同而有所区别。塞音声母基本形成对应，塞擦音声母则因侗语自身音系无塞擦音而多以擦音对应送气音。再就塞音声母而言，侗语中古汉借词的帮滂、端透、见溪各组存在送气与不送气的自由变体，而近现代汉借词则送气与不送气分明对立，这表明侗语声母系统里送气与否的特征经历了从不完全对立到完全对立的过程，而这不能说没有受到汉语的影响。

6.5.3　三洞水语里汉语借词的声母特点

在本书第三章"水语里汉语借词的历史层次"的详细讨论基础上，这里分别归纳贵州三都县三洞乡水语里中古、近现代汉借词声母的特点。

三洞水语汉语借词的声母与三十六字母对应的主要特点是：(1) 清声母对应全浊声母，无论平仄一律不送气；(2) 知照（庄、章）组合流；(3) 送气与不送气的对立只表现于帮滂、端透两组，其他次清声母多用擦音对应。例如（参见 §3.3.3）：

三十六字母	三洞水语汉借词声母		备注
	声母	借词举例	
帮母	p	八 pa:t^{35}　半 pa:n^{35}	
滂母	ph	漂 phiu^{13}　破 pha^{35}	
並母	p	平 pjeŋ^{31}　病 pjeŋ^{55}	清声母对应全浊，无论平仄均不送气
端母	t	冬 toŋ^{13}　滴 tok^{55}	
透母	th	贪 tha:m^{13}　替 thi^{35}	

定母	t	糖 ta:ŋ³¹	定 tjeŋ⁵⁵	清声母对应全浊，无论平仄均不送气
照二（庄母）	ts	争 tseŋ¹³		
照二（初母）	ts s	差 tsa¹³	炒 sa:u³	又：初 so¹³
照三（章母）	ts	正 tsjeŋ¹³	纸 tsi³³	
照三（昌母）	ts s	尺 tsik⁵⁵	穿 son¹³	
见母	k ȶ	管 kon³³	九 ȶu³³	
溪母	k h	块 kwa:i³⁵	苦 ho³³	又：快 hoi³⁵
群母	ȶ	桥 ȶiu³¹	旗 ȶi³¹	

　　三洞水语里的近现代借词源于当地属西南官话的黔南汉语。三洞水族乡历史上行政区划一直归荔波县，直到上世纪 50 年代末因成立"三都水族自治县"，水族聚居的三洞乡划归三都县。然而，由于地域上三洞乡离荔波县城更近，人们至今保持到荔波县赶大集的习惯。笔者曾先后分别调查过三都县城和荔波县城的汉语，二者同属西南官话的黔南片，声母系统基本相同。因此，将三洞水语近现代汉借词声母与荔波话声母作比较，应该是比较合理的。荔波汉语声母与三洞水语汉语借词声母比较如下（参见§3.3.1-2）：

荔波话声母				三洞水语近现代汉借词声母及例词				备注
p	ph	m	f/x	报 pa:u¹³	炮 pha:u¹³	煤 mai⁵²	分~钱 fən³³	分 fən¹³，中古借词
t	th	n	l	大 ta¹³	跳 thjeu¹³		落~后 lo³¹	
k	kh	ŋ	x	干~部 ka:n¹³	科 kho³³	爱 ŋa:i¹³	货 ho¹³	
tɕ	tɕh	ȵ	ɕ	积~极 tsi³¹　—— 极~积 ȶi³¹　球 ȶhiu⁵²			相信 sja³³ sin¹³ 学校 ɕo³¹ ɕa:u¹³	荔波汉语不分尖团，水语借词分尖团
ts	tsh	s	z	自~由 tsɿ¹³　错 tsho¹³ 政~策 tsən¹³　车 tshə³³		思 sɿ³³ 市 sɿ¹³	人 zen⁵²	水语借词与荔波话同样不分平翘
ø (j w v)				药 jo³¹	卫~生 wai¹³	舞 vu⁵⁵		

下面再列出三洞水语的单辅音声母表（参见§3.1）：

p	**ph**	ᵐb	ˀb	m̥	**m**	ˀm	**f**	**w**	ˀw
t	**th**	ⁿd	ˀd		n̥	ˀn		**l**	
ts	**tsh**						**s**	**z**	
ȶ	ȶh			n̥ʲ	ȵ	ˀȵ	ɕ	**j**	ˀj
k	**kh**			ŋ̊	ŋ	ˀŋ		ɣ	ˀɣ
q	qh							ʁ	
ʔ							**h**		

注：上表中加黑的是既充当本族词也充当汉借词的声母。

　　三洞水语里汉语借词声母的主要特点：

　　第一，无论是中古还是近现代，三洞水语里的汉语借词声母限于水语和汉语均有（或十分相近）的那一部分，水语独有的 ᵐb-、ⁿd-、ˀb-、ˀd-、ˀm-、ˀn-、ˀȵ-、ˀŋ-、ˀw-、ˀj-、ˀɣ-、q-、 qh-、ʁ-不充当汉借词的声母。①

第二，水语 tsh-声母的全是汉借词，其他送气声母 ph-、th-、ţh-、kh-的词，其中大部分是汉语借词。

第三，当代荔波话的 tɕ-、tɕh-、ɕ-组声母，三洞水语里的近现代借词分别以 ts-、s-（古精组字）和 ţ-、ţh-、ɕ-（古见组字）对应，由此推测早期荔波话区分尖、团音。

6.5.4 壮、侗、水语里汉语借词声母的共性与个性

根据前面对高田壮语、三江侗语、三洞水语里中古及近现代汉语借词声母特点的分析，在此对这几种语言里汉借词声母的共同特点及差异作归纳分析。

6.5.4.1 壮、侗、水语里汉语借词声母的共性

（一）共性之一：借词声母主要限于源语（借出语）与受语（借入语）双方语言所共有的。

中古借词是侗台语言里汉借词的主体部分。这里针对中古汉借词声母的情况如下比较：

	中古汉借词声母	不充当汉借词声母的辅音		备 注
		侗台语声母	当地汉语声母	
高田壮语	p t k ţ ʔ ts m n ɲ l f s h w j	ʔb ʔd ʔw ʔn ʔj ɣ	ph th kh ţh tsh ɕ	高田壮语无送气辅音和擦音 ɕ-
三江侗语	p t k ţ ʔ ph th kh ţh m n ɲ l f s ɕ h w j		ts tsh	三江侗语无塞擦音声母
三洞水语	p t k ţ ʔ ts ph th kh ţh tsh m n ɲ l f s ɕ h w j	ᵐb ⁿd ʔb ʔd ʔm ʔn ⁿʔɲ ʔŋ m n ŋ ʔw ʔj ɣ ɣ q ʁh ʁ		水语声母系统在侗台语言里最为复杂

上表显示，壮语、侗语、水语的声母系统各不相同，因而中古汉借词的声母也存在差异，不过有一点是共同的，即中古汉语借词的声母均限于与汉语所共有的声母范围之内，不充当汉语借词声母的辅音一般是双方语言各自所独有的。之所以呈现这种共性，是因为语言之间的词语借贷遵循着语音相同相近匹配的潜规则。

这里还需要说明的是，壮语、水语里一些上古汉借词有的是 ʔb-、ʔd-、ⁿd-、ŋ-、ʁ-、q-声母，例如：

	上古汉语借词			备 注
壮语	粑糍~ ʔba⁵²	摆 ʔba:i⁵²	筒吹火~ ʔdoŋ⁵⁵	上古借词与中古、近现代借词层次在声、韵、调特点方面存在整体性差异
	吞 ʔdɯn⁵²	钻老鼠~洞 ʔdwan⁵⁵		
水语	抽 ⁿdiu¹³	吞 ʔdan¹³	芥 qa:t³⁵	
	绀 qam³⁵	开 ŋai¹³	菇 ʁa⁷	

上表里的上古汉语借词声母，不出现于壮语、水语的中古、近现代借词中。这是为什么呢？设想有两种可能：

---

① 需要说明的是，水语里的上古汉语借词以小舌音声母 q-对应非三等见母字（参见曾晓渝 2003），本文后面将作讨论。

第一,这些声母与当地上古汉语读音近似匹配。不过,这种可能性很小,因为根据目前已有的汉语上古音构拟材料和当地汉语方言材料分析,还未见有 ʔb-、ʔd-、ⁿd-、ŋ-、ʁ- 声母;而小舌音*q- 声母是上古汉语影母的拟音(潘悟云 1997),与水语里上古汉语见母借词声母 q- 不是一回事。①

第二,后来类推链移音变的结果。由于中古时期汉语词语的大量借用,为了语音上的区别,数量很少的原有上古汉语借词声母发生类推音变,如水语:上古借词见组*k-系→q-、ŋ-、ʁ-,端组*t-→ⁿd-、ʔd。中古汉借词则遵循着语音近似匹配的规则:汉语 k-组字借入以本族声母 k-组对应,汉语 t-组字借入以本族声母 t-组对应,等等。

(二)共性之二:近现代借词区分尖团音。

根据我们的田野调查,高田壮语、三江侗语、三洞水语当地的西南官话方言均不分尖团音,可是,当地的壮语、侗语、水语里的近现代借词则有尖团音之分,对于这个令人费解的问题,笔者曾对荔波县汉语和当地永康乡水语作过专门调查②,结果是:汉族人所说的荔波汉语,无论老幼均不分尖团(参见曾晓渝 2005);水族人所说的荔波汉语却尖团分明。一个有趣的例子是,一次我们在荔波调查汉语尖团音问题时,两位汉族老人告诉我们尖团音"九"与"酒"、"丘"与"秋"、"休"与"修"等读音均相同,可在一旁陪同我们调查的水族中年干部却使劲儿摇头,一再纠正他们说"九"与"酒"等尖团音一律有别。顺便说一下,这位水族中年干部是当地水语、汉语双母语者,从乡下到荔波县城当干部已经二十多年了,从语感上讲,他自己以及他的汉族同事们都认为他说的汉语是地道的荔波话。

为什么会出现这种现象呢?当代广西官话,"除桂林官话外,一般都分尖团"(广西壮族自治区地方志编纂委员会 1998:382)。当代柳州城区的官话,中、青年基本不能区分尖团音了,而老年人还大致保持着尖团音的区别(覃和萍 2008)。基于此,笔者再三思考,推测可能的情况是:近代黔南桂北的西南官话区分尖团音,这种对立在现代逐渐消失;由于当地侗台少数民族语言里借入的近代汉语官话读音代代相传,保留着尖团音的区别,并且反过来迁移至他们所说的现代汉语中。这种特殊的"母语负迁移"现象,有点儿类似于韩国留学生读汉字音,不自觉地将韩语中的汉字音迁移至所读的普通话语音中。

6.5.4.2 壮、侗、水语里汉语借词声母的个性差异

(一)个性差异之一,借词声母送气与否的差异。

中古《切韵》音系的声母有送气与不送气的对立,这种特点也普遍存在于广西平话音系里,

---

① 笔者曾发表论文《见母的上古音值》(2003),根据水、苗、白等语言里上古汉语借词见母字的读音,认为上古汉语见母的音值有可能是*q-(非三等)和舌根塞音*k-(三等)两个音位。但是,这种设想在音系结构的平衡性方面遇到困难,所以,目前笔者的观点有所修改:先秦影母*q-﹥ʔ-(中古);先秦见母*k-﹥q-(一二四等)/k-(三等)(两汉时期)﹥k-/kj-(三等)(中古)。两汉时期见母由于韵母等等的区别,q- 可以看作是 k-的条件变体。

② 荔波县汉语的汉族人发音合作者:杨锦鹏,男,汉族 65 岁;李银荣,女,汉族,45岁;董明川,男,汉族,16 岁。荔波县永康乡水语和荔波汉语的水族人发音合作者:蒙熙儒,男,67 岁,永康乡水族人,贵州荔波县人大委员会退休干部;蒙绍秋,男,70 岁,永康乡水族人,贵州荔波县职业高中退休教师;姚炳烈,40岁,永康乡水族人,贵州荔波县档案局干部。

由此可以肯定中古时期该地区的通用汉语声母有送气与不送气的对立。但是,就中古汉借词而言,高田壮语无送气与否的区别,全都不送气;三江侗语虽有送气与否的区别,但有的借词送气与否与汉语正好相反,这表明中古侗语音系里送气与否的对立未完全形成;水语里塞音借词的送气与否与汉语基本一致,不过,送气塞音声母借词很少。壮、侗、水语里中古汉借词声母送气与否的差异,说明两点:(1)中古汉语的送气声母字在借入侗台语言的过程中受到各本族音系的改造制约;(2)中古时期壮语尚无送气声母,侗语正在形成送气与否的对立,水语里塞音声母已有送气与不送气的对立。

再就近现代汉语借词而言,受本族音系的制约,高田壮语里大多数近现代汉语借词的送气声母字仍被改读为不送气声母,但是,有个别借词却读作送气声母了,这种例外现象可能会不断增加,甚至逐渐导致高田壮语声母系统的变化;三江侗语和三洞水语里的近现代借词则送气与否分明,且与汉语借词一致。由此看来,当语言接触持续深入,源语影响不断加大,受语音系对于借词语音的制约力就会减弱甚至丧失,此时源语的语音特征将直接进入受语,进而影响受语音系发生结构变化。

(二)个性差异之二,中古汉语借词精、知、庄、章组声母字的分合。

中古汉语塞擦音各组声母字借入壮、侗、水语后其读音以及分合情况比较复杂,其主要情况比较如下:

中古汉语声母	高田壮语借词声母	三江侗语借词声母	三洞水语借词声母
精清从心邪	ts- s-	s-	ɕ- h-(心母洪音)
知彻澄	t- ts-	t- ɕ-	ts- s-
庄初从生俟(照二)	ts-	t- ɕ-	ts- s-
章昌船书禅(照三)	ts-	t- ɕ-	ts- s-
备 注	高田壮语无擦音 ɕ-声母	三江侗语无塞擦音声母	

根据上表,可以看出两个共同点:(1)就音类看,三种语言里的借词都将汉语精、知、庄、章组声母字整合为两类;(2)就音值看,虽然三种语言各异,但基本上是以本族语言里音值近似的辅音与之匹配。

不过,令人关注的是在上述共同点之下所存在的差异:

首先,壮语借词知组为一类,精庄章为一类;侗语、水语借词精组为一类,知庄章为一类。为什么会出现这样的差异呢?是因为当时与壮语以及侗、水语接触的汉语存在这种方言差异(比如与壮语接触的汉语精、庄、章组声母更接近,与侗、水语接触的汉语则知、庄、章组的声母更接近),还是由于壮、侗、水语自身对于汉借词声母对应匹配的选择各异?笔者认为后者的可能性大些。

其次,侗语和水语以擦音对应精组字,这是不是表明与之接触的汉语精组字均为擦音呢?据考察,如今桂南桂北平话的精清从声母字基本不读为擦音,大多为塞擦音 ts-组声母(参见李连进 2000),其他黔南桂北汉语方言亦然,由此推测,侗语和水语里中古汉借词精组字均读作擦音声母,是由于自身辅音有限同时又要尽量区别其他塞擦音借词音类的结果,而汉语精清从声母本身当为塞擦音。

学者们构拟的中古汉语《切韵》音系里至少有 ts-（精）、tʃ-（庄）、tɕ-（章）三组塞擦音声母（唐作藩[1991:110]；郑张尚芳[2003:72]），而侗台语言里塞擦音缺乏，至今高田壮语、三洞水语里只有一类塞擦音 ts-，三江侗语里则没有塞擦音，这种汉语、侗台语塞擦音类的不对应是造成壮、侗、水语中古汉语借词精、知、庄、章组声母字分合情况复杂的根本原因。

6.5.5 汉语借词对壮、侗、水语声母发展的影响力

首先，高田壮语、三江侗语、三洞水语里的汉语借词声母主要限于源语与受语双方语言所共有的，这一共性特征以及中古借词在送气与否、塞擦音组分合方面的个性差异，用接触音系学理论来解释，即为一种语言的词语被借入到另外一种语言中，这些词语要经过规则性的本土化过程（Smith2007:79）。不过，这种本土化过程不是绝对的，也就是说，受语音系（本族音系）对于源语（借出语）特征的制约是有限度的，源语影响的不断加强会突破这种制约，高田壮语里个别现代汉借词直接读作送气音，打破了本土音系无送气声母的格局，这便是证明。

其次，高田壮语、三江侗语、三洞水语的近现代借词均区分尖团音声母，这一共性透露出近代黔南桂北官话尚存尖团音对立的特征，并说明利用少数民族语言里汉借词的读音可以考察当地汉语方言的历史特点。但是，这也不能绝对化，如果根据侗语、水语里中古汉借词精组字均读为擦音，而设想与之接触的汉语方言精清从母字为擦音，这就不太符合事实了。因此，在利用借词进行历史语言学研究时，应该考虑到两种相接触的音系及语音特征之间的远近关系，以及因内在结构调整发生类推音变的可能性，那些双方所共有的语音特征相匹配的借词材料更具可靠性。

再次，一方面，受汉语的影响，三江侗语形成了送气与不送气的音位对立，三洞水语产生了送气声母 tsh-，高田壮语里出现了个别送气声母，这显示出"借用"对侗台语言音变的效力；另一方面，汉语与侗台语言接触长达上千年之久，但是，汉语送气声母对于高田壮语音系直至现代才发生一点突破性影响，而汉语的塞擦音至今仍未被三江侗语音系接受，由此显示出本族语言内在音系对于外在音系的侵入是有相当大的抵制力的。所以，语言的发展，内力强于外力；语音演变的三大机制中，规则音变当是主流，而类推、借用则是不可忽视的。

本节参考文献

戴庆厦　田　静　2007　《语言外部影响与内部机制》，《民族语文》第 4 期。
广西壮族自治区地方志编纂委员会　1998　《广西通志·汉语方言·桂林官话》，广西人民出版社。
黄　行　2007　《汉藏语系里、少数民族语言里中的汉语借词》，《汉藏语学报》第 1 期。
李连进　2000　《平话音韵研究》，广西人民出版社。
潘悟云　1997　《喉音考》，《民族语文》第 5 期。
覃和萍　2008　《柳州话声母的年龄差异》，南开大学文学院中文系 2005 级本科生三年级学年论文，指导教师

曾晓渝教授。

唐作藩　1991　《音韵学教程》,北京大学出版社。

吴安其　2004　《语言接触对语言演变的影响》,《民族语文》第 1 期。

吴福祥　2007　《关于语言接触引发演变》,《民族语文》第 2 期。

曾晓渝　2001　《高田壮语的声调演变》,《民族语文》第 4 期。

——　2002　《论水语声母 s->h-的历史演变》,《民族语文》第 2 期。

——　2003　《见母的上古音值》,《中国语文》第 2 期。

——　2004　《汉语水语关系论》,商务印书馆。

——　2005　《从年龄差异看现代荔波话音变的成因》,《语言科学》第 4 期。

——　2006　《三江侗语中古汉语借词》,《民族语文》第 4 期。

郑张尚芳　2003　《上古音系》,上海教育出版社。

Campbell, Lyle　1998　*Historicl Linguistics*: *An Introduction*, The MIT Press 2004.

Smith, Norval　2007　*Contact phonology*, 载于 *Phonology in context*, Edited by Marta c. pennington, Printed and bound in Great Britain by Antony Rowe Ltd, Chippenham and Eastbourme, PP. 76—108.

上编结语

语言接触是引起语言演变的动因之一,而汉语与侗台语言的接触历史长达千年,那么,汉语借词对于侗台语言的语音演变究竟起了哪些作用?另外,基于传统历史语言学谱系树分化发展的观念,来认识解释汉藏语言长期接触形成的"网状"关系,这是汉语与侗台语言关系长期存在争论的症结所在。这些问题的解答和争论的消解,我们认为,首先应该把侗台语言里各个历史层次的汉语借词情况弄清楚。

一、本编研究的主要创获

选取侗台语言里具有代表性的几种语言,集中进行全面系统、深入细致的汉语借词研究,这项难度比较大的工作是前人没有做过的。书中所论的壮语、侗语、水语、仫佬语以及相关的汉语方言材料均为作者数次田野调查获得的第一手资料。研究发现及所得观点具体如下:

(一)侗台语言里汉借词的层次以及源语特点

侗台语言里的汉借词大致可以分析出上古、中古、近现代几个历史层次。各个历史时期的侗台语民族对汉语的借用具有明显倾向性,即使周边同时存在几种汉语方言,侗台语言里吸收采用的基本上是当时当地权威性的通用汉语方言,一般不会同时借用周边的不同汉语方言。

(二)侗台语言里汉语借词的相关数据

侗台语族的不同语言中汉语借词所占比例不尽相同,但根据我们所调查材料的分析统计结果看,侗台语言里汉语借词的总体平均数占生活常用词汇的20%~30%。

汉语借词中,中古汉语借词占绝大多数,平均占借词总数的70%左右;上古汉语借词很少,平均仅占借词数量的5%左右,借入时间不会比秦汉更早。现代汉语借词虽然平均仅占借词数量的20%左右,但它是开放性的,尤其是政治经济文化词语,随着现代生活的进展将完全被侗台民族采用。

(三)侗台语言里汉语借词的特点

汉语借词要受到侗台语言本族在语音、构词等方面的制约。就语音而言,以侗台本族语言中相同或相似的语音与借词音匹配,汉语借词的音系一般限于侗台本族音系中与借源汉语音系的重合部分;就构词而言,上古、中古汉借词大多是单音节的,这些老借词具有较强的构词能力,可以作为语素与侗台语本族语素按照侗台语结构方式(中心语在后)构成合成词;现代汉借词则大多是双音节或更多音节的,这些新借词是作为一个个多音节单纯词进入侗台语言的,一般缺乏构词能力。

（四）汉语借词对侗台语言发展演变的影响力

随着汉借词的大量涌入，侗台本族语言系统也会发生结构变化。例如，侗语送气声母音位特征的形成，高田壮语接受了少量送气汉借词，由此突破了本族音系无送气声母的格局；又如，在汉语借词结构特点的影响下，侗台语言本族词的结构也在逐渐发生变化，尤其是"名＋名"型修饰结构往往可以"中心＋修饰"/"修饰＋中心"并存。这说明，侗台语言对于汉语借词的制约改造并不是绝对的。

尽管大量的汉语借词会促使侗台语言的演变，但这种影响力是很有限的。汉语与侗台语言接触长达上千年之久，但是，汉语送气声母对于高田壮语音系直至现代才发生一点突破性影响，而汉语的塞擦音至今未被三江侗语音系接受，由此显示出本族语言内在音系对于外来音系的侵入有相当大的抵制力，语言的发展，内力强于外力。

（五）汉语借词的语言化石作用

通过侗台语言里的汉借词可以了解侗台民族聚居地的汉语方音的历史特征。例如，高田壮语、三江侗语、三洞水语当地的西南官话方言均不分尖团音，可是，当地的壮语、侗语、水语里的西南官话近现代借词则有尖团音之分，由此可以设想，当地的近代西南官话有尖团音之分，这一特征由侗台语言借入并代代相传，而且反过来类推迁移至他们所说的当地现代西南官话中。

二、疑难问题和不足

应该承认，关于汉语与侗台语言的历史关系及侗台语里的汉语借词，目前仍然有些问题我们还不能解释清楚，存在着一些困惑。

（一）侗台语族各语言与汉语的历史关系是不是还有亲疏远近之分？

根据我们的调查分析，景洪傣语中的汉语借词比例是最低的，如下表所示：

本族词	所调查记录的景洪傣语词（或语素）总数：835			
	汉语借词			
	近现代借词	中古到近代过渡阶段借词	中古借词	上古借词
689	15（10%）	13（9%）	112（77%）	6（4%）
约占总数的82%	共146个，约占总数的18%			

而且，中古汉借词的调类对应也表现出异于其他语言的特点。为什么傣语的汉借词会有这些独特之处？这与傣语的地域特点或历史渊源有没有关系？

（二）一些汉借词的上古音特点，如重唇音问题，是否为中古借源方言中的古音积淀？

（三）侗台语族的其他若干种语言的汉语借词，书中我们尚未涉及研究，这是以后的研究中应该力求弥补的。

下 编

苗瑶语言里的汉语借词研究

赵敏兰 甘春妍 著

第七章 引论

7.1 苗瑶语言里汉语借词研究的目的意义

苗瑶语言的系属问题，自19世纪以来一直存在争论。各种观点中，围绕苗瑶语是否属于汉藏语系，学界有的持肯定态度（李方桂1937；罗常培、傅懋勣1954；孙宏开等2007），有的持否定态度（本尼迪克特1944），有的则认为还有待进一步深入研究（戴庆厦1992）。学者们之间的意见分歧，焦点问题在于难以确定苗瑶语言里大量与汉语音义对应的词是同源词还是借词。

20世纪80年代国内研究苗瑶语的学者，如陈其光、李永遂、王辅世等，认为苗瑶语与汉语有发生学关系。陈其光、李永遂（1981）提出54个字作为苗瑶语与汉语同源的例证，王辅世（1985）列出79个同源词，但有些在不少点里明显是汉语借字，如"过、客、夹、黄"，法国学者聂蕊（Barbara Niederer，法国社科院东亚语言所研究员）2004年在南开讲学时认为，其中的汉语借词高达80%。在苗瑶语族的古音构拟上，同样也存在把汉语借词当作语族同源词的问题。王辅世、毛宗武（1995）收了800多字，据我们初步统计，瑶语部分约有200个汉语借词。由此可见，弄清楚苗瑶语言里的汉语借词是十分必要的。

汉语与苗瑶语在漫长的历史发展过程中接触频繁而深刻，苗瑶语中存在着大量的汉语借词，这是毫无疑问的。然而迄今为止，国内外研究苗瑶语言里汉语借词的著述很少，已有的如应琳（1962）、唐纳（1973）、陈其光（1985）、Mortensen（2000）、中西裕树（2005）等，还有一些汉借词材料散见于苗瑶语言专语简志里（王辅世1985；毛宗武1982、1986）。应该说，前人的研究是可贵的，对我们很有启示，但是，苗瑶语言里汉语借词系统性的深入研究，还有大量的工作要做，还需要我们付出艰苦努力。

此外，把上千年来积淀于苗瑶语言里的汉语借词的历史层次梳理出来，还可以直接帮助我们了解苗瑶民族聚居地区的汉语方言历史情况，并且，通过不同历史层次汉语借词的特点分析，从中获取民族迁徙的信息，为语言接触理论的研究提供有价值的材料依据。

7.2 苗瑶语言里汉语借词历史层次研究的方法

曾晓渝(2003)提出的鉴别水语里的汉语借词的几大原则方法,也适用于苗瑶语言的汉语借词研究:(1)成批与汉语有音义对应关系的词;(2)古代汉民族特有的文化词,如天干地支词;(3)非苗瑶语族自身固有的词。例如,表示稻谷,苗瑶语族语言没有统一的说法,柘山瑶语的 tshu⁷ 借自汉语的"粟";又如柘山瑶语有两套数词,其中一套是向汉语借用的。

但是,苗瑶语言与汉语的接触并不完全类似于侗台语言,有其自身的特殊情况。例如,根据畲语与客家话以及粤语接触的长期性和连续性,我们尝试对于这样复杂交错的接触状态下的借词进行层次分析,提出相应的适合的原则和方法。具体的做法是:先把汉语借词根据借源的不同区分开来;然后把同一借源的汉语借词归纳成一个语音系统;然后把这些语音系统和切韵音系以及各借源方言的现代音系作比较;同时参考畲族的迁移路线,最后定出具体的历史层次。所以,在研究某一具体语言时,得针对这种语言的特有情况拟定相应的汉语借词层次分析方法,这将在后面的相关章节里详细阐释。

7.3 本编的主要研究内容

苗瑶语族的语言主要有苗语、瑶族布努语、瑶族勉语、畲语四种,本编作者之一赵敏兰的母语是瑶语勉方言,另一作者甘春妍的母语是粤方言,且非常熟悉客家话,具有研究广东畲语的优越条件,因此,本编着重研究瑶语勉方言和畲语里的汉语借词。因此,严格说来本编应加上副标题——瑶语勉方言、畲语的汉语借词个案研究。

本编的主要内容可分为两部分:

第一部分,着重探讨瑶语勉方言和畲语里汉语借词的历史层次,这部分是本编的重点和难点。

第二部分,分专题探讨汉语对瑶语的影响,瑶语口头文学里的汉语借词情况,透过汉语借词了解历史上瑶族周边的汉语方言特点,以及客家话与畲话、畲语的复杂关系,从另一视角观察分析瑶语、畲语里的汉语借词,深刻认识汉语与苗瑶语言的接触机制。

7.4 本编的研究材料

本文所用的广西金秀柘山瑶语材料以及相关汉语西南官话柘山话、灵川九屋平话的材料是作者赵敏兰所调查的,其他点的材料主要来自:蒙朝吉(1996)、中央民族学院苗瑶语研究室(1987)、王辅世、毛宗武(1995)、王辅世(1985)、巢宗祺、余伟文(1989),以及上世纪50年代中国科学院少数民族语言调查第二工作队调查的金秀罗香坳瑶话、山子瑶话(中国社会科学院民族所内部资料)。这里需要说明的是,文中常常要作瑶语和汉语的比较,为称说方便,把柘山点的瑶话叫作柘山瑶语,而不叫"柘山瑶话"或"柘山勉话"。柘山话专指柘山所说的汉语西南官话。本文"瑶语"这一术语,是严格按照语言谱系分类界定的,不等于所有瑶族所说的语言,不包括布努语、拉珈语、炯奈语。特此说明。

畲语研究及相关汉语方言的语料都来自作者甘春妍的田野调查。中国社会科学院的黄行先生于2003年10月前往广东省博罗县横河镇进行语言调查,本人对黄行先生录音材料进行了记音整理;2004年10-11月,本人亲自到广东省博罗县横河镇进行语言调查,对嶂背村畲语和横河镇当地的汉语方言客家话、本地话和平婆话作了详细的调查。① 此外,写作过程中还参考了黄行先生提供的惠东陈湖和博罗长坑的语言资料,以及《畲语简志》(毛宗武、蒙朝吉1986)、《海丰畲语词汇集》(中西裕树2003)里的材料。

本章参考文献

本尼迪克特(白保罗)(Paul K. Benedict) 1944 《台语、加岱语和印度尼西亚语——东南亚的一个新的联盟》(罗美珍译),载《汉藏语系语言学论文选译》,中国社会科学院民族研究所语言研究室、中国民族语言学术讨论会秘书处编,1980 北京。

巢宗祺　余伟文　1989　《连南八排瑶语》,中山大学出版社。

陈其光　1985　《畲语和客家话》,载北京市语言学会编《语言论文集》,商务印书馆。

陈其光　李永燧　1981　《汉语苗瑶语同源例证》,《民族语文》第2期。

戴庆厦(主编)　1992　《汉语与少数民族语言关系概论》,中央民族大学出版社。

李方桂　1937　《中国的语言和方言》,原载 Chinese Year Book(《中国语言年鉴1937》),上海商务印书馆。

罗常培　傅懋勣　1954　《国内少数民族语言系属和文字情况》,《中国语文》第3期。

毛宗武　2004　《瑶族勉语方言研究》,民族出版社。

毛宗武　蒙朝吉　1986　《畲语简志》,民族出版社。

毛宗武　蒙朝吉　郑宗泽　1982　《瑶族语言简志》,民族出版社。

蒙朝吉　1996　《汉瑶词典》(布努语),四川民族出版社。

孙宏开　胡增益　黄行(主编)　2007　《中国的语言》,商务印书馆。

唐　纳　1973　《瑶语勉方言中汉语借词的层次》(贺嘉善译),载《汉藏语系语言学论文选译》,中国社会科学院民族研究所语言室编印,1980。

王辅世(主编)　1985　《苗语简志》,民族出版社。

---

① 博罗畲语的发音人:雷金球,男,40岁,博罗县横河镇嶂背村畲族小学校长;蓝梅秋,男,46岁,博罗县横河镇嶂背村村委工作人员;蓝培炎,男,57岁,博罗县横河镇嶂背村书记。博罗客家话发音人:钟旺森,男,57岁,博罗县横河镇退休教师。本地话发音人:黄润排,男,40岁,横河镇西角村农民。

王辅世　毛宗武　1995　《苗瑶语古音构拟》,中国社会科学出版社。

应　琳　1962　《苗语中的汉语借词》,《中国语文》第5期。

曾晓渝　2003　《水语里汉语借词层次的分析方法》,《南开语言学刊》第二辑,南开大学出版社。

中西裕树　2005　《畲语中的汉字音层次初探》,《东方学报》vol.77:107-218。

————　2003　《畲语海丰方言基本词汇集》,日本:京都大学人文科学研究所印行。

中央民族学院苗瑶语研究室　1987　《苗瑶语方言词汇集》,中央民族学院出版社。

Mortensen, David R. 2000 Sinitic Loanword in Two Hmong Dialects of Southeast Asia, UTAH STATE UNIVERSITY.(此文在网上发表)

第八章 瑶语里汉语借词的历史层次

8.1 柘山瑶语概况

广西金秀瑶族自治县原名大瑶山瑶族自治县,成立于1952年5月,是我国第一个瑶族自治县,它坐落在广西中部偏东的大瑶山主体山脉上。据2002年县统计局最新统计,全县总面积2513.44平方公里,辖9乡2镇,人口146768(人),其中瑶族人口51057(人)、壮族人口64332(人)、汉族人口31280(人)。大部分壮族是20世纪80年代才由外县划入的,境内的主体民族是瑶族,包括盘瑶、坳瑶、山子瑶、花蓝瑶、茶山瑶五大支系。现调查记录的是盘瑶的语言(属瑶语勉方言),以三江乡柘山瑶语为代表。柘山村瑶汉杂居,人们使用双语(瑶语和西南官话)。

8.1.1 柘山瑶语的语音系统

(一)声母(25个):

p	ph	b	m	m̥			f	w
t	th	d	n	n̥	l	ɬ		
ts	tsh	dz					s	
k	kh	g	ŋ	ŋ̊			h	
ø								

声母例词:

p pei¹ 五   ph phei¹ 摇   b bei⁵ 梦   m mei⁴ 蜜蜂   m̥ mei¹ 藤   f fei⁵ 四
w wie⁴ 尿   t tei² 姨母   th thei¹ 梯   d die¹ 药   n nie¹ 泥   n̥ nie³ 重
l lei⁴ 礼   ɬ ɬei² 星   ts tsei³ 纸   tsh tshei¹ 馋   dz dzei³ 虱   s sei⁵ 试
k kie² 茄子   kh khie⁵ 气   g gie⁶ 下   ŋ ŋie¹ 醒   ŋ̊ ŋian⁵ 年   h hei⁵ 戏
ø iou² 油

声母说明:(1)ŋ在细音前近于ɲ;(2)m、n、ŋ都可以自成音节。

(二)韵母(111个):

i			iu	im	in	iŋ	ip	it	
		ie	iei		iem	ien		iep	iet
		*iɛ				*iɛn			
		ia	iai	iau	iam	ian	iaŋ	iap	iat
				iou	iom		ioŋ		
		iɔ					iɔŋ	iɔp	
			iui		ium	iun	iuŋ	iup	iut
	iuə								
e		ei	eu	em	en	eŋ	ep	et	ek
ɛ						ɛŋ		ɛt	
a		ai	au	am	an	aŋ	ap	at	ak
			ou	om	on	oŋ	op	ot	ok
ɔ		ɔi		ɔm	ɔn	ɔŋ	ɔp	ɔt	ɔk
u		ui		um	un	uŋ	up	ut	uk
		uei	ueu		uen	ueŋ		uet	
		uɛ				uɛŋ			
		ua	uai		uan	uaŋ		uat	
		uə		uəm	uən	uəŋ		uət	
*y					yn	yŋ			
		ye	yei			yen			
		*yɛ				*yɛn			
					yən	yaŋ		yət	
ə				*ən					
*ɿ									

注：表中带"＊"的韵母只出现在西南官话借词中。

韵母例词：

i	i¹ 二	iu	tiu³ 酒	im	im¹ 苦	in	tsin² 钱
iŋ	liŋ² 田	ip	dzip⁷ 接	it	nit⁷ 贴近	ie	tie⁵ 桌子
iei	kiei¹ 箕	iem	kiem¹ 金	ien	kien² 勤	iep	liep⁸ 立
iet	piet⁷ 盆	iɛ	ly³ siɛ⁵ 旅社	iɛn	tsiɛn⁵ 占	ia	khia¹ 虾
iai	kiai¹ 鸡	iau	giau⁵ 教	iam	dziam³ 血	ian	kian¹ 斤
iaŋ	piaŋ² 花	iap	giap⁷ 夹	iat	ŋiat⁷ 疙瘩	iou	piou³ 果子
iom	kiom⁶ 穷	ioŋ	kioŋ⁵ 供	iɔ	ŋiɔ⁵ 奶	iɔŋ	ŋiɔŋ¹ 爬
iɔp	ŋiɔp⁷ 抓	iui	kiui⁴ 陡	ium	fu² ŋium² 南瓜	iun	iun² 潮湿
iuŋ	iuŋ² 羊	iup	ŋiup⁷ 抓	iut	ŋiut⁸ 肾	iuə	giuə³ 粽子

e	he² 鞋	ei	pei³ 知	eu	heu⁶ 叫	em	kem² 山
en	pen³ 板	eŋ	leŋ² 零	ep	tsep⁷ 堵塞	et	pet⁷ 八
ek	nek⁷ 抽搭	ɛ	pɛ⁷ 白	ɛŋ	kɛŋ¹ 虫	ɛt	fɛt⁷ 抽打
a	ma⁴ 马	ai	lai⁵ 菜	au	dau³ 长	am	gam² 蓝靛
an	kan¹ 跟	aŋ	kaŋ¹ 脖子	ap	tap⁷ 答	at	ŋat⁸ 咬
ak	gak⁷ 瞪	ou	tsou³ 煮	om	tom² 潭	on	ton⁶ 慢
oŋ	oŋ¹ 翁	op	top⁸ 豆	ot	khot⁷ 洞	ɔ	ɔ³ 肉
ok	khok⁷ (用棕做的) 屐	ɔi	tɔi⁵ 对	ɔm	kɔm¹ 热	ɔn	tɔn¹ 儿子
oŋ	thoŋ¹ 汤	ɔp	ɬɔp⁷ 抱	ɔt	dɔt⁷ 掉	ɔk	dɔk⁷ (母鸡下蛋后) 叫
u	ku¹ 远	ui	dui³ 堆	um	num³ 揉搓	un	dun⁶ 笨
uŋ	kuŋ¹ 虹	up	ŋup⁷ 咳嗽	ut	dut⁷ 脱	uk	khuk⁷ 唤(儿)
uei	tuei³ 尾	ueu	hueu⁵ 稀	uen	guen⁶ 县	ueŋ	hueŋ⁵ 摆动
uet	uet⁷ 挖	uɛ	huɛ⁷ 扒	uɛŋ	kuɛŋ⁵ 连枷	ua	ŋua⁴ 瓦
uai	guai⁴ 螃蟹	uan	uan⁶ 万	uaŋ	khuaŋ⁵ 挂	uat	nuat⁷ 糊(田埂)
uə	puə² 烧	uəm	uəm² 水	uəŋ	uəŋ² 炆	uəŋ	puəŋ³ 满
uət	tshuət⁷ 出	y	khy¹ 区	yn	hyn¹ 耳环	yŋ	khyŋ¹ 圈
ye	kye⁵ 过	yei	muei⁴˙² ŋyei² 黄蜂	yen	ŋyen¹ (转) 弯	yɛ	pə⁶ syɛ⁶ 头屑
yɛn	syɛn³ 癣	yən	kyən⁵ 拳	yət	khyət⁷ 蜷曲	yaŋ	gyaŋ¹ 亮
ə	kə² ŋai 上面	ən	hən⁵ 恨	ɿ	tsɿ³ sɿ⁵ 仔细		

韵母说明:

(1) 音韵没有构成音位上的长短对立现象。

(2) 多数入声字塞音韵尾已脱落为 [ʔ], 在声调上还保持短促的入声特点。为使音系简洁, 凡与第7、第8调结合带有喉塞尾的元音韵不列入表中, 在标写音节时喉塞尾也不标出来。如 khɛ⁷ "客" 和 tsuə⁸ "熟" 的 ɛ 和 uə 实际上是带有喉塞尾的。

(3) 部分以 i 开头的音节带有前喉塞, 如 iu² "窑" 实际音值是 ʔiu²、in¹ "烟" 实际音值是 ʔin¹。

(4) 其他音值说明: ie、ye 中的 e 是 [ɪ], iem、ien、iep、iet 的 e 音值偏央, ou、iou 的 o 是 [ə]。

(三) 声调 (8个):

调类	1	2	3	4	5	6	7	8
调值	33	331	553	231	35	311	55	31

声调例词:

pei¹ 毛 pei² 皮 pei³ 比 lei⁴ 礼 bei⁵ 梦 lei⁶ 利 pat⁷ 笔 pat⁸ 罚

下图是用南开大学石锋、朱思俞教授开发的软件 "桌上语音工作室" (Minispeechlab) 做出的柞山瑶语声调格局和各调调型:

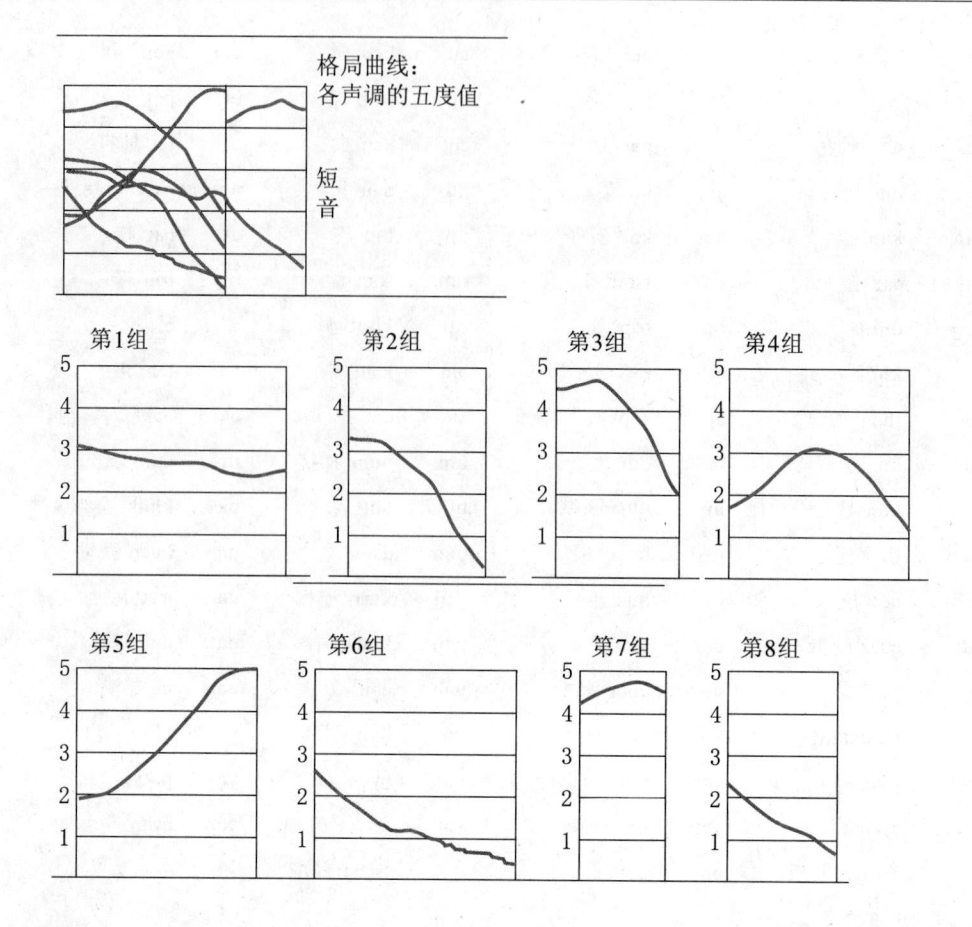

声调说明：

(1) 第1至第6调是舒声调，第7、第8两调是促声调，读促声调的字除了目前仍带-p、-t、-k塞音尾的入声字外，还有塞音尾已经变为喉塞尾的入声字。

(2) 6调的起点稍比8调高，调型下降时要比8调舒缓，故分别记作311、31以示区别。

(3) 变调分连读变调和语法变调。连读变调的规律：除了现代汉语借词不变调外，在多音节词语中，最后的音节不变调，前面的音节（两个音节以上的至少有一个音节变调）除了第2调、第8调不变外，舒声调一般变为第2调，入声调一般变为第8调，如：ku$^{3.2}$tən^1 "狗崽"、ma$^{4.2}$tuei^3 "马尾"、diaŋ$^{5.2}$doi^2 "木薯"、kap$^{7.8}$tsaŋ^3 "甲子"、pu^{2}goŋ$^{3.2}$pha^5 "头巾"。语法变调：部分形容词和程度副词在表示程度加深时，舒声调有的变为第3调，有的变为第5调，促声调变为第7调。但也有些合成词前字不变调，如同是表示方位的词语，"东北" təŋ$^{1.2}$pa^7 变调，而"东南" təŋ^{1}nam^2 却不变。

(4) 本文柘山瑶语的变调用"."隔开，例如"东"音[təŋ^1]，连续变调为第2调，记为"东北" təŋ$^{1.2}$pa^7。

8.1.2 柘山瑶语的语法

8.1.2.1 词类及其构词特点

柘山瑶语的词类可分为名词、动词、形容词、代词、数词、量词、副词、介词、连词、助词、拟声词、叹词等十二类。下面着重介绍它们的语法特点。

（一）名词

(1)名词不能受副词修饰，可以受名词、形容词和指量词组、数量词组的修饰。除了形容词充当的修饰语外，其他的修饰语一般都在名词之前。如：

mien² lui¹ 瑶人服装　　ŋuŋ² ɔ³ 牛肉　　uə³ tiu³ dzuŋ¹ 那首歌　　iet⁸ tsuŋ¹ dzu⁸ 一把刀
衣服　　　　　　　　　牛 肉　　　　　那 条 歌　　　　　　一 张 刀

名词受形容词修饰时，一般形容词在后，只有少数形容词在名词之前。如：

lui¹·² si⁷ 红衣服　　lu⁴·² laŋ⁵ 旧村　　hie² kə¹ nai³ 野物
衣服赤　　　　　　　旧 村　　　　　　野 东西

若形容词后带有助词 ȵiei¹"的"，则可放在名词之前，如：si⁷ ȵiei¹ lui¹"红的衣服"。

当名词受数量词组修饰时，数词不能省略，即量词不能单独与名词结合。

(2)兼作量词的单音节名词能够重叠，重叠后表示遍指，如 mien² mien² "每人"，此外，其他名词不能重叠。有两种情况看似重叠，但实际上并非重叠：第一，部分量词临时组合成 AABB 形式表示总括，如：pau³ ap⁷ ap⁷ kiai¹ kiai¹ thoŋ¹ mai² "他家里鸡鸭样样有"；第二，在"AA 没有"中，A 宜看作话题，因为两个 A 之间可有语音停顿，切分成"A/A 没有"，如：mei³ mei³ mei³ mai² lai¹ lai¹ mei³ mai²，tsou³ he¹ nai³ "米米没有菜菜没有，煮什么"。

（二）动词

动词表示动作、行为、心理状态、感受以及事物的发展变化过程。

(1)动词可以受副词、指示代词、疑问代词、时间名词和部分形容词修饰，修饰语在动词之前（除了副词"先"）。如：

mei³ oi⁵ 不喜欢　　fei⁵ iuŋ⁶ thiu⁵ 怎样跳　　man⁶ iaŋ² 慢走　　miŋ² daŋ⁶ 先去
不 爱　　　　　　　怎样 跳　　　　　　　　慢 走　　　　　　去 先

(2)助动词 hai²"会"、ŋiun⁶"愿"等基本上都是借自汉语方言的，用法跟汉语方言相同，一般在其他动词之前。"得"有些特殊，它在动词前，表示客观或情理允许（A），在动词后表示"可以"或"能力"（包括由"能力"引申出来的意义）（B）。如：

A. tsou⁵ liu⁴ koŋ², tu⁷ dzau⁶ a¹ 做完工，可以玩了
　　做 完 工　得玩　了

B. piou³ ȵien² tu⁷ a³ 果子可以吃了。　ni² ȵien² tu⁷ 他很能吃。　sou¹ maŋ⁶ tu⁷ 书值得看。
　　果子 吃 得 了　　　　　　　　　　他 吃 得　　　　　　书 看 得

(3)行为动词、部分心理活动动词可以按 AA 式重叠，重叠后表示短时、少量，如：tsuei⁴

tsuei⁴"坐坐"、n̥am³n̥am³"想想"。

(4)可用"ABA"式提问（B是否定词）。如：miŋ² mei³ miŋ²"去不去"。其中判断词 tsei⁴"是"和 se¹"是"，只有 tsei⁴ 能用于否定判断。

(5)动词后加相应的词（往往是加助词，个别加动词、量词），表示体态、方式。

以下这些体貌的标记，属瑶语本语的是 daŋ⁶、ka⁵、taŋ²，而 kye⁴ sin¹ tai² 是瑶汉合璧词，其他都是直接借自汉语。

起始体：起身来 kye⁴ sin¹ tai²　　进行体：紧 kien³　　持续体：紧 kien³
实现体：着 tsu⁸　　到 thau⁵　　完成体：了 liu⁴　　结果体：着 tsu⁸
经历体：过 kye⁵　　　　　　　　重复体：过 kye⁵　　权行体：先 daŋ⁶
尝试体：看 ka⁵、下 taŋ²　　　　方式体：做 tsou⁵

1) kye⁴ sin¹ tai²"起身来"，表示动作开始。如：

ni² ŋien³ kye⁴ sin¹ tai². 他哭起来了。　　ni² heu⁶ kye⁴ sin¹ tai². 他喊起来。
他 哭　起　身　来　　　　　　　　　他 喊　起　身　来

与广州话的"起身"hei³⁵ ʃɐn⁵⁵相比，它多了一个"来"，好似是"起身"和"起来"杂糅而成的。

2) kien³"紧"作动词词尾，表示动作行为正在进行或状态的持续。

mien² pu¹ ŋien² kien³ n̥aŋ⁵, mei³ khu⁶ heu⁶. 人家吃着饭，不好叫。
人家　　吃　紧　饭　不 好 喊

ni² tsuei⁴ kien³ ei³ maŋ⁶ sou¹. 他坐在椅子上看书。
他 坐　紧　椅 望　书

3) tsu⁸"着"表示动作已发生、实现了。如：

瑶语：　ni² tai² tsu⁸　　ma⁴ ŋien⁶ tsu⁸ lai¹　　dzaŋ⁶ mei³ fie³ tsu⁸
　　　　他 来 着　　　　马 吃 着 菜　　　　　字　没 写 着
柘山话：他来着　　　　　马吃着菜　　　　　　字没写着

4) thau⁵"到"也表示动作的实现，但限于疑问和否定式。如：

uə³ tei⁵ si⁶ muei⁶ kɔŋ³ buə⁵ ni² mei³ kɛŋ⁴? 那件事你告诉他没有？
那 件 事 你　讲　告诉他 未　曾

mei³ kɔŋ³ thau⁵. 还没说。
没　讲　到

ni² hai⁵ mei³ miŋ² thau⁵? 还没去？
他 还　没　去　到

这种说法往往可用"未曾×"来代替。

5) liu⁴"了"表示动作行为的完成。如：

bɔ⁷ liu⁴ tshu⁷, ɔi⁵ kɛ⁷ tsaŋ². 打完稻谷，要打柴了。
打 了 粟，　爱 讨 柴

6) tsu⁸ "着" 表示动作行为的结果。如：

dzu⁷ ŋa⁷ tsu⁸ ie¹ ŋiei² puə⁴. 刀砍中我的手。　　ni² tsai³ tsu⁸ iet⁸ tiu² naŋ¹. 他踩中一条蛇。
刀　砍　着　我的　手　　　　　　　　他　踩　着　一　条　蛇

7) kye⁵ "过" 跟在行为动词后，表示动作行为曾经发生。kye⁵ "过" 表示经历。如：

mei⁵ ŋiei² tu⁶ kye⁵ sou¹. 二妹读过书。　　a¹ liou² mei³ thau⁵ kye⁵ kui² liem¹.
妹　二　读　过　书　　　　　　　　阿留　没　到　过　桂林

如果句子有宾语，则 kye⁵ "过" 的位置在宾语前后皆可，语序是 V 过、VC 过、V 过 O、VO 过。如：

maŋ⁶ kye⁵　　maŋ⁶ liou⁵ kye⁵　　maŋ⁶ kye⁵ ni²　　maŋ⁶ ni² kye⁵　　maŋ⁶ kye⁵ ni² i¹ thɔŋ⁵
看　过　　　　看　了　过　　　　看　过　他　　　看　他　过　　　看　过　他　两　趟

8) kye⁵ "过" 表示重复原来已发生的动作行为。如：

lui¹　mei³ dzu⁵ dzeŋ⁶, ɔi⁵ dzu⁵ kye⁵. 衣服没有洗干净，要再洗
衣服　没　洗　干净，爱　洗　过

9) daŋ⁶ "先" 放在句子末尾，表示暂且进行，其他放下再说。如：

mei³ kun³ uə⁵ tsham³, ŋien² naŋ⁶ daŋ⁶. 不管那么多，暂且先吃饭。
没　管　那　多　　吃　饭　先

sou³ kien³ daŋ⁶, tu⁷ toŋ⁴. 暂且先站着，不要动。
站　紧　先　别　动

10) ka⁵ "看"、taŋ² "下" 表示尝试。如：

ie¹ sei⁵ ka⁵. 我试一试。　　ie¹ tsuei⁴ taŋ². 我坐一坐。
我　试　看　　　　　　　　我　坐　下

11) tsou⁵ "做"，表示行为的方式。如：

bau⁴ tsou³ tsou⁵, khu³ ŋien⁶. 鱼煮了才好吃。　　kye⁵ mei³ miŋ², diu⁵ tsou⁵. 过不去，跳了。
鱼　煮　做，　好　吃　　　　　　　　　　　　过　不　去，跳　做

这种表示法，西南官话常用。

柘山瑶语与周边汉语方言 5 种体貌标记的比较：

		完成 动词后	实现 否定、疑问	进行	持续	经历
桂北平话	九屋	ha⁵⁵	——	tɤØ	tɤØ	ku³³
	大河	ti³³	——	倒 tau²⁴	倒 tau²⁴	过 ku³⁵
桂南平话	亭子	了 liu	到 tau⁵⁵	住 tsy²²	住 tsy²²	过 ko⁵⁵
	贵港	了 liu	到 tɐu⁵³	住 tsy²¹	住 tsy²¹	过 ku⁵³
	融水	了 liu	到 tau⁴³⁵	着 tsik³³	着 tsik³³	过 kua⁵³
白话	南宁	了 a³³	——	住 tsy²²	住 tsy²²	过 kɔ³³
	广州	咗 tsɔ³⁵	到 thou³³	紧 kɐn³⁵	住 tsy²²	过 kwɔ³³

客家	翁源	了 lɛi	——	kin^{21}	kin^{21}	kou^{55}
湘语	全州	了 liau^{55}	——	倒 tsu^{55}	倒 tsu^{55}	过 ko^{35}
桂柳官话	柘山	了 la^{53}	着 tso^{31}、到 tau^{24}	倒 tau^{53}	倒 thau^{53}、起 khi^{53}	过 ko^{24}

（资料来源：柘山、九屋由笔者调查，大河、南宁、全州见《广西通志·汉语方言志》，桂南平话见覃远雄 2000，广州见《广州方言词典》，翁源见《客赣方言调查报告》）

从语音上看，表示完成的标记"了"近于桂南平话和粤语（广州一带用"咗"显得特殊，可能是由"着"演变来的），跟其他方言有差别。

用"到"表动作的实现，瑶语、桂南平话、粤语、广西官话是一致的。

作为持续体和进行体的标记，瑶语的"紧"异于平话和湘语（虽然横县平话既可用"紧"kən^{33}，也可用"住"tsɔi^{21} 表示进行体和持续体，但桂南平话大多数还是用"住"，小片用"着"）。虽然粤语一些点如广州话可以用"紧"作进行体的标记，但是能同时用"紧"表示持续体和进行体的，多见于客家话（尽管客家话内部持续体和进行体的标记并不完全一致），已有材料报告的点：粤东粤北地区翁源 kin^{21}、连南 kin^{22}、清溪 kin^{21}、揭西 kin^{21}、西河 kin^{31}，粤西地区阳西 kin^{21}、阳春 kin^{31}、信宜 kin^{31}、电白 kən^{31}、廉江 kin^{31}、香港 kin^{41}。瑶语的"紧"是否源自客家话，还有待更多的材料证明。

（三）形容词

形容词是表示性质、状态的词，分性质形容词和状态形容词。

(1)性质形容词修饰限制名词，一般在名词之后，也有部分词在名词之前。例子参见名词(1)。

(2)性质形容词可以直接受副词 hei^6 "很"修饰，中心词在前。如：siaŋ^1 hei^6 "很新"、lun^5 hei^6 "很嫩"。

(3)形容词的重叠方式有 AA 式、AAB 式、ABAB 式和 AABB 式。其中 AA 式最多（一些含持续性特征的非自主动词如"跳""吊"可进入 AA 式，转为状态形容词），AAB 式、ABAB 式次之，AABB 式少见。如：

AA 式：ɬaŋ^{1}ɬaŋ^1 高高　　ku^{5}ku^5 老老　　diu^{6}diu^6 跳动的样子

AAB 式：mat^{7}mat^{7}kie^7 黑漆漆　　liou^{1}liou^{1}tsa^8 溜溜直　　dom^{2}dom^{2}mau^2 软绵绵

ABAB 式：mat^{7}kie^{7}mat^{7}kie^7 墨黑墨黑　　bui^{1}pɛ^{8}bui^{1}pɛ^8 雪白雪白

AABB 式：dzam^{3}dzam^3 dzɔi^{2}dzɔi^2 整整齐齐　　ɬu^{5}ɬu^{5}ɬaŋ^{1}ɬaŋ^1 高高大大

上述形式本身已带有程度深的意味，若表达更深的程度，可通过前音节变调来完成，非入声变 5 调或 3 调，入声 8 调变 7 调。

这些形式充当句子成分时，都带 ŋei^1 "的"。如：nai^3 tiu^2 diaŋ^5 liou^1 liou^1 tsa^8 ŋei^1 "这条树溜溜直的"；pu^2 tsiŋ^1 thiu^6 thiu^6 ŋei^1 "眼睛跳跳的"。

ABA 式是一种功能跟重叠式相似的固定结构（B 表示"死"），使用比较频繁，顺便在此介绍（当地汉语也有类似的格式）。如：

　　bat⁸ tai⁶ bat⁸ 辣死辣　　　im¹ tai⁶ im¹ 苦死苦　　　kiom⁶ tai⁶ kiom⁶ 穷死穷

　　瑶语还有一种"形+量"的格式，如 ɬu¹ nəm¹ "大个"，有些学者不把它当词处理。我们认为这种结构构成的是词，因为它能受程度副词如 tsi⁵ "几"修饰，前面可加否定词，还可以按 AAB 式重叠，具有形容词的功能。南方汉语方言也存在类似的结构，汉语学界一般都把它当作词看待。无论瑶语、汉语，能参与构词的形容词语素只有两个，瑶语 ɬu¹ "大"和 fai⁵ "细"，汉语如广州话"大"和"细"、柘山话"大"和"小"。如：

	瑶语	广州话	柘山话
原式	ɬu¹ nəm¹ 大个	大只	大个
重叠	ɬu¹ ɬu¹ nəm¹ 大大个	大大只	大大个

这种词不能受 hei⁶ "很"修饰。

（四）代词

代词有人称代词、指示代词、疑问代词三种。

（1）人称代词。包括：三身代词 ie¹ "我"、muei² "你"、ni² "他"、ie¹ buə¹ "我们"、muei² buə¹ "你们"、ni² buə¹ "他们"，反身代词 kan² "自己"，其他代词如：mien² pɛ⁸ lan² "别人"、tom² dzɔi² "大家"（借自汉语方言的"大齐"）。

主要特点：

1)复数第一人称代词有排除式和包括式的区分，即 ie¹ buə¹ "我们"和 buə¹ "咱们"。buə¹ 能表示人称复数，除了附着在人称代词后面，还跟在"人称代词+亲属称谓"的结构后。如：ie¹ miaŋ² buə¹ 我舅妈他们（可包括舅舅等）；muei² tie⁵ buə¹ 你父亲他们（可包括母亲等）。

2)人称代词在修饰名词时处在名词前，一般有两种方式：

第一，表示亲属的领有关系，人称代词直接放在亲属称谓词的后面。如：ni² tɔ⁶ "他姐姐"、ie¹ oŋ¹ "我祖父"。

第二，在其他名词前表示领属关系时，一般要加助词 ŋiei¹。如：muei² ŋiei¹ liŋ² "你的田"、ie¹ ŋiei¹ tshoŋ⁵ "我的枪"。复数人称代词后，可不用助词，如：ie¹ buə¹ laŋ² "我们村"。

3)kan² "自己"可与人称代词或人名结合。如：muei² kan² "你自己"、je¹ buə¹ kan² "我们自己"、a¹ liou² kan² "阿留自己"。这个词还单用作主语，如：kan² tsou⁵、kan² ŋien⁶ "自己做，自己吃"；单用修饰名词，可不带助词 ŋiei¹ "的"，如：kan² pau³ "自己家"、kan² si⁶ "自己的事情"；单用修饰动词，如：tou⁴·² kan² kie⁷ mia³ "火自己熄灭了"；与"的"组成"的"字结构，如：kan² ŋiei¹ "自己的"。kan² 的重叠式为 kan² kan²。与 kan² 不同的是，重叠式不能在"的"字结构出现，作定语必须带 ŋiei¹。这个词很可能来自汉语。汉语赣方言安义、余干两个点"自家"便叫 tshʅ⁵ kan⁰（0 是轻声），kan⁰ 估计是"家儿"的合音，因为"儿"的声母在南方方言中多为[n-]。

（2）指示代词包括 nai³ "这"、lai⁶ "那"（稍远）、uə³ "那"（最远），以及由他们跟别的语素合成的代词如 nai³ ŋiuŋ⁶ "这样"、uə³ dau¹ "那里"、nai³ mɛŋ⁵ "这边"。

主要特点：

1) 指示代词三分：nai³"这"、lai⁶"那"（稍远）、uə³"那"（最远）。在无须区分最远和稍远时，一般用 uə³，而不用 lai⁶。

2) 方位指示代词 nai³ mɛŋ⁵"这边"、uə³ mɛŋ⁵"那边"受名词修饰时，修饰语在后，如：

nai³ mɛŋ⁵ hei¹ 街的这边　　　uə³ mɛŋ⁵ suan¹ 河的那边
这　边　街　　　　　　　　那　边　河

3) 部分方位指示代词有 AAB 或 ABAB 式重叠，重叠后表示程度加深①。如：

原形：uə³ ŋai⁶ 上面→重叠式：uə³ uə³ ŋai⁶　uə³ ŋai⁶ uə³ ŋai⁶ 上上面（即处所位置很高）
　　　那上面

原形：uə³ die³ 下面 →重叠式：uə³ uə³ die³　uə³ die³ uə³ die³ 下下面（即处所位置很低）
　　　那底下

这种重叠形式及重叠后的语义变化跟当地西南官话部分方位名词重叠式一样，可与柘山话的"上上面""高高头""底底下""里里头""上面上面""高头高头"比较。

(3) 疑问代词 hai⁵"哪"、hai⁵ dau¹"哪里"、hai⁵ tsan⁶"哪时"、he³ nai³"什么"、pə² tsi⁵"多少"、tsi⁵ tsham³"多少"等。疑问代词表示疑问，有些可活用为任指、虚指。

(五) 数词

数词从 1 到 9 有两套。见表：

	1	2	3	4	5	6	7	8	9	10
第一套	iet⁸	i¹	puə¹	pei¹	pa¹	ku⁷	si⁶	hiet⁸	duə²	tsiep⁸
第二套	iet⁷	ŋiei⁶/ŋi⁶	fam¹	fei⁵	ŋ⁴	luə⁸	tshiet⁷	pet⁷	kiuə³	tsiep⁸

数词的用法与其他的勉方言相同。

(六) 量词

量词分名量词和动量词。名量词很丰富，除了度量衡量词、临时量词之外，常用的名量词有：lan²"个"（人）、nɔm¹"个"、tau²"头"、tiu²"条"、pɔŋ⁶"串"、pɛŋ⁵"柄"、tsuŋ¹"张"、tsuŋ²"棵"、bom¹"丛"、lɛŋ⁶"双"、tei³"件"、tei⁵"些"、diep⁸"滴"、khu³"口"等，其中有的能与许多名词搭配，如凡当地汉语方言用"个"的场合，除了不与"人"搭配外，瑶语都是 nɔm¹，pɛŋ⁵"柄"可分别与"笔、枪、伞、扇、锄头、月刮"组合，而有的只与某些特定的名词结合，如能跟 phan¹"番"搭配的仅"被子、蓑衣"两个词。专用的动量词很少，只有 taŋ²"下"、thɔŋ⁵"趟"、tshan¹"餐"、lun²"轮"、dzun⁶"转"等几个，但使用的范围广，频率高。这些量词除了本语固有的，还有不少是借自汉语的，如 thɔŋ⁵"趟"、tsuŋ¹"张"。量词在使用时主要有两个特点：

(1) 名量词跟数词或指示代词结合修饰名词。如：

---

① 方位指示代词的重叠式尚未见报道。不知是其他瑶语确实不存在这种现象，还是已有的著作没记载。

iet⁸ lan² mien² 一个人　　　iet⁸ nɔm¹ hou⁶ 一个壶　　　nai³ phan¹ suəŋ⁵ 这床被子
一　个　人　　　　　　　一　个　壶　　　　　　　这　番　被子

（2）量词都能重叠，重叠后含"每一"的含义。如：
tsuŋ¹ tsuŋ¹ 张张，每张　　　thɔŋ⁵ thɔŋ⁵ 次次，每次
张　张　　　　　　　　　趟　趟

（七）副词

柘山瑶语的副词主要有：hei⁶"很"、tsui⁵"最"、tu¹"都"、thoŋ¹"通"、iet⁸ khai⁵"一概"（意即"全部"）、liu⁴"了"、tsiou⁶"就"、kun³"管"、a¹ khia³ kiaŋ¹"刚才"、kiaŋ¹ kiaŋ¹"刚刚"、daŋ⁶"先"、ka² ha⁴"后"、ma⁴ tsaŋ⁶"马上"、mei³（变体 m³、ŋ³）"不、没"、mei³ kɛŋ⁴"未曾"、ŋ³ tu⁷"不要、别"（省略式 tu⁷）、ia⁶"也"、iou⁶"又"。这些词大部分来自汉语方言。副词大多数修饰动词或形容词，通常修饰语在前，只有"先""很""了"三个副词充当的修饰语要放在中心语之后。"先""很"的例子，如：khou³ hei⁶"很苦"、miŋ² daŋ⁶"先去"。"了"附在形容词或心理活动动词之后，表示程度高，相当于汉语的"极了"，如：si⁷ liu⁴"红极了"、huaŋ¹ liu⁴"慌极了"。有的副词起关联作用，如：iou⁶ kun⁶ iou⁶ ɬu¹"又肥又大"。

这里讨论柘山瑶语否定词与周边汉语方言否定词的关系。柘山瑶语三个否定词的功能分别是：mei³（变体 m³、ŋ³）表示对意愿、性状、情况等的否定和对动作已然性的否定，mei³ kɛŋ⁵ 表示动作、状态、变化尚未实现，tu⁷ 表示对行为的劝止。它的否定词除了表示对行为的劝止之外，格局跟广西粤语、桂南平话、柳州片官话非常一致，都是二分，而跟桂北平话等不一样。试比较：

	桂北平话（九屋）	桂南平话	柘山话	南宁白话	广州话	梅县话（词典）
不	不	未/无/niu⁴⁴	未	冇	唔	唔/未
没有	没（得）	未/无/niu⁴⁴	未	冇	冇	未
还没有	不曾	未曾/无曾/能	未曾	盟	未/未曾	未曾
别	别	未/无/niu⁴⁴/咪	莫	冇	咪	唔好

覃远雄（2000）推测广州话的"唔"可能是由汕头话渗入的，因为阳江的粤语是"无、冇、未"三分。可能早期阳江话是"无、未"两分的。这个推论有一定的道理，客家话的"唔"似乎也是受闽语的影响。《客赣方言调查报告》和《梅县方言词典》记录的梅县话材料不一样，相当于普通话"不"和"没"，前者是"唔"和"毛"，后者是"唔/未"和"未"，说明梅县话内部有分歧。

根据表示意愿否定和已然否定的词是否同形，我们大体勾勒出下面的地缘分布图：

西————————————过渡————————————东
冇（桂白话、部分客家）　　无（粤西客家）　　　　唔—毛（粤东客家话）
无（桂南平话东片）　　　　冇（信宜、廉江白话）　唔—冇（广州）
未（桂南平话西片）　　　　　　　　　　　　　　无—冇（阳江）
未（柳州官话）

东部粤东、赣、湘、闽西客家话大致上是"唔"和"毛"的对立，广州等白话也呈对立，往西，粤西已呈现同一的趋势，是过渡地带，而到了广西，不少地区的方言都是同形的。本地区不但汉语方言如此，而且其他少数民族语言如壮语、临高话、黎语"没""不"也都是同形的。表示意愿否定和已然否定的词同形，这可能是早期华南地区共同的特征。

柘山瑶语的否定词可能是受"未—未曾"类型的汉语方言的影响。

值得一提的是，与勉方言其他点一样，柘山瑶语（指口语）和瑶歌里的否定副词（表示意愿否定 iem^6，表示禁止否定 i^5）不同。我们发现了一些线索，它们有助于对这种现象的解释。

（八）介词

介词有 kan^1"跟"、kiou^6"和"、pun^1"分"、thεŋ^5"替"、kioŋ^6"共"、pei^3"比"、iem^1"在"、kye^5"过"、huŋ^5"向"等。大部分都是汉语借词，例如：kan^1"跟"，它既是时空介词，又作对象介词，kioŋ^6"共"是对象介词，这两个介词粤方言和桂南平话有些点使用；pun^1"分"表示被动，这个词客家话常用；词项"替"，《客赣方言调查报告》福建武平一点为 thεŋ^5，本字作"趁"，勉语的 thεŋ^5 与之音义俱合，而不同于其他方言。

介词主要与名词、代词或名词性词组组成介词词组，置于动词前后。如：

a^{1}kɔ^5 kan^1 pau^3 miŋ^2. 哥哥从家里去。　　ma^{4}loŋ^5 kye^5 ŋuŋ^2. 马比牛好。

哥　跟　家　去　　　　　　　马　好　过　牛

（九）连词

瑶语的连词有 kioŋ^6"共"、kiou^6"和"、hai^6 tsei^4"还是"、iem^1 uei^6"因为"、ia^6 kɔ^3"如果"、tan^5 tsei^4"但是"等。一些连词可以把词和词、词组和词组、句子连接起来，表示并列、偏正、选择等关系。而表示转折、因果、条件关系的连词常常可以省略。如：

ie^1 kiou^6 ni^2 tsei^4 mien^2.　　（iem^1 uei^6）mai^6 pεŋ^6, ŋ^1 tai^2 tu^7.

我 和　他 是 人　　　因　为　有　病　不 来得

（十）助词

结构助词 ŋiei^1"的"、tu^7"得"，功能与汉语相同。

动态助词 kien^3"紧"、kye^5"过"、mia^3"了"、a^3"了"。"紧"和"过"的功能可以参见 2.2.1.2。mia^3、a^3"了"都用在动词形容词后表示动作完成、变化实现，不同的是 mia^3 处在句末，a^3 在句末句中皆可。

语气助词有 mia^3"了"、a^3"了"、ma^2"嘛"、ɔ^6"喔"、ɔ^3"喔"、pɔ^1"啵"、a^5"啊"、lɔ^1"啰"、ə^1"呃"、ə^5"呃"等。mia^3、a^3"了"表示陈述语气，ma^2"嘛"表示句中停顿或商量语气，ɔ^6 和 ɔ^3"喔"、a^5"啊"表示期望语气，pɔ^1"啵"表示提醒、商量、强调说话人的感受等多种语气。ə^1"呃"、ə^5"呃"表示期望或强调语气。

（十一）叹词、拟声词

叹词是放在句子前面的独立成分，表达遗憾、惋惜、惊讶等各种感情。常用的叹词有 a^5"啊"、ɔ^5"哦"、ei^3"呃"、hɔ^5"嗬"、ai^6 ia^1"哎呀"、hai^6"唉"等。

拟声词摹拟声音。如：蜜蜂叫声 tsu⁴ tsu⁴、雨声 sɔ⁴·³ sɔ⁴、击水声 poŋ⁵ poŋ⁵、风吹树叶声 sɔ⁴·³ sɔ⁴、雷声 lom⁴·³ lom⁴、坠落声 pə² loŋ⁴、哭声 ŋoŋ¹·³ ŋoŋ³、笑声 hɔ³ hɔ³。

8.1.2.2 句法

（一）语序

表示修饰关系结构的语序，请参看词类部分相关的介绍。这里重点谈宾补次序和双宾语的语序。

(1) 宾补次序

1) 动趋式带宾语的次序。有三种格式：

第一，宾语在主要动词之后趋向动词之前。如：

tsɔ⁷ tiu² taŋ⁵ tshuət⁷ tai² 拿条凳子出来　　　tsuai¹ i¹ puən¹ tsin² pie⁷ miŋ² 扔两分钱进去
拿　条　凳子　出　来　　　　　　　　　扔　　两　分　钱　进　去

第二，宾语在趋向动词之间。如：

tsɔ⁷ tshuət⁷ tiu² taŋ⁵ tai² 拿条凳子出来
拿　出　　条　凳子　来

第三，用 tsiaŋ¹ "将" 把宾语提前。如：

tsiaŋ¹ taŋ⁵ pou² tshuət⁷ tai²　　　tsiaŋ¹ i¹ puən¹ tsin² tsuai¹ pie⁷ miŋ²
将　凳子　抔　出　　来　　　　　将　两　分　钱　扔　进　去

2) 动词后有结果补语和宾语，语序有 VCO 和 VOC 两种。如：

kiu³ dɔn¹ he² a³　　　　tsou⁵ liu⁵ si⁶ mia³
搞　湿　鞋　了　　　　　做　了　事　了

kiu³ he² dɔn¹ a³　　　　tsou⁵ si⁶ liu⁴ mia³
搞　鞋　湿　了　　　　　做　事　了　了

3) 动词后有可能补语和宾语，语序为 V 得/不 CO。如：

lɔ⁴ tu⁷ puət⁸ muei²　　　　lɔ⁴ mei³ puət⁸ muei²
找　得　见　你　　　　　　找　未　见　你

(2) 双宾语语序。动宾式带上宾语构成双宾结构，语序可为间接宾语在前，直接宾语在后。当双宾结构的动词为"给予"义的动词时，直接宾语还可以放在间接宾语前，且以此语序为常。如：

我求你件事：ie¹ khiou³ muei² tei⁵ si⁶.
　　　　　　　我求　你　件　事

爸爸给我田：tie⁵ pun¹ ie¹ liŋ².　　　tie⁵ pun¹ liŋ² ie¹.
　　　　　　　爸　分　我　田　　　　　爸　分　田　我

（二）句式

从结构上看，柘山瑶语的句子可分为单句和复句。这里我们主要介绍几种特定的句式，为叙述方便,有时使用汉语语法的术语。

(1)处置句。汉语普通话表示处置常用"把"字句,柘山瑶语有三种形式:A."拿"字句;B."将"字句;C.直接把受事放在句首的处置式。如:

拿字句:a¹ liou⁵ tsɔ⁷ he² kiu³ dɔn¹ mia³. 阿留把鞋搞湿了。
　　　　阿留　拿　鞋　搞　湿　了

将字句:ie¹ tsiaŋ¹ ap⁷ kun⁶ kien³ a³. 我把鸭子关好了。
　　　　我将　　鸭　关　紧　了

(2)比较句。差比句有四种形式:A. 甲+比+乙+形容词;B. 甲+形容词+过+乙;C. 甲+形容词+乙+数量;D. 甲+不够+乙+形容词。如:

ie¹ pei³ muei² ɬu¹.　　ie¹ ɬu¹ kye⁵ muei².　　ie¹ ɬu¹ muei² i¹ ŋian⁵.　　ie¹ mei³ kau⁵ muei² ɬu¹.
我　比　你　大　　我大　过　你　　　　我大　你　两岁　　　　我　不　够　你　大

其中若要说明数量,A B 后还可接表数量的词语。A 的否定式是在"比"前加否定词,B 的否定式则在形容词前加否定词。C 无否定式,D 无肯定式。

(3)ŋai²"捱"字句和 pun¹"分"字句

表示不如意、不愉快或不希望发生的事情,柘山瑶语常用"捱"字句和"分"字句。然而两者并不相等。瑶语"捱"字句的用法与当地西南官话的一致,是由表示"遭受"意义的实义动词构成的,属于用词汇手段表示主语的被动和不幸,在结构上是主动形式的句子;"分"字句并不是由"分"字的意义引起的,而是由"分"所构成的语法关系造成的,是句法结构包含被动,属于被动句。这是两者之间本质的不同。其他方面的不同,都是由此造成的。下面例子反映了"捱"字句的类型:

A. ni² ŋai² koŋ¹ an¹ ky⁶ tsɔ⁷ kye⁵ i¹ thɔŋ⁵.　ni² ŋai² tsɔ⁷ kye⁵ i¹ thɔŋ⁵.　ni² ŋai² kye⁵ i¹ thɔŋ⁵.　ni² ŋai² a³.
他　捱　公　安　局　拿　过　两　趟　　他捱　拿　过　两　趟　　他捱　过　两　趟　　他捱　了

B. ni² ŋai² puə⁴ kat⁷ tsu⁸.
他　捱　手　割　着

A 是小句主语为受事的"捱"字句及相应的省略形式,B 是小句主语为非受事的"捱"字句。而用"分"替换"捱"能成立的仅限于 A 第一句代表的形式。

(三)句类

从语气上,柘山瑶语的句子可分陈述句、疑问句、祈使句、感叹句。

(1)陈述句。如:lai¹ an¹ iem¹ tie². 菜放在桌子上。

(2)疑问句。句子可以带语气词,也可以不带,语调一般要上升。如:

buŋ⁶ tui² a³?　　muei² tai² mei³?　　muei² tai² mei³ tai²?　　muei² hai⁵ tsan⁶ tai²?
雨　下　了　　　你　来　不　　　　你　来　不　来　　　　　你　何　辰　来
雨下了?　　　　你来吗?　　　　　你来不来?　　　　　　你什么时候来?

(3)祈使句。柘山瑶语表示祈使的手段与已有报告的大坪江勉语差不多。如:

tu⁷lun⁶kɔŋ³！别乱讲！	gie⁶tai²！下来	pun¹ma²！给嘛	tsuei⁴！坐！
别 乱 讲	下 来	分 嘛	坐

但勉语有一种情况,大家没有注意到,现据柘山瑶语补充。当说话人要求结束或改变某种状况时,可由带有致失性的自主动词加上"去"构成"V 去"句式表达(若动词带补语,则补语在"去"前,若宾语、补语同时出现,则宾语在补语前后皆可)。如：

kat⁷miŋ²！	kat⁷taŋ⁵miŋ²！	kat⁷taŋ⁵ni²miŋ²！	kat⁷ni²taŋ⁵miŋ²！
割 去	割 断 去	割 断 它 去	割 它 断 去
tu⁵miŋ²！	tu⁵kuaŋ⁶miŋ²！	tu⁵kuaŋ⁶lai¹miŋ²！	tu⁵lai¹kuaŋ⁶miŋ²！
倒 去	倒 光 去	倒 光 菜 去	倒 菜 光 去

(4)感叹句。句子常带叹词。如：
ua³！ni²au³dzuei⁶hei⁶！哇！他妻子好漂亮啊！
哇 他 妻 漂亮 很

8.2 柘山瑶语里汉语借词历史层次分析

8.2.1 柘山瑶语里汉语借词分层研究的步骤与方法

分析柘山瑶语里不同历史层次的借词,我们所依据的总的原则方法如下：

第一,同一音类的不同读音形式,可能反映了不同历史层次的读音。如"符"属古奉母浊平声字,计有 pou²(用于迷信活动的符箓)和 fu⁶(~合)两种读音。从声调看,根据少数民族语言声调对应的普遍规律:早期借词以调类对应,现代借词则以调值相同或相近的形式对应,前者读第 2 调,是按调类对应,后者读第 6 调,是按调值对应,显然前者早于后者。从声母看,前者是重唇,后者是轻唇,前者也早于后者。

第二,从理论上说,同一个借词音节的声母、韵母、声调的对应规律处于同一个历史层次。例如,"糖"古定母唐韵一等平声字,读作 toŋ² 和 thaŋ⁶(葡萄~)。它们所反映的声韵调对应规律分别是：

toŋ² ——定母对应 t-声母,唐韵一等对应 oŋ 韵母,阳平调对应第 2 调
thaŋ⁶ ——定母对应 th-声母,唐韵一等对应 aŋ 韵母,阳平调对应第 6 调

上述两个音节的读音,反映了两个不同历史时期汉语借词定母唐韵一等阳平调字在柘山瑶语里声、韵、调的不同对应规律。

当一个借词的声母、韵母、声调之间的层次出现矛盾时,一般以声调的层次为主。例如,"袱"属古奉母全浊入声字,读作 phou¹,从声母和韵母的表现看似乎比较古老,但是声调是舒声调而非入声调,因此不能把它归入中古时期的借词,我们处理为近代借词。

以下对分析的原则方法作进一步的说明。

(1) 语音方面

1) 声调上,根据少数民族语言中汉语借词声调对应的普遍规律:早期借词以调类对应,现代借词则以调值相同或相近的形式对应,便可以把借词区分为早期和现代两个大的历史层次(具体的对应关系可以参见后面部分)。例如,"油"的读音有 iou^2(茶～)和 iou^6(石～),前者是按调类对应,阳平匹配柘山瑶语的第 2 调,后者是按调值对应,西南官话的阳平 31 调,匹配柘山瑶语的第 6 调(311)。

2) 声母上,以汉语音韵学有关声母的研究成果和周边方言声母的演变规律为重要参照,结合柘山瑶语自身的音韵发展,对其所表现的历史层次加以分析。例如:柘山瑶语里部分汉语借词声母保留了古无轻唇音、古无舌上音的特点,这种现象反映的历史层次自然很古老。如:"夫"(非母)pou^1、"房"(奉母)$pu\eta^2$、"帐"(知母)$ta\eta^5$、"澄"(澄母)$ti\eta^6$(澄母)。

3) 韵母上,以汉语音韵学有关韵母的研究成果和周边方言韵母的演变规律为重要参照,结合柘山瑶语自身的音韵发展,对其所表现的历史层次加以分析。例如:柘山瑶语二等字出现 e 类元音。根据蓝庆元(1999)的研究,壮语、古汉越语、日本吴音二等读音都相似,反映古代华南一带的一些汉语方言曾经有过二等读 e 的层次,它还保留在壮语、古汉越语和日本吴音中,他将这一层次归作前中古层次。同样的现象在柘山瑶语里也有类似反映,可以推测这是比较古老的现象。

(2) 词汇方面

汉语词语先后借进柘山瑶语,满足瑶族交际的需要。借词的词义和词的结构能够帮助我们辨别借词的时间层次。

1) 根据词义,有些词语可以判断很早的时候已经借入柘山瑶语,例如,天干地支词,我们把它归到比较早的层次。而那些很晚才进入瑶族社会生活的词,如"烟"这种东西明代才从国外传入中国,那么这个词借入瑶族的时间也不会早于明代,我们将之列进层次较晚的近代时期。再如,瑶人把鸟枪叫作"铳"。明代邱濬《大学衍义补·器械之利》曾说:"近世以火药实铜铁器中,亦谓礟,又谓之铳。"《清会典》:"凡火器之小者曰:铳,……"根据这些典籍的记载,"铳"是近代才有的器械。因此"铳"传入瑶区不会很早,可把它列为近代借词。

2) 根据词的结构,通常正偏式的为早期借入的,偏正式的是晚期借入的。例如,古借词"甜茶"为 $tsa^2\ kam^1$,中心语"茶"在前;现代借词"绞股蓝茶"为 $kiau^3\ ku^3\ lan^2\ tsha^6$,中心语"茶"在后。

当出现复杂的情况时,要综合考虑语音、词汇等各方面的情况,再加以判定。

8.2.2 柘山瑶语里各历史层次汉语借词的特点

目前已鉴别出的借词最早只能推到中古早期,因此我们只设中古、近代、现代三个大的借词层。其中中古、现代又细分两个小层。各层的特点详见以下各部分。

8.2.2.1 现代借词层的特点

柘山瑶语里现代汉语借词借自广西西南官话桂柳片。以柘山话（汉语桂柳方言）为参照系，可分为 a 层和 b 层。

a 层主要的语音特点：

(1)声调特点

柘山瑶语 a 层借词声调有阴平、阳平、上声、去声四个调类（其中古入声归阳平），调值分别为 33、331、553、35。它的调类数目与柘山话一致，调型、调值与柘山话非常接近。柘山瑶语借词的声调与柘山话的声调有严整的对应关系，是按照调值相同、相近的原则对应的。两者的声调比较如下表：

声调		例词	
柘山话	瑶语汉语借词	柘山话	瑶语汉语借词读音
1阴平 44	第1调 33	冰 pin^1	pin^1
2阳平 31	第2调 331	农（～业）noŋ^2	noŋ^2
		业（～业）ŋiɛ^2	ŋiɛ^2
3上声 53	第3调 553	款（贷～）khuan^3	khuan^3
4去声 24	第5调 35	判 phan^4	phan^5

注：柘山话的声调 31 实际音值为 311。

(2)声母特点

柘山瑶语里现代借词 a 层的声母与柘山话一致，计有 17 个：p、ph、m、f、w、t、th、n、l、ts、tsh、s、k、kh、ŋ、h、ø。柘山瑶语里现代借词 a 层声母的音类特点与柘山话一致，主要音类特点是分尖团音，不分平翘舌，n 与 l 不混。该层声母的特点可用下面的比较表加以说明：

声母		例词	
柘山话	瑶语汉语借词	柘山话	瑶语汉语借词读音
p	p	包（～子） pau^1	pau^1
ph	ph	喷（～雾器） phən^4	phən^5
m	m	门（～面） mən^2	mən^2
f	f	分（～析） fən^1	fən^1
w	w	运（～动） win^4	win^5
t	t	都（首～） tu^1	tu^1
th	th	摊（摆～） than^1	than^1
n	n	能（～力） nən^2	nən^2
		女（妇～） ny^3	ny^3
l	l	路（～子） lu^4	lu^5
		铝（～锅） ly^3	ly^3
ts	ts	最 tsei^4	tsei^5
		中（～药） tsoŋ^1	tsoŋ^1
		将（～来） tsiaŋ^1	tsiaŋ^1
tsh	tsh	策（政～） tshə^2	tshə^2
		初（～中） tshu^1	tshu^1
		取（～钱） tshy^3	tshy^3

s	s	思（～想）	$s\text{ʅ}^1$		$s\text{ʅ}^1$
		水（～泥）	$suei^3$		$suei^3$
		销（～路）	$siau^1$		$siau^1$
k	k	钢（～笔）	$kaŋ^1$		$kaŋ^1$
		江（漓～）	$kiaŋ^1$		$kiaŋ^1$
kh	kh	葵（～花子）	$khui^2$		$khui^2$
		巧	$khiau^3$		$khiau^3$
ŋ	ŋ	顽	$ŋuan^2$		$ŋuan^2$
		议（～论）	$ŋi^3$		$ŋi^3$
h	h	项	$haŋ^4$		$haŋ^5$
		嚣	$hiau^1$		$hiau^1$
ø	ø	瘟	$uən^1$		$uən^1$
		勇（～敢）	$ioŋ^3$		$ioŋ^3$

(3)韵母特点

柘山瑶语现代借词 a 层的韵母与柘山话一致，计有 34 个：ʅ、i、u、y、a、ia、uɑ、ɔ、iɔ、ə、ɛ、iɛ、yɛ、ai、uai、ei、uei、au、iau、ou、iou、an、iɛn、uan、yɛn、ən、in、uən、yn、aŋ、iaŋ、uaŋ、oŋ、ioŋ（韵母 ɔ 实际音值近于 ɔ、o 之间）。该层韵母的音类特点与柘山话一致，主要表现为不分前鼻音和后鼻音，汉语普通话的 iŋ 和 əŋ 都读作 in 和 ən，端系蟹止臻舒声合口字读开口呼。这层韵母的特点可用下表加以说明：

韵 母		例 词		
柘山话	瑶语汉语借词	柘山话		瑶语汉语借词读音
ʅ	ʅ	思（～想）	$s\text{ʅ}^1$	$s\text{ʅ}^1$
i	i	笔（水～）	pi^2	pi^2
u	u	普（～遍）	phu^3	phu^3
y	y	区（地～）	khy^1	khy^1
a	a	榨（油～）	tsa^4	tsa^5
ia	ia	家（国～）	kia^1	kia^1
ua	ua	挂（八～钟）	kua^4	kua^5
ɔ	ɔ	所（粮～）	$sɔ^3$	$sɔ^3$
iɔ	iɔ	药（西～）	$iɔ^2$	$iɔ^2$
ə	ə	革（～命）	$kə^2$	$kə^2$
ɛ	ɛ	借（～条）	$tsɛ^5$	$tsɛ^5$
iɛ	iɛ	椰（～子）	$iɛ^1$	$iɛ^1$
yɛ	yɛ	决（～定）	$kyɛ^2$	$kyɛ^2$
ai	ai	寨（马鞍～）	$tsai^4$	$tsai^5$
uai	uai	衰	$suai^1$	$suai^1$
ei	ei	废（～品）	fei^4	fei^5
		最	$tsei^4$	$tsei^5$
		翠（青～鸟）	$tshei^4$	$tshei^5$
uei	uei	卫（～生）	uei^4	uei^5
au	au	劳（～改）	lau^6	lau^6

iau	iau	秒	miau³	miau³
ou	ou	后（落~）	hou⁴	hou⁵
iou	iou	扭	niou³	niou³
an	an	摊（摆~）	than¹	than¹
iɛn	iɛn	掀	hiɛn¹	hiɛn¹
uan	uan	款（贷~）	khuan³	khuan³
yɛn	yɛn	选（~举）	syɛn³	syɛn³
ən	ən	恨	hən⁴	hən⁵
		增（~加）	tsən¹	tsən¹
		村（~长）	tshən¹	tshən¹
in	in	撤	khin³	khin³
uən	uən	瘟	uən¹	uən¹
yn	yn	群（~众）	khyn²	khyn²
aŋ	aŋ	钢（~笔）	kaŋ¹	kaŋ¹
iaŋ	iaŋ	奖	tsiaŋ³	tsiaŋ³
uaŋ	uaŋ	光（~荣）	kuaŋ¹	kuaŋ¹
oŋ	oŋ	农（~民）	noŋ²	noŋ²
ioŋ	ioŋ	勇（~敢）	ioŋ³	ioŋ³

b 层的语音特点：

b 层最主要的语音特点是柘山话的第 2 调匹配柘山瑶语的第 6 调。其他特点都与 a 层一致。

a 层与 b 层的区别在于：a 层柘山话的第 2 调（31）匹配柘山瑶语的第 2 调（331），这是按相近的调值对应，可见这一层阳平调的读音仍然受柘山瑶语语音系统的影响；b 层柘山话的第 2 调（实际调值为 311）匹配柘山瑶语的第 6 调（311），这是按相同的调值对应，这一层阳平调的读音已经与西南官话没有什么区别。b 层的数量比较少，且带有变体的性质，使用者为年轻人和干部。比较：

例词	柘山话	瑶语读音	
		a 层（第 2 调 331）	b 层（第 6 调 311）
羊毛	iaŋ² mau²	iaŋ² mau²	iaŋ⁶ mau⁶
积极	tsi² ki²	tsi² ki²	tsi⁶ ki⁶

现代层是一个开放的系统，西南官话词语至今仍在源源不断地进入柘山瑶语，成为新词的主要来源。

有些词，是现代的产物，但语音的表现又不是西南官话的形式，列在此存疑：

同志 toŋ² tsei⁵　车司(司机) tshie¹·² fei¹　医生 ei¹·² sɛŋ¹

8.2.2.2 近代借词层的特点

下列词有些借词或是近代传入瑶区的，或是借词的声韵调部分同于中古汉语，部分同于西南官话或周边汉语方言，这两类可判断为近代借词。分别举例如下表：

词汇	瑶语汉语借词读音	备注
烟	in¹	烟是近代才传入中国的
铳	tshoŋ⁵	即鸟枪,近代才传入瑶区
硝	fiu¹	打猎用的硝近代才传入瑶区
椒	fan² tsiu¹	番~,指辣椒。近代才传入中国
檐	(kə²)hin²	屋檐
店	tin⁶	
面	min⁶	面粉
棉	min²	
仙	fin¹	
线	fin⁵	
篇	phin¹	
便	pen⁶	方~
匹	pei²	中古臻开三入声质韵字,现已舒化
剔	thei³	中古梗开四入声锡韵字,现已舒化
惑	hu²	中古曾合一入声德韵字,现已舒化
袱	phou¹	包~

近代借词层具有过渡性、不确定性,词量很少。

8.2.2.3 中古借词层的特点

这一层以《切韵音系》和三十六字母为参照系。中古层与现代层最大的区别是今柘山瑶语里借词的声调表现为依古声母的清浊分为阴平、阳平、阴上、阳上、阴去和阳去。中古层又分早期和晚期两层。

为证明这些借词并非借自现代粤方言,我们将柘山瑶语里汉语借词声调的调值和调型与金秀县周边的粤方言作比较①:

瑶语汉语借词 (8调类)	平南白话 (10调类)	玉林白话 (10调类)	蒙山白话 (8调类)
阴平 33	上阴平 55 下阴平 33	阴平 54	阴平 52
阳平 331	阳平 31	阳平 32	阳平 31
阴上 553	阴上 35	阴上 33	阴上 55
阳上 231	阳上 24	阳上 24	阳上 24
阴去 35	阴去 53	阴去 51	阴去 44
阳去 311	阳去 11	阳去 21	阳去 213
阴入 55	上阴入 5 下阴入 3	上阴入 44 下阴入 33	阴入 5
阳入 31	阳入 1	上阳入 12 下阳入 11	阳入 11

---

① 必须说明的是,目前柘山瑶族日常生活接触的都是西南官话。金秀邻县无平话。资料来源:平南白话见《平南县志》(语言篇撰写者为李玉),广西人民出版社 1993;玉林白话见《广西通志·汉语方言志》,广西人民出版社 1998;蒙山白话见《广西蒙山语言图说》(刘村汉),《方言》1985 年第 4 期。

从调类数目看,平南和玉林 10 个,柘山和蒙山都是 8 个。尽管调类数目相同,但蒙山的调值和调型并不近于柘山。再看其他两个点,调型和调值基本上不同于柘山。可见目前周边粤方言与柘山瑶语里汉语借词声调的对应并不符合现代借词按调值相同或相近借代的原则。因此我们认为柘山瑶语里不存在现代粤语的借词层,四声八调的借词层是中古层次的反映。

(一) 中古早期借词层

中古早期的语音特点:声调与汉语中古《切韵》音的调类相对应;声母保留着"古无轻唇音""古无舌上音""精端不分"的特点,声母有读浊音的现象;韵母与中古《切韵》音相对应,主要表现为歌韵读 ai、鱼韵读 a、二等韵读 e。这一时期的借词比较少。

下面分别用表说明中古早期借词声韵调的特点。

(1) 声调特点

	平	上	去	入
全清	1	3	5	7
次清	1	3	5	7
全浊	2	4	6	8
次浊	2	4	6	8

(2) 声母特点

声母对应		例词	备注
中古音(三十六字母)	瑶语汉语借词		
帮母	p-	跛 pai^1	韵母表现为第一层。借词、平话、粤语、西南官话的声调都不合规律。由于韵母的变化,人们很难把它与"跛"联系起来,多俗写为"拜",近代《成都通览》里收有该字
滂母	ph-	破 phai^5	韵母表现为第一层
	b-	脬 beu^1	义为"膀胱"
並母	b-	簰 bai^2	义为"木筏"
明母	m-	帽 muə^6	
非母	p-	分 pun^1	给予;分开
	b-	飞 bui^1	
敷母	b-	翻 ban^1	
	ph-	拂 phuət^7	义为"扫"
奉母	p-	犯 pam^4	迷信说法,凡触犯神灵导致生病等不如意的事情发生叫"犯"
	b-	服 buə^8	
微母	m-	晚 muən^4	名词
端母	t-	墩 ton^1	韵母表现为第一层
	d-	赌 dou^3	
透母	d-	跳 diu^5	
定母	d-	绹 du^2	义为"系、捆"

来母	l-	箩 lai²	韵母表现为第一层
	d-	聋 duŋ¹	聋、龙的声调合于南方一些方言次浊平归阴平的规律
	g-	龙 guŋ¹	义为"彩虹"
精母	d-	箭 dien⁵	
	t-	tiu³ 酒	
知母	d-	中 doŋ⁵	义为"中间"
	t-	帐 taŋ⁵	
澄母	t-	澄 tiŋ⁶	水浑，～一～
庄母	dz-	争 dzɛŋ¹	
初母	tsh-	插 tshep⁷	韵母表现为第一层
崇母	ts-	炸 tsep⁸	把食物放在水里煮熟
	dz-	愁 dzau²	
生母	s-	疏 sa¹	韵母表现为第一层
章母	dz-	占 dzem⁵	
昌母	dz-	称 dziaŋ¹	动词
见母	k-	惯 kuen⁵	韵母表现为第一层
	g-	卷 gun³	
溪母	kh-	口 khu³	
	g-	开 gɔi¹	
疑母	ŋ-	嚙 ŋat⁸	义为"咬"。韵母表现为第一层
晓母	k-	汉 kan⁵	义为"汉族"
	g-	嫌 gem²	
匣母	h-	后 hu⁴	
	g-	下 gie⁶	
影母	∅-	挖 uet⁷	

关于中古汉借词声母读全浊音的说明：

目前各地瑶语都有全浊声母。柘山瑶语里的中古汉借词中有 119 个今声母读全浊，而现代西南官话借词没有读浊音的现象。从上表可以看出，中古汉语全清、次清、全浊三类的借词均有读作全浊声母的，不过，每一类中读清音的比例远远高于读浊音的：古全清字今声母读清音的占 89%，读全浊的仅占 11%；古次清字今声母读清音的占 90%，读全浊的仅占 10%；古全浊借词今声母读清音的占 90%，读全浊的仅占 10%。

古汉语全浊声母字今读浊音的比例非常小，只有 10%，而这类字读清音的有 285 个，大大高于读浊音的比例，显然清音占主流。清音声母中，不送气 298 个，占 94%，送气的 18 个，占 6%，不送气清音声母占主流。也就是说，古全浊声母今天读清音，无论平仄大多数不送气。这个特点跟现代汉语平话和粤西北勾漏片粤语一致。那些仍读浊音的借词，可能是在经历了浊音清化之后，受类推的作用清音再浊化的结果，而并不是原来的浊音的保留。

有关现代瑶语全浊声母的来源，前人已有探讨（邓方贵 1983；陈其光 1984、1985、1991；李云兵 2000），一般认为由两部分构成：1)由古鼻冠音声母演变而来；2)直接或间接受壮侗语族带先喉塞音的声母影响，清声母浊化。我们认为这种解释也适用于瑶语汉语借词中的全浊声母,此外,我们猜测一些借词清声母读全浊,可能是由于新借词的冲击。当新的借词进入瑶语后,为了区别新老借词,老借词的一些声母读浊音或许是一种比较经济的手段。

(3)韵母特点

韵母对应		例词	备注
中古音(韵摄)	瑶语汉语借词韵母		
果摄	果开一戈	ai	箩 lai²	
	假开二麻	ie	下 gie⁶	
遇摄	遇合一模	ou	赌 dou³	
		a	葫 ha²	
	遇合三鱼	a	疏 sa¹	
		iou	锯 giou⁵	
	遇合三虞	ou	夫 pou¹	
蟹摄	开一咍	ɔi	开 gɔi¹	
	开一泰	ai	盖 gai⁵	
	开二皆	ai	排 bai²	~列,陈设
	开二佳	ai	簸 bai²	
	开四齐	ie	底 die³	
		ei	抵 dei³	
	合一灰	ui	堆 dui¹	
止摄	开三脂	ie	痹 bie⁵	
	合三微	ui	飞 bui¹	
		uei	尾 muei⁴	
		ei	未 mei⁵	
效摄	开一豪	u	绦 du²	
		au	稿 gau³	稻秆
		uə	报 buə⁵	义为"告诉"
	开二肴	iu	铰 giu³	
		eu	脬 beu¹	义为"膀胱"
		iau	教 giau⁵	
	开三宵	iu	翘 giu⁵	
	开四萧	iu	吊 diu⁵	
流摄	流开三尤	au	愁 dzau²	
		iou	救 giou⁵	
咸摄	开一覃合	ap	踏 dap⁷	无鼻音
	开一谈盍	am	担 dam¹	无入声
	开二咸洽	iap	夹 giap⁷	无鼻音
		ep	狭 hep⁸	
	开三盐叶	em	占 dzem⁵	无入声
	开四添帖	em	嫌 gem²	
		iap	挟 giap⁷	
		ip	贴 dip⁸	

深摄	深开三侵缉	om	枕 dzom⁵	
		ap	笠 lap⁸	
		op	涩 sop⁷	
山摄	开一寒曷	an	舒 gan²	
		at	渴 gat⁷	
	开二山黠	en	办 ben⁶	
		ep	八 pet⁷	
		op	扎 dzop⁷	
	开二删辖	an	菅 gan¹	无入声
	开三仙薛	ien	箭 dien⁵	无入声
	开四先屑	in	癫 din¹	
		at	齧 ŋat⁸	
		ua	缺 gua⁷	
	合一桓末	ien	盘 bien²	
		un	冠 gun¹	
		ut	脱 dut⁷	
	合二山黠	uet	挖 uet⁷	无鼻音
	合二删鎋	uen	惯 kuen⁵	
		yen	弯 ŋyen¹	yen 是在舌根音作用下由 uen 进一步发展而来
	合三元月	an	翻 ban¹	
		en	饭 pen⁶	
		ien	反 bien³	
		uən	晚 muən⁴	
		ut	发 put⁷	
		at	罚 pat⁸	
	合三仙薛	un	卷 gun³	无入声
	合四先屑	uen	县 guen⁶	无入声
臻摄	开一痕	ɔn	根 kɔn¹	
	合一魂没	on	墩 ton¹	
		ot	窟 khot⁷	窟窿
	合三文物	yn	醺 gyn¹	
		un	分 pun¹	
		uən	粉 buən³	
		uət	拂 phuət⁷	
宕摄	合一唐铎	yaŋ	光 gyaŋ¹	无入声
	合三阳药	aŋ	望 maŋ⁶	义为"看"
		uŋ	房 puŋ²	无入声
江摄	江开二江觉	ɔ	雹 bɔ⁸	无鼻音
曾摄	开一登德	ie	黑 kie⁷	无鼻音
	开三蒸职	iaŋ	称 dziaŋ	~东西，无入声

摄					
梗摄	开二庚陌	εŋ	撑 dzεŋ¹		
		ε	拍 bε⁷	~手	
	开二耕麦	εŋ	争 dzεŋ¹		
		ε	隔 gε⁷		
	开三清昔	i	尺 dzi⁷	无鼻音	
	开四青锡	iep	滴 diep⁷	无鼻音	
		i	踢 di⁷		
通摄	合一东屋	uŋ	蜂 buŋ¹		
		oŋ	筒 doŋ²		
		u	豚 du⁷		
	合三东屋	uə	服 buə⁸	无鼻音	
	合三钟烛	uə	袱 buə⁸	无鼻音	

注：上表中韵目举平以赅上去。

中古汉借词入声韵字特点说明：中古汉语入声字借入柘山瑶语里一般有辅音韵尾-m、-n、-ŋ、-p、-t（-ʔ），其中汉借词原带 -k 尾的入声字基本上已脱落为不太明显的 -ʔ 了，我们处理成开尾韵。

此外，还有一些中古早期的借词存在疑问。从词义看是比较早的，从音节的某一项特征看也符合中古早期的特点，但并非所有的特征项都合于中古早期的特点，因此把它们作存疑处理。具体情况是：

（1）声母读浊塞擦音的精组字、知组字。如：租精 dzou¹、擦清 dzat⁷、齐从 dzoi²、腥心 dziŋ¹、转知 dzuən⁵、撑彻 dzεŋ¹。

（2）除了声母读浊塞擦音的精组字、知组字以外，其他韵母或声调不合规律的字。

例一，妇 buəŋ⁵，声母为浊音，但韵母发生变化，带有鼻尾。

例二，蚕 taŋ²，从母读如 t-属于中古早期的特征，但韵尾发生变化 -n＞-ŋ。

例三，跳 diu⁶ 专指心、眼皮、脉的跳动。《广韵》："跳，徒聊切。"定母平声。声母读浊音是中古早期的表现。按调类对应，声调本该读第 2 调，但是却匹配到柘山瑶语的第 6 调（这个字西南官话读第 6 调）。

例四，爹 tie⁵，知母读 t-属于中古早期的特征，声调本应为第 1 调，却读成第 5 调。

例五，钝 dəŋ³，臻合一去声定母字，声母读浊音是中古早期的特征，但韵母不合大部分恩韵字的读音，声调本该读第 4 调，但是却读第 3 调。

例六，喊 hem⁵，韵母表现为第一层，但声调不合，应读第 3 调。

这些词列表如下：

汉语	瑶语借词读音	备注	汉语	瑶语借词读音	备注
租	dzou¹	精母	卜	bou³	应读入声调
尖	dzim¹	精母	妇	buəŋ⁴	韵变化
嘴	dzui²	精母	步	bie⁶	韵不合规律
桨	dzaŋ³	精母	补	bie³	韵不合规律

灶	dzu⁵	精母		拍	bɔ⁷	义为"打"。韵不合规律
早	dziou³	精母		口	pom³	义为"吹"。应读2调
钻	dzun⁵	精母		舞	mu³	义为"搞、干"。应读4调
接	dzip⁷	精母		澹	dɔn¹	义为"湿"。应读6调
接	dzip⁸	精母		钝	dɔŋ³	韵母变化。应读6调
擦	dzat⁷	清母		褪	duŋ⁵	韵尾变化
清	dzaŋ¹	清母		忳	ton⁶	义为"迟钝"。韵母表现为第一层，但调应读4调
齐	dzɔi²	从母		虱	dzei³	生母字。韵调不合
层	dzaŋ²	从母		鉎	dziŋ⁵	生母字。应读1调
茨	dzie⁵	从母		捶	dzuei¹	章母字。应读2调
净	dzeŋ⁶	从母		水	dzuei⁶	书母字。义为漂亮。应读3调
静	dziŋ⁵	从母。应读4调		晨	dɔm¹	应读2调
寂	dzie⁸	从母		盖	guai⁵	指甲～。韵不合
腥	dziŋ¹	心母		撼	gam³	应读4调
散	dzan⁵	心母		空	gɔŋ⁴	应读5调
爹	tie⁵	知母。应读1调		瀓	gɛŋ⁶	～着，寒冷。韵变化
砧	dzɛŋ²	知母		橺	gua²	义为"树枝"。应读3调
转	dzuən⁵	知母。应读3调		喊	hem⁵	义为"骂"。应读3调
撑	dzɛŋ¹	彻母		牛	ŋuŋ²	韵变化
圻	dzɛ⁷	彻母		报	beu⁵	词义晚出

上表中存疑的词我们没有收进后面的"中古早期借词表"。

（二）中古晚期借词层

中古晚期借词层语音上的主要特点：声调与《切韵》音系的调类对应；声母大致与三十六字母对应，知、章、庄组合流，浊音清化（无论平仄一律不送气）；韵母与《切韵》音系的阴、阳、入三类形成对应。中古晚期借词层包括的借词数量很多。

（1）声调特点

	平	上	去	入
全清	1	3	5	7
次清	1	3	5	7
全浊	2	4	6	8
次浊	2	4	6	8

（2）声母特点

声母对应		例词	备注
中古音（三十六字母）	瑶语汉语借词		
帮母	p-	包 peu¹ 百 pɛ⁷	
滂母	ph-	铺 phou¹ 泼 phiet⁷	

並母	p-	耙 pa²	
		薄 pie⁸	
明母	m-	卯 mau⁴	地支第四位
		木 muə⁸	
非母	f-	府 fou³	
敷母	f-	费 fui⁵	
奉母	f-	复 fuə⁷	
微母	ø-	炆 uən⁶	
端母	t-	丁 tiŋ¹	
		答 tap⁷	
透母	th-	贪 tham¹	
		脱 thut⁷	
定母	t-	藤 taŋ²	
		叠 tip⁷	
来母	l-	淋 liem²	
		立 liep⁸	
精母	ts-	煎 tsin¹	
		睫 tsiep⁸	眼～毛
清母	tsh-	搓 tshu¹	
		漆 tshiet⁷	
从母	ts-	槽 tsu²	
心母	f-	四 fei⁵	
		削 fiet⁷	
	s-	辛 sien¹	天干第八位
		雪 sut⁷	大～,二十四节气之一
	ts-	塑 tsou¹	～观音像
邪母	ts-	巳 tsei⁴	地支第六位
知母	ts-	置 tsei⁵	
		着 tsu⁷	义为"穿"
彻母	tsh-	椿 tshun¹	
		拆 tshɛ⁷	
澄母	ts-	茶 tsa²	
庄母	ts-	装 tsɔŋ¹	
		眨 tsiep⁷	
初母	tsh-	铛 tshɛŋ¹	
崇母	ts-	柿 tsai⁴	
生母	s-	潲 siau⁵	
章母	ts-	蒸 tsaŋ¹	
昌母	tsh-	齿 tshei³	
		出 tshuət⁷	

船母	ts-	剩 tseŋ^6	
		实 tsiet^8	
	s-	麝 sie^5	～香
书母	s-	水 sui^3	
禅母	ts-	鳝 tsin^4	
	s-	受 siou^6	
见母	k-	癸 kuei^5	天干第十位
溪母	kh-	开 khɔi^1	
		客 khɛ^7	
	k-	拳 kiun^5	牛鼻～
群母	k-	茄 kie^2	
疑母	ŋ-	牙 ŋia^2	
		月 ŋiut^8	
晓母	h-	向 huŋ^5	
		歇 hit^7	
	k-	欢 kyən^1	～喜
	kh-	虾 khia^1	
匣母	h-	亥 hɔi^4	
		狭 hep^8	
	k-	馨 kiu^4	
	ø-	回 ui^6	
影母	ø-	罂 εŋ^1	
云	h-	园 hun^1	
以	ø-	瑶 iu^2	
	h-	易 hei^6	
	ŋ-	样 ŋiuŋ^6	

(3)韵母特点

中古音（韵摄）	瑶语汉语借词	例词	备注
果开一歌	u	搓 tshu^1	
	ɔ	佗 tɔ^2	义为"带"
		饿 ŋɔ^6	
果开三戈	ie	茄 kie^2	
果合一戈	ɔ	砣 tɔ^2	
	ye	过 kye^5	
果合三戈	——	——	
假开二麻	a	耙 pa^2	
	ia	虾 khia^1	
假开三麻	ie	社 tsie^4	
假合二麻	ua	瓜 kua^1	
遇合一模	ou	铺 phou^1	动词

遇合三鱼	ou iou ŋ̍	煮 tsou³ 鱼 ŋiou⁶ 五 ŋ̍⁴	 声化韵
蟹开一咍	ɔi ai	亥 hɔi⁴ 猜 tshai¹	地支第十二位
蟹开一泰	ɔi ai	艾 ŋɔi⁶ 赖 lai⁶	
蟹开二皆	ai	排 pai²	
蟹开二佳	ai iai	买 mai⁴ 解 kiai³	
蟹开三祭	ei	世 sei⁵	
蟹开三废	——	——	
蟹开四齐	ai ei iei	犁 lai² 礼 lei⁴ 计 kiei⁵	
蟹合一灰	ɔi ui	碓 tɔi⁵ 赔 pui²	
蟹合二皆	uai	坏 uai⁶	
蟹合二佳	ua	卦 kua⁵	
蟹合二夬	ua	话 ua⁶	
蟹合三祭	ui	脆 tshui⁵	
蟹合三废	ui	秽 ui⁶	
蟹合四齐	ui	桂 kui⁶	
止开三支	ui ei iei	陂 pui¹ 离 lei² 岐 kiei²	义为"水坝" 义为"山"
止开三脂	ai ei iei	眉 mai⁶ 梨 lai² 师 sai¹ 四 fei⁵ 尸 sei¹ 二 ŋiei²	
止开三之	ei iei i	子 tsei³ 齿 tshei³ 喜 hei³ 意 ei⁵ 箕 kiei¹ 己 ki⁶	地支第一位 天干第六
止开三微	ei	衣 ei¹	
止合三支	ui uei	吹 tshui¹ 为 uei⁶	

止合三脂	ui	随 tshui²	
		水 sui³	
	uei	癸 kuei⁵	天干第十位
止合三微	ui	费 fui⁵	
		胃 ui⁶	
	uei	围 uei⁶	
效开一豪	u	刀 tu¹	
		槽 tsu²	
		好 khu³	
效开二肴	au	卯 mau⁴	地支第四位
	iau	潲 siau⁵	
效开三宵	iu	苗 miu²	
		照 tsiu⁵	
效开四萧	iu	钓 tiu⁵	
		藠 kiu⁴	
流开一侯	u	戊 mu⁶	天干第六位
	ou	抔 pou²	义为"端"
	au	头 tau²	
流开三尤	au	丑 tshau³	地支第二位
	ou	富 fou⁵	姓名用字
	iou	酉 iou⁴	地支第十位
流开三幽	——	——	
咸开一覃	am	贪 tham¹	
	om	潭 tom²	
合	ap	答 tap⁷	
	ɔp	杂 tsɔp⁸	
	op	喝 hop⁷	
咸开一谈	am	胆 tam³	
盍	ap	腊 lap⁸	
咸开二咸	am	涩 pam⁶	
	iam	减 kiam³	
洽	——	——	
咸开二衔	——	——	
狎	ap	鸭 ap⁷	
	iap	甲 kiap⁷	天干第一位
咸开三盐	im	镰 lim²	
	iem	尖 tsiem¹	名词。插入柴捆使之变结实的尖状物
叶	ip	摺 tsip⁷	
	iep	睫 tsiep⁸	～毛
咸开三严	im	剑 kim⁵	
	iem	欠 khiem⁵	
业	ip	腌 ip⁷	

咸开四添	im	添 thim¹	
	iem	点 tiem³	
帖	ip	叠 tip⁸	
咸合三凡	am	犯 pam⁶	
乏	at	法 fat⁷	
深开三侵	im	心 fim¹	
	iem	淋 liem²	
缉	i	蛰 tsi⁸	惊~,二十四节气之一
	iep	立 liep⁸	
山开一寒	an	弹 tan⁶	
	ɔn	汉 hɔn⁶	罗~竹
曷	——	——	
山开二山	an	盏 tsan³	
黠			
山开二删	an	晏 an⁵	
鎋			
山开三仙	in	鞭 pin¹	
		鳝 tsin⁴	
	ien	骗 phien⁵	
		揃 tsien³	
薛	it	热 ŋit⁸	
山开三元	in	健 kin⁵	雷公~,草药
月	it	歇 hit⁷	~困
山开四先	in	填 tin²	
		现 hin⁶	
	ien	片 phien⁵	
屑	it	结 kit⁷	
山合一桓	ien	搬 pien¹	
	yən	棺 kyən¹	
	un	乱 lun⁶	
		冠 kun⁵	
	iun	丸 iun²	
末	iet	泼 phiet⁷	
	ut	脱 thut⁷	
山合二山黠	——	——	
山合二删	un	弯 sun¹	
		关 kun¹	
鎋	uat	刮 kuat⁷	
山合三仙	un	选 sun³	
	iun	缘 iun²	
	yn	圈 hyn¹	
	yən	拳 kyən⁵	
薛	ut	绝 tsut⁸	

山合三元	un	园 hun¹	菜～
	iun	愿 ŋiun⁶	
	yn	劝 khyn⁵	
	yən	源 ŋyən²	
月	iut	月 ŋiut⁸	
	yət	蕨 kyət⁷	
山合四先屑	——	——	
臻开一痕	an	跟 kan¹	
臻开三真	an	民 man²	
	ian	银 ŋian²	
	ien	申 sien¹	地支第九位
	ien	寅 ien²	地支第三位
质	at	笔 pat⁷	
	iet	乙 iet⁸	天干第二位
臻开三殷	ian	斤 kian¹	
	ien	勤 kien²	
	yən	筋 kyən¹	纵～斗，义为"翻筋斗"
迄			
臻合一魂	uən	魂 uən²	
没	uət	骨 kuət⁷	
臻合三谆	un	椿 tshun¹	
	iun	润 iun⁶	潮～
	uən	顺 suən⁶	
	ien	菌 kien⁵	鸡～，义为"鸡胗"
术	uət	出 tshuət⁷	
臻合三文	iun	裙 kiun²	
	uən	份 puən⁶	
	ien	运 wien⁶	
物			
宕开一唐	ɔŋ	帮 pɔŋ¹	
		缸 kɔŋ¹	
铎（-k）	ɔ	恶 ɔ⁷	
宕开三阳	aŋ	凉 laŋ²	
		枪 tshaŋ¹	
	uŋ	张 tsuŋ¹	
		伤 tshuŋ¹	
		香 huŋ¹	
	iuŋ	羊 iuŋ²	
	ɔŋ	霜 sɔŋ¹	
药（-k）	u	着 tsu⁸	
宕合一唐铎	yaŋ¹	广 kyaŋ³	宽阔

宕合三阳	uŋ	王 huŋ²	
药			
江开二江	ɛŋ	绑 pɛŋ¹	
	uŋ	双 suŋ¹	
	ɔŋ	讲 kɔŋ³	
觉 (-k)	u	学 hu⁸	
	ɔ	捉 tsɔ⁷	
曾开一登	aŋ	藤 taŋ²	
		肯 khaŋ³	
德 (-k)	a	德 ta⁷	
曾开三蒸	eŋ	承 seŋ⁶	义为"承接",如（用盆）接泉水
	aŋ	蒸 tsaŋ¹	
职 (-k)	a	直 tsa⁸	
	ie	息 sie⁷	女儿
曾合一登德	——	——	
曾合三职	——	——	
梗开二庚	ɛŋ	盲 mɛŋ²	
		铛 tshɛŋ¹	
		庚 kɛŋ¹	天干第七位
陌 (-k)	ɛ	白 pɛ⁸	
		客 khɛ⁷	
梗开二耕	ɛŋ	耕 kɛŋ¹	
麦 (-k)	ɛ	擘 mɛ⁷	
梗开三庚	ɛŋ	丙 pɛŋ³	天干第三
	iŋ	京 kiŋ¹	
陌 (-k)			
梗开三清	iŋ	晴 tsiŋ¹	
		城 tsiŋ²	义为"墙"
		赢 hiŋ²	
昔 (-k)	i	炙 tsi⁷	
梗开四青	ɛŋ	瓶 pɛŋ²	
	iŋ	丁 tiŋ¹	天干第四位
		灵 liŋ¹	
		醒 fiŋ³	
锡 (-k)	i	劈 phi⁷	
梗合二庚	uɛŋ	横 uɛŋ²	
陌 (-k)			
梗合二耕麦	——	——	
梗合三四	——	——	
通合一东	uŋ	丛 tsuŋ²	
	uəŋ	蒙 məŋ²	
屋 (-k)	uə	木 muə⁸	

通合一冬	—	—	
沃(-k)	u	毒 tu^8	
通合三东	uəŋ	仲 tsuəŋ^5	姓名用字
屋(-k)	uə	粥 tsuə^7	
		六 luə^8	
通合三钟	uəŋ	种 tsuəŋ^5	
烛(-k)	uə	绿 luə^8	

必须说明的是：我们列为中古晚期的借词有可能早期已经借入，后来发生了语音演变，目前按语音的表现形式归入晚期。

中古早期、晚期借词数量对比（已排除存疑部分的借词）约是1:8。晚期借词多于早期的借词。

还有一些借词，从整体看，既不是中古早期借词，也不是现代、近代借词，但其声调的归向或声母、韵母的表现与中古晚期借词的大规律有出入，暂存疑。举例如下：

类型	存疑现象	举 例
声调存疑	全清上归1调	嶂岭、丘陵（ka^2）tsɔŋ^1、瘾麻疹 man^1、长生长 tsiaŋ^2、揀 toŋ^2
	次清平归2调	翻 fɔn^2
	全清平归3调	烧暖和 siou^3、斟 tshie^3
	全清平归5调	哥 kɔ^5、馊 su^5、钢 kaŋ^5、公 kɔŋ^5
	全清去归6调	辈 pui^6、背 puei^6、店 tin^6、半 puən^6、顿 tun^6、杠横杠 kaŋ^6
声母存疑	全浊声母清化读送气	藻並 phiu^2、屏並 phɛŋ^1、嫖並 phiu^2、便並、便宜 phin^2、捧奉 phuəŋ^3、朝澄、朝代 tshiou^2、绸澄 tshiou^2、场澄 tshəŋ^2、仇禅、仇口人（仇人）tshiou^2、成禅、成靠（幸亏）tshɛŋ^2、蜷群 khyən^3……
韵母存疑	整个韵母的读音与同韵其他多数字的读音有别	大~暑、节气名 tai^6（果开一）、鞋 he^2、斋 tse^1（假开二），姐母亲 tse^3（假开三）、输 suei^3、数动词 sau^3（遇合三）、帝 tie^5、蒂 tie^5、泥 nie^1、螃 pie^5（蟹开四）、气 khie^5、汽 khie^5、至才 tsi^5、起 kye^4（止开三）、贵 kiai^5（止合三）…… -m>-ŋ：禁 kiŋ^1（深开三） -m>-n：潆冷 kan^5（深开三） -n>-m：忍忍气 im^3、晨早 siem^2、因 iem^1、认 ɲiem^6（臻开三）

以上存疑的借词，有的可能是受到官话的影响，比如全浊声母清化读送气音，尽管在声调上保持着中古借词的特点。由此也可以看出语言接触过程中，借词语音变化的复杂性。

8.2.3 柘山瑶语里汉语借词历史层次表

8.2.3.1 中古层次借词表

(1)中古早期借词表（注：下表中列出的若是双音节词，则用划线标出借用部分。）

汉语	瑶语读音	备 注
飞	bap^8 bui^1	飞：bap^8～。bap^8 bui^{1}指蝙蝠（当地官话叫"飞鼠"），bap^{8}是瑶语对蝙蝠和鼯鼠类动物的通称
抛	beu^1	

翻	ban¹ pɛ⁸	～白,即翻白眼
崩	baŋ¹	
塃	buŋ¹	义为"灰尘"
脬	wie⁴·² beu¹	尿～,wie⁴ 为瑶语词"尿"
排	bai²	～列,陈设
盘	bien² bi²	bien² bi² 指蟑螂,古代称"负盘",bien² 即"盘"
翻	bien³	～东西
反	ȵiou³ bien³	心～,即恶心,ȵiou³ 为瑶语词"心"
粉	buən³	
辫	pu² pei¹ bin⁴	头发～,pu² pei¹ 为瑶语词"头发"
痹	bie⁵	
报	buə⁵	义为"告诉"
豹	tau² mau² beu⁵	老虎～,tau² mau² 为瑶语词"老虎"
爆	beu⁵	
簰	bai²	义为"木筏"
办	ben⁶	
拍	pɛ⁷	～桌子、～手,入声
魄	uən² pɛ⁷	魂～,入声
雹	bɔ⁸	入声
服	buə⁸	义为"服气",入声
袱	buə⁸	义为"口袋",入声
堆	dui¹	
担	dam¹	义为"挑"
聋	duŋ¹	
癫	din¹	
箭	dien⁵·² dzei⁶	dien² dzei⁶ 指箭猪,dien² 为箭
筒	doŋ²	
绹	du²	义为"系、捆"
赌	dou³	
底	die³	
抵	dei³	专指舌头顶牙或上腭
跳	diu⁵	
担	dam⁵	量词
中	pə² doŋ⁵	中间
吊	diu⁵	
踏	dap⁷	
跌	dɔt⁷	
脱	dut⁷	
滴	diep⁷	
踢	di⁷	入声
豚	du⁷	义为"器物的底部",入声
贴	hou⁵·² dip⁸	裤～,指封裆裤
独	du⁸	入声

开	gɔi¹	
冠	kiai¹·² gun¹	鸡~，kiai¹ 为"鸡"
光	gyaŋ¹	
龙	guŋ¹	义为"彩虹"
菅	gan¹	义为"茅草"
醮	gyn¹	义为"醉"
嫌	gem²	义为"嫌弃"
骭	gan²	
稿	pu² gau³	稻~，pu² 由瑶语词 bau² "稻"演化而来
铰	giu³	
卷	gun³	
锯	giou⁵	
盖	ɬau³·² gai⁵	竹~，指竹盖，ɬau³ 为瑶语词"竹"
教	giau⁵	
救	giou⁵	
哽	gɛŋ⁵	
翘	giu⁵	
下	gie⁶	
县	guen⁶	
夹	giap⁷	
挟	giou⁵·² giap⁷	锯~
渴	gat⁷	
缺	gua⁷	~口，入声
隔	gɛ⁷ gɔi¹	~开，指隔离，入声
佮	gap⁷	佮，义为"关闭"
夫	pou¹	
分	puən¹	量词
分	pun¹	义为"给予"
方	puŋ¹	
封	puəŋ¹	
斧	pou³	
粪	puən⁵	
放	puŋ⁵	
发	put⁷	
幅	puə⁷	指布的幅面，入声
番	phan¹	量词，指"（一）床（被子）"
纷	phun¹ (phun¹)	纷纷，雨雪纷飞貌
副	phou⁵	量词
拂	phuət⁷	义为"扫"
符	pou²	
房	muei⁴·² puŋ²	蜂~，指蜂窝，muei⁴ 为瑶语的"蜂"
防	puŋ²	
冯	puəŋ²	

缝	puəŋ²	
腐	tə² pou⁶	
犯	pam⁴	
饭	pɛ⁸ pen⁶ diaŋ⁵	白~木（由矾讹为饭），diaŋ⁵为瑶语词"树"
份	puən⁶	
罚	pat⁷	
匐	la² pa⁸	la² pa⁸指萝卜，la²由瑶语词 lai¹ "菜"弱化而来
晚	muən⁴	
网	muŋ⁴	
味	muei⁵	
尾	muei⁴	
雾	mou⁶	
未	mei⁶	地支第八
万	man⁶	
望	maŋ⁶	义为"看"
袜	mat⁸	
称	dziaŋ¹	称量
秤	dziaŋ⁵	
尺	dzi⁷	
占	dzem⁵	
枕	dzom⁵	
争	dzɛŋ¹	
愁	dzau²	
墩	ton¹	草~、木~，用作坐具
礅	ton¹	石~
帽	muə⁶	
齧	ŋat⁸	咬
汉	kan⁵	义为"汉族"
挖	uet⁷	
葫	ha² lou²	~芦
喉	ŋiun⁴·² hu²	软~，指食道
后	kə² hu⁴	~面
厚	hu⁴	
狭	hep⁸	
交	keu¹	
胶	keu¹	
九	kiuə³	
芨	pɛ⁸ kap⁷	白~，一种草药
惯	kuen⁵	
根	kən¹	
黑	kie⁷	
口	khu³	一~针
窟	khot⁷	义为"窟窿"

汉语	瑶语借词读音	备注
箩	lai¹	
廪	lam⁴	义为"仓库"
笠	lap⁸	
帽	muə⁶	
弯	ŋyen¹	
跛	pai¹	
掩	puə⁶	
包	peu¹	
胞	peu¹·² ei¹	～衣
八	pet⁷	
扮	pen⁶	义为"装扮、扮演"
板	pen³	
斑	pen¹	义为"斑点"
破	phai⁵	
泡	pheu⁵	
疏	sa¹	义为"稀疏"
涩	sop⁷	
澄	tiŋ⁶	水浑,～一～
酒	tiu³	
炸	tsep⁸	用水煮食物
铲	tshen³	
插	tshep⁷	

(2)中古晚期借词表

汉 语	瑶语借词读音	备 注
夫	fou¹·² tshai¹	～妻
搓	tshu¹	
叉	tsha¹	
权	tsha¹	
家	kia¹·² fin¹	～仙,指祖先
虾	khia¹	
桠	ŋa¹	
遮	tsie¹	
赊	sie¹	
车	tshie¹	
瓜	kua¹	
途	kau³ tou²	路～,kau³ 瑶语词"路"
铺	phou¹	～床
粗	tshou¹	
苏	koŋ² fou¹	紫～
姑	kou¹	
箍	khou¹	
枯	khou¹	

书	sou¹	
车	tshie¹	
府	fou³	
须	tiu⁵·² fou¹	钓～
珠	tsou¹	
胎	thɔi¹	
鳃	fɔi¹	
开	khɔi¹	
批	phai¹	～地
梯	thei¹	
妻	fou¹·² tshai¹	夫～
系	pu² gɔŋ³·² sai¹	绕额的带子 pu² gɔŋ³ 瑶语词"头"
杯	pui¹	
推	thui¹	
催	tshui¹	
盔	khui¹	
魁	khui¹	
灰	hui¹	石～
碑	pui¹	
师	sai¹·² tie⁵	～父
私	sei¹·² kiei³ tsin²	～己钱,指私产
尸	sei¹	
丝	taŋ² fei¹	蚕～
机	kiai¹ tsei³	～子
衣	ɬau³·² ei¹	竹～,ɬau³ 瑶语词"竹"
吹	uɛŋ² tshui¹	横～,指笛子
刀	thi⁵·² tu¹	剃～
糟	tiu³·² tsu¹	酒～
高	ku¹·² laŋ²	～粱
包	pu¹·² phou¹	～袱
标	piu¹	
飘	phiu¹	
蕉	nɔm² tsiu¹	芭～,nɔm² 瑶语词"叶"
锹	tshiu¹	
消	fiu¹	
朝	buə⁵ fam¹·² tsiu¹	报三～,指过三朝
昭	tsiu¹	
招	tsiu¹	
召	tsiu¹	
雕	tiu¹	
挑	thiu¹	
搂	lou¹	义为"掏"
修	fiou¹	

抽	tshau¹ pu² gɔŋ³	~头
搊	tshau¹	
搜	sau¹	
收	siou¹	
贪	tham¹	
三	fam¹	
甘	kam¹	甜
签	tshim¹	
阉	im¹	
掩	im¹	
添	thim³	
心	fai⁵ fim¹	细~,小心
金	kiem¹	
音	kyən¹ iem¹	观~
阴	iem¹	
荫	iem¹	
餐	tshan¹	
安	an¹	指放置
鞍	ma⁴·² ɔn¹	马~
按	ɔn¹	
鞭	pin¹	
编	phin¹	
偏	phien¹	
煎	tsin¹	
迁	tshim¹	
天	thin¹	
千	tshin¹	
坚	kiŋ¹	
搬	pien¹	
官	kyən¹	
棺	kyən¹·² tsɔi²	~材
观	kyən¹ iem¹	~音
欢	kyən¹ hei³	~喜
闩	sun¹	
关	kuən¹	
砖	tsun¹	
圈	nɔm² hyn¹	耳环,nɔm² 为 pu² nɔm² "耳"的简称
园	lai¹·² hun¹	菜~,lai¹ 瑶语词"菜"
跟	kan¹	
亲	tshien¹	
辛	sien¹	天干第八
真	tsien¹	
申	sien¹	地支第九

巾	sei³·² kien¹	手巾
斤	kian¹	
筋	kian¹	
孙	fun¹	孙子
温	un¹	
椿	tshun¹·² ŋia² diaŋ⁵	～芽树
春	tshun¹	
富	fou⁵	
法	fat⁷	
军	kiun¹	
帮	pɔŋ¹	
当	tɔŋ¹	～兵
汤	thɔŋ¹	
仓	laŋ² tshɔŋ¹	粮～
桑	fɔŋ² tsie⁵ gim³ diaŋ⁵	～柘木,gim³为瑶语词"刺"
纲	su⁷·⁸ kɔŋ¹	草鞋～,su⁷为草鞋
缸	uəm¹·² kɔŋ¹	水～,uəm¹为瑶语词"水"
枪	bau⁴·² tshaŋ¹	鱼～,鱼叉,bau⁴为瑶语词"鱼"
相	faŋ¹·² tshoŋ³	～撞
张	tsuŋ¹	量词
装	tsɔŋ¹	
疮	iaŋ² mui² tshɔŋ¹	杨梅～,梅毒
霜	sɔŋ¹	
发	fat⁷	
双	suŋ¹	
江	fu² kɔŋ¹	三～,地名
绑	lə² pɛŋ¹	裹腿
灯	taŋ¹	
蒸	tsaŋ¹	
铛	tshɛŋ¹	锅
生	sɛŋ¹	
牲	tshu² sɛŋ¹	～畜
庚	kɛŋ¹	天干第七
坑	gai³·² khɛŋ¹	屎～,指厕所,gai³为"屎"
耕	ŋiei² kɛŋ¹ miu²	二～苗,指再生稻
兵	pɛŋ¹	
京	kiŋ¹·² tsiŋ²	～城
惊	kiŋ¹	
精	tsiŋ¹	义为"精明"
睛	pu² tsiŋ¹	眼～
清	tshiŋ¹·² miŋ²	～明
声	siŋ¹	
丁	tiŋ¹	天干第四

钉	tiŋ¹	
疔	tiŋ¹	
厅	tom² thiŋ¹	大~,指堂屋,tom²为瑶语词"大"
青	tshiŋ¹·² tɔi²	~苔
星	fiŋ¹	
经	kiŋ¹ kye⁵	~过
通	thuŋ¹	都
葱	tshuŋ¹	
空	khuŋ¹	
虹	kuŋ¹	
壅	ioŋ¹	培土
陂	pui¹	水坝
鹁	nɔ⁸ tshi² kou¹	鹁~,nɔ⁸为瑶语词"鸟"
菇	kiou¹	义为"菌子"
箕	kiei¹	
镙	tshɛŋ¹·² lɔ¹	指鼎锅
撬	khiu¹	
瘕	ha¹	《集韵》麻韵虚加切:"喉病。"
绷	pɛŋ¹	
喃	nan¹	
犇	piu¹	蹿(向上跳)。
熛	piu¹	《集韵》宵韵卑遥切:"火飞也。"
穮	piu¹	《集韵》宵韵卑遥切:"禾苗秀出也。"
瀌	piu¹	《集韵》宵韵蒲娇切:"瀌瀌,雨雪盛貌。"
羲	fu⁸ hei¹	伏~
紕	phei¹	衣服抽线
罂	mu² oŋ⁵ ɛŋ¹	地苤,草药名
麖	kiuŋ¹	
筋	tsoŋ⁵ kyən¹·² tau³	翻筋斗
麻	ma²	
茄	kie²	~子
爬	pa²	
茶	tsa²	
查	tsa²	
牙	ȵia²	
芽	ȵia²	
耙	pa²	
蒲	tshiŋ² pou²	菖~
涂	tou²	
图	tou²	贪~
奴	nou²	
炉	huŋ¹·² lou²	香~
芦	ha² lou²	葫~

壶	hou²	
鱼	lei⁴·² ŋiou²	鲤～
厨	tsou² puŋ²	～房（专用于办酒席）
台	tɔi²	
苔	tshiŋ¹·² tɔi²	青～
才	fiou⁵ tsɔi²	秀～，人名
材	kyən¹·² tsɔi²	棺～
财	tsin² tsɔi²	钱～
牌	pai²	
迷	mei²	
提	tiu³·² tei²	酒～子（酒的量具）
蹄	tei²	
犁	lai²	
陪	pui²	
赔	pui²	
梅	mui²	
枚	tshai¹ mui²	猜～，猜拳
媒	tsou⁵ mui²	做～
煤	mui²	
雷	lui²	
回	ui²	～声
皮	wiaŋ² pei² piou³	黄～果，piou³为瑶语词"果"
脾	pei² khie⁵	～气
糜	mui²	软和
离	lei²	
匙	naŋ⁵·² tsei² mie³	饭～草，指车前草，naŋ⁵和mie³分别为瑶语词"饭""草"
骑	kiei²	
岐	kiei²	山
眉	nɔ⁸ hua⁵ mei²	画～鸟
楣	kɛŋ² mu¹ mai²	门～，kɛŋ²为瑶语词"门"
霉	mui²	霉（长在食物上的）
梨	lai¹·² tɔŋ² diaŋ⁵	～棠树，梨树
梨	tɔŋ² lei²	棠～
迟	tsai²	
厘	lei²	
辞	thui¹·² tsei²	推～
棋	kiei²	
旗	kiei²	
槌	tsuei²	
锤	tsuei²	
围	uei²	
桃	tu²	
逃	tu² nan⁶	～难

牢	lu²	
槽	tsu²	
苗	miu²	
朝	tsiu²	姓名用字
潮	tshiu² iun²	～润，～湿
摇	ŋiu²	
窑	iu²	
条	tiu²	
头	tau²	
流	luən² liou²	轮～
仇	beu⁵ siou²	报～
求	kiou²	
油	iou²	
游	iou² tsiŋ²	～城，檐墙
潭	tom²	
南	nam²	
镰	lim²	～刀
钳	kim²	
鲇	bau⁴·² nim²	～鱼
林	kuei⁶ liem²	桂～
淋	liem²	
寻	tsim² ɔ³	～肉，打猎
沉	tsem²	
壬	ŋiem²	天干第九
壬	iem	天干第九
弹	tan²	
阑	lam² ŋai⁶	中途
拦	lan²	
栏	ŋuŋ² lan²	牛～
绵	min²	指动作慢
连	lin²	
联	lim²	量词
钱	tsin²	
涎	tsan²	
田	tin² tshiet⁷	～七
填	tin²	
年	tuŋ² nin²	同～，指阴影
莲	wiaŋ² lin²	黄～
前	tsin² pui⁶	～辈
盘	pien²	
盘	mat⁸ pun²	墨～，砚台
丸	die¹·² iun²	药～，die¹为瑶语词"药"
传	tsun²	

拳	kyən²	
缘	iun²	
铅	iun²	
元	iun²	
元	tsɔŋ⁶ ŋyən²	状～
原	iun²	
源	uəm¹·² ŋyən²	水～,uəm¹为瑶语词"水"
痕	han²	
民	mien² man²	人～,指百姓
神	tsien²	
辰	sien²	地支第五
人	pə² ɲien²	稻草～
仁	ŋan²	
银	ŋian²	
寅	ien²	
勤	kien²	
芹	lai¹·² kien²	～菜
盆	pun²	
门	tsa² mun² kɛŋ²	侧～
魂	uən² bɛ⁷	～魄
匀	iun²	
群	kɔn²	量词
裙	kiun²	
堂	hɔ⁶ tɔŋ²	学～
棠	lai² tɔŋ² diaŋ⁵	梨树
糖	tɔŋ²	
塘	tɔŋ²	
囊	kaŋ¹·² die³·² nɔŋ²	牛颈垂皮
行	hɔŋ²	量词
凉	laŋ²	
量	tshaŋ² laŋ²	商～
粮	laŋ² tshɔŋ¹	～仓
梁	ŋiou² laŋ²	鱼～
梁	ku² laŋ²	高～
羊	iuŋ²	
杨	iuŋ²	姓
皇	huŋ² tie⁵	～帝
蝗	ma² huŋ²	蚂～
王	huŋ²	当～
藤	taŋ²	
承	seŋ²	
盲	pu² tsiŋ¹ mɛŋ²	眼睛～,瞎子
平	pɛŋ²	

坪	pɛŋ²	
评	pɛŋ²	
丙	pɛŋ³	天干第三
名	miŋ² buə⁴	名字
城	tsiŋ²	墙
赢	hiŋ²	
瓶	pɛŋ²	
亭	laŋ² tiŋ²	凉～
宁	niŋ²	
灵	liŋ²	～验
铃	liŋ²	
横	uɛŋ²	
蓬	puəŋ²	
篷	puəŋ²	
蒙	muəŋ²	
丛	dzuŋ²	棵
蜍	kɛŋ³·² ka² tsou²	蟾～
杷	piou³·² pa²	枇～，piou³为瑶语词"果"
榔	pə² lɔŋ²	槟～
砣	tsiaŋ⁵·² tɔ²	秤～
桁	hɛŋ²	横梁
窑	iu²	
捶	tsuei²	动词、量词
瑶	iu² mien²	～人
脢	ɔ³·² mui²	～肉，里脊肉
炖	uən²	炖
佗	tɔ²	带，《集韵》歌韵唐何切
抔	pou²	端（碗）
莓	pɛŋ² tei⁶ mui²	平地～，草药名
锁	fɔ³	
哑	a³	
写	fie³	
舍	sie³	
浦	lei⁶·² phou³	荔～，地名
祖	tsou³	坟墓
古	kou³	故事
估	kou³	～计
牯	ŋuŋ² kou³	牛～
股	kou³	量词
苦	khou³	
煮	tsou³	
处	tshiou² sou³	～暑
暑	tshiou² sou³	处～

数	sou⁵	名词	
腐	hu³	破烂	
主	pau³·² tsiou³	～人，pau³ 为瑶语词"屋"	
改	kɔi³		
海	khɔi³		
解	kiai³		
矮	ai³		
洗	sei³·² kien¹	～巾，手巾	
悔	hou⁵ hui³	后～	
纸	tsei³		
椅	ei³		
比	pei³		
齿	mɔ⁶ tshei³	磨～	
己	sei¹·² kiei³ tsin²	私～钱，私产	
纪	ŋiaŋ⁵·² kiei³	年～，ŋiaŋ⁵ 为瑶语词"年"	
喜	kyən² hei³	欢～	
嘴	ŋiɔ⁵·² tsuei³	奶～，ŋiɔ⁵ 为瑶语词"奶"	
水	sui³·² ŋuŋ²	～牛	
保	pu³ iou⁶	～佑	
讨	thu³	讨、要	
草	taŋ¹·² tshu³	灯～	
饱	peu³		
爪	hou⁶·² ku³·² tseu³	芋狗～，指狗爪芋，ku³ 为瑶语词"狗"	
吵	tshiou³		
表	piu³ kɔ⁵	～哥	
小	fiu³·² sou³	～暑	
晓	hiu³ tu⁷	～得，懂	
斗	tau³		
丑	tshau³	地支第二	
醜	tshiou³	貌丑	
手	siou³		
首	siou³	量词	
守	siou³		
坎	khom³		
胆	tam³		
敢	kam³		
减	kiam³		
闪	sim³	～开	
点	tiem³	一～儿	
点	tim³	时间～	
盏	tsan³		
产	la² san³ tshuŋ¹	落～伤，指难产鬼	
典	tin³ tɔŋ⁵	～当	

管	kun³	
碗	wien³	
选	sun³	
紧	kien³	
本	pun³	种子
本	puən³	量词
滚	kaŋ² kun³ pɛŋ⁶	肠～病,指绞肠痧,kaŋ²为瑶语词"肠"
准	tsun³	
蠢	tshun³	
抢	tshaŋ³	
赏	suŋ³	
挡	taŋ³	
广	kyaŋ³	
讲	kɔŋ³	
等	taŋ³	
肯	khaŋ³	
省	sɛŋ³	行政区
影	ɛŋ³ tsei³	～子
饼	piŋ³	
井	uəm¹·² tsiŋ³	水～
请	tshiŋ³	
顶	tiŋ³	副词
醒	fiŋ³	指酒醒
总	tsuŋ³	
厣	im³	螺口盖
(贛)	kom³	盖。本字为"贛"上加"宀"
燥	fau³	干～
好	khu³ ŋien⁶	～吃,ŋien⁶为瑶语词"吃"
蛊	puŋ⁵ kou³	放～
(斩)	tsam³	《集韵》敢韵:"无味也。"子敢切。本字为"斩"下加"食"
揎	tsien³	《广韵》即浅切,上獮精
徙	sui³	挪动
拗	au³	《集韵》於交切
软	ŋiun⁴·² hu²	～喉,食道
马	ma⁴	
码	ma⁴·² tau²	～头
下	ha⁴	
社	tsie⁴	
惹	ŋie⁴	
瓦	ŋua⁴	
鲁	tshou¹·² lou⁴	粗～
午	ŋ̍⁴	地支第七
五	ŋ̍⁴	

雨	kə⁶ hou⁴	谷～
亥	hɔi⁴	地支第十二
买	mai⁴	
礼	lei⁴	
罪	tsui⁴	
婢	nou² pei⁴	奴～
是	tsei⁴	
李	lei⁴	姓
里	lei⁴	
理	tu² lei⁴	道～
鲤	lei⁴·² ŋiou²	～鱼
柿	piou³·² tsai⁴	～子
巳	tsei⁴	地支第六
道	fiou¹ tu⁴	修～
老	lu⁴	旧
造	tsu⁴	
卯	mau⁴	地支第四
赵	tsiu⁴	
了	liu⁴	
亩	mou⁴	
友	puŋ² iou⁴	朋～
酉	iou⁴	地支第十
旱	han⁴	
伴	pien⁴	
满	fiu³·² mien⁴	小～,节气之一
满	tən¹·² man⁴	仔～,指最小的儿子, tən¹为瑶语词"儿子"
忍	ŋien⁴	
引	tou⁴·² ien⁴	火～,指火种, tou⁴为瑶语词"火"
菌	kiai¹·² kien⁴	鸡～,指鸡胗
象	tsaŋ⁴	
丈	tsuŋ⁴	
养	iuŋ⁴	
蠓	muŋ⁴	苍蝇、蚊子
鳝	pɛ⁸ tsin⁴	白～
藠	kiu⁴	
颔	ka² ham⁴	颔下巴
笡	tshie⁵	歪
岔	tsha⁵	
帕	pu² gɔŋ³·² pha⁵	头～
泻	fie⁵	
蔗	kam¹·² tsie⁵	甘～
麝	tsi² iuŋ² sie⁵	～香
铺	phou⁵	名词

兔	thou⁵	
醋	tshou⁵	
塑	tsou⁵	～像
顾	kou⁵	
裤	hou⁵	
库	khou⁵	
处	fei⁵ tshou⁵	四～
句	kiou⁵	
菜	tshɔi⁵	
爱	ɔi⁵	喜欢、要
戒	kiai⁵	
世	kye⁵ sei⁵	过～
势	sei⁵	
谜	mei⁵	谜语
替	thei⁵	
剃	thei⁵	
砌	tshei⁵	
剂	tsai⁵	一～药
细	fai⁵	小
计	hu⁶ kiei⁵	伙～,指结拜的兄弟姐妹
契	khai⁵·² tie⁵	～爹,干爸爸
背	pui⁵	
配	phui⁵	
对	tɔi⁵	
碓	tɔi⁵	
退	thui⁵	
队	tɔi⁵	
脆	tshui⁵	
税	siou¹ sui⁵	收～
秽	ui⁵	
刺	tshei⁵	
戏	hei⁵	
四	fei⁵	
至	tsi⁵	才
痣	tsei⁵	
试	sei⁵	
记	kiei⁵·² hu⁶	～号
意	tsoŋ¹ ei⁵	中～
喂	ui⁵	
季	fei⁵ kuei⁵ top⁸	四～豆
癸	kuei⁵	天干第十位
费	fui⁵	
到	thau⁵	

倒	tu⁵	～水
糙	mei³·² tshu̥⁵	米～,指糙米
告	ku⁵ tsɔŋ⁶	～状
潲	siau⁵	猪食
漂	phiu⁵	
票	phiu⁵	
醮	ta³ tsiu⁵	打～,一种宗教活动
照	tsiu⁵	
钓	tiu⁵	
跳	thiu⁵	
调	tiu⁵	
秀	fiou⁵ khie⁵	～气
咒	dou³ tsiou⁵	赌～
剑	kim⁵	
浸	tsiem⁵	
任	iem⁵	
汉	ɬau³·² hɔn⁵ ɬau³	罗～竹,真竹
案	ɔn⁵	
限	hen⁵	
晏	an⁵	迟
骗	phien⁵	
箭	tsin⁵	
颤	tsin⁵	
健	pə² oŋ¹ kin⁵	雷公～,草药名
遍	phin⁵	
遍	phien⁵	
片	phien⁵	
半	pien⁵	
钻	tsun⁵	出（壳）
算	fun⁵	
蒜	fun⁵	
灌	kun⁵	
罐	kun⁵	
串	tshun⁵	一～鱼
劝	khyn⁵	
信	sien⁵	相～
信	fien⁵	书～
韧	ɲien⁵	
印	ien⁵	
论	lun⁵	
寸	tshun⁵	
没	mei⁵	
当	tin³ tɔŋ⁵	典～

烫	thɔŋ⁵	
趟	thəŋ⁵	
相	faŋ⁵	面～
胀	tsuŋ⁵	
向	huŋ⁵	
降	sɔŋ¹·² kɔŋ⁵	霜～
凳	taŋ⁵	
邓	taŋ⁵	姓
梗	kap⁸ kaŋ⁵ dɔi²	桔～,草药名,dɔi² 为瑶语词"薯"
柄	pɛŋ⁵	一～尺子
镜	kiŋ⁵	
姓	fiŋ⁵	
正	tsiŋ⁵	
订	tiŋ³	
栋	pau³·² tuŋ⁵	屋～,屋脊
送	fuŋ⁵	
空	khuŋ⁵	
中	tsuəŋ⁵	～奖
仲	tsuəŋ⁵	
众	tsuəŋ⁵ mien²	～人
铳	tshoŋ⁵	
种	tsuəŋ⁵	
甽	tsuən⁵	沟、渠
杠	kɔŋ⁵	～子,名词
甑	tsaŋ⁵	
拳	ŋuŋ² but⁸ kiun⁵	牛鼻～,牛鼻绳
爝	tsiu⁵	一～火,量词。《广韵》即略切,又子肖切,在爵切
拗	au⁵	执～
柘	foŋ² tsie⁵ gim³ diaŋ⁵	桑～木
饿	ŋɔ⁶	
磨	mɔ⁶	
妈	ma⁶	
夏	ha⁶	
谢	tɔ¹ tsie⁶	多～
度	tou⁶	
渡	tou⁶	超～
镀	tou⁶	
露	pɛ⁸ lou⁶	白～,节气名
露	lau⁶	(脚)～(出)
滤	lou⁶	
箸	tsou⁶	筷子
树	ioŋ² tsou⁶ diaŋ⁵	大叶榕～
芋	hou⁶	

代	təi⁶	
耐	nɔi⁶	
艾	ŋɔi⁶	
害	hɔi⁶	
卖	mai⁶	
厉	lei⁶	
第	tei⁶	
递	tei⁶	
焙	pui⁶	
妹	mui⁶	
累	lui⁶	
外	ŋɔi⁶·² fun¹	～孙
会	ui⁶	
坏	uai⁶	
话	ua⁶	
荔	lei⁶ phou³	～浦,地名
豉	top⁸ tsei⁶	豆～
易	ioŋ² hei⁶	容～
笓	ŋuŋ² pai⁶	牛～
地	tei⁶	旱～
利	lai⁶	锋～
自	tshien¹ tsei⁶	亲～
二	ŋiei⁶	
己	ki⁶	天干第六
牸	ŋuŋ² tsei⁶	牛～,未生育的
置	tsei⁵	
事	pən⁶ tsei⁶	本～
忌	kiei⁶	
为	uei⁶	
柜	kuei⁶	
位	uei⁶	
胃	ui⁶	
涝	lu⁶	洪水
号	kiei² hu⁶	记～
闹	nau⁶	
庙	miu⁶	
轿	kiu⁶	
戊	mu⁶	天干第五
漏	lau⁶	～水
候	si⁶ hu⁶	时～
旧	pien⁵·² kiou⁶	半～
受	siou⁶	
弹	tan⁶	

难	nan⁶	逃～
烂	lan⁶ dziou³	～早,老早
岸	ŋan⁶	
汗	han⁶	
悍	hɔn⁶	
慢	man⁶	
便	tshuei² pin⁶	随～
贱	tsan⁶	
电	tin⁶	
殿	tin⁶	
练	lin⁶	
链	lin⁶	
现	hin⁶	
缎	tun⁶	
乱	lun⁶	
换	wien⁶	
愿	ŋiun⁶	
阵	tsan⁶	
顺	suən⁶	善良
润	tshiu² iun⁶	潮湿
闰	ŋiun⁶ ŋiaŋ⁵	～年
运	iaŋ² uən⁶	行～,走运
匠	tsaŋ⁶	
状	ku⁵ tsɔŋ⁶	告～
让	ŋiaŋ⁶	
样	ŋiuŋ⁶	
样	iuŋ⁶	
旺	uaŋ⁶	
巷	hɔŋ⁶	
剩	tseŋ⁶	
硬	ŋɛŋ⁶	
病	pɛŋ⁶	
命	mɛŋ⁶	
定	tiŋ⁶	
淰	nie¹˙² pam⁶	《广韵》:"鑑韵,蒲鑑切,深泥。"
襱	hou⁵˙² nɔŋ⁶	裤～,裤裆
瞀	put⁷ pu² tsiŋ¹ mou⁶	发眼睛～,瞀子。莫候切,去候明(《广韵》)
炼	lin⁶	
儾	ŋiaŋ⁶	《集韵》漾韵弋亮切:"方言:'饵也。'"
复	fuə⁷	
答	tap⁷	
搭	tap⁷	
蛤	kɛŋ³˙² kop⁷	牛蛙

喝	hop⁷	
甲	kiap⁷	天干第一
胛	kiap⁷·⁸ tsei² buŋ³	～子骨,肩胛骨
押	ap⁷	
压	ap⁷	
鸭	ap⁷	
接	tsip⁷	
摺	tsip⁷	
腌	ɔ³·² ip⁷	肉～,腌肉
帖	thip⁷	
割	kat⁷	
煞	set⁷	～尾,结尾
孽	nip⁸	
歇	hit⁷	休息
结	kit⁷	
泼	phiet⁷	
脱	thut⁷	～鞋
刮	kuat⁷	
雪	tai² sut⁷	大～,节气名
笔	pat⁷	
七	tshiet⁷	
漆	tshiet⁷	
一	iet⁷	
骨	lou² kuət⁷ tshie¹	龙～车,水车
出	tshuət⁷	
恶	ɔ⁷ mien²	～人
削	fiet⁷	
着	tsu⁷	入声
捉	tsɔ⁷	拿,入声
角	kɔ⁷	入声
壳	khɔ⁷	入声
北	pa⁷	入声
德	ta⁷	入声
息	fun¹·² fa⁷	孙～,曾孙
百	pɛ⁷	入声
柏	tsoŋ² pɛ⁷ diaŋ⁵	松～树,～树
伯	pɛ⁷	～父,入声
迫	pɛ⁷	逼～,入声
拆	tshɛ⁷	入声
客	tsou⁵ khɛ⁷	做～,指客气,入声
吓	hɛ⁷	入声
惜	khɔ² fi⁷	可～,入声
炙	tsi⁷	烤,入声

劈	phi⁷	入声
锡	fi⁷	入声
仆	phuə⁷	卧倒,入声
谷	ŋ⁴·² ku⁷ kau⁵	五~蛋,入声,kau⁵为瑶语词"蛋"
缩	su⁷	入声
粥	tsuə⁷	入声
烛	lap⁸ tsuə⁷	蜡~,入声
蕨	ŋiai² kyət⁷	蕨草。ŋiai²是瑶语本族词"蕨",kyət⁷是汉借语素
睫	pu² tsiep⁷·⁸ pei¹	~毛
欶	sɔ⁷	吸,入声
罨	op⁷	炕(熏老鼠)
擘	mɛ⁷	掰,入声
镨	pat⁷·⁸ thop⁷	笔~,笔套
杂	tsɔp⁸	
合	hɔp⁸	
盒	hɔp⁸	
腊	ɔ³·² lap⁸	~肉
蜡	lap⁸ tsuə⁷	~烛
眨	tsiep⁷	
叠	tip⁸	
立	liep⁸	
蛰	kɛŋ¹·² tsɛ⁸	惊~,入声
十	tsiep⁸	
热	nau³·² ŋit⁸	~闹
月	ɬa⁵·² ŋiut⁸	~亮,ɬa⁵为瑶语词"月,月亮"
密	ma⁸	入声
实	tsiet⁸	
日	sɛŋ¹·² ŋiet⁸	生~
乙	iet⁸	天干第二
达	kua¹ tat⁸	瓜~,苦瓜
着	tsu⁸	射中,入声
学	hu⁸	入声
墨	mat⁸	
贼	ka² tsa⁸	入声
直	tsa⁸	入声
白	pɛ⁸	入声
麦	min⁶·² mɛ⁸	面~,麦子,入声
脉	dziam³·² mɛ⁸	血~,脉搏,入声
席	tsi⁸	~子,入声
石	tsi⁸ hui¹	~灰,入声
笛	luə⁸ ti⁸ ɬau³	芦苇,入声
木	muə⁸ liep⁸ diaŋ⁵	~栗树,栗树
读	tu⁸	入声

汉语	瑶语汉语借词读音	备注
禄	luə⁸	入声
毒	tu⁸	入声
伏	fu⁸ hei¹	～羲
六	luə⁸	入声
熟	tsuə⁸	入声
绿	toŋ² luə⁸	铜～，铜锈
赎	tsuə⁸	入声
玉	ŋiut⁸ huŋ²	～皇
戌	fut⁷	
过	kye⁵	
偋	piŋ⁵	躲藏。《广韵》去声劲韵，防正切
鲫	bau⁴·² tsi⁷	～鱼
织	tsie⁷	编
息	sie⁷	女儿
扎	tsep⁷	
筧	ken³	水～
山	fən² sen¹	坟～

8.2.3.2 近代层次借词表

汉语	瑶语汉语借词读音	备注
烟	in¹	烟是近代才传入中国的
铳	tshoŋ⁵	即鸟枪，近代才传入瑶区
硝	fiu¹	打猎用的硝近代才传入瑶区
椒	fan² tsiu¹	番～，指辣椒。近代才传入中国
檐	(kə²) hin²	屋～
店	tin⁶	
面	min⁶	面粉
棉	min²	
仙	fin¹	
线	fin⁵	
篇	phin¹	
便	pen⁶	方～
匹	pei²	中古臻开三入声质韵字，现已舒化
剔	thei³	中古梗开四入声锡韵字，现已舒化
惑	hu²	中古曾合一入声德韵字，现已舒化
袱	phou¹	包～
雨	i⁶ sui³	～水，节气之一。

8.2.3.3 现代层次借词表

这是一个开放性借词层，例词很多，只列出部分代表性的例词。

汉语	瑶语读音	备注
政治	tsin⁵ tsi⁵	
经济	kin¹ tsi⁵	

教育	kiau⁵ iu⁶	
卫星	uei⁵ sin¹	
政府	tsin⁵ fu³	
世界	si⁵ kai⁵	
国家	kɔ⁶ kia¹	
革命	kə⁶ min⁵	
运动	win⁵ toŋ⁵	
政策	tsin⁵ tshɛ⁷	
民主	min⁶ tsy³	
自由	tsɿ⁵ iou²	
和平	hɔ² phin²	
平等	phin² tən³	
农业	noŋ² ŋiɛ⁶	
工业	koŋ¹ ŋiɛ⁶	
利益	li⁵ i⁶	
态度	thai⁵ tu⁵	
计划	ki⁵ hua⁵	
意见	i⁵ kiɛn⁵	
科学	khɔ¹ hiɔ⁶	
卫生	uei⁵ sən¹	
尿素	niau⁵ su⁵	
化肥	hua⁵ fei²	
原因	wiɛn² in¹	
生产	sən¹ tshan³	
团结	thuan² kiɛ⁶	
劳动	lau² toŋ⁵	
毛笔	mau² pi⁶	
皮球	phi² khiou²	
水笔	suei³ pi⁶	
图画	thu⁶ hua⁵	
教室	kiau⁵ si⁶	
挂钟	pa⁶ kua⁵ tsoŋ¹	
区	khy¹	
乡	hiaŋ¹	
村	tshən¹	
民族	min² tsu⁶	
财神	tshai² sin²	
伤口	saŋ¹ khou³	
粮食	liaŋ² si⁶	
馒头	man² thou²	
书记	sy¹ ki⁵	
群众	khyn² tsoŋ⁵	
会计	khuai⁵ ki⁵	
民兵	min² pin¹	
灯心绒	tən² sin¹ ioŋ²	

肝炎	kan¹iɛn²	
风湿	foŋ¹si⁶	
口粮	khou³liaŋ²	
轧	ŋan⁵	车子～死人
纽	niou³	
应该	in⁵kai¹	
高兴	kau¹hin⁵	
恨	hən⁵	
困	khuən⁵	义为"疲倦"

8.3 柘山瑶语里汉语借词的数量统计

根据前面所列的柘山瑶语各历史层次借词表作出以下统计表：

柘山瑶语汉语借词（或语素）总数：1027				
现代借词	近代借词	中古晚期借词	中古早期借词	上古借词
57	17	791	161	?
占5.5%	占1.7%	占77.1%	占15.7%	?

说明：（1）柘山瑶语里是否有上古汉语借词尚不能确定；（2）文中提到或列举的历史层次不明的存疑汉借词不在统计数中；（3）现代借词的数量是开放性的，表中的统计仅仅是依据前面现代汉语借词表的举例借词数。

本章参考文献

陈其光　1979　《苗瑶语入声的发展》，《民族语文》第1期。
────　1984　《古苗瑶语鼻冠闭塞音声母在现代方言中反映形式的类型》，《民族语文》第5期。
────　1985　《苗瑶语浊声母的演变》，《语言研究》第2期。
────　1988　《苗瑶语鼻音韵尾的演变》，《民族语文》第6期。
────　1991　《华南一些语言的清浊对转》，《民族语文》第6期。
────　1993　《苗瑶语前缀》，《民族语文》第1期。
────　2000　《苗瑶语词汇发展的一种方式》，《民族语文》第3期。
────　2002　《语言间的深层影响》，《民族语文》第1期。
邓方贵　1983　《现代瑶语浊声母的来源》，载《民族语文研究》，四川民族出版社。
广西壮族自治区地方志编纂委员会　1998　《广西通志·汉语方言志》，广西人民出版社。
李　玉　1993　《平南县志·语言篇》，广西人民出版社。
李云兵　2000　《苗瑶语语音的基本理论和现实研究》，《贵州民族研究》第1期。
刘村汉　1985　《广西蒙山语言图说》，《方言》第4期。

第九章 畲语里汉语借词的历史层次

9.1 博罗畲语概述

9.1.1 畲族及其使用的语言

9.1.1.1 畲族简介

畲族主要分布在我国的福建、浙江、广东、江西、安徽等省。据 2000 年第五次全国人口普查的统计,畲族共有 70.96 万人。畲族人一般自称"山客"或"生客"(san hak),意即是从外地迁来居住在山里的人。

"畲"这一名称,在史籍中最早见于南宋刘克庄(公元 1187 - 1263 年)的《后村先生大集·漳州谕畲》中:"在漳者曰畲……畲民不悦(按:即役),畲田不税,其来久矣。"畲族人民都确认,广东潮州凤凰山是他们民族的发祥地,公元 7 世纪就已居住在闽、粤、赣三省交界的山区,被称为"蛮""蛮僚"等。

关于畲族的族源,史学界一直存在不同的意见,至今仍未有定论。主要的说法有长沙武陵蛮说,这一观点是关于畲族族源说中最具影响力的说法,认为畲瑶同源,均来自秦汉时代居住在长沙洞庭湖和五溪之间的少数民族;"南蛮"后裔说,认为畲族是东汉时期"南蛮"其中的一支古老的民族;古越人后裔说,认为畲族是闽粤赣交界地区的古越人后裔;"东夷""河南夷"说,认为畲族与东夷关系密切,有的研究者认为畲族继承的就是发源于东夷高辛氏的文化;"闽族"说,认为畲族的祖先为古代南方闽、越两个民族之一的闽族。(各说法及主要代表人、出处见下表)我们同意畲瑶同源,来源于长沙五陵蛮的说法。因为无论从民族迁移史还是从民族的风俗习惯,以至于民族语言的亲疏关系和民族认同感看,畲瑶的关系都是最为密切的。下面是畲族族源表:

	主要代表人物及文章[①]	主要论点
武陵蛮说	徐规《畲族的名称、来源和迁徙》 施联朱《关于畲族来源与迁徙》 罗美珍《从语言上看畲族的族源》	畲瑶具有相同的盘瓠图腾崇拜(徐规1985:22) 畲瑶两族多盘、雷、蓝三姓(徐规1985:23)

---

① 此处文章均见《畲族研究论文集》(施联朱 1987)。

| | | 《过山榜》与《开山公据》在内容和时间上都很接近（施联朱1985:43）
瑶语和畲语很接近（施联朱1985:44）
畲语具有一半以上与苗瑶语言同源的基本词（罗美珍1985:66） |
|---|---|---|
| 南蛮后裔说 | 王克旺等《关于畲族来源》
王克旺等《再谈畲族族源》 | 畲族的来源可追溯到东汉时期"南蛮"族的一支（王克旺1985:214）
在凤凰山一带发现的新石器时代的石器和陶器可以进一步证明这里是畲族的发源地（王克旺1985:223） |
| 古越人后裔说 | 蒋炳钊《畲族族源初探》
石奕龙《关于畲族族源的若干问题》 | 盘瓠传说与古代越族有密切的关系（蒋炳钊1985:105）
秦汉的"越"发展为汉晋的"蛮"，继而发展为"畲"（蒋炳钊1985:108）
畲、瑶均源于古代百越（石奕龙1985:127） |
| 东夷、河南夷说 | 张崇根《畲族族源新证——畲族与"东夷"关系初探》 | "东夷"族人西迁形成了武陵蛮的一支（1985） |
| 闽族说 | 陈元煦《试论闽、越与畲族的关系》 | "闽""畲"的字音关系，反映了两族有极其密切的关系；从"蛮"字含义可知两族有极其密切的关系；从"闽""畲"的古今地理分布，可知他们的密切关系（1985） |

9.1.1.2 畲族使用的语言

过去的研究认为畲族人使用两种语言：畲语和畲话。现居住在广东省博罗、增城、惠东、海丰等县的畲族保留了他们民族原有的语言——畲语，这是上个世纪50年代，全国少数民族语言普查的时候才发现的。另外居住在福建、浙江、江西、安徽等省以及广东的潮安、丰顺两县的畲族，使用的是另一种语言，郑张尚芳等学者把它称为畲话。说畲话的人口占畲族总人口的99％以上，他们内部使用畲话，对外则使用当地的汉语方言。

畲语属汉藏语系，苗瑶语族，畲语支。而畲话，过去学界的意见认为它属于汉语客家方言，但是在语音上又和客家方言有区别，一些词也和客家方言的说法不一致；而和广东境内的畲语相近，有可能是原民族语言的底层的遗留。中国社会科学院和澳大利亚人文科学院合编的《中国语言地图集》里则这样区分畲语和畲话："畲族绝大部分使用汉语，只有广东的惠东、博罗等四个县约一千多人使用本民族语言。我们管畲族说的汉语叫'畲话'，区别于'畲语'（畲族本民族语言）。有人以为畲话接近客家话。"（《图集》汉语方言的分区 A4）该图集对畲话的归属认为只能确定其不属于官话。

9.1.2 博罗畲语语音概述

9.1.2.1 声母

p	ph	m			v	f
ts	tsh				z	s
t	th					
k	kh		ŋ	ŋ̊		h
pj	phj	mj				
tsj	tshj					sj
tj	thj					
kj	khj		ŋj			hj
kw	khw					

声母例字：

p	pi¹	毛		h	ha¹	怕
ph	phi²	吐		pj	pja⁴	鱼
m	mi²	棉		phj	phja⁴	耙
v	vaŋ⁴	我		mj	mjɔ⁶	庙
f	fa³	烧		tsj	tsja⁵phu⁴	外婆
ts	tse⁴	瘦		tshj	tshja²	斜
tsh	tshi²	柴		sj	sju²pɔ⁶	包谷
z	zi¹	菜		tj	tjɔ²	嘴
s	sɔŋ¹	小		thj	thjaŋ⁵	秤
t	tɔ³	书		kj	kja³	狗
th	thi⁵	尺子		khj	khjɔ⁶	节约
k	kɔ⁶	滑		ŋj	ŋjɔ²	牛
kh	khu²	疮		hj	hja¹	沙子
ŋ	ŋɔŋ⁵	好		kw	kwa¹	远
ŋ̊	ŋ̊⁴	去		khw	khwa⁴	手

声母说明：(1)声母 z 在有的发音人发成不带浊流 j，但是在一些常用词里，一般都明显地发成 z；(2)声母 kj、khj 受腭化音的影响舌位靠前，实际读音接近[c]、[ch]。

9.1.2.2 韵母

i				in		ip	it	
e	ei			en			et	ek
a	ai	au		an	aŋ	ap	at	ak
ɔ	ɔi			ɔn	ɔŋ			ɔk
u	ui			un	uŋ		ut	uk

韵母例字：

i	pi^6	舌头		ɔn	$kɔn^1$	甜
e	me^4	马		un	mun^3	牙
a	la^2	久		aŋ	$paŋ^6$	八
ɔ	$lɔ^1 kɔ^3$	太阳		ɔŋ	$ɔŋ^1$	水
u	$ŋu^4$	穿山甲		uŋ	$huŋ^1$	碗
ai	lai^6	割		it	mit^8	墨
ɔi	$thɔi^3$	袋		at	$tshat^7$	水獭
ui	$phui^5$	阉		ut	$khut^8$	秃
au	hau^4	孝顺		ak	sak^8	石
in	$ŋin^4$	薄		ɔk	$ɔk^7$	恶
en	$mjen^3$	面		uk	fuk^8	服
an	$tsan^1$	帽子				

韵母说明：(1)在多位发音人里，i 和 ɿ 不构成对立的音位，但是在一些词里，i 的发音舌位偏低，同时带有一点摩擦和紧喉的特点，音值接近[ɿ]；(2)塞韵尾只存在汉语借词中。

9.1.2.3 声调

调号	调值	例字音标	例字
1	33	ku^1	箩筐
2	42	khu^2	疮
3	55	ku^3	锯条
4	53	ku^4	水浑
5	31	ku^5	老
6	24	ku^6	笑
7	42	$khuk^7$	菊（菊花）
	55	sit^7	颜色
	33	pat^7	八（八角大料）
8	55	$khut^8$	秃（笔秃）

下图是用南开大学石锋、朱思俞教授开发的软件"桌上语音工作室"（Minispeechlab）做出的博罗畲语的声调格局和各调的调型①：

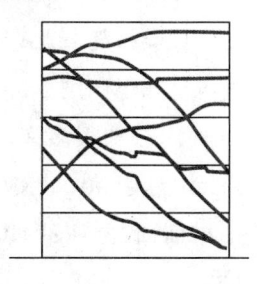

---

① 此处调值是王萍博士根据南开大学的电脑语音分析软件 MiniSpeechLab 对畲语录音材料所做的实验结果，特此感谢。MiniSpeechLab 桌上语音工作室（专业版 1.0），此软件由南开大学中文系石锋教授、计算机系朱思俞教授开发设计。

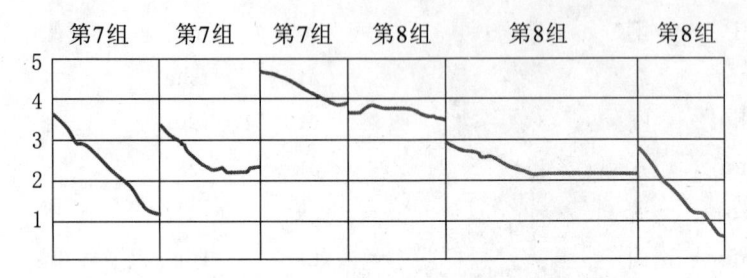

声调说明：入声调 7、8 调都带有塞音韵尾，只存在汉语借词中。

9.1.3 博罗畲语的词缀特点

9.1.3.1 博罗畲语的词缀分类

马庆株曾经对汉语词缀作过详细的分析，总结出词缀的四个性质特征：(1)词缀分布特征是定位性，不定位的不是词缀；(2)词缀的语义特征具有范畴义；(3)由词缀构成的词的结构特征是模糊性，其内部结构关系只能说是黏附关系；(4)词缀有易变性，词缀不断新陈代谢，因而古今差异很大（马庆株 2002:70）。

我们根据马庆株对词缀性质的总结，分析了博罗畲语里的词缀，并对博罗畲语里的词缀进行了分类。根据词缀附着在词根的前后位置，把博罗畲语里的词缀分为前缀和后缀。

（一）前缀

(1)无实义的前缀

博罗畲语里没有实际意义的前缀有 4 个：a^1、ka^6、ka^1、ta^1。关于这四个词缀，过去的介绍都比较简单。毛宗武和蒙朝吉(1982,1986)认为 ka^1-的作用是构成名词和部分形容词；ta^1-则是构成名词。李炳泽(1994)则根据整个苗瑶语族各语支之间的对应关系，对苗瑶语的辅音前缀进行过研究，根据前缀的第一辅音进行分类。随着调查的深入，我们在前辈学者研究的基础上，对博罗畲语这一类型的前缀的用法作了如下归纳：

1) a^1 主要加在亲属称谓名词前，这种用法和很多南方方言如客家方言和粤语的 a^{33} 前缀构成亲属称谓名称的用法相似，例如：a^1mi^4 母亲、a^1pa^1 父亲、a^1phu^1 祖母、$a^1khuŋ^4$ 祖父。

2) ka^6 主要加在表示方位、时间的词前面，例如：ka^6tha^2 前面、$ka^6thɔ^2$ 后面、$ka^6thɔ^2le^5lɔ^2$ 下个月、$ka^6thɔ^2$ 以后。

3) ta^1(ta^3)的用法比较单一，一般加在名词性语素前面，构成名词，而且主要构成表示动植物等具有生命的名词，例如：$ta^1mɔ^6$ 猫、ta^1min^3 刺猬、ta^1phui^3 蚂蚁、$ta^1zin^6kɔ^3$ 蟋蟀、$ta^1thɔ^6$

豆子、ta¹ tin³ taŋ¹ 松鼠、ta³ kja⁵ 白蚁、ta³ muŋ⁴ 苍蝇、ta³ muŋ⁴ kha² 蚊子、ta¹ ɔn⁶ taŋ¹ 燕子。

4）ka¹（ka³）的用法则比较复杂，它可以构成名词、动词和形容词。

　a. 表示身体或事物的一部分的名词，例如：ka¹ khɔ³ 眼睛、ka¹ pje⁶ kɔ³ 肩膀、ka¹ tɔ³ 尾巴、ka¹ tai⁶ 翅膀、ka¹ tsi⁶ khuŋ³ 腋下、ka³ khɔ² 喉咙、ka³ kjen¹ 脖子、ka¹ ju⁶ 皱纹、ka³ kjen¹ pan² 后颈窝。

　b. 表示动植物的名词，例如：ka³ lɔ¹ 种子、ka³ mɔ¹ 蜜蜂、ka³ zuŋ¹ 蚯蚓、ka³ khoŋ¹ 虾。

　c. 表示具有持续性的动作或状态的动词或形容词，例如：ka¹ pi³ 跑、ka¹ tu⁶ kwe² 游泳、ka³ khi⁵ 痒、ka³ thjak⁷ khju⁵ 踢球、ka³ za⁵ 嚼、ka³ lin⁵ 修理、ka¹ pɔ⁶ 弯腰，ka¹ ta³ 长、ka³ tu¹（水、颜色）深、ka³ ŋin¹ 绵（不易断）。

（2）表示动物性别的前缀

畲语里表示动物的性别的词缀有 me² 和 pe³。

1）me² 加在动物名称的前面，表示雌性动物：

me² me⁴	母马	me² ŋjɔ²	母牛	me² juŋ²	母羊
母　马		母　牛		母　羊	
me² pui⁵	母猪	me² kja³	母狗		
母　猪		母　狗			

2）pe³ 加在动物名称的前面，表示雄性动物：

pe³ me⁴	公马	pe³ ŋjɔ²	公牛	pe³ juŋ²	公羊
公　马		公　牛		公　羊	
pe³ pui⁵	公猪	pe³ kja³	公狗		
公　猪		公　狗			

（3）博罗畲语的前缀来源

许多语言的前缀都来源于本民族语言的某一实词，在该实词逐渐虚化的过程中形成了词缀。汉语和侗台语族的一些语言的前缀都是这样形成的。而李炳泽（1994）则认为苗瑶语族的许多语言，它的原始前缀都是单辅音，后来逐渐音节化而形成了前缀。例如上文提到博罗畲语的前缀 ka¹（ka³）的用法比较复杂，就是因为它的原始形式可能是几个表示不同意义的单辅音，但是在音节化的过程中形成了相同的语音形式。这就使得它的前缀不像别的语言的前缀那样具有单一的类别的范畴，而是一个语音形式表示几个不同意义的类别范畴。同时由于苗瑶语族各语言分化以后各自发展，在音节化的过程中出现各自不同的情况：有的音节化以后形成的前缀与某些具有实在意义的实词具有了相同的语音形式，但是其实两者并不具有内在的联系，例如：作为实词的 ka³ 是指"屎"，它可以与别的语素构词，如 ka³ li² 厕所，它与作为前缀的 ka³ 虽然语音形式一致，但是其实是不同来源不同意义的两个语素。同样，ta³ 也有作为实义语素的意义，表示"撕、打"的含义，例如：ta³ te¹ 撕布、ta³ ka¹ khɔ³ 睁眼睛、ta³ tjɔ² 张嘴、ta³ ju⁵ phjau³ 揭邮票。与 ka³ 不同的是，作为实词的 ta³ 由于含义较多，构词能力比较强，逐渐也有虚化的迹象。

(二) 后缀

博罗畲语主要有 3 个后缀：kɔ³、taŋ¹ 和 me⁶。

(1) kɔ³ 在畲语里的原意是表示"头"，后来逐渐虚化发展为后缀：

1) 表示"头"意的 kɔ³：

thi⁴ kɔ³	剃头	ɔ⁵ kɔ³ le²	领导	kɔ³ tin³	脑门
剃 头		做 头 人		头 顶	
tɔŋ⁵ kɔ³	树兜子	tju¹ kɔ³	磕头		
树 头		磕、点 头			

表示"头"的意思的 kɔ³ 虚化后，可以加在一般名词后面。

2) 加在表示身体类名词后：

kaŋ³ kɔ³	脊背	fun¹ kɔ³	心脏	pi¹ khuŋ³ kɔ³	毛孔
背		心		毛 孔	
ka¹ pje⁶ kɔ³	肩膀	khwa⁴ tje⁴ kɔ³	手指	mun³ kɔ³	大牙
肩 膀		手 指		牙	
tɔ⁵ the² kɔ³	脚背	ta¹ tin⁶ kɔ³	小舌		
脚 背		舌 小			

3) 加在物品名称的名词后面：

pi³ kɔ³	鞭子,棍子	su⁶ kɔ³	锁	tin⁶ kɔ³	石礅子
棍 子		锁		礅	
vui⁴ kɔ³	梳子	vun⁴ kɔ³	锅	pi¹ khuŋ³ kɔ³	竹孔
梳		锅		竹 子 孔	

(2) taŋ¹ 在畲语里的原意是表示"儿子"，后来逐渐虚化发展为后缀，带有"小"的含义。

1) 表示"儿子"的 taŋ¹：

| thi⁶ ŋi³ taŋ¹ | 次子 | kha⁴ taŋ¹ | 养子 | vɔŋ² taŋ¹ | 长子 |
| 第 二 儿 子 | | 捡 儿 子 | | 大 儿 子 | |

2) 加在亲属称谓名词的后面：

si⁵ taŋ¹	么叔,小叔	phu⁶ taŋ¹	姨母(母之妹)	ku¹ taŋ¹	小姑子
叔		姨		姑	
kuŋ⁶ taŋ¹	舅父(母之弟)	ŋi¹ taŋ¹	嫂嫂	sin⁵ taŋ¹	弟媳妇
公		媳妇		婶	

3) 加在物品名称的名词后面：

| huŋ¹ taŋ¹ | 小碗 | kai⁶ taŋ¹ | 哨子 | pɔ³ taŋ¹ | 包子 |
| 碗 | | 哨 | | 包 | |

kuk⁷ taŋ¹	鼓	kun² taŋ¹	罐子	lui⁵ taŋ¹	绳子
鼓		罐		绳	
thin⁴ taŋ¹	亭子	tuŋ⁶ taŋ¹	桌子	ku⁵ taŋ¹	竹篾子
亭		木桌		竹篾	

4)加在动植物名称的后面：

lɔ⁴ taŋ¹	小鸟	me⁴ taŋ¹	小马驹	pak⁸ taŋ¹	柏树
鸟		马		柏	
pi³ taŋ¹	果子	ta¹ tin³ taŋ¹	松鼠	tshui³ taŋ¹	柿子
果实		松鼠		柿	

(3) me⁶ 在畬语里的原意是表示"母亲"，后来逐渐虚化发展为后缀，带有"母""女性""大"的含义。

1)表示"母亲"的 me⁶：

  za¹ me⁶ 父母

  爷 母

2) me⁶ 加在名词后面表示"大"的含义时，常常与 taŋ¹ "小"的含义相对：

ku¹ me⁶	姑母（比父大）	kuŋ⁶ me⁶	舅父（比母大）
姑		公	
ku¹ taŋ¹	小姑子（比父小）	kuŋ⁶ taŋ¹	舅舅（比母小）
姑		公	
le² me⁶	大人	sin⁵ kɔ⁶ ɔ³ me⁶	大襟
人 大		襟 大	
le² taŋ¹	小孩	sin⁵ kɔ⁶ ɔ³ taŋ¹	小襟
人 小		襟 小	
ŋjɔ³ me⁶	大肠	su⁶ kin³ me⁶	毛巾
肠 大		手 巾	
ŋjɔ³ taŋ¹	小肠	su⁶ kin³ taŋ¹	手帕
肠 小		手 巾	

9.1.3.2 博罗畬语的前缀变调

(一)博罗畬语的前缀变调的特殊现象

前辈学者在介绍畬语前缀的时候，多是简单的用法的介绍，没有涉及前缀的声调问题。前人描写的前缀 ka 和 ta 大都是一个调值，ka 也曾出现过有 1 调和 3 调的处理方式，但是具体的情况是怎么区分的，前人没有论及。唯一论及畬语前缀声调问题的是陈其光，他在介绍增城霍讷话（下水村畬语）音系的时候提到：前缀、后缀和单音节虚词一般轻读，同时前缀轻声的高低是随词根调值而改变的，高调前面的轻声较低，低调前面的轻声较高（陈其光 2001:165）。在介绍苗瑶语的前缀问题的时候,陈其光(1993:2)又指出了"在55调、35调前边读作ka^{22},在22调、31调前边读作ka^{55},在53调前边读作ka^{35}"。我们在调查博罗畲语的时候也发现前缀变调的情况:在与后面不同调值的词根组合的时候,ka和ta的调值也会随着第二个音节的调值而发生变化。例如:

读为第1调(33调)的ka:

词项	国际音标
眼睛	$ka^1 kho^3$
眼泪	$ka^1 kho^3 oŋ^1$
眉毛	$ka^1 kho^3 mi^6 pi^1$
跑/逃/走	$ka^1 pi^3$
长	$ka^1 ta^3$
尾巴	$ka^1 tɔ^3$
翅膀	$ka^1 tai^6$
肩膀	$ka^1 pje^6 kɔ^3$

读为第3调(55调)的ka:

词项	国际音标
脖子	$ka^3 kjen^1$
蜜蜂	$ka^3 mɔ^1$
种子	$ka^3 lɔ^1$
聋子	$ka^3 toŋ^1 le^2$
(水)深	$ka^3 tu^1$
蚯蚓	$ka^3 zuŋ^1$
喉咙	$ka^3 khɔ^2$
踢	$ka^3 thjak^7$
痒	$ka^3 khi^5$
嚼	$ka^3 za^5$

如果我们对所有的这些带$ka^1(ka^3)$前缀的词的声调搭配进行观察,似乎可以看出其中的规律(此处只做两个音节的词的分析,三音节以上的我们只考虑前两个音节;√表示可以有该种搭配模式):

调值	第一调33	第二调42	第三调55	第四调53	第五调31	第六调24
33			√			√
55	√	√			√	

同样的情况还存在于前缀ta上,试比较:

读为第1调(33调)的ta:

词项	国际音标
扫把	$ta^1 khja^3$
刺猬	$ta^1 min^3$
蚂蚁	$ta^1 phui^3$
猫	$ta^1 mɔ^6$

女儿	ta¹ phui⁶
（泥土）松	ta¹ saŋ⁶
豆子	ta¹ thɔ⁶
蟋蟀	ta¹ thin⁶ kɔ³

读为第 3 调（55 调）的 ta：

词 项	国际音标
白蚁	ta³ kja⁵
苍蝇	ta³ muŋ⁴
蚊子	ta³ muŋ⁴ kha²

同时，我们上文提到的 ta³ 还可以作为实义语素，表示"撕、打"的含义，而且这个实义的语素有虚化的迹象。例如：ta³ te¹ 撕布、ta³ ka¹ khɔ³ 睁眼睛、ta³ tjɔ² 张嘴。如果 ta³ 具有打、撕、张的实意构词时，它在声调的搭配上就与上面提到的 ka 十分接近：

调值	第一调 33	第二调 42	第三调 55	第四调 53	第五调 31	第六调 24
33			√			
55	√	√		√		√

如果把上面提到的博罗畲语的变调情况放在声调系统的内部看，我们可以得出这样的结论：如果第二个音节的声调是一个高平调或者是一个升调，那么前缀的声调就是一个 33 调值的中平调；如果第二个音节的声调是一个中平调或者是一个降调，那么前缀的声调就是一个调值为 55 的高平调。博罗畲语的这种前缀变调是一种高低交错的自然音变。

这种声调的高低交错，与陈其光指出的增城下水村畲语的变调也是相近的，但是也有不同的地方：

首先，博罗畲语的这种变调不仅仅出现在前缀 ka- 上，而且也出现在前缀 ta- 上，而且两者有着相同的变调规律，因此我们不再认为这样的情况是一种自由变体，而认为可以把畲语词缀 ka-、ta- 这种调值的变化看成是畲语词缀的一种特定的变调模式。其中 ka- 的变化基本完成，而 ta- 则仍处于变化的过程中，随着作为实义语素的 ta³ 的进一步虚化，这种变调模式会进一步定型。

其次，博罗畲语的 ka⁶ 可以和 53 调、42 调和 55 调相搭配。例如 ka⁶ tha² 前面、ka⁶ thɔ² 后面、ka⁶ tshe² le² 别人、ka⁶ phu² 蓝/绿、ka⁶ ŋin⁴ 秘密、ka⁶ tsu³ li² 厨房。我们认为这个时候的 ka⁶ 变调与上面提到的变调是两个层次上的变调，是另外一种变调模式，它是与畲语的一般性变调相一致的，就是连读变调一般发生在第一音节为 6 调或 3 调的词。同时，这样的变调模式要早于 33/55 的变调模式，理由是：第一，它只出现在前缀 ka- 上，没有出现在前缀 ta- 上；第二，前人介绍博罗畲语的时候，已经出现 ka⁶ 前缀，而没有提到 33/55 的变调模式。因此，我们认为它的变调要早于 33/55 的变调模式，也正因为这个原因，所以它不再随着 33/55 的变调模式而再次发生改变。

（二）博罗畲语前缀变调的分析解释

博罗畲语本身的连读变调并不多，前辈学者也认为畲语有连读变调现象，但不很普遍（毛宗武、蒙朝吉 1986:15）。我们调查的博罗畲语也是这样的情况，变调情况并不普遍，主要是前字变调，基本上都集中变为 6 调。因此上面提到的前缀变调并不是博罗畲语的一般性的连读变调，而是连读变调中的一种特殊类型。

苗瑶语族的语言大部分都有连读变调的现象，在双音节里有的是前一音节变调，有的是后音节变调，还有的是前后音节都变调（戴庆厦 1998:109）；同时不同的语言有不同的变调原因。蒙朝吉(1985)在分析布努语的连读变调的时候认为布努语东努话的变调现象跟它的修饰结构和语义强调有关。卢治常(1985)指出瑶族勉语标敏方言在词或词组前面的音节要变调，同时根据不同的作用可以分成构词变调和构形变调两大类；但是对于变调的原因，卢治常则没有论及。

客家话也有连读变调的情况，但是不同地区的变调情况并不一致。有的地区变调比较简单，例如梅县客家话两字组的连读变调发生在前一个音节里，在阳平、上声、去声、阴入、轻声字的前头阴平变为新调值 35，去声变为新调值 55。有的地区变调十分复杂，例如长汀，李如龙(1965)、罗美珍（1982、2002）、饶长溶（1987）都先后对长汀客家话的连读变调作过分析，总结出长汀客家话的连读变调的规律。

如果像上文提到的那样，苗瑶语的连读变调既有前一音节变的，又有后一音节变的，那么为什么博罗畲语的词缀变调只出现前缀里，而后缀 $taŋ^1$ 和 $kɔ^3$ 都不发生变调？

首先，我们可以看到博罗畲语的前缀变调与其他苗瑶语族的语言有其内在的一致性，就是苗瑶语族的许多语言里都有前缀声调；博罗畲语的前缀虽然不多，但是基本上都是第一调的。例如 a^1、ka^1、ta^1。

其次，我们看到博罗畲语前缀变调又有其自身的一些特殊性。就目前我们所能找到的资料看，介绍过有前缀变调的语言并不多，像博罗畲语这样变成固定的调值的就更少了。因此，通过考察博罗畲语这一特殊的变调现象，我们认为除了保持与苗瑶语族语言的一致性外，博罗畲语的前缀变调还可能与当地的汉语方言有关系。据我们调查的当地汉语方言（客家话、横河镇本地话、平婆话）中的横河镇本地话，应该曾经有丰富的变调，特别是小称变调，只是现在这种变调正在逐步地消失。据我们的调查，博罗横河镇本地话有 55 和 35 两个小称变调。例如：包，在面包里读为 pau^1，在书包里则读为 pau^3；表，在代表里读为 $piau^6$，在手表里则读为 $piau^3$。①

就目前我们研究博罗畲语的变调情况看，博罗畲语前字变调为 24 的情况，和当地的客家话也十分一致。因此我们猜测，博罗畲语的前缀变调，也和博罗地区的本地话和客家话有关，

---

① 此处和曾经调查过横河镇本地话的严修鸿教授讨论，受到严教授的启发，特此表示感谢。同时关于博罗横河镇本地话的小称变调将有另文作专门分析，此不赘述。

是受到当地汉语方言的普遍存在的小称变调的影响而出现前缀声调 33 和 55 的交错。横河镇本地话的小称变调多出现在名词里,这与博罗畲语的前缀大多是名词也十分接近。

当然,这种根据第二音节的声调出现前缀变调的情况,还有一个最主要的原因是作为前缀的语素不具有实在的意义,因此它的语音形式也就变得具有模糊性。前辈学者认为,苗瑶语的原始前缀都只是一个单辅音,以后才逐渐地音节化。(李炳泽 1994)根据这样的理论去理解畲语的前缀变调,便可以把它看成是在音节化过程中,由于受到第二音节的调值的影响而发生了相应的变调。至于为什么会出现 33 调值和 55 调值与其他调值的固定搭配,则大概是与畲语自身的音系有关,出于一种语调的韵律感。因为在调查的过程中,当我们试着变化 33 调值和 55 调值的搭配的时候,发音人都会纠正我们的发音。由此看来,这样的一种调值搭配并不是随意性的组合,而是得到畲族人民认可的一种声调搭配模式。同时,畲语词缀的这种特定的变调模式有可能会随着其语义的进一步虚化而进一步发展。

9.2 博罗地区的汉语方言

广东省博罗是一个古县,早在公元前 214 年(秦始皇三十三年)就设置了博罗县,属南海郡,至今已有两千多年的历史。博罗位于广东省中部偏南,珠江三角洲东北端。东北接河源市的东源县和紫金县,东南与惠阳市相连,南隔东江与东莞市相望,西连增城市,北临龙门县。据《博罗县志》记载,博罗县总面积 2870.5 平方公里,人口 679587 人(黎榕凯 2001:2)。博罗县内居住了回、苗、壮、畲、满、瑶、京等 17 个少数民族,其中畲族 421 人(1990 年统计)集中居住在博罗县横河镇的嶂背村。

博罗县内语言丰富,有博罗本地话、客家话、平婆话①、白话②、畲语。整个博罗大部分都是客家和"本地"杂居在一起,几乎没有纯客家镇或纯"本地"镇,也没有纯白话镇。客家话占绝大部分的镇有:长宁、福田、湖镇、平安、横河、柏塘、响水、公庄、杨村、石坝、麻坡、泰美、蓝田。本地话占大多数并且占优的有:龙溪、龙华、义和、观音阁。操白话的主要是石湾、园洲两镇。畲语主要分布在横河镇的嶂背村。千百年来,各种方言在人们的交际中相互影响和相互渗透,形成各自的不同特色。

9.2.1 客家话

9.2.1.1 客家话声韵调系统

(一)声母 16 个:

---

① 严修鸿认为是福建西南角平和客家话。也有人认为来源福建的漳潮客家话群,属闽南客家话的一种。受闽方言的影响颇深。

② 这里的白话指粤语。

p	冰沸粪分笨	ph	病薄肺缝扶	m	米问万尾雾	f	红湖苦火坏
t	凳知垫多底	th	度邓电蝶道	l	令粮力李六	v	文禾横碗为
ts	正曾帐展续	tsh	静直助七虫			s	星胜戏嫌蚕
k	鸡九仅茎捐	kh	琴菊穷确吸	ŋ	我鱼女尿耳	x	客鞋汗好海
∅	如元安野右						

(二)韵母53个:

(1)开口呼

a	牙下怕车	ɔ	饿哥多初			e	势齐洗
ai	鞋鸡买太	ɔi	妹背脆睡				
au	咬交爪卯						
am	胆甘男谈						
an	班懒山滩	ɔn	汗团短专			en	幸痕藤
aŋ	冷生横茎	ɔŋ	广黄窗张				
ap	合甲答鸭						
at	八达杀抹	ɔt	说拨			et	北国墨挖
ak	客白石尺	ɔk	确薄乐恶				

(2)齐齿呼

i	女去尾	ia	野爷斜	ie	继细婿			iu	口头豆
ɿ	祭祖私	iau	腰表笑						
im	琴林阴	iam	盐验检						
in	人身振			ien	朋丁捐	iɔn	软远言	iun	裙云近
		iaŋ	迎丙请			iɔŋ	向姜亮	iuŋ	供
ip	入十吸	iap	蝶接叶						
it	食日蜜			iet	热血雪	iɔt	月		
		iak	踢笛劈			iɔk	脚药弱	iuk	菊育

(3)合口呼

u	湖书师使
ui	肺飞杯配
un	蚊笨门菌
uŋ	虫冬空奉
ut	核突骨出
uk	毒六绿足

(三)声调6个:

中古调	博罗客家话	备注
阴平	35	诗梯高开婚三
阳平	31	时题穷人寒神/鹅人龙文麻
阴上	33	古短口草火手
阳上	35/33/55	马有尾淡近坐/老五李脑/夏静后

阴去	55	盖唱汉孝
阳去		共病柱候
阴入	31	出笔国七八
阳入	55	月实局白服

9.2.1.2 客家话与中古音韵的对应

(一) 中古声类在博罗客家话中的读音

博罗客家话的声母有以下特点：(1) 古全浊声母清化后不分平仄，逢塞音、塞擦音大多数变为送气清音；(2) 一些常用字保留了古无轻唇的特点；(3) 知组、精组、章组、庄组不分，都读为 ts-、tsh-、s-；(4) 分尖团，古见组字在细音前保持了舌根音的读法；(5) 古晓母、匣母开口大部分读为 h-，合口则读为 v-、f-和 h-。

中古声类	博罗客家话	例　　字		
帮	p	疤 pa^1	丙 $pian^2$	北 pet^7
	ph	巴 pha^2	卜 $phet^8$	跛 $phai^1$
滂	p	玻 po^1		
	ph	怕 pha^5	炮 $phau^5$	拍 $phak^7$
并	p	箅 pi^6	辫 $pien^1$	笨 pun^6
	ph	牌 $phai^4$	皮 phi^4	盆 $phun^4$
明	m	马 ma^1	买 ma^1	门 mun^4
非	f	方 $fɔŋ^1$	反 fan^3	发 fat^7
	p	沸 pui^5	粪 pun^5	
	ph	肺 $phui^5$		
敷	f	蕃 fan^1	翻 fan^1	
奉	f	烦 fan^2	房 $fɔŋ^2$	腐 fu^6
	ph	扶 phu^2	缝 $phuŋ^2$	
微	m	望 $mɔŋ^4$	舞 mu^2	尾 mui^1
	v	武 vu^4	文 vun^2	
端	t	当 $tɔŋ^1$	打 ta^3	短 $tɔn^3$
透	th	听 $thaŋ^5$	拖 $thɔ^1$	土 thu^3
定	t	钝 tun^6	垫 $tien^6$	
	th	大 $thai^6$	条 $thiau^2$	头 $thiu^2$
泥	n	泥 nai^2	男 nam^2	脑 nau^4
	ŋ	年 $ŋien^2$	女 $ŋi^4$	尿 $ŋiau^6$
来	l	厉 li^6	冷 $laŋ^1$	刘 liu^2
知	ts	征 $tsin^1$	张 $tsɔŋ^1$	转 $tsɔn^3$
彻	tsh	丑 $tshiu^4$	畜 $tshuk^7$	
澄	tsh	陈 $tshin^2$	长 $tshaŋ^2$	茶 $tsha^2$
精	ts	祭 $tsɿ^5$	剪 $tsien^3$	宗 $tsuŋ^1$
清	tsh	惨 $tsham^3$	七 $tshit^7$	错 $tshɔ^5$
从	tsh	全 $tshien^2$	尽 $tshin^6$	坐 $tshɔ^1$
	s	蚕 sam^2		
心	s	四 si^5	心 sim^1	写 sia^3

	ts	赠 tsen⁵		
	tsh	膝 tshit⁷		
邪	ts	续 tsuk⁸		
	tsh	斜 tshia²	随 tshui²	旋 tshɔn⁶
	s	穗 sui⁶		
庄	ts	装 tsɔŋ¹	爪 tsau³	窄 tsak⁸
初	tsh	窗 tshɔŋ¹	初 tshɔ¹	
崇	tsh	床 tshɔŋ²	锄 tshɔ²	柴 tshai²
生	s	沙 sa¹	瘦 siu⁵	师 su³
	tsh	杉 tsham⁵	产 tshan³	
章	ts	真 tsin¹	专 tsɔn¹	祝 tsuk⁷
昌	tsh	唱 tshɔŋ⁵	蠢 tshun³	处 tshu⁵
船	s	蛇 sa²	顺 sun⁶	食 sit⁸
书	s	扇 sien⁵	审 sim³	守 siu³
	tsh	鼠 tshu³		
禅	s	辰 sin²	睡 sɔi⁶	石 sak⁸
	tsh	匙 tshi²		
日	ŋ	耳 ŋi⁴	热 ŋiet⁸	人 ŋin²
	ø	如 i²	然 ien²	
见	k	讲 kɔŋ³	瓜 ka¹	解 kai³
	kh	菊 khiuk⁷	箍 khu¹	夹 khiap⁸
溪	kh	劝 khien⁵	可 khɔ³	康 khɔŋ¹
	h	客 hak⁷	口 hiu³	壳 hɔk⁷
	f	苦 fu³	阔 fat⁷	
群	kh	旧 khiu⁶	尽 khiun¹	及 khip⁸
	k	仅 kiun⁴		
疑	ŋ	牙 ŋa²	傲 ŋau⁶	月 ŋiet⁸
	ø	元 ien⁴		
影	ø	哑 a³	衣 i¹	安 ɔn¹
	v	挖 vet⁷	稳 vun³	碗 vɔn³
晓	f	花 fa¹	婚 fun¹	虎 fu³
	s	戏 si⁵	险 siam³	血 siet⁷
	h	好 hau³	孝 hau⁶	海 hɔi³
	kh	吸 khip⁷		
匣	f	坏 fai⁶	红 fuŋ⁴	胡 fu⁴
	h	鞋 hai⁴	汗 hɔn⁶	幸 hen⁶
	v	话 va⁶	禾 vɔ²	换 vɔn⁶
	k	茎 kin¹		
云	ø	远 ien⁴	有 iu¹	云 iun²
	v	芋 vu⁶	伟 vui⁴	位 vui⁶
以	ø	爷 ia²	易 i⁶	油 iu²
	k	捐 kien¹		

(二)中古韵类在博罗客家话中的读音

古韵类	博罗客家话	例　字		
果开一歌	ɔ	多 tɔ¹	歌 kɔ¹	鹅 ŋɔ¹
	ai	我 ŋai²	大 thai⁶	
果开三戈	iɔ	茄 khiɔ²		
果合一戈	ɔ	婆 phɔ²	磨 mɔ²	禾 vɔ²
假开二麻	a	麻 ma²	夏 ha⁶	查 tsha²
假开三麻	ia	斜 tshia⁶	爷 ia²	写 sia²
	a	蛇 sa²		
假合二麻	a	瓜 ka¹	花 fa¹	瓦 ŋa⁴
遇合一模	u	莆 phu²	姑 ku¹	粗 tshu¹
遇合三鱼	u	书 su¹	猪 tsu¹	除 tshu²
	ɔ	初 tshɔ¹	锄 tshɔ²	梳 sɔ¹
	i	鱼 ŋi²	如 i²	举 ki³
遇合三虞	u	扶 phu²	须 su¹	珠 tshu¹
	i	取 tshi³		
蟹开一咍	ɔi	该 kɔi¹	来 lɔi²	亥 hɔi⁶
	ai	再 tsai⁵		
蟹开一泰	ai	大 thai⁶	带 tai⁵	泰 thai⁵
	ɔi	害 hɔi⁶	盖 kɔi⁵	
	ui	贝 pui⁵		
蟹开二皆	ai	排 phai²	戒 kai⁵	
蟹开二佳	ai	牌 phai²	柴 tshai²	鞋 hai²
蟹开三祭	e	势 se¹		
	i	厉 li⁶		
	ɿ	祭 tsɿ⁵		
蟹开四齐	e	齐 tshe¹	洗 se³	
	ai	鸡 kai¹	泥 nai²	底 tai³
	i	迷 mi²	凄 tshi¹	提 thi²
	ɔi	梯 thɔi¹		
蟹合一灰	ui	杯 pui¹	雷 lui²	推 thui¹
	ɔi	梅 mɔi²	碓 tɔi⁵	背 pɔi⁶
蟹合一泰	ui	最 tsui⁵	会 fui⁶	
蟹合二皆	ai	怪 kai⁵	坏 fai⁵	
蟹合二佳	a	挂 kha⁶	画 va⁵	
蟹合三祭	ɔi	脆 tshɔi⁵		
	ui	卫 vui⁶		
蟹合三废	ui	肺 phui⁵		
止开三支	i	皮 phi²	璃 li¹	纸 tsi²
	ɿ	筛 sɿ¹		

止开三脂	i	地 thi⁶	眉 mi²	指 tsi³
	ɿ	私 sɿ¹		
	u	师 su¹		
止开三之	i	棋 khi²	耳 ŋi³	治 tsi⁵
	ɿ	诗 sɿ¹	子 tsɿ³	
	u	使 su³		
止开三微	i	几 ki³	衣 i¹	气 hi⁵
止合三支	ui	随 thsui²	危 ŋui²	跪 khui⁶
止合三脂	ui	水 sui³	锤 tshui²	柜 khui⁶
	ɔi	衰 sɔi¹		
止合三微	ui	非 fui¹	味 mui⁶	伟 vui³
效开一豪	au	刀 tau¹	老 lau⁴	帽 mau⁶
效开二肴	au	包 pau¹	卯 mau¹	孝 hau⁵
	iau	猫 miau⁶		
效开三宵	iau	笑 siau⁵	表 piau³	骄 kiau¹
	au	照 tsau⁵	少 sau³	烧 sau¹
效开四萧	iau	条 thiau²	尿 ŋiau⁶	料 liau⁶
流开一侯	iu	头 thiu²	口 hiu³	豆 thiu⁶
流开二尤	iu	牛 ŋiu²	九 kiu³	右 iu⁶
咸开一覃	am	南 nam²	惨 tsham²	暗 am⁶
合	ap	答 tap⁷	合 hap⁸	鸽 kap⁷
咸开一谈	am	蓝 lam²	淡 tham¹	甘 kam¹
盍	ap	蜡 lap⁸	塔 thap⁷	腊 lap⁸
咸开二咸	am	咸 ham²	杉 tsham⁵	站 tsam⁵
	ap	眨 tsap⁷		
洽	iap	夹 khiap⁸		
咸开三衔	am	衫 sam¹		
	ap	甲 kap⁷	鸭 ap⁷	
狎	at	压 at⁷		
咸开三盐	iam	镰 liam²	险 siam²	验 ŋiam⁶
	am	占 tsam⁵		
叶	iap	接 tsiap⁷	叶 iap⁸	
咸开三严	iam	严 ŋiam²		
业	iap	业 iap⁸		
咸开四添	iam	甜 thiam²		
	am	嫌 sam²		
帖	iap	蝶 thiap⁸		
	iet	跌 tiet⁷		
咸合三凡	an	凡 fan²	范 fan⁶	
乏	at	法 fat⁷		
深开三侵	im	金 kim¹	审 sim³	浸 tsim⁵
	in	饮 in³		
缉	ip	十 sip⁸	吸 khip⁷	湿 sip⁷

山开一寒	ɔn	干 kɔn¹	汗 hɔn⁶	杆 kɔn¹
	an	单 tan¹	难 nan²	散 san²
曷	ɔt	渴 hɔt⁷	割 kɔt⁷	
	at	擦 tshat⁷	獭 that⁷	达 that⁸
山开二山	an	山 san¹	眼 ŋan²	限 han⁶
黠	at	八 pat⁷	拔 phat⁷	杀 sat⁷
山开二删	an	板 pan³		
山开三仙	ien	仙 sien¹	剪 tsien³	面 mien⁶
	am	蝉 sam²		
薛	iet	舌 siet⁸	热 ŋiet⁸	灭 miet⁸
山开三元	ien	园 ien²		
山开四先	ien	田 thien²	先 sien¹	片 phien⁵
屑	iet	节 tsiet⁷	切 tshiet⁷	
山合一桓	ɔn	官 kɔn¹	碗 vɔn³	算 sɔn⁵
	an	盘 phan²	判 phan⁵	
末	ɔt	拨 phɔt⁷		
	at	阔 fat⁷		
山合二山	an	顽 ŋan²		
黠	et	挖 vet⁷		
山合二删	an	还 van²		
鎋	at	刷 tshat⁷	刮 kat⁷	
山合三仙	ien	全 tshien²	选 sien³	
	ɔn	砖 tsɔn¹	传 tshɔn²	转 tsɔn³
	an	泉 tshan²		
薛	iet	雪 siet⁷		
	ɔt	说 sɔt⁷		
山合三元	an	烦 fan²	反 fan³	
	ien	元 ien²	远 ien³	
月	iet	月 ŋiet⁸		
	at	发 fat⁷	袜 mat⁷	
山合四先	ien	县 hien⁶		
屑	iet	血 siet⁷	决 kiet⁷	
臻开一痕	en	恨 hen⁵		
	in	根 kin¹		
臻开三真	in	人 ŋin²	申 sin¹	
	iun	银 ŋiun²		
质	it	七 tshit⁷	蜜 mit⁸	
臻开三殷	in	筋 kin¹		
臻合一魂	un	盆 phun²	论 lun⁶	孙 sun¹
没	ut	核 fut⁸	骨 kut⁷	
	at	核 hat⁸		
臻合三谆	un	唇 sun²	轮 lun²	
术	ut	出 tshut⁷		

臻合三文	iun	裙 khiun²	云 iun²	
	un	蚊 mun¹	文 vun²	
宕开一唐	ɔŋ	塘 thɔŋ²	康 khɔŋ¹	狼 lɔŋ²
铎	ɔk	索 sɔk⁷	乐 lɔk⁸	
宕开三阳	ɔŋ	长 tshɔŋ²	装 tsɔŋ¹	
	iaŋ	粮 liaŋ²		
药	ɔk	着 tsɔk⁷		
	iɔk	脚 kiɔk⁷		
宕合一唐	ɔŋ	光 kɔŋ¹	黄 vɔŋ²	
宕合三阳	ɔŋ	方 fɔŋ¹	房 phɔŋ²	
江开二江	ɔŋ	降 hɔŋ²	讲 kɔŋ³	窗 tshɔŋ¹
觉	ɔk	角 kɔk⁷	学 hɔk⁸	
曾开一登	en	朋 phen²	藤 then²	灯 ten¹
德	et	得 tet⁷	墨 met⁸	
曾开三蒸	in	蒸 tsin¹	应 in¹	
职	it	食 sit⁸	翼 it⁸	
	iᵊk	极 khiᵊk⁸		
曾合一德	et	国 ket⁷		
梗开二庚	aŋ	庚 kaŋ³	盲 maŋ²	
陌	ak	白 phak⁸	客 hak⁷	
梗开二耕	aŋ	棚 phaŋ²	争 tsaŋ¹	
麦	ak	划 vak⁸	麦 mak⁸	
梗开三庚	iaŋ	迎 ŋiaŋ²		
	in	平 phin²	明 min²	
梗开三清	aŋ	成 saŋ²		
	iaŋ	名 miaŋ²	赢 iaŋ²	
	in	精 tsin¹	正 tsin⁵	
昔	ak	石 sak⁸		
	it	释 sit⁷		
梗开四青	aŋ	听 thaŋ⁵		
	en	丁 ten¹		
	in	星 sin¹	经 kin¹	
	ak	历 lak⁸		
锡	it	击 kit⁷	戚 tshit⁷	
梗合二庚	aŋ	横 vaŋ²		
通合一东	uŋ	同 thuŋ²	公 kuŋ¹	龙 luŋ²
屋	uk	谷 kuk⁷	屋 vuk⁷	鹿 luk⁸
通合三东	uŋ	风 fuŋ¹	虫 tshuŋ²	
屋	uk	竹 tsuk⁷	六 luk⁷	
	iuk	菊 khiuk⁷	育 iuk⁷	
通合三钟	uŋ	缝 phuŋ²	钟 tsuŋ¹	
	iuŋ	供 kiuŋ¹		
烛	uk	足 tsuk⁷	绿 luk⁸	

9.2.2 本地话

本文介绍的横河镇本地话属于博罗本地话的一个土话,而博罗本地话属于惠州话的一个次方言。目前,研究者对于惠州话的系属仍有争议,熊正辉(1987)把惠州话归属于客家话区,把它分作一个独立的"惠州片",与"粤台片""粤中片""粤北片"并列;黄雪贞(1987)也作这样的区分。詹伯慧、张日升(1990:4)在提及惠州话时说:"惠州市基本上通行客家方言。惠州市内的客家别具一格,不同于粤东及省内其他地方的客家话,是一种长期受粤语影响,带有些粤语特点的客家话"。《惠州方言志》里对于惠州话的描述,也基本上认为是客家话的一个次方言。但是刘叔新(1987)则认为惠州话应划归粤语的惠河系。李新魁(1994:534)沿用此观点,同时认为这个观点是"较有说服力的说法"。总结起来,关于惠州话的系属之争可以归结为"深受粤语影响的特殊的客家方言"和"深受客家语影响的特殊的粤语方言"两种观点之争,也就是对于哪个是底层方言的看法的差异。

9.2.2.1 本地话的声韵调系统

(一)声母 17 个:

p	冰玻半把百	ph	病薄批别扶	m	米问万木雾	v	火禾废房换
t	凳知贴多底	th	度邓电蝶道	l	令泥力农六		
ts	正曾帐展竹	tsh	静直助七虫			s	星胜上蛇私
k	鸡忌捐健杞	kh	可概巨菊吸	ŋ	我耳年延	x	河康粉妇父
ʔ	鸭押压屋					z/j	迎英容勇蝇
ø	安女鱼又言						

说明:

(1)声母 m、ŋ 在高元音前带有浊塞音成分,读为 mb、ŋg,例如:mbɔ^2 磨,mbi^2 眉,mbɐk^8 墨,mbien^1 面;ŋgien^2 年,ŋgu^3 五,ŋgi^1 儿。

(2)声母 z/j 不构成对立,在有的词里浊音成分较明显。

(3)ts- 类声母带有舌叶音色彩。

(二)韵母 53 个:

(1)开口呼

a	牙下怕蛇			ɔ	饿个多所	e	借写邪斜
ai	鞋怪买太	ɐi	艺鸡米批	ɔi	我妹背在		
au	咬交爪卯	ɐu	后楼瘦豆				
am	三喊男谈	ɐm	含参୨暗森				
an	班懒山滩			ɔn	寒官本乱		
aŋ	硬生横茎	ɐŋ	兴经等正	ɔŋ	糠钢广上		
ap	合甲答鸭	ɐp	塌鸽				
at	八达杀抹	ɐt	咳	ɔt	物末喝夺		
ak	客白石尺	ɐk	黑北食鲫	ɔk	学郭乐恶		

(2) 齐齿呼

i	语去尾	ia	野					u	牛酒又
		iau	叫桥笑						
im	琴林阴	iam	险剑严						
in	人身振			ien	年见面	iɔn	软远言	un	润云运
		iaŋ	轻惊听			iɔŋ	向姜亮	uŋ	用浓
ip	入急立	iap	蝶接叶						
it	激僻			iet	热血缺	iɔt	月		
		iak	踢笛劈	iɐk	翼亦	iɔk	脚药弱	uk	肉育玉

(3) 合口呼

u	步粗须度
ui	季雷内费
un	粉文粪满
uŋ	风工桶种
ut	核突骨出
uk	福六木屋

(4) 撮口呼

y	女书资猪

说明：韵母 uŋ、uk 音质接近 oŋ、ok。

(三) 单字调共 6 个：

阴平	33	高低粗三
阳平	53	寒陈穷唐
阴上	35	古口女走
阳上	35/31	近抱柱淡
阴去	31	正怕菜汉
阳去	31/33	大共阵病
阴入	5	黑出七福
阳入	3	合俗食白

说明：有小称调 55 和 35。入声也有小称调读为 35，例如：鸭 ʔap³⁵、育 ʔiuk³⁵、鹿 luk³⁵。

9.2.2.2 本地话的语音特点

(一) 声母特点

(1) 古非、敷、奉母今主要读为 h 和 v，例如：风 huŋ¹、副 hu⁵、妇 hu⁶、发 vat⁷、肥 vi²、费 vui⁵。少数保留古无轻唇的特点读为 p 和 ph，例如：扶 phu²、孵 phu¹、斧 pu³。

(2) 古全浊声母字不论平仄，逢塞音、塞擦音大多读为送气清音，但也有部分读为不送气，主要有：

丈	tsɔŋ⁶	辫	pien⁴
藏	tsɔŋ¹	簿	pu⁶

炸	tsa⁵		极	kɐk⁸
族	tsuk⁸		校	kau³
币	pi⁶		忌	ki⁶
毙	pi⁶		健	kien⁶
辨	pien⁴		勤	kin²
芹	kin²			

黄雪贞(1987:85)认为:古全浊声母在各地的客家话中并不是都读为送气,那些读为不送气的不能简单的说成是少数或例外。他指出,这些读为不送气的声母可以归纳为两类:词汇性和方言性。

(3)尖团音有相混的情况。例如:全 tshɔn²、权 khien²。

(4)中古晓、匣母开口字大部分今读 h 声母,合口字大部分读为 v 声母。例如:下 ha⁴、喜 hi³、黄 vɔŋ²、花 va¹。也有部分相混,合口字也读为 h 声母,如:婚 hun¹、虎 hu³、许 hi³。个别例外读为 k、kh、s 声母的如:校 kau³、吸 khip⁵、蝎 khiet⁸、训 sun¹。

(5)有 z 声母。z 声母字一般来自中古的疑、影、喻母。例如:迎 zeŋ²、英 zeŋ¹、勇 zuŋ⁴。

(6)古来、泥母今一律读作 l,部分泥母字读为零声母,例如:女 y⁴、浓 iuŋ⁴、尿 iau²。

(7)古精组字与知章庄组字在今读中合流,都读为 ts、tsh、s。

(二)韵母特点

(1)古舒声有鼻音韵尾-m、-n、-ŋ,入声有塞音韵尾-p、-t、-k。

(2)古蟹摄今读可以分成两类,一、二等为一类,三、四等为一类。一等开合口都多读为 ɔi,也有少部分开口读为 ai,合口读为 ui。二等开合口都读为 ai。三等开口大多读为 ɐi,也有部分读为 i。合口大部分读为 ui,部分读为 ɔi。四等开口大多读为 ɐi,只有"闭"读为 i。合口读为 ui。例如:

例字	音标	中古声母	韵部	开合	等第	中古声调
台	thɔi²	透	咍	开口	一等	平声
才	tshai²	从	咍	开口	一等	平声
外	ŋɔi⁶	疑	泰	合口	一等	去声
雷	lui²	来	灰	合口	一等	平声
买	mai⁴	明	蟹	开口	二等	上声
乖	kai¹	见	皆	合口	二等	平声
毙	pi⁵	并	祭	开口	三等	去声
祭	tsɐi⁵	精	祭	开口	三等	去声
岁	sɔi⁵	心	祭	合口	三等	去声
脆	tshui⁵	清	祭	合口	三等	去声
米	mɐi⁴	明	荠	开口	四等	上声
闭	phi⁵	帮	霁	开口	四等	去声
桂	kui⁶	见	霁	合口	四等	去声

(3)山摄一等开口元音大部分读为 an,但喉牙音读为 ɔn;山摄三等零声母字都读为 iɔn。

例如：

例字	音标	中古声母	韵部	开合	等第	中古声调
干	kɔn^1	见	寒	开口	一等	平声
安	ɔn^1	影	寒	开口	一等	平声
旱	hɔn^4	匣	旱	开口	一等	上声
言	iɔn^2	疑	元	开口	三等	平声
元	iɔn^2	疑	元	合口	三等	平声
软	iɔn^4	日	狝	合口	三等	上声

（4）撮口韵只有 y，只出现在零声母和齿音声母 ts、tsh、s，此时 ts、tsh、s 舌叶音的成分明显。撮口韵不做介音。例如：

例字	音标	中古声母	韵部	开合	等第	中古声调
女	y^3	泥	语	合口	三等	上声
朱	tsy^1	章	虞	合口	三等	平声
树	sy^6	禅	遇	合口	三等	去声

（三）声调特点

横河本地话的声调系统比较复杂。虽然单字调只有 6 个，但是与中古声调的对应比较混乱。具体的与中古《切韵》声调、声母的对应关系如下表：

调类	调值	中古来源	备注
阴平	33	清平	包括浊上、浊去、少数全清去
阳平	53	浊平	包括少数次清平
上声	35	清上	
去声	31	清去	包含少数次浊、全浊上
阴入	5	清入	
阳入	3	浊入	

9.3 博罗畲语里汉语借词的历史层次分析

9.3.1 划分博罗畲语汉语借词的原则和方法

9.3.1.1 博罗畲语汉语借词和同源词的区分

如何区分层次较老的汉语借词和同源词是划分少数民族语言里的汉语借词的历史层次的首要问题。汉语与各民族语言的特殊关系造成了长久以来这一问题难以得到解决。在我们区分博罗畲语里层次较老的汉语借词和畲-汉同源词的时候，我们参考了曾晓渝（2004:17）提出的判别侗台语里古汉语借词的主要依据是：（1）在语音上成批量的与《切韵》音系形成对应规律的词；（2）古代汉民族代表当时先进文化的词，例如十二地支词；（3）非侗台语自身固有的而与汉语有音义关系的词。

具体到畲语里的汉语老借词和同源词的判别,我们认为:在语音上成批量的与《切韵》音系形成对应规律的词是汉语借词;不符合各个借源语言层次的声母、韵母、声调的对应规律的词,同时又和其他苗瑶语族语言相对应的,这一部分的词我们认为有可能是畲汉同源词。

9.3.1.2 博罗畲语汉语借词不同借源的特殊性及时间层次

过去的学者在研究一种民族语言里的汉语借词的历史层次的时候,基本都是以汉语的语音史作参考,同时按照研究汉语语音史的方法来确定历史层次,一般都分为上古层、中古层、近现代层几个层次。但是对于那些从古到今一直都处于十分密切的接触的语言,如果单纯采用这种历史层次分析法,就会遇到这样的问题:在畲语里,客家话借词占有很大的比例;由于畲族人民和客家人的长时期的密切的接触,使得客家话借词在很早的时候就进入到畲语的语言系统里,随后一直到现在仍然在不断地进入。那么这些客家话的借词既有中古的层次的,也会有近现代的层次。这就与以往研究者划分的同一层次上的汉语借词基本上都有一个汉语方言作为借源语言所不同。面对这样的问题,我们主张采用先区别不同借源语言,再在此基础上做层次区分。

具体针对畲语的情况,我们首先根据汉语借词里反映的不同汉语方言的特点,把畲语分成不同的来源:闽语、客家话、粤语。还有一部分汉语借词明显地带有上古汉语的特点,它是属于苗瑶语共同时期借入的,如果按来源分的话,它应该是属于当时武陵地区的汉语。由于客家话借词占了畲语借词的绝大部分,所以我们再对畲语客家话内部的层次进行分析。在这里,我们选择客家话借词作层次分析的理由是:第一,畲语里的汉语借词绝大部分都是客家话借词,粤语借词和闽语借词都只有少量,系统性不强;第二,畲族和客家人的接触历史漫长,反映在借词层面上是跨层次的,因此也有必要对畲语里的客家话借词单独作层次的分析。可以用以下的图示来表示这样的情况:

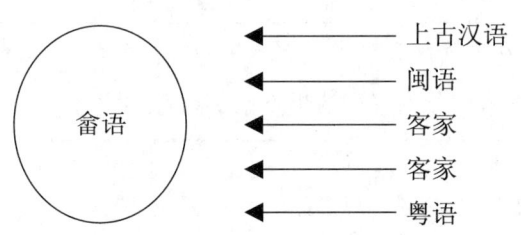

```
                    ← 上古汉语
                    ← 闽语
        畲语        ← 客家
                    ← 客家
                    ← 粤语
```

区分以上不同借源的主要依据:

(一)语音特征的标准

这一点主要是对照现代客家话、闽语和粤语的不同的特点:

(1)中古全浊声母清化后送气的情况可以作为第一标准。中古全浊声母清化后无论平仄,今客家话逢塞音、塞擦音读送气。而中古全浊声母清化后在粤语(广州话)则表现为以平上和去入作为分界,前者读为送气,后者读为不送气。

例字	博罗畲语	客家话	广州话	备注
撞	tshɔŋ⁶	tshɔŋ⁶	tsɔŋ⁶	遇见
毒	thuk⁸	thuk⁸	tok⁸	消毒
健	khjen⁴	khien⁵	kin⁵	健康
备	phi³	phi⁶	pei⁶	准备
柜	khui⁶	khui⁶	kuɐi⁶	柜子
辫	pin³	pien¹	pin¹	辫子
填	thin⁴	thien⁵	thin⁵	填坑
电	tin⁵	thien⁶	tin⁶	电钟

(2) 一些常用字保留了古无轻唇的特点，这也是客家话和粤语的不同的一条重要标准。闽语也保留了古无轻唇的特点，这时候可以从韵母和声调两个方面来区别。

例字	博罗畲语	客家话	广州话	潮州话	备注
粪	pun³	pun⁵	fɐn⁵	pun⁵	积肥
贩	pan²	fan⁵	fan⁵	phũã⁵	贩卖
肺	phui³	phui⁵	fei⁵	hui⁵	

(3) 古溪母字的读法，客家话和粤语各有不同的读音，客家话大部分都读为 kh，而古溪母字在粤语里普遍念为 f 声母或者 h 声母，一般是合口的读为 f，开口的读为 h。

例字	博罗畲语	客家话	广州话	备注
庆	khin⁴	khin⁶	heŋ⁶	庆祝
牵	khjen⁶	khien¹	hin¹	牵连
康	khɔŋ⁶	khɔŋ¹	hɔŋ¹	健康
圈	khjen⁶	khian¹	hyn¹	圈起来
劝	khjen⁴	khien⁵	hyn⁵	劝
苦	khu¹	khu²	fu²	苦战
空	khɔŋ¹	khuŋ¹	hoŋ¹	空

(4) 古疑母字的读法在客家话和粤语里不尽相同。古疑母一、二等字在粤语里读为 ŋ，三、四等字读为 j；而古疑母在大部分的客家话里不论洪细都读为 ŋ。

例字	博罗畲语	客家话	广州话	备注
藕	ŋju⁶	ŋiu¹	ŋɐu²	
验	ŋien³	ŋiam⁶	im⁶	实验
牙	ŋa⁵	ŋa²	ŋa²	牙膏
傲	ŋau⁴	ŋau⁵⁶	ŋou⁶	骄傲

(5) 如果声韵无法区别的时候比较声调。客家话只有 6 个声调，而粤语广州话有 9 个声调。而且粤语进入畲语的时间不会太长，因此根据借用的相似性原则，可以通过比较声调的调值来区分。例如：风箱 fuŋ³sjɔŋ³ 的"风"属于非母东韵合口三等平声，非母客家话和粤语都读为 f，东韵合口客家话和粤语都读为 uŋ；但是从声调调值上看，粤语广州话"风"读为 fuŋ⁵⁵，博罗客家话读为 fuŋ³⁵，两者声调调值不同。根据借用的相似性，在这里我们认为"风箱"的"风"是借自粤语。

	阴平	阳平	阴上	阳上	阴去	阳去	阴入		阳入
博罗客家话	35	31	33		55		3		5
广州话	55	21	35	13	33	22	5	3	22

以上是区别客家话借词和粤语借词的标准。在畲语的汉语借词里,还有一小部分的借词带有明显的闽语的特征,依据是以下几点:

(6)中古咸臻摄读为后鼻音的为闽语。

中古韵母	国际音标	例字	词条	畲语	福州	建瓯
咸	aŋ	杉	杉树	tshaŋ²	saŋ¹	saŋ¹
咸	aŋ	占	占	tsaŋ³	tsieŋ⁵	tsiŋ⁵
咸	aŋ	三	三月	saŋ¹	saŋ¹	saŋ¹
臻	aŋ	分	分工	paŋ¹	puoŋ¹	pyiŋ¹
臻	uŋ	孙	孙媳妇儿	suŋ¹	souŋ¹	sɔŋ¹
臻	uŋ	本	吃亏	puŋ⁶	puoŋ³	puoŋ³

(7)中古非母读为 h 的为闽语。

例字	博罗畲语	潮州	客家话	广州话	备注
风	huŋ³	hoŋ¹	fuŋ¹	fuŋ¹	麻风
夫	hu³	hu¹	fu¹	fu¹	耍武艺

(二)词汇特征的标准

立足点以词为基础,而不是单纯的以字为主。具体地说就是,表示某一意义的方言词仅在客家话或粤语中有这种表示方法。例如:吝啬 khje⁴ ku³ hɔn⁴,用"孤寒"表示"吝啬"只出现在粤语区;表示"雄性动物"粤语区一般用"公"kʊŋ¹,而客家话则一般用"牯"ku²。试比较①:

词项	粤语	客家话	博罗畲语
吝啬	孤寒 ku¹ hɔn²	ŋat⁷ kat⁷②	khje⁴ ku³ hɔn⁴
公猪	猪公 tʃy¹ kʊŋ¹	猪牯 tsu¹ ku³	——
母猪	猪乸 tʃy¹ na³	猪嫲 tsu¹ ma²	——
公狗	狗公 kɐu¹ kʊŋ¹	狗牯 kɛu³ ku³	——
母狗	狗乸 kɐu³ na³	狗嫲 kɛu³ ma³	——
公公	家公 ka¹ kʊŋ¹	家官 ka¹ kɔn¹ 家公 ka¹ kuŋ¹	ka³ kɔn³ ka³ kɔŋ¹
婆婆	家婆 ka¹ pho²	家婆 ka¹ pho² 家娘 ka¹ ɲiɔŋ²	ka³ phu⁴
丈人	外父 ŋɔi⁶ fu³	丈人老 tshɔŋ¹ ɲin² lau²	tshɔŋ⁴ ɲin² lɔ²
丈母	外母 ŋɔi⁶ mou³	丈人婆 tshɔŋ¹ ni¹ pho²	tshɔŋ⁴ ɲin² phu⁴

9.3.1.3 划分博罗畲语汉语借词层次的基本原则

我们在划分博罗畲语的汉语借词层次的时候,主要参考了以下学者关于民族语言汉语借词层次划分的原则:蓝庆元(1999、2004)、沙加尔和徐世璇(2002)、曾晓渝(2004)、黄行(2004、2006)、赵敏兰(2004)、岳静(2005)。同时结合博罗畲语自身的一些特点,确定了以下

---

① 粤语材料来自《广州话词典》。客家话则是本人调查的博罗客家话。
② 据严修鸿考证,ŋat⁷本字为啮;kat⁷指的是 lat⁷ cat⁷,一种比柿子小,但是同属同科的植物,就是野生的柿子。即用"涩"的语义指代"吝啬"。此处来自客家人社区 2004 年 4 月 16 日讨论。

几条基本原则：

(1)同一个词不同的语音形式反映不同的方言来源层次。

例如："发"有 fat⁷(发达 fat⁷that⁸)和 pɔ⁶(神经病 pɔ⁶ŋɔ⁵)；"伯"有 pak⁷(土地神 pak⁷kuŋ³)和 pa⁵(大伯 pa⁵ me⁶)；"时"有 si⁵(暂时 tshjen³si⁵)和 tshi²(晚上 lɔ³ kaŋ⁴ tshi²)；"泡"有 pɔ⁶(灯泡 thjen⁴ pɔ⁶)和 phau⁶(水泡 ɔŋ¹ phau⁶)。这些不同的读音反映了不同的来源层次。

(2)同一个借词的语音形式，其音节的声母、韵母、声调的对应规律处于同一层次。同时，通过同音节声母、韵母、声调之间的相互系联，来确定和印证语音的层次。

例如："泡"有 pɔ⁶(灯泡 thjen⁴ pɔ⁶)和 phau⁶(水泡 ɔŋ¹ phau⁶)两个读音，其中声母 p 和 ph 分别属于 A 层和 B 层，其韵母 ɔ 和 au 也分别属于 A 层和 B 层；其声调虽然都为第 6 调，但是其实也分别属于不同的 A 层和 B 层。

(3)参考畲语其他点的汉语借词的情况，特别是分属不同方言的海丰畲语的汉语借词。如果同一个词具有相同的语音形式，那么该借词就是在畲语方言分化以前的借用。如果同一个词，语音上有区别，同时这种不同形成系列的对应，那么这些就有可能是在畲语方言分化以后各自不同的借用和发展造成的。

9.3.2 苗瑶语共同的汉语借词层

9.3.2.1 苗瑶语共同汉语借词层的语音特点

在畲语里，客家话借词占有很大的比例；同时客家话进入畲语的历史也是比较早的，因此对于那些比客家话更早进入畲语里的一部分汉语借词，我们无法确定它的借源；由于畲族都有来自武陵地区的记载，而且这一部分的借词与其他的苗瑶语又有一定的对应关系，所以我们把它定为苗瑶语共同汉语借词层。但是这一部分借词由于年代久远，也很有可能是畲语和汉语的同源词。王辅世和毛宗武(1995)构拟了 821 个有语音对应关系的同源词；陈其光(2001：496-582)列举了 289 个汉语—苗瑶语的关系字；黄行(2006：24-25)分析了瑶语的上古汉语关系字以后，列举了 58 个其他苗瑶语中的上古汉语借词。前辈学者对苗瑶语族语言的同源词和关系词的总结，是我们划分畲语里苗瑶共同汉语借词层的重要依据。我们在前辈学者研究的基础上，同时结合畲语自身的一些特点，定出了其他的一些参考依据：

(1)畲语汉语借词部分全浊声母字读为不送气声母，但是与客家话里部分全浊声母清化后读为不送气并不对应，同时与闽语、粤语借词的声韵调也没有对应关系。因此猜想这种变化应该发生在客家话借词大量进入之前。

例字	畲语借词	中古音韵地位	博罗畲语	备注
泉	tsan⁶	从山合三仙平	tsan⁶ ɔŋ¹	声调！①
皇	kwaŋ²	匣宕合一唐平	kwaŋ²	天
狭	kwe⁶	匣咸开二洽入	kwe⁶	

---

① 凡本章各表备注栏中的"声调！""声母！""韵尾！"等字样，均指该项畲语汉借词在声调、声母或韵尾方面不和一般对应规律，特此说明。

(2) 原始苗瑶语的塞音韵尾在苗语中已经完全脱落,在瑶语中则保留了-p、-t 尾,但是苗瑶语的入声字仍然保存在促声调 7、8 调中。而在畲语里塞音韵尾也已经脱落,但是入声调却并入到舒声调第 5 调和第 6 调(大概当时的入声调的调值与该调值相近)。后来畲语在与客家话的接触中,再次借入了客家话的入声字,这一批字都带有塞音韵尾。因此我们猜想这种入声字并入第 5 调和第 6 调应该是发生在与客家话接触之前,因为入声字如果一直有塞音韵尾的,我们很难想象它如何判别哪些保留塞音韵尾,哪些丢掉塞音韵尾并且把促声调合并到舒声调。因此我们推断丢掉塞音韵尾的第 5 调和第 6 调的入声字在历史层次上要早于那些带有塞音韵尾的入声字。

例字	国际音标	中古音韵地位	博罗畲语	备注
发	$pɔ^6$	非母山摄月韵合口三等入声	$pɔ^6\ ŋ^5$	神经病
发	fat^7	非母山摄月韵合口三等入声	$fat^7\ that^8$	发达
伯	pa^5	帮母梗摄陌韵开口二等入声	$pa^5\ me^6$	大伯
伯	pak^7	帮母梗摄陌韵开口二等入声	$pak^7\ kuŋ^3$	土地公
漆	$tshai^6$	清母臻摄质韵开口三等入声	$tshai^6\ tɔŋ^5$	漆树
漆	$tshit^7$	清母臻摄质韵开口三等入声	$tshit^7$	漆
湿	si^6	书母深摄缉韵开口三等入声	$ta^2\ ɔŋ^1\ si^6\ ja^2$	湿透了
湿	sit^7	书母深摄缉韵开口三等入声	$tshau^5\ sit^7$	潮湿
式	si^6	书母曾摄职韵开口三等入声	$si^6\ jaŋ^6$	式样
式	sit^7	书母曾摄职韵开口三等入声	$tsin^4\ sit^7$	正式
挖	va^6	影母山摄黠韵合口二等入声	$va^6\ kaŋ^6\ khu^5\ pi^1$	揪头发
挖	vat^7	影母山摄黠韵合口二等入声	$vat^7\ ka^1\ khuŋ^3$	掏耳朵

上表中同一个汉字在不同的汉语借词里有两个不同的读音,后一个是客家话层的借词,而前一个是苗瑶语共同汉语借词。比较这些不带塞音韵尾的词在苗瑶语族其他语言里的读音:

	博罗畲语	海丰畲语	川黔滇苗语	勉瑶语	标敏瑶语
漆树	$tshai^6$	$tɔŋ^5\ tshe^6$	$tshai^7$	$tshiet^7$	$tshan^7$
大伯	$pa^5\ me^6$	——	——	$tom^2\ pɛ^7$	$pɛ^7\ ɬu^1$

(3) 在畲语的汉语借词里,效摄一等豪韵有三种读音:-u、-ɔ 和-au。其中后两个读音是来自客家话的借词。但是读-u 的来源却不清楚,它与畲语汉语借词的其他来源客家话、闽语和粤语都没有对应关系。在《汉语方音字汇》中所收的 17 个点的现代汉语各方言点里,都没有豪韵读-u 的。而我们知道效摄部分上古属于幽部,而王力、白一平、郑张尚芳等构拟的上古音系统里,幽部拟音都是-u。我们比较了苗瑶语族其他语言的相应读法:

	畲语	复员	长垌	大坪	江底	览金	三江
早	tsu^3	$nʔtsu^B$	$ŋtʃu^3$	du^3	$dzjou^3$	$gjou^3$	$tsjou^3$
灶	tsu^3	——	tsu^7	$tɔu^5$	dzu^5	du^5	tsu^5

从上表的对应看,在其他的苗瑶语族语言里,效摄豪韵也有部分读为-u。因此,我们根据上古语音特点和苗瑶语族其他语言的对应,把效摄豪韵读为-u 的层次定为苗瑶语共同汉语借词。

(4) 反映当时文化生活和生产技术方面的常用词,而且这些词基本上都是单音节的,同时可以与上古音形成对应关系。例如:金 kin^1、银 $ŋin^2$、钱 $tshin^2$、百 pa^5、酒 tiu^3、蒸 $tjaŋ^1$、秤

thjaŋ⁵、马 me⁴、买（卖）mɔ⁴。

9.3.2.2 苗瑶语共同汉语借词层的语音对应分析

(1)苗瑶与共同汉语借词声调对应表

	平	上	去	入
全清	1 (33)	3 (55)	5 (31)	6 (24)/5 (31)
次清	——	3 (55)	5 (31)	6
次浊	2 (42)	4 (53)	4 (53)	6
全浊	2 (42)	——	——	6 (24)/5 (31)

说明：在畲语和苗瑶语族其他语言的同源词中，畲语的第 6 调总是和苗瑶语族其他语言的第 7、8 调对应的；而相应的，苗瑶语族其他语言的第 6 调，在畲语里都并入到第 4 调。（毛宗武、蒙朝吉 1986；中西裕树 2005b）

(2)苗瑶与共同汉语借词声母对应表

声母对应			例词		备注
三十六字母	汉语拟音 上古＞中古	畲语借词	汉语拟音 上古＞中古	畲语借词	
帮(非)	p->p-	p-	伯 prak>pɐk	pa⁵	大伯
			百 prak>pɐk	pa⁵	
			菔 puk>puk	pa⁶	萝卜，也叫菜菔，"菔"同"葡"
			发 pjat>pjɐt	pɔ⁶	～愕（神经病）
			腹 pjəkw>pjuk	pa⁶	牛肚子
滂	ph->ph-	ph-	破 pharh>phɑ	phɑ⁵	
明	m->m-	m-	买 mrigx>mai	mɔ⁴	
			马 mragx>ma	me⁴	
端	t->t-	t-	得 tək>tək	tu⁵	舍～
		tj-	滴 tik>tiek	tja⁶	～水
透	th->th-	th-	踢 thik>thiek	thja⁵	
精	ts->ts-	tj-	酒 tsjəgwx>tsjěu	tju³	
清	tsh->tsh-	tsh-	漆 tshjit>tshjět	tshai⁶	～树
从	dz->dz-	tsh-	字 dzjəgh>dzɨ	tshɔ⁴	
心	s->s-	s-	塞 sək>sək	sai⁶	～牙
照三(章)	tj->tɕ-	tj-	蒸 tjəŋ>tɕjəŋ	tjaŋ¹	～饭
			煮 tjagx>tɕjwo	tju³	～肉
		t-	纸 tjigx>tɕjɛ	tɔ³	
照三(昌)	thj->tɕh-	tj-	秤 thjəŋh>tɕhjəŋ	tjaŋ⁵	
照三(书)	hrj->ɕ-	s-	湿 hrjəp>ɕjəp	si⁶	
			叔 sthjəkw>ʂjuk	si⁵	
见(三)	k->kh-	k-	金 kjəm>kjəm	kin²	
溪	kh->kh-	kh-	刻 khək>khək	khɔ⁶	时～
			缺 khwit>khiet	khui⁶	刀～口
疑	ŋ->ŋ-	ŋ-	银 ŋjən>ŋjən	ŋin²	

影	ʔ->ʔ-	v-	挖 ʔwriat>wat	va⁶	~头发
以	r->j-	z-	羊 raŋ>jiaŋ	zuŋ²	
晓	h->h-	h-	喝 hat>hɐt	hɔ⁶	
匣	g->ɣ-	k-	狭 griap>ɣep	kwe⁶	窄
来	l->l-	l-	笠 gliəp>ljəp	li⁶	斗笠

(3) 苗瑶与共同汉语借词韵母对应表

韵母对应			例 词		备注
上古韵部	汉语拟音 上古>中古	畲语借词	汉语拟音 上古>中古	畲语借词	
之（一）	-ək>-ək	-ɔ	刻 khək>khək	khɔ⁶	时~
		-ai	塞 sək>sək	sai⁶	~牙
		-u	得 tək>tək	tu⁵	舍~
之（三）	-(j)əg>-ɨ	-ɔ	字 dzjəgh>dzɨ	tshɔ⁴	
歌（一）	-(w)arh>-uɑ	-a	破 pharh>pha	pha⁵	
			过 kwarh>kua	kwa⁵	
	-ar>-ɑ	-u	鹅 ŋar>ŋɑ	ŋu²	
鱼（二）	-(r)ag>-a	-e	马 mragx>ma	me⁴	
鱼/铎（二）	-(r)ak>-ɐk	-a	伯 prak>pɐk	pa⁵	大~
			百 prak>pɐk	pa⁵	
鱼（三）	-(j)agx>-jwo	-u	煮 tjagx>tɕjwo	tju³	
祭（一）	-at>-ɑt	-ɔ	喝 hat>hɑt	hɔ⁶	
祭（二）	-(r)iak>-ak	-a	挖 ʔwriat>wat	va⁶	~头发
祭（三）	-(j)at>-jwɐt	-ɔ	发 pjat>pjwɐt	pɔ⁶	~愕
脂（三）	-(j)it>-jɐt	-ai	漆 tshjit>tshjĕt	tshai⁶	~树
脂（四）	-wit>-iet	-ui	缺 khwit>khiet	khui⁶	刀~口
侯/屋（一）	-uk>-uk	-a	卜 puk>puk	pa⁶	
幽（一）	-əgw>-ɑu	-u	早 tsəgwx>tsɑu	tsu³	
幽（三）	-(j)əgw>-(j)əu	-u	酒 tsjəgwx>tsjə̆u	tju³	
幽/屋（三）	-(j)əkw>-(j)əuk	-a	腹 pjəkw>pjuk	pa⁶	牛肚子
		-i	叔 sthjəkw>ṣjuk	si⁵	
缉（三）	-(j)əp>-jəp	-i	笠 gliəp>ljəp	li⁶	斗~
			湿 skhjəp>ɕjəp	si⁶	
侵（三）	-(j)əm>-jəm	-in	金 kjəm>kjəm	kin²	
叶（二）	-(r)iap>-ep	-e	狭 griap>ɣep	kwe⁶	窄
文（三）	-(j)ən>-jən	-in	银 ŋjən>ŋjə̆n	ŋin²	
曾（三）	-(j)əŋh>-jəŋ	-aŋ	秤 thjəŋh>tɕhjəŋ	tjaŋ⁵	
			蒸 tjəŋ>tɕjəŋ	tjaŋ¹	~饭
佳（二）	-(r)ig>-ai	-ɔ	买 mrigx>mai	mɔ⁴	
佳（三）	-(j)ig>-jə	-ɔ	纸 tjigx>tɕjə	tɔ³	
佳（四）	-ig>-iei	-e	鸡 kig>kiei	kwe¹	
佳/锡（四）	-ik>-iek	-a	滴 tik>tiek	tja⁶	~水
			踢 thik>thiek	thja⁵	

阳（一）	-waŋ＞-waŋ	-waŋ	皇 gwaŋ＞ɣwaŋ	kwaŋ²	天
阳（三）	-(j)aŋ＞-(j)aŋ	-aŋ	秧 ʔjaŋ＞ʔjaŋ	zaŋ¹	
		-uŋ	羊 raŋ＞jiaŋ	zuŋ²	
东（一）	-uŋ＞-uŋ	-uŋ	孔 khuŋx＞khuŋ	khuŋ³	

9.3.2.3 苗瑶语共同汉语借词层存疑部分

畲语里有一部分词，可以看出与汉语有明显的古老的音义对应关系，但是它却不符合这里提到的苗瑶与共同层的语音对应规律。例如上面提到全浊声母清化以后，在苗瑶与共同层表现为不送气，但是有一些词却是送气的；但是它的其他一些特点又与该层次相吻合。这一部分的词也有可能是畲—汉同源词，但是它的发展演变与汉语不一致，发生了变异；还有可能是处于苗瑶语共同汉语借词层与客家话层之间的一种过渡阶段。但由于这一批词数量不算多，一共 11 个。暂作存疑，有待进一步研究。

苗瑶语共同汉语借词层存疑表一：

汉字	畲语读音	中古音韵地位	汉语拟音 上古＞中古	畲语借词	备注①
勺	tshu⁶	禅宕开三药入	djakw＞ɲjak	勺 tshu⁶	声母！
屐	khi⁵	群梗开三陌入	gjik＞gɐk	鞋	声母！
豆	thɔ⁶	定流开一侯去	dugh＞dəu	豆子 ta¹ thɔ⁶	声母！
泉	tsan⁶	从山开三仙平	dzjuanx＞dzjwæn	泉水 tsan⁶ ɔŋ¹	声调！
夫	pu³	非遇合三虞平	pjug＞pju	男人 le² pu³	声调！
浓	ŋjuŋ⁴	娘通合三钟平	ŋjəŋw＞ŋjuŋ	茶浓 ŋjuŋ⁴	声调！
乳	ŋju³	日遇合三虞上	njugx＞ɲʑju	乳房 ŋju³	韵尾！声调！
曲	khjuŋ⁴	溪通合三烛入	khjuk＞khjwok	弯 khjuŋ⁴	韵尾！
喉	khɔ²	匣流开一侯平	gug＞ɣəu	喉咙 ka¹ khɔ²	声母！
卡	khja⁶	从咸开一合入	dzəp＞dzap	卡 khja⁶	《字汇补》收该字，从纳切

畲语里还有一部分词，在前辈学者的考察中被认为是苗瑶语的上古汉语借词或者是同源词（王辅世、毛宗武 1995；陈其光 2001：496－582；黄行 2006：24－25），但是畲语和其他苗瑶语的对应并不十分整齐。而且这一部分词与上面我们提到的苗瑶语共同层的语音特点并不相符（不符合声母、韵母或者声调的对应规律）。这一部分词，应该也是苗瑶共同汉语借词，但是也有可能是畲汉同源词。共有 17 个词。目前我们暂时仍作存疑处理，有待进一步的研究。

苗瑶语共同汉语借词层存疑表二：

汉字	古音韵地位	苗瑶语古音构拟	畲语	苗语	瑶语	炯奈	布努	备注②
黄	匣宕合一唐平 *gwaŋ＞ɣwaŋ	*ɢlwjŋ²	khun²	faŋ²	wjaŋ²	kwan²	kwen²	声母！韵母！
钱	从山合三仙平 *tsjanx＞tsjæn	*dðin²	tshin²	saŋ²	tsin²	ʃiŋ²	θiŋ²	声母！

---

① 此处备注是指与苗瑶语共同汉语借词层语音特点不同的地方。
② 此处备注是指与苗瑶语共同汉语借词层语音特点不同的地方。

荅	端咸开一合入 *təp>tɑp	*dəp⁸	thɔ⁶	tə⁸	top⁸	tɔ⁸	tu⁸	声母！
灶	精效开一豪去 *tsəgwh>tsɑu	*tsʊ⁵	tsu³	so⁵	dzu⁵	tsu⁷	θho⁵	厨房，声调！
岭（村寨）	来梗开三清上 *liŋ>ljeŋ	*ŋgljɐŋ⁴	zaŋ⁴	ɣaŋ⁴	laŋ⁴			声母！
烛（火）	章通合三烛入 *tjuk>tjwok	*dəu⁴	thɔ⁴	tu⁴	tou⁴	tau⁴	to⁴	声母！声调！
治（死）	澄止开三之去 *drjəgh>ɖɨ	*dɑi⁶	tha⁶	ta⁶	tai⁶	ta⁶	tɔ⁶	声调！
竖（站）	书遇合三虞去 *sthjug>ɕju	*ʂəu³	su³	ɕhu³	suo³	θjau³	sho³	声调！
路	来遇合一模去 *glak>lou	*clau³	kja³	ki³	tɕau³	kja³	kje³	
广	见宕合一唐上 *kwaŋx>kwɑŋ	*qlw̥ŋ³	kun³	faŋ³	kwjaŋ³	kwan³	kwen³	韵尾！
九	见流开三尤上 *kjəŋwx>kjəu	*dmwəu²	khju²	tɕə²	wo²	tʃu²	tɕo²	声母！声调！
豝（猪）	帮假开二麻平 *prag>pa	*mpɒ⁵	pui⁵	pa⁵	——	mpei⁵	mpai⁵	声调！
甘（甜）	见咸开一谈平 *kam>kɑm	*qwɑ:m¹	kɔn¹	qaŋ¹	ka:m¹	ken¹	ken¹	韵尾！
屎①		*qai³	ka³	qa³	gai³	ka³	kɔ³	
淹	影咸开三盐平 *ʔjiam>ʔjɑm	*ʔum¹	ɔŋ¹	ə¹			aŋ¹	韵尾！

9.3.2.4 苗瑶语共同汉语借词表

下表共记录苗瑶语共同汉语借词中的汉字40个。

	借词读音		借词背景		备注
汉字	博罗畲语	中古音韵地位	词项	博罗畲语	
伯	pa⁵	帮梗开二陌入	大伯	pa⁵ me⁶	
踢	thi⁶	透梗开四锡入	践踏	thi⁶ tha²	
滴	tja⁶	端梗开四锡入	滴水	tja⁶ ɔŋ¹	
马	me⁴	明假开二麻上	马	me⁴	
酒	tju³	精流开三尤上	敬酒	kin³ tju³	
挖	va⁶	影山合二黠入	揪头发	va⁶ kaŋ⁶ khu⁵ pi¹	
脱	thai⁵	透山合一末入	脱鞋	thai⁵ khi⁵	
发	pɔ⁶	非山合三月入	神经病	pɔ⁶ ŋɔ⁵	～谔

---

① 在中国的少数民族语言里，表示汉语"屎"的意思的读音都具有相似性。水语 qe⁴、壮语 hai⁴、侗语 e⁴。曾晓渝 (2004:163)在论述水汉同源词的时候，用汉字"屎"进行比较。郑张尚芳（2002,南开大学讲学笔记）和黄行（2006:25）用"恶"进行比较。

笠	li⁶	来深开三缉入	斗笠	li⁶ thɔ²	
湿	si⁶	书深开三缉入	湿透了	ta² ɔŋ¹ si⁶ ja²	
金	kin²	见深开三侵平	金子	kin²	
卜	pa⁶	帮通合一屋入	红萝卜	zi¹ pa⁶ kɔ³ si⁵	
腹	pa⁶	非通合三屋入	牛肚子	ŋjɔ² pa⁶ thi⁵	
喝	hɔ⁶	晓咸开一合入	喝水	hɔ⁶ ɔŋ¹	
买	mɔ⁴	明蟹开二佳上	买	mɔ⁴	
卖	mɔ⁴	明蟹开二佳去	卖	mɔ⁴	
刻	khɔ⁶	溪曾开一德入	时刻	tshi² khɔ⁶	
塞	sai⁶	心曾开一德入	肉塞牙	kwe² sai⁶ mun³	
得	tu⁵	端曾开一德入	舍不得	a⁶ sa³ tu⁵	
蒸	tjaŋ¹	章曾开三蒸平	蒸饭	tjaŋ¹ kwe⁶	
秤	tjaŋ³¹	昌曾开三蒸去	秤	tjaŋ⁵ kɔ¹	
式	si⁶	书曾开三职入	式样	si⁶ jaŋ⁶	
银	ŋin²	疑臻开三真平	银元	ŋin²	
漆	tshai⁶	清臻开三质入	漆树	tshai⁶ tɔŋ⁵	
早	tsu³	精效开一侯上	早	tsu³	
过	kwa⁵	见果合一过上	经过	kin⁶ kwa⁵	
煮	tju³	章遇合三鱼上	煮肉	tju³ kwe²	
纸	tɔ³	章止开三支上	纸	tɔ³	
字	tshɔ⁴	从止开三之去	字	tshɔ⁴	
秧	zaŋ¹	影宕开三阳平	秧	zaŋ¹	
狭	kwe⁶	匣咸开二洽入	狭	kwe⁶	
缺	khui⁶	溪山合四屑入	刀缺口	khui⁶	
叔	si⁵	书通合三屋入	叔叔	si⁵ taŋ¹	
鸡	kwe¹	见蟹开四齐平	鸡	kwe¹	
皇	kwaŋ²	匣宕合一唐平	天	kwaŋ²	《诗·大雅·文王》："思皇多士,生此王国。"毛传："皇,天。"
赤	si⁵	昌梗开三锡入	红	si⁵	《礼记·月令》："〔季夏之月〕天子居明堂右个,乘朱路,驾赤駵。"孔颖达疏："色浅曰赤,色深曰朱。"
羊	zuŋ²	以宕开三阳平	羊	zuŋ²	
孔	khuŋ³	溪通合一东上	洞	khuŋ³	《墨子·备城门》："客至,诸门户皆令凿而幂孔。"孙诒让间诂："盖凿门为孔窍而以物蒙覆之,使外不得见。孔,窍也。"
鹅	ŋu²	疑果开一歌平	鹅	ŋu²	声母!疑为客家早期借词
破	pha⁵	滂果合一戈去	破	pha⁵	

9.3.3 闽语借词层

9.3.3.1 闽语借词层的语音特点

闽语被认为是汉语最古老的方言，它的一些语音特点比中古《切韵》音系还要古老。而且闽语的一些语音特征是其他方言所没有的，具有排他性。在我们分析畲语的汉语借词的时候，就发现其中的一些语音特征与闽语一致，因此把这一批词划为闽语层借词。畲语闽语层借词的主要特点是：

(1) 古咸山臻摄读后鼻音；
(2) 中古非母读为 h；
(3) 中古流摄主要元音为 -ɔ；
(4) 体现"古无轻唇"的特点，同时符合闽语的韵母特点，与各闽语点读音形成对应关系；
(5) 全浊声母字读为不送气声母，符合闽语的韵母特点，与各闽语点读音形成对应关系。

闽语和客家话在语音方面有一些共同点，因此，在区分闽语借词和客家话借词的时候，我们强调了闽语自身的一些排他的特征。其中最为主要的，我们认为是古咸山臻摄读后鼻音和流摄主要元音为 ɔ。

在汉语方言里，中古咸山臻摄大部分都是读为 n、m 韵尾或者是鼻化韵，温州话和苏州话也有部分的臻摄读为后鼻音 ŋ；只有闽语里的大部分的方言点里这三个韵摄都读 ŋ 韵尾。李如龙、张双庆(1992)记录的各个点的客家话里，咸摄读 ŋ 韵尾的只有翁源、武平、宁化和长汀四个点①；山摄读 ŋ 韵尾的只有武平、宁化和长汀三个点②；臻摄读 ŋ 韵尾的只有武平、宁化、长汀和赣县四个点。比较如下：

中古韵摄	畲语借词	例字	畲语借词	武平	翁源	宁化	长汀	赣县
咸	aŋ	占	tsaŋ³	tsaŋ⁵	tsaŋ⁵	tsaŋ⁵	tʃiẽ⁵	tsã⁵⁶
咸	iɔŋ	拈	ljɔŋ³	niaŋ¹	ŋiaŋ¹	ŋiaŋ¹	niẽ¹	niẽ¹
咸	aŋ	担	taŋ⁶	taŋ¹	taŋ¹	taŋ¹	taŋ¹	tã¹
咸	aŋ	篮	laŋ²	laŋ²	laŋ²	laŋ²	laŋ²	lã²
山	uŋ	算	suŋ³	sueŋ⁵	son⁵	suaŋ⁵	sū⁵	sõ⁵
臻	aŋ	分	paŋ¹	feŋ¹ peŋ¹	fun¹ pun¹	fɛi¹ pɛi¹	feŋ¹ peŋ¹	fəŋ¹
臻	aŋ	昏	vaŋ¹	feŋ¹	fun¹	fɛi¹	feŋ¹	huaŋ¹
臻	uŋ	本	puŋ⁶	peŋ³⁶	pun³⁶	pɛi³	peŋ³	pəŋ³
臻	uŋ	孙	suŋ¹	seŋ¹	siun¹	sɛi¹	seŋ¹	səŋ¹
臻	uŋ	蚊	muŋ⁴	meŋ¹	mun¹	mẽi¹	meŋ¹	məŋ²

---

① 长汀客家话咸摄也只有一、二等读为 -ŋ，大部分三、四等读为鼻化韵。
② 长汀客家话山摄也只有开口一、二等和部分合口一、二等读为 -ŋ，大部分三、四等读为鼻化韵。宁化则除了 ɛi 韵读为鼻化韵以外，都读为 ŋ。

从上面的比较中我们可以发现,只有武平一个点是咸、山、臻摄都读为后鼻音 ŋ,但是它的主要元音和畲语借词里的主要元音相差较大。同时,如果我们从地理位置看,这些咸、山、臻摄部分读为后鼻音 ŋ 的点,都是离福建比较相近(赣县),或者是在福建境内的(武平、宁化、长汀)。因此我们猜测,这些点的读音,大概都是语言接触的影响而造成的。因此,当我们分析畲语里的这一部分借词的时候,把它们划为闽语层更为合适。

在《汉语方音字汇》中所收的 17 个汉语方言点里,流摄读为主要元音 ɔ 的只有厦门。而畲语汉语借词里有一批词的流摄读 ɔ 的,试比较:

畲语汉语借词中古流摄读-ɔ 字表

汉字	中古音韵地位	畲语借词	厦门	备注
钩	见流开一侯平	kɔ¹	kɔ¹ 文 kau¹ 白	～子
投	定流开一侯平	thɔ²	tɔ² 文 tau² 白	～票
豆	定流开一侯去	tɔ²	tɔ⁶ 文 tau⁶ 白	～豆(花生)
母	明流开一侯去	mɔ⁶	bɔ⁶	～鸡
油	以流开三尤平	zɔ²	iu²	
馊	生流开三尤平	sɔ²	sɔ² 文 so² 白	饭～了
牛	疑流开三尤平	ŋjɔ²	giu² 文 gu² 白	

9.3.3.2 闽语借词层分析

(1)畲语闽语借词声调对应表

	平	上	去	入
全清	1(33)	3(55)	2/3/4/6	——
次清	1(33)	——		——
次浊	2(42)	——		
全浊	2(42)	4(53)	6(24)	——

畲语闽语层次的声调对应较乱,主要的原因是该层次的借词较少,现在可以确定的一共才 29 个借词。而且在这 29 个借词里,平声一共 17 个,其中 12 个为清声母。因此该层次上的声调对应不明显。但是从已有的声调可以看出来,基本上可以看作是调类对应。

(2)畲语闽语借词声母对应表

中古声母	畲语借词	例字	畲语借词	福州	建瓯	厦门	潮州	备注
帮	p-	本	puŋ⁶	puŋ³⁴	pɔŋ³⁴	puŋ³	puŋ³	声调!
		板	paŋ³					

非	p-	分	paŋ¹	xuŋ¹ 文 puoŋ¹ 白	xɔŋ¹ 文 pyɪŋ¹ 白	hun¹ 文 pun¹ 白	huŋ¹ 文 puŋ¹ 白	分工
	h-	夫	hu³	xu¹ 文 puɔ¹ 白	xu¹	hu¹ 文 pɔ¹ 白	hu¹ 文 pou¹ 白	功夫
		风	huŋ³	xuŋ¹	xɔŋ¹	hɔŋ¹	hoŋ¹ 文 huaŋ¹ 白	麻风
奉	h-	奉	huŋ⁶	xouŋ⁶	xɔŋ⁶	hɔŋ⁶	hoŋ⁴	奉承
微	m-	蚊	muŋ⁴	uŋ² 文 muoŋ² 白	mɔŋ³	bun⁴ 文 bun¹ 白	buŋ¹ 文 maŋ³ 白	
端	t-	担	taŋ⁶	taŋ¹	taŋ⁶	tam¹ 文 tã¹ 白	tam¹ 文 tã¹ 白	担水
定	t-	豆	tɔ²	tau⁶	te⁶	tɔ⁶ 文 tau⁶ 白	tau⁶	花生
		地	ti⁴	tei⁶ 文 tie⁶ 白	ti⁶	te⁶ 文 tue⁶ 白	ti⁶	
泥	lj-	拈	ljɔŋ³	nieŋ¹	niɪŋ¹	liam¹ 文 nī 白	liəm¹	抓阄
心	s-	三	saŋ¹	saŋ¹	saŋ¹	sam¹ 文 sã¹ 白	sam¹ 文 sã¹ 白	三月
		孙	suŋ¹	souŋ¹	sɔŋ¹	sun¹ 文 sŋ̍¹ 白	suŋ¹ 文 suŋ¹ 白	
		算	suŋ³	sauŋ⁵	sɔŋ⁵	suan⁵ 文 sŋ̍⁵ 白	suɯŋ⁵	
生	tsh-	杉	tshaŋ²	saŋ¹	saŋ¹	sam¹	sam¹	声母！
章	ts-	占	tsaŋ³	tsieŋ⁵	tsiɪŋ⁵	tsiam⁵	tsiəm⁵	
溪	k-	枯	ku¹	ku¹	khu¹	kɔ¹	kou¹	
群	k-	跪	kui³	kuei⁶ 文 khuei³ 白	ky⁶	kui⁶	kū̃i⁴	又去委切，止合三上纸溪
晓	h-	火	hɔ³	xuɛ³ 文 xuei³ 白	xɔ³	hɔ̃³ 文 he³ 白	hue³	火柴
	v-	昏	vaŋ¹	xuŋ¹ 文 uɔŋ¹ 白	xɔŋ¹	hun¹	huŋ¹	头晕
来	l-	篮	laŋ²	laŋ²	laŋ²	lam² 文 nã² 白	nã²	
		乱	luŋ⁶	luaŋ⁶ 文 lauŋ⁶ 白	luɪŋ⁶	luan⁶	lueŋ⁴	

(3) 畲语闽语借词韵母对应表

中古韵摄	畲语借词	例字	畲语借词	福州	建瓯	厦门	潮州	备注
遇合一模	-u	枯	ku¹	ku¹	khu¹	kɔ¹	kou¹	
遇合三虞		夫	hu³	xu¹ 文 puɔ¹ 白	xu¹	hu¹ 文 pɔ¹ 白	hu¹ 文 pou¹ 白	
止开三脂	-i	地	ti⁴	tei⁶ 文 tie⁶ 白	ti⁶	te⁶ 文 tue⁶ 白	ti⁶	
止合三支	-ui	跪	kui³	kuei⁶ 文 khuei³ 白	ky⁶	kui⁶	kũĩ⁴	
流开一侯	-ɔ	豆	tɔ²	tau⁶	te⁶	tɔ⁶ 文 tau⁶ 白	tau⁶	
流开三尤	-ɔ	牛	ŋjɔ²	ŋieu² 文 ŋu² 白	niu	giu² 文 gu² 白	gu²	
果合一果	-ɔ	火	hɔ³	xuɔ³ 文 xuei³ 白	xɔ³	hɔ̃³ 文 he³ 白	hue³	火柴
咸开一谈	-aŋ	三	saŋ¹	saŋ¹	saŋ¹	sam¹ 文 sã¹ 白	sam¹ 文 sã¹ 白	三月
		篮	laŋ²	laŋ²	laŋ²	lam² 文 nã² 白	nã²	
咸开二咸	-aŋ	杉	tshaŋ²	saŋ¹	saŋ¹	sam¹	sam¹	声母!
咸开三盐		占	tsaŋ³	tsieŋ⁵	tsiiŋ⁵	tsiam⁵	tsiəm⁵	
咸开四添	-jɔŋ	拈	ljɔŋ³	nieŋ¹	niŋ¹	liam¹ 文 nĩ¹ 白	liəm¹	抓阄
山合一桓	-uŋ	算	suŋ³	sauŋ⁵	sɔŋ⁵	suan⁵ sŋ̍⁵	suŋ⁵	
山合一缓		乱	luŋ⁶	luan⁶ lauŋ⁶	luiŋ⁶	luan⁶	luen⁴	
	-aŋ	粄	paŋ³	——	——	——	——	
臻合一魂	-aŋ	昏	vaŋ¹	xuɔŋ¹ 文 uɔŋ¹ 白	xɔŋ¹	hun¹	huŋ¹	头晕
	-uŋ	孙	suŋ¹	souŋ¹	sɔŋ¹	sun¹ 文 sŋ̍¹ 白	suŋ¹ 文 suŋ¹ 白	
		本	puŋ⁶	puɔŋ³⁴	pɔŋ³⁴	pun³	puŋ³	
臻合三文	-aŋ	分	paŋ¹	xuŋ¹ 文 puɔŋ¹ 白	xɔŋ¹ 文 pyiŋ¹ 白	hun¹ 文 pun¹ 白	huŋ¹ 文 puŋ¹ 白	分工
	-uŋ	蚊	muŋ⁴	uŋ² 文 muɔŋ² 白	mɔŋ³	bun⁴ 文 bun¹ 白	buŋ¹ 文 maŋ³ 白	

| 通合三钟 | -uŋ | 风 | huŋ³ | xuŋ¹ | xɔŋ¹ | hoŋ¹ | hoŋ¹ 文
huaŋ¹ 白 | 麻风 |
| | | 奉 | huŋ⁶ | xouŋ⁶ | xɔŋ⁶ | hoŋ⁶ | hoŋ⁴ | 奉承 |

9.3.3.3 闽语借词表

此处一共列举畲语闽语层借词词素 29 个。

汉字	借词读音		借词背景		备注
	博罗畲语	中古音韵地位	词项	博罗畲语	
钩	kɔ¹	见流开一侯平	钩子	kɔ³	
投	thɔ²	定流开一侯平	投票	thɔ² phjɔ⁴	声母！
豆	tɔ²	定流开一侯去	花生	ti⁴ tɔ²	声调！
母	mɔ⁴	明流开一侯去	母鸡	mɔ⁴ kwe¹ tsa⁵	
油	zɔ²	以流开三尤平	牛油	ŋjɔ² zɔ²	
馊	sɔ¹	生流开三尤平	饭馊了	kwe⁶ tsu⁵ sɔ¹	
算	suŋ³	心山合一桓去	算	suŋ³	声调！
乱	luŋ⁶	来山合一桓去	吵乱	tshau⁴ luŋ⁶	
粄	paŋ³	帮山合一缓上	糍粑	paŋ³ pa⁵	
风	huŋ³	非通合三东平	麻风	ma² huŋ³	声调！
奉	huŋ⁶	非通合三钟上	奉承	huŋ⁶ sin¹	
篮	laŋ²	来咸开一谈平	篮子，箩子	laŋ² taŋ¹	
三	saŋ¹	心咸开一谈平	三月	saŋ¹ le⁵	
担	taŋ⁶	端咸开一谈去	担水	taŋ⁶ ɔŋ⁵	
拈	ljɔŋ³	泥咸开四添平	抓阄	ljɔŋ³ khju³	声调！
杉	tshaŋ²	生咸开二咸平	杉树	tshaŋ²	声调！
占	tsaŋ³	章咸开二咸平	占	tsaŋ³	声调！
枯	ku¹	溪遇合一模平	枯树	ku¹ tɔŋ⁵	
夫	hu³	非遇合三虞平	耍武艺	khwaŋ⁴ kuŋ³ hu³	声调！
昏	vaŋ¹	晓臻合一魂平	头晕	kaŋ⁶ khu⁵ vaŋ¹	声母！
孙	suŋ¹	心臻合一魂平	孙媳妇	suŋ¹ ŋi¹	
本	puŋ⁶	帮臻合一魂上	吃亏	luŋ² puŋ⁶	声调！
分	paŋ¹	非臻合三文平	分工	paŋ¹ kɔŋ¹	
蠓	muŋ⁴	明通合一东上	蚊子	ta³ muŋ⁴ kha⁴	《广韵》："蠛蠓生朽壤之上，因雨而生，见阳而死。"杨伯峻集释："谓蠛蠓、蚊蚋也。二者小飞虫也。"
跪	kui³	群止合三支上	跪	kui³	又去委切，溪止合三支上
地	ti⁴	定止开三脂去	花生	ti⁴ tɔ²	
牛	ŋjɔ²	疑流开三尤平	牛	ŋjɔ²	
			放牛	tsuŋ⁵ ŋjɔ²	
火	hɔ³	晓果合一果上	火柴	hɔ³ tshai⁶	

| 伙 | hɔ⁵ | 晓果合一果上 | 家伙 | ka³ hɔ⁵ | |

9.3.4 客家话借词层

畲语里的汉语借词,以客家话最多。这是由于畲族人长期以来一直和客家人聚居在一起,这样的生存状态使得他们与客家人的接触最多;畲族人基本上都是畲-客双语者。因此,客家话的词汇就很容易进入畲语里。在我们整理的 1200 个汉语借词词素里,客家话借词词素有 836 个,占了畲语汉语借词词素的 69.7%。另外还有一批可以确定是客家话借词,但是尚未考证本字的客家话借词。

9.3.4.1 客家话借词的层次分析方法

畲语和客家话接触的时间较长,客家话借词的数量很多,许多客家话借词并不是在同一时间段进入畲语的。因此,这一批客家话借词内部可以形成两个不同的层次。根据借词层次的一般规律,调类对应借词应该是早期的借词;而与今天博罗当地客家话的调值对应的那一部分借词,应该是稍晚层次借入的。客家话借词层次分析的具体原则方法是:

(1)根据借用的相似性原则,我们把客家话借词中调类对应的层次定为中古层次,把调值对应的层次定为近现代层次(占畲语里汉借词的绝大部分)。同时根据声调系统性强的特征,当声、韵、调层次出现矛盾的时候,以声调层次为主。

畲语中古层客家话借词声调对应表:

	平	上	去	入
全清	1 (33)	3 (55)	5 (31)	7 (42)
次清	1 (33)	3 (55)	5 (31)	7 (42)
次浊	2 (42)	4 (53)	6 (24)	8 (55)
全浊	2 (42)	4 (53)	6 (24)	8 (55)

畲语近现代层客家话借词声调对应表:

	平	上	去	入
全清	6 (24)	2 (42)	3 (55)	7 (42)
次清	6 (24)	2 (42)	3 (55)	7 (42)
次浊	5 (31)	2 (42)	3 (55)	8 (55)
全浊	5 (31)	4 (53)	3 (55)	8 (55)

(2)汉语上古音和中古音的构拟音系、博罗地区以及周边的现代汉语方言音系,是确定借词古今历史层次的重要依据。

(3)词汇特点。早期借词由于借用的大部分都是单音节词,而且借用的时间长,因此具有构词能力。而且可以和本族词语素一起构词;而晚期借用的借词,大部分都是双音节词,一般不具有构词能力。

例如:"粉"字有两个读音 pun³ 和 fun⁵;米粉 tsi⁵ pun³;其中 tsi⁵ 是畲语的本族词,"米粉"这种食物在广东有很长的历史;粉笔 fun⁵ pit⁷,面粉 mjen⁴ fun⁵,双音节作为一个整体的借用,单独的粉 fun⁵ 不再和本族词构词。

9.3.4.2 早期客家话借词

（一）早期客家话借词的声韵调对应规律

我们以调类对应为标准，可以系联出中古层次相对应的声母系统和韵母系统：

（1）畲语早期客家话借词声母对应表

中古声母	中古拟音①	畲语声母	例字	畲语汉借词
帮	p	p	兵	当兵 ɔ¹ pun¹
滂	ph	ph	潘	姓潘 sjaŋ⁴ phan¹
			铺	饭店 lo³ toŋ¹ phu¹
			喷	喷水 phun¹ oŋ¹
並	b	ph	皮,脾,傍	雀斑 ma² phi²　脾气 phi² hi²
				靠他 phaŋ⁶ le²
非	p	p	粉	米粉 tsi⁵ pun³
微	m	m	味	味 mi⁶
端	t	t	顶	脑门 kɔ³ tin³
		tj	丁,斗	姓丁 sjaŋ⁴ tjen¹
				奋斗 fun³ tju³
透	th	thj	天	夏天 ha¹ thjen¹
定	d	th	第	次子 thi⁶ ŋi³ taŋ¹
来	l	l	螺,另,离	旋风 tsju⁴ lo² fuŋ³
				另外 laŋ⁶ tshi²　邻居 ka⁵ li²
		lj	楼,流	楼 lju²　轮流 lun² lju²
彻	ṭh	tsh	撑	船夫 tshan¹ kjuŋ² le²
澄	ɖ	tsh	撞	遇见 tshoŋ⁶ phu⁶
			赚	赚钱 tshan⁶ tshin²
			丈	岳父 tshoŋ⁴ ŋin² lo⁵
精	ts	tsj	增	增加 tsjen¹ ka¹
清	tsh	tsh	铳	扣枪 khju³ tshuŋ¹
			粗	粗糙 khje⁴ tshu¹
从	dz	ts	赠,齐	赠送 tsin⁶ suŋ⁴　齐 tshje²
			静	静悄悄 khje⁴ tshin⁴
心	s	s	酸	醋 son¹ tshju³
		sj	写	写 sja³
章	tɕ	ts	正,珠	正月 tsin¹ le⁵　珠算 tsu¹ suŋ³
		tsj	周	姓周 sjaŋ⁴ tsju¹
船	dʑ	s	神	月亮 le⁵ kɔ³ sin²
书	ɕ	s	舍	舍不得 a⁶ sa³ tu⁵
禅	ʑ	s	辰	辰 sin¹
		tsh	是	是不是 tshi⁶ a⁶ tshi⁴

---

① 此处中古拟音采用李方桂的拟音系统。

见	k	k	官,古,加	官 kɔn¹ 故事 ku⁵ taŋ¹
				增加 tsjen¹ ka¹
		kj	弓,卷	弓 kjuŋ¹
				头发卷 kaŋ⁶ khu⁵ pi¹ kjen⁵
溪	kh	kh	开,孔	开会 khe¹ fui⁶ 孔 khuŋ³
群	g	khj	穷	穷 khjɔŋ²
		kh	柜,狂	柜子 khui⁶
				猖狂 tshɔŋ⁶ khɔŋ²
疑	ŋ	m	吴	姓吴 sjaŋ⁴ m²
以	ji	z 或 j	野,也,油	野 za⁴ 也 za⁴ 汽油 hi³ ju²
影	ʔ	∅	应	应该 in¹ kɔi¹
匣	ɣ	f	胡,会	胡琴 ŋi³ fu² 开会 khe¹ fui⁶
		v	横	横 vaŋ²
云	j	z 或 j	圆,园,员	团圆 thɔn² jen² 园 zin²
				团员 thɔn² jen²
		v	位	座位 ŋjuŋ¹ vui⁶
日	nm	ŋ	人,韧	媒人 ɔ⁵ mui³ ŋin²
				不易断 ka¹ ŋin⁶

(2)畲语早期客家话借词韵母对应表

摄	呼	等	韵	李方桂拟音	畲语韵	例字	例 词
果	合	一	戈	uɑ	a	婆	蝙蝠 phi³ pha² taŋ¹
					ɔ	螺	旋风 tsju⁴ lɔ² fuŋ³
假	开	二	麻	a	a	加	增加 tsjen¹ ka¹
		三	麻	ja	a	也,野	也 za⁴ 野 za⁴
						舍	舍不得 a⁶ sa³ tu⁵
				ia		写	写 sja³
遇	合	一	模	uo	u	胡,古	胡琴 ŋi³ fu² 故事 ku⁵ taŋ¹
					ɔ	粗	皮肤粗 khu⁵ tshɔ¹
		三	鱼	jwo	a	鼠	黄鼠狼 sɔŋ⁴ sa³ vɔŋ²
		三	虞	ju	u	珠	珠算 tsu¹ suŋ³
蟹	开	一	哈	ǎi	e	开	开会 khe¹ fui⁶ 耐用 le⁶ zuŋ⁴
		二	佳	ai	e	排	木排 tɔŋ⁵ phe²
		四	齐	iei	ie	齐	齐 tshje²
					i	第	次子 thi⁶ ŋi³ taŋ¹ 犁 li²
	合	一	泰	wɑi	ui	会	开会 khe¹ fui⁶
					e	外	外甥 ve⁶ saŋ³
止	开	三	之	jě	i	箕,时	簸箕 fun⁵ ki¹
							时间 tshi² khɔ⁶
	开	三	支	ɨ	i	离,璃	邻居 ka⁵ li² 玻璃 pɔ³ li²
						皮	雀斑 ma² phi²
	合	三	脂	jwi	ui	柜,位	柜 khui⁶ 座位 ŋjuŋ¹ vui⁶
	合	三	微	jwěi	i	味	味道 mi⁶

流	开	一	侯	ǒu	iu	斗,楼	奋斗 fun³ tju³ 楼 lju²
	开	三	尤	jǒu	iu	油,流	汽油 hi³ ju² 轮流 lun² lju²
深	开	三	侵	jəm	in	心,琴	背心 pəi³ sin¹
							口琴 hju² khin²
山	开	四	先	ien	ien	天	夏天 ha¹ thjen³
	合	一	桓	ɑn	ɔn	官,酸	官 kɔn¹ 醋 sɔn¹ tshju³
						团	团员 thɔn² jen²
					an	潘	姓潘 sjaŋ⁴ phan¹
	合	三	仙	jwæn	ien	圆	团圆 thɔn² jen²
						宣	宣布 sjen¹ pu³
						员	团员 thɔn² jen²
			元	jwɐn	in	园	zin²
臻	开	三	真	jěn	in	神	月亮 le⁵ kɔ³ sin²
						辰	辰 sin¹
	合	一	魂	uən	un	喷	喷水 phun¹ ɔŋ¹
宕	开	一	唐	ɑŋ	aŋ	傍	依靠 phaŋ⁶ le²
	开	三	阳	jaŋ	ɔŋ	丈	岳父 tshɔŋ⁴ ŋin² lɔ⁵
	合	一	唐	wɑŋ	ɔŋ	猖	猖狂 tshɔŋ⁶ khɔŋ²
江	开	二	江	ɔŋ	ɔŋ	撞	遇见 tshɔŋ⁶ phu⁶
曾	开	一	登	əŋ	en	增	增加 tsjen¹ ka¹
					in	赠	赠送 tsin⁶ suŋ⁴
	开	三	蒸	jəŋ	in	应	应该 in² kɔi¹
梗	开	二	庚	ɐŋ	aŋ	撑	船夫 tshaŋ¹ kjuŋ² le²
	开	三	庚	jɐŋ	un	兵	当兵 ɔ⁵ pun¹
	开	三	清	jæŋ	in	正	正月 tsin¹ le⁵
						静	静悄悄 khje⁴ tshin⁴
	开	四	青	ieŋ	aŋ	另	另外 laŋ⁶ tshi²
					ien	丁	tjen¹
					in	顶	脑门 kɔ³ tin³
	合	二	庚	wɐŋ	aŋ	横	vaŋ²
通	合	一	东	uŋ	uŋ	孔	khuŋ³
					ɔŋ	空	khɔŋ¹
	合	三	东	juŋ	iuŋ	穷,弓	穷 khjuŋ² 弓 kjuŋ¹
	合	三	钟	jwoŋ	uŋ	尊	尊重 tsun⁶ tshuŋ⁴

(二)畲语早期客家话借词语音特点说明

我们以声调的标准来区分早期客家话借词和晚期客家话借词,其实在声母和韵母上也同时反映出两个层次上的不同特点;而这些反映不同时期的语音特点,正好印证了使用调类对应和调值对应来区分层次的科学性。

(1)声母特点

声母上的特征很难区别早期和晚期的客家话借词,因为一些上古语音特征例如"古无轻唇"和"古无舌上"在两个层次中都有所保存。但是这种保存也是个别的常用字,都无法形成大量的成系统的层次。我们只能把他们看成是一种上古音的滞留,不能以此为依据进行层次的划分。

(2) 韵母特点

1) 果摄

中古果摄各家拟音大致都是元音 ɑ。在我们分析的畲语汉语借词里,有一个词的果摄读为 a：pha² 婆,我们把它划归早期客家话借词。

关于畲语把"蝙蝠"称为"＊匹婆",我们把它归为客家话借词,这是从词义的角度出发,同时兼顾语音确定的。"蝙蝠"一词在各地汉语方言的叫法[①]:

北京	iɛn⁴ mə⁼ xu³	苏州	piɪ¹ foʔ⁷ tsʅ⁼
济南	iæ̃² pie⁼ xu¹ tsʅ⁼	温州	bei⁵ jiai⁵
西安	ie⁵ piau¹ xu⁼	长沙	iẽ² lau³ ɕy³
太原	ie⁴ pieʔ⁷ fəʔ⁷	双峰	ĩ² lɤ³ ɕiʊ⁵
武汉	iɛn² nau³ ɕy⁼	南昌	iɛn² lau⁼ ɕy³
	ie² ɕy⁼ nau⁵		
成都	iɛn⁵ nau³ sur³	广州	fei¹ ʃy³
	ie⁵ pei² fur³		
合肥	piəʔ⁸ fəʔ⁷	阳江	fui¹ ʃi³
	ĩlɔ⁵ tʂhu⁼		
扬州	pieʔ⁷ fəʔ⁷ tsɛ⁼	梅县	phɛt⁸ phɔ² ɛ³
厦门	bit⁸ po²	福州	pi⁸ pa² lau³ pieʔ⁷
潮州	bek⁸ po²	建瓯	pi⁸ pɔ²

而在客家话方言区,各地对"蝙蝠"的叫法差不多,多称呼"＊匹婆",少数称为"飞鼠":

梅县	phɛt⁸ phɔ² ɛi⁼	秀篆	phiet⁸ phou²
翁源	phɛt⁸ phou² tsʅ³	武平	phit⁸ phɔu² tsʅ³
连南	fɔi¹ ʃy³	长汀	thiɔ⁵ iẽ² lɔ³ ʃœ³
河源	mun² sui⁸	赣县	phit⁸ pha² lɔ³ su³
清溪	phit⁸ phɔ²	大余	phit⁸ pha² lɔ³ ɕy³
揭西	phit⁸ phou²	香港	phit⁸ phɔ²

由上可见,在汉语方言里把蝙蝠称作"＊匹婆"的只有客家话和闽语。闽语里的名称与客家话相近,但是"婆"读不送气。另外,在客家话里,用"婆"字命名的动物名称还有"虱子""雁"和"鹰",比较如下:

---

① 此处参考北京大学中文系编《汉语方言词汇》(第二版)。

	鹰	雁	虱子
梅县	iau⁵⁶ phɔ²	——	——
翁源	iau³⁶ phou²	——	——
连南	iau⁵⁶ phəu²	ŋan⁵⁶ phəu²	——
宁都	——	——	səp⁷ phɔ²
赣县	——	——	sə⁷ᴮ phɔ²
新余	——	ŋai⁶ phɔ⁼	se⁷ᴬ phɔ⁼

因此，我们根据词汇意义并参考语音特点，把畲语"phit⁸ pha² taŋ¹"归为客家话借词。同时根据"婆"与中古汉语的音韵对应关系，定为早期汉语借词。

2) 蟹摄开口一二等

在已经发表的关于客家话方言层次的文章里，关于蟹摄层次的讨论是比较多的。这是因为第一：蟹摄所辖的韵目较多，包括了一等韵咍、泰；二等韵皆、佳、夬；三等韵祭、废；四等韵齐。第二：历史上蟹摄各韵经常与别的韵合流，演变较为复杂。

刘泽民（2005：191）在讨论客赣方言蟹摄咍泰韵开口层次的时候，把它们分成 A、B 两层："一层主要元音读前低元音，主要形式上是 ai，有些点是它的变体 æ 或 ɐ，我们称作 B 层；另一层主要元音为圆唇元音，主要形式是 ɔi 或 oi，还有一些变体如 uɛ、ue、œ、oɛ、θ、øi 等，其主要元音是比 B 层高的展唇元音，形式如 ei、ɛi 等，它也与 B 层形成对立的层次，笔者认为其性质与主元音为圆唇元音的形式相同，属于同一层次，因此将其统称为 A 层。"

刘泽民认为 B 层与官话读音相近，因此定为官话方言覆盖的文读层。而将 A 层考订为上限在中唐以后，下限在南宋后期到元代初期之间。我们认为刘泽民关于蟹摄层次时期的考证是可信的。但是，对于分层的界定，还有值得商榷的地方。

蟹摄部分在上古归属微部和之部阴声，主要元音为 -ə。在今天各个点的客家话里，蟹摄咍泰韵开口一般都读为一个复合元音。但是在一些客家话方言点里，蟹摄咍泰韵开口读为单元音 -e（或 -e 的变体）①：

	该	开	来	太	排	盖
赣县	kæ¹	hue¹	læ²	thæ⁵⁶	phæ²	kæ⁵⁶
南康	kiæ¹	hue¹	læ²	thæ⁴	phæ²	kiæ⁴
上犹	kue¹	hue¹	læ²	thæ⁴	phæ²	kue²
永新	kæ¹	khæ¹	læ²	thæ⁵	phæ²	kæ⁵
茶陵	kæ¹	khæ¹	læ²	thæ⁵	phæ²	kæ⁵

刘泽民把这个层次定为 B 层，并认为是官话层的覆盖。但是在畲语的客家话借词里，有 5 个蟹摄一、二等字的主要元音读为 -e：khe¹ 开、le⁶ 耐、phe² 排、ke¹ 改、phe⁴ 败。它们的调类和畲语的调类对应，根据我们调类对应的原则，这几个读音应该是畲语客家话的早期借词。而且这几个词素具有很强的造词能力，从这点看也符合早期借词的特点。同时比照汉语从上古到中

---

① 此处词表引自《客赣方言调查报告》（李如龙、张双庆 1992）。

古的语音演变,我们认为博罗畲语客家话借词的蟹摄开口一二等读-e 应该为早期的层次:

例字	畲语借词	上古到中古读音	中古音韵地位	备 注
开	khe¹	khəd＞khai	溪蟹开一咍平	～会
改	ke¹	kəgx＞kai	见蟹开一咍上	声调!
耐	le⁶	nədh＞nai	泥蟹开一咍去	～用
排	phe²	brəd＞bai	并蟹开二佳平	木～
败	phe⁴	bradh＞pwai	并蟹开二夬去	～家子,声调!
菜	tshɔi³	tshəgh＞tshai	清蟹开一咍去	椰～(莲花白) 博罗客家:tshɔi⁵
袋	thɔi³	dəgh＞dai	定蟹开一咍去	博罗客家:thɔi⁵
柴	tshai⁵	dzrig＞dẓai	崇蟹开二佳平	博罗客家:tshai²

因此,我们认为畲语客家话借词里蟹摄读音明显呈现早晚不同的层次,早期层次主要元音读-e,晚期层次主要元音读 ai 和 ɔi。

9.3.4.3 晚期客家话借词

我们根据调值对应的原则,系联出畲语晚期客家话借词的声母和韵母系统,同时把这一部分的客家话借词和博罗当地的客家话相比较①。

(1)畲语晚期客家话借词声母对应表

声母对应			例词		备 注
中古声母	畲语借词	博罗客家	畲语借词	博罗客家	
帮	p-	p-	笔 pit⁴²	pit³¹	
	pj-		丙 pjaŋ⁴²	piaŋ³³	
	ph-		豹 phau⁵⁵	pau⁵⁵	
滂	ph-	ph-	派 phai⁵⁵	phai⁵⁵	
	phj-		票 phjau⁵⁵	phiau⁵⁵	
並	ph-	ph-	雹 phɔk⁵⁵	phɔk⁵⁵	
			备 phi⁵⁵	phi⁵⁵	准～
	p-	p-	背 pɔi⁵⁵	pɔi⁵⁵	驼～
明	m-	m-	明 min³¹	min³¹	证～,～白
	mj-	m-	勉 mjɛn²⁴	miɛn³⁵	～强
非	p-	p-	粪 pun⁵⁵	pun⁵⁵	
		f-	贩 pan⁴²	fan³³	～卖
	f-	f-	方 fɔŋ²⁴	fɔŋ³⁵	大～
敷	ph-	ph-	孵 phu⁵³		
			肺 phui⁵⁵	phui⁵⁵	
	f-	f-	番 fan²⁴	fan³⁵	～茄
奉	f-	f-	服 fuk⁵⁵	fuk⁵⁵	～侍
微	m-	m-	未 mui⁵⁵	mui⁵⁵	

---

① 此处为了更清楚地显示调值对应的情况,采用调值标调法。特此说明。

端	t-	t-	单 tan²⁴	tan³⁵	简~	
	tj-		斗 tju³³	tiu³³	戽~	
透	th-	th-	通 thuŋ²⁴	thuŋ³⁵	~信	
	thj-		踢 thjak⁴²	thiak³¹	~球	
定	th-	th-	动 thuŋ⁵⁵	thuŋ⁵⁵	反~	
			毒 thuk⁵⁵	thuk⁵⁵	消~	
	thj-		豆 thju⁵⁵	thiu⁵⁵	绿~	
			电 thjen⁵⁵	thien⁵⁵		
	t-	t-	队 tui⁵⁵	tui⁵⁵	排~	
泥	l-	l-	泥 lai³³	lai³¹	~水匠	
	ŋ-	ŋ-	女 ŋi⁴²	ŋi³³	侄~	
来	l-	l-	利 li⁵⁵	li⁵⁵	顺~	
	lj-		连 ljen³¹	lien³¹	牵~	
娘	ŋj-	ŋ-	扭 ŋju³³	ŋiu³³	拧钢笔（~钢笔）	
知	ts-	ts-	张 tsɔŋ²⁴	tsɔŋ³⁵	紧~	
	t-	t-	知 ti²⁴	ti³⁵	~道,通~	
彻	tshj-	tsh-	丑 tshju⁴²	tshiu³³		
澄	ts-	ts-	仗 tsɔŋ⁴²	tsɔŋ⁵⁵	打~,客家话这个字都读不送气	
	tsh-	tsh-	直 tshit⁵⁵	tshit⁵⁵	正~	
精	ts-	ts-	进 tsin⁵⁵	tsin⁵⁵	先~	
	tsj-		箭 tsjen⁵⁵	tsien⁵⁵	射~	
清	tshj-	ts-	请 tshjaŋ⁴²	tshiaŋ³³	邀~	
	tsh-		七 tshit⁴²	tshit³¹		
从	ts-	ts-	赠 tsin⁵⁵	tsin⁵⁵	~送,客家话这个字都读不送气	
	tsh-	tsh-	凿 tshɔk⁵⁵	tshɔk⁵⁵	开~	
心	s-	s-	送 suŋ⁵⁵	suŋ⁵⁵		
	sj-		姓 sjaŋ⁵³	siaŋ⁵⁵		
邪	tshj-	tsh-	斜 tshja⁵³	tshia³¹		
	tsh-		续 tshuk⁵⁵	tshuk⁵⁵	继~	
庄	tsj-	ts-	皱 tsju⁵³	tsju⁵⁵	~纹	
	ts-		装 tsɔŋ²⁴	tsɔŋ³⁵	假~	
章	tsj-	ts-	周 tsju²⁴	tsiu³⁵	姓~	
	ts-		烛 tsuk⁴²	tsuk³¹	~烛	
初	tsh-	tsh-	车 tsha²⁴	tsha³⁵		
崇	tsh-	tsh-	状 tshɔŋ⁵⁵	tshɔŋ⁵⁵	告~	
船	s-	s-	射 sa⁵⁵	sa⁵⁵	~箭	
生	s-	s-	双 suŋ⁵⁵	suŋ⁵⁵		
书	s-	s-	身 sin³³	sin³³		
	sj-		守 sju⁴²	sju³³	保~	
	tshj-	tsh-	始 tshi⁴²	tshi³³	开~	

禅	s-	s-	石 sak^{55} 辰 sin^{33}	sak^{55} sin^{33}	~膏	
	sj-		绍 sjau^{31}	siau^{55}	介~	
见	k-	k-	国 kɔk^{42} 敬 kin^{55}	kɔk^{31} kin^{55}	~家 ~酒	
	kj-		骄 kjau^{24}	kiau^{35}	~傲	
	kh-	kh-	菊 khuk^{42}	khuk^{31}	~花	
	khj-		阄 khju^{55}	khiu^{35}		
溪	kh-	kh-	庆 khin^{53} 苦 khu^{33}	khin^{55} khu^{33}	~祝 ~战	
	khj-		牵 khjen^{24} 扣 khju^{55}	khien^{35} khju^{55}	~连 ~枪	
	h-	h-	壳 hɔk^{42}	hɔk^{31}		
	hj-		口 hju^{42}	hiu^{33}		
	tshj-		遣 tshjen^{53}	tshien^{53}	派~	
群	kh-	kh-	芹 khin^{31} 极 khik^{55}	khin^{31} khik^{55}	~菜 消~	
	khj-		球 khju^{31}	khiu^{33}		
	k-	k-	竞 kin^{55}	kin^{55}	~赛,客家话这个字都读不送气	
疑	v-	v-	危 vui^{31}	ŋui^{31}	~险	
	z-或j-	j-	迎 jaŋ^{31}	jaŋ^{31}	欢~	
	ŋ-	ŋ-	牙 ŋa^{31}	ŋa^{31}	~膏	
	ŋj-		藕 ŋju^{24}	ŋiu^{35}		
以	z-或j-	j-	育 juk^{42}	juk^{31}	教~	
	zj-		鹞 zjau^{55}	jau^{55}	纸~	
	kj-	k-	捐 kjen^{24}	kien^{35}	~钱	
影	z-或j-	z-或j-	寅 zin^{31}	in^{31}		
	zj-		冤 zjen^{55}	ien^{35}	伸~	
	v-	v-	握 vɔk^{42}	vɔk^{31}	掌~	
	ʔ-	ʔ-	鸦 ʔa^{24}	ʔa^{35}	~片	
晓	f-	f-	婚 fun^{24}	fun^{35}	离~	
	h-	h-	戏 hi^{33}	hi^{55}		
	hj-		香 hjɔŋ^{24}	hiɔŋ^{35}	~炉	
	sj-	sj-	宪 sjen^{42}	sien^{35}	~法	
匣	f-	f-	贺 fɔ^{55}	fɔ^{55}	祝~	
	v-	v-	横 vaŋ^{42}	vaŋ^{31}		
	h-	h-	合 hat^{55}	hat^{55}		
	hj-		后 hju^{33}	hiu^{55}	~生(年轻)	
	sj-	s-	现 sjen^{55}	sien^{55}	实~	

云	z-或 j-	j-	荣 zin^{31} 友 ju^{42}	in^{31} iu^{35}	光~ 朋~
	zj-		援 zjen^{33}	ien^{33}	支~
	v-	v-	伟 vui^{42}	vui^{33}	~大
日	ŋ-	ŋ-	认 ŋin^{53}	ŋin^{55}	~朋友
	ŋj-	ŋ-	弱 ŋjok^{55}	ŋɔk^{55}	

(2) 畲语晚期客家话借词韵母表

韵母对应			例词		备 注
中古韵	畲语借词韵母	博罗客家韵母	畲语借词	博罗客家	
果开一歌	-ɔ	-ɔ	贺 fɔ^{55}	fɔ^{55}	祝~
	-ai	-ai	搓 tshai^{24}	tshai^{35}	~面（揉面）
果开三戈	-jɔ	-ɔ	茄 khjɔ^{31}	khiɔ^{31}	番~
果合一戈	-ɔ	-ɔ	菠 pɔ^{24}	pɔ^{35}	~菜
	-e	-ai	跛 pe^{24}	pai^{35}	~子
	-ai	-ɔi	痤 tshai^{53}	tshɔi^{31}	发~
假开二麻	-a	-a	家 ka^{24}	ka^{35}	国~
假开三麻	-ia	-ia	斜 tshja^{53}	tshia^{55}	
	-a	-a	车 tsha^{24}	tsha^{35}	
假合二麻	-a	-a	花 fa^{24}	fa^{35}	菊~
遇合一模	-u	-u	估 ku^{33}	ku^{33}	~计
	-iu	-iu	醋 tshju^{55}	tshiu^{55}	
遇合三鱼	-i	-i	女 ŋi^{42} 举 ki^{42}	ŋi^{33} ki^{33}	侄~ 选~
	-u	-u	书 su^{24}	su^{35}	
	-ɔ	-ɔ	阻 tsɔ^{31}	tsɔ^{31}	~止
遇合三虞	-u	-u	舞 mu^{31}	mu^{31}	跳~
蟹开一咍	-ɔi	-ɔi	待 thɔi^{55}	thɔi^{55}	招~
	-ai	-ai	赛 sai^{55}	sai^{55}	竞~
蟹开一泰	-ɔi	-ɔi	害 hɔi^{55}	hɔi^{55}	谋~
	-ui	-ɔi	盖 kui^{42}	kɔi^{55}	棺材~
蟹开二皆	-ai	-ai	排 phai^{31}	phai^{31}	~队
蟹开二佳	-ai	-ai	柴 tshai^{31}	tshai^{31}	火~
蟹开三祭	-i	-i	励 li^{55}	li^{55}	奖~
蟹开四齐	-ɔi	-ɔi	梯 thɔi^{55}	thɔi^{55}	梯
	-ai	-ai	泥 lai^{33}	lai^{33}	~水匠
	-ie	-ie	继 kje^{55}	kie^{55}	~续
	-i	-i	礼 li^{33}	li^{33}	~拜日（星期天）
蟹合一灰	-ɔi	-ɔi	背 pɔi^{55}	pɔi^{55}	~心
	-ui	-ui	队 tui^{55}	tui^{55}	排~
蟹合二皆	-ai	-ai	怪 kai^{55}	kai^{55}	妖~
蟹合二佳	-a	-a	挂 ka^{42}	ka^{33}	~历
蟹合三废	-ui	-ui	肺 phui^{55}	phui^{55}	

止开三支	-i	-i	戏 hi^{33}	hi^{55}	
止开三脂	-i	-i	备 phi^{55}	phi^{55}	准~
止开三之	-i	-i	耳 ŋi^{31}	ŋi^{31}	木~
止开三微	-i	-i	汽 hi^{55}	hi^{55}	~油
止合三支	-ui	-ui	危 vui^{31}	vui^{31}	~险
止合三脂	-ui	-ui	水 sui^{31}	sui^{33}	摸风~（阴阳先生）
止合三微	-i	-i	未 mi^{55}	mi^{55}	
	-ui	-ui	匪 fui^{42}	fui^{33}	土~
效开一豪	-au	-au	傲 ŋau^{55}	ŋau^{55}	骄~
效开二肴	-au	-au	卯 mau^{24}	mau^{35}	
效开三宵	-iau	-iau	表 pjau^{42}	piau^{33}	填~
	-au	-au	潮 tshau^{31}	tshau^{31}	~湿
效开四萧	-iau	-iau	调 thjau^{55}	thiau^{55}	~皮
流开一侯	-iu	-iu	藕 ŋju^{24}	ŋju^{35}	
流开三尤	-iu	-iu	救 kju^{55}	kiu^{55}	~济
咸开一覃	-an	-am	贪 than^{24}	tham^{35}	~吃，~污
咸开一合	-at	-at	合 hat^{55}	hat^{55}	~格
咸开一谈	-an	-am	篮 lan^{31}	lam^{31}	~球
	-ien	-iam	暂 tshjen^{55}	tshiam^{55}	~时
咸开一盍	-at	-at	蜡 lat^{55}	lat^{55}	~烛
咸开二咸	-an	-am	站 tsan^{55}	tsam^{55}	~岗
咸开二衔	-an	-iam	槛 khan^{42}	khiam^{33}	门~
咸开二狎	-ak	-ap	甲 kak^{42}	kap^{31}	
	-at	-at	压 at^{42}	at^{31}	~迫
咸开三盐	-ien	-iam	验 ŋjen^{55}	ŋiam^{55}	实~
咸开三叶	-iak	-iap	接 tsjak^{42}	tsiap^{31}	~客人
咸合三凡	-an	-an	范 fan^{55}	fan^{55}	模~
深开三侵	-in	-im	针 tsin^{24}	tsim^{35}	~灸
深开三缉	-it	-ip	十 sit^{55}	sip^{55}	
山开一寒	-ɔn	-ɔn	干 kɔn^{24}	kɔn^{35}	~脆
	-an	-an	单 tan^{24}	tan^{35}	简~
山开一曷	-at	-at	达 that^{55}	that^{55}	发~
山开二山	-an	-an	简 kan^{33}	kan^{33}	~单
	-at	-at	八 pat^{42}	pat^{31}	
山开三仙	-ien	-ien	战 tsjen^{55}	tsien^{55}	苦~
山开三薛	-in	-in	鲜 sin^{33}	sin^{33}	粥稀，《梅县方言词典》p184：~，含水多，稀薄，跟稠相对
	-iet	-iet	灭 mjet^{55}	miet^{55}	消~
山开三元	-ien	-ien	健 khjen^{55}	khien^{55}	~康
山开四先	-ien	-ien	先 sjen^{24}	sjen^{35}	~进
山开四屑	-iet	-iet	结 kjet^{42}	kiet^{31}	~冰
山合一桓	-ɔn	-ɔn	钻 tsɔn^{55}	tsɔn^{55}	~头

山合一末	-at	-ɔt	拨 pat⁴²	pɔt³¹	挑~
山合二黠	-at	-at	挖 vat⁴²	vat³¹	掏耳朵
山合三仙	-ɔn	-ɔn	专 tsɔn²⁴	tsɔn³⁵	~门
	-ien	-ien	捐 kjen²⁴	kien³⁵	募~
山合三元	-an	-an	番 fan²⁴	fan³⁵	~茄
	-ien	-ien	劝 khjen⁵⁵	khien⁵⁵	
山合三月	-at	-at	发 fat⁴²	fat³¹	~达
山合四屑	-iet	-iet	决 kjet⁴²	kiet³¹	坚~
臻开一痕	-in	-in	痕 hin⁵³	hen³¹	声调!
臻开三真	-in	-in	认 ŋin⁵⁵	ŋin⁵⁵	~真
臻开三质	-iet	-iet	乙 zjet⁴²	jet³¹	
	-it	-it	日 ŋit⁴²	ŋit³¹	~历
臻开三殷	-in	-in	芹 khin³¹	khin³¹	~菜
臻合一魂	-un	-un	婚 fun²⁴	fun³⁵	离~
臻合一没	-at	-at	核 hat⁵⁵	hat⁵⁵	~桃
	-ut	-ut	没 mut⁵⁵	mut⁵⁵	~收
			核 fut⁵	fut⁵⁵	
臻合三谆	-un	-un	遵 tsun²⁴	tsun³⁵	~守
臻合三文	-un	-un	粉 fun³³	fun³³	面~
宕开一唐	-ɔŋ	-ɔŋ	钢 kɔŋ⁵⁵	kɔŋ⁵⁵	~笔
宕开一铎	-ɔk	-ɔk	乐 lɔk⁵⁵	lɔk⁵⁵	安~（舒服）
宕开三阳	-ɔŋ	-ɔŋ	状 tshɔŋ⁵⁵	tshɔŋ⁵⁵	告~
	-iɔŋ	-iɔŋ	香 hjɔŋ²⁴	hiɔŋ³⁵	~炉
宕开三药	-iɔk	-iɔk	弱 ŋjɔk⁵⁵	ŋjɔk⁵⁵	
宕合一唐	-ɔŋ	-ɔŋ	广 kɔŋ³³	kɔŋ³³	~州
宕合三阳	-ɔŋ	-ɔŋ	方 fɔŋ²⁴	fɔŋ³⁵	大~
江开二江	-uŋ	-uŋ	双 suŋ⁵⁵	suŋ⁵⁵	~生子
江开二觉	-ɔk	-ɔk	壳 hɔk⁴²	hɔk³¹	
曾开一登	-ien	-ien	灯 tjen⁵⁵	tien³⁵	~笼
	-in	-in	赠 tsin⁵⁵	tsin⁵⁵	~送
曾开三蒸	-in	-in	明 min³¹	min³¹	证~
曾开三职	-iet	-iet	色 siet⁴²	siet³¹	灰~
	-ik	-ik	极 khik⁵⁵	khik⁵⁵	消~
	-it	-it	直 tshit⁵⁵	tshit⁵⁵	正~
曾合一德	-ɔk	-ɔk	国 kɔk⁴²	kɔk³¹	~家
梗开二庚	-aŋ	-aŋ	生 saŋ⁵⁵	saŋ⁵⁵	（后~）年轻
梗开二陌	-ak	-ak	客 hak⁴²	hak³¹	~气
	-at	-at	格 kat⁴²	kat³¹	及~
梗开二麦	-ak	-ak	麦 mak⁵⁵	mak⁵⁵	
梗开三庚	-iaŋ	-iaŋ	丙 pjaŋ⁴²	piaŋ³³	
	-in	-in	敬 kin⁵⁵	kin⁵⁵	~酒
梗开三清	-iaŋ	-iaŋ	请 tshjaŋ⁴²	tshiaŋ³³	邀~
	-aŋ	-aŋ	声 saŋ⁵⁵	saŋ³⁵	作~
	-in	-in	静 tshin⁵⁵	tshin⁵⁵	~悄悄

梗开三昔	-ak	-ak	石 sak⁵⁵	sak⁵⁵	~膏
	-it	-it	僻 phit⁴²	phit³¹	偏~
梗开四青	-in	-in	经 kin²⁴	kin³⁵	~过
梗开四锡	-ak	-ak	历 lak⁵⁵	lak⁵⁵	日~
	-iak	-iak	踢 thjak⁴²	thiak³¹	~球
梗合二庚	-aŋ	-aŋ	横 vaŋ⁴²	vaŋ³¹	
梗合二麦	-ak	-ak	划 vak⁵⁵	vak⁵⁵	~线
梗合三庚	-in	-in	荣 in³¹	zin³¹	光~
通合一东	-uŋ	-uŋ	筒 thuŋ³¹	thuŋ³¹	电~
通合一冬	-uŋ	-uŋ	宋 suŋ⁵⁵	suŋ⁵⁵	姓~
通合一沃	-uk	-uk	毒 thuk⁵⁵	thuk⁵⁵	消~
通合三东	-uŋ	-uŋ	中 tsuŋ²⁴	tsuŋ³⁵	~年人
通合三屋	-uk	-uk	复 fuk⁴²	fuk³¹	~杂
通合三钟	-uŋ	-uŋ	重 tshuŋ⁵⁵	tshuŋ⁵⁵	尊~
通合三烛	-uk	-uk	烛 tsuk⁴²	tsuk³¹	蜡~

9.3.4.4 畲语客家话借词存疑层次

（一）效摄读-ɔ 的层次问题

在上一章分析博罗畲语里汉语借词的借源时，我们分析了畲语汉语借词里效摄的读音，把畲语效摄读-ɔ 和-jɔ 划归为客家话层次。但是在 31 个效摄读 ɔ 的借词词素中，与客家话层次调类对应的有 5 个，调值对应的有 20 个，并不完全与客家话层次的声调系统对应。如果我们按照客家话声调的对应原则划分这批词的层次的时候，剩下的词应该划归哪个层次呢？

其实不只是博罗畲语汉语借词里效摄读-ɔ 和-jɔ，在海丰畲语汉语借词里的效摄也有部分词读-ɔ 和-jɔ（中西裕树 2005：178－183）：

例字	中古音韵地位	海丰畲语	博罗畲语	备注
报	帮效开一豪平	pɔ²		~名
抱	帮效开一豪去	pɔ⁴		怀孕
倒	端效开一豪上	tɔ²		
捣	端效开一豪上	tɔ²		~蒜
早	精效开一豪上	tsɔ⁵		
枣	精效开一豪上	tsɔ⁵		
灶	精效开一豪去	tsɔ²		~神
草	清效开一豪上	tshɔ⁵	tshɔ⁵	
嫂	心效开一豪上	sɔ⁵		
好	晓效开一豪去	hɔ²		喜欢
豪	匣效开一豪平	hɔ⁶		~猪
号	匣效开一豪去	hɔ²		字~
包	帮效开二肴平	pɔ³	pɔ³	口袋
胞	帮效开二肴平	pɔ³	pɔ⁶	~衣
爆	帮效开二肴去	pɔ²	pɔ²	

泡	滂效开二肴平	phɔ²	phɔ³（泡种子） pɔ⁶（灯泡）	和汤吃
刨	並效开二肴去	phɔ⁴	phɔ⁴	
吵	初效开二肴上	tshɔ²	——	
筲	生效开二肴平	sɔ³	——	~箕
孝	晓效开二肴去	hɔ²	——	~服
鳔	並效开三宵上	phiɔ²	phjɔ³	
摇	以效开三宵平	ŋɔ²		
钓	端效开四萧去	tiɔ²		
吊	端效开四萧去	tiɔ²	——	
粜	端效开四萧去	thiɔ²		~米
掉	定效开四萧去	thiɔ²		

对于效摄读-ɔ 和-jɔ 的这一批字，中西裕树（2005:308、309、310）认为是从客家话引进的一个层次。但是海丰畲语里的这一部分词的声调也是比较乱的，在 26 个汉字里，与海丰当地客家话形成调值对应的只有 9 个。

既然海丰畲语与博罗畲语的汉语借词里效摄都有部分词读-ɔ 和-jɔ，可以推算出效摄读-ɔ 和-jɔ 的层次是相对比较早的，起码是在这两地畲语分开之前借入的读音。从两者声调与当地客家话的对应的参差不齐，我们推测两地的畲语必定是在一个共同居住的时候，从当地的客家话借用的。从词义和声调上面的对应可以看出这一点：

例字			例词		备注
汉字	海丰畲语	博罗畲语	海丰畲语	博罗畲语	
草	tshɔ⁵	tshɔ⁵	草 tshɔ⁵	草 tshɔ⁵	
包	pɔ³ pɔ¹ pɔ⁶	pɔ³ pɔ¹ pɔ⁶	口袋 hɔ⁶ pɔ³ 行李 pɔ¹ hɤ⁶ 包粽子 pɔ⁶ tsɤŋ²	针线包 pɔ³ kjuŋ¹ na⁵ 麻袋 mɔ² pɔ¹ 口罩 pɔ⁶ tjɔ² la⁵	包嘴的东西
泡	phɔ² phau³	phɔ³ pɔ³	和汤吃 phɔ² oŋ² lɤŋ² 灯泡 tin³ phau³	泡种子 phɔ³ ka³ lɔ¹ 灯泡 thjen⁴ pɔ⁶	声调！
刨	phɔ⁴	phɔ⁴	刨 phɔ⁴	刨 phɔ⁴	
爆	pɔ²	pɔ²	爆 pɔ²	爆 pɔ²	
鳔	phiɔ²	phjɔ²	鳔 phiɔ²	鳔 phjɔ²	

因此，对于效摄读-ɔ 和-jɔ 的层次，目前只能确定它是畲语方言分化以前大致处于早期和晚期的中间的过渡期。具体的层次我们目前只能存疑，有待于对畲语其他方言的进一步调查再作分析。

（二）客家话阴平调层次分析

在畲语的客家话借词里，有一批中古清声母的平声字和畲语的第 3 调对应：

例字	畲语汉借词	中古音韵地位					词项	畲语汉借词
天	thjen³	山	开	四	透	先	平	天井	thjen³ tsaŋ⁵ thjen³ tsjaŋ⁵
梯	thɔi³	蟹	开	四	透	齐	平	梯	thɔi³

墟	hi³	遇	合	三	溪	鱼	平	赶场	thi⁴ hi³
钢	kɔŋ³	宕	开	一	见	唐	平	钢笔	kɔŋ³ pit⁷
桑	sɔŋ³	宕	开	一	心	唐	平	桑叶	sɔŋ³ taŋ¹ pjɔŋ²
声	saŋ³	梗	开	三	书	清	平	作声	kun⁵ saŋ³
瓜	ka³	假	合	二	见	麻	平	西瓜	si³ ka³
阄	khju³	流	开	三	见	尤	平	拈阄	ljɔŋ³ khju³
沟	kju³	流	开	一	见	侯	平	水槽	ɔŋ¹ kju³
冤	zjen³	山	合	三	影	元	平	伸冤	sin³ zjen³
棺	kɔn³	山	合	一	见	桓	平	棺材	kɔn³ tshɔi⁴
倌	kɔn³	山	合	一	见	桓	平	公公	ka³ kɔn³
钻	tsɔn³	山	合	一	精	桓	平	钻头	lui⁴ tsɔn³ tjɔ²
针	tsin³	深	开	三	章	侵	平	蜜蜂的针	ka³ mɔ¹ tsin³
砧	tsjen³	深	开	三	知	侵	平	砧板	tsjen³ pan²
公	kuŋ³	通	合	一	见	东	平	土地神	pak⁷ kuŋ³
冰	pin³	曾	开	三	帮	蒸	平	手僵	khwa⁴ pin³
升	sin³	曾	开	三	书	蒸	平	升	sin³
灯	tjen³	曾	开	一	端	登	平	灯笼	tjen³ luŋ⁴
巾	kin³	臻	开	三	见	真	平	毛巾	su⁶ kin³
申	sin³	臻	开	三	书	真	平	申	sin³
伸	sin³	臻	开	三	书	真	平	伸冤	sin³ zjen³
辛	sin³	臻	开	三	心	真	平	辛	sin³
非	fui³	止	合	三	非	微	平	惹祸	ŋja⁵ si¹ fui³
碑	pi³	止	开	三	帮	支	平	石碑	muŋ⁶ pi³
调	thjau³	效	开	四	定	萧	平	调皮	thjau³ phi²
尘	tshin³	臻	开	三	澄	真	平	拍尘	phak⁷ tshin³

畲语里的粤语借词的中古清声母平声的调值是 55 调值,但是这一批词的声母、韵母和词汇特征,都是属于客家话层次的。试比较①:

例字	中古音韵地位	畲语汉借词	客家话	粤语	备注
天	透山开四先平	thjen⁵⁵	thiɛn³⁵	thin⁵⁵	～井
灯	端曾开一登平	tjen⁵⁵	tiɛn³⁵	tɐŋ⁵⁵	～笼
辛	书臻开三真平	sin⁵⁵	sin³⁵	sɐn⁵⁵	
申	书臻开三真平	sin⁵⁵	sin³⁵	sɐn⁵⁵	
棺	见山合一桓平	kɔn⁵⁵	kɔn³⁵	kun⁵⁵	～材
非	非止合三微平	fui⁵⁵	fui³⁵	fei⁵⁵	是～
声	书梗开三清平	saŋ⁵⁵	saŋ³⁵	sɛŋ⁵⁵	作～
砧	知深开三侵平	tsjen⁵⁵	tsjen³⁵	tsɐm⁵⁵	～板
墟	溪遇合三鱼平	hi⁵⁵	hi³⁵	høy⁵⁵	赶～

这一批词不是粤语借词,而是客家话借词。但是这一批词的声调规律却和客家话借词内部的声调对应规律不一致。因为早期的客家话借词应该是调类对应,也就是和畲语客家话借

---

① 此处为了比较的直观性,采用调值标调法。特此说明。

词的古清声母平声字对应畲语的第 1 调；而晚期的客家话借词是调值对应，也就是畲语客家话借词的古清声母平声字对应畲语的第 6 调（调值为 24）。那么这一批调值为 55 的畲语客家话借词应该属于哪一个层次？

中西裕树（2005a:116）在分析海丰畲语的借词的时候，对畲族所说的客家话和当地汉族所说的客家话的声调作过比较："调类对应上汉族与畲族所说的客家话之间没有区别，但在几个调值上确有很明显的差异。"其中，最大的差别就是中古阴平的调值。畲族人所说的客家话的阴平调值为 44，而汉族人所说的客家话的阴平为 35。而中西裕树（2005a:117）根据人名所用字相对比较固定的特征所归纳出来的畲语汉字音的层次中的声调调值，与畲族人所说的客家话的调值基本上一致：

中古声调	汉族人说的客家话	畲族人说的客家话	畲语汉字音①
阴平	35	44	44
阳平	21	335	35
上声	42	211	11
去声	53	53	54
阴入	22	22	11
阳入	55	55	44

关于海丰畲语里的汉字音的声调对应问题，中西裕树（2005b:147-148）在书中也有论及。据他的研究，中古清声母平声字大部分归入畲语的第 3 调（调值为 44），部分归入第 1 调（调值为 22）；此外，归入第 2 调的有 7 个（除 1 个外，都可以解释，不是例外），归入第 4 调的有 4 个，归入第 6 调的有 8 个，作者认为来源不明。

如果把海丰畲语中归入第 1 调的中古清声母平声字看作是调类对应，归入第 6 调的中古清声母平声字看作是调值对应，那么归入畲语第 3 调的中古清声母平声字便与我们所说的博罗畲语中的 55 调值的客家话借词的性质是一致的。只是，海丰畲语中这一部分的汉字在中古清声母平声字中占了多数，而博罗畲语中占多数的是与当地客家话阴平调值一致的第 6 调。

对于这种声调对应的来源，中西裕树（2005a:147-148、117）只指出了"来源不明"，"至于这个畲族客家话的调值的来源，就要等以后研究，才会有更深的发现"。我们把博罗畲语里的这一部分词和海丰畲语作比较：

汉字	博罗畲语	海丰畲语	词项	博罗畲语	海丰畲语
天	thjen³	thin³	天井	thjen³ tsaŋ⁵ thjen³ tsjaŋ⁵	thin³ tsiaŋ⁵
梯	thɔi³	thɔi³	梯	thɔi³	thɔi³
墟	hi³	hiu³	赶场	thi⁴ hi³	tia⁵ hiu³
桑	sɔŋ³	sɔŋ³	桑叶	sɔŋ³ taŋ¹ pjeŋ²	sɔŋ³ taŋ¹ tɔŋ⁵ 桑树
声	saŋ³	saŋ³	作声	kun⁵ saŋ³	saŋ³ zin³

---

① 此处汉字音即中西裕树根据人名所用字相对比较固定的特征所归纳出来的语音系统。

瓜	ka³	kua³	西瓜	si³ ka³	si³ kua³
冤	zjen³	zan³	伸冤	sin³ zjen³	zan³ voŋ⁵ 冤枉
棺	kɔn³	kuan³	棺材	kɔn³ tshɔi⁴	kuan³ tshɔi⁴
倌	kɔn³	kuan³	公公	ka³ kɔn³	ka³ kuan³
针	tsin³	tsin³	蜜蜂的针	ka³ mɔ¹ tsin³	tsin³ kiu⁵ 针灸
砧	tsjen³	tin⁶	砧板	tsjen³ pan²	tin⁶ kɔ³
冰	pin³	pin³	手僵	khwa⁴ pin³	pin³ thɔŋ⁶ 冰糖
升	sin³	sin³	升	sin³	sin³
灯	tjen³	tin³	灯笼	tjen³ luŋ⁴	tin³ lɤŋ⁴
巾	kin³	kin³	毛巾	su⁶ kin³	siu⁶ kin³
申	sin³	sin³	申	sin³	sin³
辛	sin³	sin³	辛	sin³	sin³
非	fui³	fui³	惹祸	ŋja⁵ si¹ fui³	si⁵ fui³ 是非
碑	pi³	pi³	石碑	muŋ⁶ pi³	ŋa¹ pi³
尘	tshin³	tshin⁶	拍尘	phak⁷ tshin³	tshin⁶

博罗畲语和海丰畲语分别属于畲语的罗浮方言和莲花方言,而且从地理位置看也是在四个保存畲语的地方中相隔最远的(四个点从西到东分别为增城、博罗、惠东和海丰)。为什么畲语里的汉语借词的声调确如此的整齐?我们推测,这些读音相同的词,应该是在畲语尚未分化成两种方言的时候共同从某地的客家话里借入的,所以才会有如此整齐的对应。这一部分的借词从时间上看,应该是早于博罗畲语中借用当地客家话的那一层次的借词。也就是说比调值对应的层次要早,比调类对应的层次稍晚。

因此,中古清声母平声字在博罗畲语的客家话借词里的词素有三种对应情况:

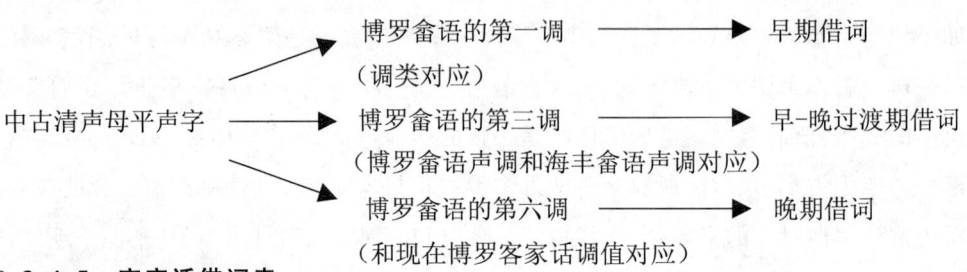

```
                        博罗畲语的第一调 ────────→ 早期借词
                        (调类对应)
                      ↗
中古清声母平声字 ────→ 博罗畲语的第三调 ────────→ 早-晚过渡期借词
                      ↘ (博罗畲语声调和海丰畲语声调对应)
                        博罗畲语的第六调 ────────→ 晚期借词
                        (和现在博罗客家话调值对应)
```

9.3.4.5 客家话借词表

(一)畲语早期客家话借词表

下表共记录了162个畲语客家话借词词素。

借词读音		借词背景		备注
汉字	博罗畲语	中古音韵地位	词项	博罗畲语	
宜	ŋi²	疑止开三支平	便宜	phin⁴ ŋi²	
银	ŋin²	疑臻开三真平	银元	ŋin²	
人	ŋin²	日臻开三真平	做媒	ɔ⁵ mui³ ŋin²	做媒~
韧	ŋin⁶	日臻开三真去	韧	ka⁵ ŋin⁶	绵,不易断
恩	en¹	影臻开一痕平	恩人	en¹ le²	
胡	fu²	匣遇合一模平	胡琴	ŋi³ fu²	二~

			胡椒	fu² tsju³	
虎	fu⁴	晓遇合一模上	豹子	phau³ fu⁴ taŋ¹	
傅	fu⁶	非遇合三虞去	师傅	si¹ fu⁶	
会	fui⁶	匣蟹合一泰去	开会	khe¹ fui⁶	
烦	fan²	奉山合三元平	麻烦	ma² fan²	
房	fɔŋ²	奉宕合三阳平	房间	fɔŋ² kan³	
和	hɔ²	匣果合一戈平	和气	hɔ² hi²	
			和尚	hɔ² sɔŋ²	词义！①
害	hɔi⁶	匣蟹开一泰去	害人	hɔi⁶ le²	
易	i⁶	以止开三之去	容易	juŋ² i⁶	
应	in¹	影曾开三蒸平	应该	in¹ kɔi¹	
油	ju²	以流开三尤平	汽油	hi³ ju²	
员	jen²	云山合三仙平	团员	thɔn² jen²	词义！
圆	jen²	云山合三仙平	团圆	thɔn² jen²	
洋	juŋ²	以宕开三阳平	钉子	juŋ² tjaŋ³ zuŋ² tjaŋ³	～钉
容	juŋ²	以通合三钟平	容易	juŋ² i⁶	
溶	juŋ²	以通合三钟平	溶化	juŋ²	
加	ka¹	见假开二麻平	增加	tsjen¹ ka¹	
箕	ki¹	见止开三之平	粪箕	fun⁵ ki¹	
改	ke¹	见蟹开一咍上	改	ke¹	声调！
戒	kje⁵	见蟹开二皆去	戒酒	kje⁵ tju³	
故	ku⁵	见遇合一模去	故事	ku⁵ taŋ³	
季	kui²	见止合三脂去	四季	pi⁶ kui²	声调！
该	kɔi¹	见蟹开一咍平	应该	in¹ kɔi¹	
官	kɔn¹	见山合一桓平	官	kɔn¹	
卷	kjen⁵	见山合三仙去	头发卷	kaŋ⁶ khu⁵ pi¹ kjen⁵	
弓	kjuŋ¹	见通合三东平	弓	kjuŋ¹	
庚	kaŋ¹	见梗开二庚平	庚	kaŋ¹	
工	kɔŋ¹	见通合一东平	雇长工	khɔ⁶ tshɔŋ⁴ kɔŋ¹	
公	kɔŋ¹	见通合一东平	公公	ka³ kɔŋ¹	
开	khe¹	溪蟹开一咍平	开会	khe¹ fui⁶	
			挪开	ŋ⁴ khe¹	
柜	khui⁶	群止合三脂去	柜子	khui⁶	
琴	khin²	群深开三侵平	口琴	hju² khin²	词义！
孔	khuŋ³	溪通合一东上	孔	khuŋ³	
空	khɔŋ¹	溪通合一东平	空	khɔŋ¹	
狂	khɔŋ²	群宕合三阳平	猖狂	tshɔŋ⁶ khɔŋ²	词义！
穷	khjɔŋ²	群通合三东平	穷	khjɔŋ²	
强	khjaŋ²	群宕开三阳平	强	khjaŋ²	

---

① 本表备注栏中的"词义！"是指该词义看似晚期的，但其构词词素从语音对应关系看是早期借入的，早期借入的汉语词素在畲语里有了能产性。

耐	le⁶	泥蟹开一哈去	耐用	le⁶ juŋ⁶	
驴	lu²	来遇合三虞平	驴	lu²	
螺	lu²	来果合一戈平	田螺	lin² lu²	
螺	lɔ²	来果合一戈平	旋风	tsju⁴ lɔ² fuŋ³	皱～风；比较：翁源 tsiu⁵ lou² fuŋ¹
离	li²	来止开三支平	邻居	ka⁵ li²	隔～
璃	li²	来止开三支平	玻璃	pɔ³ li²	
梨	li²	来止开三脂平	梨	sa³ li²	
犁	li²	泥蟹开四齐平	犁	li²	
俐	li⁶	来止开三脂去	干净	ljaŋ² li⁶	伶～
泥	lai¹	泥蟹开四齐平	泥水匠	lai¹ sui² khui⁵	词义！
老	lau¹	来效开一豪上	老实	lau¹ sit⁸	
流	lju²	来流开三尤平	轮流	lun² lju²	
楼	lju²	来流开一侯平	楼	lju²	
难	lan²	泥山开一寒平	困难	kun⁴ lan²	
轮	lun²	来臻合三谆平	车轮	lun²	
另	laŋ⁶	来梗开四青去	另外	laŋ⁶ tshi²	《梅县方言词典》p207，～事：另外，此外
龙	luŋ²	来通合三钟平	龙王	luŋ² vɔŋ²	
量	ljɔŋ²	来宕开三阳平	量布	ljɔŋ² te¹	
伶	ljaŋ²	来梗开四青平	干净	ljaŋ² li⁶	～俐；《客家话通用词典》p143，伶俐：干净
领	ljaŋ¹	来梗开三清上	衣领	ɔ³ ljaŋ¹	
麻	ma²	明假开二麻平	麻烦	ma² fan²	
			麻将	ma² tsjɔk⁷	
味	mi⁶	来止合三微去	味道	mi⁶	
吴	m̩²	疑遇合一模平	姓吴	sjaŋ⁴ m̩²	
蛮	man²	明山合一桓平	野蛮	khje⁴ man²	
慢	man⁶	明山开二删平	慢	man⁶	
蜢	maŋ¹	明梗开二庚上	蚱蜢	maŋ¹	
靶	pa⁵	帮假开二麻去	打靶	khwaŋ² pa⁵	
拜	pe¹	帮蟹开二皆去	拜神	pe³ sin⁴	
摆	pe³	帮蟹开二佳上	晒谷台	pe³ thjɔ⁴	～台
兵	pun¹	帮梗开三庚平	当兵	ɔ⁵ pun¹	
粉	pun³	非臻合三文上	米粉	tsi⁵ pun³	
婆	pha²	并果合一戈平	蝙蝠	phit⁸ pha² taŋ¹	*匹～
剺	phi¹	滂蟹开四齐平	削皮	phi¹	《广韵》：匹迷切；《集韵》：削也
皮	phi²	并止开三支平	雀斑	ma² phi²	麻～
脾	phi²	并止开三支平	脾气	phi² hi²	
铺	phu¹	滂遇合一模平	饭店	lɔ⁴ tɔŋ¹ phu¹	饭～；午饭：lɔ⁴ tɔŋ¹ kwe⁶
蒲	phu⁵	并遇合一模平	葫芦	lɔk⁷ kɔk⁷ phu²	
部	phu⁴	并遇合一模上	完全	tshjen⁵ phu⁴	全～

排	phe²	並蟹開二佳平	木排	tɔŋ⁵ phe²	
败	phe⁴	並蟹開二夬去	败家子	phe⁴ ka³ taŋ¹	
坝（壩）	phe⁵	帮假開二麻去	沙滩	hja¹ phe⁵	《客赣方言调查报告》17个客家话点里13个点把沙滩称作"沙坝"。但是此处声母有问题！
爬	phja²	並加開二麻平	爬树	phja² tɔŋ⁵	
耙	phja²	並加開二麻平	耙	phja²	
陪	phui²	並蟹合一灰平	陪客人	phui² le² khui⁵	
赔	phui²	並蟹合一灰平	赔偿	phui² la⁵	
潘	phan¹	滂山合一桓平	姓潘	sjaŋ⁴ phan¹	
喷	phun¹	滂臻合一魂平	喷水	phun¹ ɔŋ¹	
傍	phaŋ⁶	並宕開一唐去	靠他	phaŋ⁶ le²	~人
蚌	phɔŋ⁶	並梗開二耕去	蚌	phɔŋ⁶	
伏	phuk⁸	奉通合三屋入	卧，趴	phuk⁸	《梅县方言词典》p300，伏：身体向前靠在物体上；趴
舍	sa³	假書開三麻上	舍不得	a⁶ sa³ tu⁵	
师	si¹	生止開三脂平	师傅	si¹ fu⁶	
思	si¹	心止開三之平	意思	i¹ si¹	
匙	si²	禅止開三支平	钥匙	su⁶ si²	锁~
写	sja³	心假開三麻上	写	sja³	
穗	sui⁶	邪止合三脂去	裙穗	khun⁵ sui⁶	
愁	sju²	崇流開三尤平	人愁	i³ sju²	
酸	sɔn¹	心山合一桓平	醋	sɔn¹ tshju³	《梅县方言词典》p190，~醋：sɔn¹ tshɿ⁵
心	sin¹	心深開三侵平	背心	pɔi³ sin¹	
辰	sin¹	禅臻開三真平	辰	sin¹	
神	sin²	船臻開三真平	月亮	le⁵ kɔ³ sin²	
顺	sun⁶	船臻開三谆去	顺手	sun⁶ khwa⁴	
墙	sjɔŋ²	从宕開三阳平	墙	sjɔŋ²	
详	sjɔŋ²	邪宕開三阳平	详细	sjɔŋ² se⁵	
帝	te²	端蟹開四齐去	皇帝	vɔŋ² te²	声调！
斗	tju³	端流開一侯上	奋斗	fun³ tju³	词义！
顶	tin³	端梗開四青上	脑门	kɔ³ tin³	头~
丁	tjen¹	端梗開四青平	丁	tjen¹	
当	tɔŋ¹	端宕開一唐平	应当	in¹ tɔŋ¹	
弹	than²	定山開一寒平	弹琴	than² khin²	
团	thɔn²	定山合一桓平	团员	thɔn² jen²	词义！
舵	thɔ⁴	定果開一歌上	舵	thɔ⁴	
第	thi⁶	定蟹開四齐去	次子	thi⁶ ŋi³ taŋ¹	~二子
涂	thu²	定遇合一模平	涂改	thu² kɔi²	词义！
弹	than²	定山開一寒平	弹琴	than² khin²	

团	thɔn²	定山合一桓平	团员	thɔn² jen²	词义！
天	thjen¹	透山开四先平	夏天	ha¹ thjen¹	
瘠	tse⁴	从蟹开四霁去	人瘦	khje⁴ tse⁴	《广韵》:"徂礼切,病也。"《方言》曰:"生而不长也。"《梅县方言词典》p61:瘦弱
珠	tsu¹	章遇合三虞平	珠子	tsu¹	词义！
周	tsju¹	章流开三尤平	姓周	sjaŋ⁴ tsju¹	
正	tsin¹	章梗开三清平	正月	tsin¹ le⁵	
癤	tset⁷	精山开四宵入	舌苔	pɔ⁶ li³ tset⁷	《集韵》入声,屑韵,子结切
时	tshi²	禅止开三之平	时刻	tshi² khɔ⁶	
迟	tshi²	澄止开三脂平	推迟	thɔ³ tshi²	拖~
是	tshi⁴	禅止开三支上	是不是	tshi⁴ a⁶ tshi⁴	
粗	tshu¹	清遇合一模平	粗糙	khje⁴ tshu¹	
齐	tshje²	从蟹开四齐平	到齐	tshje²	
材	tshai²	从蟹开一哈平	棺材	kɔn³ tshai²	
斜	tshja²	邪假开三麻平	斜	tshja²	
赚	tshan⁶	澄咸开二咸去	赚钱	tshan⁶ tshin²	
增	tsjen¹	精曾开一登平	增加	tsjen¹ ka¹	
旋	tshun⁶	邪山合三仙去	头旋儿	tshun⁶	《客家话通用词典》p174,旋:头发旋儿。兴宁:tshun⁵
撑	tshaŋ¹	彻梗开二庚平	船夫	tshaŋ¹ kjuŋ² le²	~船人
橙	tshaŋ²	澄曾开三蒸平	橙子	tshaŋ²	
长	tshɔŋ²	澄宕开三阳平	雇长工	khɔ⁶ tshɔŋ² kɔŋ¹	
常	tshɔŋ²	禅宕开三阳平	总是哭	tshɔŋ² le⁶ ŋin³	~月哭
丈	tshɔŋ⁴	澄宕开三阳上	岳父	tshɔŋ⁴ ŋin² lɔ⁵	~人佬
唱	tshɔŋ⁵	昌宕开三阳去	拖声唱	thui⁴ ka¹ ta³ tjɔ² tshɔŋ⁵	
撞	tshɔŋ⁶	澄江开二江去	遇见	tshɔŋ⁶ phu²	~见
铳	tshuŋ¹	清宕开三阳平	扣枪	khju³ tshuŋ¹	
葱	tshuŋ¹	清通合三东平	葱	tshuŋ¹	
重	tshuŋ⁴	澄通合三钟上	尊重	tsun⁶ tshuŋ⁴	词义！
虫	tshuŋ²	澄通合一东平	蝗虫	vɔŋ² tshuŋ²	
獭	tshat⁷	透山开一曷入	水獭	tshat⁷	
外	ve⁶	疑蟹合一泰去	外甥	ve⁶ saŋ³	
位	vui⁶	云止合三脂去	座位	ŋjuŋ¹ vui⁶	
横	vaŋ²	匣梗合二庚平	横	vaŋ²	当地地名
皇	vɔŋ²	匣宕合一唐平	皇帝	vɔŋ² te²	
王	vɔŋ²	匣宕合一唐平	龙王	luŋ² vɔŋ²	
蝗	vɔŋ²	匣宕合一唐平	蝗虫	vɔŋ² tshuŋ²	
也	za⁴	以假开三麻上	也	za⁴	

例字	读音	词项	畲语借词	客家话读音	备注
野	za^4			以假开三麻上	野猫	$za^4 la^5$	
园	zin^2		云山合三元平	园	zin^2	
瘾	zin^5		影臻开三殷上	过瘾	$kwa^5 zin^5$	词义！

（二）畲语晚期客家话借词表

下表一共收录畲语晚期客家话借词词素 576 个。

例字	读音	词项	畲语借词	客家话读音	备注
瓦	ηa^3	瓦	ηa^3	ηa^4	
牙	ηa^5	牙膏	$\eta a^5 kau^6$	$\eta a^2 kau^6$	
		牙刷	$\eta a^5 tshat^7$	$\eta a^2 tshat^7$	
		龅牙	$phau^1 \eta a^5$	$phau^5 \eta a^2$	
衙	ηa^5	衙门	$\eta a^5 mun^5$	$\eta a^2 mun^2$	
眼	ηan^2	眼镜	$\eta an^2 kja\eta^2$	$\eta an^3 kia\eta^6$	
傲	ηau^3	骄傲	$kjau^6 \eta au^3$	$thai^5 \eta au^6$	
女	ηi^2	侄女	$tshit^8 \eta i^2$	$tshit^8 \eta i^3$	
二	ηi^3	胡琴	$\eta i^3 fu^4$	$fu^2 khim^2$	
		星期二	$sin^6 khi^5 \eta i^3$	$sin^2 khi^3 \eta i^6$	
耳	ηi^5	木耳	$muk^7 \eta i^5$	$muk^7 \eta i^2$	
议	ηi^6	建议	$kjen^3 \eta i^6$	$kjen^5 \eta i^1$	
认	ηin^3	交朋友	$\eta in^3 pjen^1 ju^4$	$kau^1 phien^2 iu^1$	
		认识	$\eta in^4 tju^5$	$\eta in^6 sit^7$	
		认真	$\eta in^4 tsin^6$	$\eta in^6 tsin^1$	
		认错	$\eta in^4 tshu^1$	$\eta in^6 tsh\mathrm{o}^5$	
壬	ηin^5	壬	ηin^5 / zin^5	ηim^2	
日	ηit^7	日历	$\eta it^7 lak^8$	$\eta it^7 lak^8$	
弱	$\eta j\mathrm{o}k^8$	弱	$\eta j\mathrm{o}k^8$	$\eta i\mathrm{o}k^8$	
惹	ηja^5	惹祸	$\eta ja^5 si^1 fui^3$	$\eta ia^3 si^3 fui^1$	～是非
验	ηjam^3	交流经验	$kau^1 lju^5 kin^6 \eta jan^3$	$kau^1 liu^2 kin^1 \eta iam^6$	
验	ηjen^3	实验	$sit^8 \eta jen^3$ / $sit^8 \eta jam^3$	$sit^8 \eta jam^6$	
扭	ηju^1	拧钢笔	$\eta ju^1 sja^3 tsh\mathrm{o}^4 pi^1$	——	
藕	ηju^6	藕	ηju^6	ηju^1	
贺	$f\mathrm{o}^3$	祝贺	$tsuk^7 f\mathrm{o}^3$	$tsuk^7 f\mathrm{o}^6$	
房	$f\mathrm{o}\eta^1$	房间	$f\mathrm{o}\eta^1 kan^3$	$f\mathrm{o}\eta^2 kan^1$	
放	$f\mathrm{o}\eta^3$	放哨	$f\mathrm{o}\eta^3 sjau^3$ / $f\mathrm{o}\eta^3 sau^3$	$f\mathrm{o}\eta^5 sau^5$	
方	$f\mathrm{o}\eta^6$	大方	$thai^3 f\mathrm{o}\eta^6$	$thai^5 f\mathrm{o}\eta^1$	
花	fa^6	菊花	$khuk^7 fa^6$	$khuk^7 fa^1$	
		眼睛花	$ka^1 kh\mathrm{o}^3 fa^6$	$\eta an^3 fa^1$	
反	fan^1	反动	$fan^1 thu\eta^3$	$fan^5 thu\eta^6$	
范	fan^3	模范	$m\mathrm{o}^5 fan^3$ / $mu^5 fan^3$	$m\mathrm{o}^2 fan^6$	

番	fan⁶	番茄	fan⁶ khjɔ⁵	fan¹ khio²	
发	fat⁷	发达	fat⁷ that⁸	fat⁷ that⁸	
壶	fu¹	酒壶	tju³ fu¹	tsiu³ fu¹	
胡	fu²	胡琴	ŋi³ fu²	fu² khim²	
		胡椒	fu² tsju³	fu² tsiau¹	
护	fu³	拥护	juŋ² fu³	iuŋ¹ fu⁶	
戽	fu⁴	戽斗	fu⁴ tju¹	fu⁶ tiu³	
腐	fu⁶	豆腐	thɐu⁶ fu⁶	thiu⁶ fu⁶	
匪	fui²	土匪	thu² fui² / thu² fui⁶	tshet⁸ thiu²	
非	fui³	惹祸	ŋja⁵ si¹ fui³	ŋia³ si³ fui³	惹是～
挥	fui⁶	指挥	tsi² fui⁶	tsi³ fui¹	
复	fuk⁷	复杂	fuk⁷ tshat⁸	fuk⁷ tshat⁸	
服	fuk⁸	服侍	fuk⁸ sit⁸	fuk⁸ si⁶	
		说服	kuŋ³ fuk⁸	sɔit⁷ fuk⁸	
袱	fuk⁸	包袱	pau⁶ fuk⁸	pau¹ fuk⁸	
粉	fun¹	面粉	mjen⁴ fun¹	miɛn⁶	
			fun¹ pit⁷	fun² pit⁷	
奋	fun³	奋斗	fun³ tju³	fun² tiu⁵	
魂	fun⁵	叫魂	khɔ⁶ fun⁵	—	
粉	fun⁵	骨灰	suŋ³ kɔ³ fun⁵	—	骨头～
吩	fun⁶	嘱咐	fun⁶ fu¹	kau¹	～咐
婚	fun⁶	离婚	li⁵ fun⁶	li² fun¹	
害	hɔi³	谋害	mju⁵ hɔi³	hɔi⁶	
亥	hɔi⁴	亥	hɔi⁴	hɔi⁶	
汉	hɔn⁴	汉字	hɔn⁴ ŋi⁶	—	
旱	hɔn²	天旱	kwaŋ² hɔn²	—	
桁	haŋ⁴	梁	haŋ⁴	—	
下	ha⁴	下巴	ha⁴ pha⁴	ha⁶ pha²	
孝	hau⁴	孝顺	hau⁴ sun³	—	
咸	han⁵	咸	han⁵	ham²	
客	hak⁷	客气	hak⁷ hi³	hak⁷ hi⁵	
合	hat⁸	及格	hat⁸ kat⁷	khip⁸ kak⁷	
盒	hat⁸	盒子	hat⁸ taŋ¹	hap⁸	
核	hat⁸	核桃	hat⁸ thau⁵	hat⁸ thau²	
戏	hi¹	戏	hi¹	hi⁵	
墟	hi³	赶场	thi⁴ hi³	—	干～
汽	hi³	汽油	hi³ ju²	hi⁵ ju³	
气	hi³	客气	hak⁷ hi³	hak⁷ hi⁵	
痕	hin⁴	痕迹	hin⁴	hen²	
糊	hu⁵	糊涂	hu⁵ thu⁵ / fu⁵ thu⁵	—	

香	hjɔŋ⁶	香炉	hjɔŋ⁶ lu⁵ hjɔŋ³ lu¹	siɔŋ¹ lu² pat⁷	
险	hjen²	危险	vui⁵ hjam² ŋui⁵ hjen²	ŋui² siam³	
后	hju¹	年轻	hju¹ saŋ³	hiu¹ saŋ⁵	
口	hju²	口琴	hju² khin²	hiu³ khim²	
晓	hju²	会唱歌	hju² ɔ⁵ si³	——	
猴	hju⁶	猴子	hju⁶ kɔ⁶ taŋ¹ hju⁶ kɔ³ taŋ¹	hiu² kɔ¹	～哥
洋	jɔŋ⁵	洋葱	jɔŋ⁵ tshuŋ⁶	iɔŋ² tshuŋ¹ thiu²	
药	jɔk⁸	膏药	kɔ³ jɔk⁸	——	
椰	ja⁵	莲花白	ja⁵ tshɔi⁴	ia² tshɔi⁵	～菜
影	jaŋ¹	影	jaŋ¹ zaŋ¹	iaŋ³	
迎	jaŋ⁵	欢迎	fan⁶ jaŋ⁵	fɔn³ ŋiaŋ⁵	
妖	jau⁶	妖怪	jau⁶ kai³	iau¹ tsin¹	
邀	jau⁶	邀请	jau⁶ tshjaŋ²	iau¹ tshiaŋ³	
要	jau⁶	要求	jau⁶ khju⁵	iau¹ khiu¹	
铅	jen⁵	铅笔	jen⁵ pit⁷ zen⁵ pit⁷	iɛn² pit⁷	
友	ju²	朋友	phjen⁴ ju²	phien² iu¹	
酉	ju⁶	酉	ju⁶ ju¹	iu¹	
膏	kɔ³	膏药	kɔ³ jɔk⁸	——	
广	kɔŋ¹	通广州	thuŋ³ kɔŋ¹ tsju⁶	thuŋ¹ kɔŋ² tsiu¹	
钢	kɔŋ³	钢笔	kɔŋ³ pit⁷	kɔŋ⁵ pit⁷	
光	kɔŋ⁶	光荣	kɔŋ⁶ zin⁵	kɔŋ¹ sien¹	
岗	kɔŋ⁶	站岗	tsan³ kɔŋ⁶	tsam⁵ kɔŋ¹	
改	kɔi¹	改造	kɔi¹ kwa¹	——	
		劳改	lau⁶ kɔi⁴	lau² kɔi²	
盖	kɔi⁴	盖章	kɔi⁴ tsɔŋ⁶	kɔi⁵ tsɔŋ⁶	
桷	kɔk⁷	椽子	kɔk⁷	kɔk⁷	《客家话通用词典》 p253，桷：椽子
角	kɔk⁷	大料	pat⁷ kɔk⁷	pat⁷ kok⁷	
国	kɔk⁷	国家	kɔk⁷ ka⁶	ket⁷ ka¹	
管	kɔn²	管子	kɔn²	kɔn²	
棺	kɔn³	棺材	kɔn³ tshɔi⁴	tshɔn² san¹	
倌	kɔn³	公公	ka³ kɔn³	ka¹ kɔn¹	
干	kɔn⁶	干脆	kɔn⁶ tshui³	kɔn¹ tshui⁵	
杠	kɔŋ⁴	杠子	kɔŋ⁴	kɔŋ⁵	
挂	ka²	挂旗子	ka² khui² taŋ¹	——	
架	ka²	架子	ka²	ka⁵	

瓜	ka³	丝瓜	si³ ka³	si¹ ka¹	
		西瓜	se³ ka³	si³ ka¹	
价	ka⁴	还价	kuŋ³ ka⁴	kɔŋ³ ka⁵	
家	ka⁵	主人	tɔŋ⁵ ka⁵ le²	tsu² ŋin²	
假	ka⁵	假	ka⁵	ka²	真假
家	ka⁶	国家	kɔk⁷ ka⁶	ket⁷ ka¹	
加	ka⁶	加	ka⁶	ka¹	
解	kai²	解放	kai² fɔŋ³	kai³ fɔŋ⁵	
怪	kai³	妖怪	jau⁶ kai³	iau¹ tsin¹	
		奇怪	khi⁵ kai³	khi⁵ kai⁵	
介	kai³	介绍	kai³ sjau⁵	kai⁵ siau⁵	
革	kak⁷	革命	kak⁷ min⁴	kak⁷ min⁶	
隔	kak⁷	隔一座山	kak⁷ it⁷ laŋ³ tsɔŋ¹	kak⁷	
甲	kak⁷	甲	kak⁷	kap⁷	
荚	kak⁷	豆荚	ta¹ thɔ⁶ kak⁷	——	
			ta¹ thɔ⁶ kat⁷		
简	kan¹	简单	kan¹ tan⁶	kan³ tan¹	
减	kan⁵	减	kan⁵	kan³	
格	kat⁷	及格	hat⁸ kat⁷	hat⁸ kat⁷	
告	kau³	告状	kau³ tshɔŋ³	kau⁵ tshɔŋ⁶	
教	kau⁴	教育	kau⁴ juk⁸	kau⁵ juk⁸	
交	kau⁶	交流经验	kau⁶ lju⁵ kin³ ŋjam⁴	kau¹ liu² kin¹ ŋiam⁶	
膏	kau⁶	石膏	sak⁸ kau⁶	sak⁸ kau¹	
己	ki¹	己	ki¹	ki³	
记	ki²	纪念	ki² lɛ²	——	
举	ki²	拐杖	ki² khwa⁴ pi³	tuk⁸ kun⁵	～手棍
		选举	sjen² ki²	siɛn³ ki³	
寄	ki⁶	寄信	ki⁶ sin²	——	
警	kin²	警惕	kin² thit⁸	——	
紧	kin²	紧张	kin² tsɔŋ⁶	fɔŋ¹ tsɔŋ¹	
巾	kin³	毛巾	su⁶ kin³	——	手～
敬	kin³	敬酒	kin³ tju²	——	
竟	kin³	到底去不去	kju¹ kin³ ŋ⁴ a⁶ ŋ⁴	——	
竞	kin³	竞赛	kin³ sai³	——	
经	kin⁶	经过	kin⁶ kwa⁵	kin¹ kɔ⁵	
给	kit⁷	供给	kuŋ³ kit⁷	——	
估	ku¹	估计	ku¹ la¹	pun¹	
顾	ku⁴	照顾	tsau⁴ ku⁴	tsau⁵ ku⁵	
古	ku⁵	老	ku⁵	ku²	
牯	ku⁵	公牛	saŋ⁵ ku⁵ taŋ¹	ŋiu² ku³	《客家话通用词典》p266，牯：后缀，用在动物名词语素之后，构成名词。主要指称兽类雄性动物，有时也称人

公	kuŋ³	土地神	pak⁷ kuŋ³	——	
公	kuŋ⁶	姨父	zi⁶ kuŋ⁶	——	
		姑父	tshɔŋ⁴ kuŋ⁶	ku¹ ia²	
攻	kuŋ⁶	攻击,攻打	kuŋ⁶ kit⁷	kuŋ¹ kit⁷	
盖	kui²	棺材盖	kɔn³ tshɔi⁴ kui²	tshɔŋ² kɔi⁵	
抗	khɔŋ³	抗旱	khɔŋ³ hɔn¹	khɔŋ⁵ hɔn¹	
康	khɔŋ⁶	健康	khjen⁴ khɔŋ⁶	khiɛn⁶ khɔŋ¹	
摧	khɔk⁷	敲门	khɔk⁷ khɔŋ²	——	《客家话通用词典》p270,摧：敲击。《广韵》入声,觉韵,苦角切：击也
夹	khak⁸	夹在书里	khak⁸ tɔ³	——	～书
槛	khan⁵	门槛	mun³ khan⁵	mun² khiam³	
棋	khi¹	棋子	khi¹	khi³	
旗	khi⁵	挣红旗	tsaŋ³ huŋ⁵ khi⁵	tsaŋ¹ fuŋ² khi²	
期	khi⁵	星期五	sin⁶ khi⁵ ŋ⁵	sin¹ khi² ŋ³	
奇	khi⁵	奇怪	khi⁵ kai³	khi² kai⁵	
极	khik⁸	消极	sjau⁶ khik⁸	siau¹ khit⁸	
庆	khin³	庆祝	khin³ tsuk⁷	——	
芹	khin⁵	芹菜	khin⁵ tshɔi⁴	khin² tshɔi⁵	
苦	khu¹	苦战	khu¹ tsjen³		
箍	khu⁶	箍	khu⁶	khu¹	
公	khuŋ⁴	外祖父	tsja⁵ khuŋ⁴	tsia³ kuŋ¹	姐～
菊	khuk⁷	菊花	khuk⁷ fa⁶	khiuk⁷ fa¹	
困	khun⁴	困难	khun⁴ nan²	khun⁵ nan²	
裙	khun⁵	裙子	khun⁵	khiun²	
秃	khut⁸	笔秃了	khut⁸	khut⁸	
茄	khjɔ⁵	番茄	fan⁶ khjɔ⁵	fan¹ khiɔ²	
穷	khjɔŋ²	穷	khjɔŋ²	khiɔŋ³	
劝	khjen³	劝	khjen³	khiɛn⁵	
健	khjen³	健康	khjen³ khɔŋ⁶	khiɛn⁶ khɔŋ¹	
圈	khjen⁶	绕过来	khjen⁶ kwa⁵ lu⁴	——	～过来
牵	khjen⁶	牵连	khjen⁶ ljen⁵	khiɛn¹ liɛn²	
阄	khju³	拈阄	ljɔn⁵ khju³		《客家话通用词典》p202,比较兴宁：niaŋ¹ kiu¹
扣	khju³	扣枪	khju³ tshuŋ¹	——	
求	khju⁵	要求	jau⁶ khju⁵	iau¹ khiu²	
球	khju⁵	踢球	ka³ thjak⁷ khju⁵	thiak⁷ khiu²	
抠	khju⁶	抠	khju⁶	khiu⁵	
骄	kjau⁶	骄傲	kjau⁶ ŋau⁴	thai⁵ ŋau⁶	诈～
娇	kjau⁶	撒娇	tsa³ kjau⁶	tsa⁵ kiau¹	
计	kje³	设计	set⁷ kje³	set⁷ kie⁵	

继	kje³	继续	kje³ tshuk⁸	ke⁵ tsuk⁸	
检	kjen²	检查	kjen² tsha⁵	kiam² tsha²	
建	kjen³	建议	kjen³ ŋi⁶	thi² ŋi¹	
见	kjen³	会面	kjen³ mjen⁴	kien⁵ mien⁶	
捐	kjen⁶	募捐	kjen⁶ tshin²	mu⁶ kien¹	
坚	kjen⁶	坚决	kjen⁶ ket⁷	kien¹ ket⁷	
决	kjet⁷	坚决	kjen⁶ kjet⁷	kien¹ ket⁷	
结	kjet⁷	结冰	kjet⁷ paŋ⁵	saŋ² khiɛn⁵	
究	kju¹	到底去不去	kju¹ kin³ ŋ⁴ a⁶ ŋ⁴	——	
韭	kju²	韭菜	kju² tshɔi⁴	kiu³ tshɔi⁵	
沟	kju³	水槽	oŋ¹ kju³	——	
救	kju³	救济	kju³ tsi³	kiu⁵ tsi⁵	
购	kju³	征购	tsin⁶ kju³	tsin¹ kiu⁵	
九	kju⁵	二十九	ŋit⁸ kju⁵	ŋip⁸ kiu³	
勾	kju⁶	勾结	kju⁶ ket⁷	kiu¹ kit⁷	
乐	lɔk⁷	舒服	on⁶ lɔk⁸	on¹ lɔk⁸	安～
历	lak⁸	日历	ŋit⁷ lak⁸	ŋit⁷ lak⁸	
篮	lan⁵	篮球	lan⁵ khju⁵	lan² khiu²	
蜡	lat⁸	蜡烛	lat⁸ tsuk⁷	lat⁸ khju⁵	
老	lau¹	诚实	lau¹ sit⁸ / lɔ⁵ sit⁸	lau³ sit⁸	～实
劳	lau⁵	劳改	lau⁵ kɔi⁵	lau² kɔi²	
浪	lɔŋ⁴	费力	lɔŋ⁴ ɔ⁵	——	～力
厉	li¹	厉害	li¹ hɔi²	li⁶ hɔi⁶	
礼	li¹	星期日	li¹ pai³ lɔ¹	——	～拜日
理	li¹	合理	hat⁸ li¹	hap⁸ li³	
理	li²	道理	thɔ² li²	thau⁶ li³	
脷	li³	舌苔	pɔ⁶ li³ tset⁷	——	《梅县方言词典》p14,脷:动物的舌头
利	li³	顺利	sun² li³	sun⁶ li⁶	
励	li³	奖励	tsjɔŋ² li³	tsioŋ³	
梨	li⁴	梨	sa³ li⁴	li²	
离	li⁵	离婚	li⁵ fun⁶	li² fun¹	
邻	lin¹	邻居	lin¹ sa²	lin² sa⁵	～舍
炉	lu⁵	香炉	hjɔŋ⁶ lu⁵	siɔŋ¹ lu² pat⁷	
龙	luŋ⁵	姓龙	sjaŋ⁴ luŋ⁵	sjaŋ⁵ luŋ²	
砻	luŋ⁶	水碾	oŋ¹ luŋ⁶	——	《客家话通用词典》p141,砻 luŋ²
绿	luk⁸	绿豆	luk⁸ thju³	luk⁸ thiu⁶	
鹿	luk⁸	鹿	san³ luk⁸	luk⁸	
料	ljau³	料理	ljau³ li¹	ta³ li³	
连	ljen⁵	牵连	khjen⁶ ljen⁵	khien¹ liɛn²	
流	lju²	轮流	lun² lju²	lun² liu²	

流	lju⁵	交流经验	kau⁶ lju⁵ kin³ ŋjam⁴	kau¹ liu² kin¹ ŋiam⁶	
午	m²	午	m²	m³	
模	mɔ⁵	模范	mɔ⁵ fan³ mu⁵ fan³	mɔ² fan⁶	
网	mɔŋ²	结网	ɔ⁵ mɔŋ²	——	
芒	mɔŋ⁵	麦芒儿	mak⁸ mɔŋ⁵	——	
卖	mai³	贩卖	pan² mai³ fan² mai³	fan⁵ mai⁶	
麦	mak⁸	麦子	mak⁸	mak⁸	
脉	mak⁸	手脉	khwa⁴ mak⁸	mak⁸	
帽	mau³	草帽	tshɔ⁵ mau³	——	
毛	mau⁶	毛线	mau⁶ sjen³	mau² sien⁵	
卯	mau⁶	卯	mau⁶	mau¹	
妈	me⁶	妈妈	me⁶		
未	mi³	未	mi³ vui³	mi⁶	
味	mi⁶	味道	mi⁶	mui⁶	
眯	mi⁶	眯眼睛	mi⁶ ka¹ khɔ³	——	
明	min¹	模糊	a⁶ min¹ phak⁸	——	不~白
命	min³	革命	kak⁷ min³	kak⁷ min⁶	
明	min⁵	证明	tsin³ min⁵	tsin⁵ min²	
舞	mu⁵	跳舞	thjɔ⁴ mu⁵	thiau⁵ mu²	
尾	mui⁶	么儿	mui⁶ lai³ taŋ¹	——	~徕子
蚊	mun¹	蚊帐	mun¹ tsɔŋ²	mun¹ tsɔŋ⁵	
闻	mun¹	嗅闻	kuŋ⁵ mun¹	phi⁵	
门	mun⁵	衙门	ŋa⁵ mun⁵	ŋa² mun²	
没	mut⁸	没收	mut⁸ sju⁶		
勉	mjen⁶	勉强	mjen⁶ khjɔŋ²	miɛn¹ khiɔŋ³	
面	mjen³	会见	kjen² mjen³	kien⁵ mien⁶	
灭	mjet⁸	消灭	sjau⁶ mjet⁸	siau¹ met⁸	
谋	mju⁵	谋害	mju⁵ hɔi³	hoi⁶	
鸦	a⁶	鸦片	a⁶ phjen⁴	——	
压	at⁷	压迫	at⁷ pit⁷	at⁷	
椅	i⁵	椅子	i⁵ taŋ¹	i¹	
衣	i⁶	雨衣	sui² i⁶	sui² i¹	
阴	in⁶	阴天	kwaŋ² in⁶		
一	it⁸	一	it⁸	it⁸	
乌	u⁵	薰	su³ u⁵	u¹	
菠	pɔ⁶	菠菜	pɔ⁶ tshɔi⁴	pɔ⁶ tshɔi⁵	
波	pɔ⁶	球鞋	pɔ⁶ khi⁵	pɔ⁶ hai²	~鞋
背	pɔi³	背心	pɔi³ sin¹ poi³ sin⁶	pɔi⁵ sim¹	
拜	pai³	星期日	li¹ pai³ lɔ¹	——	

柏	pak^8	柏树	$pak^8\ taŋ^1$	——	
伯	pak^7	土地神	$pak^7\ kuŋ^3$	——	～公，《梅县方言词典》p284，伯公：特指土地神
贩	pan^2	贩卖	$pan^2\ mai^4$	$fan^5\ mai^6$	
板	pan^2	死板	$si^2\ pan^2$	$si^1\ pan^1$	
伴	pan^3	老庚	$thɔŋ^2\ pan^3\ le^2$	——	同～人
八	pat^7	二十八	$ŋit^8\ pat^7$	$ŋip^8\ pat^7$	
拨	pat^7	挑拨	$thjau^5\ pat^7$ $thjau^6\ pɔt^7$	$thiau^1\ phɔt^7$	
保	pau^2	保守	$pau^2\ sju^2$	$pau^3\ siu^2$	
报	pau^3	听报告	$kuŋ^5\ pau^3\ kau^3$	——	
包	pau^6	包袱	$pau^6\ fuk^8$	$pau^1\ fuk^8$	
跛	pe^6	跛子	$pe^6\ tɔ^5$	$phai^1\ tsie^5$	
比	pi^1	赛跑	$pi^1\ fui^1$	——	～快
碑	pi^3	石碑	$muŋ^6\ pi^3$	pi^1	
冰	pin^3	手僵	$khwa^4\ pin^3$	——	手～
逼	pit^7	压迫	$at^7\ pit^7$	at^7	
笔	pit^7	粉笔	$fun^1\ pit^7$	$fun^2\ pit^7$	
布	pu^3	宣布	$sjen^6\ pu^3$	$siɛn^1\ pu^5$	
粪	pun^3	积肥	$ɔ^5\ pun^3$	——	做～
本	pun^2	本事	$pun^2\ su^2$		
坡	$phɔ^6$	台阶	$kja^3\ phɔ^6$		路～
雹	$phɔk^8$	雹子	$phɔk^8$	$phɔk^8$	
派	$phai^3$	派遣	$phai^3\ tshjen^4$	$phai^5$	
排	$phai^5$	排队	$phai^5\ tui^3$		
白	$phak^8$	模糊	$a^6\ min^4\ phak^8$	——	不明～
拔	$phat^8$	提拔	$thi^5\ phat^8$	$thi^3\ phat^8$	
豹	$phau^3$	豹子	$phau^3\ fu^4\ taŋ^1$	——	～虎
泡	$phau^6$	泡沫	$ɔŋ^1\ phau^6$		
败	phe^2	败家子	$phe^2\ ka^3\ taŋ^1$		
脾	phi^2	脾气	$phi^2\ hi^2$	$phi^2\ si^5$	
备	phi^3	准备	$tsun^2\ phi^3$	$tsun^2\ phi^6$	
平	$phin^5$	平安	$phin^5\ ɔn^6$	$phin^2\ ɔn^1$	
盆	$phun^5$	面盆	$mjen^3\ phun^5$	$mien^6\ phun^2$	
僻	$phit^7$	偏僻	$phjen^6\ phit^7$	$hau^3\ pɔi^5$	
步	phu^3	进步	$tsin^3\ phu^3$	$tsin^5\ phu^6$	
孵	phu^4	猪下子	$phu^4\ pui^5\ taŋ^1$	——	
铺	phu^5	盖瓦	$phu^5\ ŋa^3$		
菩	phu^5	塑菩萨	$ɔ^5\ phu^5\ sat^7$		
肺	$phui^3$	肺	$phui^3$	$phui^6$	
培	$phui^5$	培养	$phui^5\ jɔŋ^6$		
票	$phjau^3$	揭邮票	$ta^3\ ju^5\ phjau^3$		

片	phjen²	鸦片	a⁶ phjen²	——	
偏	phjen⁶	偏僻	phjen⁶ phit⁷	hau³ pɔi⁵	
丙	pjaŋ²	丙	pjaŋ²	piaŋ¹	
表	pjau²	填表	thjan⁵ pjau²	thian² piau²	
桑	sɔŋ³	桑叶	sɔŋ³ taŋ¹ pjɔŋ²	——	
算	sɔn¹	算盘	sɔn¹ phun⁵	——	
舍	sa²	邻居	lin¹ sa²	lin² sa⁵	邻~
射	sa³	射箭	sa³ tsjen³	——	
赊	sa⁶	赊账	sa⁶ fɔ²	——	
生	saŋ³	年轻	hju¹ saŋ³	hiu³ saŋ⁵	
声	saŋ³	作声	kun⁵ saŋ³	——	出~
赛	sai³	竞赛	kin³ sai³	——	
石	sak⁸	石膏	sak⁸ kau⁶	sak⁸ kau¹	
撒	sat⁷	撒种	sat⁷ ka³ lɔ¹	——	
色	set⁷	灰色	hɔi⁶ set⁷	fɔi¹ set⁷	
四	si²	二十四	ŋit⁸ si²	——	
薯	si²	红薯	fun³ si²	fan¹ su²	
死	si²	死板	si² pan²	ku² pan³	
示	si³	指示	tsi² si³	tsi³ si⁶	
时	si⁵	暂时	tshjen³ si⁵	——	
丝	si⁶	丝线	si¹ fu³	——	
试	si⁶	试刀	si⁶ lui²	——	
士	si⁶	道士	thɔ⁶ si⁶ ku⁵	——	
身	sin¹	全身	it⁷ sin¹	tshiɛn² sin¹	
		身体	sin¹ kwe²	vɔn² sin¹	
鲜	sin¹	粥稀	sin¹	——	《客家通用词典》p192,鲜：形容液体中的物质稀少。韵母！
信	sin²	寄信	ki⁶ sin²	——	
审	sin²	审判	sim² phan⁶ sin² phan⁶	sim³ phan⁵	
升	sin³	升	sin³	sin¹	
申	sin³	申	sin³	sin¹	
伸	sin³	伸冤	sin³ zjen³	ham⁵ iɛn¹	
辛	sin³	辛	sin³	sin¹	
神	sin⁴	神	sin⁴	sin²	
		拜神	pe² sin⁴	——	
申	sin⁶	申请	sin⁶ tshjaŋ²	sin¹ tshiaŋ³	
星	sin⁶	星期五	sin⁶ khi⁵ ŋ⁵	sin¹ khi² ŋ³	
释	sit⁷	解释	kai⁵ sit⁷	kai¹ sit⁷	
湿	sit⁷	潮湿	tshau⁵ sit⁷	——	
式	sit⁷	正式	tsin⁴ sit⁷	tsin⁵ sit⁷	

熄	sit⁷	熄灯	sit⁷ thɔ⁴	——	
十	sit⁸	二十	ŋi⁶ sit⁸	ŋi⁶ sip⁸	
实	sit⁸	老实	lɔ⁵ sit⁸	lau³ sit⁸	
事	su²	能干	pun² su²	——	本～,《梅县方言词典》p197,本事：技能,能力
书	su⁶	书包	su⁶ pau⁶ su⁶ pau¹	su¹ pau¹	
苏	su⁶	姓苏	sjaŋ⁴ su⁶	siaŋ⁵ su¹	
双	suŋ³	双生子	suŋ³ saŋ³ taŋ¹	——	比较兴宁客家话：sɿn¹ saŋ¹ tsɿ¹ 双生子
送	suŋ³	赠送	tsin³ suŋ³	tsin⁵ suŋ⁵	
宋	suŋ³	姓宋	sjaŋ⁴ suŋ³	siaŋ⁵ suŋ³	
水	sui⁵	阴阳先生	mɔ⁶ fuŋ³ sui⁵ mɔ⁶ fuŋ³ sui⁵ le²	——	
腮	sui⁶	腮	sui⁶	——	
顺	sun³	顺利	sun³ li⁶	sun⁶ li⁶	
		孝顺	hau⁴ sun³	hau⁵ sun⁶	
粟	suk⁷	包谷	thi⁴ pau⁶ suk⁷	——	
赎	suk⁸	赎	suk⁸ hɔn⁵ kɔ³ lɔ⁴	suk⁸	
想	sjɔŋ²	料想	sjɔŋ² a³ su⁵	——	
姓	sjaŋ⁴	姓田	sjaŋ⁴ thjen⁵	siaŋ⁵ thien²	
绍	sjau⁵	介绍	kai³ sjau⁵	kai³ siau⁵	
消	sjau⁶	消极	sjau⁶ khik⁸	siau¹ khit⁸	
细	sje²	详细	sjɔŋ⁴ sje²	——	
宣	sjen¹	宣布	sjen⁶ pu³ sjen¹ pu³	siɛn¹ pu⁵	
选	sjen²	选举	sjen² ki²	siɛn³ ki³	
癣	sjen²	癣	sjen²	siɛn³	
线	sjen³	毛线	mau⁶ sjen³	mau² sien⁵	
现	sjen³	实现	sit⁸ sjen³	sit⁸ sien⁶	
先	sjen⁶	先进	sjen⁶ tsin³	sien¹ tsin⁵	
宪	sjen²	宪法	sjen² fat⁷	sien⁵ fat⁷	
设	sjet⁷	设计	sjet⁷ kje³	set⁷ kie⁵	
守	sju²	遵守	tsun⁶ sju²	tsun¹ siu²	
		保守	pau² sju²	pau³ siu²	
收	sju⁶	没收	mut⁸ sju⁶	——	
散	san²	散会	san² vui⁶	——	
三	san³	三十	san³ sit⁸	sam¹ sip⁸	
党	tɔŋ¹	党员	tɔŋ¹ jen² tɔŋ¹ zjen²	tɔŋ² iɛn²	
挡	tɔŋ⁴	遮	tɔŋ⁴ ti⁴	tɔŋ³	
单	tan⁶	简单	kan¹ tan⁶	kan³ tan¹	

担	tan⁶	担架	tan⁶ ka⁴	tam¹ ka⁵	
*抵	te⁵	不值得	a⁶ te⁵	——	不～，《客家话通用词典》p93，抵：值当
知	ti⁶	通知	thuŋ⁶ ti⁶	thuŋ¹ ti¹	
顶	tin⁵	经得住	tin⁵ ləi¹ ti⁴	——	～耐
戥	tin⁵	戥子	tin⁵ ti³		
顶	tin⁶	头顶	kaŋ⁶ khu⁵ tin⁶		
栋	tuŋ⁶	屋脊	tuŋ⁶	——	《梅县方言词典》p236，栋：房子的正梁
队	tui³	排队	phai⁵ tui³		
烫	thɔŋ⁶	抹石灰	thɔŋ⁶ hja¹ si³		《梅县方言词典》p220，烫壁 thɔŋ⁵⁶ piak⁷
		熨斗	thɔŋ⁶ tju⁴	——	
梯	thɔi³	梯	thɔi³	thɔi¹	
袋	thɔi³	小袋子	sɔŋ¹ laŋ¹ thɔi³	thɔi⁶	
待	thɔi³	招待	tsau¹ thɔi³	tsau¹ thɔi⁶	
痰	than¹	痰盂	than¹ tsuŋ³		～盅
坦	than²	坦白	than² phak⁸	than³ phak⁸	
探	than³	探亲	than³ tshan¹ si²	tham⁵ tshin¹ tshit⁷	
谈	than⁵	情人	than⁵ fun⁶ than⁵ fun¹	——	～婚
贪	than⁶	贪吃	than⁶ luŋ² than² luŋ²	tham³ vu³ 贪污	
淡	than⁶	菜淡	than⁶	——	
达	that⁸	发达	fat⁷ that⁸	fat⁷ that⁸	
导	thau²	指导	tsi² thau²	tsi³ thau³	
提	thi⁵	提拔	thi⁵ phat⁸	thi² phat⁸	
惕	thit⁸	警惕	kin² thit⁸	——	
定	thin³	决定	kjet⁷ thin³		
亭	thin⁴	亭子	thin⁴ taŋ¹		
涂	thu²	涂改	thu² kɔi²	thu² kɔi²	
土	thu²	土匪	thu² fui²	tshet⁸ thiu²	
兔	thu³	兔子	thu³ taŋ¹	thu³ tse³	
涂	thu⁵	糊涂	hu⁵ thu⁵ fu⁵ thu⁵		
桶	thuŋ¹	桶	thuŋ¹	thuŋ¹	
动	thuŋ³	反动	fan⁴ thuŋ³	fan³ thuŋ⁶	
统	thuŋ⁴	统一	thuŋ⁴ it⁷	thuŋ³ it⁷	
筒	thuŋ⁵	电筒	thjen⁴ thuŋ⁵	thien⁶ thuŋ⁵	
通	thuŋ⁶	通信	thuŋ⁶ sin²	thuŋ¹ sin⁵	
毒	thuk⁸	消毒	sjau⁶ thuk⁸	siau¹ thuk⁸	

独	thuk⁸	独子	thuk⁸ taŋ¹	——	
踢	thjak⁷	踢球	ka³ thjak⁷ khju⁵	thiak⁷ khiu²	
调	thjau³	调皮	thjau³ phi²	thiau⁶ phi²	
挑	thjau⁵	挑拨	thjau⁵ pat⁷ thjau⁶ pɔt⁷	thiau¹ phɔt⁷	
天	thjen³	天井	thjen³ tsaŋ⁵ thjen³ tsjaŋ⁵	thiɛn¹ tsiaŋ³	
电	thjen³	电	thjen³	thiɛn⁶	
田	thjen⁵	姓田	sjaŋ⁴ thjen⁵	siaŋ⁵ thiɛn²	
填	thjen⁵	填表	thjen⁵ pjau²	thian² piau²	
豆	thju³	绿豆	luk⁸ thju³	luk⁸ thiu⁶	
头	thju⁵	馒头	man⁵ thju⁵	man³ thiu²	
投	thju⁵	投降	thju⁵ sjɔŋ⁵	thiu² kɔŋ²	
抵	tje⁵	可惜	a⁶ tje⁵	——	
丁	tjen¹	丁	tjen¹	thiɛn¹	
灯	tjen³	灯笼	tjen³ luŋ⁴	tiɛn¹ luŋ²	
斗	tju¹	戽斗	fu⁴ tju¹	fu⁶ tiu³	
斗	tju³	奋斗	fun³ tju³	fun² tiu⁵	
		墨斗	mit⁸ tju³	mɐt⁸ tiu⁵	
阻	tsɔ⁵	阻止	tsɔ⁵ ti⁴		
掌	tsɔŋ²	手掌	khwa⁴ tsɔŋ²	——	
		掌握	tsɔŋ² vɔk⁷	tsɔŋ³ vɔk⁷	
仗	tsɔŋ²	战争	khwaŋ² tsɔŋ²		
帐	tsɔŋ³	帐篷	tsɔŋ³ phuŋ²	tsɔŋ⁵ phuŋ²	
壮	tsɔŋ³	强壮	khjɔŋ² tsɔŋ³	khiɔŋ² tsɔŋ⁵	
章	tsɔŋ⁶	盖章	kɔi⁴ tsɔŋ⁶	kɔi⁵ in⁵	
张	tsɔŋ⁶	紧张	kin² tsɔŋ⁶	fɔŋ¹ tsɔŋ¹	
装	tsɔŋ⁶	假装	ka⁵ tsɔŋ⁶	tsɔŋ¹ tsɔk⁷	
作	tsɔk⁷	合作	hat⁸ tsɔk⁷	hap⁸ fɔ³	
钻	tsɔn³	钻头	lui⁴ tsɔn³ tjɔ²	tsɔn⁵ ŋan³	～眼
专	tsɔn⁶	专门	tsɔn⁶ mun⁵	tsɔn¹ mun²	
诈	tsa³	撒娇	tsa³ kjau⁶	tsa⁵ kiau¹	～娇
井	tsaŋ⁵	天井	thjen³ tsaŋ⁵ thjen³ tsjaŋ⁵	thiɛn¹ tsiaŋ³	
站	tsan³	站岗	tsan³ kɔŋ⁶	tsam⁵ kɔŋ¹	
照	tsau⁴	照顾	tsau⁴ ku⁴	tsau⁵ ku⁵	
纸	tsi¹	风筝	tsi¹ jau³ tsi¹ zjau³	tsi³ iau⁶	～鹞
指	tsi²	指挥	tsi² fui⁶	tsi³ fui¹	
治	tsi³	统治	thuŋ⁴ tsi³	thuŋ³ tshi⁶	
子	tsi⁵	暮生儿	m⁶ a⁵ lau⁵ tsi⁵	——	
支	tsi⁶	支援	tsi⁶ jen⁶ tsi⁶ zen⁶	tsi³ iɛn⁶	
正	tsin²	改正	ke¹ tsin²		

正	tsin³	正式	tsin³ sit⁷	tsin⁵ sit⁷	
		正直	tsin⁴ tshit⁸	tsin⁵ tshit⁸	
镇	tsin²	镇压	tsin² at⁷	tsin³ at⁷	
针	tsin³	蜜蜂的针	ka³ mɔ¹ tsin³	——	
进	tsin³	先进	sjen⁶ tsin³	siɛn¹ tsin⁵	
证	tsin³	证明	tsin³ min⁵	tsin⁵ min²	
针	tsin⁶	针灸	tsin⁶ kju³	tsim¹ kiu⁵	
真	tsin⁶	认真	ŋin⁴ tsin⁶	ŋin³ tsin¹	
征	tsin⁶	征购	tsin⁶ kju³	tsin¹ kiu⁵	
赠	tsin⁶	赠送	tsin⁶ suŋ⁴ tsin³ suŋ⁴	tsin⁵ suŋ⁵	
积	tsit⁷	沤肥	tsit⁷ khuŋ⁴	——	～肥
织	tsit⁷	组织	tsu² tsit⁷	tsʅ³ tsit⁷	
组	tsu²	组织	tsu² tsit⁷	tsʅ³ tsit⁷	
主	tsu²	作主	tsɔk⁷ tsu²	tsɔk⁷ tsu²	
祖	tsu⁵	祭祖先	pe² tsu⁵ khuŋ³	tsʅ⁵ tsu³ tsuŋ¹	拜～公
煮	tsu⁵	饭馊了	kwe⁶ tsu⁵ sɔ¹	——	饭～馊
珠	tsu⁶	珠子	tsu⁶ taŋ¹	tsu¹	
中	tsuŋ⁶	壮年	tsuŋ⁶ ŋjan⁵ le²	——	～年人
足	tsuk⁷	足球	tsuk⁷ khju⁵	tsuk⁷ kiu²	
祝	tsuk⁷	庆祝	khin⁴ tsuk⁷		
烛	tsuk⁷	蜡烛	lat⁸ tsuk⁷	lat⁸ khju⁵	
准	tsun²	准备	tsun² phi³	tsun² phi⁶	
准	tsun⁵	禁止	a⁶ tsun⁵		不～
遵	tsun⁶	遵守	tsun⁶ sju²	tsun¹ siu²	
尊	tsun⁶	尊敬	tsun⁶ kin³	tsun¹ kin⁵	
唱	tshɔŋ³	拖声唱	thui⁴ ka¹ ta³ tjɔ² tshɔŋ³	——	
状	tshɔŋ³	告状	kau³ tshɔŋ³	kau⁵ tshɔŋ⁶	
猖	tshɔŋ⁶	猖狂	tshɔŋ⁶ khɔŋ²	tshɔŋ¹ khɔŋ²	
仗	tshɔŋ⁶	鞭炮	pɔ² tshɔŋ⁶		
菜	tshɔi³	莲花白	ja² tshɔi³	ia² tshɔi⁵	椰～
材	tshɔi⁴	棺材	kɔn³ tshɔi⁴	tshɔŋ² saŋ¹	
凿	tshɔk⁸	凿眼	tshɔk⁸ khuŋ³	ta³ ŋan²	
传	tshɔn⁵	宣传	sjen⁶ tshɔn⁵	siɛn¹ tshɔn²	
车	tsha⁶	车	tsha⁶	tsha¹	
车	tsha⁵	夸口	tsha⁵ tshuŋ¹ me³		～大炮；《梅县方言词典》p50，吹牛
查	tsha⁵	检查	kjen² tsha⁵	kiam¹ tsha³	
搽	tsha⁵	涂油	tsha⁵ zɔ²	tsha² ju²	
痄	tshai⁴	疟疾	pɔ⁶ tshai⁴ khu⁵	fat⁷ laŋ¹ phiaŋ²	疠子。咋禾切；从果合一戈平。
柴	tshai⁵	火柴	hɔ¹ tshai⁵	fɔ³ tshai²	
搓	tshai⁶	揉面	tshai⁶ mjen⁴		～面

赤	tshak⁷	赤豆	tshak⁷ thju⁴	——	
赤	tshak⁷	沙眼	pɔ⁶ tshak⁷ ŋan²	——	《客家话通用词典》p17,害红眼病
净	tshan²	仅你吃	tshan² muŋ² luŋ²		《梅县方言词典》p214,净：表示单纯而没有别的；只
擦	tshat⁷	揉洗衣服	tshat⁷ ɔ³	——	～衣服
杂	tshat⁸	复杂	fuk⁷ tshat⁸	fuk⁷ tshat⁸	
造	tshau³	造反	tshau³ fan⁴		
嘈	tshau⁴	嘈杂	khje⁴ tshau⁴		很～
潮	tshau⁵	潮湿	tshau⁵ sit⁷		
事	tshi²	另外	laŋ⁶ tshi²		《梅县方言词典》p207,另～：另外,此外
始	tshi²	反正	tshi² tsuŋ⁶		～终
池	tshi⁵	电池	thjen³ tshi⁵	thien⁶ tshi⁵	
尘	tshin³	拍尘	phak⁷ tshin³	phak⁷ tshin² thu²	
亲	tshin³	送亲家	suŋ¹ tshin³ ka³		
陈	tshin⁴	姓陈	sjaŋ⁴ tshin⁴	siaŋ⁵ tshin³	
静	tshin⁴	静悄悄	khje⁴ tshin⁴	——	很～
清	tshin⁶	清算	tshin⁶ sɔn³		
七	tshit⁷	二十七	ŋit⁸ tshit⁷	ŋip⁸ tshit⁷	
漆	tshit⁷	漆	tshit⁷	tshit⁷	
直	tshit⁸	正直	tsin⁴ tshit⁸	tsin⁵ tshit⁸	
侄	tshit⁸	侄女	tshit⁸ ŋi²	shit⁸ ŋi³	
从	tshuŋ⁵	服从	fuk⁸ tshuŋ⁵	fuk⁸ tshuŋ²	
葱	tshuŋ⁶	洋葱	jɔŋ⁵ tshuŋ⁶	iɔŋ² tshuŋ¹ thiu²	
脆	tshui³	干脆	kɔn⁶ tshui³	kɔn¹ tshui⁵	
罪	tshui³	罪恶	tshui³ ɔk⁷	tshui⁶ ok⁷	
随	tshui⁵	随时	tshui⁵ si⁵	tshui² si²	
续	tshuk⁸	继续	kje³ tshuk⁸	ke⁵ tsuk⁸	
蠢	tshun⁵	拙,笨	khje⁴ tshun⁵	tshun²	
斜	tshja⁴	斜	tshja⁴	tshia²	
请	tshjaŋ²	邀请	jau⁶ tshjaŋ²	iau¹ tshiaŋ³	
遣	tshjen²	派遣	phai³ tshjen²	phai⁵	
暂	tshjen³	暂时	tshjen³ si⁵		
全	tshjen⁵	完全	tshjen⁵ phu⁴	tshe² tshiɛn²	
丑	tshju²	丑	tshju²	tshiu³	
		害羞	tshju²	tshiu³	
醋	tshju³	酸醋	sɔn¹ tshju³	——	《梅县方言词典》p190,醋：sɔn¹ tshʅ⁵
酱	tsjɔŋ²	辣椒酱	kɔk⁷ tsju³ tsjɔŋ²	kam¹ tsiɔŋ³	
奖	tsjɔŋ²	奖励	tsjɔŋ² li³	tsiɔŋ³	
姐	tsja⁵	外祖父	tsja⁵ khuŋ⁴	tsia² kuŋ¹	～公

接	tsjak⁷	接客人	tsjak⁷ le² khui⁵ tsjap⁷ le² khui⁵	——	
砧	tsjen³	砧板	tsjen³ pan² tsin³ pan²	tsim¹ pan²	
箭	tsjen³	射箭	sa³ tsjen³	——	
战	tsjen³	苦战	khu¹ tsjen³		
节	tsjet⁷	手指节	khwa⁴ tje⁴ taŋ¹ tsjet⁷		
折	tsjet⁷	折合	tsjet⁷ tshin²		
摺	tsjet⁷	摺衣服	tsjet⁷ ɔ³ tsit⁷ ɔ³		
褶	tsjet⁷	裙褶	khun⁵ tsjet⁷		
皱	tsju³	旋风	tsju³ lɔ² fuŋ³		~螺风；比较：翁源 tsiu⁵ lou² fuŋ¹
州	tsju⁶	通广州	thuŋ³ kɔŋ¹ tsju⁶	thuŋ¹ kɔŋ² tsiu¹	
稳	un²	稳	un²	un³	略带喉塞!
握	vɔk⁷	掌握	tsɔŋ² vɔk⁷	tsɔŋ³ vɔk⁷	
横	vaŋ²	横	vaŋ²	vaŋ²	
划	vak⁸	划线	vak⁸ fu³	——	
挖	vat⁷	挖耳朵	vat⁷ ka¹ khuŋ³	——	
猾	vat⁷	狡猾	vat⁷ kau²	fan³ kut⁷	
芋	vu³	芋头	vu³ taŋ¹	vu⁵⁶ thiu²	
戊	vu³	戊	vu³		
危	vui⁵	冒险	khje⁴ vui⁵ hjen²	——	太~险
伟	vui⁵	伟大	vui⁵ thai⁴	——	
围	vui⁶	捉迷藏	vui⁶ le² taŋ¹	——	~人
用	juŋ⁴	用手	juŋ⁴ khwa⁴	——	
爷	za⁶	干爹	khe⁶ ja⁶ khi⁶ za⁶	khie⁵ ia²	契~
意	zi³	意见	zi³ kjen³	zi⁵ kjen⁵	
姨	zi⁶	姨夫	zi⁶ kuŋ⁶		
影	zaŋ⁵	照相	zaŋ⁵ sjɔŋ⁴	iaŋ² siɔŋ⁶	~像
乙	zet⁷	乙	zet⁷	iet⁷	
寅	zin⁵	寅	zin⁵	in²	
荣	zin⁵	光荣	kɔŋ⁶ zin⁵	kɔŋ¹ sien¹	
鹞	zjau³	风筝	tsi¹ zjau³ tsi¹ jau³	tsi³ iau⁶	纸~
援	zjen¹	支援	tsi⁶ jen⁶ tsi⁶ zjen⁶	tsi³ iɛn⁶	
怨	zjen²	埋怨	zjen² le²	——	
冤	zjen³	伸冤	sin³ zjen³	ham⁶ iɛn¹	

9.3.5 粤语借词

9.3.5.1 粤语借词层的语音特点

(一)声母特点：

(1) 古全浊声母清化后以平上声和去入声分界,具体的就是阳平、阳上送气;

(2) 古微母字与明母字合流,都读为;

(3) 古疑母字在洪音前面读为,细音前读为;

(4) 古影母字大都读为零声母,合口时稍微带摩擦读为。

(二)韵母特点：

(1) 梗摄舒声一般读为;

(2) 蟹摄合口一等读为;

(3) 有元音 a 和 ɐ 的对立,但 ɐ 只出现在少数的一两个借词中;

(4) 山摄开口三四等读为;

(5) 效摄三四等读为;

(6) 通摄三等无 i 介音,读同一等。

9.3.5.2 粤语借词层分析

(一)声调对应表一：

	平	上	去	入
全清	3 (55)	——	1 (33)/2 (42)	7 (55)/7 (33)
次清	3 (55)	6 (24)	1 (33)	7 (33)
次浊	2 (42)	——	1 (33)/6 (24)	8 (33)
全浊	4 (53)	1 (33)	1 (33)/6 (24)	8 (33)

畲语粤语借词声调对应表二：

中古声调	畲语借词	粤语
阴平	第 3 调 55	53 (55)
阳平	第 4 调 53	21
阴上	第 6 调 24	35
阳上	第 1 调 33	13
阴去	第 1 调 33	33
阳去	第 1 调 33	22
阴入	55	55
	33	33
阳入	33	22

(二)畲语粤语借词声母对应表：

中古声母	现代声母	例字	国际音标
帮	p	边	ɔ³ pin³ 衣服边
		贝,八	宝贝 pɔ⁵ pui²　八角 pat⁷ kɔk⁷

滂	ph	配 盼 拍	phui² ŋan² kjaŋ² 配眼镜 phan¹ mɔŋ¹ 盼望 phak⁷ tshin³ 拍尘	
	phj	劈	phjak⁷ tshi¹ 劈柴	
並	ph	牌,便	phe⁴ 牌 phin⁴ i² 便宜	
	p	辫	pin³ taŋ¹ 辫	
明	m	媒,抹 梅	ɔ⁵ mui³ ŋin² 做媒人 mat⁷ 抹 mui³ taŋ¹ 梅子	
非	f	风 夫 方	fuŋ³ sjɔŋ³ 风箱 khwaŋ² kuŋ³ fu³ 耍武艺 fɔŋ³ hjɔŋ¹ 方向	
敷	f	翻 番	fan³ kuŋ³ kɔ³ mɔ⁶ 回头看 fun³ si⁴ 红薯	
奉	f	房 服 咐	fɔŋ¹ kan³ 房间 fuk⁷ mu¹ 服务 fun⁶ fu¹ 吩咐	
微	m	文 望 务	si³ man⁴ 斯文 phan¹ mɔŋ¹ 盼望 fuk⁷ mu¹ 服务	
端	t	东 带 冬	tuŋ³ fuŋ³ 东风 tai³ thɔ⁴ kun¹ 萤火虫 tuŋ³ thjen³ 冬天	
透	th	拖 炭 通	thɔ³ sjɔŋ³ 抽屉 than¹ 炭 a⁶ thuŋ³ khi⁶ 不通气	
定	t	电	tin⁵ tsuŋ³ 时钟	
	th	填 痰	thin⁴ ta⁵ 填坑 than¹ tsuŋ³ 痰盂	
来	l	篮	ju² lan² 摇篮	
	lj	凉	tshai³ ljɔŋ⁴ 凄凉	
知	ts	中 中 竹	tsuŋ³ i¹ 中意 khwaŋ² tsuŋ² 打中 tsuk⁷ kɔn³ 杆子	
彻	tsh	畜	tshuk⁷ saŋ³ 畜牲	
澄	tsh	重	tshuŋ⁶ kɔ⁵ 更加	
精	tsj	椒 雀	fu² tsju³ 胡椒 ma² tsjɔk⁷ 麻将	
清	tsh	聪 囱	tshuŋ³ min⁴ 聪明 in³ tshuŋ³ 烟囱	
从	tsh	钱	ŋjɔn⁴ tshin² 要钱	
心	s	鲜,送 岁	saŋ³ sin³ 新鲜 suŋ¹ la⁵ 送礼 sui³ kɔ³ 年纪	
	sj	箱	fuŋ³ sjɔŋ³ 风箱	

庄	ts	榨,炸 争	tsa² zɔ² 榨油 tsa² la⁵ 炸东西 a⁶ tsaŋ³ kwa⁵ 争不过
船	s	舌	ket⁷ sit⁷ le² 结巴
生	s	纱,缩,沙	纱 sa³ 缩 suk⁷ sa³ li⁴ 梨
书	s	势 试	khje⁴ ka¹ sai¹ 了不起 khau⁵ si¹ 考试
	tshj	春	tsuŋ³ kja¹ 春药
禅	s	是	ŋja⁵ si¹ fui³ 惹祸
见	k	孤 哥,家	khje⁴ ku³ hɔn⁴ 吝啬 pjɔ² kɔ³ 表哥 ka³ khi² 家具
	kj	镜	镜 kjaŋ²
溪	f	枯,苦	tit⁷ tɔ² fu³ 油枯 fu⁶ lin⁶ tɔŋ⁵ 苦楝树
	h	炕	hɔn¹ ɔ³ 烤衣服
	khj	翘	khju⁶ ti⁴ tɔ⁵ 盘腿坐
群	khj	轿	轿 khju⁶
以	j	摇	ju² lan² 摇篮
影	ø	烟,医 意	in³ tshuŋ³ 烟囱 i³ saŋ³ 医生 ɔ⁵ saŋ⁵ i¹ 做生意
	v	污	than³ vu³ 贪污
晓	f	呼,花	fu³ khi⁶ 呼气 fa³ la³ ta¹ mɔ⁶ 大花猫
	hj	向	fɔŋ³ hjɔŋ¹ 方向
匣	h	害,下 限	li¹ hɔi² 利害 ha⁴ pha⁴ 下巴 han¹ thaŋ⁶ 限定
	v	还,划	van² tshin² 还钱 vak⁷ kjuŋ² 划船

(三)畲语粤语借词韵母对应表:

摄	呼	等	韵	畲语韵	例字	例词	国际音标
果	开	一	歌	ɔ	哥 拖	表哥 抽屉	pjɔ² kɔ³ thɔ³ sjɔŋ³
假	开	二	麻	a	架 沙 家	了不起 梨 家具	khje⁴ ka¹ sai¹ sa³ li⁴ ka³ khi²
	合	二	麻	a	花	花猫	fa³ la³ ta¹ mɔ⁶
				ua	瓜	冬瓜	tuŋ³ kwa³
遇	合	一	模	u	苦 孤 污	苦楝树 吝啬 贪污	fu⁶ lin⁶ tɔŋ⁵ khje⁴ ku³ hɔn⁴ than³ vu³
	合	三	虞	u	夫 附 务	耍武艺 吩咐 服务	khwan² kuŋ³ fu³ fun⁶ fu¹ fuk⁷ mu¹

蟹	开	一	泰	ɔi	害	厉害	li¹ hɔi²	
				ai	带	萤火虫	tai¹ thɔ⁴ kun¹	
				ui	贝	宝贝	pɔ⁵ pui²	
	开	二	佳	e	牌	牌	phe⁴	
	开	三	祭	a	架	了不起	khje⁴ ka¹ sai¹	
	合	一	灰	ui	梅	梅子	mui³ taŋ¹	
					配	配眼镜	phui² ŋan² kjaŋ²	
					媒	做媒	ɔ⁵ mui³ ŋin²	
	合	三	祭	ui	岁	年纪	sui³ kɔ³	
止	开	三	支	i	斯	斯文	si³ man⁴	
					是	惹是非	ŋja⁵ si¹ fui³	
					枝	干树枝	khui³ tsi⁴	
	开	三	脂	i	至	最慢	tsi² man⁶	
					狮	狮子	si³ kɔ³	
	开	三	之	i	医	医生	i³ saŋ³	
					试	考试	khau⁵ si¹	
					意	做生意	ɔ⁵ saŋ⁵ i¹	
效	开	三	宵	iu	椒	胡椒	fu² tsju³	
					轿	轿	khju⁶	
					摇	摇篮	ju² lan²	
	开	三	笑	iu	翘	盘腿坐	khju⁶ ti⁴ tɔ⁵	
咸	开	一	覃	an	贪	贪污	than³ vu⁵	
	开	一	谈	an	篮	摇篮	ju² lan²	
					柑	柑	kan³	
					痰	痰盂	than¹ tsuŋ³	
	开	四	帖	an	贴	贴	tit¹ la⁵	
山	开	一	寒	ɔn	寒	吝啬	khje⁴ ku³ hɔn⁴	
				an	炭	炭	than¹	
	开	二	山	an	限	限定	han¹ thaŋ⁶	
					山	鹿	san³ luk⁷	
					盼	盼望	phan¹ mɔŋ¹	
			黠	at	八	大料	pat⁷ kɔk⁷	
	开	三	仙	in	便	便宜	phin⁴ i²	
					钱	要钱	ŋjɔŋ⁴ tshin²	
					面	被面	pɔ¹ min⁶	
			薛	it	舌	结巴	ket⁷ sit⁷ le²	
	开	四	先	in	辫	辫子	pin³ taŋ¹	
			霰	in	链	项链	ka³ kjen¹ lin⁶	
	合	一	桓	un	灌	灌药	kun² kja¹	
					罐	罐子	kun² taŋ¹	
			末	at	抹	抹	mat⁷	
	合	二	删	an	还	还钱	van² tshin²	

	合	三	元	an	翻番	回头看红薯	fan³ kuŋ³ kɔ³ mo⁶ fan³ si⁴
臻	合	三	文	an	文	斯文	si³ man⁴
宕	开	一	唐	ɔŋ	炕	烤衣服	hɔŋ¹ ɔ³
	开	三	阳	iɔŋ	向 箱 凉	方向 风箱 凄凉	fɔŋ³ hjɔŋ¹ fuŋ³ sjɔŋ³ tshai³ ljɔŋ⁴
			药	iɔk	雀	麻将	ma² tsjɔk⁷
	合	三	阳	ɔŋ	房 望 方	房间 盼望 方向	fɔŋ¹ kan³ phan¹ mɔŋ¹ fɔŋ³ hjɔŋ³
江	开	二	觉	ɔk	角	大料	kɔk⁷ tsju³
梗	开	二	陌	ak	拍	拍尘	phak⁷ tshin³
	开	三	庚	iaŋ	镜	镜	kjaŋ²
	开	四	锡	iak	劈	劈柴	phjak⁷ tshi²
	合	二	麦	ak	划	划船	vak⁷ kjuŋ²
通	合	一	东	uŋ	东 功 红	东风 耍武术 争红旗	tuŋ³ fuŋ³ khwaŋ² kuŋ³ fu³ tsaŋ³ huŋ⁵ khi⁵
	合	一	冬	uŋ	冬	冬天	tuŋ³ thjen³
	合	三	东	uŋ	风 中	风箱 中意	fuŋ³ sjɔŋ³ tsuŋ³ i¹
			屋	uk	畜	畜牲	tshuk⁷ saŋ³
	合	三	钟	uŋ	春 钟 盅	春药 铃钟 擂钵	tsuŋ³ kja¹ leŋ¹ tsuŋ³ saŋ⁵ tsuŋ³

9.3.5.3 粤语层借词问题探讨

（一）阳平调值问题

在畲语粤语层的声调对应中，阳平调值的差别较大。而根据我们的调查，这个阳平调的调值却刚好与当地的本地话的阳平调的调值相同。这就引起我们的重新思考：这一批借词会不会有不同的来源？下面是畲语粤语借词与本地话阴平调比较表：

例字	读音	中古音韵地位	词项	畲语读音	本地话
棚	phaŋ⁴	并梗开二耕平	棚子	phaŋ⁴	phaŋ²
便	phin⁴	并山开三仙平	便宜	phin⁴ i² phin⁴ ŋi²	phin²
牌	phe⁴	并蟹开二佳平	牌	phe⁴	phai²
陈	tshin⁴	澄臻开三真平	姓陈	sjaŋ⁴ tshin⁴	tshin²
神	sin⁴	船臻开三真平	神	sin⁴	sin²
塘	thɔŋ⁴	定宕开一唐平	水库	ɔŋ¹ thɔŋ⁴	thɔŋ²
填	thin⁴	定山开四先平	填坑	thin⁴ ta⁵	thiɛn²
谭	than⁴	定咸开一覃平	姓谭	sjaŋ⁴ than⁴	tham²

梁	ljɔŋ⁴	来宕开三阳平	桶梁	thuŋ⁵ ljɔŋ⁴	liɔŋ²
罗	lɔ⁴	来果开一歌平	姓罗	sjaŋ⁴ lɔ⁴	lɔ²
闲	han⁴	匣山开二山平	闲	han⁴	han²
嫌	hin⁴	匣咸开四添平	嫌	hin⁴ le²	hiam²
杨	zɔŋ⁴	以宕开三阳平	姓杨	sjaŋ⁴ jɔŋ⁴ sjaŋ⁴ zɔŋ⁴	jɔŋ²

但是如果我们把畲语里的这批词的声韵调特点分别与粤语和本地话相比较之后,却发现除去这个阳平调,这批词的一些语音特点更倾向于粤语的。比较如下：

畲语借词、粤语和本地话声韵比较表：

	畲语借词	粤语	本地话
古非、敷、奉母	读为[f],风[fuŋ³]、番[fun³]、咐[fu¹]	读为[f]	主要读为[h]和[v],风[huŋ¹]、副[hu⁵]、妇[hu¹]
古晓、匣母	开口字大部分今读[h]声母,合口字大部分读为[f]声母,也有读为[v],花[fa³]	大部分今读[h]声母,匣母部分合口读[w]、[f],花[fa¹]	开口字大部分今读[h]声母,合口字大部分读为[v]声母;也有部分合口字也读为[h]声母,花[va¹]
古蟹摄一等	合口都多读为[ui],岁[sui³]	合口都多读为[øy],岁[søy⁴]	开合口都多读为[ɔi],岁[sɔi²]
古效摄三四等	读为[iu],轿[khju⁶]	读为[iu],桥[khiu²]	读为[iau],桥[khiau²]
古山摄	开口三四等读为[in],合口一等读为[un],面[min⁶]灌[kun¹]	开口三四等读为[in],合口一等读为[un],面[min¹] 灌[kun⁴] 官[kun¹]	开口三四等读为[ien],合口一等读为[ɔn],面[mien¹] 官[kɔn¹]

声调比较:除了阳平调的调值对应差别较大,畲语汉语借词里的其他的调值更倾向于与粤语对应,试比较：

	畲语粤语借词	粤语	本地话
阴平	55	55	33
阳平	53	21	53
阴上	24	35	35
阳上	33	23	35/33/31
阴去	33	33	31
阳去	33	22	33（归阴平）
阴入	55 33	55 33	5
阳入	33	22	3

我们认为,畲语粤语层借词的阳平调调值与博罗本地话的阳平调调值的相近只是一种偶然的现象,同时由于博罗本地话本身就是一种带有混合色彩的汉语方言,在它的语音系统和词汇系统里夹杂着汉语客家话和汉语粤语的特点。因此,我们在分析畲语汉语借词不同借源的

时候,划定这一层次为粤语层次。就目前的研究看,这一层次的粤语属于广府片。

(二)畲语鼻塞音声母来源初探

(1)畲语鼻塞音声母的来源

在畲语里有一套鼻塞音声母,这套鼻塞音声母是指鼻音声母后面带相同部位塞音成分的声母。但是这一套鼻塞音声母与原始苗瑶语的鼻冠音声母并没有发生学关系,它与现代苗瑶语的鼻冠音声母并不对应,而是与苗瑶语里的部分鼻音声母和边音声母对应[①]:

	嶂背(畲语)	陈湖(畲语)	养蒿(苗语)	江底(瑶语)	长垌(炯奈)
马	m^pe^4	m^pe^4	ma^4		me^4
有	m^pa^2	m^pa^2	me^2	$ma:i^2$	$mɔ^2$
这	n^tja^3	n^te^3	$noŋ^3$	$na:i^3$	ne^3
太阳	$n^tɔ^1$	$n^tɔ^1$	$nhɛ^1$	$n̦oi^1$	$n̦ɔ^1$
牛	$ŋ^kjɔ^2$	$ŋ^kjɔ^2$	$ȵen^2$	$ŋoŋ^2$	$ŋɔ^2$
短	$n^taŋ^3$	$n^taŋ^3$	le^3	$naŋ^3$	$laŋ^3$
田	n^tin^2	n^tin^2	lji^2	$li:ŋ^2$	$leŋ^2$

据李云兵(1997:39)的研究,畲语的这一套鼻塞音有两个来源:其一是来源于原始苗瑶语的鼻音声母;另一个则是来源于原始苗瑶语的边音声母。

畲语的这一套鼻塞音虽然部分可以和苗瑶语的鼻音和边音相对应,但是在苗瑶语族其他语言里,却找不到这样的现象。那么,它会不会有其他来源?

陆志韦在《古音说略》中,把上古鼻音构拟为鼻塞音的形式:

明母:mp   mb

泥母:nt   nd

疑母:ŋk   ŋg

李新魁在《汉语音韵学》一书中也认为,在上古时期,中古的鼻音声母应该读为[mb][nd]等音。(1986:405)后来在《广东的方言》里,李新魁指出:中古以前,中原共同语的鼻音声母都不是单纯的鼻音,而是带有同部位的塞音。中古以后,汉语的大部分方言里,这种鼻塞音都丢掉了塞音成分而单纯留下鼻音;但在闽语里,却失去鼻音成分而保留了塞音,mb>b,nd>d,ŋg>g。(李新魁 1994:140)而现在粤语的四邑片,以及广州的郊区的九佛、江村、新市等地,它们的鼻音都不是单纯的鼻音,有的地方鼻音较重,有的地方塞音较重,但都是共同带有了鼻音和塞音的成分。这些地方的鼻塞音声母,李新魁认为是古音的遗存。

严学宭、尉迟治平(1986:11)通过对古代汉语文献和域外对音的研究,证明了古代汉语存在鼻音和同部位的浊塞音组成复辅音声母。

最近胡方(2005:9)通过实验语音的方法,证明闽语里的浊塞音和边音[bgl],也是带有同部位的鼻音成分的,实际读音应该是[ᵐbᵍd]。从这些方言事实看,我们也有理由相信李新魁

[①] 在我们调查的博罗畲语里,这一套鼻塞音已经几乎消失。只在年纪较大的发音人的语音系统里,才有零星的残存。因此,这里用于比较的畲语鼻塞音声母来自《苗瑶语古音构拟》(王辅世、毛宗武 1995)及社科院民族所相关的调查资料。

的说法,在中古前期汉语的鼻音里,都带有同部位的塞音。

那么畲语里的鼻塞音与中古前期的带有塞音成分的鼻音有什么关系呢?我们猜测最初是通过借词的方式进入畲语里的,继而通过词汇扩散的方式,扩散到其他的鼻音词汇里,从而导致语音系统的变化。而畲语借用的语言,可能就是当时博罗地区的通用语。在今天的博罗本地话里,也有部分的词里保留了鼻塞音声母的读法,其中 mb-、ŋg-在高元音前尤其明显。试比较①:

例字	中古音韵地位	本地话	台山话②	广州话
年	泥先开四平	ŋgien^2	nden^2	nin^2
热	日薛开三入	ŋgiet^8	ŋget^8	jit^8
牛	疑尤开三平	ŋgɐu^2	ŋgeu^2	ŋɐu^2
银	疑真开三平	ŋgin^2	ŋgan^2	ŋɐn^2
五	疑姥合一上	ŋgu^4	ŋ^4	ŋ^4
米	明荠开四上	mbe^4	mbai^4	mɐi^4
眉	明脂开三平	mbi^2	mbei^2	mei^2
问	微问合三去	mbən^6	mbun^6	mɐn^6

从上表我们可以看到,博罗本地话的这一批鼻塞音声母主要对应的是中古的明、微、泥、日、疑母。这些中古声类在今天的粤语里,基本上都读鼻音。从这点看,与畲语里的鼻塞音主要对应苗瑶语里鼻音和边音是相一致的。

畲语、本地话和台山话鼻塞音声母对应表:

例字	畲语借词	本地话	台山话	备注
马	mpe^4	mpe^4	mba^4	
五	ŋki^6	ŋgu^6	ŋ^6	
牛	ŋkjɔ^2	ŋgɐu^2	ŋgeu^2	
外	ŋkwe^6	ŋkɔi^6	ŋgɔi^6	外甥
庙	mpjɔ^6		mbiau^6	
银	ŋkin^2	ŋgin^2	ŋgan^2	

上面列出的 6 个词,都是一些常用词,其畲语读音的声、韵、调都可以和汉语中古的音韵地位对应,可以看出是汉语借词。同时,它们的读音和博罗本地话和台山话都是对应的:ŋk - ŋk - ŋg;mp - mp - mb。

我们猜测这些鼻塞音随着汉语借词进入畲语里,当数量达到一定程度以后,通过类推的方式使得所有的鼻音声母都带有了塞音的成分。

在博罗本地话里没有发现 nt 的读音;博罗畲语汉语借词里的 nt-、ntj-主要和中古汉语的泥母和来母对应,而台山的 ^{n}d 则只和中古泥母对应。因此博罗畲语的 nt-、ntj-和博罗本地话、台山话并不是完全对应的。

闽语里中古来母有 3 个读音:l-、t-、s-。罗杰瑞(2005)通过侗台语和苗瑶语的早期汉语借

---

① 此处博罗本地话的鼻塞音曾经和汕头大学严修鸿教授讨论,获严教授赐教,特此感谢。文中存在其他错误,概由作者自负。
② 台山话、广州话材料选自詹伯慧(2002),原书鼻音部分用上标表示,此处为了上下文一致,统一改成鼻冠音形式。

词,考证了这三种读音来自早期的 *l- 和 *lh-;同时后者来自早期包括清塞音声母的复辅音。闽语里来母读 t- 的只有少数几个词:(下表转引自罗杰瑞 2005:1-5)

	福州	厦门	建阳	建瓯	镇前
懒	tiaŋ⁶	tuã⁶	lyeŋ⁵	tyeŋ⁵	tyeŋ⁵
鲤	li³	li³ 文 tai⁶ 白①	loi⁵	ti⁴	ty⁵
蛎	tie⁶	——	——	——	——
里(里外)②	li³ 文 tie³ 白	li³ 文 lai⁶ 白		li³ 文 tie³ 白	

此外,我们知道"隶"字在很多方言区也多做 t- 或者 d- 声母。

由此猜测,畲语里部分 nt-、ntj- 声母对应的来母字有可能是早期汉语借词的遗存:ntuk⁸ 六、ntit⁸ tshiu¹ 立秋。而来母读作 t- 在粤语地区已经消失,但是在闽语的少数词中却保存下来。

(2)畲语鼻塞音声母的发展演变

严学宭、尉迟治平(1986:11)在分析汉语鼻塞音复辅音声母的时候,曾经指出了这类复辅音声母的分化模式:"首先要经过一个鼻音和塞音自由变读的阶段,然后在一定的条件下,或保留鼻音,或保留塞音,而演变成单辅音声母。"我们发现畲语的鼻塞音声母的演变模式也正好和两位提到的汉语鼻塞音复辅音声母的演变模式一致。

毛宗武、蒙朝吉(1982:65)曾经比较过他们调查过的博罗畲语和惠东畲语的鼻塞音,他们认为:"mp、mpj、nt、ntj、ŋk、ŋkj 等鼻塞音声母,鼻音与塞音结合得比较紧,塞音成分比较明显,初听起来有点象 p、pj、t、tj、k、kj。惠东畲语则相反,鼻音成分比较明显,有些人已丢失了塞音成分,而读作 m、mj、n、nj、ŋ、ŋj。"这篇文章发表在上个世纪 80 年代,但是调查是在 50 年代。说明当时畲语的鼻塞音声母已经开始分化,而博罗和惠东正好是分别向鼻音和塞音两个方向发展。我们在 2003 年和 2004 年在博罗地区调查的时候,发现这种鼻塞音已经分化完毕,基本上变成了单辅音声母。只有在老年人的发音系统里,才存留个别的带有塞音成分的鼻音声母:mpjɔ⁶ 庙、ntɔ³ 老虎、ŋkjɔ² 牛、mpe¹ 藤子、nte² 人、me⁴ 马、ntin² 田、ŋkin⁴ 薄。原来的鼻塞音声母大部分都变成了同部位的鼻音和边音声母。结合毛宗武、蒙朝吉曾经描写的博罗畲语和惠东畲语的鼻塞音声母的情况,我们可以推断出畲语鼻塞音声母的丢失过程:

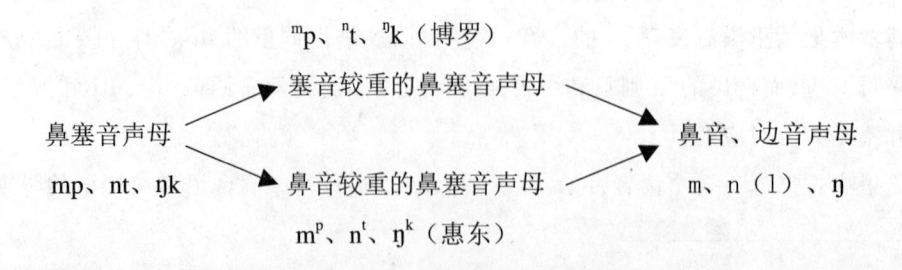

```
                    ᵐp、ⁿt、ᵑk(博罗)
                 ↗ 塞音较重的鼻塞音声母 ↘
鼻塞音声母                                    鼻音、边音声母
mp、nt、ŋk      ↘ 鼻音较重的鼻塞音声母 ↗     m、n(l)、ŋ
                    mᵖ、nᵗ、ŋᵏ(惠东)
```

---

① 此处罗文只列出 li³ 读音,而《汉语方音字汇》则注明 li³ 为文读,tai⁶ 为白读。
② 该字罗文没收,此处为作者根据《汉语方音字汇》(北京大学中文系 2003)补上。

在畲语方言内部,还没有发现鼻塞音声母演变发展为塞音声母的。至于为什么博罗畲语和惠东畲语在分化开的时候朝不同的方向发展,但最后却又共同发展为鼻音、边音,则有待进一步的研究。

9.3.5.4 粤语层借词词表

下表共记录了博罗畲语里的粤语借词词素173个。

汉字	借词读音		借词背景		备注
	博罗畲语	中古音韵地位	词项	博罗畲语	
哑	a^6	影假开二麻上	哑巴	$a^6 taŋ^1$	
压	at^7	影咸开二狎入	镇压	$tsin^3 at^7$	此处调值为33。比较客家话:at^{31}
花	fa^3	晓假合二麻平	花猫	$fa^3 la^3 ta^1 mɔ^6$	
翻	fan^3	敷山合三元平	回头看	$fan^3 kuŋ^3 kɔ^3 mɔ^6$	
番	fan^3	敷山合三元平	红薯	$fan^3 si^4$	
方	$fɔŋ^3$	非宕合三阳平	方向	$fɔŋ^3 hjɔŋ^1$	
			药方	$kja^1 fɔŋ^3$	
			方便	$fɔŋ^3 phin^6$	
枯	fu^3	溪遇合一模平	油枯	$tit^{42} tɔ^2 fu^3$	
苦	fu^6	溪遇合一模上	苦楝子	$fu^6 lin^6 tɔŋ^5$	
呼	fu^3	晓遇合一模平	哈气	$fu^3 khi^6$	
夫	fu^3	非遇合三虞平	耍武艺	$khwaŋ^2 kuŋ^3 fu^3$	
咐	fu^1	奉遇合三虞去	嘱咐	$fun^6 fu^1$	
风	$fuŋ^3$	非通合三东平	风箱	$fuŋ^3 sjɔŋ^3$	
			南风	$lan^4 fuŋ^3$	东~,西~,北~,旋~
			风水	$fuŋ^3 sui^5$	
服	fuk^8	奉通合三屋入	服务	$fuk^8 mu^1$	此处调值为33。比较客家话:fuk^{55}
法	fat^7	非咸合三乏入	宪法	$sjen^2 fat^7$	此处调值为33。比较客家话:fat^{31}
害	$hɔi^2$	匣蟹开一泰去	厉害	$li^1 hɔi^2$	
限	han^1	匣山开二山上	限定	$han^1 thaŋ^6$	粤语声调调值为22
闲	han^4	匣山开二山平	闲	han^4	
寒	$hɔn^4$	匣山开一寒平	吝啬	$khje^4 ku^3 hɔn^4$	孤~:吝啬,小气,抠门儿
旱	$hɔn^6$	匣山开一寒上	抗旱	$khɔŋ^2 hɔn^6$	
嫌	hin^4	匣咸开四添平	嫌弃	$hin^4 le^2$	
炕	$hɔŋ^1$	溪宕开一唐去	烤衣服	$hɔŋ^1 ɔ^3$	风吹使干
红	$huŋ^5$	匣通合一东平	争红旗	$tsaŋ^3 huŋ^5 khi^5$	
恐	$huŋ^5$	溪通合三钟上	恐吓	$huŋ^5 le^2$	

向	hjɔŋ^1	晓宕开三阳去	方向	fɔŋ^3 hjɔŋ^1	
学	hɔk^8	匣江开二觉入	学校	hɔk^8 thɔŋ^2	此处调值为33。比较客家话学:hɔk^{55}
壳	hɔk^8	匣江开二觉入	壳壳	hɔk^8	此处调值为33。比较客家话壳:hɔk^{55}
意	i^1	影止开三之去	做生意	ɔ^5 saŋ^5 i^1	
			妥当	tak^7 i^1	同上
医	i^3	影止开三之平	医生	i^3 saŋ^3	
烟	in^3	影山开四先平	烟囱	in^3 tshuŋ^3	
摇	ju^2	以效开三宵平	摇篮	ju^2 lan^2	
育	juk^8	以通合三屋入	教育	kau^4 juk^8	此处调值为33。比较客家话:juk^{55}
架	ka^1	见假开二麻去	了不起	khje^4 ka^1 sai^1	～势：体面，有气派，够排场
假	ka^2	见假开二麻去	放假	tsuŋ^5 ka^2	
傢	ka^3	见假开二麻平	家具	ka^3 khi^2	
家	ka^3	见假开二麻平	公公	ka^3 kuŋ^3	
瓜	kwa^3	见假合二麻平	冬瓜	tuŋ^3 kwa^3	
哥	kɔ^3	见果开一歌平	表哥	pjɔ^2 kɔ^3	
孤	ku^3	见遇合一模平	吝啬	khje^4 ku^3 hɔn^4	～寒：吝啬,小气,抠门儿
间	kan^3	见山开二山平	房间	fɔŋ^1 kan^3	
甘	kan^3	见咸开一谈平	甘心	kan^3 sin^3	
			甘草	kan^3 tshɔ^5	
柑	kan^3	见咸开一谈平	柑	kan^3	
竿	kɔn^3	见山开一寒平	竿子	tsuk^7 kɔn^3	竹～
灌	kun^2	见山合一桓去	灌药	kun^2 kja^1	
罐	kun^2	见山合一桓去	罐子	kun^2 taŋ^1	
功	kuŋ^3	见通合一东平	耍武艺	khwaŋ^2 kuŋ^3 fu^3	
供	kuŋ^3	见通合三钟平	供给	kuŋ^3 kit^7	
镜	kjaŋ^2	见梗开三庚去	镜	kjaŋ^2	
*涩	kit^7	生深开三辑入	涩	kit^7	涩味,俗字写作劼 kip^7
结	kit^7	见山开四屑入	凝结	khwaŋ^2 kit^7	此处调值为33。比较客家话:kiet^{31}
			绳结	kit^7	
角	kɔk^7	见江开二觉入	辣椒	kɔk^7 tsju^3	此处调值为33。比较客家话:kɔk^{31}
俱	khi^2	见遇合三虞平	家具	ka^3 khi^2	
轿	khju^6	群效开三宵去	轿	khju^6	
翘	khju^6	溪效开三笑去	盘腿坐	khju^6 ti^4 tɔ^5	
靠	khau^1	溪效开一豪去	不可靠	m^6 a^5 khau^1	
罗	lɔ^4	来果开一歌平	姓罗	sjaŋ^5 lɔ^4	
耐	lɔi^1	泥蟹开一咍去	禁得住	tin^5 lɔi^1 ti^4	

篮	lan²	来咸开一谈平	摇篮	ju² lan²	
南	lan⁴	泥咸开一覃平	南风	lan⁴ fuŋ³	
楝	lin⁶	来山开四先去	苦楝树	fu⁶ lin⁶ tɔŋ⁵	
链	lin⁶	来山开四霰去	项圈	ka³ kjen¹ lin⁶	
凉	ljɔŋ²	来宕开三阳平	凄凉	tshai³ ljɔŋ²	
量	ljɔŋ⁴	来宕开三阳平	量布	ljɔŋ⁴ te¹	
六	luk⁸	来通合三屋入	星期六	sin⁶ khi⁵ luk⁸	此处调值为33。比较客家话:luk³¹
碌	luk⁸	来通合一屋入	滚石头	luk⁸ za¹ kɔ³	此处调值为33。比较客家话:luk³¹
务	mu¹	微遇合三虞去	服务	fuk⁸ mu¹	
媒	mui³	明蟹合一灰平	做媒	ɔ⁶ mui³ ŋin²	声调!
梅	mui³	明蟹合一灰平	梅子	mui³ taŋ¹	声调!
文	man²	微臻合三文平	斯文	si³ man²	
面	min⁶	明山开三仙去	被面	pɔ¹ min⁶	
望	mɔŋ¹	微宕合三阳去	盼望	phan¹ mɔŋ¹	
*擘	mak⁷	帮梗合二麦入	裂开	mak⁷ khe¹	张开;撕,扯
抹	mat⁷	明山合一末入	拂	mat⁷	此处调值为33。比较客家话:mat⁵⁵
疤	pa⁴	帮假开二麻平	疤痕	pa⁴	
玻	pɔ³	滂果合一戈平	玻璃	pɔ³ li²	
贝	pui²	帮蟹开一泰去	宝贝	pɔ⁵ pui²	
边	pin³	帮山开四先平	衣边	ɔ³ pin³	
辫	pin³	并山开四先上	辫子	pin³ taŋ¹	
冰	paŋ¹	帮曾开三蒸平	冰	paŋ¹	
八	pat⁷	帮山开二黠入	大料	pat⁷ kɔk⁷	此处调值为33。比较客家话:pat³¹
巴	pha⁴	帮假开二麻平	下巴	ha⁴ pha⁴	
婆	phu⁴	并果合一戈平	婆婆	ka³ phu⁴	
菩	phu⁴	并遇合一模平	菩萨	phu⁴ sat⁷	此处调值为33。比较客家话:sat³¹
配	phui²	滂蟹合一灰去	配眼镜	phui² ŋan² kjaŋ²	
盼	phan¹	滂山开二山去	盼望	phan¹ mɔŋ¹	
盆	phun⁴	并臻合一魂平	盆子	phun⁴ taŋ¹	
盘	phun⁴	并山合一桓平	茶盘	tsha⁴ phun⁴	
算	phun⁵	并山合一桓平	算盘	sɔn¹ phun⁴	
便	phin⁴	并山开三仙平	便宜	phin⁴ i² phin⁴ ŋi²	
便	phin⁶	并山开三仙平	方便	fɔŋ³ phin⁶	
棚	phaŋ⁴	并梗开二耕平	棚子	phaŋ⁴	
拍	phak⁷	滂梗开二陌入	拍尘	phak⁷ tshin³	此处调值为33。比较客家话:phak³¹

劈	phjak⁷	滂梗开四锡入	劈柴	phjak⁷ tshi²	此处调值为 33。比较客家话:phiak³¹
*䪞	phjɔk⁷	滂江开二觉入	老茧（起泡）	khi² phjɔk⁷	䪞:小包儿,泡。《集韵》匹角切:"皮破起。"
纱	sa³	生假开二麻平	纱	sa³	
沙	sa³	生假开二麻平	梨	sa³ li⁴	
豉	si¹	禅止开三支去	酱油	si¹ zɔ²	～油;《广州话词典》p63:酱油的统称。
试	si¹	书止开三之去	考试	khau⁵ si¹	
是	si¹	禅止开三支上	惹祸	ŋja⁵ si¹ fui³	
斯	si³	心止开三支平	斯文	si³ man⁴	
狮	si³	生止开三脂平	狮子	si³ kɔ³	
势	sai¹	书蟹开三祭去	了不起	khje⁴ ka¹ sai¹	架势:体面,有气派,够排场
岁	sui³	心蟹合三祭去	年纪	sui³ kɔ³	声调!
山	san³	生山开二山平	鹿	san³ luk⁷	
心	sin³	心深开三侵平	甘心	kan³ sin³	
鲜	sin³	心山开三仙平	新鲜	san³ sin³	
先	sin²	心山开四先平	老师	sin² san¹	声调!
送	suŋ¹	心通合一东去	献礼	suŋ¹ la⁶	
箱	sjɔŋ³	心宕开三阳平	箱子	sjɔŋ³	
			风箱	fuŋ³ sjɔŋ³	
			皮箱	phi² sjɔŋ³	
			抽屉	thɔ³ sjɔŋ³	
萨	sat⁷	心山开一盍入	菩萨	phu⁴ sat⁷	此处调值为 33。比较客家话:sat³¹
舌	sit⁸	船山开三薛入	结巴	ket⁷ sit⁸ le²	此处调值为 33。比较客家话:set⁵⁵
缩	suk⁷	生通合三屋入	缩	suk⁷	此处调值为 55。比较客家话:suk³¹
单	ta³	端山开一寒平	单衣	ta³ ɔ³	
带	tai¹	端蟹开一泰去	萤火虫	tai¹ thɔ⁴ kun¹	
电	tin⁵	定山开四先去	时钟	tin⁵ tsuŋ³	声调!
冬	tuŋ³	端通合一冬平	冬天	tuŋ³ thjen³	
东	tuŋ³	端通合一东平	东风	tuŋ³ fuŋ³	
贴	tit⁷	透咸开四贴入	贴	tit⁷ la⁵	tip⁷
得	tak⁷	端曾开一德入	妥当	tak⁷ i³	～意:做事顺利,如意。
拖	thɔ³	透果开一歌平	抽屉	thɔ³ sjɔŋ³	
推	thui⁴	透蟹合一灰平	拉车	thui⁴ tsha⁶	
炭	than¹	透山开一寒去	木炭	than¹	
贪	than³	透咸开一覃平	贪多	than³ vu⁵	
			贪污	than³ vu³	
谭	than⁴	定咸开一覃平	姓谭	sjaŋ⁴ than⁴	

填	thin²	定山开四先平	填坑	thin² ta⁵	
堂	thɔŋ⁴	定宕开一唐平	学校	hɔk⁷ thɔŋ⁴	
塘	thɔŋ⁴	定宕开一唐平	水库	ɔŋ¹ thɔŋ⁴	
通	thuŋ³	透通合一东平	不通气	a⁶ thuŋ³ khi⁶	
塔	that⁷	透咸开一盍入	塔	that⁷	此处调值为33。比较客家话：thap³¹
托	thɔk⁷	透宕开一铎入	扛	thɔk⁷	用肩头承物，扛。
榨	tsa²	庄假开二麻去	榨油	tsa² zɔ²	
炸	tsa²	庄假开二麻去	炸东西	tsa² la⁵	
枝	tsi³	章止开三支平	干树枝	khui³ tsi³	
至	tsi²	章止开三脂平	最慢	tsi² man⁶	副词：最
痣	tsi²	章止开三之去	痣	tsi²	
椒	tsju³	精效开三宵平	胡椒	fu² tsju³	
争	tsaŋ³	庄梗开二耕平	争气	tsaŋ³ khi⁶	
			争红旗	tsaŋ³ huŋ⁵ khi⁵	
			差不多	a⁶ tsaŋ³ kwa⁵	争：差，欠
浆	tsjɔŋ³	精宕开三阳平	豆浆	thju² tsjɔŋ³	
中	tsuŋ²	知通合三东去	打中	khwaŋ² tsuŋ²	
中	tsuŋ³	知通合三东去	愿意	tsuŋ³ i¹	
舂	tsuŋ³	书通合三钟平	捣药	tsuŋ³ kja¹	
钟	tsuŋ³	章通合三钟平	铃子	laŋ¹ tsuŋ³	
盅	tsuŋ³	章通合三钟平	捣钵	saŋ³ tsuŋ³	
竹	tsuk⁷	知通合三屋入	竿子	tsuk⁷ kɔn³	此处调值为55。比较客家话：tsuk³¹
雀	tsjɔk⁷	精宕开三药入	麻将	ma² tsjɔk⁷	此处调值为33。比较客家话：tsiɔk⁵⁵
查	tsha⁴	从假开二麻平	审查	sin² tsha⁴	
茶	tsha⁴	澄假开二麻平	茶盘	tsha⁴ phun⁴	
初	tshɔ³	初遇合三鱼平	初二	tshɔ³ ŋi⁶	
锄	tshɔ⁴	澄遇合三鱼平	锹	tshɔ⁴ taŋ¹	
凄	tshai³	清蟹开四齐平	凄凉	tshai³ ljɔŋ⁴	
松	tshuŋ²	心通合一东平	松柏	tshuŋ² pa⁵ pi³	
聪	tshuŋ³	清通合一东平	聪明	tshuŋ³ min⁴	
囱	tshuŋ³	清通合一东平	烟囱	in³ tshuŋ³	
重	tshuŋ⁶	澄通合三钟上	更加	tshuŋ⁶ kɔ⁵	重：副词，更加。
畜	tshuk⁷	彻通合三屋入	牲口	tshuk⁷ saŋ³	此处调值为55。比较客家话：tshuk³¹
污	vu³	影遇合一模平	贪污	than³ vu³	
还	van²	匣山合二删平	还钱	van² tshin²	
划	vak⁷	匣梗合二麦入	划船	vak⁷ kjuŋ²	此处调值为33。比较客家话：vak⁵⁵
约	zɔk⁷	影宕开三药入	约定	zɔk⁷ thaŋ⁶	此处调值为33。比较客家话约：jɔk⁵⁵

9.3.6 本章小结

9.3.6.1 畲语里汉语借词词素来源统计

在我们调查整理的2906个畲语词汇中,有1800多个词与汉语的读音和词义相近①。据初步统计分析,离析出畲语总词素1768个②,其中汉语借词词素1200个(同一个词素如果因属不同的层次而语音不同的重复计算)。我们根据共时的语音特点和汉语历史语音特点,离析出苗瑶语共同汉语借词词素40个;闽语借词词素29个;粤语借词词素173个;客家话借词词素837个(其中早期客家话借词词素162个,晚期客家话借词词素576个,不确定层次的99个);此外部分不能够确定借源的约122个。具体列表如下:

所调查离析的博罗畲语语素总数1768个							
本族词语素568个 占总数的32.1%	汉语借词语素1200						
	存疑	源于粤语	源于客家话			源于闽语	苗瑶语共同汉借语素
			不确定	晚期	早期		
	122	173	99	576	162	29	40
			8.3%	48%	13.4%		
	10.1%	14.4%	69.8%			2.5%	3.3%
	占总数的67.9%						

从上表的统计可以看出,客家话借词在畲语汉语借词里占有绝大部分,而这些大量的客家话借词正是导致畲语濒危以及畲语发生变化的主要原因。

9.3.6.2 从语音特点看各借源的历史层次

在这一章里,我们根据共时的语音特点和汉语历史的语音特点,把博罗畲语里的汉语借词按借源的不同,划分成苗瑶语共同汉语借词、闽语借词、客家话借词和粤语借词。从各个不同借源的语音特点,可以看出其所借用的不同的历史时期:

(1)苗瑶语共同汉语借词:声调调类与汉语四声相对应;声母方面带有上古时期"古无轻唇""古无舌上"的特点;韵母方面,某些韵母读音与各家上古汉语的拟音相近。因此,从语音特点上看,这一时期的汉语借词为上古汉语借词。

(2)闽语借词:声调调类与汉语四声相对应;声母和韵母则与闽语特点一致。由于畲族历史记载中都有来自潮州凤凰山的传说,同时据史料记载,唐代就有畲族在广东和福建交界处活动。而现在博罗地区,基本上没有大的闽语区。这一部分的借词大部分都是调类的对应,因此这一时期的借词应该为中古早期的汉语借词。

(3)客家话借词:这一部分的借词占了畲语汉语借词的大部分。声韵方面与客家话语音特点一致。个别声韵反映出早期客家话的语音特点。声调方面,可以分作两类,一类是以调类

---

① 这里的统计包括那些所有构词词素都是汉语的词,以及由畲语本族词素与汉语词素构成的词。
② 这里只是初步的统计,有些畲语本族词素我们仍不能明确地切分,例如:蜻蜓 tsi⁶i⁵ ko³,ko³是后缀,但是 tsi⁶i⁵无法切分,故把整个词暂作一个词素统计。存疑的地方有待日后进一步研究。

对应为主；一类是以调值对应为主，即与今天的博罗客家话的调值相对应。由于畲族与客家聚居的时间较长，两种语言接触的时间也很长，一直到现在，绝大部分的畲族人都是畲-客双语者。因此，可以把这一部分的客家话分成两个历史层次：早期和晚期。早期的客家话借词由于在声调上和汉语的中古调类对应一致，可以划归为中古晚期的汉语借词；而与今天的博罗客家话的调值相对应的借词，则是近现代的汉语借词。

（4）粤语借词：这一部分的借词在声母和韵母方面具有粤语的语音特点。声调调值则与粤语的广州话基本对应。考虑到嶂背村的畲族一直到上个世纪50年代才被发现，至六七十年代才搬下山居住的历史，我们认为这一部分的借词为最近几十年才借用的。同时，随着粤语在广东地区的强势的影响，这一部分的借词仍会不断进入。因此，我们认为畲语里的粤语借词为现代借词。

9.3.6.3　从畲族迁移史看各借源的历史层次

前面提到过畲族的来源问题，我们认为畲瑶是同源的，都是长沙武陵蛮的后裔。武陵蛮又称"五溪蛮"，《水经注·沅水》：

> 武陵有五溪，谓雄溪、樠溪、无溪、酉溪，辰溪其一焉，夹溪悉是蛮左所居，故为此蛮五溪蛮也。

这一时期，苗瑶畲基本仍是一体的，三者先民在湖南的分布也是择地而居；苗居偏西，畲瑶偏东、偏南，分化的端倪已现（吴永章 2002:10），但是就大体而言，三者聚居区仍在湖南。故这一时期与汉族的接触也是一致的。可以看到，苗瑶共同汉语借词就是该时期的产物，从汉语借词在苗瑶语族各语支的对应也可以看出，这从语言学的角度证实了当时三者在湖南的聚居情况。

据吴永章（2002:21）研究，苗瑶畲的分流是通过两步实现的：首先是苗西迁，进入黔西、黔北、川南、滇东和桂西。这一时期最晚不过汉晋。第二步是唐宋时期，畲瑶的分离。畲族先入粤，由东入赣南再至闽西、粤东，在赣、闽、粤三省交界处逐渐形成畲族族群。同时，吴永章指出：凤凰山并不是畲族的发源地，而只是畲族迁移过程中的重要一站。

谢重文（2002:32-36）通过对唐代诗人刘禹锡、顾况的诗歌①，宋代普济《五灯会元》卷六《南岳玄泰禅师》记载的《畲山谣》，以及《隋书·地理志》和《太平寰宇记》的相关史料记载的考证，认为："南朝和隋代，莫徭的足迹主要见于五溪和湘水流域，最远到达珠江水系北缘的洭水流域；及至唐宋，莫徭广泛分布于衡州、连州、韶州、潮州、建宁、漳州等地，从中不难看出武陵蛮向南又折而向东迁徙的态势。""有一条路线大概由五溪入洞庭湖，溯湘江而南，先后进至衡州、连州等地，再沿湟水、五溪等河流南下粤中，经由粤东而至闽南、闽西北。另有一条路线，则可

---

① 刘禹锡《连州腊日观莫徭猎西山》："海天杀气薄，蛮军步伍齐。林红叶尽变，原黑草初烧。围合繁钲息，禽兴大旆摇。张罗依道口，嗾犬上山腰。猜鹰虑奋迅，惊鹿时蹄跳。瘴云四面起，腊雪半空消。箭头余鹄血，鞍傍见雉翘。日暮还城邑，金笳发丽譙。"顾况《酬漳州张九使君》："故人穷越徼，狂生起悲愁。……南方荣桂枝，凌冬含温裘。猿吟郡斋中，龙静檀栾流。薜鹿莫徭洞，网鱼卢亭洲。心安处处安，处处思遐陬。"

能由湘入赣,再由赣入闽。这一路线的产生,可能与唐中叶的安史之乱及唐末的江淮军民移民入闽相关。"

饶宗颐《畲瑶关系新证——暹罗〈瑶人文书〉的〈游梅山书〉与宋代之开梅山》(载施联朱主编《畲族研究论文集》,民族出版社 1987:25-33)也利用泰国的《瑶人文书》保存的五溪蛮瑶迁徙到广东潮州或韶州的资料,结合粤东惠东县陈湖村《黎氏族谱》关于其祖先在宋代从湖南迁至粤东,为畲族是武陵蛮的一支从湖南迁来提供了有利的证据。

而博罗地区和潮州地区的畲族,在清代顾炎武《天下郡国利病书》中亦有所提及:该书第17 册"广东上"引《博罗县志》①:

地界湖蜀溪峒间,即长沙黔中五溪蛮后。滋蔓数千里,南粤在在有致。至宋始称蛮猺。其在邑者,俱来自别境。椎结跣足,随山散处,刀耕火种,采实猎帽,食尽一山,则他徙。粤人以山林中结竹木障覆居息为幂,故称猺所止曰幂……其姓为盘、蓝、雷、钟、苟,自相婚姻,土人与邻者亦不与通婚。猺有长有丁。国初设抚猺土官领制,俾略输山赋。赋论刀为准,羁縻而已。今猺官多纳授,从他邑来兼摄,亦不常置。

第 19 册"广东下"《潮州府·畲猺》:

民有山幂,曰猺獞,其中有二:曰平鬃,曰崎鬃。其姓有三:曰盘、曰蓝、曰雷。依山而居,采猎而食,不冠不履,三姓自为婚,有病没,则并焚其室庐而徙居焉。俗有类于夷狄,籍隶县治,岁纳皮张。旧志无所考。我朝设土官以治之,衔曰猺官,所领又有幂,幂当作畲,实录谓之畲蛮。
……

由上可知,至少在明末清初,博罗地区已经有畲族在繁衍生息。

至此,大致可以勾勒出畲族的迁移路线:在距今两千多年前的秦汉时期,在洞庭湖至五溪一代生活着一支自称盘瓠后人的少数民族——武陵蛮,这就是现在的苗畲瑶等族的先民;魏晋南北朝时期,随着封建统治者的不断骚扰,畲瑶开始向更加偏僻的地方迁徙,进而分化为两支,向西的一支成为现在的瑶族,向东的一支成为现在的畲族;隋唐之际,畲族已经迁至闽、粤、赣三省交界处;至宋元之际,畲族已经在广东东部和福建西南大量繁衍生息。广东潮州的凤凰山是畲族迁移过程中的重要一站。

把畲族的迁移史与对博罗畲语中的汉语借词的历史层次分析结合起来,可以发现两者之间的关系:

畲语里的汉借词	汉语来源
上古苗瑶语共同汉借词	(武陵地区)汉语
中古早期汉语借词	闽语
中古晚期汉语借词	客家话
近现代汉语借词	粤语

---

① 此处转引自谢重光(2002:43-44)。下同。

本章参考文献

北京大学中国语言文学系语言学教研室　2003　《汉语方音字汇》（第二版），语文出版社。

陈其光　1993　《苗瑶语前缀》，《民族语文》第1期。

———　2001　《汉语苗瑶语比较研究》，载丁邦新、孙宏开主编《汉藏语同源词研究（二）——汉藏、苗瑶同源词专题研究》，广西民族出版社。

陈忠敏　2005　《有关历史层次分析法的几个问题》，《汉语史学报》第五辑，上海教育出版社。

邓晓华　1999　《客家话跟苗瑶壮侗语的关系问题》，《民族语文》第3期。

邓晓华　王士元　2003　《古闽、客方言的来源以及历史层次问题》，《古汉语研究》第2期。

戴庆厦　1998　《二十世纪的中国少数民族语言研究》，书海出版社。

胡　方　2005　《论厦门话[ᵐbʊgⁿd]声母的声学特性及其他》，《方言》第1期。

黄　行　胡鸿雁　2004　《区分借词层次的语音系联方法》，《民族语文》第5期。

———　2006　《瑶-汉关系词的历史层次》（未刊稿）。

黄雪贞　1987　《客家话的分布与内部异同》，《方言》第2期。

蓝庆元　1999　《壮汉关系词的历史层次》，上海师范大学博士学位论文。

———　2004　《拉珈语汉语借词的历史层次》，南开大学博士后流动站出站报告。

黎榕凯　钟兆南主编　2001　《博罗县志》，中华书局。

李炳泽　1994　《苗瑶语辅音前缀的音节化和实词化及其变化研究》，《中央民族大学学报》第5期。

李方桂　1971　《上古音研究》，商务印书馆1998。

李如龙　1965　《长汀话两音节、三音节的连读变调》，《厦门大学学报》第2期。

李如龙　张双庆主编　1992　《客赣方言调查报告》，厦门大学出版社。

李新魁　1994　《广东的方言》，广东人民出版社。

刘叔新　1987　《惠州话系属考》，载《刘叔新自选集》，河南教育出版社1993。

刘泽民　2005　《客赣方言历史层次研究》，甘肃民族出版社。

卢诒常　1985　《瑶族勉语标敏方言的构词变调和构形变调》，《民族语文》第6期。

罗杰瑞　2005　《闽方言中的来母字和早期汉语》，《民族语文》第4期。

罗美珍　1982　《福建长汀客家话的连读变调》，《语言研究》第2期。

———　2002　《福建长汀客家话变调规律补遗》，《语言研究》第4期。

马庆株　2002　《著名中年语言学家自选集·马庆株卷》，安徽教育出版社。

毛宗武　蒙朝吉　1982　《博罗畲语概述》，《民族语文》第1期。

———　1986　《畲语简志》，民族出版社。

蒙朝吉　1985　《瑶族布努话连读变调问题初探》，《语言研究》第1期。

饶长溶　1987　《福建长汀（客家）方言的连读变调》，《中国语文》第3期。

沙加尔　徐世璇　2002　《哈尼语中汉借词的历史层次》，《中国语文》第1期。

施联朱主编　1987　《畲族研究论文集》，民族出版社。

王辅世　毛宗武　1995　《苗瑶语古音构拟》，中国社会科学出版社。

吴永章　2002　《畲族与苗瑶比较研究》，福建人民出版社。

谢重光　2002　《畲族与客家福佬关系史略》,福建人民出版社。

严学宭　尉迟治平　1986　《汉语"鼻-塞"复辅音声母的模式及其流变》,载中国音韵学研究会编《音韵学研究》(第二辑),中华书局。

岳　静　2005　《黄金镇仫佬语里汉语借词研究》,南开大学博士学位论文。

曾晓渝　2004　《汉语水语关系论》,商务印书馆。

詹伯慧　2002　《广东粤方言概要》,暨南大学出版社。

詹伯慧　张日昇　1990　《珠江三角洲方言综述》,广东人民出版社。

赵敏兰　2004　《瑶语勉方言里汉语借词研究》,南开大学博士学位论文。

中国社会科学院和澳大利亚人文科学院　1987　《中国语言地图集》,香港朗文出版(远东)有限公司。

中西裕树　2003　《畲语海丰方言基本词汇集》,日本京都大学人文科学研究所。

———　2005a　《畲语中的汉字音层次初探》,《东方学报》vol.77:107-218。

———　2005b　《畲语调类的来源及其相关问题》,38thISCTLL 宣读论文。

第十章 瑶歌里汉语借词研究

这里的所谓"瑶歌",有别于瑶人纯用白话或西南官话唱的"客歌"。前者瑶人认为是自己的歌,而后者是向汉人学唱的歌,故称作"客歌"以示区别。

本章所用的瑶歌材料,除了笔者在金秀柞山收集的 90 首瑶歌外,还有:盘承乾在广西贺县调查的《盘王大歌》(1993,计有三千余行)、赵元任的《广西瑶歌记音》(1930,出自今金秀罗香坳瑶地区)、《广西瑶族社会历史调查》(第二册,1984)在金秀盘瑶地区搜集的盘瑶歌书面材料(这个材料由于没有记音,只作参考)。必须说明的是,《盘王大歌》是自称为"勉"的瑶族举行祭祀盘王"还盘王愿"时,道公所吟唱的著名的长篇瑶歌。这三个地点瑶族所说的瑶语,其系属地位如下(根据王辅世、毛宗武 1995):

金秀县柞山　　　　　勉方言广滇土语
金秀县罗香　　　　　勉方言罗香土语
贺县　　　　　　　　勉方言广滇土语

柞山和贺县是同一个土语,罗香是另个土语。同一方言的语音共性和不同土语之间的语音差异,这些口语上的异同在瑶歌音韵上都有反映。需要说明的是,凡原文声调用五度制调号表示的,为书写方便,本文引用时一律改为用数字表示。变调的表示也作统一处理,即在两个调之间加"·",如 55 变 33 标为"55·33"。特在此说明。

汉语西南官话柞山话、灵川九屋平话是笔者调查的。其他材料随文提及。

10.1 瑶歌语言的性质

对于瑶歌语言的性质,前人已有一些论述:

(1)赵元任(1930:6-7)认为是汉音:"本篇所记的瑶歌,严格说起来,其实不是瑶歌,乃是瑶人唱的汉歌。这些汉歌的派别很近乎有些两粤的民歌,他的读音大部分也是汉音。……虽然是汉音但并不是等于任何现在咱们所知道的广东或广西的某处方音。他简直是自成一种广西方音(属于粤语系的)。"

(2)从事瑶语研究的前辈学者盘承乾不同意赵的看法,他在《〈盘王大歌〉研究》中谈及自己的认识:"《盘王大歌》类似古汉语译音,不是个别的汉语借词,它已形成了一套固定的瑶族宗教

(或瑶歌)语音体系和风格……我们不能把它视为汉语。"(1994:265)这也代表了他对瑶族瑶歌语言的认识。

(3)美国学者 H.C.珀内尔在《"优勉"瑶民间瑶歌的韵律结构》一文中把日常口语、口头文学语、宗教礼仪语当作优勉瑶语言体系的核心语,并着重强调"优勉瑶族的口头文学语,其结构、读音均像汉语,又用汉字写成,但对一个优勉瑶人说它不是汉语,而是勉语中的口头文学用语"(《瑶族研究论文集》第 147 页)。他的观点近于盘承乾。

以上学者对瑶歌语言认识的差异,主要是由于观察的角度不同所导致的:赵元任从语音形式出发的,因此得出了汉音的结论,而盘承乾、珀内尔是从功能角度出发,认为它不是汉语。

我们认为瑶歌语言在历史上从结构、读音上受到汉语的影响,而在功能上它是适用于瑶族口头文学的一套体系,这套体系必须经过专门的传承才能够掌握,没有受过训练的瑶人是听不懂,也不会运用的,更不用说周边的汉人。它本质上是不同时期的汉语借词的叠加系统,由于这个系统与目前使用的口语有一定的差别,所以经过专门的传承才能够掌握。重要的是这套东西已融入瑶人的文化,瑶人不再视作异己的东西。这种表现形式与广西壮族使用的壮汉语比较相似,我们不妨把它称作瑶汉语。壮汉语和瑶汉语的存在反映了历史上汉语对南方少数民族有着深刻的影响。

10.2 瑶歌语言研究的重要性

过去无论是瑶语汉语借词研究,还是瑶汉同源词的研究几乎都只利用瑶语口语材料,很少人利用瑶歌材料。有记音的瑶歌材料公开发表的不多。歌谣往往保留了较早时期的语言现象,是语言研究中的宝贵材料。尤其是这些歌谣保留有大量汉字音,因此,对瑶语汉语借词研究来说,更具有特殊的价值。正基于此,本文的研究注重对瑶歌材料的挖掘利用。

虽然过去苗瑶语研究的整体趋势是重口语,轻口头文学语言的研究,但也有些学者已经注意到开展口头文学语言研究的重要性。陈其光在《汉藏语概论·苗瑶语篇》提到"苗族、瑶族和畲族也有丰富多彩的口头文学。……在各类作品中都有许多文言词",并且简要地总结了研究文言词的意义:"第一,可以丰富口语,满足不同文体修辞风格的创作需要。第二,可以发现更多的不同方言或不同语言之间的同源词,使历史比较研究建立在更加坚实的基础之上。第三,可以使宝贵的民间文学资料得到准确的诠释和翻译,繁荣民族文学。第四,从中了解民族之间的历史接触。"(马学良 1991:756-758)其中二、四点是就语言研究而言。针对瑶歌语言的具体情况,我们想仅从语言研究的角度,谈谈我们对瑶歌语言研究重要性的认识。通过实践检验,我们认为瑶歌语言对于瑶语口语的研究有其重要性:

(一)可以帮助确定瑶语口语某些音节的意义或某些音节所对应的汉语词

有些研究瑶语的前辈把瑶语勉方言的一些词归为多音节单纯词(舒化龙 1992)或带后附

加成分的合成词（盘承乾 1993），我们认为值得商榷。通过同语族语言或方言之间的比较或参证汉语方言乃至瑶歌，可以确定很多音节是有意义的。下面仅举一个例子（例词录自舒化龙 1992，方言点是镇中话），画线部分是舒、肖认为无意义（或无独立意义）：

ȵɛŋ² khye³ 萤火虫
　　　　虫　火

"萤火虫"，《苗瑶语方言词汇集》（中央民族学院苗瑶语研究室 1987）提供的镇中话材料是 kɛŋ$^{1.2}$ khye³，舒化龙记"虫"有 kɛŋ¹、tɕɛŋ¹ 两读，ȵɛŋ² 很可能是 tɕɛŋ¹ 音变的结果。在口语材料中，khye³ 只出现在 kɛŋ$^{1.2}$ khye³ 一词里，若局限于口语，无法断定它的意义（这里讨论的情况限于国内的材料。唐纳在老挝、泰国搜集的瑶语材料有"火"khĭa，显然 khĭa 跟 khye³ 是有对应关系的，但由于我们无法从他的文章中弄清楚 khĭa 是单用，还是出现在复合词里，因此他的材料仅作参考）。在瑶歌里，khye³ 的意义就是"火"，它可以独用，也可以构词，出现频率极高，而口语习用的 tou⁴ "火"不出现在瑶歌里。tou⁴ 与苗瑶语族其他语言有对应关系：黔东苗语 tu⁴、湘西苗语 pi³⁷ tɤ⁴⁸、川黔滇苗语 deu⁴、滇东北苗语 toey⁴、布努瑶语 tu⁴、标敏瑶语 təu⁴。khye³ 和 tou⁴ 分布的差异，也许说明了 khye³ 是比较古老的汉语借词，它进入了文学语言，却没有强力渗透到口语里；如果把 khye³ 放在汉藏语系中考察比较，也有可能它是原始汉藏语同源词。侗台语的"火"，云南傣雅语 fai²、西双版纳傣语 fai²、德宏傣语 fai²、泰语 fai²，邢公畹（1999）认为与古汉语的"燬"、藏文的 me 有对应。瑶歌的 khye³ 和他们也有对应，可能是同源词。

瑶语里的一大批汉借词或汉借语素，有的音节与原汉语音节的对应一目了然，有些则要费些周折。

例一，"榕树" iuŋ² tsou$^{6.2}$ dian⁵，tsou⁶ 是借自哪个汉语词的读音，由于口语没有单用的形式，一时难以断定。而在柘山的瑶歌和《盘王大歌》中"树"就念 tsou⁶，单用和别的语素组合成词的情况都不时出现，特别是在某些上下句里还同现两种情况更有助于我们的判断，如《盘王大歌》中的例子：

仙人　有　闲　倒　榕树　　　转　面　返回　树　又　生
fin² ȵen² ma:i² hen² ta:u³ juəŋ² tsou⁶　tsuon³ min⁶ fa:n³ ui² tsou⁶ jou⁶ sɛŋ¹

例二，"稻草人"，大坪江 mau² ȵen²，柘山 pə² ŋien²，由当地西南官话把稻草人叫"茅人"，推测 ȵen² 或 ŋien² 是汉语的"人"（瑶语本语 mien² 与此不同），再求证于瑶歌，《盘王大歌》为 ȵen²，《广西瑶歌记音》除了瑶语本语说法外还读 ɲien⁴²，这说明上述推测是正确的。

（二）有助于揭示汉语某类音的面貌

有时候，汉语的某个音类在瑶语口语汉借词（或语素）里出现，但字数有限，而瑶歌材料能使我们获得更多的证据，揭示这类音的面貌。例如，大致说来，瑶语口语和瑶歌都反映了汉语的遇合三鱼虞韵知组、照三组字为 ou、见组字为 iou，在口语里没有出现的几个常用字的类似读音，恰好能在瑶歌里找到。如《盘王大歌》：去$_溪}$ tɕhiou⁵、蛛$_知}$ tsou¹、柱$_澄}$ tsou⁶、住$_澄}$ tsou⁶，补充了例证。

此外,有些汉借词在瑶语口语中出现频率不高,反而在瑶歌中比较活跃,如"雨 hou⁴"口语只见于"谷雨 kə² hou⁴"一词,而它在《盘王大歌》里不仅单用,而且可在"细雨 fai⁵ hou⁴""雨露 hou⁴ lou⁶"等组合中充当一个成员,通过瑶歌和口语的互相比照,加深了认识。

(三)瑶歌中的假借现象有助于了解一定时期瑶歌甚至是瑶语口语某些词语读音的情况

清代李调元编的《粤风》,是在清代浔州推官吴淇著的《粤风续九》①的基础上编纂而成的,收有 21 首瑶歌,材料非常珍贵。其中瑶歌里有一些假借字。这些假借字反映的同音假借现象对于了解当时瑶歌甚至口语某些词语的发音情况很有帮助。从语言角度看,这正体现了《粤风·瑶歌》的价值。盘美花(1999)认为《粤风·瑶歌》的歌者应是广西金秀的坳瑶,所论有一定的道理,但没有系统地整理其中的假借字。现我们找出这类字,把它与已有国际音标标注的坳瑶瑶歌材料、1957 年中国科学院少数民族语言调查第二工作队的坳瑶口语材料(笔者在中国社会科学院民族所所查阅的内部资料)进行对比(若 1957 年的坳瑶口语材料缺,以 1930 年赵元任调查的材料补充;如两者都缺,其他瑶语材料有的,则加以补充,并加括号以示区别):

(1)假借的对象是瑶语本语词

词义	瑶歌	口语	汉字	《粤风》例句
来	tai⁴²	ta:i¹¹	大	娘大便到木横枝
不	ham³⁵	ham³⁵	陷	不奈朝廷陷共巷
青年男子	biau⁴²	(江底 bja:u³¹ 专指歌郎)(湘江 bja³¹)	表	断定表大娘陷大
有	——	mai³¹	卖	十分卖话也难通
知道	pɐi⁴²	pei³³	比	陷比表世是表生
在	——	jem³³	因	写书便写因巨叶
名字	——	bu⁵⁵	布	陷都念表且都布
布刀	——	tɕiŋ⁴²	程	恩三着程遇着峡

(2)假借的对象是汉语借词

词义	瑶歌	口语	汉字	《粤风》例句
鱼	ȵou⁴²	(柘山鲤鱼 lei²³¹·³³¹ ŋiou³¹)	牛	牛大陷到石头面
好	khɔu⁴²	ko³¹	呵	年儿出到呵花树
得	to¹¹	tu⁴³	都	单身年少难都运
吃	i:a¹¹	——	药	都药江水千年恨
歌	ka⁴²	kɔ⁵³	价	唱价本是娘本身
死	θɛi⁵³	θɛi⁵³	世	陷比表世是表生

---

① 陈子艾(1982)研究,《粤风续九》的编成,当在 1658 年或稍后至 1665 年之间,它出现了一个世纪以后,李调元编辑的《粤风》问世。

| 传 | tɕun⁴² | （柘山 tsun³³¹） | 雪 | 立歌便立歌雪世 |

(四)即使是瑶歌与口语相异之处,仍有助于我们对语言事实的认识

为说明问题,我们举两个例子。

表示动物的窝,《盘王大歌》写作"苑":黄蜂含糖归结苑、七个金鸡八个苑、山猪结苑鹿来眠。"苑"是同音字,汉语方言界常作"窦"。这个词在粤语区普遍使用,而在客家话内部分布不具普遍性,局限于与粤方言交界的南片,它是来自粤语的方言词(缪九花、温昌衍 2002)。瑶语口语不用"窦","(鸡)窝"是"埘 tsei⁶","(鸟、老鼠)窝"叫"寮 lau⁴"。瑶语的"寮 lau⁴"跟壮侗语"鸡窝"、客家话等"寮(草棚、简易的棚子)"音义有对应:泰、傣 lau⁴,布依 zau²;梅县 liau²,广州话 liu²,漳州话 liau²。汉语界有人把客家话的"寮"当作百越语的借词。瑶语的"lau⁴"究竟是直接借自壮侗语,还是以客家话为中介,难以判定,暂且存疑。

《盘王大歌》的"把"有五种意义:(1)"把₁"有"拿、持"之义,分见于下列结构:把 + 名词,如:家中无酒把空瓶;把 + 名词 + 动词,如:手把银瓶斟老酒。(2)"把₂"表示"容许",见于把 NV 式。着来下巷把人看_{穿着漂亮的衣服到下巷来让人看}。(3)"把₃"表示"交与、付出","把"引进接受者,相当于普通话的介词"给",见于 V 把 O 式。如:留把唐王来定亲、摘得一枝送把娘。(4)"把₄"引进受益的对象,表示"替、为"。如:燕子排行把你看。(5)"把₅"是处置式的提宾介词。如:鸟猿执梅把人看。相比之下,瑶语口语除了使用"把₁"外,"把"字其他的功能是由不同的词承担的:分 pun¹——把₂、把₃,趁 theŋ⁵——把₄,tsɔ⁷——把₅。

上述瑶歌和口语的分离反映出不同的来源。《盘王大歌》"把"的来源,有两种可能:一是直接源自古代汉语共同语;二是来自汉语方言,可能借用不是一次性完成的,经历了一定的历史时期。从现代方言的情况看,湘赣语"把"的功能比其他方言更丰富,这些方言虽然不具备《盘王大歌》所有"把"的用法,但是所能见到的最接近它的汉语方言。两者之间的相似性能够从历史上找到一些依据。湖南曾是瑶族活动的区域。从后来瑶族的迁徙传说来看,广东、广西、贵州、云南的瑶族大部分是由湖南长沙、武陵地区迁出去的。至今在湖南的南部、西部仍有瑶族分布。瑶族和湖南汉族发生过密切的接触是不争的事实。而且上世纪 50 年代的口碑资料已有介绍,瑶族老人们认为"他们在唱这些歌子的时候,都不是用纯粹的瑶语,而是夹杂着一些音近汉语(据说是湖广话)的语音歌唱的"。《盘王大歌》"把"字的用法,更像是来自古代湘赣语区。我们也曾将《盘王大歌》与粤客口语、民歌作比较,发现他们在日常口语和瑶歌中基本上不用"把"表处置,也没有其他类型的"把"。可以说《盘王大歌》"把"的用法与粤客民歌无多大关联。而瑶语口语倾向于客家话,因为"分"和"趁"都是客家话所习用的。

10.3 柘山瑶歌汉语借词研究

通过与瑶语日常口语比较,可把瑶歌词语分为两大部分:(1)少部分是瑶语自身的词语

（语素），如"这样"读作 ŋaŋ³ nai³，这是瑶语词；（2）大部分是借自汉语的借词。口语和瑶歌的借词有重合的部分，但也有一些各自的来源有别，具体的问题详见以下讨论。

同时瑶歌词语和口语词语有发展不平衡的地方——某些词语在口语里消失或近于消失，反而在瑶歌里保存着。

两者除了形式的差别外，还体现着风格的不同。如瑶歌里有意识使用贱称和尊称，称呼还视性别的不同而有别，这种现象不见于口语。

瑶歌词语的声母、韵母、声调没有超出柘山瑶语的声韵调系统。

10.3.1　柘山瑶歌里的瑶语本语词

为更好地把握汉语借词，必须先从瑶歌中鉴别出瑶语本语词。

我们比较了已有的瑶歌材料，发现无论在哪个地方收集到的瑶歌都或多或少地缠夹着瑶语本语词（语素）。柘山瑶歌也不例外，口语仍在使用的瑶语词在歌中出现了的有 26 个：脸 mien¹、怎（得）fei⁵（tu⁷）、没 iem⁵、人 mien²、大 lu¹、大（哥）tom²、几 tsi⁵、去 miŋ²、来 tai²、哪 hai⁵、塘 gaŋ²、知 pei³、铁 ɟie⁸、棍 pa⁵、拄 ba⁶、好像 ŋaŋ³、这样 ŋaŋ³ nai³、子 tsaŋ³、字 dzaŋ⁶、见 puət⁸、稻 bau⁶、进 pie⁸、卷磨损 gye¹、个 tau²、怕 dzie⁵、摘 dzɛ⁷（口语通常读 gɛ⁷）、浊 dzut⁸（口语通常读 gut⁸）、有 mai²。

而在柘山口语消失、但仍保留在瑶歌中的瑶语词有 2 个："不、没"iem⁶、"江、河"dai²。这说明有时候瑶语口语用词发生变化，而瑶歌滞后仍保存了原有的形式。以下是对两个词的论证。表示意愿的否定词，虽然与盘瑶口语有差异，但瑶歌能够跟同族某些语言的口语词联系起来。比较：

	坳瑶歌	盘瑶歌	坳瑶口语		八排瑶油岭话
			1930 年	1957 年	
不	ham³⁵	iem⁶	m⁵⁵；ham³⁵	m⁵⁵	am²⁴；ŋ⁵³（m⁵³、n⁵³）

意义为"不"的词，清人李调元《粤风》和《粤东笔记》（参见陈子艾 1982）所收的瑶歌记作"陷"字，在坳瑶瑶歌里瑶人自造"㧺"字记录（参见赵元任 1930），这些材料说明在较早的时候，瑶歌已使用类似今 ham³⁵ 或 iem⁶、am³⁵ 的否定词。口语里有两个现象值得注意：第一，如今油岭话（属瑶语藻敏方言）am³⁵ 和 ŋ⁵³（m⁵³、n⁵³）并存又能互换使用；第二，赵元任 1930 年调查坳瑶（当时叫"正瑶"）口语时，m⁵⁵ 和 ham³⁵ 并用，而时过 27 年，1957 年中国科学院少数民族语言调查第二工作队再到同一地区调查，此时只有 m⁵⁵，没有 ham³⁵。从这两个现象看，我们可以推测：第一，可能瑶语口语和瑶歌最初都用这个词，后来随着语言的发展变化速度不同，它在某些方言的口语里消失了，只保留在瑶歌里，而在有些方言的口语里仍存活如油岭话。第二，这个否定词消失的动力，大概是因为瑶语吸收了来自南方汉语方言的否定词。南方汉语方言表示意愿的否定词声母或音节多是鼻音，如梅县 m¹¹、广州 m²¹、潮州 m¹¹、福州 ŋ⁴⁴、柳州 mei⁵³。汉借词进入瑶语后，原有词与之并存一定时期，最后被借词所取代。油岭话 am³⁵ 正处在萎缩

阶段,这反映在长篇语料里 am³⁵ 出现的频率不如 ŋ⁵³,坳瑶话则体现了由并存到消失的演变过程,而柘山瑶语只见到演变的结果。

表示"河",柘山 suəŋ¹,大坪江 swaŋ¹,镇中 suəŋ¹,这是借用了汉语的"江"。而瑶歌里用 dai²,不用 suəŋ¹。在瑶语一些方言口语里,这个词使用频繁,《苗瑶语古音构拟》"河₂":勉方言湘江 da²、长坪 da:i²,标敏方言东山 da²,藻敏方言大坪 dɔi²。大坪江和镇中的瑶语只有在"天河"(即银河)一词里才使用 da:i² 组词,da:i² 几乎消失。

赵元任先生在《广西瑶歌记音》提到的训读、假借,从词的角度看,实际上就是这些瑶语词。有些词如"火"khye³ 是否为瑶语词,存疑。

10.3.2 柘山瑶歌里的汉语借词

10.3.2.1 只在瑶歌里使用的汉借词

有些汉借词只用于瑶歌,口语里却不借用,使用本族语(包括少量的瑶汉关系词)。例如"花",口语读 piaŋ²,是本族语,瑶歌读 khua¹,是借自汉语的"花";又如"想",口语读 n̥am³,这是瑶汉关系词,瑶歌读 faŋ³,是借自汉语的"想"。列表如下(按语义音序排列):

语义	日常口语	瑶歌语言
步	bie⁶	步 pou⁶
别	tu⁷	莫(未)i⁵
吹	pom³	吹 tshui¹
长 长短	dau³	长 taŋ²
吃	ŋien⁶	吃 khi³
唱	pa⁵	唱 tshaŋ⁵
大	ɬu¹	大 tai⁶
刀	dzu⁶	刀 tu¹
船	dzaŋ³	船 tsun²
多	tsam³	多 tɔ¹
带 带子	ɬaŋ¹	带 tai⁵
三	buə¹ / fam¹	三 fam¹
风 自然界	dziau⁵	风 puəŋ¹
歌	dzuŋ¹	歌 ka¹
个	nɔm⁵	个 kɔ⁵
高	ɬaŋ¹	高 kau¹
花	piaŋ²	花 khua¹
还 再	εŋ⁵	还 huan⁶
红	si³	红 hoŋ²
久	lau²	久 kiou³
近	fat⁷	近 kin⁵
急	pe⁷	急 kiep⁷
路	kau³	路 lou⁶

鳞	kiei⁵	鳞 lin²
门	kɛŋ²	门 muən¹
年 年,岁	ŋiaŋ⁵	年 nin²
内	ŋiuə⁵	内 nɔi⁶
去	miŋ²	去 khiou⁵
四	pei¹	四 fei⁵
山	kem²	山 sen¹
思	nḁm³	思 fei¹
死	tai⁶	死 fei³
台	tie²	台 tɔi²
天	luŋ²	天 thin¹
痛	mun¹	痛 thoŋ⁵
铁	ɬie⁷	铁 thep⁷
屋	pau³	屋 uk⁷
问	nai⁶	问 muən⁶
闻	nu̥m³	闻 uen⁶
想	nam³	想 faŋ³、siaŋ³
香 味	daŋ¹	香 hiaŋ¹
远	ku¹	远 win⁴
右	piau²	右 iou⁶
坐	tsuei⁴	坐 tsɔi⁴
在	iem¹	在 tsai⁵、tsɔi⁵
斩	ŋḁ⁷	斩 tsam³

有一个词必须在此说明一下。表示禁止、否定,属勉方言广滇土语的江底、镇中、柘山瑶语是 tu⁷,他们的瑶歌用词与口语不同,但与金秀坳瑶歌、炯奈话(属苗语支)有对应关系,与同族其他语言不一样。比较:

	坳瑶歌	盘瑶歌	坳瑶口语		炯奈话(龙华)	八排瑶油岭话
			1930 年	1957 年		
别	vɛi³⁵	i³⁵	vi⁵⁵;m⁵⁵gwoŋ⁵⁵	vi⁵⁵gwən⁵⁵	vi⁵³;ŋ⁵³zouŋ³¹	me²⁴

该词在瑶歌里常写作"莫",这是训读,与本字无关。在桂南平话里表示"不""没有""别"很多地方是同一个词,东片用"无",西片用"未"。"未"是微母字,花蓝瑶炯奈话汉语借词微母有 v-、m- 两读,"未"读 v- 合规律。表示禁止否定的"未"借入情况:

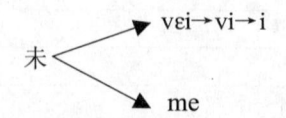

未 ➝ vɛi ➝ vi ➝ i
未 ➝ me

有可能瑶语勉方言最初也使用"未"表示禁止否定。

以下借词,只见于瑶歌,日常口语不用:

之 tsi¹   寺 sa¹   钗 sa¹   初 tshɔ¹   箔 pɔ⁶   螺 lɔ²   时 tsei²   雷 五雷 lei²

赐 tshei⁵   注 tsei⁵   溪 kiei¹   基 kiei¹   据 kiei⁵   无 mou⁶   肚 tou³   表、鸟 piou³

驾 kia⁵　　凄 fai¹　　投 tau²　　泪 lui⁶　　怎 tsən³　　涧 ken³　　尽 tsien⁵　　言 ŋin²
涟 in²　　泉 tsun²　　钏 tshun⁵　　倾 khyn⁵　　銮 lan²　　还 huan⁶　　妨 faŋ²　　登 taŋ¹
样 iaŋ⁶　　恐 khoŋ³　　亡 mɔŋ²　　禀 piŋ³　　丰 puaŋ¹　　吟 iem²　　甜 tiem²　　佛 puət⁸
托 thot⁷

10.3.2.2　日常口语和瑶歌里交叉使用的汉借词

（一）表示相同的语义，日常口语和瑶歌使用不同的词，例如表示"（一）夜"，口语"晚"muən⁵，瑶歌"夜"ie⁵，又如表示楼房，口语"棚"paŋ²，瑶歌"楼"lau²。见下表：

语义	日常口语	瑶歌语言
错	绽 tɔŋ⁶	错 tshɔ⁵
挂	犷 khuaŋ⁵	挂 kua⁵
看	望 maŋ⁶	看 khan⁵
楼	棚 paŋ²	楼 lau²
岭	嶂 tsɔŋ¹	岭 lin⁴
亮	光 gyaŋ¹	亮 laŋ²
落	跌 dɔt⁷	落 lɔ⁶
茅茅草	菅 gan¹	茅 mau²
目聂	拍 bɔ⁷	目聂 hiep⁷
土	泥 nie¹	土 thou³
夜一夜	晚 muən⁵	夜 ie⁵
饮	喝 həp⁷	饮 iem³
父	爹 tie⁵	爷 ie⁶
籽	仁 ŋim¹	籽 tsai³
枝	楇 gua²	枝 tsei³
阻阻挡	挡 tɔŋ³	阻 tsɔ³

（二）虽然两者使用的是同一个词，但是读音有差别，如"着穿"，口语 tsu⁷，瑶歌 tuə⁷，又如"新"，口语 siaŋ¹，瑶歌 sien¹。

语义	日常口语	瑶歌语言
插	插 tshep⁷	插 sep⁷
得	得 tu⁷	得 tou⁶
剁	剁 tɔ⁵	剁 tuə³
方四方	方 puŋ¹	方 faŋ¹
关	关 kun¹	关 kuan¹
贺	贺 hɔ⁵	贺 hɔ⁶
恨	恨 hən⁵	恨 han⁶
凰凤凰	凰 uaŋ²	凰 uŋ²
酒	酒 tiu³	酒 tsiou³
姐母亲	姐 tse³	姐 tsie³
桨	桨 dzaŋ³	桨 tsuŋ³
贱	贱 tsan⁶	贱 tsin⁶
解	解 kiai³	解 kɔi³

郎	郎 laŋ²	郎 luəŋ²
榔	榔 lɔŋ²	榔 liaŋ²
嫩	嫩 lun⁵	嫩 nun⁶
起	起 kye⁴	起 khi³
双	双 suŋ¹	双 sɔŋ¹、suaŋ¹
身	身 sin¹	身 sien¹
升	升 sɛŋ¹	升 siŋ¹
新	新 siaŋ¹	新 sien¹
心	心 fiem¹	心 sim¹
香香炉	香 huŋ¹	香 hiaŋ¹
行走	行 iaŋ²	行 heŋ²
雄	雄 hioŋ²	雄 ioŋ²
向	向 huŋ⁵	向 hiaŋ⁵
洗	洗 sei³	洗 sai³
惜	惜 fi⁷	惜 fai¹
园	园 hun¹	园 win²
元	元 iun²	元 win²
中	中 duŋ⁵	中 tuəŋ¹、tsoŋ¹
用	用 lɔŋ⁶	用 luə⁶
左	左 tsai²	左 tsɔ³
做	做 tsou⁵	做 tsu⁵
着	着 tsu⁷	着 tuə⁷
穷	穷 kiom⁶	穷 kyəŋ⁶
共	共 kioŋ⁶	共 kyəŋ⁶

（三）口语和瑶歌使用的是同一个词（语素），读音相同，计 410 个（括号外的字是原瑶歌用字，括号里的字是笔者根据实际读音标注的）。

i　　只 tsi³　西 si¹　石 si²　如 i²　己 ki⁶

iu　　飘 phiu¹　摇 ŋiu²　晓 hiu³　了完 liu⁴　桥 kiu²　烧 siu¹　超 tshiu¹　条 tiu²　早 tsiu³　照 tsiu⁵　招 tsiu¹　庙 miu⁶　苗 miu²　邀 iu¹　瑶 iu²　朝 tsiu⁶　早 tsiu³

in　　前 tsin²　怜 lin²　面 min⁶　烟 in¹　天 thin¹　边 pin¹　身 sin¹　便 pin⁵　连 lin²　鸳 in¹　姻 in　燕 hin⁵　烟 in¹　永 win³　千 tshin¹　年 nin²　仙 fin¹　钱 tsin²　线 fin⁵　癫 din¹　应 in¹　殿 tin⁶

im　　针 sim¹　心₂fim¹

iŋ　　城 tsiŋ²　灵闪电 liŋ²　青 tshiŋ¹　听 thiŋ¹　惊 kiŋ¹　京 kiŋ¹　请 tshiŋ³　停 tiŋ⁶　镜 kiŋ⁵　厅 thiŋ¹　姓 fiŋ⁵　正才 tsiŋ⁵　声 siŋ¹　亭 tiŋ²　定 tiŋ⁶　庭 tiŋ²　景 kiŋ³　正正当时 tsiŋ⁵　情 tsiŋ²

ie　　下 gie⁶　车 tshie¹　舍 sie³　柘 tsie⁵　底 die³　遮 tsie¹　谢 tsie⁶

iei　　二 ŋiei²　棋 kiei²　计 kiei⁵　岐 kiei²

iem　　林 liem²　心₁fiem¹　剑 kiem⁵　音 iem¹　点 tiem³　金 kiem¹　淹 iem⁵　荫 iem¹

ien	寅 ien²	壬₁ien²	壬₂ŋien²	申 sien¹	辛 sien¹	信 sien⁵	满 mien⁴	半 pien⁵
	换 wien⁶	神 sien²	亲 tshien¹	珍 tsien¹	真 tsien¹	偏 phien¹	信 fien⁵	伴 bien⁴
	盘 pien²							
iɛn	莲 liɛn²							
ia	也 ia⁶							
iai	街 kiai¹							
ian	银 ŋian²							
iaŋ	黄 wiaŋ²	娘 ŋiaŋ²	杨 iaŋ²	成 tsiaŋ²	扬 iaŋ²	两两人 liaŋ⁶	乡 hiaŋ¹	洋 iaŋ²
	香 hiaŋ¹	阳 iaŋ²	秧 iaŋ¹	鸯 iaŋ¹	长 tsiaŋ²	将 tsiaŋ¹		
iou	西 iou⁴	流 liou²	修 fiou¹	又 iou⁶	忧 iou¹	鱼 ŋiou²	油 iou²	留 liou²	手 siou³
	州₁tsiou³	榴 liou²	柳 liou⁴	受 siou⁶	菌（菇）kiou¹	收 siou¹	游 iou²		
	绸 tshiou²	久 kiou³	秋 tshiou¹	女 ŋiou⁴	句 kiou⁵	休 hiou¹			
iui	寄 kiui⁵							
iun	员 iun²	缘 iun²	孕 ŋiun⁶					
iuŋ	养 iuŋ⁴							
ei	尸 sei¹	丝 fei¹	四 fei⁵	费₂fei⁵	未 mei⁶	世 sei⁵	是 tsei⁴	自 tsei⁶	没 mei³
	里 lei⁴	世 sei⁵	意 ei⁵	地 tei⁶	试 sei⁵	衣 ei¹	费 fei¹	巳 tsei⁴	砌 tshei⁵
	离 lei²	利 lei⁶	椅 ei³	羲 hei¹	置 tsei⁵	姊 tsei³	米 mei³	比 pei³	
eu	抛 beu¹	泡 pheu⁵						
en	扮 pen⁶	板 pen³	缠 dzen⁶	山 sen¹	间 ken¹	饭 pen⁶		
eŋ	贫 peŋ²	丁 teŋ¹、tiŋ¹	明 meŋ²	名 meŋ²				
ɛŋ	丙 pɛŋ³	生 sɛŋ¹	庚 kɛŋ¹	命 mɛŋ⁶	平 pɛŋ²	坪 pɛŋ²	凭 pɛŋ²	耕 kɛŋ¹
a	打 ta³	茶 tsa²	砂 sa¹	沙 sa¹	麻 ma²	鸦 a¹		
ai	拜 pai⁵	大 tai³	西 fai¹	太 thai⁵	细小 fai⁵	摆 pai³	师 sai¹	排 pai²	妻 tshai¹
	该 kai¹	才 tshai²	利利刀 lai⁶	排 bai²	赛 sai⁵	卖 mai⁶			
au	丑 tshau³	愁 dzau²	卯 mau⁴	头 tau²	到 thau⁵	靠 khau⁵	劳 lau²	抽 tshau¹
	闹 nau⁶	搦 tshau¹						
am	甘 kam¹	三 fam¹	敢 kam³	凡 pam²	担 dam¹			
an	单 tan¹	辰 tsan⁶	慢 man⁶	秆 kan³	难 nan⁶	贩 fan⁵	班 pan¹	难 nan²
	烦 fan²	安放 an¹	岸 ŋan⁶	滩 than¹	谈 tan²	恨 han⁶	三 san¹	烂 lan⁶
	盏 tsan³	民 man²	万 man⁶	散 dzan⁵				
aŋ	上 tsaŋ⁶	灯 taŋ¹	短 naŋ³	等 taŋ³	藤 taŋ²	层 dzaŋ²	凉 laŋ²	章文章tsaŋ¹
	张姓 tsaŋ¹	相 faŋ¹	苍 tshaŋ¹					
ou	树 tsou⁶	藕 ou³	州₂ tsou¹	口 khou³	夫个 pou¹	府 fou³	渡 tou⁶	炉 lou²

oŋ	坟(祖)tsou³ 山(墓)mou⁶ 就tsou⁶ 古kou³ 枯khou¹ 夫fou¹ 处tshou⁵ 书sou¹
oŋ	东toŋ¹ 筒doŋ² 松tsoŋ² 红hoŋ² 铜toŋ² 凤foŋ⁶ 聪tshoŋ¹ 总tsoŋ³
	洪hoŋ² 只(重)tsoŋ² 垌toŋ⁶ 空khoŋ⁵ 恭koŋ¹ 锋foŋ¹ 同toŋ²
ɔ	各kɔ⁶ 若iɔ⁶ 磨mɔ⁶ 可khɔ³ 哥kɔ⁵ 角kɔ⁶ 河hɔ²
ɔi	亥hɔi⁴ 对tɔi⁵ 开gɔi¹ 苔tɔi¹ 海khɔi³ 改kɔi³ 开khɔi¹ 齐dzɔi² 奈nɔi¹ 爱ɔi⁵
ɔn	安ɔn¹ 焊hɔn⁶ 寒hɔn²
ɔŋ	糖tɔŋ² 行hɔŋ⁶ 巷hɔŋ⁶ 桑fɔŋ¹ 当tɔŋ¹ 堂tɔŋ² 江kɔŋ¹
u	草tshu³ 好khu³ 戊mu⁵ 倒tu⁵ 槽tsu² 富fu⁵ 苏su¹ 桃tu² 宝pu³
	口khu³ 都tu¹ 乌u¹ 老lu⁴ 苦khu³
ui	背pui⁵ 配phui⁵ 费₁fui⁵ 推thui¹ 水sui³ 回ui² 杯pui¹ 妹mui⁶ 会ui⁶
un	传tsun² 馆kun³ 乱lun⁶ 砖tsun¹ 缎tun⁶ 分pun¹ 算fun⁵ 先fun¹ 团tun²
uŋ	浆tsuŋ³ 放puŋ⁵ 丈tsuŋ⁴
uei	癸kuei⁵ 尾muei⁴ 贵kuei⁵ 亏khuei¹ 贵kuei⁵ 围uei² 葵khuei² 飞buei¹
	为uei⁶
uen	弯ŋuen¹ 县guen⁶
ua	瓦ŋua⁴ 华hua² 话ua⁶
uaŋ	妆tsuaŋ¹ 枉uaŋ³
uə	报buə⁵
uən	困khuən⁵ 份puən⁶ 本puən³ 喷phuən⁵ 伴puən⁶ 文uən² 魂uən⁶
	转dzuən⁵
uəŋ	风puəŋ¹ 逢puəŋ⁵ 蒙muəŋ² 龙luəŋ² 众tsuəŋ⁵ 种tsuəŋ⁵
ye	过kye⁵
yən	欢gyən¹ 观kyən¹ 官kyən¹ 军kyən¹ 源ŋyən¹
yaŋ	广kyaŋ³
ŋ̍	五ŋ̍ 午ŋ̍⁴

入声韵:甲kiap⁸ 蜡lap⁸ 踏dap⁷ 合hɔp⁸ 豆(菽)top⁸ 接tsip⁷ 十tsiep⁸ 立liep⁸
接tsiep⁸ 热ŋit⁸ 一iet⁷ 乙iet⁸ 日ŋiet⁸ 日(热)ŋiut⁸ 出tshuət⁷ 戌fut⁷
八pet⁷ 色set⁷ 下(歇)这下hit⁷ 曲gyət⁷ 月ŋiut⁸ 六luə⁸ 木muə⁸ 脚kiuə⁸
碌luə⁸ 谷ku⁷ 着tsu⁸ 伏fu⁸ 得tu⁷ 客khɛ⁷ 柏pɛ⁷ 壁pi⁷ 百pɛ⁷ 白pɛ⁸
隔gɛ⁷ 拆dzɛ⁷

10.3.2.3 柘山瑶歌与口语不同的特殊用词

(一)称谓

(1) 尊称:

1)对人的尊称:仙男称呼女 fin¹   仙央男称呼女 fin¹·²iaŋ¹   龙央女称呼男:luəŋ²iaŋ¹

情央称对方男女:tsiŋ²iaŋ¹　　　贵央称呼对方男女:kuei⁵iaŋ¹

2)对地方、物产、言语等的尊称,常用"贵×"之类,如"贵村""贵州""贵章尊称指对方的言语"。此外,称对方的家乡还用"广×",如"广乡""广县""广州""广京"。

(2)谦称:

1)称自己常用"蒙单"muəŋ² tan¹、"单蒙"tan¹·² muəŋ¹、"木蒙"muə⁸ muəŋ¹、"单身"tan¹·² sin¹、"贱"tsin⁵、"贱夫"tsin⁵ pou¹、"苗"miu²、"苗单"miu² tan¹、"寒命"hɔn⁶·² mɛŋ⁶。

2)称自己的居处常用"贱×",如"贱乡"。

(二)夫 pou¹

在瑶歌里"夫"除了指"从事体力劳动或役使的人"(读 pou¹)、"女子的配偶"(读 fou¹)外,还泛指人。前两种用法,瑶歌和口语一致,都出现在合成词里。只有第三种是瑶歌独有,不见于口语的,如"劳碌几多贵夫央""两夫团员没柱费""两夫谈言话得好"。这个词,有些歌书上按相关的词义记作"个",如"哪个有心舍身看"(见柘山的甲子歌),《广西瑶族社会历史调查》(第二册)盘瑶歌书面材料借用同音字"步"记录,如"二步情恩胜如水""贱步多愁月久长""脚踏情游贵步乡"。不论记作何字,所记录的对象都是指人的"夫"。古汉语也有"夫"泛指人的现象。例如:《孟子梁惠王·下》"残贼之人,谓之一夫",李白《蜀道难》"一夫当关,万夫莫开"。在瑶歌里仍保留这种用法,让人称奇。

(三)二两 ȵiei² liaŋ²

"二两"指有缘的两个人,如"二两齐齐烧火烟"。

从时间层次看,瑶歌中的汉语借词绝大多数属于早期借词,少量为现代西南官话借词,如:西 si¹、如 i²、石 si²、只 tsi³、应 in¹、莲 lien²、乡 hiaŋ¹、休 hiou¹、该 kai¹、锋 foŋ¹、富 fu⁵、苏 su¹、苦 khu³、困 khuən⁵、亏 khuei¹。在大家共有的 410 个词中,现代汉语借词占 3.6%,早期借词占 96.4%,早期借词比例大大超过现代汉语借词的比例。

10.4　柘山瑶歌与《盘王大歌》《广西瑶歌记音》汉语借词的比较[①]

10.4.1　三地瑶歌汉语借词音韵上的比较

这三个点的瑶语,柘山的瑶语与贺县的瑶语比较接近,属瑶语勉方言广滇土语,而坳瑶所讲的坳瑶话介于勉方言和金门方言之间,被王辅世、毛宗武先生归为勉方言罗香土语。由于所属的土语有区别,他们瑶歌语言的语音必定受到口语的语音系统制约而有一定的差别。不过,

---

① 由于《瑶歌记音》调类归向比较复杂,在使用该材料时标注实际的调值,不标调类。其他两点标调类。

他们毕竟隶属同一种方言,自有相同的方面。这两个方面在以下的分析中可以清楚地看到。三地的瑶歌词语的读音都未超出口语的语音系统。

10.4.1.1 语音上的共同特点

(1)借词声母属于古全浊声母的,今读塞音、塞擦音时一般读不送气清音。如:

例词	柘山瑶歌	瑶歌记音	盘王大歌
平	$pɛŋ^2$	$pɛːŋ^{42}$	$pɛŋ^2$
茶	tsa^2	$tɕa^{42}$	tsa^2
头	$tɑu^2$	$tɑu^{42}$	头$_1 tɑu^2$ 头$_2 dɑu^2$
同	$toŋ^2$	$tuŋ^{42}$	$toŋ^2$

(2)借词声母属清声母的,今有读浊音的现象。如:

例词	柘山瑶歌	瑶歌记音	盘王大歌
报	$buə^5$	bo^{55}	报$_1 buo^5$ 报$_2 beu^5$
担	dam^1	$dɑːm^{11}$	担$_1 dɑːm^1$
齐	$dzoi^2$	$ðɔi^{42}$	$dzoi^2$
开	开$_1 goi^1$	开$_1 gɔːi^{42}$	开$_1 goi^1$

(3)借词声母属古非组的,一般今读为 p-、ph-、b-、m-。如:

例词	柘山瑶歌	瑶歌记音	盘王大歌
飞	$buei^1$	$buoi^{42}$	bei^1
饭	pen^6	pun^{11}	pen^6
逢	$puəŋ^2$	$pwoŋ^{42}$	$puəŋ^2$
问	$muən^6$	$muɔːn^{11}$	$muon^6$

(4)属古知组的少数借词,今读 t-或 d-。如:

例词	柘山瑶歌	瑶歌记音	盘王大歌
长	$taŋ^2$	$twaŋ^{42}$	长$_1 tɑːŋ^2$ 长$_2 tshɑːŋ^2$
中	中$_1 tuəŋ^1$	$dwoŋ^{42}$	中$_1 tuəŋ^1$

(5)借词属古禅母的,一般今读为塞擦音。如:

例词	柘山瑶歌	瑶歌记音	盘王大歌
树	$tsou^6$	$tɕou^{11}$	$tsou^6$
是	$tsei^4$	$tɕei^{11}$	$tsei^4$
上	$tsaŋ^6$	$tɕwaŋ^{11}$	$tsɑːŋ^6$
成	$tsiaŋ^2$	$tɕiaŋ^{42}$	$tsiaŋ^2$

(6)借词属古晓母的,今读有读如溪母的现象。如:

例词	柘山瑶歌	瑶歌记音	盘王大歌
花	$khua^1$	$khua^{42}$	花$_1 khua^1$
海	$khɔi^3$	$khɔːi^{53}$	$khoi^3$
好	khu^3	$khou^{53}$	khu^3

(7)保留古鼻音韵尾-m、-n、-ŋ 和入声韵尾-p、-t、-k(柘山瑶歌和《瑶歌记音》还有零星读-k 尾的词)。绝大多数古-k 尾入声字的-k 尾脱落。如:

例词	柘山瑶歌	瑶歌记音	盘王大歌
金	kiem^1	tɕiem^{42}	tɕiem^1
千	tshin^1	θin^{42}	tshin^1
放	puŋ^5	puŋ^{55}	puŋ^5
叶	ip^8	hip^{11}	ip^8
出	tshuət^7	ɕuət^{42}	tshuot^7
百	pɛ^7	pɛ^{42}	pɛʔ^7
得	tu^7	to^{11}	tuʔ^7

零星读-k 尾的：柘山瑶歌"屋"uk^7，瑶歌记音"滴"tuk^{11}。

(8)韵母存在着一二等读细音，三四等读洪音的现象。如：

例词	柘山瑶歌	瑶歌记音	盘王大歌
早	tsiu^3	ðiːu^{53}	dziou^3
是	tsei^4	tɕɛi^{11}	tsei^4
齐	dzɔi^2	ðɔːi^{42}	dzoi^2
命	mɛŋ^6	mɛːŋ^{11}	nɛŋ^6
县	guen^6	gveːn^{11}	guen^6

10.4.1.2 语音上的主要差异

(1)借词属古精组（除心母外）的，柘山瑶歌、《盘王大歌》读舌尖音，《瑶歌记音》大部分读 θ-或 ð-。

例词	柘山瑶歌	瑶歌记音	盘王大歌
在	tsai^5	θai^{42}	在$_1$ tsoi^4 在$_2$ tsoi^5
接	接$_1$ tsip^7 接$_2$ tsiep^8	ðiep^{42}	接$_1$ tsip^7 接$_2$ dzip^7
草	tshu^3	θo^{53}	tshu^3
千	tshin^1	θin^{42}	tshin^1
坐	tsɔi^4	θuɑ^{53}	tsoi^4
情	tsiŋ^2	θiŋ^{42}	tsiŋ^2
松	tsoŋ^2	θoŋ^{42}	松$_1$ tsoŋ^2 松$_2$ soŋ^1
谢	tsie^6	θiːɑ^{11}	tsie^6

(2)借词属古心母的，柘山瑶歌、《盘王大歌》大都读 f-，《瑶歌记音》读 θ-或 ð-。如：

例词	柘山瑶歌	瑶歌记音	盘王大歌
三	三$_1$ fam^1	θɑːm^{42}	三$_1$ faːm^1
心	心$_1$ fiem^1 心$_3$ fim^1	θiem^{42}	心$_1$ fiem^1 心$_3$ fim^1
四	fei^5	ðɛi^{42}	fei^5

(3)借词属古来母的，柘山瑶歌、《盘王大歌》一般都读 l-，《瑶歌记音》读 l-或 g-。

例词	柘山瑶歌	瑶歌记音	盘王大歌
楼	lau^2	lau^{42}	楼$_1$ lau^2 楼$_2$ lou^2
雷	lei^2	lui^{42}	雷$_1$ lei^2 雷$_2$ lui^2
离	lei^2	gɛi^{42}	lei^2
流	liou^2	流$_1$ gieu^{42}	流$_1$ liou^2 流$_2$ liou^6

| 连 | lin² | gin⁴² | lien² |

(4) 借词属古知庄章组的，柘山瑶歌、《盘王大歌》读舌尖前音，《瑶歌记音》一般读舌面前音。如：

例词	柘山瑶歌	瑶歌记音	盘王大歌
置	tsei⁵	tɕɛi⁵⁵	tsei⁵
遮	tsie¹	ɖi:a⁴²	dzie¹
州	tsiou¹	tɕieu⁴²	tsiou¹
盏	tsan³	tɕa:n⁵³	tsa:n³
树	tsou⁶	tɕou¹¹	tsou⁶

其中，借词属古彻、初、昌母的，《瑶歌记音》一般读舌面清擦音 ɕ-，柘山瑶歌、《盘王大歌》一般读舌尖前送气塞擦音。如：

例词	柘山瑶歌	瑶歌记音	盘王大歌
抽	tshau¹	ɕau⁴²	tshau¹
钗	sa¹	ɕa⁴²	钗₁tsha¹ 钗₂tsha:i¹
吹	tshui¹	ɕuei⁴²	吹₁tshui¹ 吹₂tshuei¹
处	tshou⁵	ɕou³⁵	tshou⁵

(5) 借词属古见组的，柘山瑶歌读舌根音，《盘王大歌》一般今细音读舌面前音、今洪音读舌根音，《瑶歌记音》则古一等见溪母一般读舌根音，古二、三、四等见溪母和群母一般读舌面前音（除少数例外和止合三、通合三以外）。如：

例词	柘山瑶歌	瑶歌记音	盘王大歌
花	khua¹	khua⁴²	花₁khua¹ 花₂hua¹
江	kɔŋ¹	tɕɔ:ŋ⁴²	kɔŋ¹
桥	kiu²	tɕi:u⁴²	桥₁tɕiou² 桥₂tɕhiou²
去	khiou⁵	tɕhou³⁵	tɕhiou⁵
己	ki⁶	tɕi⁵³	tɕi³
剑	kim⁵	tɕim⁵⁵	tɕem⁵
过	kye⁵	kwai⁵⁵	tɕie⁵
空	khoŋ⁵	空₁khuŋ⁴² 空₂khuŋ³⁵	空₁khɔŋ⁵ 空₂khuŋ⁵

《瑶歌记音》读 tɕ-声母的见组字跟古知庄章澄崇船母字不分，如：记见＝置知 tɕɛi⁵⁵ ｜家见＝茶澄 tɕa⁴² ｜旧群＝绸澄 tɕieu¹¹ ｜镜见＝正章 tɕiŋ⁵⁵。而柘山瑶歌和《盘王大歌》上述字不混。

有时候，同一个见组细音字，《盘王大歌》有腭化和非腭化两读，如：见₁kin⁵ 和见₂ tɕin⁵、结₁kit⁷ 和结₂ tɕit⁷，这反映了瑶歌原来固守的非腭化读法受到口语的冲击（贺县瑶语里汉语借词已不分尖团了）。《瑶歌记音》有两个字未腭化："见"kin⁵⁵ 和"结"kit⁴²，体现了瑶歌的保守性。

(6)《瑶歌记音》部分果摄字和假摄二等字合流读 a 或 ua；柘山瑶歌和《盘王大歌》极少合流，且果摄读 a 或 ua 的少。如：

例词	柘山瑶歌	瑶歌记音	盘王大歌
歌	ka¹	ka⁴²	ka¹
破	——	phuɑ³⁵	phɔ³
禾	——	vuɑ⁴²	hɔ²
锁	fɔ³	θuɑ³⁵	fɔ³
坐	tsɔi⁴	θuɑ¹¹	tsoi⁴
火	khye³（熰）	khuɑ⁵³	khuie³（熰）
家		ɕɑ⁴²	tɕiɑ¹
花	khuɑ¹	khuɑ⁴²	khuɑ¹
瓦	ŋuɑ⁴	ŋuɑ⁴²	ŋuɑ⁴

(7)《瑶歌记音》借词古调类的演变要比其他两点复杂：

古调类	古声母	柘山瑶歌	瑶歌记音	盘王大歌
古平声	清	1	平声（42）	1
	浊	2		2
古上声	清	3	上声（53）	3
	次浊	4	平声（42）	4
	全浊	6	阳去（11）	6
古去声	全清	5	阴去₁（55）（除心生书母）	5
	次清		阴去₂（35）（包括全清的心生书母）	
	浊	6	多数：阳去（11） 少数：阴平（42）	6
古入声	全清、次清	7	阴入（42） 平声（42）	7
	浊	8	阳入（11） 阳去（11）	8

造成以上差异的原因是这三个点的瑶歌都各自带上了本土语口语音系特点的烙印，歌谣语音的差异是土语口语音系的差别在歌瑶中的反映。

10.4.2 瑶歌汉语借词表

表中所收借词绝大部分是词，但为了比较方便也收了一些语素。

10.4.2.1 柘山瑶歌、《瑶歌记音》《盘王大歌》都有的汉借词表

汉借词	瑶歌记音	柘山瑶歌	盘王大歌
底	di^{53}	die^3	底$_1$ die^3 底$_2$ ti^1
里	li^{42}	lei^4	里$_1$ lei^4 里$_2$ lei^6
四	ðɛi^{42}	fei^5	fei^5
己	tɕi^{53}	ki^6	tɕi^3
石	tɕi^{11}	si^2	tsiʔ^8
贵	kvi^{55}	kuei^5	kuei^5
雷	lui^{42}	lei^2	雷$_1$ lei^2 雷$_2$ lui^2
推	θui^{42}	thui^1	thui^1
水	ɕui^{53}	sui^3	sui^3
回	hui^{42}	ui^2	回$_1$ wui^2 回$_2$ ui^2
会	hui^{11}	ui^6	ui^6
麻	ma^{42}	ma^2	ma^2
茶	tɕa^{42}	tsa^2	tsa^2
话	va^{11}	ua^6	话$_1$ wua^6 话$_2$ ua^6
打	ta^{53}	ta^3	ta^3
甲	tɕa^{42}	kiap^8	甲$_1$ tɕiap^8 甲$_2$ tɕia^6
沙	ɕɑ^{42}	sa^1	sa^1
钗	ɕɑ^{42}	sa^1	钗$_1$ tsha^1 钗$_2$ tsha:i^1
歌	ka^{42}	ka^1	ka^1
各	ka^{42}	kɔ^7	kɔʔ^7
下	i:ɑ^{11}	gie^6	下$_1$ dzie^6 下$_2$ ha^6
鸦	a^{42}	a^1	jia^1
遮	ɖi:ɑ^{42}	tsie^1	dzie^1
车	ɕi:ɑ^{42}	tshie^1	tshie^1
捨	ɕi:ɑ^{53}	sie^3	tsie^3
谢	θi:ɑ^{11}	tsie^6	tsie^6
也	i:ɑ^{42}	ia^6	jia^6
夜	i:ɑ^{55}	ie^5	jie^5
吃	i:ɑ^{11}	khi^3	tɕhiʔ^7
步	buɑ^{11}	pou^6	pou^6
坐	θuɑ^{53}	tsoi^4	tsoi^4
脚	tɕuɑ^{42}	kiuə^7	tɕuoʔ^7
花	khua^{42}	khua^1	花$_1$ khua^1 花$_2$ hua^1
瓦	ŋua^{42}	ŋua^4	ŋua^4
个	kɔ^{55}	kɔ^5	kɔ^5
河	hɔ^{42}	hɔ^2	hɔ^2
合	hɔ^{11}	hɔp^8	合$_1$ hɔp^8 合$_2$ kap^7
白	pɛ^{11}	pɛ^8	pɛʔ^8
百	pɛ^{42}	pɛ^7	pɛʔ^7
柏	bɛ^{42}	pɛ^7	pɛʔ^7
客	tɕhɛ^{42}	khɛ^7	khɛʔ^7
爷	je^{42}	ie^1	jie^2

报	bo^{55}	buə^5	报$_1$ buo^5 报$_2$ beu^5
木	mo^{11}	muə^8	muoʔ^8
都	to^{42}	tu^1	tu^1
得	to^{11}	tu^7	tuʔ^7
草	θo^{53}	tshu^3	tshu^3
初	ðo^{42}	tshu^1	tshɔ^1
着	tɕo^{11}	tsu^8	tsuʔ^8
屋	o^{42}	uk^7	屋$_1$ uʔ^7 屋$_2$ uʔ^8
又	jo^{11}	iou^6	jiou^6
庙	miːu^{42}	miu^6	miu^6
条	tiːu^{42}	tiu^2	tiu^2
早	ðiːu^{53}	tsiu^3	dziou^3
桥	tɕiːu^{42}	kiu^2	桥$_1$ tɕiou^2 桥$_2$ tɕhiou^2
朝	tɕiːu^{42}	tsiu^6	tsiu^2
照	tɕiːu^{55}	tsiu^5	tsiu^5
烧	ɕiːu^{53}	siu^1	tsiu^1
比	pɑi^{53}	pei^3	pei^3
在	θai^{42}	tsai^5	在$_1$ tsoi^4 在$_2$ tsoi^5
细	θai^{35}	fai^5	细$_1$ fai^5 细$_2$ sai^5
街	tɕai^{42}	kiai^1	tɕiaːi^1
解	tɕaːi^{53}	kɔi^3	tɕiai^3
一	ai^{42}	iet^7	jiet^7
过	kwɑi^{55}	kye^5	tɕie^5
买	maːi^{11}	mai^6	maːi^6
带	taːi^{55}	tai^5	taːi^5
大	taːi^{11}	tai^6	taːi^6
未	mɐi^{11}	mei^6	mei^6
吹	ɕuei^{42}	tshui^1	吹$_1$ tshui^1 吹$_2$ tshuei^1
台	tɔːi^{42}	tɔi^2	台$_1$ toi^2 台$_2$ thaːi^2
苔	tɔːi^{42}	tɔi^2	toi^2
对	tɔːi^{55}	tɔi^5	toi^5
奈	nɔːi^{11}	nɔi^6	noi^6
齐	ðɔːi^{42}	dzɔi^2	dzoi^2
盖	kəːi^{55}	kɔi^5	盖$_1$ koi^5 盖$_2$ kaːi^5
开	开$_1$ gɔːi^{42} 开$_2$ kɔːi^{42}	开$_1$ gɔi^1 开$_2$ khɔi^1	开$_1$ goi^1 开$_2$ khoi^1
海	khɔːi^{53}	khɔi^3	khoi^3
亥	hɔːi^{11}	hɔi^4	hoi^4
爱	ɔːi^{55}	ɔi^5	oi^5
围	vei^{42}	uei^2	围$_1$ wuei^2 围$_2$ wei^2
为	vei^{42}	uei^6	为$_1$ wuei^6 为$_2$ wei^2
莫（未）	vei^{35}	i^5	i^5
地	tei^{11}	tei^6	tei^6
思	θei^{42}	fei^1	fei^1
丝	θei^{42}	fei^1	fei^1
死	θei^{53}	fei^3	死$_1$ fei^3 死$_2$ saːi^3

四₁	θɛi³⁵	fei⁵	fei⁵
自	θɛi¹¹	tsei⁶	自₁ tsei⁶ 自₂ tsei⁵
巳	θɛi¹¹	tsei⁴	tsei⁴
枝	tɕɛi⁴²	tsei¹	tsei¹
时	tɕɛi⁴²	tsei²	tsei²
置	tɕɛi⁵⁵	tsei⁵	tsei⁵
是	tɕɛi¹¹	tsei⁴	tsei⁴
二	ɲɛi¹¹	ŋiei²	二₁ ɲi⁶ 二₂ ɲiei⁶
世	ɕɛi³⁵	sei⁵	tsei⁵
试	ɕɛi³⁵	sei⁵	tsei⁵
离	gɛi⁴²	lei²	ɬei²
泪	gɛi⁴²	lui⁶	泪₁ lui⁶ 泪₂ luei⁶
寅	hɛi⁴²	ien²	寅₁ jen² 寅₂ jien²
衣	ɛi⁴²	ei¹	ei¹
意	ɛi⁵⁵	ei⁵	ei⁵
卯	mau⁴²	mau⁴	mau⁴
头	tau⁴²	tau²	头₁ tau² 头₂ dau²
到	thau³⁵	thau⁵	到₁ thau⁵ 到₂ tu²
楼	lau⁴²	lau²	楼₁ lau² 楼₂ lou²
流	流₂ lau⁴² 流₁ gieu⁴²	liou²	流₁ liou² 流₂ liou⁶
抽	ɕau⁴²	tshau¹	tshau¹
丑	ɕau⁵³	tshau³	tshiou³
夫	pɔu⁵⁵	夫₁ pou¹ 夫₂ fou¹	夫₁ pou¹ 夫₂ fou¹
富	phɔu³⁵	fu⁵	富₁ fou⁵ 富₂ fu⁵
桃	tɔu⁴²	tu²	桃₁ tu² 桃₂ tu⁴
土	thɔu⁵³	thou³	thou³
好	khɔu⁵³	khu³	khu³
炉	lɔu⁴²	lou²	lou²
老	lɔu¹¹	lu⁴	老₁ la:u³ 老₂ lu⁴
路	lɔu¹¹	lou⁶	lou⁶
树	tɕɔu¹¹	tsou⁶	tsou⁶
去	tɕhɔu³⁵	khiou⁵	tɕhiou⁵
鱼	ɲɔu⁴²	ŋiou²	ɲiou²
书	ɕɔu⁴²	sou¹	sou¹
处	ɕɔu³⁵	tshou⁵	tshou⁵
枯	khɔu⁴²	khou¹	kou³
口	khɔu⁵³	口₁ khu³ 口₂ khou³	口₁ khu³ 口₂ khou³
五	ŋɔu¹¹	ŋ̍⁴	ŋ̍⁴
背	puoi⁵⁵	pui⁵	背₁ pui⁵ 背₂ pui⁶
飞	buoi⁴²	buei¹	bei¹
尾	muoi¹¹	muei⁴	muei⁴
抛	be:u⁴²	beu¹	beu¹
摇	ɟe:u¹¹	ŋiu²	摇₁ iu² 摇₂ jiu²
修	θieu³⁵	fiou¹	修₁ siou¹ 修₂ fiou¹
州	tɕieu⁴²	tsiou¹	tsiou¹

愁	tɕieu⁴²	dzau²	愁₁ dzau² 愁₂ tshou²
收	ɕieu⁴²	siou¹	siou¹
手	ɕieu⁵³	siou³	siou³
留	gieu⁴²	liou²	liou²
柳	gieu⁴²	liou⁴	柳₁ liou³ 柳₂ liou⁴
油	ieu⁴²	iou²	jiou²
游	ieu⁴²	iou²	jiou²
酉	ieu¹¹	iou⁴	jou⁴
音	jɑm	iem¹	jem¹
担	dɑ:m¹¹	dam¹	担₁ da:m¹ 担₂ ta:n⁵
三	θɑ:m⁴²	三₁ fam¹ 三₂ san¹	三₁ fa:m¹ 三₂ fa²
斩	tɕɑ:m⁵³	tsam³	tsa:m³
剑	tɕim⁵⁵	kim⁵	tɕem⁵
点	tiem⁴²	tiem³	点₁ tim³ 点₂ tiem³
心	θiem⁴²	心₁ fiem¹ 心₂ sim¹ 心₃ fim¹	心₁ fiem¹ 心₂ sim¹ 心₃ fim¹
金	tɕiem⁴²	kiem¹	tɕiem¹
林	giem⁴²	liem²	林₁ kiem² 林₂ liem²
淹	jiem⁴²	iem⁵	淹₁ jem⁵ 淹₂ jim⁵
饮	jiem⁵³	iem³	jiem³
慢	mɑn⁴²	man⁶	man⁶
烂	lɑn¹¹	lan⁶	la:n⁶
安	ɑn⁴²	安₁ ɔn¹ 安₂放 an¹	ɔn¹
半	puɑn⁵⁵	pien⁵	半₁ pien⁵ 半₂ puon⁶
伴	puɑn³⁵	puən⁶	bien⁴
满	muɑn⁴²	mien⁴	mien⁴
辰	tɕuɑn⁴²	tsan⁶	tɕei²
银	ȵuɑn⁴²	ŋian²	ŋa:n²
官	kuɑn⁴²	kyən¹	官₁ tɕien¹ 官₂ kuon¹
滩	thɑ:n⁴²	than¹	ta:n¹
难	nɑ:n⁴²	nan²	ŋa:n²
盏	tɕɑ:n⁵³	tsan³	tsa:n³
看	khɑ:n³⁵	khan⁵	kha:n⁵
分	buɔ:n⁴²	puən¹	puon¹
闻	muɔ:n⁴²	uən⁶	闻₁ wuon² 闻₂ wən²
门	muɔ:n⁴²	muən¹	muon²
问	muɔ:n¹¹	muən⁶	muon⁶
县	gve:n¹¹	guen⁶	guen⁶
还	ve:n⁴²	huan⁶	hua:n²
山	ɕe:n⁴²	sen¹	sen¹
贫	pien⁴²	peŋ²	peŋ²
面	mien¹¹	min⁶	min⁶
新	θien⁴²	sien¹	新₁ siaŋ¹ 新₂ siaŋ²
真	tɕien⁴²	tsien¹	tsien¹
身	ɕien⁴²	sin¹	tsin¹
申	ɕien⁴²	sien¹	sien²

信	ɕien³⁵	信₁sien⁵ 信₂fien⁵	信₁sien⁵ 信₂sin⁵
边	pin⁴²	pin¹	pin¹
便	pin¹¹	pin⁵	便₁pen⁵ 便₂pien⁵
远	vin⁵³	win⁴	远₁juin⁴ 远₂win⁴
甜	tin⁴²	tiem²	甜₁tim³ 甜₂tiem²
停	tin⁴²	tiŋ²	tiŋ²
天	thin⁴²	thin¹	thin¹
年	nin⁴²	nin²	nin²
千	θin⁴²	tshin¹	tshin¹
钱	θin⁴²	tsin²	tsin²
线	θin³⁵	fin⁵	fin⁵
言	ɲin⁴²	ŋin²	n̠in²
连	gin⁴²	lin²	lien²
见	kin⁵⁵	kin⁵	见₁kin⁵ 见₂ɕin⁵
燕	in⁵⁵	hin⁵	hin⁵
烟	in⁴²	in¹	in¹
饭	pun¹¹	pen⁶	pen⁶
嫩	nun¹¹	nun⁶	nun⁶
乱	lun¹¹	lun⁶	lun⁶
泉	θun⁴²	tsun²	tsun²
船	tɕun⁴²	tsun²	tsun²
传	tɕun⁴²	tsun²	传₁tsun² 传₂tsun¹
灯	taŋ⁴²	taŋ¹	taŋ¹
藤	taŋ⁴²	taŋ²	藤₁taːŋ² 藤₂daːŋ²
等	taŋ⁵³	taŋ³	taŋ³
挡	taŋ⁵³	tɔŋ³	tɔŋ³
成	tɕiaŋ⁴²	tsiaŋ²	tsiaŋ²
长	twaŋ⁴²	taŋ²	长₁taːŋ² 长₂tshaːŋ²
上	tɕwaŋ¹¹	tsaŋ⁶	tsaːŋ⁶
娘	ɲwaŋ⁴²	ŋiaŋ²	n̠aːŋ²
唱	ɕwaŋ³⁵	tshaŋ⁵	tshaŋ⁵
光	kwaŋ⁴²	gyaŋ¹	光₁dziaŋ¹ 光₂tɕiaŋ¹
广	kwaŋ⁵³	kyaŋ³	广₁kuaŋ³ 广₂tɕiaŋ³
黄	waŋ⁴²	wiaŋ²	黄₁jiaŋ² 黄₂huaŋ²
郎	laːŋ⁴²	luaŋ²	郎₁lɔŋ² 郎₂laːŋ²
秧	jwaŋ⁴²	iaŋ¹	jiaːŋ¹
阳	jwaŋ⁴²	iaŋ²	jiaːŋ²
香	香₁jwaŋ⁴² 香₂huŋ⁴²	hiaŋ¹	香₁hiaːŋ¹ 香₂huŋ¹
乡	jwaŋ⁴²	hiaŋ¹	hiaːŋ¹
杨	杨₁jwaŋ⁴² 杨₂juŋ⁴²	iaŋ²	jiaːŋ²
糖	tɔːŋ⁴²	tɔŋ²	tɔŋ²
堂	tɔːŋ⁴²	tɔŋ²	堂₁tɔŋ² 堂₂daːŋ²
当	tɔːŋ⁵³	tɔŋ¹	tɔŋ¹
桑	θɔːŋ⁴²	fɔŋ¹	桑₁sɔŋ¹ 桑₂saːŋ³
江	tɕɔːŋ⁴²	kɔŋ¹	kɔŋ¹

平	pɛ:ŋ⁴²	pɛŋ²	pɛŋ²
命	mɛ:ŋ¹¹	mɛŋ⁶	mɛŋ⁶
庚	tɕɛ:ŋ⁴²	kɛŋ¹	kɛŋ¹
生	ɕɛ:ŋ⁴²	sɛŋ¹	sɛŋ¹
行	hɛ:ŋ⁴²	hɛŋ²	hɛŋ²
松	θoŋ⁴²	tsoŋ²	松₁ tsoŋ² 松₂ soŋ¹
龙	goŋ⁴²	luaŋ²	龙₁ luaŋ² 龙₂ loŋ²
红	hoŋ⁴²	hoŋ²	hoŋ²
风	pwoŋ⁴²	puəŋ¹	风₁ puəŋ¹ 风₂ foŋ¹
逢	pwoŋ⁴²	puəŋ²	puəŋ²
中	dwoŋ⁴²	中₁ tuəŋ¹ 中₂ tsoŋ¹	中₁ tuəŋ¹ 中₂ tsoŋ¹
种	tɕwoŋ⁴²	tsuaŋ⁵	tsuaŋ⁵
共	tɕwoŋ¹¹	kyəŋ⁶	tɕuəŋ⁶
丁	teŋ⁴²	丁₁ teŋ¹ 丁₂ tiŋ¹	tiŋ¹
园	viŋ⁴²	win²	园₁ wuin² 园₂ jun²
定	tiŋ¹¹	tiŋ⁶	tiŋ⁶
青	θiŋ⁴²	tshiŋ¹	tshiŋ¹
情	θiŋ⁴²	tsiŋ²	tsiŋ²
姓	θiŋ³⁵	fiŋ⁵	fiŋ⁵
镜	tɕiŋ⁵⁵	kiŋ⁵	tɕin⁵
岭	giŋ⁴²	liŋ⁴	liŋ⁴
放	puŋ⁵⁵	puŋ⁵	puŋ⁵
蒙	muŋ⁴²	muəŋ²	moŋ²
同	tuŋ⁴²	toŋ²	toŋ²
铜	tuŋ⁴²	toŋ²	toŋ²
丈	tɕuŋ¹¹	tsuŋ⁴	tsuŋ⁴
双	ɕuŋ⁴²	双₁ sɔŋ¹ 双₂ suaŋ¹	双₁ sɔŋ¹ 双₂ suŋ¹ 双₃ sua:ŋ¹
空	空₁ khuŋ⁴² 空₂ khuŋ³⁵	khoŋ⁵	空₁ khoŋ⁵ 空₂ khuŋ⁵
样	juŋ¹¹	iaŋ⁶	jiaŋ⁶
踏	ta:p¹¹	dap⁷	dap⁷
叶	hip¹¹	ip⁸	ip⁸
插	ɖep⁴²	sep⁷	插₁ tshep⁷ 插₂ tshiep⁷
接	ðiep⁴²	接₁ tsip⁷ 接₂ tsiep⁸	接₁ tsip⁷ 接₂ dzip⁷
十	θiep¹¹	tsiep⁸	tsiep⁸
结	kit⁴²	kit⁷	结₁ kit⁷ 结₂ tɕit⁷
日₂	ɲut¹¹	n̠ut⁸	n̠ut⁸
月	ɲut¹¹	ŋiut⁸	juoʔ⁸
戍	θot⁴²	fut⁷	戍₁ fut⁷ 戍₂ su⁶
别	pet⁴²	piɛ⁶	别₁ pɛʔ⁸ 别₂ piɛ⁶
八	pet⁴²	pet⁷	pet⁷
出	ɕuət⁴²	tshuət⁷	tshuot⁷

10.4.2.2 《盘王大歌》《广西瑶歌记音》所出现的汉借词表

有些瑶歌词语我们在柞山尚未搜集到,但《盘王大歌》《广西瑶歌记音》里出现了。我们把他们列出来,以资参考。

(1)《盘王大歌》《广西瑶歌记音》都有的词

汉借词	记音	盘王大歌
弟	ti^{11}	tei^6
泥	ni^{42}	nai^2
坭	ni^{42}	nai^2
席	θi^{42}	tsi?^{8}
尺	ɕi^{42}	tshi?^{7}
梅	mui^{42}	梅$_1$ mui^2 梅$_2$ mei^2
岁	θui^{35}	岁$_1$ suei^5 岁$_2$ sui^5 岁$_3$ fui^5
耙	pa^{42}	pa^2
把	pa^{53}	pa^3
马	ma^{42}	ma^4
塞	θa^{42}	tsɛ?^{7}
家	tɕa^{42}	tɕia^1
架	tɕa^{55}	tɕia^5
芽	ɲa^{42}	ȵia^2
恶	a^{42}	ɔ?^{8}
写	θi:a^{42}	fie^3
蛇	tɕi:a^{42}	tsie^2
蔗	tɕi:a^{55}	tsie^5
破	phua^{35}	phɔ^5
禾	vua^{42}	hɔ^2
锁	θua^{53}	fɔ^3
捉	tɕɔ^{42}	tsɔ?^{7}
何	hɔ^{42}	hɔ^2
学	hɔ^{11}	hɔ?^{8}
拍	bɛ^{11}	拍$_1$拍板 bɛ?^{8} 拍$_2$ bɛ?^{7}
读	to^{11}	tu?^{8}
断	to^{11}	tun^6
鼠	θo^{53}	su^3
竹	tɕo^{42}	tuo?^{7}
祝	tɕo^{42}	tsu^6
九	tɕo^{53}	tɕuo^3
鸠	ko^{42}	鸠$_1$ ko^1 鸠$_2$ tɕiou^1
小	θi:u^{53}	fiu^3
造	θi:u^{11}	tsou^5
交	tɕi:u^{42}	kiu^1
少	ɕi:u^{35}	fiu^5
丽	lai^{42}	li^5
阶	tɕai^{42}	ka:i^1
犁	gai^{42}	lei^2
微	mwai^{11}	wuei^2
鬼	kwai^{53}	kuei^3
季	kwai^{55}	kuei^5
外	ŋwai^{11}	ŋoi^6

汉借词	记音	盘王大歌
拜	pa:i^{55}	pa:i^5
买	ma:i^{42}	ma:i^4
戴	ta:i^{55}	ta:i^5
晒	ɕa:i^{35}	sa:i^5
鞋	ha:i^{42}	ha:i^2
挨	a:i^{42}	ŋa:i^1
皮	pɐi^{42}	pei^2
随	θuei^{42}	dzuei^2
睡	tɕuei^{11}	suei^5
代	tɔ:i^{11}	θoi^6
退	tɔ:i^{35}	thui^5
子	θei^{53}	tsei^3
仔	θei^{53}	tsa:i^3
匙	tɕɛi^{42}	tsei^2
纸	tɕei^{53}	tsei^3
儿	ɲɛi^{42}	ȵei^4
李	gɛi^{42}	lei^4
篱	gɛi^{42}	lei^2
梨	gɛi^{42}	lei^2
鲤	gɛi^{42}	lei^2
拗	au^{53}	a:u^3
铺	pou^{55}	phou^1
布	pou^{55}	pu^5
图	tou^{42}	tou^2
间	lou^{42}	li^3
煮	tɕou^{53}	tsou^3
住	tɕou^{11}	tsou^6
语	ɲou^{42}	ȵou^4
雨	hou^{11}	hou^4
户	hou^{11}	hou^4
包	pe:u^{42}	peu^1
绣	θieu^{42}	绣$_1$ fiou^5 绣$_2$ siou^5
袖	θieu^{11}	siou^5
洲	tɕieu^{42}	tsiou^1
韭	tɕieu^{53}	tɕiou^2
旧	tɕieu^{11}	tɕiou^5
嘱	ɕieu^{53}	suo?^{7}
有	ieu^{42}	jiau^4
潭	ta:m^{42}	ta:m^2
餐	θa:m^{42}	tsha:n^1
簪	θa:m^{42}	tsa:m^1
衫	ɕa:m^{42}	sa:n^1
缆	ga:m^{11}	la:n^6

汉借词	记音	盘王大歌
暗	ɔːm⁵⁵	ɔm⁵
念	nim¹¹	nim⁶
渐	θiem⁴²	tsaːm³
尖	ðiem⁴²	dzim¹
今	tɕiem⁴²	今₁ tɕiem¹ 今₂ kin¹
欠	tɕhiem³⁵	tɕhiem⁵
淋	giem⁴²	liem²
嫌	jiem⁴²	嫌₁ gem² 嫌₂ kem²
梦	maŋ⁴²	moŋ²
字	θei¹¹	tsei²
英	ɕan⁴²	in¹
般	puan⁴²	般₁ puon¹ 般₂ paːn¹
暖	nuan¹¹	nun⁶
宽	guan⁴²	宽₁ khuon¹ 宽₂ khɔn¹
万	maːn¹¹	maːn⁶
但	taːn¹¹	但₁ taːn⁶ 但₂ taːn⁵
叹	θhaːn³⁵	thaːn⁵
兰	laːn⁴²	laːn²
散	ðaːn³⁵	散₁ dzaːn⁵ 散₂ saːn³
根	kɔːn⁴²	kɔn¹
粪	puɔːn⁵⁵	puon⁵
纷	buɔːn⁴²	phuon¹
温	vuɔːn⁴²	wuon⁵
笋	θuɔːn⁵³	笋₁ suən³ 笋₂ sən³
云	vien⁴²	jiun²
运	vien¹¹	jiun⁵
人	ȵien⁴²	ȵien²
变	pin⁵⁵	pen⁵
眠	min⁴²	min²
怨	vin⁵³	怨₁ win⁵ 怨₂ wuin⁵
田	tin⁴²	tin²
箭	θin⁵⁵	tsin⁵
眼	ȵin⁴²	jien⁴
扇	ɕin³⁵	sin⁵
现	hin⁴²	hin⁶
筵	hin⁴²	jien²
番	phun³⁵	faːn¹
墩	dun⁵³	ton¹
村	θun⁴²	村₁ tshuon¹ 村₂ tsən¹
转	tɕun⁵³	tsuon³
卷	tɕun⁵³	tɕuon³
春	ɕun⁴²	tshun¹
串	ɕun³⁵	tshun⁵
管	kun⁵³	kun³
邓	taŋ¹¹	taŋ⁶

汉借词	记音	盘王大歌
曾	daŋ⁵³	曾₁ dzaŋ² 曾₂ tshən²
茫	mwaŋ⁴²	茫₁ mɔŋ² 茫₂ maːŋ²
望	mwaŋ¹¹	moŋ⁶
相	θwaŋ⁴²	相₁ faːŋ² 相₂ siaːŋ²
往	waŋ⁴²	waŋ³
浪	laŋ¹¹	浪₁ laːŋ⁵ 浪₂ laːŋ⁶
棠	tɔːŋ⁴²	tɔŋ²
塘	tɔːŋ⁴²	tɔŋ²
仓	θɔːŋ⁴²	仓₁ tshɔn¹ 仓₂ tshaːŋ¹
藏	θɔːŋ⁴²	藏₁ tshɔŋ² 藏₂ tsɔŋ²
装	tɕɔːŋ⁴²	tsɔŋ¹
霜	ɕɔːŋ⁴²	sɔŋ¹
国	kɔːŋ⁴²	kuoʔ⁷
更 计时单位	tɕɛːŋ⁴²	kɛŋ¹
撑	ɖɛːŋ⁴²	撑₁撑伞 tshɛŋ⁵ 撑₂撑船 tsaːŋ³
梗	gɛːŋ³⁵	kuɛŋ³
影	ɛːŋ⁵³	ɛŋ³
映	ɛːŋ⁵⁵	ɛŋ³
公	koŋ⁴²	公₁ koŋ¹ 公₂鸡公 kɔŋ⁵
枫	pwoŋ⁴²	puəŋ¹
傍	pwoŋ⁴²	paːŋ²
兄	viŋ⁴²	hioŋ¹
星	θiŋ⁴²	fiŋ¹
清	θiŋ⁴²	tshiŋ¹
房	puŋ⁴²	房₁ puŋ² 房₂ faːŋ²
蜂	phuŋ⁴²	puəŋ¹
通	tuŋ⁴²	thoŋ¹
笼	luŋ⁴²	loŋ²
送	θuŋ³⁵	送₁ fuŋ⁵ 送₂ soŋ⁵
尚	tɕuŋ¹¹	saŋ⁵
腊	laːp¹¹	laːp⁸
杂	θaːp¹¹	tsəp⁸
入	ȵiep⁴²	juoʔ⁸
搭	tat¹¹	taːp⁷
发	pet⁴²	发₁ put⁷ 发₂ faːt⁷
挖	vet⁴²	wet⁷
七	θiet⁴²	tshiet⁷
活	vuət¹¹	hɔ²

(2) 只见于《盘王大歌》的词（按借词韵母读音排列）：

ı	紫₁ 紫云 tsŋ³ 紫₂ 紫微 tshŋ³ 辞₂ tshŋ² 司 厨司 sŋ¹ 士 sŋ⁵ 似 sŋ⁵ 拾 sŋ⁶
a	抗 ka¹ 卡 kha³ 衙 na² 蚂 ma² 拿 na² 纳 na² 琶 pha² 纱 sa¹ 酢 tsa³ 差 tsha¹ 叉 动词 tsha¹ 叉 不出叉 tsha⁵ 獭 tha²
ai	批₁ phai¹ 眉₁ mai² 小（细）fai⁵ 啼 tai² 蹄 tai² 犀 犀牛 tsai² 迟 tsai² 豺 tsai:² 婆（妻）tshai¹ 差 tshai¹ 事 dzai⁶
a:i	牌 pa:i² 败 pa:i⁶ 埋 ma:i² 坏 wa:i⁵ 胎 tha:i¹ 泰 tha:i⁵ 抬₂ 抬头 tha:i² 奶 na:i³ 栽 tsa:i¹ 斋 tsa:i¹ 寨 tsa:i⁶ 干 ga:i¹ 埃（挨）ŋa:i¹ 哀 ŋa:i¹
au	更₁ 副词 kau² 勾 kau¹ 扣 khau⁵ 牛₂ ŋau² 皱 ŋau⁵ 勾 ŋau¹ 钩 ŋau¹ 挠₁ 挠子抢 nau⁴ 斗 北斗、量词 tau³ 斗 动词 tau⁵
a:u	毛 ma:u² 貌 ma:u⁵ 淘 tha:u² 撩₁ la:u¹ 牢 动词 la:u² 数 动词 sa:u³ 扫 sa:u³ 嫂 sa:u³ 巧 tɕha:u³ 遥₂ ja:u² 祅 ŋa:u³ 号 ha:u⁵
am	堪 kham⁵
a:m	胆 ta:m³ 贪 tha:m¹ 南 na:m² 男 na:m² 钗（簪）tsa:m¹ 钻 tsa:m² 蚕 tsa:m² 惭 tsa:m² 淡 tsa:m³ 含 ha:m²
an	屯（吨）tan⁶ 振 dan⁶ 程 tsan⁶ 阵 tsan⁶ 征 tsan⁶ 核（仁）ŋan²
a:n	攀 pha:n¹ 反 fa:n³ 返 fa:n³ 伞₁ fa:n⁵ 丹 ta:n¹ 檀 tha:n² 淡 ta:n⁵ 弹₁ 弹子 ta:n⁶ 弹₂ ta:n² 蛋 ta:n⁶ 篮 la:n¹ 栏 la:n² 拦 la:n² 懒 la:n³ 斑₁ pa:n¹ 斑₂ pin¹ 伞₂ sa:n³ 斤 tɕa:n¹ 肝 ka:n¹ 寻（感）ka:n³ 杆 ka:n¹ 含 ha:n² 喊 ha:n³ 旱 ha:n⁴ 晏 a:n⁵
aŋ	攘 抗攘 naŋ¹ 磅 拟声词 phaŋ² 凳 taŋ⁵
a:ŋ	蚌 pa:ŋ¹ 崩₁ ba:ŋ¹ 箱₁ fa:ŋ¹ 场 ta:ŋ² 常 ta:ŋ² 腾 ta:ŋ² 梁₁ la:ŋ² 粮 la:ŋ² 狼 la:ŋ² 量 la:ŋ² 良 la:ŋ² 獐 tsa:ŋ¹ 丧 蒸 tsa:ŋ¹ 象 名词 tsa:ŋ⁴ 葬 tsa:ŋ⁵ 瓿 tsa:ŋ⁵ 匠 tsa:ŋ⁶ 商 商量 tsha:ŋ² 场₃ tsha:ŋ² 丧 sa:ŋ¹ 尝 sa:ŋ² 央 ja:ŋ¹ 岗 ka:ŋ¹ 钢 ka:ŋ² 缸₂ 酒缸 ka:ŋ¹ 康 kha:ŋ¹ 扛 kha:ŋ²
ap	垫 dap⁷ 笠 2lap⁸
a:p	鸭 a:p⁷ 峡 ha:p⁸ 答 ta:p⁷
at	织₁ dat⁷ 笔 pat⁷
a:t	墨 ma:t⁸ 法 fa:t⁷ 割 ka:t⁷
aʔ	北 paʔ⁷ 直₁ tsaʔ⁸ 差 tshaʔ⁷ 贼 tsaʔ⁸
ei	被 pei⁵ 悲 pei¹ 佩 phei¹ 眉₂ mei² 迷 mei² 非 fei¹ 啡 fei¹ 梓 tei² 第 tei² 堆 tei¹ 笠₃ lei² 垒₃ lei³ 粒 lei² 璃 lei² 肋 lei² 狸 lei² 磊 lei³ 俐 lei⁶ 阑 lei⁶ 痴 tsei¹ 词₁ tsei² 辞₁ tsei² 鹩₁ 指 tsei³ 造（置）tsei⁵ 舍（坍）tsei⁵ 词₂ dzei¹ 喜 hei³ 易 hei⁶ 箕 簸箕 tɕei¹ 计₁ tɕei⁵ 依 ei¹ 忆₁ ei⁵ 儿 ei³
em	认 nem⁶ 沉 tsem²
en	闲 hen² 贤 hen² 圆₂ jen²
ep	褶 dzep⁷ 峡（狭）hep⁸
et	湿 set⁷ 杀 set⁷ 色 set⁷
eʔ	昃 tseʔ⁷ 设₁ tseʔ⁷ 设₂ seʔ⁷
i	琵 phi¹ 鹩₂ tsi² 释 释迦 si⁶ 媳 si⁶ 计₂ 计较 tɕi⁵ 直₂ tɕhi⁵ 欺 tɕhi¹ 如₁ i² 芋 i⁵ 玉 i⁵ 异 i⁵ 忆₂ i⁵ 蚁 ȵi³
iʔ	锡₁ fiʔ⁷ 笛 tiʔ⁸ 赤 tsiʔ⁸ 织₂ tshiʔ⁷ 锡₂ siʔ⁸ 麒 麒麟 tɕhiʔ⁸
ia	厦 hia³ 亚 jia¹ 牙 ȵia² 虾 tɕhia² 迦 释迦 tɕia¹ 枷 tɕia¹ 假 tɕia³ 嫁 tɕia⁵ 价 tɕia⁵
iai	鸡 tɕiai¹
iam	减 tɕiam³
ia:n	筋 tɕia:n¹

ia:ŋ	樟 tsia:ŋ¹ 梁₂lia:ŋ² 浆₂tsia:ŋ² 称名词 dzian⁵ 箱₂ sia:ŋ¹ 相₁相公 sia:ŋ⁵ 相₂ sia:ŋ⁵ 宽（广）tɕian³ 强 tɕhia:ŋ² 走 jian²
iap	挟 dziap⁷
ia:u	渺 mia:u¹ 燎 lia:u² 鹩鸦鹩 lia:u² 撩₂lia:u² 告 tɕia:u⁵ 较 tɕia:u⁵ 教 dzia:u⁵ 叫（教）dzia:u⁵ 孝 hia:u⁵
ie	野 hie² 惹 ȵie⁴ 气 tɕhie⁵ 尿 tɕie² 茄 tɕie² 斜 tshie⁵ 且 tsie³ 者 tsie³ 鹧₄tsie⁵ 抵 tie³
ieʔ	薄 pieʔ⁸ 织₃tsieʔ⁷ 识 tsieʔ⁷ 绩 tsieʔ⁷ 黑 tɕieʔ⁷
iei	居 tɕiei¹ 机 tɕiei¹ 骑 tɕiei² 奇 tɕiei² 旗 tɕiei² 纪 tɕiei³
iem	邻₁liem² 寻₂tsiem² 侵 tsiem⁵ 浸 tsiem⁵ 锦 tɕiem³ 阴 jiem¹
ien	扁 pien³ 片 phien² 伶₂lien² 镰 lien² 珍 tsien¹ 剪 tsien³ 贱 tshien³ 犬₁tɕhien³ 棺 tɕien² 苋 hien⁵ 鹧 hien² 阉 jien² 猿 jien² 檐 jien² 盐₂jien² 碗 jien³ 引 jien⁴ 印 jien⁵
iep	笠₁liep⁸
iet	泼 phiet⁷ 实 tsiet⁸
iɛ	鳖 piɛ⁶ 蝶 tiɛ⁶
iɛʔ	蔑 miɛʔ⁸ 猎₂liɛʔ⁸
im	添₂thim¹ 粘 tsim¹ 寻₁tsim²
in	鞭 pin¹ 篇 phin¹ 品 phin³ 添₁thin¹ 颠 din¹ 先 fin¹ 麟 lin² 玲 lin² 伶₁lin² 邻₂lin² 炼 lin⁶ 练 lin⁶ 尘₁tshin² 煎 tsin¹ 饯 tsin² 颈₂tɕin¹ 巾₂tɕin¹ 敬 tɕin⁵ 迎 ȵin² 巾₁kin¹ 颈₁kin³ 殄 kin³ 兴 hin¹ 因 in¹ 莺 in¹
iŋ	钉 tiŋ¹ 锭 tiŋ¹ 廷 tiŋ² 厅 thiŋ¹ 顶 niŋ³ 铃 liŋ² 领 liŋ⁴ 吟 liŋ² 令₂liŋ² 令₁liŋ² 井 tsiŋ³ 静 tsiŋ⁴ 圣 siŋ⁵ 经₂tɕiŋ¹ 经₁kiŋ¹ 赢 hiŋ²
ip	揲 tip⁸ 牒 tip⁸ 腌 ip⁷ 盐₁ip⁸ 执 tsip⁷ 贴 thip⁷
it	失 tsit⁸
iou	浮 biou² 削 fiou¹ 秀秀才 fiou⁵ 扭 niou³ 琉 liou² 刘 liou² 球 tɕhiou² 求 tɕiou² 啾 tshiou¹ 羞 siou¹ 守 siou³ 主 tsiou³ 救 dziou⁵ 救 dziou⁵ 优 jiou¹ 由 jiou² 舅₂tɕiou⁵
ioŋ	胸₂hioŋ¹ 绒 jioŋ²
iu	漂 piu¹ 彪 piu¹ 瓢 piu² 表 piu³ 描 miu² 猫 miu¹ 消 fiu¹ 雕 tiu¹ 钓 tiu⁵ 跳 thiu⁵ 撩₃liu² 焦 tsiu¹ 蕉 tsiu¹ 锹 tshiu¹ 逍 siu¹ 鞘 siu¹ 笑 siu⁵ 搅 tɕiu³ 叫 tɕiu⁵ 蛟 kiu¹ 绕 hiu³ 叫 hiu⁶ 腰 iu¹ 鹞 iu¹ 遥₁jiu² 尧 jiu² 饶 jiu² 挠₂jiu²
iun	君 tɕiun¹ 完 jiun² 圆₁jiun²
iuəŋ	胸₁hiuəŋ¹
oi	抬₁抬头 toi² 碓 toi⁵ 才秀才 tsoi² 财 tsoi² 载 tsoi⁴ 材 dzoi² 拗（爱）oi⁵
ou	占（卜）占卦 bou³ 赌 dou² 埠 fou² 虎 hou³ 许 hou² 姑 kou¹ 牯 kou² 狗 kou³ 鼓 kou³ 苟 kou³ 顾 kou⁵ 喽 lou² 芦 lou² 露 lou⁶ 漏 lou⁶ 母 mou⁴ 亩 mou⁴ 雾₁mou⁵ 偶 ŋou³ 弩 nou⁶ 捕 phou³ 斧 pou³ 部 pou⁶ 乔₁tɕou² 舅₁tɕou⁶ 蛛 tsou¹ 蟆（蜍）tsou² 数无沙数 sou⁵ 作（做）tsou⁵ 柱 tsou⁶ 箸 tsou⁶ 偷₁thou¹ 菟 tou¹ 镀 tou⁶ 丘 dzou¹
om	枕 dzom² 臼 khom³
op	蛤 kop⁷
oŋ	鹏 phoŋ² 彭 phoŋ² 朋 phoŋ² 篷 phoŋ² 朦 moŋ² 猛 moŋ³ 冬 toŋ¹ 桐 toŋ² 童 toŋ² 动 toŋ⁴ 冻 toŋ⁵ 栋 toŋ⁵ 洞 toŋ⁶ 桶 thoŋ³ 浓 noŋ² 拢 loŋ² 珑 loŋ² 隆₁loŋ² 隆₂loŋ¹ 胧 loŋ² 使（用）loŋ⁶ 拱 koŋ³ 容 joŋ² 勇 joŋ³ 榕₂joŋ² 从₁tsoŋ² 崇人名 tsoŋ² 状 tsoŋ⁶ 葱 tshoŋ¹ 冲名词 tshoŋ¹ 宠 tshoŋ² 从₂tshoŋ² 枪（铳）tshoŋ⁵ 牛₁ŋoŋ² 翁 oŋ¹ 瓮 oŋ⁵

ɔ	波 $pɔ^1$ 钵 $pɔ^1$ 泼 拟声词 $phɔ^2$ 婆 $phɔ^2$ 糯$_1$ $nɔ^6$ 糯$_2$ $nɔ^5$ 骡 $lɔ^2$ 筛 $lɔ^2$ 罗 $lɔ^2$ 锣 $lɔ^2$ 箩 $lɔ^2$ 萝 $lɔ^2$ 裹$_2$ $kɔ^3$ 果 $kɔ^3$ 和 $hɔ^2$ 荷 $hɔ^2$ 鹤 $ŋɔ^2$ 鹅 $ŋɔ^2$ 我 $ŋɔ^4$ 饿 $ŋɔ^6$ 陀 带 $tɔ^2$ 砣 $tɔ^2$ 朵$_1$ $tɔ^3$ 拖 $thɔ^1$ 陀 丝绒陀 $thɔ^2$ 昨 $tsɔ^6$ 唆 $sɔ^1$ 娑 $sɔ^1$ 蓑 $sɔ^2$ 所 $sɔ^3$ 窝 $ɔ^1$ 凹 $ɔ^1$
ɔʔ	朵$_2$ $tsɔʔ^7$ 取 $tsɔʔ^7$ 裹$_1$ $kɔʔ^7$ 勺 $khɔʔ^7$ 壳$_1$ $khɔʔ^7$
ɔn	卵 $lɔn^3$ 案 $ɔn^5$
ɔŋ	巷 $hɔŋ^6$ 榜 $pɔŋ^3$ 唐 $tɔŋ^2$ 荡 $thɔŋ^1$ 螂 $lɔŋ^2$ 床$_1$ $tsɔŋ^2$ 床$_2$ $tshɔŋ^2$ 场 $tshɔŋ^2$ 缸 $kɔŋ^1$ 讲 $kɔŋ^3$ 降 降霜 $kɔŋ^5$
ɔp	鹤$_1$ $hɔp^8$
ɔt	擦 $sɔt^7$
ɛ	鹞$_3$ $tsɛ^5$ 扯 $tshɛ^3$
ɛʔ	北 北斗星 $pɛʔ^8$ 格$_2$ $kɛʔ^7$ 格$_1$ $gɛʔ^7$ 猎$_1$ $lɛʔ^8$ 宅$_1$ $tsɛʔ^7$ 泽 $tsɛʔ^7$ 策 $tshɛʔ^7$ 宅$_2$ $tshɛʔ^7$
ɛŋ	柄 $pɛŋ^1$ 兵 $pɛŋ^1$ 瓶 $pɛŋ^2$ 病 $pɛŋ^6$ 崩$_2$ $bɛŋ^6$ 横 $wɛŋ^6$ 铛 $tshɛŋ^1$ 争 $dzɛŋ^1$ 牲 $sɛŋ^2$ 颗 $sɛŋ^5$ 梁（桁）$hɛŋ^2$
ə	耳 $ə^3$
ən	坟 $fən^2$ 榭 $tsən^1$ 僧 $tsən^1$ 尊 $tsən^1$ 赠 $tsən^5$ 尘 $tshən^2$ 孙$_3$ $sən^1$ 更$_2$ $kən^5$ 坑 $khən^1$
u	妇 fu^5 道 tu^4 讨 thu^3 庐 lu^2 牢 牢房 lu^2 鲁 lu^3 涝 lu^6 驴$_2$ lu^2 补 pu^3 鹿$_2$ lu^2 保 pu^3 猪 tsu^1 嘈 tsu^2 祖 tsu^3 侏 tsu^4 厨 厨司 $tshu^2$ 醋 $tshu^5$ 须 su^1 梳 su^1 咕 ku^1 笛 ku^1 蝴 hu^2 野（狐）hu^2 壶 hu^2 后 hu^4 湖 hu^2 葫 hu^2 武 u^3
uʔ	福 fu^8 付 fu^8 底（豚）到底 $duʔ^7$ 独 $duʔ^8$ 凿$_1$ $tsuʔ^7$ 凿$_2$ $tsuʔ^8$ 使（着）$tsuʔ^8$ 触 $tsuʔ^8$ 栗$_1$（粟）$tsuʔ^7$ 谷 $tshuʔ^7$ 栗 $suʔ^8$ 栗$_2$（粟）$suʔ^7$ 骨$_2$ $kuʔ^7$ 壳$_2$ $khuʔ^7$ 哭 $khuʔ^7$
ua	卦 kua^5 瓜 kua^1 划 hua^5
uai	怪 $kuai^5$
uaːi	块 $khuaːi^3$ 快 $khuaːi^5$ 乖 $kuaːi^1$ 怀 $huaːi^2$ 拐 $kuaːi^3$ 巍 $ŋuaːi^2$
uan	冠 $guan^1$
uaŋ	邝 $khuaŋ^5$
uaːŋ	庄 $tsuaːŋ^1$ 荒 $huaːŋ^2$
uei	位 $wuei^6$ 齿（嘴）$tsuei^3$ 捶 $tsuei^2$ 槌 $tsuei^2$ 醉 $tsuei^5$ 垂 $suei^2$ 谁 $suei^2$ 输 $suei^1$ 碎 $suei^5$ 归 $kuei^1$ 龟 $kuei^1$ 灰$_2$ $huei^1$ 魁 $khuei^2$ 盔 $huei^1$
uen	院 $guen^6$ 湾 $ŋuen^1$
uet	刮 $kuet^7$
ui	批$_2$ pui^3 媒 mui^2 煤 mui^2 吠 fui^5 堆 dui^1 垒$_1$ lui^3 灰$_1$ hui^1 垒$_2$ lui^4 罪 $tsui^4$ 炊 $tshui^1$ 嘴 $dzui^2$ 顺$_2$ sui^3
uin	远 $wuin^4$ 劝 $khuin^5$
un	盆 pun^2 给（分）pun^1 把（分）pun^1 让（分）pun^1 孙$_1$ fun^1 论 lun^6 专 $tsun^1$ 准 $tsun^3$ 寸 $tshun^5$ 顺$_1$ sun^5 巡 sun^2 闩 sun^1 裙 $tɕun^2$ 愿 nun^6 贯 量词 kun^5
uo	帽$_1$ muo^4 帽$_2$ muo^6
uoʔ	父 $phuoʔ^8$ 袱 $fuoʔ^8$ 复 $fuoʔ^7$ 缚 $fuoʔ^7$ 扶 $fuoʔ^7$ 驴$_1$ $luoʔ^8$ 鹿$_1$ $luoʔ^8$ 绿 $luoʔ^8$ 禄 $luoʔ^8$ 足 $tsuoʔ^7$ 熟 $tsuoʔ^8$ 叔 $suoʔ^7$ 宿 $suoʔ^7$ 雪 $suoʔ^7$ 说 $suoʔ^7$ 栗$_3$ $suoʔ^8$ 阔 $tɕhuoʔ^8$ 物 $wuoʔ^8$ 欲 $juoʔ^8$ 约 $juoʔ^8$ 育 $juoʔ^8$ 狱 $juoʔ^8$ 肉 $juoʔ^8$ 如$_2$ $juoʔ^8$
iuoʔ	血 $hiuoʔ^8$
uon	粉 $buon^3$ 轮 $luon^2$ 抢 $luon^2$ 全 $tshuon^2$ 弦 $suon^2$ 孙$_2$ $suon^1$ 棍 $kuon^5$ 坤 $khuon^1$ 犬$_2$ $tɕhuon^3$ 绢 $tɕuon^5$ 原 $ȵuon^2$ 昏 $huon^1$ 婚 $huon^1$ 棺 $wuon^5$
uot	扫（拂）$phuot^7$ 除 $tshuot^7$
uŋ	王 $huŋ^2$ 皇 $huŋ^2$ 榕 $juŋ^2$ 羊 $juŋ^2$
uəŋ	峰 $puəŋ^3$ 碰 $puəŋ^2$ 弓 $tɕuəŋ^1$ 壅 $juəŋ^1$ 榕$_1$ $juəŋ^2$
ut	骨$_1$ kut^7 脱$_1$ $thut^7$ 脱$_2$ dut^7

本章参考文献

陈子艾　1982　《〈粤风续九〉与〈粤风〉的搜集传播与研究》,《民间文艺集刊》第 2 集。

广西壮族自治区编辑组　1984　《广西瑶族社会历史调查》第一、二册,广西民族出版社。

H.C.珀内尔　1970—1974　《"优勉"瑶民间歌谣的韵律结构》,载《瑶族研究论文集》,民族出版社 1988。

马学良主编　1991　《汉藏语概论》(上、下),北京大学出版社。

盘承乾　1993　《盘王大歌》,天津古籍出版社。

———　1994　《〈盘王大歌〉研究》,《新亚学术集刊》第 12 期"瑶族研究专辑"。

盘美花　1999　《〈粤风·瑶歌〉属性考》,《广西语言研究》,广西师范大学出版社。

———　2000　《贺州本地话考察报告》,《广西民族学院学报》"人类学研究专辑"。

舒化龙　1992　《现代瑶语研究》,广西民族出版社。

唐　纳　1973　《瑶语勉方言中汉语借词的层次》(贺嘉善译),载《汉藏语系语言学论文选译》,中国社会科学院民族研究所编印 1980。

王辅世　毛宗武　1995　《苗瑶语古音构拟》,中国社会科学出版社。

邢公畹　1999　《汉台语比较手册》,商务印书馆。

赵元任　1930　《广西瑶歌记音》,中研院历史语言研究所单刊。

中央民族学院苗瑶语研究室　1987　《苗瑶语方言词汇集》,中央民族学院出版社。

第十一章　汉语对柘山瑶语词汇系统的影响

汉语对柘山瑶语词汇系统的影响体现在两个方面：一方面，大批的汉语借词进入瑶语，成为瑶语词汇中的有机组成部分，其中有些借词还可以作为构词成分，不断地与其他成分组合构成新词，使瑶语的词汇不断得以丰富；另一方面，汉语词的结构方式也影响到瑶语词语的结构方式，如瑶语原有修饰关系的合成词里，名语素与形语素组合时，一般都是"名＋形"的词序，由于受汉语的影响也产生了"形＋名"词序的合成词。

11.1　柘山瑶语吸收汉语词语的方式

11.1.1　全借

全借是指音义整个搬借汉语的词。从音节数量上看，采用全借方式借用的词有单音节词、双音节词、多音节词。三音节以上的词语多见于动、植物名称，或者内容多与政治和经济联系紧密的现代汉语借词。早期的借词多是单音节、双音节词，三音节以上的词语较少。例如：

单音节：lu² 牢（房）　　dziaŋ⁵ 秤　　kiu³ 搞　　ŋat⁸ 挈　　khou³ 苦　　wiaŋ² 黄

双音节：iaŋ² mui² 杨梅　　kam¹⁻² tsie⁵ 甘蔗　　ta³ pen⁶ 打扮　　tu⁴⁻² lei⁴ 道理
　　　　　杨　梅　　　　　甘　蔗　　　　　　打　扮　　　　　道　理

　　　　noŋ² min² 农民　　tsi⁶ ki⁶ 积极
　　　　　农　民　　　　　积　极

三音节：tshiet⁸ lei⁴ gyaŋ¹ 七里光　　ŋɔ⁶ ma⁶ huŋ² 饿蚂蝗　　foŋ¹ hɔ² kuei⁵ 枫荷桂
　　　　　七　里　光　　　　　　饿　蚂　蝗　　　　　　枫　荷　桂

　　　　thɔ¹ la¹ ki¹ 拖拉机　　hɔ² tsɔ⁶ sɛ⁵ 合作社
　　　　　拖　拉　机　　　　　合　作　社

四音节：in² min² koŋ¹ tsie⁴ 人民公社
　　　　　人　民　公　社

汉语词借入瑶语后，在理论上当作单纯词。如"打扮"ta³ pen⁶ 整体是一个语素，不能再作结构分析，属于单纯词。但有一些比较特殊的词，如"白糖"pe⁸ tɔŋ²，它的语音和结构都是借自汉语的,而构成要素"白"pɛ⁸和"糖"tɔŋ²又可分别与其他的语素构词,具有构词能力,因此"白糖"究竟归复合词还是单纯词不好断定,暂拟作特殊的一类。类似的还有"墨盘"mat⁸pun²。

11.1.2 半借

按半借方式借入的词有三大表现形式:第一,无论是汉结构还是瑶结构,语素都是半汉半瑶;第二,结构是瑶,语素为汉,反之,结构是汉,语素为瑶;第三,词语中部分采取同音义译,其他是汉借语素或瑶语素。

(一)结构是汉语的,语素一半是汉语,一半是瑶语

(1)汉语词是由两个语素或多个语素构成的合成词,瑶语借入时半作音译,半作意译。这种类型占绝大多数。如:

mui² mien² 媒人　　　　kɛŋ² tɔi² 对联　　　　ei³·² tən¹ 小椅儿
媒　人　　　　　　　门　对　　　　　　椅　崽

说明:mui² mien², mui²是汉语素,mien²是瑶语素;kɛŋ² tɔi², kɛŋ²是瑶语素,tɔi²是汉语素;ei³·² tən¹, ei³是汉语素,tən¹是瑶语素。

tsoŋ² pɛ⁸ diaŋ⁵ 松柏树　　phu² muə⁸ diaŋ⁵ 枫树　　uəm¹·² tsiŋ³ uəm¹ 井水
松　柏　树　　　　　　枫　木　树　　　　　　水　井　水

tshoŋ⁵ piaŋ² sim¹ 绣花针　　tə² pou⁶ m̩ei¹ 豆腐藤
绣　花　针　　　　　　豆　腐　藤

说明:tsoŋ² pɛ⁸ diaŋ⁵, tsoŋ² pɛ⁸是汉语素,diaŋ⁵是瑶语素;phu² muə⁸ diaŋ⁵, phu² muə⁸是汉语素,diaŋ⁵是瑶语素;uəm¹·² tsiŋ³ uəm¹, tsiŋ³是汉语素,uəm¹是瑶语素;tshoŋ⁵ piaŋ² sim¹, sim¹是汉语素,tshoŋ⁵ piaŋ²是瑶语素;tə² pou⁶ m̩ei¹, tə² pou⁶是汉语素,m̩ei¹是瑶语素。

过去瑶语研究者把"枫树""井水"当作加注借的例子,实际上当地汉语就称"枫树"为"枫木树",称"井水"为"水井水",瑶语只是照译而不是加注,因此应归为这种类型。

有些词被借入后,在类属或基本特征的归类上异于借方词语,如:

例1: ap⁷·⁸ tsau⁵ mie³ 鸭脚菜　　说明:汉族归到"菜"类,瑶人归 mie³"草"类
　　　鸭　脚　草

例2: tə² pou⁶ diaŋ⁵ 豆腐柴　　说明:汉族归到"柴"类,瑶人归到 diaŋ⁵"树"类
　　　豆　腐　树

例3: foŋ² tsie⁵ gim³ 桑柘木　　说明:汉族归到"木"类,瑶族归到 gim³"刺"类
　　　桑　柘　刺

而有一些汉语词,瑶语只译部分音节,如汉语词"椿芽树",瑶语译作 tshun² diaŋ⁵"椿树"。

(2)对汉语词全部翻译,再加上瑶语表示类属或基本特征的语素。如:

sui³·² ŋian² uəm¹ 水银
水　银　水

有些词在汉语里本已有表示类属的语素,借进瑶语后又叠加上一个瑶语同义的语素:

ioŋ² tsou⁶ diaŋ⁵ 榕树　　kə² taŋ² mei¹ 葛麻藤　　wiaŋ² taŋ² mei¹ 黄钻　　taŋ¹·² tshu³ mie³ 灯草
榕　树　树　　　葛　藤　藤　　　　黄　藤　藤　　　　灯　草　草

（二）结构是瑶语的,语素一半是汉语,一半是瑶语

(1) 表示类属的语素 ɬau³ "竹"、piou³ "果"、lai¹ "菜"等居于修饰语前。如:

ɬau³·² tan¹ 单竹　　piou³·² kan¹ 柑子（果）　　lai¹·² kai⁵ 芥菜　　hie² lai¹·² kien² 野芹菜
竹　单　　　　果　柑　　　　　　菜　芥　　　　　野　菜　芹

(2) 表示颜色、味道、毛、刺的修饰语素放在中心语后,如:

lai¹·² pɛ⁸ 白菜　　　　bai⁶ kam¹ 甜笋　　　　fun⁵·² pien² pei¹ 毛算盘 草药
菜　白　　　　　　笋　甘　　　　　　算　盘　毛

puəŋ¹·² muə⁸ gim³ 刺枫树　　wiaŋ² lin² gim³ 刺黄莲
枫　树　刺　　　　　　黄　莲　刺

(3) 对汉语词采取部分音译,再加上瑶语表示类属的语素。

1) 原词在汉语里是单纯词,取单纯词的一个音节。如:

葡萄:piou³ + 萄→piou³ thau² 葡萄　　　　枇杷:piou³·² + 杷→piou³·² pa² 枇杷
萝菔:lai¹·² + 菔→lai¹·² pa⁸ 萝卜　　　　蒲达:kua¹ + 达→kua¹·² tat⁸ 苦瓜
艾:lai¹ + 艾→lai¹·² ŋoi⁶ 艾蒿　　　　　鱼鯔/虞刺①:lai¹ + 鯔/刺→lai¹·² dzei⁵ 丝瓜

2) 原词在汉语里是合成词,取合成词的部分语素。如:

原词是派生词:柿子:piou³·² + 柿→piou³·² tsai⁴　　柚子:piou³·² + 柚→piou³·² iou⁵
原词是复合词:莲藕:lai¹ + 藕→lai¹·² ou³　　算盘子:算盘 + diaŋ⁵→fun⁵ pien² diaŋ⁵

有些汉语的三音节词,瑶语译作双音节词:

suŋ¹·² kie⁷ 黑心姜　　　tshiou² si⁷ 红绸树　　　lai¹·² mai³ 苦荬菜
姜　黑　　　　　　绸　赤　　　　　　菜　荬

（三）结构是并列式,前项是本族语素,后项是同义的汉借语素

这种类型只有少数几个:

ɬa⁵ ŋie⁸ 月份　　说明:ɬa⁵ 是瑶语本族语素"月",ŋie⁸ 是汉借语素"月"
月　月

meŋ² buə⁵ 名字　　说明:buə⁵ 是瑶语本族语素"名",meŋ² 是汉借语素"名"
名　名

nɔi¹ ŋie⁸ 日子　　说明:nɔi¹ 是瑶语本族语素"日",ŋie⁸ 是汉借语素"日"
日　日

（四）结构是瑶语的,语素全是汉语的

---

① 丝瓜,明·李时珍《本草纲目·菜三·丝瓜》:"昔人谓之鱼鯔,或云虞刺。始自南方来,故曰蛮瓜。"

tsin² pai² 排钱草　　　　kua¹·² wiaŋ² 黄瓜　　　　tsa² kam¹ 甜茶　　　　siou² pɛ⁸ 白绸树
钱　排　　　　　　　　瓜　黄　　　　　　　　茶　甘　　　　　　　　绸　白
u² kiou² si⁷ 红乌桕草药　　　　fei² fin⁵ si⁷ 红丝线草药
乌桕　赤　　　　　　　　　丝线　赤

其中"白绸树"没有把"树"译出来。

（五）结构是汉语的，语素是瑶语的

ɬie⁷·⁸ kau³ 铁路　　　　tou⁴·² kau³ 防火道　　　　tuŋ⁴·² pei⁴ lai¹ 猪婆菜
铁　路　　　　　　　　火　路　　　　　　　　　　猪　母　菜

（六）词语中部分同音借用，其他是汉借语素或瑶语素

这种借用方式使用不普遍，不是借词的主要方式，但可看出瑶语受汉语影响的深刻，有两种类型：

(1) 同音义译。即：汉₁ 同音 汉₂ ←——义译—— 瑶语（或汉语借词）

例如：益 = 鱼 ←——义译—— 瑶语 bau⁴ "鱼"

洪 = 红 ←——义译—— 瑶语汉语借词 si⁷ "赤"

bau⁴ ŋiei⁴ mie³ 益母草　　　　tə² pou⁶ buŋ⁶ 豆腐乳　　　　lu⁶ si⁷ 洪水
鱼　母　草　　　　　　　　豆　腐　雨　　　　　　　　涝　赤

例1，瑶语本语词 bau⁴ 义与汉语的"鱼"相当，有些汉语方言区把"鱼"读成齐齿呼，与"益"同音，因此，益母草 = 鱼母草。

例2，瑶语本语词 buŋ⁶ 义与汉语的"雨"相当，当地汉语方言"雨""乳"同音，因此，豆腐乳 = 豆腐雨。

例3，瑶语汉语借词 si⁷ "赤"（红色）义与汉语的"红"相当，汉语"红""洪"同音，因此，"红水" = "洪水"。

(2) 同音音译。即：汉₁ 同音 汉₂ ←——音译—— 瑶语汉借词

例如：矾 同音 饭 ←——音译—— 瑶语汉借词 pen⁶ "饭"

pɛ⁸ pen⁶ diaŋ⁵ 白矾木　　　　luə⁸ ti⁸ ɬau³ 芦笛竹（即芦苇）
白　饭　树　　　　　　　　六　笛　竹

例1，瑶语汉借词 pen⁶ 音义与汉语的"饭"相当。这种树的嫩叶、嫩皮、果都能掐出白浆，似白矾一样白，汉族称为"白矾树"。由于音近，瑶人人讹"矾"成"饭"。因此，白矾木 = 白饭木。

例2，瑶语 luə⁸ 是瑶语借自粤方言的数词"六"。当地西南官话把"芦苇"称作"楼梯竹"或"芦笛竹"。由于当地西南官话"六""芦"同音，瑶人便把"芦"当成"六"，因此，芦笛竹 = 六笛竹。

不同时期借入的借词可并存使用，如：

柑子：piou³kan¹　　　人民：mien²man²　　　开会：gɔi¹ui⁶
　　　　kam¹tsai³　　　　　　in⁶min⁶　　　　　　　khɔi¹ui⁶

"柑子"和"人民"的第一个词是半借词（瑶＋汉），第二个词是全借词；"开会"都是全借词，gɔi¹早于khɔi¹。

以上的分析，仅能反映借用成分与固有成分之间的音义对应，不能完全展现借用成分与固有成分之间的结构关系。下面试从借入成分在词的结构方式中的表现进行讨论。

11.2 柘山瑶语里含有汉借语素的词的结构方式

11.2.1 分析框架

本节所采用的分析框架是在吸取了学术界有关构词的传统分析方法的合理成分基础上，纳入了语言学界的最新研究成果，特别是南开大学周荐教授有关复合词结构模式的研究成果、马庆株教授有关词缀的研究成果。周荐教授通过研究现代汉语双音节复合词发现，按照传统句法结构形式套用的六种复合词结构形式不能涵盖所有的复合词（周荐1994、2004）。有些结构关系特殊的复合词不能依此分析：有些语素是由语素递接组合在一起的，如"拆洗"；有些语素与语素的组合顺序与常式相反，如"宅院""冲喜"；有些纯属意合，难以用句法结构模式加以解释，如"天牛"。为此，他在传统六种方式的基础上，又提出"递续""逆序""意合"三种模式。我们对于复合词的构成方式分析采纳了他的观点。马庆株教授有关词缀的研究成果为我们鉴别瑶语的词缀提供了极好的理论指导（马庆株2002）。

为更好地了解瑶语里含有汉借语素的词的结构方式，下面先简要地介绍瑶语固有词的结构方式。

11.2.2 柘山瑶语固有词的结构方式

从词的构成方式看，可以分为单纯词和合成词两大类

11.2.2.1 单纯词

单音节：luŋ²天　　dzip⁷剪禾刀　　tai²来　　mun¹痛　　kun⁶肥　　nai³这里
双音节：（1）非叠音词：
　　　　lu²khu⁷忘记　　　　　ku³kuei¹布谷鸟
　　　（2）叠音词
　　　　ŋuŋ¹·³ŋuŋ¹袅袅　　　nui¹·³nui¹袅袅（专指焖烧出来的火烟）
　　　　buŋ¹buŋ¹(雨雪)霏霏　　gom⁶·³gom⁶喃喃自语

瑶语固有的实词，大部分是单音节词，许多单音节词还参与构词。

11.2.2.2 合成词

柘山瑶语固有的合成词的构成方式大体可分复合、派生两大类。

(一) 复合式

按词根与词根之间的关系又可分为联合式、修饰式、动宾式、主谓式、补充式、意合式，最主要的是修饰式。

(1) 联合式：puei⁵ gəm² 睡觉　　n̥aŋ⁵·² mei³ 饭粒　　kiuə² dzie⁴ 妯娌
　　　　　　　睡　睡　　　　　　饭　米　　　　　　伯母 叔母

(2) 修饰式：根据词序不同又分偏正式和正偏式。

偏正式：tou⁴·² biet⁸ 火焰　　　diaŋ⁵·² pu² lom² 鼠槽夹　　buŋ³·² fam³ 骨髓
　　　　　火　舌　　　　　　　树　猫　　　　　　　　骨头　髓

　　　　tou⁴·² pai⁵ diaŋ⁵ 山桐油　sap⁷·⁸ paŋ¹ mei¹ 九龙藤①　sap⁷·⁸ soŋ¹ ŋai⁵ 地侧柏②
　　　　火　把　树　　　　　　蝴蝶　藤　　　　　　　蚰蜒　蕨

　　　　mien² kiaŋ⁶ mien² 男人　mien² luei⁶ mien² 懒人
　　　　人　男人　人　　　　　人　懒　人

正偏式：uəm¹·² u⁵ 死水　　　puə⁴·² du⁷·⁸ tsiaŋ³ 食指　　mu² ku⁵ sui⁵ ɬu¹ 大叶海金沙
　　　　水　停滞　　　　　手　指　指　　　　　　奶奶 线 大

　　　　piou³·² ɬiaŋ³ 李子　　lai¹·² gai¹ 麻菜　　　　kɛŋ³·² bat⁸ 辣蚂拐
　　　　果　　　　　　　　菜　麻　　　　　　　　蛙　辣

　　　　kɛŋ³·² o̥ŋ¹ 蛙③　　　no⁸ tshiŋ¹ miŋ² 清明鸟④　　no⁸ pun² 鹌鹑
　　　　蛙　叫声　　　　　鸟　叫声　　　　　　　　鸟

在固有词里，通称 piou³ "果"、kɛŋ³ "蛙"、no⁸ "鸟"、ɬau³ "竹"、lai¹ "菜" 等都放在专称的前面，而 diaŋ⁵ "树"（除个别词）、mei¹ "藤"、mie³ "草" 等则在专称后。这种分化是瑶语支语言的特色，柘山瑶语同样也有反映。后一种显然是受汉语的影响，进行了结构的调整，因为苗语支语言都还基本上保持了通称在前专称在后的词序。

修饰式是柘山瑶语的主要构词方式，由以上例子可见修饰成分除了简单的形式外，还有结构很复杂的形式。其中偏正式的 ABA 式（A 是名词性语素、B 是形容词性语素）是最具特色的构词形式，它多用来构成表示各种性质的人的名词，此外还有零星几个与人无关的名词，如 luŋ² kioŋ³ luŋ² "冷天"。就连汉借语素也可以出现在这种格式，可参见其后的讨论。ABA 式都可以转换为 AB 式，有些词还能转为 BA 式，如："男人"可说 mien² kiaŋ⁶，不说 kiaŋ⁶ mien²，而"懒人" mien² luei⁶ 和 luei⁶ mien² 两可。从转换的可能性上看，把 ABA 式处理为偏正式要比重

---

① 叶子似蝴蝶。
② 蕨类，可治蚰蜒尿毒。
③ 这种蛙叫声 oŋ¹、o̥ŋ¹，不知它的汉名。
④ 这种鸟常叫唤"清明酒醉"，瑶人依声给它命名。

叠式构词好。这种结构形式比较古老的,在过去应该很发达,现在已经萎缩。

(3)动宾式:kha² luei⁶ 打哈欠　　　　fau⁵ kɛŋ² 入赘
　　　　　　　懒　　　　　　　　　上　门

(4)主谓式:kiai¹·² tən¹ paŋ³ 黄花倒水莲①草药　　pu² goŋ³·² khɛŋ⁵ 歪脖子
　　　　　　鸡　　崽　蜷缩　　　　　　　　　　　头　　歪

(5)补充式:muəŋ⁵ hai⁴ 听见
　　　　　　听　　听

补充式的固有词很少,目前只找到这一例。

(6)意合式:即复合词的构成成分之间的关系,不能用句法结构模式进行解释,它们纯属意合。如:

liaŋ⁵ liaŋ⁵ mɛŋ¹ 蝉　　　意义组合:叫声为"liaŋ⁵ liaŋ⁵",身体呈绿色的[昆虫]
叫声　　青

bɛŋ⁵·² paŋ³ 石苇　　　　意义组合:生长在岩石上,薯像人的横肝附在石上的[植物]
石　横肝

(二)派生式

柘山瑶语构成派生词的手段主要是在词根的前面或后面添加附加成分,即词缀。

(1)附加前缀式。柘山瑶语固有的前缀主要有 a¹、pu²、mu²、kə²、ka²、tom² "大"。

1)a¹ 出现的三种情况:第一种,加在部分形容词性语素前,构成名词,表示是某种类型的人,带戏谑色彩,如:a¹ kun⁶ "肥人"、a¹ ŋɔ⁵ "傻子";第二种,加在亲属称谓、人名等前面,构成称谓词,如:a¹ ku⁵ "奶奶"、a¹ iou⁴ "叔叔"(或者用作父亲的讳称)、a¹ tse³ "母亲"、a¹ tə⁶ "阿姐"、a¹ tshɛŋ⁵ (乳名,孩子出生时脐带绞颈,故得名);第三种,用于构成少数表示时间的词,如:a¹ hiŋ³ "等会儿"、a¹ khia³ kiaŋ¹ "刚才"。

2)pu²、mu² 分别附加在其他语素前构成名词,如:pu² nɔi¹ "太阳"、pu² goŋ⁵ "头"、pu² nɔm⁶ "耳朵"、pu² ŋiaŋ⁵ "去年"、mu² ku⁵ "奶奶",大部分词中的 pu² 可变读为 pə²,mu² ku⁵ 的 mu² 可变读为 ŋ⁵。

3)kə²(可能是 ka² 的变体)附加在其他语素前构成名词,方位名词如 kə² ŋai⁶ "上面"、kə² hiŋ³ gaŋ⁵ "后面",非方位名词如 kə² nai³ "东西"。kə² 还附加在其他语素构成少数几个形容词,如 kə² dzie⁵ "害怕"。

4)tom² 有比较实在的词汇意义,但不能独立运用,只是名词的一种标志。tom² 表示"大",如:tom² nau⁴ "大舅"、tom² sien¹ "老虎"、tom² naŋ¹ "蟒蛇"、tom² diaŋ⁵ 厚朴、tom² kɛŋ² "山蚂拐"。

有些带前缀的词与其他成分结合构成新词时,可以省掉前缀,如:mu² ku⁵ koŋ² "螳螂"也可以说成 ku⁵ koŋ²。

---

① 这种植物的花心长有一种东西,形似小鸡蜷缩在里面。

(2)附加后缀式。柘山瑶语固有的后缀只有 ŋiei⁴"母"和 tən¹"崽"(其他后缀基本上来自汉语,参见后面)。

ŋiei⁴ 表示动物雌性,如 tuŋ⁴·²ŋiei⁴"母猪"、pu²lom²ŋiei⁴"母猫"。

tən¹ 本指儿子,作词缀表小称,可用在表示人、动物、植物、日常用品、器具的名词性成分和数量词"(iet⁸)taŋ²(一)下"、"(iet⁸)tit⁷(一)点儿"后,使用频率高,如:puə⁴·²du⁷·⁸tən¹"小手指儿";bau⁴·²tən¹"小鱼儿"、nɔ⁸tən¹"小鸟儿";diaŋ⁵tən¹"小树儿"、fat⁷·⁸tən¹"(小)满天星";piet⁸tən¹"小木盆儿";(iet⁸)taŋ²tən¹"(一)下儿"、(iet⁸)tit⁷tən¹"(一)点儿"。

11.2.3 柘山瑶语中含有汉借语素的词的结构方式

11.2.3.1 单纯词

按音节的多少,又分单音节单纯词和多音节单纯词。这两类的借词都采用全借译的方式。可参见前面的举例。下面再举出一些例子:

单音节: hou⁶ 芋头　　luŋ⁴ 两　　iaŋ² 走　　mu³ 搞　　fai⁵ 小
　　　　　芋　　　　　两　　　　行　　　　舞　　　　细

双音节:fan² tsiu¹ 辣椒　　　　tɔŋ² lei² 棠梨　　　tsoŋ¹ ei⁵ 中意
　　　　番　椒　　　　　　　　棠　梨　　　　　　中　意

三音节:phu¹ tei⁶ giou⁵ 铺地锯草药　　ha² lou² tsa² 葫芦茶　　lu⁵ sȵ¹ niau³ 鸬鹚鸟
　　　　铺　地　锯　　　　　　　　　葫　芦　茶　　　　　　鸬　鹚　鸟

四音节:kiou² tshɔi⁵ ma⁸ tɔŋ¹ 韭菜麦冬草药　　　　sɛ⁵ huei⁵ tsy³ ŋi⁵
　　　　韭　菜　麦　冬　　　　　　　　　　　　　社　会　主　义

11.2.3.2 合成词

(一)复合式

复合式可分为联合式、修饰式、动宾式、主谓式、补充式、意合式,最主要的是修饰式。除了补充式外,每一种格式构成的词的数量要比纯粹由瑶语成分构成的固有词数量要多,可见汉借语素的渗透力极其强大。

(1)联合式:

1)由两个意义相同或相关的语素构成

　　ɬa⁵ ŋie⁸ 月月　　meŋ² buə⁵ 名字　　kɔŋ³ buə⁵ 告诉
　　月　月　　　　　　名　名　　　　　　讲　报

以上是意义相同的例子。

　　siaŋ¹·² kiei¹ 筛子　　nɔi¹ ŋie⁸ 日子　　lui¹·² hou⁵ 衣服　　mu² oŋ⁵ ɛŋ¹ 草鞋果
　　簸箕泥箕　　　　　　日　月　　　　　　衣　裤　　　　　　瓮　罂

以上是意义相关的例子。

2)由两个意义相反的成分构成

heŋ¹ nie̥³ 轻重　　　　ku⁵ lun⁵ 老少
轻　重　　　　　　　老　嫩

(2)修饰式：

1)偏正式

修饰成分简单的：

形+形：ban¹ pɛ⁸ 苍白　　　bop⁷ pɛ⁸ 雪白
　　　　惨白白　　　　　白好米的颜色白

名+名：buŋ⁶·² sui³ 露　　diaŋ⁵·² pen³ 木板　　dzu⁸ dzui² 刀伤口　　lai¹·² hun¹ 菜园
　　　　雨　水　　　　　树　板　　　　　刀　嘴　　　　　　菜　园

　　　　mu² ku⁵ kua¹ 茅瓜①　kə² taŋ² dɔi² 葛根　　ioŋ² tsou⁶ diaŋ⁵ 榕树　tsoŋ² pɛ⁷ diaŋ⁵ 松柏树
　　　　老奶奶 瓜　　　　　葛 藤 薯　　　　　榕 树 树　　　　松 柏 树

形+名：hie² dɔi² 野葛　　hie² ku³ 狼
　　　　野　薯　　　　野　狗

其中"形+形""形+名"类型少见。

修饰成分复杂的：

偏正结构+名：n̥aŋ⁵·² tsei² mie³ 车前草　　　　puəŋ¹ die¹ huŋ² 穿破石药
　　　　　　饭 匙 草　　　　　　　　　风 药 王

　　　　　　tuŋ⁴·² kaŋ² khu³ 肥肠　　　　　uəm¹·² tsiŋ³ uəm¹ 井水
　　　　　　猪 肠 口　　　　　　　　　　水 井 水

正偏结构+名：diaŋ⁵·² hu³ kiou¹ 灵芝　　　　ku³·² wiaŋ² ŋiai⁵ 金毛狗背草药②
　　　　　　树 腐 菇　　　　　　　　　狗 黄 蕨

动宾结构+名：fiu¹ gai³ tsoŋ² 蜣螂　　　　　dzun⁵ tei⁶ puəŋ¹ 透骨消③药
　　　　　　修 屎 虫　　　　　　　　　钻 地 风

主谓结构+名：luŋ² ɬɔŋ⁵ luŋ² 晴天　　　　　mien² kiom⁶ mien² 穷人
　　　　　　天 晴 天　　　　　　　　　人 穷 人

　　　　　　buŋ³·² beŋ¹ m̥ei¹ 破骨风④药　　kaŋ² kun³ pɛŋ⁶ 绞肠痧
　　　　　　骨 进 藤　　　　　　　　　肠 滚 病

2)正偏式

以名语素为正，其他为偏：

---

① 瓜圆，大若柚子，可食用。瑶山没有菜，老奶奶经常背着背篓去找它做菜，故名。
② 根部布满黄毛，似黄狗的头。
③ 藤的生长特点是往泥面钻，每节下有须。
④ 梗开裂又合起。生在山上、溪边。

修饰成分简单的：mɛ⁸ɬu⁷薏苡①　　die¹·²saŋ¹毛稔　　　nɔ⁸hua⁵mei²画眉鸟
　　　　　　　　麦　烫　　　　　药　伤　　　　　鸟　画　眉
　　　　　　　　buŋ³·²lun⁵脆骨　　au³·²kua³寡妇　　　tən¹·²tsip⁷养子
　　　　　　　　骨　嫩　　　　　妻子寡　　　　　崽　接
修饰成分复杂的，又分几类：
偏正结构＋名：kiai¹·²gai³tshiet⁷溏鸡屎　　ha¹·²die¹·²tsou⁶褐鞘沿阶草②
　　　　　　鸡　屎　漆　　　　　哮喘药　箬
偏正结构＋形：kiŋ¹·²die¹·²gyaŋ¹白马骨③药　　puaŋ¹²die¹·²wiaŋ²铜钻④药
　　　　　　惊　药　光　　　　　风　药　黄
　　　　　　die¹·²dzan⁵tsəp⁸清风藤之一
　　　　　　药　散　杂
偏正结构＋动：sa¹·²die¹·²fieu¹六月雪　　ha¹·²die¹·²nem⁵一枝香
　　　　　　痧　药　消　　　　　哮喘药　沾
　　　　　　puaŋ¹·²die¹·²ŋiau¹木通⑤药
　　　　　　风　药　挠
名＋主谓结构：he²pu²gəŋ³·²giu⁵翘头鞋
　　　　　　鞋　头　翘
名＋动宾结构：kiai¹tap⁸mat⁸裤子鸡　　kiai¹·²tsu⁷·⁸hou⁵仙鹤草⑥
　　　　　　鸡　穿　袜　　　　　鸡　穿　裤
以形语素为正，其他成分为偏：
形＋形：wiaŋ²lun⁵浅黄　　wiaŋ⁵ku⁵橙色　　si⁷kie⁷深红色
　　　　黄　嫩　　　　　黄　老　　　　　赤　黑
后者一般说明前者的程度。
　　(3)动宾式：
　　1)所构成的词是名词。如：
seŋ¹·²dziau¹上山虎⑦药　　tɔi²mien¹对面　　put⁷ha¹感冒　　put⁷lat⁷癫痫
生　骚　　　　　　　对　脸　　　　发哮喘　　　发　癫痫
　　2)所构成的词是动词。如：

---

① 薏苡的种子皮很厚，在播种前必须用开水把皮烫裂，否则种子不能发芽。
② 生在水边，似竹叶菜，但梗立起，生得油亮，形似筷子。
③ 治小孩受惊后发高烧。用法：煮水洗澡。
④ 藤色比黄钻黄，黄似铜。
⑤ 藤本。叶子皱，每个节疤上有须，靠藤须缠住东西攀爬。近水生长。属风药和凉药。
⑥ 根有点毛，似鸡脚套上了裤子，故得名。
⑦ 剥皮很臭。

hit⁷khun⁵休息　　baŋ¹ku²ŋa⁴流产　　bɔ⁷u³武打　　tshaŋ³uən²招魂　　kye⁴sin¹起床、动身
歇　困　　　　　崩　小孩　　　　拍　武　　　抢　魂　　　　起　身

3）所构成的词是形容词。如：

huaŋ¹ŋiai³害羞、怕羞　　fui⁵kha⁷吃力、着力　　gie⁶mei³努力
慌　羞　　　　　　　　　费　力　　　　　　　下　米

（4）主谓式：这种格式前一语素很多是与人体器官有关的名语素，后一语素为形语素或动语素。有些合成词在意义上有所引申。

1）所构成的词为名词，其中名词所指对象多为植物、身体有缺陷的人。如：

植物名词：kɔn¹·²kien³地桃花①　　pu²kian¹·²ɬop⁸红杜仲②　　kan⁵·²tɔn¹kun⁶大叶金不换③
　　　　　根　紧　　　　　　　筋　缩　　　　　　　　　汉　崽　肥

称谓名词：dzui²peŋ⁵niou³歪嘴子　　tsau⁵·²pai¹瘸子　　pu²tsiŋ¹mεŋ²瞎子
　　　　　嘴　唇　扭　　　　　　脚　跛　　　　　　眼　睛　盲

其他：　　wie⁴·²giŋ⁵尿痛病　　gai³·²kεŋ¹hu³粪疮　　kyn²tau²tɔŋ⁵麻骨风④
　　　　　尿　禁　　　　　　　屎　虫　腐　　　　　裙　头　典当

gai³·²kεŋ¹hu³"粪疮"的 hu³ 在这里有使动的含义，即"使……坏"。

2）所构成的词为动词，这种类型比较少。如：

ŋiou³than¹分心　　　　muei⁶kie⁷妒忌
心　摊　　　　　　　　眼　黑

3）所构成的词为形容词。如：

tam³ɬu¹大胆　　kaŋ¹·²gat⁷口渴　　dzui²nie³沉默不语　　dzui²tsham³多嘴
胆　大　　　　颈　渴　　　　　　嘴　重　　　　　　　嘴　多

（5）补充式：

maŋ²puət⁸看见
看　见

补充式只见这一例

（6）意合式。这种类型多见于植物名称词。如：

lai¹·²die¹·²tsoŋ³一枝黄花　　nɔ⁸a¹tsou¹薏米　　ŋiai⁵·²kyət⁷·⁸bau⁴冷水蕨
菜　药　种　　　　　　　　鸟　乌　珠　　　　蕨　蕨　鱼

---

① 因根须长，生得紧实，难拔，故名。
② 筋拉长后，又往回缩。
③ 两层意思：(1)藤肥大，花欲开时似一颗米，处在叶和藤之间，好像一个小人站着；(2)将它蒸瘦肉给小孩吃，小孩快肥。
④ 指有人用围裙头贿赂知此药的人。

nau⁴·² kiuŋ¹ tuei³ 毛大丁草   muŋ⁴·² tsui⁶ si⁷ 美丽猕猴桃   bau² but⁸ puəŋ¹ 岩穴千里光
老 鼠 狲 尾   网   坠   赤   糯   米   风

说明：例1，能食用，又可药用，为避免绝迹要注意留种的[植物]；
　　　例2，乌鸦喜欢吃，果实呈珠子状的[植物]；
　　　例3，和着鱼一起煮味道很好的一种蕨菜；
　　　例4，竖起的花既似老鼠尾巴又似黄狲尾巴的[植物]；
　　　例5，藤子呈红颜色，纠结成网状，果实似鱼网的网坠的[植物]；
　　　例6，据说产妇用这棵草药熬好的药水洗澡，吃糯米就不会起风气的[植物]。

(二) 派生式

(1)汉语借词可与瑶语自身的词缀结合，构成派生词。如：
前加：
加 kə²-或 ka²-：kə² die³ 下面   ka² tsɔŋ¹ 岭
　　　　　　　　　　底   嶂

加 tom²-"大"：tom² tshoŋ⁵ 炮   tom² thoŋ³ 皇桶洗澡用   tom² thiŋ¹ 堂屋
　　　　　　　 大   铳   大   桶   大 厅

后加：
加-tɔn¹"崽"：taŋ⁵ tɔn¹ 小凳   lai⁵ tɔn¹ 小箩筐   ap⁷·⁸ tɔn¹ 小鸭   ma⁴·² tɔn¹ 马驹
　　　　　　　凳 崽   箩 崽   鸭 崽   马 崽

加-ŋiei⁴"母"：ap⁷ ŋiei⁴ 母鸭   ma⁴·² ŋiei⁴ 母马
　　　　　　　 鸭 母   马   母

(2)瑶语借用汉语方言的前缀和后缀，构成派生词。借用前缀 lu⁴"老"，与姓氏构成称谓名词。借用后缀 kou³"牯"、tsei⁶"牸"、kɔŋ¹"公"、kəŋ⁵"公"，这些词缀可与其他语素构成指物名词。kou³"牯"还与男人的乳名组成称谓名词，带贬义色彩。如：

加前缀：lu⁴·² pien²   lu⁴·² tsiu⁶
　　　　老 盘   老 赵

加后缀：ŋuŋ² kou³ 牛牯   pu² lom² tsei⁶ 未生育的母猫   kiai¹·² kɔŋ¹ 公鸡   kiai¹·² kəŋ⁵ 公鸡
　　　　牛   牯   猫   牸   鸡 公   鸡 公

　　　　a¹ tsiaŋ¹ kou³ 阿樟牯   a¹ sui³ kou³ 阿水牯   a¹ seŋ¹ kou³ 阿星牯
　　　　阿 樟 牯   阿 水 牯   阿 星 牯

周边方言的"子"尾，它只随全音译词搬借到瑶语里，不可分析，如 kiai¹ tsei³ "机器"，没有与其他语素产生新词的能力。

11.2.3.3 半借词、全部利用汉借语素构成的词归属问题

半借词、全部利用汉借语素构成的词在结构上的归属，即究竟是归单纯词，还是归合成词，过去的瑶语研究处理方式不合理。

舒化龙(1992)(方言点是镇中)把下列词当作多音节单纯词：

tɕen⁵·² put⁷·⁸ din¹ 疯子　　　tsoŋ² pɛ⁷ diaŋ⁵ 松柏树①　　　su² muo⁸ diaŋ⁵ 杉树

理由是最后一个音节有意义，可以独立使用，前面的音节都没有意义。

实际上，瑶语"疯子"一词的每一个音节都是有意义的，直译是"汉发癫"，瑶人按照自己的理解，把从汉语借入的词作为构词成分，组合成一个新的词。这是全部利用汉借语素构成的词，可以作结构分析，不同于全音译单纯词，应该归于主谓式复合词。

"松柏树"是半音译半意译型（汉语"松柏"＋瑶语"树"），"杉树"是完全音译加"类名"型（汉语"杉木"＋瑶语"树"），这都属于半借词。判别这种类型的词在结构上的归属，可以借鉴汉语学界对同类型汉语外来词的研究成果。刘叔新（1990）认为从词的结构看半音译词是一种特殊的复合词。周荐（1994：139）在研究汉语外来成分时，就指出"外语中的成分借进本语言后，除可成为单纯词，也可构成合成词和某种固定词组，有的甚至能够仅仅作为语素用于构词"。其中汉语半外来词的外来成分，他处理为粘着语素，如"啤酒"的"啤""特洛伊木马"的"特洛伊"。这些粘着语素与汉语语素一起构成合成词如"啤酒""特洛伊木马"。马庆株（2002）认为"啤酒"的"啤"表示基本义，把它看作"唯一分布的词根语素"。三位先生都不把半借词处理为单纯词。我们认为他们的论述很有道理，所以把瑶语中半借词也处理为复合词。我们认为，半借词中从汉语借进的外来成分虽不能独立使用，但是还表示基本意义，是词根语素。

半借词、全部利用汉借语素构成的词都归为复合词。

11.3　汉借成分在固定结构中的表现

汉借成分不仅参与构词，还在一些固定结构里出现。

(1) 要 A 不 A。A 是单音形容词、动词。如：

ɔi⁵ tsu⁸ mei³ tsu⁸ 要熟不熟　　　ɔi⁵ kam¹ mei³ kam¹ 要甜不甜
爱熟　不　熟　　　　　　　　　爱甜　不　甜

ɔi⁵ toŋ⁴ mei³ toŋ⁴ 要动不动　　　ɔi⁵ fie³ mei³ fie³ 要写不写
爱动　不　动　　　　　　　　　爱写　不　写

(2) 要 A 不 B。A、B 是相对的两个单音形容词或者动词，表示"不 A 不 B"。如：

ɔi⁵ ɬu¹ mei³ fai⁵ 要大不小　　　ɔi⁵ mau¹ mei³ ŋeŋ⁶ 要软不硬
爱大　不　细　　　　　　　　　爱软　不　硬

ɔi⁵ fau⁵ mei³ gie⁶ 要上不下
爱上　不　下

---

①　原书注"松树"，不正确，应为当地汉语方言称"松柏树"、书面语叫"柏树"的植物。

(3)就 A 就 B。A 和 B 是两个相关的单音动词,整个结构表示后一个动作紧接另一个动作,中间没有耽搁或阻碍,相当于"随 A 随 B""现 A 现 B"。如:

tsiou⁶ heu⁶ tsiou⁶ thau⁵ 就喊就到　　tsiou⁶ tshau³ tsiou⁶ ɲien⁶ 就炒就吃
就　嗥　就　到　　　　　就　炒　就　吃

tsiou⁶ nam³ tsiou⁶ fie³ 就想就写　　　tsiou⁶ miŋ⁶ tsiou⁶ dzuən⁵ 就去就回
就　想　就　写　　　　　就　去　就　转

(4)A 就 AX。这是紧缩复句式的固定结构,包含假设关系和让步关系,表示在不尽如意的情况下勉强接受。根据 A 的词性以及与 X 的搭配关系,可分两种情况:

1)A 是形容词 X 是名量词构成的数量词,一般说 tei⁵ "点"。如:

tsan⁶ tsiou⁶ tsan⁶ tei⁵ 贱就贱一些　　lun⁶ tsiou⁶ lun⁶ tei⁵ 嫩就嫩一些
贱　就　贱　点　　　　　嫩　就　嫩　点

2)A 是动词,X 是动量词或由动量词构成的数量词,一般说 taŋ² "下"。如:

sei⁵ tsiou⁶ sei⁵ taŋ² 试就试一下　　　iaŋ² tsiou⁶ iaŋ⁶ taŋ² 走就走一下
试　就　试　下　　　　　　走　就　走　下

kɔŋ³ tsiou⁶ kɔŋ³ i¹ kiou⁵ 说就说两句　hɔp⁸ tsiou⁶ hɔp⁸ pei¹ tsan³ 喝就喝四杯
讲　就　讲　两　句　　　　喝　就　喝　四　盏

若说话者对某种行动抱着豁出去的态度,则 X 不出现。

11.4　汉语借词对瑶语词汇发展的影响

11.4.1　双音化

汉语对瑶语词双音化的影响,的的确确是存在的。在比较早的时候,汉语词汇便以双音节词占优,汉语对瑶语词汇的影响不可避免地带来这方面因素,使得瑶语的双音节词增加。途径有两条:一方面瑶语通过全借和意译等方式借用汉语的双音节词(甚至三音节以上的词),另一方面在瑶语固有的单音节词或较早借入的单音节汉语借词基础上,加上汉语借词(语素)或者意借的本族语素构成双音节词。过去的瑶语研究只注意到前一种方式,如毛宗武等(1982:187-188)曾说:"解放后吸收汉语借词已成为瑶族语言增值新词的一种重要手段,这样,近代汉语多音节词逐渐增多的现象,相应地在瑶族语言中也有所反映。"对后一种方式没有发现并加以分析。

当双音节词形成后,原有的单音节词有的与之并存并用,至今还未看到并存现象消失的趋势,而有的已被后者取代,只有通过亲属语言或方言之间的比较才能了解原来的单音节形式。前一个途径比较明了,无须举例,以下只列举第二种方式的例子(*表示该形式柘山瑶语不能

独立使用,而在同语族其他语言或方言仍能独立成词):

buə⁵ ——meŋ² buə⁵ 名字
名字　　名　名字

buə⁵ 是瑶语固有词"名字",为仿汉语"名字"的双音形式,又再与汉借语素 meŋ² "名"构成复合词 meŋ² buə⁵,词义未变。

lu⁶ ——lu⁶ si⁷ 洪水　　　　buə⁵ ——kɔŋ³ buə⁵ 告诉
涝　涝赤　　　　　　　报　讲报

lu⁶ 是汉语借词,指洪水,为仿汉语"洪水"的双音形式,又再与瑶语汉借语素 si⁷ 构成复合词 lu⁶ si⁷,词义未变(si⁷ 是同音义译)。buə⁵ 是汉语借词,意即"告诉",为仿汉语"告诉"的双音形式,又再与汉借语素 kɔŋ³ "讲"构成复合词,词义未变。

*fei¹ ——　fei¹ ei¹ 蓑衣　　　　*lai¹ ——　lai² pei³ 石头
蓑衣　蓑衣衣　　　　　　　石,石头　石头

fei¹ 是瑶语本语词,指蓑衣,为仿汉语"蓑衣"的双音形式,又与汉借语素 ei¹ "衣"组成复合词 fei¹ ei¹,词义未变。lai² 是瑶语本语词,指石头,为仿汉语"石头"的双音形式,又与本族语素 pei³ "头"组成复合词 lai² pei³,词义未变。

*muei ——　(muei⁶·² tsiŋ¹)——　pu² tsiŋ¹
眼　　　　　　　　　　　　眼睛

坳瑶罗香话"眼睛"为 m̥wei⁶。柘山瑶语 muei⁶ 不单用,如今只见于 uəm¹·² muei⁶ "眼泪"。大坪江话 m̥wei⁶ 的弱化形式是 mu²,同一个复合词两种形式并存。例如,"眼睛",m̥wei⁶·² tsi:ŋ¹ 和 mu² tsi:ŋ¹ 两可。而凡大坪江的 mu²-,柘山瑶语对应的是 pu²-,可知柘山的 pu² tsiŋ¹ 也是从 muei⁶·² tsiŋ¹ 来的,muei⁶·² tsiŋ¹ 已经消失。比照罗香的单音形式,muei⁶·² tsiŋ¹ 应是仿了汉语的双音节形式。

11.4.2　汉语借词取代固有词

汉语词借入瑶语,如果使用频率高,则会取代固有词。但固有词被取代之前,往往经过两者并存的中间阶段。这个阶段还可以看到。如:

mei̥¹ ——iou² 油　　　ɬap⁷ ——hɔp⁸ 盒　　　piet⁷ ——pun² 盆
gaŋ² ——dɔm² 塘　　　piem¹ ——ma² huŋ² 蚂蟥
beu¹ ——heŋ¹ 轻　　　ka² dzie⁵ ——huaŋ¹ 害怕　　ŋiou³ sie¹ ——ŋ̍⁶ 饿
kuet⁷ ——bɔ⁷ 打　　　ai⁵ ——tsou⁵ 做,干

柘山瑶语 iou² 可以指称植物油、动物油以及矿物提炼的油,mei̥¹ 仅指动物油,镇中话、大坪江话也如此。相比八排瑶油岭话还保留植物油 jiu⁵³ 和动物油 mi⁴⁴ 的区别,瑶语的 iou² 所指对象的范围已扩大。

柘山瑶语 gaŋ² 只在"牛练塘"和"牛塘"这两个词里使用,其他时候都说 dɔm² "塘"。

piem¹ 指山蚂蝗（比蚂蝗小，多生长在潮湿的山林地带），现在 ma² huŋ² 也可以用来指山蚂蝗。

ɬap⁷ 原指带盖的竹筒，过去瑶人多用它来装菜，以备外出干活的饭食。有些人把过去瑶人随身佩带的烟盒也叫 in¹·² ɬap⁷。现在有了铝制或塑料饭盒，不再用 ɬap⁷。老年人把烟盒子称作 ɬap⁷、hɔp⁸，年轻人多说 hɔp⁸。

过去大的盆如脚盆叫 piet⁷，小的叫 pun²，如今没有区别都可以叫 pun²。piet⁷ 仍继续使用。

八排瑶油岭话表示"轻"只有 beu¹，尚未借进汉语借词。柘山瑶语两者并存，且柘山的 beu¹ 已近消失，只有老年人还在使用。

表示"害怕"，原有词 ka² dzie⁵ 和借词 huaŋ¹ 都互换使用，无偏废。

大坪江话 ŋou³ sje¹ 和 ŋɔ⁶ 有程度差别，后者比前者程度加深。而柘山瑶语、八排瑶油岭话（ngo²², sia⁴⁴）没有这样的区别。柘山多用 ŋɔ⁶。

柘山瑶语 ai⁵ "做、干"只用于表示性交，其他的都由 tsou⁵ 承担，这一现象是与广西兴安、龙胜一带的瑶语相同的。而在瑶语一些方言口语中，如广西凌乐和云南河口一带的自称"金门"的瑶族和广东连南自称"邀敏"的八排瑶，ai⁵ 仍然广泛使用。甚至八排瑶油岭话 ai⁵（调值是⁴¹）使用的场合，柘山瑶语要用好几个词去对应，见下表：

ai⁵——tɔŋ¹   ai⁴¹ biaŋ¹ 当兵
——ŋien⁶   ai⁴¹ dom⁴⁴ tu⁵³ 吃早饭
——kye⁵   ai⁴¹ gnang⁴¹ 过年
——pa⁵   ai⁴¹ tsing⁴⁴ 唱歌
——kiu³   ai⁴¹ lai⁴¹ 搞死
——tsou⁵   ai⁴¹ ti²² 种地

柘山瑶语凡是"打"都可用 bɔ⁷，kuet⁷ 只在威胁要揍别人时才使用，而近年来也比较少用，逐渐被 bɔ⁷ 取代。八排瑶油岭话没有 bɔ⁷，与柘山 kuet⁷ 对应的 ket⁴⁴ 除单用为动词，还能构词，如 ket⁴⁴ tsu²⁴·²¹ lo⁴¹ "强盗"。

11.4.3　借词促进瑶语语义表达精细化

语义表达的精细化是每个民族经历了对事物的类别、属性的认识由肤浅到清晰、深入后必然产生的需要。而苗瑶语语义表达精细化的手段之一是通过词的裂变。词裂变是指原来的一个词分裂为两个词。分裂以后的词形，一个是原来的，一个是新增加的。分裂以后的词义，原词形表示原词义的一个部分，新词形表示原词义其余的部分。承担原词部分词义的词不少是由其他语言借入，其中包括汉语。借词促进了瑶语语义表达的精细，通过亲属语言的比较可以看到这一点。这种现象发生在比较早的时期，因为我们发现参与的都是早期借词，却没有一个现代汉语借词。我们独立发现了4个例子。除了柘山瑶语外，材料来自中央民族学院苗瑶语研究室（1987）、王辅世、毛宗武（1995）、毛宗武（1992）、蒙朝吉（1996）、巢宗祺、余伟（1989），其中养蒿、吉卫、石门、枧槽、文界、七百弄、梅珠为苗语支语言，其他为瑶语支语言。举例时例词如果是派生词，只取词

根,不取前缀后缀;如果是复合词,列出全词,并用括号标出非对应成分。如:

(1)肚子(腹部)——胃

本族词：　肚子、胃:养蒿 tɕhu¹ 吉卫 tɕhi¹

　　　　　胃:文界 tɕhi¹　罗香 ɕi³³　长坪 θi¹　樑子 tθi¹'　览金 tθi¹'　三江 e¹　大坪 sɛi¹

　　　　　油岭 sei¹

　　　　　肚子:大坪江 sje¹　镇中 sie¹　柘山 sie¹

汉借词：　胃:大坪江 buo⁸　镇中 buo⁸　柘山 buə⁸

王辅世、毛宗武(1995)"肚子(腹部)"条列的是养蒿、吉卫、石门、宗地、复员 5 个苗语点的材料,而"胃₂"条列的是文界～大坪等 7 个点的材料,作者把它们当作音韵地位不同的词来构拟,前者声类*tɕh、韵类*oi,后者声类*ndz、韵类*i。但我们发现事实上它们都是同源词,作者没有注意到该词语义的分化。根据王辅世(1985)、中央民族学院苗瑶语研究室(1987)的材料,苗语养蒿、吉卫的肚子(腹部)和胃是同一个词(石门、宗地、复员是否如此,因看不到相关的材料,故没有列在上表)。这个词在其他点语义发生分化,罗香等 8 个点指"胃",而瑶语勉方言大坪江、镇中、柘山指"肚子","胃"的意义则借汉语的"袱"buo⁸ 表示(因胃似袋子,是比喻造词)。意义的变化可以图示为:

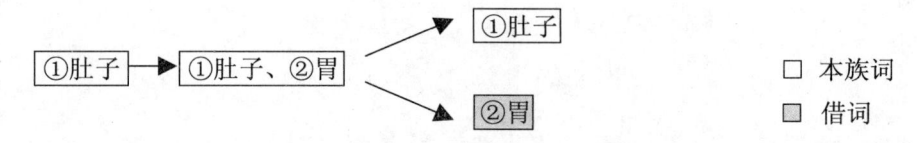

```
                              →  ①肚子
 ①肚子  →  ①肚子、②胃                        □ 本族词
                              →  ②胃          ■ 借词
```

(2)粑粑——饼子

本族词：粑粑、饼子:枧槽 ȵtɕua³　油岭 gu³[参考:养蒿　饼子 tɕə³　粑粑 tɕə³(so⁸)]

　　　　粑粑:石门 ȵtɕa³　七百弄 ȵtɕu³　罗香 ju³　大坪江 dzwo³　镇中 dzuo³　柘山 giuə³

汉借词：饼子:石门 pin¹　七百弄 piŋ³'　罗香 piŋ³　大坪江 piŋ³　镇中 pin³　柘山 piŋ³

表示"粑粑"的词,苗瑶语有对应关系,王辅世、毛宗武(1995)拟作*ȵcwjəu。枧槽、油岭还用它来指称饼子,目前养蒿的"饼子""粑粑"虽是两个词,但是两者有对应的词根,"饼子"用了"粑粑"的词形,而"粑粑"则是在原词上加了一点成分,可以看出曾经过"饼子"和"粑粑"两个语义合用一个词形的阶段。"粑粑"是本族食品,饼子非本族食品,当这种食品传到苗瑶语区,从枧槽等点的情况看,经历了粑粑、饼子合称的阶段,后来有些语言或方言如养蒿在原本族词的基础上构成新词,使两者得以区别,而另外一些方言如石门、柘山等干脆借了汉语的"饼子"一词,从而在形式上把两种东西区别开。柘山型意义的变化应该是:

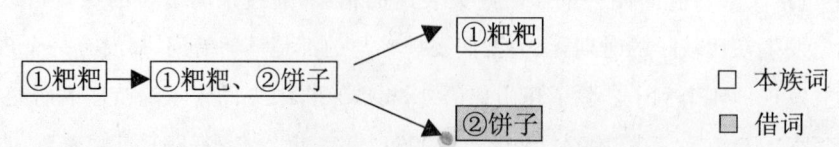

```
                              →  ①粑粑
 ①粑粑  →  ①粑粑、②饼子                       □ 本族词
                              →  ②饼子         ■ 借词
```

(3)蓑衣——棕皮

本族词：蓑衣、棕皮：养蒿 sho¹　吉卫 sɔ¹〔参考：油岭　蓑衣 hi¹　棕皮（tuŋ⁵）hi¹〕

蓑衣①：大坪江 fei¹·²（ei¹）　镇中 fə²（ei¹）　柘山 fei¹·²（ei¹）

汉借词：棕皮：大坪江 tsoŋ¹　镇中 tsoŋ¹　柘山 tsoŋ¹

"蓑衣"，苗瑶语内部一些点有对应关系，王辅世、毛宗武（1995）拟作 *θwjI。养蒿、吉卫"蓑衣"一词还可指棕皮，油岭"棕皮"跟"蓑衣"虽不完全一致，但它用"蓑衣"hi¹ 作构词语素。南方的蓑衣一般是用棕皮做成的，两者共用一个名称可以理解。而大坪江、镇中、柘山瑶语"蓑衣"和"棕皮"是两个词，后者借自汉语。意义的变化：

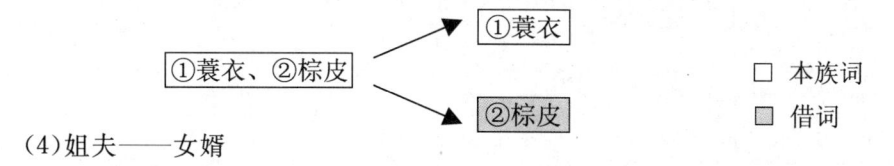

```
                        ①蓑衣
①蓑衣、②棕皮                      □ 本族词
                        ②棕皮      ■ 借词
```

(4)姐夫——女婿

本族词：女婿、姐夫：石门 vao³ 油岭 ve³〔参考：枧槽 女婿（ntsai⁷）vəu³ 姐夫 vəu³〕

女婿：梅珠 va³

姐夫：大坪江 wei³　镇中 uei³　柘山 uei³

汉借词：姐夫：梅珠 θe³ʼfu¹ʼ

女婿：大坪江 la:ŋ²　镇中 la:ŋ²　柘山 laŋ²

从上面可见，苗瑶语"女婿"和"姐夫"（苗语支语言还包括"妹夫"）最初是一个词，今天在石门、油岭还如此，只是随着其后的发展，这个词有些语言或方言仅指女婿，如梅珠，"姐夫"一义则借用汉语"姐夫"表示；瑶语多指姐夫，"女婿"一义则往往借用汉语的"郎"表示。王辅世、毛宗武（1995）"女婿"条只有13个点的材料，其他10个点空缺（主要是瑶语方言点）。如果把别的语言或方言表示"姐夫"的同源词放进去，那么恰好可以填补空白，形成整齐对应。意义变化：

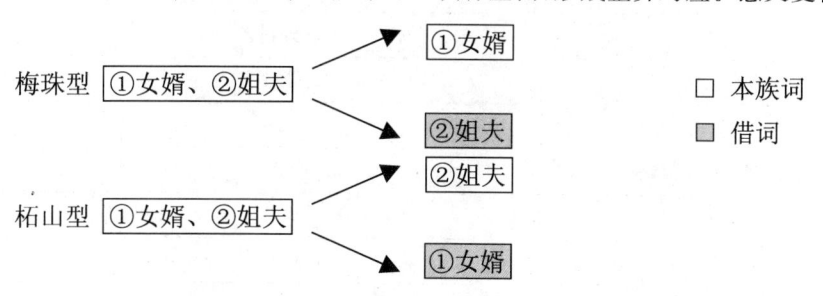

```
                        ①女婿
梅珠型 ①女婿、②姐夫
                        ②姐夫      □ 本族词
                        ②姐夫      ■ 借词
柘山型 ①女婿、②姐夫
                        ①女婿
```

陈其光（2000）提到词的裂变是词汇发展的一种重要方式。他发现的例子，柘山瑶语也有6个能对得上，现将他所举部分材料加上镇中、柘山瑶语的材料一并列出（把文中的名称"优勉"改为大坪江）。

---

① 《苗瑶语古音构拟》中空缺江底（即大坪江）的材料。经比较，实际上大坪江"蓑衣" fei¹·²ei¹ 中词根 fei¹ 可以跟其他点形成对应，特在此补充。同时，也把镇中和柘山的材料补上。

	痛——病		火——柴	
	痛——病		火——柴	
嘎奴	moŋ^{33} 痛；病		tu^{11} 火；柴	
郭苗	ʔmuŋ^{31} 痛；病		zo^{55} 火；柴	
巴哼	ma^{35} 痛；病		tau^{11} 火；柴	
泂奈	məŋ^{44} 痛；病		tau^{31} 火	ʃi^{44} 火；柴
金门	mun^{35} 痛；病		təu^{31} 火	taŋ^{33} 柴
优诺	ŋ^{44} 痛	pɛŋ^{32} 病	təu^{32} 火	tshin^{13} 柴
东努	muŋ^{33} 痛	mpjəŋ^{13} 病	to^{454} 火；柴	
巴那	ŋ^{13} 痛	pin^{53} 病	to^{31} 火	tɕhen^{313} 柴
大坪江	mun^{33} 痛	pɛŋ^{13} 病	tou^{231} 火	tsaŋ^{31} 柴
镇中	mun^{33} 痛	pɛːŋ^{12} 病	tou^{132} 火	tsaŋ^{31} 柴
柘山	mun^{33} 痛	pɛŋ^{311} 病	tou^{231} 火	tsaŋ^{331} 柴
	水——河		嫂嫂——儿媳妇	
嘎奴	ə^{33} 水；河		ȵaŋ^{33} 嫂嫂；儿媳	
泂奈	ʔi^{44} 水；河		ȵi^{44} 嫂嫂；儿媳	
金门	uɔːm^{35} 水；河		ȵaːm^{35} 嫂嫂	bəŋ^{31} 儿媳
优诺	ŋ^{44} 水；河		ŋi^{44} 儿媳	ɬau^{32} 嫂嫂
霍讷	ɔŋ^{22} 水	huŋ^{55} 河	ji^{22} 嫂嫂、儿媳	
标勉	ən^{33} 水	da^{31} 河	ȵan^{33} 嫂嫂	bəŋ^{42} 儿媳
大坪江	uam^{33} 水	suan^{33} 江	ȵaːm^{33} 嫂嫂	buaŋ^{231} 儿媳
镇中	uom^{33} 水	suəŋ^{33} 江	ȵiaːm^{33} 嫂嫂	buəŋ^{132} 儿媳
柘山	uəm^{33} 水	suəŋ^{33} 江	ȵiam^{33} 嫂嫂	buəŋ^{231} 儿媳
	斑鸠——鸽子		鼓——锣	
嘎奴	qo^{33} 斑鸠；鸽子		nə^{11} 鼓；锣	
郭苗	ŋʔqa^{31} 斑鸠；鸽子		ntʂa^{55} 鼓；锣	
东努	ŋku^{33} 斑鸠；鸽子		ntu^{232} 鼓；锣	
泂奈	ŋku^{44} 斑鸠；鸽子		ntʃu^{31} 鼓	lu^{33} 锣
霍讷	kɔ^{22} 斑鸠	pha^{55} ka^{3} 鸽子	ku^{53} 鼓	lu^{31} 锣
巴那	gau^{13} 斑鸠	ko^{35} 鸽子	ntjəu^{31} 鼓	lo^{313} 锣
金门	ko^{35} 斑鸠	kɔːp^{35} 鸽子	tʃu^{31} 鼓	lɔ^{33} 锣
大坪江	gu^{33} 斑鸠	kop^{55} 鸽子	dzu^{4} 鼓	? 锣
镇中	gu^{33} 斑鸠；	kop^{54} 鸽子	dzu^{132} 鼓	lɔ^{331} 锣
柘山	gu^{33} 斑鸠	khɔ^{311} 鸽子	dzu^{231} 鼓	lɔ^{331} 锣

11.4.4 产生新词

有些借词进入瑶语后，还可以作为构词语素参与构词，组成新词。这是产生新词的一种重要的方式，勿需多言。还有一种情况，当汉语有个别词被借进瑶语后，除了保有原来的意义、用法外，瑶人还通过比况等手段在此基础上孳生新词。如：

汉语：袋子　　　　　　　　　　　　汉语：城

瑶语：袋子 $bu\partial^8$　胃 $bu\partial^8$　　　瑶语：城 $tsi\eta^2$　墙 $tsi\eta^2$

本章参考文献

巢宗祺　余伟文　1989　《连南八排瑶语》，中山大学出版社。

陈其光　2000　《苗瑶语词汇发展的一种方式》，《民族语文》第 3 期。

刘叔新　1990　《汉语描写词汇学》，商务印书馆。

马庆株　2002　《著名中年语言学家自选集·马庆株卷》，安徽教育出版社。

毛宗武　1992　《汉瑶词典》（勉语），四川民族出版社。

毛宗武　蒙朝吉　郑宗泽　1982　《瑶族语言简志》，民族出版社。

蒙朝吉　1996　《汉瑶词典》（布努语），四川民族出版社。

舒化龙　1992　《现代瑶语研究》，广西民族出版社。

王辅世　毛宗武　1995　《苗瑶语古音构拟》，中国社会科学出版社。

王辅世(主编)　1985　《苗语简志》，民族出版社。

中央民族学院苗瑶语研究室　1987　《苗瑶语方言词汇集》，中央民族学院出版社。

周荐　1994　《词语的意义和结构》，天津古籍出版社。

———　2004　《汉语词汇结构论》，上海辞书出版社。

第十二章 畲语、畲话、客家话的比较

12.1 畲语、畲话及相关的研究

所谓畲语，指现居住在广东省博罗、增城、惠东、海丰等县的畲族人所说的本族语言。这种语言在上个世纪50年代进行少数民族语言普查时才被发现。

所谓畲话，指居住在福建、浙江、江西、安徽等省以及广东的潮安、丰顺两县的畲族人所使用的一种语言。说畲话的人口占畲族总人口的99%以上，他们内部使用畲话，对外时则使用当地的汉语方言。

由于畲族人都是双语者，他们既使用畲语或畲话，同时又使用当地的汉语方言，这就形成了畲语、畲话与汉语方言尤其是与客家话的复杂关系。学者们对此有各种看法：

黄家教、李新魁(1963:15)指出："我们所调查的畲话，其系统十分接近汉语。这就是说，它很接近汉语的潮州方言（当然其中也有一些地方是接近客家方言的）。"

傅根清(2001:2)认为："99%以上畲民所说的'畲话'的原始状态——古畲语，其底层应是与华夏有着密切关系的东夷语与上古汉语。"

游文良(2002:25)认为："现代畲语是一种混合型的语言，各地现代畲语都包含三个部分：古代畲语的底层成分、汉语客家方言的中层成分和现畲族各居住地汉语方言的表层成分。"

台湾学者董忠司(2004:18)首次把畲语、畲话及畲族所说的客家话三者联系起来研究。他指出："如果还不想说畲话是属于苗瑶语之一的'畲语'，也许可以主张把畲话作为畲族的多数人语言的代表，但是这种语言非常接近客家语，一如旧说。如果不说它是汉语方言之一，顶多只能说畲话是一种接近汉语的一种畲汉过渡语。"

那么客家话和畲语、畲话之间究竟有什么关系呢？我们认为有必要将它们进行比较研究。

12.2 语音系统的比较

畲语有莲花和罗浮两种方言，惠东畲语属于莲花方言，博罗畲语属于罗浮方言。以下比较的资料来源：惠东畲语为毛宗武、蒙朝吉(1986)的莲花方言；博罗畲语和博罗客家话均为作者的调查材料；潮州畲话为游文良(2002)的材料。

12.2.1 声母系统比较

(一) 惠东畲语声母表

p	ph	m		v	f
ts	tsh			z	s
t	th	n			
k	kh	ŋ	ŋ̊		h
pj	phj	mj			
tsj	tshj			zj	sj
tj	thj	nj			
kj	khj	ŋj			hj
kw	khw				
ø					

(二) 博罗畲语声母表

p	ph	m		v	f
ts	tsh	n		z	s
t	th	ŋ			
k	kh		ŋ̊		h
pj	phj	mj			
tsj	tshj			zj	sj
tj	thj	nj			
kj	khj	ŋj			hj
kw	khw				
ø					

(三) 潮州畲话声母表

p	ph	m	f	v
t	th	n		l
ts	tsh		s	z
k	kh	ŋ		h
ø				

(四) 博罗客家话声母表

p	ph	m	f	v
t	th	n		l
ts	tsh		s	
k	kh	ŋ		h
ø				

从上面声母系统的比较可以发现,潮州畲话和博罗客家话的声母系统十分接近,潮州畲话的声母系统仅仅比博罗客家话多出了一个 z 声母。而这个 z 声母在别的畲话点中并没有出现,而从它出现的词汇看,应该是从当地的潮州话的借词进入音系的。从游文良(2002)提供的材料可以看到,13 个点的畲话的声母系统基本一致,只有少数的一些地方由于吸收当地方言

的借词而带进了个别语音特点,例如上面提到的潮州的 z 声母,苍南畲话的舌根浊擦音等。

其次,惠东畲语和博罗畲语的声母基本相同。上世纪 80 年代毛宗武、蒙朝吉调查博罗和惠东畲语的时候曾经指出过两者在鼻塞音声母的表现上有所不同;而在我们 2004 年调查博罗畲语的时候发现,这组鼻塞音声母只存在老年人的发音中,中青年人的发音中已经与惠东畲语的完全一致。

如果我们把畲语和畲话的声母系统比较起来看,畲语的声母系统远比畲话的声母系统复杂。但是如果我们把畲语的 j 化声母和表示合口的 w 化声母挑出来,那么畲语的声母系统剩下的 18 个声母(加上零声母)就几乎和畲话、客家话的声母系统是一致的。差别就是:畲语的声母系统多了一个清鼻音 ŋ̊;畲语 n、l 相混,是一个音位,而畲话和客家话则是不同的音位。

12.2.2 韵母系统比较

(一) 惠东畲语韵母表

i		iu	in		it	
e	ei	eu	en		et	
a	ai	au	an	aŋ	at	ak
ɔ	ɔi		ɔn	ɔŋ		ɔk
ɤ						
u	ui		un	uŋ	ut	uk

(二) 博罗畲语韵母表

i			in		it	
e	ɐi		en/ɐn		et	ek
a	ai	au	an	aŋ	at	ak
ɔ	ɔi		ɔn	ɔŋ		ɔk
u	ui		un	uŋ	ut	uk

(三) 潮州畲话韵母表

	a	ɔ	e	ia	io	iu	ɯ	u	ua	uɛ
i	ai	ɔi						ui		
u	au	ou	eu	iau	ieu					
m	am			iam			im			
	an	ɔn	en		ien		in	un	uan	
ŋ	aŋ	ɔŋ	eŋ	iaŋ	ioŋ		iŋ	uŋ	uaŋ	
	ap			iap			ip			
	at	ɔt	et	iat	iot		it	ut	uat	
	aʔ	oʔ	eʔ	iaʔ	ioʔ		iʔ	uʔ	uaʔ	

(四) 博罗客家话韵母表

ɿ	a	o	e	ia		ie	iu	
i	ai	oi						ui
u	au				iau			

m	am			iam			im	
	an	on	en		ion	ien	iun	in	un
ŋ	aŋ	oŋ		iaŋ	ioŋ		iuŋ		uŋ
	ap			iap			ip	
	at	ot	et	iot	iet		it	ut
	ak	ok		iak	iok		iuk	uk

从上面的列表中可以发现，畲语的韵母数目远远少于畲话和客家话的韵母数目。分析其中的原因主要是畲语的声母复杂，其中 j 化声母和 w 声母加起来共有 16 个（以惠东畲语为例），正因为这样，它大大地简化了韵母系统。同时，畲语的 m 尾基本已经消失，并入 n 尾；p 尾也已经脱落并入 t 尾，这些都使得畲语的韵母系统更加简单。

相对而言，潮州畲话和博罗客家话的韵母系统较为复杂。把潮州畲话和博罗客家话比较看，最大的区别在于博罗客家话仍保存了完整的塞音韵尾，而潮州畲话的 k 尾已经脱落，变为喉塞音。韵尾的脱落不完整在很多客家话点都存在，特别是 p 尾脱落并入 t 尾，m 尾脱落并入 n 尾。值得注意的是，在其他 12 个点的畲话材料中，都是只有喉塞音而没有 k 尾。

12.2.3 声调系统比较

声调比较表

	调号	1	2	3	4	5	6	7	8
调值	惠东畲语	22	53	33	42	31	35	21	54
	博罗畲语	33	42	55	53	31	24	42/33/55①	55
	潮州畲话	44	22	213		42		5	2
	博罗客家话	35	31	33		55		3	5

从声调系统看，畲语有 8 个调类，而畲话和客家话都只有 6 个调类。同时，潮州畲话和博罗客家话的调值也很接近，区别较大的是入声调。潮州畲话的阴入是高调，阳入是低调，而博罗客家话则刚好相反。

12.3 词汇系统的比较

12.3.1 斯瓦迪士 100 核心词的比较

词项	博罗畲语	博罗客家话	奉顺畲话
我	vaŋ⁴	ŋai²	ŋai¹

---

① 此处博罗畲语的 7 调有三个调值，具体分析请见上文。

你	mun²	ŋi²	ŋi¹
我们	pa¹	ŋai² ne⁶	ŋai¹ nai⁶ ŋin²
这	lja³	lia⁶	kai⁶
那	u³	kai⁶	hɔn⁶
谁	pe⁴ le²	nai⁵ ŋin²	mɔi⁶ ŋin²
什么	ha⁵ la⁵	mat⁷ kai⁵	mat⁷ kai¹
不	a⁶	m¹	——
全部	tshjen⁵ phu⁴	tshiɛn² pu⁵	——
多	u⁵	tɔ¹	tɔ¹
一	i⁶	it⁷	ʒit⁷
二	u¹	ŋi⁵	ŋi⁶
大	vɔŋ²	thai⁶	thai⁶
长	ka¹ ta³	tshɔn²	tʃhɔn²
小	sɔn¹	sɛ⁵	sai¹
女人	le² va³	ŋi³ ŋin²	pu¹ ŋioŋ² ŋin²
男人	le² pu³	lam² ŋin²	nam² ŋin²
人	le²	ŋin²	ŋin²
鱼	pja⁴	ŋ̍²	ŋiu²
鸟	lɔ⁴ taŋ¹	tiau¹	tau³
狗	kja³	kiu³	kou³
虱子	taŋ⁵	sɛt⁷	sɛt⁷ ŋioŋ²
树	tɔŋ⁵	su⁶	ʃu⁶
种子	ka³ lɔ¹	tsuŋ³ tsi³	——
叶子	pjɔŋ²	jap⁸	ʒep⁸
根	khjuŋ²	kin¹	——
树皮	tɔŋ⁵ khu⁵	su⁵ pi²	——
皮肤	khu⁵	phi²	phi²
肉	kwe²	ŋiuk⁷	pi³
血	si³	hiet⁷	——
骨头	suŋ³ kɔ³	kut⁷	——
脂肪	——		
鸡蛋	kwe¹ kja⁵	kai¹ tshun²	lan³
角	kaŋ¹	kɔk⁷	——
尾	ka¹ tɔ³	mui¹	mui¹
羽毛	pi¹	iuŋ² mau¹	——
头发	kaŋ⁶ khu⁵ pi¹	thiu² mau¹	theu² mou¹
头	kaŋ⁶ khu⁵	thiu²	theu²
耳朵	ka² khuŋ³	ŋi³ kuŋ¹	ŋi³ khuŋ⁶
眼睛	ka¹ khɔ³	ŋan²	ȵian³ khiʔ⁸
鼻子	ŋ̍³ pju⁴	phi⁶	phi⁶ kuŋ⁶
嘴	tjɔ²	tsɔi⁵	tsɔi¹
牙齿	mun³	ŋa²	ŋa² tʃhi³
舌头	pi⁶	sɛt⁸ ma²	ʃet⁸ ma²

爪子	tsau⁵	tsau³	tsau³
脚	tɔ⁵	kiɔk⁷	kioʔ⁷
膝	tɔ⁵ thju⁴ kui³（膝盖）	tshit⁷ thiu²	kioʔ⁷ puʔ⁷ theu³
手	khwa⁴	siu³	ʃeu³
肚子	ŋiɔ³ ka³	tu³ phat⁸	tu³ ʃi³
脖子	ka³ kjen¹	kjaŋ³	kiaŋ³
乳房	ŋjuŋ³	ŋiɛn⁵ phɔŋ²	——
心脏	fun¹	sim¹	ɕim¹
肝	fun¹	kɔn¹	kan¹
喝	hɔ⁶	hɔt⁷	——
吃	luŋ²	sit⁸	ʃiʔ⁸
咬	thu⁶	ŋau¹	ŋieʔ⁸
看见	mɔ⁶ phu⁶	the³ thau²	thai³
听见	kuŋ⁵	thaŋ⁵ thau²	thaŋ⁵
知道	pe¹	ti¹	tɛ¹
睡	pɔ⁵	sɔi⁵	fun²
死	tha⁴	si²	——
杀	ta⁵	sat⁷	laʔ⁷
游泳	ka¹ tu⁶ kwe²	ju² sui³	——
飞	ŋi⁵	fui¹	pui¹
走	ka¹ pi¹	tsiu²	ham²
来	lu⁴	lɔi⁴	lɔi²
躺	ɔŋ²	sɔi⁵	——
坐	ŋjuŋ¹	tshɔ¹	tshɔŋ³
站	su³	khi¹	khi¹
给	puŋ¹	pi¹	pun¹
说	kuŋ¹	kuŋ³	va⁶ kɔŋ³
太阳	lɔ¹ kɔ³	thai⁵ jɔŋ¹	ŋiet⁸ theu²
月亮	le⁵	ŋiet⁷ kɔn¹	ŋiɔt⁸ hau⁶
星星	le⁵ taŋ¹	sin¹	saŋ⁶
水	ɔŋ²	sui³	ʃui³
雨	luŋ⁴	sui³	ʃui³
石头	za¹ kɔ³	sak⁸ thiu²	ʃaʔ⁸
沙子	hja¹	sa¹	ʃa⁶
土地	ta¹	tu²	thi⁶
云	tsɔŋ¹ ɔŋ²	vun²	vun²
烟	in¹	iɛn¹	ien¹
火	thɔ⁴	fɔ³	——
灰	si³（草木灰）	fɔi¹	fɔi¹
烧	fa³	sau¹	——
路	kja³	lu⁶	lu⁶
山	kje⁶	san¹	san¹
红	si⁵	fuŋ²	fuŋ²

绿	ka^6 phu^2	luk^8	luʔ^8
黄	khun^2	vɔŋ^2	vɔŋ^2
白	kjɔ^1	phak^8	phaʔ^8
黑	kjaŋ^1	u^1	vu^1
晚上	lɔ^3 kaŋ^4 tshi^2	man^1 sɔŋ^5	am^1 pu^6 ʃi^2
热	khaŋ^1	ŋiet^8	ŋiet^8
冷	kjɔŋ^5	laŋ^1	laŋ^1
满	paŋ^3	man^1	——
新	tu^6 fun^1	sin^1	ɕin^1
好	ŋɔŋ^5	hau^2	hou^3
圆	zin^2	jin^2	ʒen^2
干	khui^1	kɔn^1	——
名字	mui^2	miaŋ^2	——

据黄行(2005)统计,畲语的100核心词（共统计104个）里的汉语借词有43个,占总数的41%,在苗瑶语族里仅次于瑶语的46%。而在上面我们统计的博罗畲语里汉语借词的来源中,客家话借词词素占畲语汉语借词词素的69.7%。大量的客家话借词的进入是使得畲语语言成分被替换和蚕食的重要原因。

12.3.2 构词方式比较

原始苗瑶语是svo型语言,因此在苗瑶语各语支语言里都带有vo型语言的特征。但是畲语由于受客家话深刻的影响,它的一些vo型语言的特征也开始发生改变,逐渐向汉语客家话靠拢。

（一）修饰语成分前置

典型的vo型语言修饰语常常位于中心语之后。但是由于汉语的强势影响,畲语的修饰语既可以出现在中心语之前,也可以出现在中心语之后。试比较:①

黔东苗语	标敏瑶语	汉语	畲语
li^2 ə^1 田 水	ən^1 liɛ^2 水 田	水田	ɔŋ^1 lin^2 水 田
liu^1 fhu^3 毛 头	pli^1 dzɔŋ^1 毛 头	头发	kaŋ^6 khu^5 pi^1 头 皮 毛
fɑ^1 i^1 瓜 苦	kua^1 in^1 瓜 苦	苦瓜	kwe^1 ɔn^1 瓜 苦

（二）后缀比较

苗瑶语的词缀一般都是前缀,其来源大部分都与原始苗瑶语的复辅音声母有关系;后缀一般只出现在四字格中（马学良2003:635）。但是畲语里却有两个常见的后缀 kɔ^3 和 taŋ^1,原义本指"头"和"儿子",虚化以后加在名词后面,表示相关事物的类别。在客家话里,也有两个相关的后缀"头 thiu^2"和"子 tsie^3"②。

---

① 表格中的黔东苗语和布努瑶语选自《苗瑶语方言词汇集》(中央民族学院苗瑶语研究室1987)。
② "子"作为后缀,在各个客家方言点的读法不太一致,研究者认为是音变的原因。例如在梅县一般写作"欸",在兴宁、五华等写作"哩"。此处根据的是我们调查的博罗客家话的读法。

(1)畲语 kɔ³ 和客家话的 thiu² 比较表

语义范畴	畲语		客家话	
加在身体部位名称后	ka¹ pje⁶ kɔ³	肩膀 肩	kiɛn¹ thiu²	肩膀 肩
	tɔ⁵ the² kɔ³	脚背 脚背	tshit⁷ thiu²	膝盖 膝
加在无生命物体名词后	vun⁴ kɔ³	锅 锅	vok⁸ thiu²	锅 镬
	su⁶ kɔ³	锁 锁	sɔ⁵ thiu²	锁 锁
加在时间名词后	——		sɔŋ⁵ tsiu⁵ thiu²	上午 上 昼

(2)畲语 taŋ¹ 和客家话 tsie³ 的比较表

语义范畴	畲语		客家话	
加在亲属称谓名词后	ku¹ taŋ¹	小姑子 姑	ku¹ tsie³	小姑子 姑
	si⁵ taŋ¹	么叔,小叔 叔	suk⁷ tsie³	小叔 叔
加在无生命物体名词后	huŋ¹ taŋ¹	小碗 碗	wɔn³ tsie³	小碗 碗
	kun² taŋ¹	罐子 罐	kɔn⁵ tsie³	罐子 罐
加在动植物名称的后面	lɔ⁴ taŋ¹	小鸟 鸟	tiau¹ tsie³	小鸟 鸟
	tshui³ taŋ¹	柿子	su³⁵ tsie³	柿子

从上面的比较看,畲语的这两个后缀的语义和指称范畴都与客家话的后缀相当一致。我们认为畲语的这两个词缀的来源和用法,都是与客家话深度接触而产生的。

12.4 反复问句的比较

畲语里有一种特殊的反复问句,就是通过动词、形容词重叠,并改变前一个动词或形容词的声调来表示疑问,例如:

你去不去？　　muŋ² huŋ⁶ huŋ⁴？
　　　　　　　你　 去　 去
你来不来？　　muŋ² lu⁶ lu⁴？
　　　　　　　你　 来　 来？
你们有没有？　mi¹　ma⁶ ma² ei¹？
　　　　　　　你们　有　有　诶？

这种重叠并改变前一个词的声调的提问形式,其实是省略了否定副词不 a^6 以后,合音形成的。试比较:

吃不吃:$luŋ^2 \ a^6 \ luŋ^2 \longrightarrow luŋ^6 \ luŋ^2$

去不去:$huŋ^4 \ a^6 \ huŋ^4 \longrightarrow huŋ^6 \ huŋ^4$

要不要:$ŋiuŋ^4 \ a^6 \ ŋjuŋ^4 \longrightarrow ŋjuŋ^6 \ ŋjuŋ^4$

畲语的这种特殊的反复问句在客家话里也有相同的形式。项梦冰(1990)和谢留文(1995)分别介绍过福建连城和江西于都客家话的反复问句。这两地的客家话的反复问句,也都是可以通过重叠动词或形容词,同时改变前一个词的声调的方式进行提问,例如:

于都①:$V^7 \ V$ 或者 $A^7 \ AB$

  明朝你去^7 去赣州 明天你去不去赣州? $miã^2 \ tʂo^1 \ n̠i^1 \ ɕiɤ^7 \ ɕiɤ^5 \ kɔ̃^5 \ tʂɨu^1$?

  这条裤子短^7 短 这条裤子短不短? $ti^3 \ thiɔ^2 \ fu^5 \ tsɿ^⹂ \ tɔ̃^7 \ tɔ̃^3$?

连城②:$V^7 \ V$ 或者 $A^7 \ AB$

  喜^7 喜欢这件 喜不喜欢这件? $ɕi^7 \ ɕi^3 \ fa^1 \ tʂa^6 \ khie^6$?

  飞得高^7 高 飞得高不高? $pøə^1 \ te^7 \ kau^7 \ kau^1$?

12.5 畲语、畲话和客家话的关系

从上面的比较我们可以看到,畲话和客家话的音系十分接近,而畲语的音系和畲话、客家话也是有着许多的相似的地方;而在词汇和句法方面,畲语和客家话也有十分相近的地方。这些相似性使得操畲语的畲族人们在习得客家话的时候十分容易,因为根据语言习得的相似性原则,他们往往很容易在他们的语言里找到相似的语音音素;而随着第二语言的逐渐深入,双语者人数的不断增多,本来就有相似的语音系统的两种语言之间差异就会逐渐地减少。这一点可以从博罗畲语 20 年的语音变化中看出来。

在第九章讨论畲语里汉语借词词素的来源统计中,我们看到客家话借词占畲语汉语借词的绝大部分:在我们离析的 1200 个汉语借词词素里,客家话借词词素一共有 837,其中早期客家话借词词素 162 个,晚期客家话借词词素 576 个,不确定层次的 99 个。大量的客家话借词进入的同时,也使得客家话的其他一些语言特点也伴随着客家话借词进入畲语的语言系统里。畲语受到了客家话的深刻影响。

Thomason(1991:37~39)在介绍语言接触理论的时候,把干扰区分为"借用干扰"(bor-

---

① 此处例句选自谢留文(1995:208)。文章中声调使用五度标记法,此处为了全文统一改为调类标记。下同。

② 此处例句选自项梦冰(1990:126)。

rowing interference)和"底层干扰"(substratum interference)两个基本的类别。前者是指外语的特征被母语使用者带进他们自己的语言里,母语不变但是受到了借用外来语的干扰;后者则是指放弃母语而转用目标语的人群没有完全学会目标语,受到了来自母语的底层干扰。从语言接触的观点来看待畲语、畲话和客家话,我们认为畲语是畲族人民在坚守母语的过程中,长期受到客家话深刻影响的民族语;畲话则是部分畲族人民放弃母语而转用的客家话,但是他们所说的客家话受到母语的底层干扰,还有后来各地强势方言的影响,因此不再是原来的目标语——客家话,而是部分畲族人民所说的一种与客家话有相近语言特点的特殊的汉语方言。

我们可以把三者的关系概括为:畲话的使用者在学习目标语——客家话的过程中,受到了来自母语(畲语)的底层干扰,使得他们所操的目标语(客家话)带有母语畲语的一些特征,而他们所操的即为畲话;畲语的使用者由于长期使用客家话,从客家话里借用了大量的借词,并把由借词附带的一些客家话特征带进畲语里,产生了借用的干扰。畲语、畲话、客家话的关系如下图:

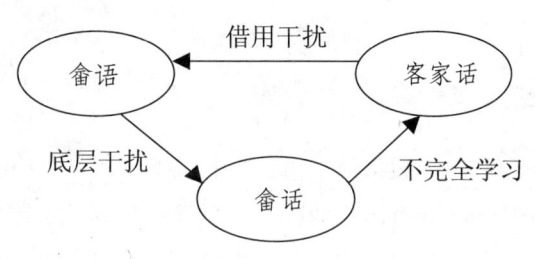

本章参考文献

陈延河　2000　《惠东畲族的语言转用简析》,《广东民族研究论丛》第十辑,广东人民出版社。

董忠司　2004　《关于畲语、畲话的定位—兼论语言的历史和接触》,第十二届国际中国语言学会年会论文,天津,南开大学。

傅根清　2001　《从景宁畲话的语音特点看畲话的归属》,山东大学博士学位论文。

黄家教　李新魁　1963　《潮安畲话概述》,《中山大学学报》第 1 期。

黄　行　2005　《少数民族语言研究的若干热点问题》,"全国语言学暑期高级讲习班"讲稿(首都师范大学)。

马学良(主编)　2003　《汉藏语概论》,民族出版社。

毛宗武　蒙朝吉　1986　《畲语简志》,民族出版社。

项梦冰　1990　《连城(新泉)话的反复问句》,《方言》第 2 期。

谢留文　1995　《客家方言的一种反复问句》,《方言》第 3 期。

游文良　2002　《畲族语言》,福建人民出版社。

中央民族学院苗瑶语研究室　1987　《苗瑶语方言词汇集》,中央民族学院出版社。

Sarah Grey Thomason and Terrence Kaufman　1984　*Language Contact, Creolization, and Genetic Linguistics*. California:University of California Press.

下编结语

汉语与苗瑶语在漫长的历史发展过程中接触频繁而深刻，苗瑶语中存在着大量的汉语借词，而苗瑶语言的系属问题学界至今存在意见分歧，其焦点问题在于如何辨别苗瑶语言里的汉语老借词和汉语苗瑶语同源词，由此凸显出研究苗瑶语言里汉语借词的必要性和重要的学术意义。鉴于此，本编选取苗瑶语言里的柘山瑶语和博罗畲语，对这两种语言里的汉语借词进行研究。

一、本编的主要创获

（一）在扎实细致田野调查、掌握第一手语言资料的基础上，对柘山瑶语和博罗畲语里的汉语借词进行了全面系统的研究，分析出这两种语言里汉语借词的不同历史层次，并列出各层次的汉语借词表，这项难度很大的研究工作无论就方法还是结论而言，都具有开创性，切实推进了汉语与苗瑶语言接触的深入研究。

（二）在区分借词层次的原则方法上进行了积极有益的探索，分析出汉语借词（语素）的各个历史层次。比如柘山瑶语的汉借词分层，借鉴前人的"二层论""三层论"，依据本文所拟原则，避免以往同源字、关系字、借词混淆的弊病，考订出"岐""嶂""粟""息"等是汉语借词，并且把借词分为中古、近代、现代三大层，其中，中古细分早期、晚期两层，现代细分a层和b层；又如博罗畲语的汉借词分层，由于畲语自身特殊的情况，以往前辈学者分析少数民族语言里汉语借词层次的方法，不便于分析畲语里的汉语借词。因此我们在借鉴前辈学者的层次分析方法的基础上，提出了先区分借源，再作具体的历史层次分析的方法。先把畲语里汉语借词与汉语各方言的语音特点进行比较，再通过与汉语上古音和中古音的比照，与畲族的迁移史相互印证，归纳出各个不同借源的历史层次：上古汉语借词——苗瑶语共同汉语借词；中古早期汉语借词——闽语借词；中古晚期至近现代汉语借词——客家话借词；现代汉语借词——粤语借词。

（三）尽可能地将数以千计的汉语借词（语素）分别归入各个历史层次，并且作了相关的数量统计。分别是：

柘山瑶语汉语借词（或语素）总数 1027				
现代借词	近代借词	中古晚期借词	中古早期借词	上古借词
57	17	792	161	?
占 5.6%	占 1.6%	占 77.1%	占 15.7%	?

博罗畲语汉语借词(或语素)总数 1200						
存疑	现代粤语借词	近现代客家话借词		中古晚期客家话借词		中古早期闽语借词	上古苗瑶语共同借词
		不确定	晚期	早期		
122	173	99	576	162	29	40
10.1%	14.4%	8.3%	48%	13.5%	2.4%	3.3%

由此可以看出,苗瑶语言里的中古汉语借词占绝大多数。

(四)通过柘山瑶语和博罗畲语里汉语借词的研究,可以观察到汉语借词对于苗瑶语言发展的影响,比如汉语借词对瑶语词汇发展的四种影响:(1)双音化;(2)汉语借词取代固有词;(3)借词促进瑶语语义表达的精细化;(4)产生新词。此外,还可以反观与苗瑶语言接触的汉语方言的历史状况,如博罗畲语里的客家话借词有两个层次,这可以帮助方言学界从新的视角分析客家话的历史层次,弥补仅用客家话自身材料不易分层的缺憾。

(五)首次全面地分析了瑶歌中的汉语借词。过去瑶语研究偏重口语,口头文学语言不受重视。而实际上瑶歌语言材料有其重要性,也是反映语言接触的活化石,因为瑶歌中大部分是汉语借词尤其是早期借词,这些借词并非全部都与口语里的借词相同,这为研究汉语借词打开了一个新的窗口。另外,本书不仅比较了柘山瑶歌和口语里汉语借词的同异,还进一步比较了不同地点(柘山、罗香、贺县)瑶歌里汉语借词的一致性和差异性,并且整理出各地瑶歌的汉语借词词表,为以后的研究者提供了方便。

(六)畲语、畲话和客家话三者关系的研究。通过量化的统计分析,从语言接触的观点来看待畲语、畲话和客家话,认为:畲语是畲族人民在坚守母语的过程中,长期受到客家话深刻影响的民族语言;畲话则是部分畲族人民放弃母语而转用的客家话,但是他们所说的客家话受到母语的底层干扰,还有后来各地强势方言的影响,因此不再是原来的目标语客家话,而是部分畲族人民所说的一种与客家话有相近语言特点的特殊汉语方言。

二、本编的主要不足

苗瑶语族的主要语言有苗语、瑶族布努语、瑶族勉语、畲语四种,由于作者自身条件所限,本编只是对其中的两种进行了研究,还有一半语言里的汉语借词尚未论及,尤其是欠缺苗语这一重要代表性语言的研究内容,这是本编明显的不足。此外,文中仍有一些存疑问题未能解决,究竟瑶语里有没有上古汉语的借词,作者无法确定,这些都是我们以后继续研究的内容。

后　　记

关注中国各民族语言之间的接触现象,系统性地研究中国少数民族语言里的汉语借词,是南开大学语言学科近年来的研究特色之一。本书的主编兼作者曾晓渝是另几位作者冯英、岳静、赵敏兰、甘春妍在南开大学攻读博士学位时的指导教师,书中凝聚了她们博士学位论文(分别完成于 2004 年、2005 年、2006 年)的主要内容,同时又在此基础上进行了较大的修改调整和较多内容的补充。目前冯英博士任云南师范大学教授,岳静博士任天津大学副教授,赵敏兰博士任广西师范大学副教授,甘春妍博士任北京师范大学珠海分校副教授。

为完成此项课题的研究,我们先后分别十次赴贵州三都、荔波县,广西罗城、三江、阳朔、金秀县,云南景洪市,广东博罗县等对水语、仫佬语、侗语、壮语、傣语、瑶语、畲语以及当地汉语方言西南官话(黔南荔波话、三江桂柳话、景洪话、金秀柘山话)、罗城土拐话、三江土拐话、三江六甲话、灵川九屋平话、博罗客家话等进行了艰苦细致的田野调查。第一手语言资料的获得是我们研究工作的坚实基础。

这是一项团结合作的成果。由于汉语借词层次的划分涉及上古汉语、中古汉语、民族语言及当地汉语方言各种语音特点的辨识分析,情况非常复杂,难度很大,在整个研究过程中,我们五位作者始终保持经常的讨论交流,相互启发。共同的学术追求,严谨认真的工作态度,是我们完成本项研究的保证。全书各章节的具体分工是:曾晓渝负责第一章、第二章、第三章、第五章、第六章的§6.4、§6.5;冯英负责第六章的§6.1;岳静负责第四章、第六章的§6.2,§6.3;赵敏兰负责第八章、第十章、第十一章;甘春妍负责第九章、第十二章。

在此书完稿之际,我们忘不了各位发音合作者给予我们的热情帮助,由衷感谢他们:

　　杨树清,广西三江林溪乡侗语发音合作者;

　　秦月英,广西三江县城西南官话桂柳话发音合作者;

　　侯明江,广西三江周坪乡六甲话发音合作者;

　　梁凤瑛,广西三江县城土拐话(船上话)发音合作者;

　　姚福祥、石国义,贵州三都三洞乡水语发音合作者;

　　胡锦扬、杨载吉,贵州三都县城西南官话发音合作者;

　　蒙熙儒、蒙绍秋,贵州荔波永康乡水语发音合作者;

　　蒙忠福,贵州荔波水岩乡水语发音合作者;

杨锦鹏、小卢,贵州荔波县城西南官话发音合作者;
李秀鸾,广西罗城黄金镇仫佬语发音合作者;
银家献,广西罗城东门镇仫佬语发音合作者;
梁保江,广西罗城四把镇仫佬语发音合作者;
谢家龙,广西罗城下里乡仫佬语发音合作者;
骆　雄,广西罗城龙岸镇仫佬语发音合作者;
郑福祥,广西罗城县土拐话发音合作者;
张以灵、梁开辰,广西阳朔县高田乡壮语发音合作者;
玉坚丙,云南景洪曼龙匡寨傣语发音合作者;
岩涵迪,云南景洪普文镇傣语发音合作者;
雷金球、蓝梅秋、蓝培炎,博罗县横河镇畲语发音合作者;
钟旺森,博罗县客家话发音合作者;
黄润排,博罗县横河镇本地话发音合作者。

瑶族盘承乾先生慷慨赠予作者他未发表的调查材料以及他所收藏的《盘山大歌》《广西瑶歌记音》,在此特表感谢。

感谢中央民族大学戴庆厦教授始终的关心赐教并予以立项资助!

感谢黄行先生、吴安其先生、严修鸿老师的热心指教,感谢所有给予我们帮助的学界师长朋友,感谢商务印书馆支持出版。

由于我们的研究能力、学术视野、工作时间有限,书中难免存在各种缺点错误,恳请学界师长同仁批评指正。

曾晓渝

2008 年 11 月 27 日写于南开大学范孙楼 408 室